JN237789

P2M資格試験教科書

Program & Project Management for Enterprise Innovation

改訂3版

P2M

プログラム＆プロジェクトマネジメント

標準ガイドブック

日本プロジェクトマネジメント協会 編著

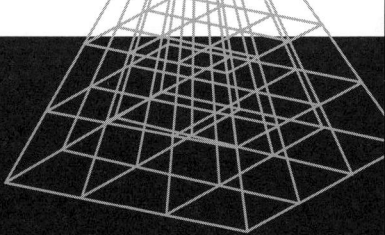

変革・協創を成功に導く
リーダーとプロフェッショナルの必読書！

グローバルで実践される日本発のプログラム＆
プロジェクトマネジメントの知識体系

全面大改訂

改訂3版P2M標準ガイドブックの発刊にあたって

知識社会化のインパクト

　現代は情報化（IT）革命が深く進行し、知識社会あるいはポスト工業化社会などと呼ばれる全く新たな時代に入りつつある。産業革命と工業化社会の類推から、ここではこれを情報化革命による知識社会の時代と呼ぶことにする。知識社会という語は、1969年にピーター・ドラッカーがその著書の中で用いて、広く知られるようになった。同時期に産業界で知られるようになったムーアの法則に支えられてコンピュータとその応用技術は絶え間なく進化してきた。とりわけ、過去10年ほどの間には、人々の想像を超えて多くの分野で機械の能力がヒトの能力を大きく凌駕するに至った。[*1]知識社会という語は、もはや理論的モデルや夢物語としてではなく、確固たる現実となった。

　現在の日本における、グローバリゼーション、低成長、そして少子高齢化その他の諸課題の根源的要因は、産業の知識社会への転換が深く進行したことにある。かつて産業革命により工業化社会へと転換する過程では、多くの知識や能力が無用となり、別の種類の知識や能力が重要となった。例えば、蒸気機関、内燃機関、電力などのエネルギー技術により、ヒトの筋肉労働の能力は大きく価値を失った。他方、生産技術革新で、経済は大きく拡大し、急速な人口増大が可能となった。新技術の開発、工場生産ラインの構築、多数の労働者の組織化と管理、多大な資金の集積、そして大規模な市場や販路の確立といった能力が成功の基盤となった。工業化により新たな価値創造に成功した国家は繁栄し、そうでない社会は相対的に豊かさと安定を失うこととなった。

[*1] ムーアの法則は、集積回路に搭載されるトランジスタの数は2年で2倍になるという1960年代に発見された経験則である。これとその他の技術進歩で、コンピュータの計算能力は過去40年の間におよそ10桁の性能向上をした。これを単純に延長できるとすれば、2025年ころには家庭や事務所でも現代のスーパーコンピュータ「京」と同程度の計算能力が一般化すると予測される。

言葉の美しさとは裏腹に、21世紀の知識社会とは単に知識に高い価値がある世界ではない。逆に、いま現在の知識、あるいは片々とした専門的知識は、日々その価値を減ずる社会である。今日必要とされている狭い領域の専門家は、能力を磨き続けない限り無用の存在となる。情報化革命の中で、価値ある知識や技術は瞬く間に世界に知れ渡り、新興国の企業が同じ技術をはるかに安く提供するからである。グローバリゼーションとは、情報化革命により、事業上の必要資源と顧客や市場の獲得について、その地理的・文化的制約が大きく低減した結果である。

　日本の低成長はグローバルな生産の効率化そして人口の高齢化の影響が大きい。半値以下で同じモノが作れる様になった隣の国と同じことをやっていれば、国内の産業の空洞化は必然である。1980年代から見れば、隣の国とは、韓国であり、台湾であり、中国であり、その他多くの国々であったが、これらの国々もその時々の先進諸国を模倣すると共に、独自の工夫や努力を重ねてきている。そして米国から見れば、日本こそがこの「隣の国」の列の先頭に立っていたのである。

　知識社会化の流れの中で、60年前なら15歳まで養育すれば独り立ちできた子どもが、現代では2倍近い時間と何倍もの養育コストが必要である。結果として、少子化は日本に限らず知識社会化する世界の必然となる。そうした中でも、社会は急速に増大する知識を糧として、新たな富を創造し、より豊かな時代を目指すことが要求される。

　プロジェクト＆プログラムマネジメント（以下、P2M：ピートゥーエムと呼ぶ）が初めて構想された2000年頃は、先進諸国がこの情報化革命と知識社会化のインパクトを強く受け始めた時期である。振り返れば、米国ではアップル社がi-Podに始まる一連の新時代型事業の準備をしていた。日本ではTVの液晶化革命の完成が大成功として見え出した時期である。残念ながら後者は、一時代を画した日本の電機産業にとって、大規模垂直統合生産という工業化社会型の成功モデルの最後の記念碑となってしまったし、前者の優れた新事業モデルも、激変する産業構造の中で、今後何十年にもわたって優位性を持続できるかは確かではない。

新しいタイプのプロフェッショナル

　ゲームのルールが変わった新しい世界で繁栄を続けるためには、新しいルールに適した戦略や能力を身に着ける必要がある。一例を挙げれば、「オープンイノベーション」や「クラウド」とは、単なる新技法ではなく、こうした時代にマッチした基本的戦略といえよう。ただし、10年を経ずして、これらは単なる産業界の常識と化すのではないだろうか。その時々に応じて新たな知識や戦略が必要となる。新たな時代には、広い視野を持つ新たなタイプの専門的人材が必要である。プロジェクト＆プログラムマネジメント標準ガイドブック（初版：以下P2Mガイドブック）は、こうした認識のもとに開発され、最初に2001年にエンジニアリング振興協会（ENAA）から公刊された。このP2Mの狙いは"Project & Program Management for Enterprise Innovation"という英文タイトルにより正しく込められている。その目的は、変革を成し遂げるリーダーや、様々な専門家を統合して新たな価値創造を実現する視野の広いプロフェッショナル（高度な専門的職業人）を育成することである。

　革新や改革には、新たな仕組みをつくるか、仕組みを全く作り替える必要がある。通常、これは、「プロジェクト」の形で実行されるが、大きな変化を実現するには、一つではなくいくつものプロジェクトを適切に組み合わせた「プログラム」が必要である。「プログラム」という語は、それ以前にも「次々とプロジェクトを繰り返す特別に大きな総合的プロジェクト」などの意味で使われていた。P2Mは時代の変化に呼応して、「プログラム」に変革や新たな価値創造のための標準的プロセスという新しい意味を与えた。P2Mガイドブック発刊ののち、海外でもプログラムマネジメントに関する標準や解説書が刊行され、世界的に理解が進んでいる。しかし、P2Mプログラムマネジメントとは、単に複数のプロジェクトをまとめて運営する技術ではない。それは、変革や改革に対応する視野と能力を持ったリーダーあるいはプロフェッショナルな人材を育成する基盤となる知識である。換言すれば、戦略的な視野とリーダシップを持つプロフェッショナルに必須の実践力基盤である。

　こうした人材なしには、環境が激変し続ける知識社会で、組織は大小を問わず競争力を失う。時代に適応出来なければ、いかに努力しても、かつてのソロ

バン上手の経理部員、電話交換手、駅の改札係、銀行窓口の現金支払係あるいは汎用旋盤工などと同じく消え去る運命をたどる。企業組織自身の行方も、変革がなければ高齢化の波の中で寂れゆく過疎の村の姿に重なることになろう。

P2Mの開発と改訂

　P2Mガイドブック（初版）はこの様な問題意識のもとに開発された。しかし、当時はこうした問題は明らかになりつつあったものの、誰しもが切実に理解できる状況であったわけではない。逆に、こうした先進性ゆえに、P2Mは素晴らしいが難しいとか分かり難いという評価も一部にあったことも事実である。その後の新版P2Mガイドブック（2007年：改訂2版）など、多大の努力によりこうした問題点の改善が進められて今日に至っている。

　他方、単なるトップダウンではなく中間・上級マネジャーレベルが、組織全体の経営や戦略に主体的に参画するP2Mの考え方は、日本組織固有のものではない。過去10年の間に、東欧やアフリカの一部の国やロシアではP2Mが組織的に取り入れられている。日本企業進出の長い歴史がある東南アジア諸国では、現地マネジャーも日本的組織運営に習熟しており、P2Mとの適合性、親和性もよい。米国でも、例えばトヨタ生産方式やTQMなどを導入して、日本に影響された組織運営を行う企業も少なくない。その意味で、P2Mは日本特有ではなく、グローバルに普遍性をもつ知識体系であることが明らかになりつつある。

　初版刊行から13年を経て、P2Mの先進的視点と今日の社会状況との対応が具体的に明らかになり、プロフェッショナルなマネジャーに課される課題も明確となってきている。また、P2Mの主要な別の半分であるプロジェクトマネジメント（PM）知識については、世界的に普及が進み、PM資格取得者の数は100万人を超えるに至り、ISO21500（Guidance on project management：「プロジェクトマネジメントの手引き」）として国際的標準化も進展した。

　このような状況を踏まえ、新たな視点でP2Mの全面改訂を行い、ここに『改

訂3版プログラム&プロジェクトマネジメント標準ガイドブック』を刊行することとなった。

知識社会の行方とP2M

　歴史を振り返って1900年頃を考えると、産業革命と工業化社会の進展は疑いなかったが、ガソリンエンジン自動車はようやく開発初期の状態に、航空技術は黎明期直前にあり、TV、半導体、コンピュータ、デジタル通信そして原子力技術に至っては影すら存在していなかった。今日、情報化革命と知識社会化は明白な趨勢であるが、その具体的な行方は定かではない。確かなことは、激変する現状は想像すらできない巨大な変化に先行する一過程に過ぎないということであり、他方、われわれはその巨大な変化への適応が求められていることである。

　産業革命の結果、それまでの農業や漁業が不要になったわけではない。しかし、これらの産業が必要とする要員は桁違いに減少した。反対に工業という新産業の従事者は何百倍にも増加し、その所得も大幅に増加した。同様に知識社会でも、モノ作りが不要になるわけではない。ことの本質は、グローバリゼーションで仕事が新興国に移るという次元の問題ではない。単純なモノ作りでは、いずれ機械の生産性はヒトの能力を凌駕し、人々が働く場としてのモノ作り産業の価値は新興国でさえも低下する。これまでの様な単なるモノ作りでは、多くの人が働く産業としての前途は暗いであろう。しかし、工業化社会の歴史を回顧すれば、失われる産業も多いが、それ以上に社会には新たな価値創造の機会と未知の産業を発見する可能性が期待できる。新たなタイプの製造業、情報産業そしてサービス業などである。

　顧客にとっての新たな価値ある商品・サービスを創り出し、生産プロセス、市場、新たな顧客ニーズなどを創造・革新していく能力が、新産業への途を開くのであろう。ここにこそP2Mの真価がある。

　P2Mガイドブックは、伝統的な分野への適用とともに、新しい時代を切り

開き、積極的に生き抜くための主要な方法論あるいはスキルを提供することを目指している。旧版の狙いを受け継ぎつつ、第3版では関係する主要な知識体系について、より分かりやすい形に再構築を行った。

今日のプログラムマネジャーには、常に変化する環境の中で、大きな方向性すなわち戦略を見据えて、具体的な計画（プログラム）を立案・実行する能力、そしてその実行過程では環境の変化に適応する実践力が必要となる。そしてその計画から導かれた具体的な個別目標の実行のためのプロジェクトマネジメントの知識も重要である。本書では、これらを併せて詳しく説明している。

もうひとつ重要なことだが、時代と共に知識はたちまち陳腐化する。そうした中でも、ガイドブックでは、変わることなく必要とされる基盤的知識を併せて提供することを目指している。それらの具体的な応用は、時代により、産業や市場により、そして個々の組織により常に変化する。従って、本書はガイドとして解説の役割は果たしても、そのすべてを網羅しているわけではない。実践力は、産業と科学技術の発展、そして社会ニーズの動向に応じて拡充されるべきものであり、読者各位には、自らの能力形成に向けて生涯学習に努められることを期待したい。

2年以上にわたるP2Mガイドブック改訂委員会の活動の間、改訂版執筆者を始め、改訂に関して様々な提案を頂いた方々、改訂原稿のレビューを頂いた査読者の方々、改訂作業の推進に邁進頂いた事務局および出版社の方々、その他関係者の方々に多大のご協力をいただきました。この場を借りて厚く御礼を申し上げます。

2014年4月

P2M標準ガイドブック改訂委員会　委員長
清水基夫

まえがき

P2M標準ガイドブックとは

　プロジェクトやプログラムを実践する職業人は、世界的に専門職と規定され専門的知識・経験にもとづき目的・目標を達成する、いわゆる「プロフェッショナル（高度な専門的職業人）」である。一般に、プロフェッショナルは、公認会計士、弁護士、技術士、医師など特定専門分野の職業人や、たとえば理工学分野の技術者・研究者であれば、機械、電気電子、情報、化学、土木建築などの専門家のことを指す。環境・エネルギー問題から企業の経営改革をはじめとする現代の社会・経済の多くの課題・問題は、このような特定分野の専門家と専門領域を横断するテーマを解く専門家の協力によって解決される。必要とするどの専門職域が欠けても、あるいは不充分であっても、期待する目的・目標に到達することが危うくなる。同じ様に、横断的専門職域についても言える。

　日本では、伝統的に「縦」と呼ばれる特定分野の専門家やその専門分野での知識体系の集積・実績では世界的な強みを発揮してきたが、横断的な領域である「横」の専門家を養成するための知識の集大成では、長年欧米に後れを取ってきた。1999年、通商産業省（当時、発行時は経済産業省）は、日本の縦の強みを活かしつつ欧米の横の良さを統合するための知識体系として「プロジェクト＆プログラムマネジメント」を捉え、その構築・普及を目的とした委員会を財団法人エンジニアリング振興協会（当時）内に設立した。委員長には、小原重信教授（当時、千葉工業大学工学部）が就任され、委員には各界の有識者・P2M経験者が配された結果、世界に類のない「プロジェクト＆プログラムマネジメント標準ガイドブック」（以下、P2M（ピートゥーエム）と呼ぶ）が2001年に発刊された。このガイドブックの対象者は、管理職・経営者、実務家、学生などであり、利活用の範囲は、社会インフラ系、資源開発系、生産施設系、製品開発系、総合エンジニアリング・建設系、ICT系など多岐にわ

たっている。またビジネス分野ばかりでなく、行政系、教育系、医療系、地域コミュニティ系も含むソサエティ分野でも適用可能な内容であることが大きな特徴となっている。

刊行後は、プロジェクトマネジメント（PM）の先進国である欧州においても高い評価を得て、欧州主要国のPM研究の基幹大学にてP2Mの研究が始まり、更にはP2M関連講座が開設され、その数は25校を超える。また、欧州中心のPM協会（IPMA）や欧州の主要ナショナルPM協会のPM標準の中に相次ぎプログラムマネジメントが採用されてきた経緯から、インパクトの大きさが伺える。初めて道を開いた小原委員長と委員の方々、さらにはP2M普及のために欧州各地の大学に講義を請われて向かわれた大学教員、実務家の皆様に敬意を表したい。

日本では、依然として「縦」の専門分野が強い。高度成長期後に多くの大学に設けられた、領域横断的な「システム」をはじめとする多くの部門は、時間とともに「縦」の部門に戻るか、ある縦領域の一部分となっている。このため、縦領域の一部として蓄積されても、横の専門領域として充分な専門性を保持したままデータ、情報、知識が蓄積されにくく、応用もされにくい。この状況は、昨今出現している多くの複合的領域横断問題の解決の障害となりかねない。本来、横断的な問題は、縦分野の先入観念には囚われず、広い視野・高い視点で、物事の現象の課題・問題を俯瞰し、最適な解決に向けて取り組まれるべきものである。世の中は、大きく変化し、様々な分野にまたがる複雑な問題がグローバルレベルで急増している。この複雑問題を特定の関係者に偏ることなく最適解に導く、「横」領域の専門家のニーズが急速に高まっていると云える。当協会では、このニーズに的確に応えるために知識体系の整備活動を続け、この成果を基にP2Mを改訂してきた。

本書は、標準ガイドブックのタイトルが示すように、基本的知識を得て利活用するためのガイドである。知識体系は、科学技術の発展と社会の動向に応じて修正・拡充されるべきものである。この観点からも、関連する大学、学会、協会、産業界などと良い協力・連携関係を築き、環境変化に適応することは当協会の使命である。また、プログラムマネジメントやプロジェクトマネジメントを実践するプロフェッショナルも、自らの能力形成・使命達成のために知

識・経験知・実践知を生涯に渡って磨き上げることを願ってやまない。

　最後に、この場をかりて新版（改訂2版）改訂委員会代表に引き続き改訂3版の改訂委員会委員長をお引き受け頂いた清水基夫教授（日本工業大学専門職大学院）、改訂3版改訂委員の加藤亨、越島一郎、芝尾芳昭、濱久人、宮本文宏の各氏、執筆委員やレビュアーの各氏、ならびに、編集者である斎藤亮介氏に感謝の意を表します。

2014年4月

特定非営利活動法人
日本プロジェクトマネジメント協会
理事長　　光藤　昭男

目次

改訂3版 P2M標準ガイドブックの発刊にあたって … 3
まえがき … 9

第1部　P2Mの概要と特徴

第1章● はじめに ……………………………………………………………… 26
1. P2Mとは何か？ … 26
   - 1-1. P2Mとは？ … 26
   - 1-2. 激変する社会 … 27
   - 1-3. プログラムとプロジェクト … 28
2. P2Mプログラムマネジメント … 30
3. 複雑な問題解決を目指すプロフェッショナル人材 … 32
4. P2Mによるイノベーションと人づくり … 33
5. P2Mの活用分野 … 35

第2章● P2Mガイドブック（改訂3版）の構成 ………………………… 37

第3章● 事業、プログラム、プロジェクト …………………………… 39
1. 事業経営 … 39
2. 事業活動の階層性 … 41
3. プログラムマネジメントとプロジェクトマネジメント … 42
   - 3-1. プログラムとプロジェクトの定義 … 42
   - 3-2. プログラムマネジメントの目的とP2Mの特徴 … 44
   - 3-3. プロジェクトマネジメントの領域と階層性 … 46
   - 3-4. プログラムマネジメントとプロジェクトマネジメントの目標 … 48

第4章● P2Mプログラムマネジメントの特徴 ………………………… 51
1. プログラムの多義性 … 51
2. マネジャーに求められる知識観 … 52
3. プログラムマネジメントの本質 … 53

第5章● P2Mにおける実践力 …………………………………………… 55
1. プログラム／プロジェクトマネジャーの要件 … 55
2. マネジャーの仕事 … 56
3. 実践力 … 57

第2部 プログラムマネジメント

序章● 概要 60

第1章● プログラムとプログラムマネジメント 63

1. 組織の戦略とプログラム …64
   - 1-1. 組織の永続的な成長に向けて …64
   - 1-2. 戦略とプログラムの関係 …64
   - 1-3. プログラムとプロジェクトの関係 …66
2. プログラムの定義と分類 …67
   - 2-1. プログラムの定義 …67
   - 2-2. プログラムの分類 …68
   - 2-3. プログラムの基本属性 …69
3. プログラムマネジメント …71
   - 3-1. プログラムマネジメントとは …71
   - 3-2. プログラム統合マネジメント …71
   - 3-3. プログラム統合マネジメント活動指針 …73
4. ライフサイクル …75
   - 4-1. プログラムのライフサイクル …75
   - 4-2. フェーズとフェーズゲート …75
5. プログラム組織 …76
   - 5-1. プログラム組織づくり …76
   - 5-2. プログラムマネジャーの役割 …77
   - 5-3. プログラムの共通観 …78

第2章● プログラム統合マネジメント 80

1. ミッションプロファイリング …81
   - 1-1. ミッションプロファイリングとは …81
   - 1-2. ミッション表現 …83
   - 1-3. 価値の関係性分析 …86
   - 1-4. シナリオ展開 …87
2. プログラムデザイン …95
   - 2-1. プログラムデザイン …95
   - 2-2. プログラムアーキテクチャー …96
   - 2-3. プログラム構想計画文書 …101
3. プログラム実行の統合マネジメント …116
   - 3-1. プログラム実行の統合マネジメントプロセス …117
4. 関係性マネジメント …128
5. マルチプロジェクトマネジメント …131
   - 5-1. マルチプロジェクトとは …131
   - 5-2. マルチプロジェクト運営の要点 …132

第3章● プログラム戦略とリスクマネジメント 135

1. プログラムの戦略とリスク …136
   - 1-1. プログラムにおける戦略 …136

1-2. プログラムにおけるリスク …136
　　　1-3. 日本型組織の戦略アプローチと日本型プログラムマネジメント …137
　2. プログラム戦略マネジメント …141
　　　2-1. プログラム戦略マネジメントとは …141
　　　2-2. 戦略目標マネジメント …142
　　　2-3. 実行戦略マネジメント …147
　　　2-4. 組織の戦略とプログラム …148
　3. プログラムリスクマネジメント …155
　　　3-1. プログラム戦略マネジメントとリスク …155
　　　3-2. リスク要因と対策 …156
　　　3-3. プロジェクトとプログラムのリスクマネジメントの特徴 …158
　　　3-4. リスク感度の高い人材の育成 …160

第4章● 価値評価のマネジメント ……………………………………… 165

　1. 価値評価のマネジメント …166
　　　1-1. 価値と価値指標 …166
　　　1-2. 価値創造の仕組み …169
　　　1-3. 無形資産 …169
　　　1-4. プログラムの種類と価値の視点 …170
　　　1-5. 資産と資源 …171
　2. 価値評価のプロセス …173
　　　2-1. 価値評価の目的 …173
　　　2-2. 価値評価の手法 …176
　　　2-3. 企業会計的手法 …179
　　　2-4. 現在価値の評価 …183
　　　2-5. 無形資産の価値 …187
　　　2-6. 価値評価のデザイン …192
　　　2-7. 非商業的プログラムの価値評価 …196
　3. 価値評価指標 …200
　　　3-1. BSCによる目標と評価指標の例 …200
　　　3-2. ビジネスモデル・キャンバスの評価指標の例 …201
　　　3-3. バランスの取れた評価指標 …203
　　　3-4. SMART …203

第3部　プロジェクトマネジメント

第1章● プロジェクトとプロジェクトマネジメント ………………… 206

　1. プロジェクトの定義 …206
　2. プロジェクトの基本属性 …206
　　　2-1. 個別性 …207
　　　2-2. 有期性 …207
　　　2-3. 不確実性 …207
　3. 段階的詳細化とローリングウェーブ計画法 …208
　4. プロジェクトマネジメントの定義 …208
　5. プロジェクトマネジメントの要件 …208
　　　5-1. 公正な手段 …209

5-2. 効率的遂行能力 … 209
5-3. 効果的遂行能力 … 209
5-4. 有期的なチーム … 209
6. プロジェクトマネジメントに関連する概念 … 210
6-1. プロジェクト業務と定常業務 … 210
6-2. プロジェクトステークホルダー … 211
6-3. プロジェクトライフサイクル … 212
7. プロジェクト活動 … 215
7-1. プロジェクト活動の構成 … 215
7-2. プロジェクトの成果物創出活動のフェーズ … 216
7-3. プロジェクト遂行のマネジメント活動のマネジメントサイクルとマネジメント領域 … 217

第2章● 統合マネジメント ……………………………………………… 221

1. 概要 … 221
   1-1. 統合マネジメントの目的 … 221
   1-2. 業務プロセス … 222
   1-3. 実践指針 … 224
2. プロジェクトチャーターの作成 … 225
   2-1. プログラム構想計画書 … 226
   2-2. プロジェクトチャーター … 227
3. プロジェクト計画の作成 … 228
   3-1. プロジェクト実行計画 … 228
   3-2. プロジェクトマネジメント計画 … 229
   3-3. ベースライン … 230
   3-4. プロジェクト価値評価計画 … 231
4. プロジェクトの実行 … 232
5. プロジェクト作業の管理 … 234
   5-1. プロジェクト管理項目 … 234
   5-2. プロジェクトフェーズおよび完了報告書 … 235
   5-3. 変更要求 … 236
   5-4. アーンドバリューマネジメント（EVM） … 236
6. 変更管理 … 237
   6-1. 変更管理 … 237
   6-2. 変更管理システム … 238
7. プロジェクトフェーズまたはプロジェクトの終結 … 239

第3章● ステークホルダーマネジメント ………………………………… 242

1. 概要 … 242
   1-1. ステークホルダーマネジメントの目的 … 242
   1-2. 業務プロセス … 243
   1-3. 実践指針 … 244
2. ステークホルダーの特定 … 245
   2-1. ステークホルダーの特定 … 245
   2-2. ステークホルダー登録簿 … 246
3. ステークホルダーのマネジメント … 248

第4章 スコープマネジメント ……………………………………………… 253

1. 概要 …253
   - 1-1. スコープマネジメントの目的 …253
   - 1-2. 業務プロセス …254
   - 1-3. 実践指針 …255
2. スコープ計画 …255
3. スコープの定義 …256
4. WBSの作成 …257
   - 4-1. WBSの定義 …257
   - 4-2. WBSの目的 …258
   - 4-3. WBSの構築 …260
5. スコープ変更管理 …265

第5章 資源マネジメント ……………………………………………… 267

1. 概要 …267
   - 1-1. 資源マネジメントの目的 …267
   - 1-2. 業務プロセス …268
   - 1-3. 実践指針 …270
2. 資源の特定 …270
   - 2-1. 資源の特定にあたっての基礎情報 …270
   - 2-2. 資源の必要度の設定 …270
   - 2-3. 資源の特定における成果物 …273
3. 資源計画の策定 …273
   - 3-1. 資源計画の策定における基礎情報 …273
   - 3-2. 資源計画の策定作業 …273
   - 3-3. 資源計画の策定における成果物 …276
4. 資源計画の実施 …277
   - 4-1. 資源計画の実施における基礎情報 …277
   - 4-2. 資源の入手 …277
   - 4-3. 資源計画の実施における成果物 …278
5. 資源の監視とコントロール …278
   - 5-1. 監視（モニタリング）…278
   - 5-2. コントロール（分析・評価・予測）…279
6. 改善・是正計画 …280
7. 資源の蓄積 …282
   - 7-1. 資源の蓄積の意義 …282
   - 7-2. 知的資産および情報資産の再資源化 …283
   - 7-3. 資源の蓄積の具体策 …284
   - 7-4. 資源の蓄積の例 …287
   - 7-5. 無形資産について …288

第6章 タイムマネジメント ……………………………………………… 291

1. 概要 …291
   - 1-1. タイムマネジメントの目的 …291
   - 1-2. 業務プロセス …291
   - 1-3. 実践指針 …292

2. スケジュールの立案 … 294
　　2-1. スケジュール方針の策定 … 294
　　2-2. コントロール対象の定義づけ … 294
　　2-3. 遂行要領の設定 … 295
　　2-4. スケジュール計画 … 295
　　2-5. 進捗計画 … 296
　　2-6. スケジュールリスクの特定 … 297
　　2-7. ネットワーク手法（Network Technique）… 297
　3. プロジェクト進捗管理 … 301
　4. 進捗傾向分析と予測 … 301
　　4-1. スコープの分析 … 301
　　4-2. スケジュール分析 … 302
　　4-3. 進捗分析 … 302
　　4-4. 生産性分析 … 302
　5. 目的達成に向けての調整 … 303
　6. 関連知識：クリティカルチェーンマネジメント … 303
　　6-1. 計画段階で含まれるバッファー … 304
　　6-2. クリティカルチェーンマネジメントを行うためのステップ … 305

第7章● コストマネジメント …………………………………………… 308

　1. 概要 … 308
　　1-1. コストマネジメントの目的 … 308
　　1-2. 業務プロセス … 309
　　1-3. 実践指針 … 310
　　1-4. コストマネジメントとコストエンジニアリング … 310
　2. コスト見積り … 312
　　2-1. 概要 … 312
　　2-2. コスト見積りの目的 … 312
　　2-3. 見積り基礎資料 … 313
　　2-4. コスト見積り手法 … 314
　　2-5. コスト見積り精度 … 315
　　2-6. コスト見積り費目 … 315
　3. 予算設定 … 318
　　3-1. コスト管理要領の策定 … 318
　　3-2. 予算の設定 … 318
　　3-3. コストベースラインの設定 … 319
　　3-4. アーンドバリューマネジメント … 319
　　3-5. キャッシュフローの予測 … 323
　4. コスト管理 … 324
　　4-1. 現状分析 … 324
　　4-2. 予測 … 327
　　4-3. コストの変更 … 328

第8章● リスクマネジメント …………………………………………… 333

　1. 概要 … 333
　　1-1. リスクマネジメントの目的 … 333
　　1-2. 業務プロセス … 335

1-3. 実践指針 … 335
2. **方針策定** … 344
　　2-1. 企業・遂行組織の方針策定 … 344
　　2-2. 個別プロジェクトの方針策定 … 345
3. **リスクの特定** … 348
　　3-1. 基礎情報 … 348
　　3-2. リスク特定のための手法 … 349
4. **リスクの分析評価** … 350
　　4-1. リスクの分析評価 … 350
　　4-2. リスクの定量化手法 … 350
5. **リスク対応策の策定** … 354
　　5-1. リスク対応策の策定 … 354
　　5-2. リスク対応策の構成 … 354
6. **対応策実施と監視・評価** … 357
7. **リスク教訓の整理** … 357
　　7-1. 類似プロジェクトリスク事例集 … 357
　　7-2. スケジュールアクティビティーごとの精度の確率分布データ … 358
　　7-3. リスク対応策事例集 … 358

第9章● 品質マネジメント ……………………………………… 359

1. **概要** … 359
　　1-1. 品質マネジメントの目的 … 359
　　1-2. 業務プロセス … 360
　　1-3. 実践指針 … 360
2. **品質計画** … 363
　　2-1. 品質計画とは … 363
　　2-2. プロジェクトの品質システム … 363
3. **品質保証** … 363
　　3-1. 品質マネジメントの原則 … 364
　　3-2. 品質マネジメントシステムの基本 … 364
　　3-3. 品質マネジメントシステムのアプローチ … 365
　　3-4. 品質監査 … 365
　　3-5. 品質の変更 … 366
4. **品質管理** … 366
　　4-1. 品質管理とPDCAサイクル … 366
　　4-2. QC七つ道具 … 367
　　4-3. その他の手法 … 368

第10章● 調達マネジメント ……………………………………… 371

1. **概要** … 371
　　1-1. 調達マネジメントの目的 … 371
　　1-2. 業務プロセス … 372
　　1-3. 実践指針 … 372
2. **調達計画** … 373
　　2-1. 調達計画における基礎情報 … 373
　　2-2. 調達の計画 … 376
　　2-3. 調達計画における成果物 … 377

3. 調達の実施 … 378
    3-1. 調達の実施における基礎情報 … 378
    3-2. 調達の実施 … 378
    3-3. 調達の実施における成果物 … 379
4. 調達管理 … 380
    4-1. 調達管理における基礎情報 … 380
    4-2. 調達の管理 … 381
    4-3. 調達管理における成果物 … 383
5. 調達引渡し … 383
    5-1. プロジェクト引渡しのプロセス … 383
    5-2. 運転と性能保証 … 385
    5-3. プロジェクトの引渡し・検収 … 386

第11章 コミュニケーションマネジメント … 387

1. 概要 … 387
    1-1. コミュニケーションマネジメントの目的 … 387
    1-2. 業務プロセス … 388
    1-3. 実践指針 … 388
2. コミュニケーションの計画 … 389
    2-1. コミュニケーションの目的およびテーマの設定 … 391
    2-2. 目的およびテーマ別にコミュニケーションが必要となる対象の特定 … 392
    2-3. コミュニケーション手段の設定 … 392
    2-4. 文書管理 … 393
3. 情報の配布 … 394
4. コミュニケーションの実行管理 … 396

第4部 事業経営基盤

序章 戦略とその策定 … 406

1. 戦略とは … 406
2. 戦略の策定 … 409
3. 戦略策定の形態 … 411
4. プログラムと戦略 … 412

第1章 事業とプログラム … 413

1. 事業経営基盤 … 413
    1-1. 事業戦略と活動 … 414
    1-2. 組織・プロセス … 414
    1-3. 経営資源 … 417
2. 事業戦略とプログラム … 418
    2-1. 事業戦略のプログラム化 … 418
    2-2. プログラムの階層構造 … 419
    2-3. 事業経営サイクルとプログラムマネジメントプロセス … 421
3. プログラム・プロジェクトガバナンス … 423
    3-1. プログラムガバナンス … 423

         3-2. プロジェクトガバナンス …423
   4. **CSRとプログラム・プロジェクト** …425
         4-1. プロジェクトにおけるCSRの位置づけ …425
         4-2. CSRのプロジェクトに与える影響 …426
         4-3. CSVによる新たな価値創造 …428
         4-4. ESGによる価値評価 …429

第2章 ● プログラム戦略手法 …431

   1. **プログラム戦略手法の必要性** …431
         1-1. 戦略実践の課題 …431
         1-2. 戦略実践におけるツールの必要性 …431
   2. **戦略手法について** …432
         2-1. ロードマップを使った戦略立案 …432
         2-2. ポートフォリオマネジメント …436
         2-3. その他の戦略立案ツール …440
   3. **顧客関係性戦略** …441
         3-1. 顧客関係性戦略の必要性 …441
         3-2. プロジェクト活動への適用 …443
   4. **意思決定の手法** …444
         4-1. 意思決定の局面とパターン …444
         4-2. 意思決定の仕組みと手法 …446
   5. **オープン・イノベーション** …449
         5-1. イノベーションモデル …449
         5-2. オープン・イノベーションの定義 …450
         5-3. オープン・イノベーションとコラボレーション …451
         5-4. オープン・イノベーションにおけるプラットフォーム戦略 …452
         5-5. プログラムとイノベーション …454

第3章 ● プロジェクト組織マネジメント …459

   1. **概要** …459
   2. **組織とプロジェクト** …459
         2-1. プロジェクト組織の特徴 …459
         2-2. プロジェクト組織と定常的組織との関係性 …461
         2-3. プロジェクト組織モデルの設計 …464
   3. **マトリクス型組織モデルのマネジメント** …464
         3-1. マトリクス型組織モデルの留意点 …464
   4. **プロジェクトマネジメントオフィス** …467
         4-1. プロジェクトマネジメントオフィスの目的 …467
         4-2. プロジェクトマネジメントオフィスの形態 …468
   5. **プロジェクトチーム** …471
         5-1. プロジェクトチームの役割・責任範囲 …472
         5-2. プロジェクトチームビルディング …474
         5-3. グローバルプロジェクトチームの留意点 …476
         5-4. バーチャルプロジェクトチームの留意点 …477
   6. **プロジェクトマネジメント組織成熟度** …477
         6-1. プロジェクトマネジメント組織成熟度の特徴 …477
         6-2. プロジェクトマネジメント組織成熟度モデルのレベル定義 …478

        6-3. 各レベルの詳細 … 480
        6-4. プロジェクトマネジメント組織成熟度モデルのドライバー … 485
    7. 戦略的アライアンス … 486
        7-1. アライアンスの種類とパターン … 486
        7-2. アライアンスにおける契約 … 489
        7-3. スコープの分担とプロジェクト・フォーメーション … 490
        7-4. アライアンスにおける留意点とリスク … 491
    8. コミュニティのデザインと活用 … 493
        8-1. コミュニティの意義 … 494
        8-2. コミュニティにおける原則 … 495
        8-3. コミュニティの活用 … 496
        8-4. コミュニティの価値 … 499
        8-5. 事業体の評判とブランディング … 500

第4章● 会計とファイナンス …… 502

    1. 概要 … 502
    2. 組織における一般的な会計 … 502
        2-1. 会計の目的・役割 … 502
        2-2. 管理会計と財務会計 … 503
    3. 事業モデルと予算管理 … 505
        3-1. 事業モデルと予算管理 … 505
        3-2. 量産投資モデルにおけるプログラム・プロジェクト予算管理の適用 … 510
    4. 戦略実現のための予算管理の考え方 … 511
        4-1. 部門予算制度の問題点 … 511
        4-2. プログラム・プロジェクト活動予算と部門活動予算 … 513
        4-3. プログラム・プロジェクトとマネジメント・コントロール … 514
    5. プログラムとプロジェクトの予算管理 … 515
        5-1. プログラムの予算管理 … 515
        5-2. プロジェクトの予算管理 … 516
        5-3. プログラムでの結果評価と計画の是正 … 517
    6. PBSC＆PBGT … 519
        6-1. 概要 … 519
        6-2. PBSCのフレームワーク … 520
        6-3. PBSCとPBGT … 525
    7. プログラム・プロジェクトにおけるファイナンス … 528
        7-1. コーポレートファイナンスとプロジェクトファイナンス … 528
        7-2. プロジェクトファイナンスの構築 … 532

第5章● 情報マネジメントと情報インフラストラクチャー …… 537

    1. 概要 … 537
    2. 情報マネジメント … 537
        2-1. 組織における情報 … 537
        2-2. 情報マネジメント … 538
    3. 情報インフラストラクチャー … 542
        3-1. 情報インフラストラクチャーとは … 542
        3-2. 情報インフラストラクチャーの概要 … 542
        3-3. 情報インフラストラクチャーの目的と要件 … 547

- 4. 現代的な情報関連技術とトレンド …549
  - 4-1. クラウドコンピューティング …550
  - 4-2. ソーシャルメディアとSNS（ソーシャルネットワークサービス）…551
  - 4-3. ビッグデータ …552
  - 4-4. BYOD（Bring Your Own Device）…552
- 5. ガバナンス …553
  - 5-1. コーポレートガバナンス …554
  - 5-2. ITガバナンス …554
  - 5-3. 情報セキュリティ …554

第5部　知識基盤

序章● 知識基盤とは　…558

- 1. システムズアプローチ …558
- 2. 知識・情報資産 …559
- 3. 価値と価値評価 …561

第1章● システムズアプローチ　…563

- 1. システム概論 …563
  - 1-1. システムとは …563
  - 1-2. システムズアプローチにおけるシステムのとらえ方 …564
  - 1-3. システムズアプローチによる問題解決 …565
- 2. システムモデリングとシステムシンキング …566
  - 2-1. モデリングにおける数学的基盤 …566
  - 2-2. モデリングによる問題解決アプローチ …570
  - 2-3. システムズシンキング …574
- 3. システムズエンジニアリング …579
  - 3-1. システムズエンジニアリングとは …579
  - 3-2. システムズエンジニアリングのフェーズとプロジェクトライフサイクル …580
  - 3-3. システムズエンジニアリングによる問題解決 …582
  - 3-4. システムインテグレーション …585
- 4. システムと管理プロセス …586
  - 4-1. 意思決定システムと管理プロセス …586
  - 4-2. コントロールシステムと管理プロセス …588
  - 4-3. 資源配分システムと管理プロセス …590
  - 4-4. コミュニケーションシステムと管理プロセス …591

第2章● 知識・情報資産　…595

- 1. 情報と知識 …597
  - 1-1. 知識の特徴と分類 …598
  - 1-2. 形式知と暗黙知 …599
  - 1-3. 知識とコンピタンス …601
- 2. 知識の創造 …602
  - 2-1. 相互作用による知識創発 …603
  - 2-2. 知識創造の"場"としての組織 …605

- 2-3. 知識の収集と蓄積 … 611

第3章● 価値と価値評価 … 618
- 1. 価値とその評価 … 618
  - 1-1. 価値とは … 618
  - 1-2. 価値評価の目的 … 622
  - 1-3. ステークホルダーと価値 … 623
- 2. 商業的事業における価値と価値評価 … 625
  - 2-1. 価値評価の分類 … 625
  - 2-2. 全体的価値評価 … 627
  - 2-3. 要素的価値評価 … 638
- 3. 無形価値とその評価 … 646
  - 3-1. 無形資産の価値 … 646
  - 3-2. 無形資産の価値評価 … 654
  - 3-3. 無形資産の要素的価値評価 … 655

第6部 人材能力基盤

序章● 人材能力基盤とは何か … 660

第1章● P2Mを実践するマネジャーの実践力 … 661
- 1. マネジャーに必要な実践力とは … 661
  - 1-1. 実践力の能力要素 … 662
  - 1-2. 実践力と能力の関係 … 663
  - 1-3. 「経験」の役割 … 664
  - 1-4. 多面的な知識とスキルと個人の基本姿勢 … 664
  - 1-5. 暗黙知と形式知 … 666
  - 1-6. 創造性 … 667
- 2. 実践力の能力要素と評価基準（10のタクソノミー（Taxonomy）） … 669
  - 2-1. 実践力の評価 … 669
  - 2-2. 実践力におけるタクソノミーの重要性 … 670
  - 2-3. P2Mにおける実践力の能力要素 … 670
- 3. P2Mの実践力 … 672
- 4. 実践力を磨くための経験学習プロセス … 676

第2章● プログラム・プロジェクトにおける人材能力基盤 … 679
- 1. プログラム・プロジェクトの特性と人材の特徴 … 679
  - 1-1. 人材とマネジャーの役割 … 679
  - 1-2. 自律的行動をとる仕組み … 680
  - 1-3. 達成意欲に向けての動機づけ … 680
  - 1-4. 集団凝集性の醸成 … 681
- 2. 人材能力基盤の形成 … 682
  - 2-1. 人材能力基盤の意味とマネジャーの役割 … 682
  - 2-2. 人材能力基盤形成における要因の配置計画 … 683
  - 2-3. 組織とチームとコミュニティ … 684

3. 人材能力基盤の強化 … 685
　　3-1. 人材能力基盤に関する理論 … 685
　　3-2. P2Mにおける人材能力基盤の強化 … 688

第3章● リーダーシップ …………………………………………………… 690

1. リーダーシップとは何か … 690
2. リーダーシップ理論の変遷 … 691
　　2-1. 特性理論 … 691
　　2-2. 行動理論 … 692
　　2-3. 条件適合理論（コンティンジェンシー理論）… 693
　　2-4. 変革型リーダーシップ … 694
3. P2Mにおけるリーダーシップ … 695
　　3-1. リーダーシップの定義 … 695
　　3-2. マネジャーに求めるリーダーシップ能力 … 696

第4章● コミュニケーション能力とコミュニティの創造 ………… 702

1. コミュニケーション能力 … 703
　　1-1. P2Mで求められるコミュニケーション力 … 703
　　1-2. P2Mにおける情報伝達・コミュニケーションの基本行動 … 703
　　1-3. ビジョンの共有とストーリーテリング … 706
　　1-4. コミュニケーションの構造と能力 … 706
　　1-5. 情報伝達基盤の変化によるコミュニケーションの変化 … 710
2. コミュニティ … 710
　　2-1. コミュニティの定義 … 710
　　2-2. 実践コミュニティによる価値創造 … 711
　　2-3. P2Mにおける実践コミュニティの活用と創造 … 713
　　2-4. プラットフォームの構築 … 716

第5章● 多文化対応 ………………………………………………………… 718

1. 多文化対応力 … 718
　　1-1. 多文化対応力の定義 … 718
　　1-2. 多文化環境における問題点と理解 … 719
　　1-3. 多文化対応力の背景 … 720
　　1-4. 多文化対応の意義 … 721
2. 多文化対応のための文化の理解 … 722
　　2-1. 高コンテクスト文化と低コンテクスト文化 … 722
　　2-2. 文化的違いの例 … 723
3. 多文化対応力獲得に向けて … 725
　　3-1. 多文化対応力を磨くためのポイント … 725
　　3-2. 多文化環境下における実践 … 727

補遺 … 730
用語集 … 735
索引 … 768

第1部

P2Mの概要と特徴

第1章 はじめに · 26
第2章 P2Mガイドブック（第3版）の構成 · · · · · · · · · · · · · · · · 37
第3章 事業、プログラム、プロジェクト · · · · · · · · · · · · · · · · · · · 39
第4章 P2Mプログラムマネジメントの特徴 · · · · · · · · · · · · · · · · 51
第5章 P2Mにおける実践力 · 55

第1章 はじめに

1. P2Mとは何か？

1-1. P2Mとは？

　P2Mとは、「プログラム＆プロジェクトマネジメント」[*1]の略称であり、本書はこれに関連する一連の体系的知識についてまとめたガイドブックである。P2Mガイドブックは、グローバル化やデジタル情報産業の拡大そして新興諸国の台頭等が急進展しつつあった2001年に初版が出版された。そこでは、日本企業と日本全体が大きな変革期にあるとの認識の下に、"Project & Program Management for Enterprise Innovation" という英文副題が掲げられている。したがって、P2Mの知識体系には、単にプログラムやプロジェクトのマネジメントプロセスの知識にとどまらず、活動主体である企業や官公庁などの組織や対象となる事業などに関して、イノベーションあるいは変革への強い意識が刻みこまれている。

　しばしば私たちは、複雑で大きな命題は、複数のプロジェクトを組み合わせて解決する。この目的達成のために複数のプロジェクトを適切に組み合わせた統合的な活動をプログラムと呼ぶ。P2Mでは、高い成果を目指して、プログラムを計画し実行するプログラムマネジメントと、プログラムを構成する個々のプロジェクトを確実に遂行するためのプロジェクトマネジメントに関する手法、そしてこれらの関連知識を統合的に取り扱う。

[*1] 第3版からは、プログラムマネジメントをより重視して、書名を「プログラム＆プロジェクトマネジメント・ガイドブック」に変更している。

第1章　はじめに

1-2. 激変する社会

　企業は、顧客に製品やサービスという商品を提供して対価を得る。政府・官公庁など公的機関も、市民という顧客にサービスを提供する。グローバル化し複雑化した現代社会では、顧客や社会が必要とする製品やサービスは次々と新たなものに変化する。大企業から中小企業に至るまで、中央官庁から市町村に至るまでその影響を免れない。今日の日本社会は10年前の日本社会と大きく異なる。世界もまた大きく変化している。特に中国社会はこの10年間で全く異なるものとなり、世界のリーダーの一角を成すに至った。変化の現れ方はそれぞれ異なるが、事情は他のアジア諸国も、アメリカも、欧州も、中南米も、アフリカも同様である。世界的な情報化革命の進展で、こうした社会の変化は、さらにその速度を早め、次の10年間にはこれまでと全く異なる世界が創り出される時代となるであろう。

　知識社会あるいは脱工業化社会といわれ、知識や情報がより高い価値をもつこれからの社会でも、モノやサービスの需要は減るどころか増大するだろう。しかし、モノやサービスの内容やその提供の形態そして必要となる資源は次々と変化する。企業などの組織は、顧客が望む新しい価値を発見すること、そしてその価値を社会に広く提供するための「仕組み」を他に先駆けて作り上げることが要求される。そこでは、自らの組織や事業上の仕組みをはじめ、すべてを見直して作り変える必要がある。時代に適応するためのキーワードは「価値創造」と「変革」である。

　本書では、価値創造や変革などの複雑な現代的課題の解決にP2Mを活用するための中核となる知識を、以下の3分野に分けて体系的に解説している。

① 変革や価値創造に関する思考と行動のプロセスを体系化したプログラムマネジメントの知識
② プログラムを構成するプロジェクトを着実に遂行するプロセス体系としてのプロジェクトマネジメントの知識
③ 事業経営の中でプログラム及びプロジェクト活動の実践の基盤となる関連知識

1-3. プログラムとプロジェクト

最初に本ガイドブックで扱っているプログラムとプロジェクトの概念について、簡単に整理しておこう。

プロジェクトとは繰り返しのない個別性と完了の期限を有する有期性を特徴とする活動である。他方、プログラムは、前述の通り組織戦略の実現などの目的達成のために複数のプロジェクトを有機的に組み合わせた統合的な活動である。

プロジェクトは、そのマネジメントの公式な開始時点で達成すべき目標が「プロジェクトチャーター」などの形で、具体的に確定していることが一般的である。プロジェクトマネジメントとは、その目標を如何にして確実かつ効率的に達成するのかを目指すプロセスである。

一方、プログラムは2つの典型的な種別に大別できる。第一は大規模なプラント建設やITソリューションシステム開発のように、達成すべき目標は契約などにより開始時点で具体的に確定的であるが、規模が大きいために多数のプロジェクトに分割して、全体を統合してマネジメントを行うタイプのプログラムである。ただし、規模が大きいために、目標は確定的であっても各部にかなりの不確定要素を残していたり、契約などで目標を確定するに至るまでに、プログラムとして様々な検討を要したりすることが一般的である。この種のプログラムについては、その遂行自体を事業とする専門の企業が扱うことが多く、そうした企業はプログラムの遂行を、あたかも日々繰り返す定常業務（オペレーション）のように位置づけているので、P2Mではこれを「オペレーション型プログラム」と呼ぶ。

第二のタイプは、例えば全く新しい商品を開発して新市場を創り出したい、他社を大きく凌駕する生産効率をあげる仕組みを作り出したいなど、「どのような価値を目指したい」という概念的な戦略的目的のみで始まるプログラムである。この場合、最初は具体的な達成目標が明確でなく、何をすれば適切な戦略的目標と言えるのかを定めるプロセスが重要となる。これには創造や変革などの目的概念に応じて様々な種類があるが、全体をまとめて「戦略型プログラム」と呼ぶことにする。

第1章　はじめに

図表1-1-1　プログラムの典型的な種別

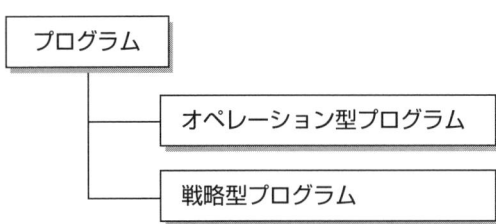

　プロジェクトやプログラムは「複数の要素が体系的に組み合わされ、全体として一定の機能を果たすもの」という「システム」の一般的定義に当てはまり、「プロセス型のシステム」[*3]として見ることができる。プログラムをシステムと見れば、プロジェクトはサブシステムに相当する。一般に複雑なシステムは、それをサブシステムに階層的に分割して対象範囲を限定して考察することで個別に理解し、その統合として全体構成を理解する。プログラム（システム）におけるプロジェクト（サブシステム）は、そのインタフェースを適切に設定することで、他のプロジェクト（サブシステム）には影響されずに自律分散的な遂行が可能となる。プロジェクトをプログラムの下位のモジュールと見れば、これはモジュール化の利点である。[*4] オペレーション型のプログラムは，下位のプロジェクト群を適切に設定することで、このモジュール化の利点を享受する。[1)]

[*3] 例えば、機械装置に関して、設計、製造、組立、検査という作業要素を体系的に組み合わせると、全体として生産プロセスという「一定の機能を果たすもの」となり、この生産プロセスは一種のシステムと見なすことができる。機械製品など、一般に言われるシステムは、ある時点での要素の瞬間像（スナップショット）をシステムとして表現したもので、必要な場合は「プロダクトシステム」と呼び「プロセスシステム」と区別する。

[*4] モジュール化ではシステムを互いに独立性の高いモジュール（サブシステム）に分割する。量産品ではない単発のシステムの場合もモジュール化の利点は、適切な分割とインタフェース設定により、各モジュールが高い独立性を持つことである。具体的には、各モジュールを並行して開発が可能なこと、各モジュール毎に利用技術を集中し専門人材あるいは専門組織をあてることで高性能化やスケジュール短縮が可能なこと、システムの複雑性を緩和し、またモジュールを単位としてシステムの変更が可能なことなどである。

戦略型プログラムの場合は、最初にあるのは漠然とした戦略的な概念である。プログラムを実務行動とするためには、この漠然とした戦略概念を新たに具体的な個別目標群の形式に定義しなおすミッションプロファイリングのプロセスが極めて重要である。（第2部第2章）個別目標群が明確化されて初めてオペレーション型と同様に下位のプロジェクト群を設定することが可能となる。

また、戦略型プログラムは、市場や競合の動向その他の環境に大きく影響されることが一般的であり、その遂行は長期にわたることが多いため、環境の大きな変動を想定して設計することが一般的である。一例として、大規模な環境変動には、プロジェクトというモジュールの単位で、延期、中止、追加などのオプション設定をする等の手法が挙げられる。

さらに、戦略の成果は殆どの場合、プログラムで構築した何らかのシステムを運用した結果として得られる。P2Mでは、この運用段階をサービスモデルプロジェクトというプロジェクトの一種として位置づけ、戦略を実現するプログラムの一部と考えている。

オペレーション型プログラムでも、特に複雑性の高いもの、開発要素の比重が大きいもの、特に長期間を要するものなどは外部環境の変化の影響を受けやすく、その設計にあたっては戦略型と同様な配慮が必要な場合がある。

なお、P2Mでは組織活動における非定常的業務に関して、ここで述べたプロジェクト、オペレーション型プログラムおよび戦略型プログラムを3種類の典型として説明している。現実の事業活動は複雑であり、全てが教科書通りに運ぶわけではない。例えば、プロジェクトであっても部分的に戦略的な要素を有するなど、ある活動が一つのタイプだけで説明しきれない場合も少なくない。場面に応じて、プロジェクト／プログラムマネジメントの中で、プロセスや技法を適切に選択して使用することも必要となる。

2. P2Mプログラムマネジメント

これまで「1つのテーマ」を持つ企画事業の合理的な実行については、プロジェクトマネジメントが開発されてきており、そのプロフェッショナルは、エンジニアリング産業、建設産業、IT産業などを中心に、世界的に広く認知されている。一方、今日の知識社会における問題は、複雑に入り組んだ「いく

つものテーマ」を同時に解決することが要求される。プロジェクトマネジメントは、その中の個々の部分を解決する基礎知識を提供するが、「いくつものテーマ」が重なる複合問題に全体的視点で対処するのには十分ではない。そこで、複雑な問題には、いくつかのプロジェクトを有機的に組み合わせることによって対処し、全体として統合的に解決しようとするのが、プログラムマネジメントである。こうした考え方を、明確な形で最初に世界に提示したのが本書P2Mガイドブックの初版である。

P2Mガイドブック（初版）の後、海外でもいくつかのプログラムマネジメントに関する知識体系が発表されている。本書では、プログラムマネジメント知識について、P2Mに特徴的な内容に言及する場合に「P2Mプログラムマネジメント」と呼ぶことにする。

P2Mプログラムマネジメントは単に複雑な問題だけではなく、「変化が激しくて複雑な問題」の解決に対処することも目的とする。それは、事業の遂行の間に起こり得る大きな環境の変化をマネジメントの前提とする事である。一般のプロジェクトマネジメントでは、プロジェクトの達成目的や遂行条件は事前に明確であり、環境の変化は無いかごく小さいことが前提である。その上で、プロジェクトのスコープを明確化すなわち細分化して、個々の具体的な作業（アクティビティ）にまで展開する。分解することで、容易に対応が可能なレベルまで作業の複雑性を減らす操作である。

同様に典型的な巨大プロジェクトでは、いくつかの小さなプロジェクトに分割して、ステップバイステップに実行することで、その複雑性を減少する。これが伝統的な意味でのプログラムである。

これに対し、今日のプログラムでは、環境の変化、すなわち顧客ニーズの変化、想定外技術による競争相手の新規参入、資源供給市場の激変、政策転換や経済環境の激変など、プログラム側がコントロールできない変化による複雑性への対処が必要となる。[*5]

[*5] こうした当事者には因果関係が分かりにくい種類の複雑性を動的複雑性（dynamic complexity）と呼ぶ。他方、機械的な装置や製造プラントのように、複雑であっても一定のインプットには設計通りのアウトプットが期待できる複雑性を詳細化の複雑性（detailed complexity）と呼ぶ。

複雑性の観点から例えるならば、プロジェクトマネジメントはいわば詰め将棋である。盤面の条件はあらかじめ決まっており、使える資源（持ち駒）も一定である。しかし、今日のグローバルな経済・社会では、いつの間にか盤面に相手のコマが増えていたり、王将の場所が変わったり、さらにはマス目が増えたり、減ったりする。持ち駒の飛車はいつのまにか歩になっているかも知れない。これは動的複雑性である。P2Mプログラムマネジメントは、このような環境変化にも適応しようとするもので、個々の局面は確定したプロジェクトに分割して対処し、大きな変化はプログラム全体の構成を操作して対処する考え方である。

そして何より、P2Mでは「価値創造」が重視される。上記の観点からは、他に先駆けて新たな価値を創り出していく行動は、市場（顧客や他社）に対し自らが新たな環境を創り出すことでもある。市場環境の変化への最大の防御策とも言えよう。

P2Mプログラムマネジメントでは、プログラム・ミッションの本質の見極め（ミッションプロファイリング）が重要で、そこでは戦略とプログラムの関係が重視される。これらは、環境変化を単に後追いするのではなく、環境変化の可能性を見極め、環境変化の影響を受けにくい計画を立てるために必須のプロセスである。

3. 複雑な問題解決を目指すプロフェッショナル人材

P2Mでは、変革や価値創造のためのプロセスや知識だけではなく、優れた人材を育てるという視点に大きな特徴がある。

企業の持続的発展には成長を必要とする。企業の統合・買収（M&A）による効率の向上やシナジーの獲得は成長のための重要な戦略手法の一つであるが、単に合併すれば成長できるわけではない。組織内部の能力を高めて組織を成長させる有機的成長（organic growth）が重要である。そのためには成長への課題を見つけ出し、正しく解釈して解決する人材と組織風土がなければならない。

P2Mでは、組織にとって変革と価値創造を実現するための最も本質的な戦略は「広い視野と高い視点を持つ人材の育成である」と考える。今日の課題解

決には、広くかつ深い知識を自在に活用できるマネジメント専門人材が必須で、それも一個人ではなく組織として様々な人材の集積が欠かせない。

また、現代では世界は短期間に大きく変化する。P2Mガイドブックは、時間が経過しても大きく変化しない本質的な考え方の部分に焦点を当て、体系化したものである。真の成功のためには、P2Mの知識を基盤として、事業の専門性と市場の環境に対応して、組織とマネジャー個人の持続的な学習と成長が必須とされている。

これまで専門家とは、弁護士、会計士、技術士、医師などのように狭くて、深いタイプが中心に考えられてきた。そうした専門家については資格認定制度がある。しかし、複雑な問題が政治、社会、産業など各方面でますます増えてきている。いくつかの領域にまたがる複雑な問題、例えば「新しい事業をつくる」「環境問題を解決する」といった問題に対処するには、技術、金融、経営、法律などの個別の分野を超える複合的知識が必要である。その1つの人材像は経営者や起業家である。しかし、経済・社会の著しい複雑化や変化の加速に伴い、経営者だけではなく、現場により近い立場で、複雑な問題の本質を理解し、さらに対応策の実行までを担う領域横断的なプロフェッショナル（専門的職業人）が必要となってきている。

このような人材を、P2Mではミッション志向プロフェッショナルと呼んでいる。複雑な問題を、個別分野の専門家にもわかる全体像を描いて見せ、実現性の高いシナリオを創り、成功に至るための様々な仕組みを創り、そしてそれらを利用して価値を産み出す人材である。関係分野の専門知識、実務経験を基礎に、もう一段「高いところで見る」能力と、様々な専門能力を持つ人々を挑戦のために組織化する能力を併せ持つプロフェッショナルである。P2Mの活動の一環として、こうした人材の能力を適切に評価し、資格を認定することも行われている。

4. P2Mによるイノベーションと人づくり

技術の進歩と市場の変化が早い今日では、イノベーションが無ければ、事業は早晩立ち行かなくなる。しかし、高度成長期のように、現在の延長にある技術をひたすら追究しても、時間と才能と資金の浪費に終わりかねない。先進国

では、顧客のニーズは単にモノを所有することにはない。代価に見合う、効用、効果、満足感、楽しい経験、利便性などが、新しい大きな市場の要件になっている。もちろん、その多くは具体的なモノを媒介として顧客満足を提供するから、モノ自体やその作り方のイノベーションの重要性が低下したわけではない。しかし、かつてのように、既存の性能を単純に強化すること、少しばかり気の利いた機能を追加すること、ちょっとしたコストダウンを行うことでは、顧客の満足を満たし続けることは困難である。技術や商品の部分最適では通用しない。真の顧客価値の創造という全体最適が必要とされる。

(1) 本質的なイノベーション

　日本社会は、ヒトの流動性が少ない。これは暗黙知の共有による組織の効率的運用、組織の結束などに大きな効果がある。他方、組織内の「常識」や均一な価値観の共有は、安定をもたらすが変化への感度を鈍らせる。例外はあるが、組織の規模が大きくなるほど、その傾向は強い。変化への感度を高め、何をイノベートするのか？　どうイノベートするのか？　それにより顧客にどのような価値を提供するのか？　それぞれのイノベーションの本質と目標を見極めることが、第一の課題である。

(2) ビジネスモデルと仕組み作り

　企業の場合、実現した顧客価値を自らの果実としてどの様に獲得していくのか？　そのためには利益を獲得する巧妙な仕組み（ビジネスモデル）を早い段階で確立し、さらに次々と繰り返し革新していく必要がある。競合他社も同じ事を考えているし、知識の流動性は高い。立ち後れると、市場を失い、折角のイノベーションも無駄に終わる。それは利益ゼロではなく投資分だけマイナスであり、時間的にも多大な機会損失を意味する。製品のイノベーションと並行して、生産プロセス、サプライチェーン、販売チャネル、サービスネットワークなど、ビジネスモデルを支え、市場を切り取るための様々な仕組みつくりが不可欠である。公共的組織の場合も、政策の実行にはそのための様々な仕組み作りが欠かせない。この個々の仕組み作りのプロセスは、一般にプロジェクトとして遂行される。

(3) 人づくり（ミッション志向プロフェッショナル人材）

　企業や組織の興隆は、いつの時代もヒトが最重要な要素である。ヘンリー・フォードや松下幸之助の時代から、スティーブ・ジョブズの現代まで、多くの有名経営者自身が経営資源としてのヒトの重要性を示している。日本型組織の場合、経営トップだけでなく、上級および中間管理者を含む、組織の人的ネットワークの力が経営資源として高い重要性をもつ。時代に適応するためには、これらの人々が、経営者の構想する戦略課題を読み解き、上記(1)、(2)のイノベーションへの理解や仕組み作りの実践力を磨いていく必要がある。

　同一の製品を毎日繰り返し生産する、あるいは同一のサービスを繰り返し提供する定常（オペレーション）型事業は、生産活動の基盤として重要である。こうした事業活動では、標準手順や基準からの逸脱をコントロールする「管理者」の重要性は明らかである。プロジェクトを中心とする事業活動では、一面ではこうした管理業務も重要であるが、同時に標準のないところからゼロベースで計画し、遂行過程で必要となれば柔軟に方針変更ができるミッション達成志向の専門的マネジメント人材が不可欠である。

　「イノベーション」の本来の意味は、「何かあたらしいもの（客体）を生み出す。」というより、まず「自分（主体）を新しくする」ことだという。[2] つまり「創造とは自己変革に他ならない。」ということであろう。その意味でも、プログラムマネジャーなどに、自分自身を高めていく学習の姿勢を要請するP2Mの人作りの視点は重要である。

　P2Mは、組織の戦略が指し示すプログラム・ミッションから、これらの本質的なイノベーションのためのプロセスの指針、仕組み作りの考え方と方法、そして今日的な事業遂行に必要な人づくりへのガイドとなる。

5. P2Mの活用分野

　P2Mの活用分野は、伝統的な社会インフラや施設建設の分野はもとよりすべての産業分野や公共サービス分野にまで及んでいる。主なものをまとめると、図表1-1-2の通りである。

図表 1-1-2　P2Mの活用分野の主要例

	活用分野	主な具体的事例
産業分野を軸とした区分		
1	社会基盤系	国土交通・輸送システム、ライフライン（電気・水・ガス・情報通信）システム、国土安全・国防施設、公共・社会サービス施設、都市・地域開発、治水・防災・環境保全システム、災害復興
2	資源エネルギー系	石油・天然ガス・電源開発、鉱物資源開発、石油精製・石油化学・化学・金属精錬・電力・原子力プラント、備蓄・配送システム、再生可能エネルギープラント、海底資源開発、省エネルギー
3	製造業系	機械製造業、電子機器製造業、鉄鋼・金属産業、化学工業、食品製造業、医薬品製造業
4	販売・流通・サービス事業系	小売販売業、運輸流通事業、ネット通販、通信ネットワーク事業、各種オンラインサービス事業、ゲーム・電子書籍、エンタテイメント・スポーツイベント、各種課金システム、新ビジネスモデル
5	社会・産業エンジニアリング系	社会開発、エネルギー・資源開発、生産施設の構想化・設計・建設・運転・保守
6	行政系	政府省庁、地方自治体における高機動性が必要な政策・開発戦略・産業戦略、省庁をまたがる複合課題等
7	国際協力事業系	政府開発援助、技術移転、国際共同開発を通した発展途上国の経済社会開発全般、人材育成、組織強化等
8	教育系、医療系	大学改革、教育改革、医療・病院システム
プログラムミッション（または課題）を軸とした区分		
9	事業創造・経営改革系	経営改革、組織変革、リエンジニアリング、企業の吸収合併、事業の分離・統合、新事業創造、新市場創造、PFI、ベンチャー
10	製品開発・生産改革系	新製品開発、創薬、新素材開発、オープン・モジュラー型生産、サプライチェーン改革
11	生産施設系	各種生産プラント・施設、物流システム、生産システムの革新（自動化・知能化システム、バーチャルファクトリー）
12	研究・開発系	先端研究（スーパーコンピュータ、超伝導利用、iPS細胞研究・応用、自動車等の無人運用など）、宇宙開発、核融合など
13	コミュニティ系	各種イベント、生活支援プロジェクト、ボランティア団体の運営、地域開発・活性化、防災セキュリティシステム
14	デジタル情報系	システム開発、システムインテグレーション、ITソリューション創出、各種金融システム

第2章 P2Mガイドブック(改訂3版)の構成

　P2Mガイドブック(第3版)の構成を図表1-2-1 P2Mツリーに示す。知識領域は第2版に比べ、いくつかの領域で明確化と拡充を図ると共に、その構成をより分かりやすい形に見直しをしている。

(1)　「第2部プログラムマネジメント」は、統合マネジメントのプロセス(ミッション・プロファイリングなど)の説明と、これと密接に関係する戦略マネジメント、リスクマネジメント及び価値評価のマネジメントについて、相互の関係をより明確な形として説明する構成とした。

(2)　「第3部プロジェクトマネジメント」の部分は、ISOによる国際的標準化の趨勢[*6]を参考にして、これまでと構成形式を大きく変更して説明している。これは、P2Mプログラムマネジメントの学習を望む国内・海外のプロジェクトマネジャーに対しプログラムとプロジェクトの関係の理解を容易にするためである。

(3)　本ガイドブックではプログラム／プロジェクトマネジメントの実行を支える基盤的知識群を3領域に分けて説明する構成とした。すなわち、「第4部事業経営基盤」では、事業経営を支えるインフラストラクチャーとしての戦略、組織、資金、情報システムなどに関して説明する。「第5部知識基盤」はプロジェクト／プログラムマネジャーが、第2部、第3部、第4部の知識と事業上の専門業務知識や実践経験に基づいて、使命を達成する上でわきまえている必要がある基盤的知識について解説している。

[*6] ISO21500 「プロジェクトマネジメントの手引き」

第1部　P2Mの概要と特徴

(4)　さらにプロジェクト／プログラムマネジャーは、知識だけではなく行動に裏打ちされた実践力を保有する人材である。プログラム／プロジェクトはこうしたマネジメント人材の基盤があって初めて実行可能である。「第6部　人材能力基盤」は、こうしたマネジメント実践力の考え方と、優れた組織活動を支える上で最も基本的なリーダーシップやコミュケ−ションの能力、そして業務に向き合うマネジャーの基本姿勢等について説明する。

図表1-2-1　P2Mツリー

第3章 事業、プログラム、プロジェクト

　プログラム、プロジェクトは事業活動の中の非定常部分、すなわち変化の部分に対応するものであるから、事業全体との関係性の中での理解が重要である。本章では事業経営とプログラム、プロジェクト、オペレーションの関係について説明する。事業、プログラム、プロジェクトはいずれも階層性があり、各々がミッションと戦略を持つ活動である。また、プログラムとプロジェクトのマネジメントの目的ならびに特徴についても解説する。

1. 事業経営

　企業は、それが私企業であれ公企業であれ、設立の目的や使命（ミッション）を持つ。また、組合団体あるいは官公庁などの組織も、奉仕すべきミッションを揚げている。ミッションとはすなわち社会の中で果たす機能の表明である。

　企業の場合、直接には顧客価値の創造が中心となり、間接的には従業員の雇用・福利の確保、利潤からの配当・納税、その他社会・環境への貢献活動などを通じて、社会に役立つ存在となることがミッションである。無論、具体的にどのような顧客価値を目指すかは多様であり、そこに企業の個性が表れる。

　組合団体・NPO等の非営利的組織は、直接には構成会員に対する価値創造・提供、間接的には社会・環境への貢献がミッションということになろう。官公庁の場合は、社会の維持と発展の支援が中心的なミッションで、公共投資による社会インフラの構築・提供、ならびに公共消費を通じて教育・福祉など社会維持サービスの提供を行う。

　具体的なミッションを明文化していない組織も、社会の中で果たす何らかの役割を持つはずであり、そうでなければ存続は難しい。また、これを逆の面からいえば、組織とはミッションを達成するための手段であるともいえる。

企業は一般に、その持続可能な存続と成長を、ミッション達成の前提条件としている。「ゴーイング・コンサーン」（継続的活動体）と呼ばれるゆえんである。そして企業は、その持続可能な存続・成長の一環として、ミッションに沿う形で個別の事業を立ち上げ、営み、あるいは廃止する。それは非営利組織や官公庁などでも同様である。

　事業とは、費用と労力を投入し、有形無形の価値を生み出す活動のまとまりを指し、営利、非営利、公共、共同、慈善などの種別がある。たとえば、以下のようなものが事業である。

- 一群の製品を製造し販売する（営利）
- 橋をかけ、利用者に無料で通行させる（公共）
- 複数社が協力して新市場や新技術を開発する（共同）

　事業を構成する活動の中で、安定した繰り返し性が望ましい活動群をオペレーション（定常業務）と呼ぶ。たとえば、製造業における生産・物流・販売などはオペレーションである。

　オペレーションでは、繰り返しによる学習効果・知見の蓄積などにより、業務の効率性と遂行能力が高まっていく。したがって、事業が持続可能で安定していることが最重要となる。オペレーションとはすなわち、「終わらないために努力する仕事」であると考えられる。

　さて、事業を直接とりまく主要な要素として、以下の三つがあげられる。

- 対象とする需要（市場）
- 自らが利用可能な資源・能力
- 競合相手

　絶えず変化し続ける環境の中で、事業を持続可能なものとしていくためには、上記三要素の状況をつねに的確にとらえ、事業に有利としていく取り組みが必要となる。具体的には、新規需要の開拓、資源・能力の獲得、競争優位の確立などの活動である。

　こうした活動はいずれも繰り返し的ではなく、イノベーティブな、すなわち前例のない創造的な特性を要求される。事業戦略は、これら活動に指針と方向

性を与える（詳細は第4部参照）。

　事業の状況を大きく変化させ課題を解決する活動は、原則として有期性（一過性）のものであり、それ自身は目標が達成されれば終了となる。こうした種類の業務を、プログラムならびにプロジェクトと呼ぶ。プログラムやプロジェクトとは「達成し終わるために努力する仕事」だと言える。無論、一つのプログラムの完了に伴って、新しい課題や目標が生まれるかもしれないが、個別には活動は終結し、そのために作られた一時的組織は解散となる。

　ちなみにオペレーションには、小さな改善活動は組み込まれているが、それ単体では課題解決のための大きな変革はなしえない。変革のためには、プログラムという有期性の仕事が必要である。ただし、プログラム遂行のある部分を、オペレーション部門が一時的に担うことはありうる。

　このように事業は、定常的なオペレーションと、変化のためのプログラム＆プロジェクトの組み合わせで、存続し成長するものである。

2. 事業活動の階層性

　企業・非営利組織・官公庁など（以下事業主体と総称する）は、その果たすべきミッションを実現するために、様々な事業を動かしている。事業主体は、全体の事業をいくつかの事業領域のまとまりに区分してマネジメントすることが多い。たとえば製造業において、事業領域を機械事業・電機事業・素材製品事業に分け、機械事業はさらに輸送機械と建設用機械のサブ事業分野に区分してマネジメントするといった形である。事業の全体像は、ツリー構造（樹形図）の形で表現される。ただし、事業の領域区分や階層は、部署の区分や部長・課長・係長といった組織内の位階とはイコールではなく、両者を混同してはいけない。

　個々の事業は、それぞれの階層レベルに応じたミッション、ならびに経営課題を持つ。経営課題とは、事業のあるべき姿（To Be）とあるがままの姿（As is）のギャップを指す概念である。事業のミッションを達成するため、課題解決と変革のために能動的に取り組む活動がプログラムである。

　プログラムは上位戦略に沿って構想され、その活動の中で自らのミッションを明らかにしていく（ミッションプロファイリング：第2部第2章参照）。また、

ミッションを実現するためのシナリオから、必要に応じて下位のプログラムやプロジェクトを生み出す。下位のプログラムやプロジェクトも個別にミッションを持つ。このようにミッションも階層的な存在である。

なお、何かを樹形図で表現した際には、その中の位置を数字で指し示すことができる。例えば上記の例では、機械製品はレベル1の事業、輸送機械はレベル2の事業、といった形である。同様に、事業主体全体での共通経営課題をレベル1、それを部分課題に展開したものをレベル2、さらに下位の部分課題に展開したものをレベル3……の課題と呼ぶ。[*7]

事業やプログラムを論じるとき、どのレベルでの議論をしているかの感覚を持つことは重要である。例えば、工場の海外進出というレベル1の話をしているときに、工場長室の広さはどれだけか、といったレベル4程度の問題に拘泥するのは、マネジメントとして賢い態度ではない。

こうした階層化について、プロジェクトのWBS（第3部第4章参照）と類似性を感じる読者もあるかもしれない。それは巨大な対象を、把握しやすくコントロール可能な小部分に階層的に分解して取り扱う方法（Structured Approach）が共通だからである。

3. プログラムマネジメントとプロジェクトマネジメント

3-1. プログラムとプロジェクトの定義

前述のとおり、プログラムとは、事業の持続可能性を支えるために、事業戦略にしたがって、能動的に生み出す有期性（一過性）の活動である。プログラムは複雑に変化する環境の中で、多くのステークホルダーからの期待・要求を調整しながら、何らかの事業価値を生み出すことを目的とする。いわば「動く標的」を狙ったチャレンジであり、そこでは複雑性、多義性、ならびに計量化しにくい不確実性が支配的な属性である。そのマネジメントには、状況変化に柔軟に適応でき（Adaptive）、イノベーティブなスタイルが求められる。プロ

[*7] レベルを表現する際に、数字の代わりに政策／戦略／戦術……といった用語を用いる論者もある。P2Mでは戦略にもさまざまな階層性があると考える。

グラムマネジメントでは、価値ある成果を生み出す有用性（Effectiveness）と、その成果の安定性（Sustainability）が最重要である。

プロジェクトとは、プログラムの中から部分的にサブミッションを取り出し、ある程度の自律性を持って遂行する仕事である。プロジェクトは、ミッションと責任範囲（Scope）がプログラムよりも比較的明確にされている。このため、外部にアウトソースしやすく、またリスクが計量化しやすい。コスト・品質・時間などをコントロールするためのマネジメント技法もそれなりに整っている。それゆえプロジェクトマネジメントでは、有用性に加えて、遂行の効率性（Efficiency）ならびに公正性（Fairness）が重要となる。

プログラムは、自らが生み出すプロジェクトとの関係でみると、時間軸に沿って下記の三つの様相（Mode）にまたがったライフサイクルを持つ。生成するプロジェクトの形態（Model）も各々の様相に応じて異なる。（第2部第2章2-2-2項参照）

- プロジェクトの定義（スキームモデル）
- プロジェクトの遂行（システムモデル）
- プロジェクトの成果（資源・能力・市場）の具現化（サービスモデル）[*8]

プログラムが配下のプロジェクトを発動する方式は、時間的な視点から逐次型と同時型の二種類に大別できる。[*9] 逐次型はプロジェクトを順次発動してい

[*8] サービスモデルには2種類ある。第一はサービスモデルプロジェクトの完了により、全ての事業が実質的に終結するもので、例えばオリンピックのような大規模イベントや経営変革に伴う一時的な事業活動、宇宙開発などの大規模R&Dプログラムが典型で、急速なIT技術の変化により、短期間に次々と新システムへの移行を迫られるケースなども含まれよう。他方、システムモデルの完了後、例えば試運転、訓練、テストマーケティング等のように一定期間のサービスモデルプロジェクトを経て、以後は定常業務体制に事業を移管するプログラムも多い。

[*9] 第2部では「逐次型」・「同時型」に加え「サイクル型」を挙げているが、サイクル型は、一面では逐次型の一種として、一連の逐次型（第1次）が完了した後、同分野だが新たな逐次型（第2次）に移行すると考えることもできる。

く方式で、不確実性への適応力増大と、失敗時の損失の最小化をねらったものであり、創発型の戦略実現に向いている。同時型は複数のプロジェクトを同時期に多重並行に走らせる方式であり、大規模な事業を分割・権限委譲することで意思決定の迅速化とリスク分散をねらっている。こちらは熟考型の戦略実現に向いている。

3-2. プログラムマネジメントの目的とP2Mの特徴

P2Mにおけるプログラムマネジメントの目的は、下位のプロジェクトの自律性と、全体との有機的結合を両立させ、有用で安定した成果を効率的かつ公正に実現することにある。

海外にもプログラムマネジメント標準はいくつか存在する。しかし内容を見ると、同時型のプログラムに偏重していて、プログラムをトップダウン型組織・熟考型戦略と親和性の高い「巨大なプロジェクト」と同一視するものがある一方、逐次型のプログラム主体で、「能力の獲得」とチェンジマネジメントに力点が置かれているものもある。

P2Mは、ミドルマネジメントの自律性の高い日本のビジネス文化の特徴を受け継ぎ、プロジェクトの自律性と有機的統合のバランスをとること、そのためのライフサイクルをプロジェクトモデルという視点で意識していることがポイントである。

ここでP2Mでは、次の式が成り立つと考えている。

プログラムの価値 > Σ（配下のプロジェクトの価値）

これは「全体は部分の総和を超える」ことを意味する。全体が個々の要素からは予想もできない新たな性質を示すことを創発（Emergence）というが、複数のプロジェクトを的確に組み合わせることで、一つひとつのプロジェクトでは実現できない価値を創造するものがプログラムである。なお、プロジェクトには、事業主体自らが発意し実施する「自発型のプロジェクト」（Internal Project）と、顧客から依頼されて実施する「受注型のプロジェクト」（External Project）の二種類があり、受注してプロジェクトを実行することを

専業とする企業も多い。これは、プロジェクト（とくにシステムモデルのプロジェクト）がアウトソーシングに適した業務形態であるために生じた区分である。

受注型の視点では、成果物が契約通りに達成されてプロジェクトが完了した場合、受注企業にはそれ以上は何も仕事は残らない。もし何かが残ったとすれば、そのマネジメントは「手切れが良くない」と批判されるべきものであり、顧客にも不満が残るものとなる。

他方、自発型の視点では、プロジェクトが完了した場合、具現化した成果をオペレーションに受け渡して終わる。もし「プロジェクト以後」の業務が以前と全く変わらなかったら、そのプロジェクトは失敗だったと批判されるだろう。

受注企業にとって、受注型プロジェクトの価値は、受注金（完了時までの売上合計）から原価を引いた利益で、金銭的には評価される。つまりプロジェクトの期間内だけで評価が可能である。

自発型プロジェクトの価値は、これとは異なる。評価のためには、サービスモデルのプロジェクト以降の、定常業務が生み出す利益を考慮に入れる必要がある。プロジェクト単体だけではなく、プログラムのライフサイクル全体を見ないと、自発型プロジェクトの金銭的価値は計れないのである。

ただし、受注型プロジェクトであっても、開発要素の大きいプロジェクトや、成果物がもたらす効果や内容が事前に十分に明確にできない種類のソフトなプロジェクトなどの場合は、顧客満足は成果物から得られる効果あるいは価値に基づく。裏返せば、受注型プロジェクトとは事業主にとっての自発型プロジェクトであるから、そのライフサイクルに渡り、最終的な成果獲得を目指して事業主と受注者の協働が重要である。

一般にプログラムとは、プロジェクトの上位概念であり、下位に複数のプロジェクトを持つと理解されている。しかしながら、ライフサイクルの三つの様相（定義・遂行・成果の具現化）を持たないような受注型プロジェクトには、受注企業の立場では、原則として上位プログラム[*10]は存在しない。逆に、下位に複数のプロジェクトを持たなくても、適応型でイノベーティブな価値創造活動はプログラムと同様に考えるべきである。

◇◇◇◇ **受注型プロジェクト** ◇◇◇◇◇◇◇◇◇◇◇◇◇◇◇◇◇◇◇◇◇◇◇◇◇◇◇◇◇◇◇◇◇◇◇◇

　各種建設業、プラント・重機械工業、宇宙開発機器事業、ICTシステム構築業などプロジェクト業務を受注して事業とする企業がある。これらの企業は、各々の専門分野に関する技術的な知識・経験と、プロジェクト事業を確実に遂行するプロジェクトマネジメント能力を有する。ある企業が新たな戦略目的のため工場施設・設備やICTシステム等を構築し、それを活用して商品の量産・販売や顧客へのサービスにより事業利益を上げることを考える場合、これらの施設やシステムの構築は、技術力も経験も不足する自社内で行わず、外部の専門業者にプロジェクトとして外注することが一般的である。

　受注型プロジェクト（プログラム）とは、こうしたプロジェクトあるいはプログラムを受注側企業から見た呼称である。他方、そうしたシステム等の構築を発注する側は、外注した部分は戦略プログラムの中のシステムモデルプロジェクトであって、完成したシステム等は、自社のサービスモデルプロジェクトあるいは定常業務により、プログラムにおける所期の価値創造の業務に利用する。このようなケースで、発注側企業のプログラムあるいはプロジェクトを受注側のそれと区別して、「オーナー側プログラム（プロジェクト）」と呼ぶことがある。なお、自発型プログラム（プロジェクト）は、自社で完結する場合もあり、常に外注プロジェクトを含んでいるとは限らない。

◇◇

3-3. プロジェクトマネジメントの領域と階層性

　前述した活動における階層と、マネジメントの領域との間には関係がある。例えば、プロジェクトマネジャーはプロジェクト全体に責任を持つ立場ではあるが、WBSの最下位に位置するワークパッケージ（第3部4章参照）の内部プロセスまでは、立ち入って指示しない。個別のワークパッケージをどのよう

[*10] ただし、プロジェクト受注型企業としてどのような方向に発展するのかという自社の上位戦略から、そのプロジェクトを受注するか、どのような技術で遂行するのかなどを判断する、別の意味での上位プログラムが存在するケースも少なくない。また、こうしたプロジェクトは、マルチプロジェクトマネジメントの対象となる事が多い。

に遂行するかは、原則として専門技術を担当する部門の所掌であり、何かプロジェクトのレベルで解決が必要な問題が発生した時に限り、プロジェクトマネジャーが介入する。

逆に上位プログラムからプロジェクトに与えられたミッションの是非や、プロジェクトの撤退判断などは、通常はプロジェクトマネジャーの権限ではない。したがってプロジェクトマネジメントが直接関与する領域は、プロジェクトのミッションからワークパッケージまでの間となる。なお大規模プロジェクトにおいては、プロジェクトマネジャーが中間レベルのマネジャー（例えばエンジニアリングマネジャーなど）を任命し、それより下位のマネジメントを委譲することも多い。

図表1-3-1　プロジェクトマネジメントの領域と業務のレベル

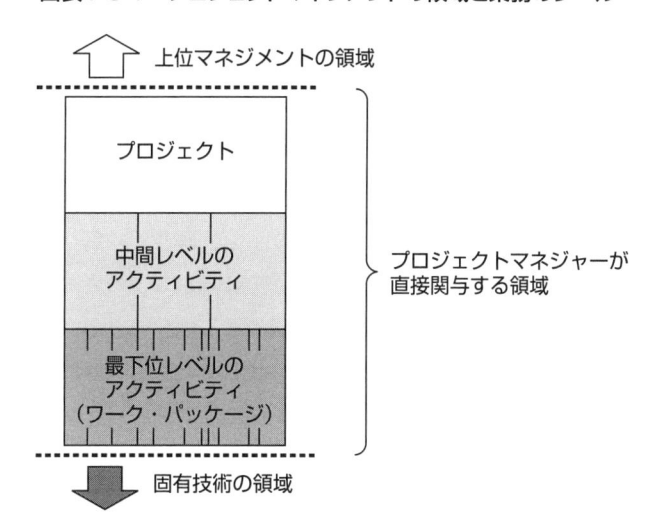

```
　　　　⇧　上位マネジメントの領域
┌─────────────┐
│　　プロジェクト　　│
├─────────────┤　┐
│　中間レベルの　　│　│
│　アクティビティ　　│　├ プロジェクトマネジャーが
├─────────────┤　│　直接関与する領域
│　最下位レベルの　│　│
│　アクティビティ　　│　│
│（ワーク・パッケージ）│　┘
└─────────────┘
　　　　⇩　固有技術の領域
```

同様に、プログラムマネジメントの領域は、事業課題（変化のゴール）から下位のプロジェクトまでの間となる。プロジェクト内部は原則としてプロジェクトの自律性にまかされ、プログラム側では統合的ガバナンスを通じて立ち上げ・モニタリング・終結を行うのみである。プログラムレベルに影響する問題が発生したときのみ、プロジェクトに介入し解決にあたることになる。

3-4. プログラムマネジメントとプロジェクトマネジメントの目標

　プログラムもプロジェクトも価値創造を目指すことには変わりはないが、両者について、それぞれ何を目標にしてマネジメントを行うのかには違いがある。図表1-3-2は、両者の差異を概念的なモデルとして説明する図である。

　プログラムでは、最初にどの様な価値をどの様な時間軸でどの様に実現しようとするのか、プログラムミッションの具体化・詳細化を行う。これは図のスキームモデルプロジェクトの段階で行われる。次に、その計画を実行に移し、システムモデルプロジェクトでミッションを実現するためのシステム（仕組み）作りを行う。これは、通常は複数のプロジェクトを組み合わせて実行される。システムが完成すれば、サービスモデルプロジェクト（および定常業務）で、できあがったシステム（仕組み）を用いて生産・販売・サービスなどを行い、最終的に価値を実現する。プログラムの設計では、こうした予定する実現価値の目標が定められるが、これから図中のプログラム目標基準線が設定できる。ここで、この曲線の初期段階は投資であるから、実現価値（キャッシュフロー）はマイナスとなっている。

　プログラムマネジメントとは、計画段階では如何にしてこの基準カーブをより高くかつ実現可能なものとして計画するのかを目標とし、実行段階では大きな環境の変化があったとしても、それに適切に対処してこのカーブを維持しあるいは機会があればさらに高めることを目標とする活動である。

　他方、現実の実行段階では、環境の変化だけでなく、日程の遅れ、コストの増大などのさまざまな理由から、破線で示す様に実現価値は目標基準線に届かないことが一般的である。（何のマネジメント努力もなしに達成できるとすれば、目標基準の設定が甘いといえよう。）こうした状況の中でプロジェクトマネジメントは、プロジェクト毎にそのアウトプットを、この計画されたプログラム目標基準線に一致させることを一義的な目標として活動が行われる。

　次に、時間の推移に伴い、プログラムで実現できる価値は減少し、更に新たな価値創りの施策（プログラム）が必要となる。図表1-3-3では、この様な場合の継続的な価値実現の関係を示している。ここでは、プログラム1が価値を盛んに生んでいる段階（図中T）で、あらたなプログラム2の投資を行い、プ

第3章 事業、プログラム、プロジェクト

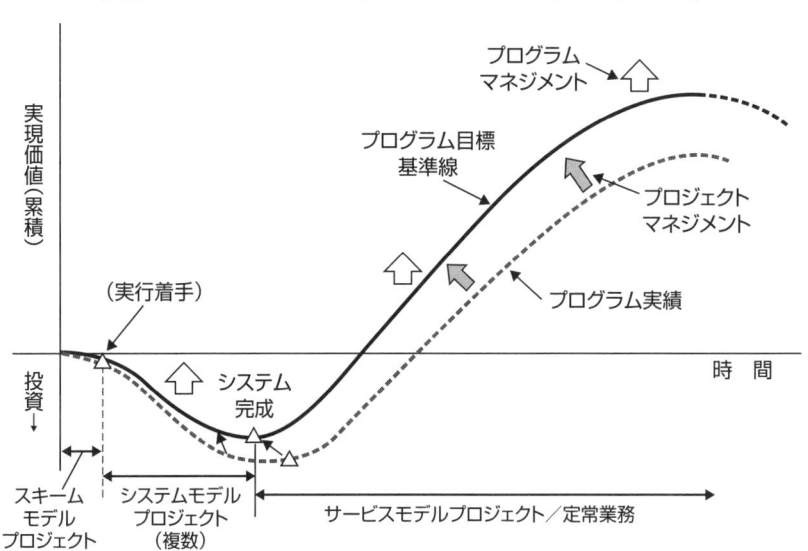

図表1-3-2 プログラムマネジメントとプロジェクトマネジメント

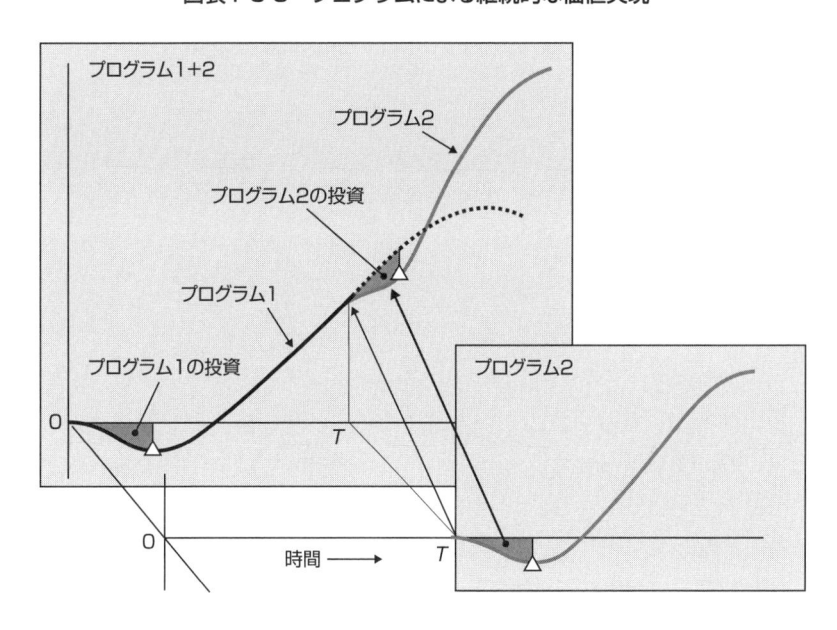

図表1-3-3 プログラムによる継続的な価値実現

ログラム1の生む価値が低下する前にプログラム2に切り替える。この図は、たとえば自動車のモデルチェンジやパソコンOSのWindowsシリーズのように、同一の製品やサービスをより競争力のあるものに更新するケースである。関連する異種の製品・サービスの投入により実現価値の持続や拡大を目指す、たとえば携帯デジタル音楽機器の発売と楽曲のネット販売サービスの提供の様な補完する事業の場合は、当然だがプログラムは切り替わることなく並行して進行し、成果として両者の成果とそのシナジー効果の総和を目指すことになる。

第4章 P2Mプログラムマネジメントの特徴

　P2Mプログラムマネジメントの大きな特徴は、プログラムの初期段階で戦略命題を経営トップではなくプログラムマネジャーが主導して明確化する点にある。

1. プログラムの多義性

　P2Mにおけるプログラムの基本属性として、多義性、拡張性、複雑性および不確実性の4項目が示されている（第2部第2章）。多くのプログラムは、組織（企業、官公庁など）の中長期的な成功を目指す戦略の実行を目的として遂行される。また、組織にとって死活的に大きな影響のある大規模なプロジェクト型事業の遂行にも用いられる。前述のとおりP2Mでは、前者を戦略型プログラム、後者をオペレーション型プログラムと呼ぶ。

　ここで、例えば「新商品Aの市場での大きな成功」という戦略命題の実現を目指す戦略型プログラムを考えてみよう。その成功の形には様々な具体的形態がある。著しい低価格でマーケットシェアを獲得する、高品質でハイエンドの市場を獲得する、販売拠点を整備して優位に立つ、優れた補完商品メーカーと連携して顧客を囲い込む、キーコンポーネントのメーカーと特別な関係を結ぶなど、様々なアプローチがあり得るだろう。

　前記のプログラムの多義性とは、この様に一つのプログラムは、その初期には異なる様々な内容を含意することを意味している。そして、P2Mでは、プ

---

*[11] トップダウン型と呼ばれるタイプのプログラムマネジメントの考え方では、P2Mとは異なり、プログラムマネジャーはプログラムの具体的な目的や目標の決定について関与せず、経営者など組織のトップレベルが定めた目的・目標を所与のものとして受取り、それらの実現に責任をもつ。

ログラムマネジャーが様々な可能性の中からプログラムの成功とは何か、どうあるべきかという成功の本質を見出すことに主導的な役割を果たす。[*11]もちろん組織上はこの行動は経営者などの上位者の指示や委任によるものであり、公式の決定権限は上位者にあると解するのが原則である。

2. マネジャーに求められる知識観

　日本の組織の中では、経営者（例えば社長や取締役）が、革新的製品の事業化や組織の変革を、本人の問題意識、理想、願望あるいは「思い」のような多義的で曖昧な概念として部下のマネジャーに指示することがしばしば見られる。マネジャーはその漠然とした指示をどの様に解釈し、いかなる具体的施策に展開すれば使命を達成できるのかを考える。野中ら[3)]は、日本人の伝統的な知識観は「全人格」の強調であり、知識とは、全人格の一部として個人から切り離すことができない知恵を意味するとする。西洋の科学は明晰に定義された、概念的知識すなわち個人から独立した形式知と体系的論理性により発達し、経営学も経営もその伝統の中に存在する。これに対し、日本的経営が「現場」を重視するのは、知識の認識について個人の直接的体験や暗黙知を重視することの現れであるという。

　この場合、戦略策定にあたり、経営トップはあり得る多様な戦略施策の一つを自ら選定して、トップダウンで遂行を指示するのではなく、しばしば現場を熟知したマネジャーに対し、その知恵を活かして戦略施策を立案させる方法を採る。トップにとって、現場の状況が明晰に定義された知識として、自分に伝えられる事が困難であるという認識が背景にあるためであろう。マネジャーの役割は、現実を超えるトップの思いを、現場の形式知化が困難な様々な複雑性（市場、顧客、競合、技術、リスク、組織など）を見据えつつ、第一線の多様な知恵を糾合して、価値ある成果を目指して戦略施策を具体的に方向付けること、そしてそれを実行していくことである。このようなマネジメントスタイルについて野中らは、典型的なトップダウンやボトムアップとは異なる「ミドル・アップダウン・マネジメント」[4)]と名付けている。[*12]

3. プログラムマネジメントの本質

　P2M型のプログラムマネジメントプロセスには、その背景にこうした考え方がある。ただし、P2Mはプログラムマネジメントの手法であって、ミドル・アップ・ダウンという一般的なマネジメントスタイルと同一ではない。P2Mプログラムマネジメントは、経営トップからの多義的で漠然とした戦略ミッション概念を起点とする一連のプロセスとして説明されているが、例えば起業家や小規模組織のトップが、自らの理想や着想という漠然とした概念を実現するために、自らプログラムマネジャーの立場で、具体的な戦略施策に展開して実施していくプロセスにも、そのまま適用可能である。こうした場合は、外見的にはトップダウン的な活動と見える場合も多いであろう。

　P2Mプログラムマネジメントの本質は、明確に定義された戦略目的や目標ではなく、多義的なミッション概念を起点として、プログラムマネジャーの主導の下に、プログラム組織が自ら戦略目的や目標を設定し、具体的なプログラムとして設計し、実行することにある。

　いうまでもなく、日本の企業でのマネジメントスタイルはミドル・アップ・ダウンだけではなく、トップダウン型の場合もある。トップダウン型プログラムマネジメントの考え方は、P2Mに当てはめれば、上流プロセスを省略して「プログラムの設計」の段階からプログラムマネジメントを行うことに相当する。他方、諸外国の組織でも、P2M型に近いプログラムマネジメントスタイルを採るケースもある。

◇◇◇◇ 事例：サウスウェスト航空 ◇◇◇◇

　米国のサウスウェスト航空（SWA）は、航空機約550機を保有し、1日3300便の路線を運行する大手航空会社である。格安航空会社（LCC）の草分けで、経営の健全性では米国でも抜群の実績をもち、優れた戦略事例として多くの経営書に取り上げられている。同社の戦略は、他の大規模航空会社が取る

---

[12] P2Mプログラムマネジメントの範囲では、"ミドル"マネジャーとは、経営層ではないが、対象を熟知する現場（例えば事業部）の中では、高い権限をもつトップクラスのマネジャーであることが一般的である。

ハブ・アンド・スポーク型ではなく、ポイント・ツウ・ポイント型の直行路線であること、ボーイング737の単一機種の使用でコストを低減すること、誇張して10分ターンと称されることもある着陸から離陸までの地上時間を大幅に短縮して航空機の稼働率を大きく向上するなど、様々な手法が優れた戦略施策として説明されている。ただし、これはいわば成功した後付けの結果論である。

　現実には、会社発足の1967年頃には、飛行機は「高い航空運賃を払える人だけの乗り物」と考えられていた。当時、H.ケレハー氏（現CEO）ら3名が一般庶民も気軽に利用できる航空サービスという着想を持ち、売れ残りのB737型機3機を入手して、テキサス州内の3路線で事業を立ち上げたものである。したがって、同社は現在言われるような戦略をトップダウンで設定し、それに基づいて事業を始めたわけではない。まず最初に格安料金の航空サービスという、当時としては著しく不確実な夢だけがあり、その実現という自ら定めたミッションに向かって、様々な段階で直面する課題に、起業家である経営者と現場の従業員が自らの知恵と熱意を集めて本質的な解決策を実務に即して創出してきたものであり、それを後付けて総合したものが今日言われている「SWA社の戦略」である。この「戦略」を真似て多くの格安航空会社が設立されてきたが、成功する会社は多くない。形だけ真似て、「戦略」が創り出された本質を理解していないためであろう。なお、SWA社は「従業員第一」を公言する極めて稀な会社としても有名である。

第5章 P2Mにおける実践力

1. プログラム／プロジェクトマネジャーの要件

　プログラム／プロジェクトマネジャーは、適切な組織を編成して、プログラム／プロジェクトマネジメントの専門職能を駆使して、その使命を達成する。そのためには、図表1-5-1に示すように、プログラム／プロジェクトを公正な手段で、効果的・効率的に遂行して、確実な成果を実現する実践的能力が要求される。

(1) 公正な手段

　公正な手段とは、プログラム／プロジェクトの主体者が、社会通念、倫理基準、社会の受容性に配慮し、また法規や専門的基準に準拠し、かつ国際規格水準に適合した手順でプログラム／プロジェクトを遂行することを意味する。これにより社会的な説明責任を果たすことが可能となる。

(2) 効果的遂行能力[*13]

　効果的とは、プログラム／プロジェクトにより得られる便益あるいは成果に関するものである。企業の場合であれば、成果とは売上高の増加、開発した新製品の性能、建設したプラントの生産能力などという種類のものである。計画段階ではプログラム／プロジェクトの設計過程での工夫により、いかに実現性がありかつ高い成果目標を計画できるかが、実行段階ではその計画値に対する

[*13] 効果性（effectiveness）と効率性（efficiency）の関係について、ドラッカーは有名な次の言葉で説明している。"Efficiency is concerned with doing things right. Effectiveness is doing the right things." (P. F. Drucker, "Management: Tasks, Responsibilities, Practices", Harper & Row, 1974, pp45)

達成度の比率が問題となる。

(3) 効率的遂行能力

効率的とは、投入資源と産出の比に関するものである。プログラム／プロジェクトでは、いかに少ない資源投入で、定義されたミッションを達成するかが課題である。各種資源や時間に関するムリ、ムダ、ムラをいかに削減するかが重要となる。

図表1-5-1　プログラム／プロジェクトマネジャーの要件

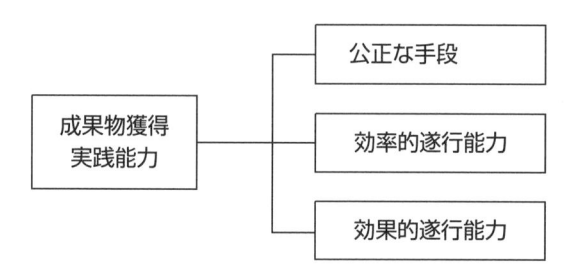

成果物獲得実践能力
- 公正な手段
- 効率的遂行能力
- 効果的遂行能力

2. マネジャーの仕事

前節で述べたようなP2Mで必要とされる人材は、伝統的な事業ラインの維持管理業務を超えて、時代の要請である複合課題や複雑系課題の解決に挑戦する高度なマネジャーである。それには顧客や社会が求める新たな価値を認識し、それを実現する方策を計画し、組織を動かして、現実の価値として実現することが要求される。これには、多くの場合、直接・間接に多人数の集団を動かすこと、そしてそれをできるだけ効率的かつ短期間に実行する必要がある。したがって、マネジャーの仕事の内容は図表1-5-2の通りにまとめることができる。とりわけP2Mプログラムマネジャーには、これらの仕事に関して、背後の知識の幅広さと、専門知識の深さが期待される。

図表1-5-2　マネージャーの仕事

	マネージャーの仕事
a	組織の行動の方向を定めて、示す。
b	組織を動かす計画を作り、実行する。
c	人々とその能力を活かす。

　プログラム／プロジェクトマネージャーは、様々な異分野の専門家を一つの方向にベクトルを合わせて活動させることが仕事である。また、時として、これらの専門家が、自らの直接の指揮命令系統に含まれないことも多い。その意味では、単に計画して実行するだけではなく、様々な人々の能力を活かしていく知恵とスキルが特に重要である。

3. 実践力

　P2Mにおける「実践力」（capability）とは、図表1-5-1のプログラム／プロジェクトマネージャーの要件および図表1-5-2のマネージャーの仕事を満足するのに必要な個人の能力である。

　最も基礎となるものは、事業領域に関する専門知識やプログラム／プロジェクトマネジメントの基本知識などの「体系的知識」と、それに基づいて様々な推論や判断を行う「思考能力」である。同時に、知識を活用して組織すなわち多数の人々を動かす「マネジメント行動スキル」と、成果に向けて責任を受け止め、意欲的に行動する個人の「基本姿勢」も重要な能力である。マネージャー個人はこうした能力の集合体であるが、その能力を有効に駆使するためには、それを利用して行動し予測した成果を得たという経験が重要である。より高度な経験の繰り返しこそが、自らの判断への確信をもたらし、より高度な能力の獲得へとつながるものである。

　P2Mは変革や新たな価値創造を対象とする。したがって、上記の実践力の枠組みの中には、創造性に関する能力や暗黙知と形式知を取扱う能力が大きく含まれている。

　これら実践力に関する事項は、第6部で詳しく扱われている。

◇◇◇ **P2Mプロフェッショナルの倫理要綱** ◇◇◇◇◇◇◇◇◇◇◇◇◇

　プログラムマネジャーおよびプログラムマネジャーは、高い視点と広い視野で業務に取り組む責務だけでなく、社会・顧客に対して、成果責任と共に倫理規範に基づく行動責任を負っている。

　日本プロジェクトマネジメント協会（PMAJ）は、プロジェクトマネジャー・レジスタード（PMR）の資格（2004年制定）に関する「能力ベース資格認定ガイドライン（CPCガイドライン）」の中で、「職業人の倫理と責任」（信頼性の向上、倫理責任、説明責任、成果責任）を定めている。

　特に、倫理責任には、誠実性、公平性、専門能力の維持、正当な注意義務、守秘義務などが含まれる。この規定はPMR資格者を対象としているが、プログラムマネジャー、プロジェクトマネジャー、プログラム・プロジェクト実務者についても同様の遵守が求められる。

　PMAJでは、変化する社会・世界の状況を鑑み、倫理要綱を常に見直し、策定を進める。

◇◇◇◇◇◇◇◇◇◇◇◇◇◇◇◇◇◇◇◇◇◇◇◇◇◇◇◇◇◇◇◇◇◇◇◇◇◇◇

【参考文献】

1）カーリス・ボールドウィン＆キム・クラーク『デザイン・ルール』東洋経済新報社、2004年
2）山口『世界で最もイノベーティブな組織の作り方』光文社、2013年、p296
3）野中、竹内『知識創造企業』東洋経済新報社、1996年、p8
4）同上、p24

第2部 プログラムマネジメント

序　章	概要 ·· 60
第1章	プログラムとプログラムマネジメント ················ 63
第2章	プログラム統合マネジメント ······························ 80
第3章	プログラム戦略とリスクマネジメント ················ 135
第4章	価値評価のマネジメント ···································· 165

序章 概要

　第2部プログラムマネジメントでは、経営戦略や事業戦略により設定されるプログラムミッション[*1]に基づいて行う「プログラム統合マネジメント」について論じる。「プログラム統合マネジメント」は、時系列で、逐次行うマネジメントプロセスであり、ミッションプロファイリング[*2]、プログラムデザイン[*3]、プログラム実行統合マネジメントの三つのプロセスから構成される。

　プログラム統合マネジメントプロセスには、プログラムマネジャーのさまざまな場面での適切な意思決定が必要である。この意思決定をプログラムのすべての期間にわたって支える中核的な知識やスキルとして、戦略、リスク、価値評価について、プログラム統合マネジメントプロセスと関連付けて述べることとする。

　「第1章プログラムとプログラムマネジメント」では、プログラムと経営戦略、事業戦略の関係を示し、経営戦略からプログラムミッション、プログラムの実践までの概要を述べている。

　ここでは、プログラムの定義と分類、基本属性、プログラムマネジメントの定義などの基本項目を述べた上で、さらにプログラムマネジメントに関わる、ライフサイクル[*4]、フェーズ[*5]とフェーズゲート[*6]、プログラムの組織などについて概説している。

[*1] プログラムミッション:プログラムで実現すべきこと。
[*2] ミッションプロファイリング:プログラムミッションを明確にして、「あるべき姿」を描き、現状の「ありのままの姿」からどのように到達していくかのシナリオを描くこと。
[*3] プログラムデザイン:ミッションプロファイリングの成果物に基づき、プログラムのアーキテクチャー(プロジェクト群の構成)を設計するプロセス。
[*4] プログラムのライフサイクル:プログラム遂行プロセスは開始から終結まで一連のフェーズから構成されるが、そのフェーズの全体集合のこと。

序章　概要

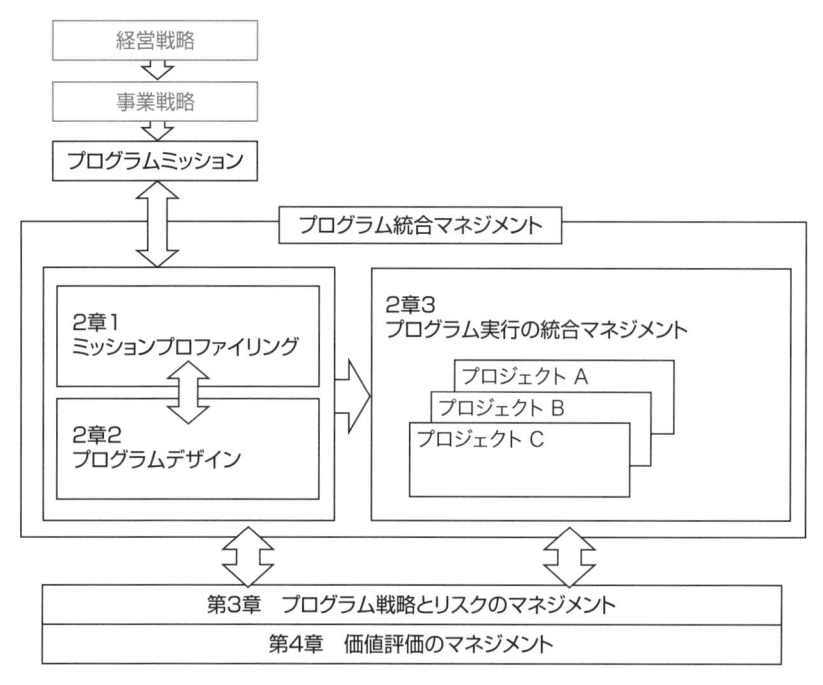

図表2-0-1　プログラムマネジメントの構成

```
┌──────────┐
│ 経営戦略 │
└────┬─────┘
     ↓
┌──────────┐
│ 事業戦略 │
└────┬─────┘
     ↓
┌──────────────────┐
│ プログラムミッション │
└────┬─────────────┘
     ↕
┌─────────────────────────────────────────────────┐
│        プログラム統合マネジメント                │
│ ┌──────────────┐    ┌──────────────────────┐   │
│ │ 2章1         │    │ 2章3                 │   │
│ │ ミッション   │    │ プログラム実行の     │   │
│ │ プロファイリング│ │ 統合マネジメント     │   │
│ │              │ ⇒ │ ┌──────────────┐     │   │
│ │              │    │ │ プロジェクト A │   │   │
│ ├──────────────┤    │ │ プロジェクト B │   │   │
│ │ 2章2         │    │ │ プロジェクト C │   │   │
│ │ プログラム   │    │ └──────────────┘    │   │
│ │ デザイン     │    │                      │   │
│ └──────────────┘    └──────────────────────┘   │
└─────────────────────────────────────────────────┘
           ⇕                    ⇕
┌─────────────────────────────────────────────────┐
│ 第3章　プログラム戦略とリスクのマネジメント      │
├─────────────────────────────────────────────────┤
│ 第4章　価値評価のマネジメント                    │
└─────────────────────────────────────────────────┘
```

「第2章プログラム統合マネジメント」では、プログラムマネジメントのプロセスをミッションプロファイリング、プログラムデザイン、プログラム実行の統合マネジメントの3つの節に分けて論じる。

まずミッションプロファイリングでは、ミッションプロファイリングとは何かの概説、さらにミッション表現、価値の関係性分析、シナリオ展開について述べる。

次にプログラムデザインでは、プログラムデザインの概説、プログラムアー

[*5] フェーズ：プログラムの遂行段階で、マイルストーンなどで区切られた期間のこと。
[*6] フェーズゲート：各フェーズで、あらかじめ定められている条件を満たさないと先に進むことができない「関所」を指す。あるフェーズから次のフェーズに移行して良いことを確認をするために組織として行う公式の意思決定プロセスのこと。
[*7] プログラムアーキテクチャー：ミッション達成のプロセスを実行するための複数のプロジェクトに割り当てた構造形式のこと。

キテクチャー*7、そしてこれらをまとめたプログラム構想計画文書について説明する。ここでは戦略型とオペレーション型の二つのプログラムの創生プロセス事例により、この基本プロセスを例示した。

最後にプログラムの実行を行うための統合マネジメントについて、プログラム実行の統合マネジメントプロセスを述べる。ここまでが、プログラム統合マネジメントの基本プロセスである。さらに、プログラムマネジメントとの対比の視点から、マルチプロジェクト運営の要点を加えておく。

「第3章プログラム戦略とリスクのマネジメント」では、プログラムマネジメントプロセスを支える共有の要素のうち、プログラム戦略マネジメントとプログラムリスクマネジメントについて示す。プログラム戦略マネジメントでは、プログラムの戦略をプログラム目標にどのように組み込み、戦略的に実行していくかを論じる。プログラムリスクマネジメントでは、プログラムにおけるリスクとリスクマネジメントの特徴をまとめておく。

「第4章価値評価のマネジメント」では、プログラムにおける価値とその評価の考え方、企業会計、現在価値、無形資産における評価のプロセス、さらに価値評価指標について述べることにより、価値と価値評価について理解を深めていただきたいと考えている。

第1章 プログラムとプログラムマネジメント

　この章では、プログラムとプログラムマネジメントの基本を述べる。事業戦略は、組織の持つ理念に基づいて、その組織が社会にどのような価値をどのように提供していくのかを表現したものであり、プログラムは、この事業戦略を遂行する。そこで、まず組織の戦略とプログラムの関係について述べる。さらに、プログラムの定義と分類、プログラムマネジメントの概要、プログラムのライフサイクル、プログラム組織の考え方について記述する。プログラムの創成プロセスについては、組織の役割や担当する業種によっていくつかのパター

図表2-0-1　プログラムマネジメントの構成（再掲）

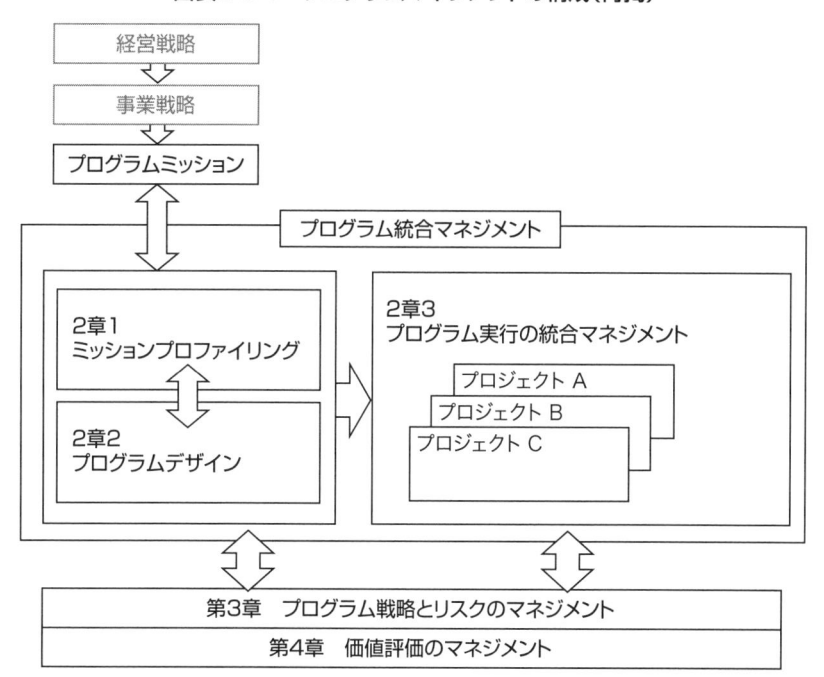

```
経営戦略
  ↓
事業戦略
  ↓
プログラムミッション
  ↕
┌─────────────────────────────────────────┐
│          プログラム統合マネジメント            │
│ ┌──────────────┐  ┌──────────────────┐ │
│ │ 2章1         │  │ 2章3              │ │
│ │ ミッション    │  │ プログラム実行の   │ │
│ │ プロファイリング│ │ 統合マネジメント   │ │
│ │      ↕       │→ │ ┌─プロジェクト A─┐│ │
│ │ 2章2         │  │ │ プロジェクト B  ││ │
│ │ プログラム    │  │ │ プロジェクト C  ││ │
│ │ デザイン      │  │ └─────────────┘│ │
│ └──────────────┘  └──────────────────┘ │
└─────────────────────────────────────────┘
      ↕                    ↕
第3章　プログラム戦略とリスクのマネジメント
第4章　価値評価のマネジメント
```

ンが存在するが、ここでは最も一般的な形態を記述する。

1. 組織の戦略とプログラム

1-1. 組織の永続的な成長に向けて

　組織は営利・非営利を問わず、何らかの存在理由を持っている。

　企業の場合、組織の存在理由、または存在目的は「企業理念」もしくは「経営理念」と呼ばれる（以下、理念と呼ぶ）。理念は、創業者の百年の計を表したものであり、組織の社会における半永久的な貢献と成長への想いが込められたものである。経営者は、理念を具体的に実践するために自組織の強みを生かして、時々の環境変化に対応し、または先取りするための戦略を考えて、プログラムとして実践する。したがって戦略を実践するための組織や仕組み、システムなども、時代の変化とともに新たに生成され、発展・改革されていくことが求められてくる。

　非営利の組織においても、企業組織と同様に組織の理念に基づいて、組織の置かれた環境に対応した組織の戦略がプログラムとして遂行される。その成果が社会的な価値を生み出すことによって、組織が継続的な存在価値を持つといえる。

図表2-1-1　企業の理念と環境と戦略

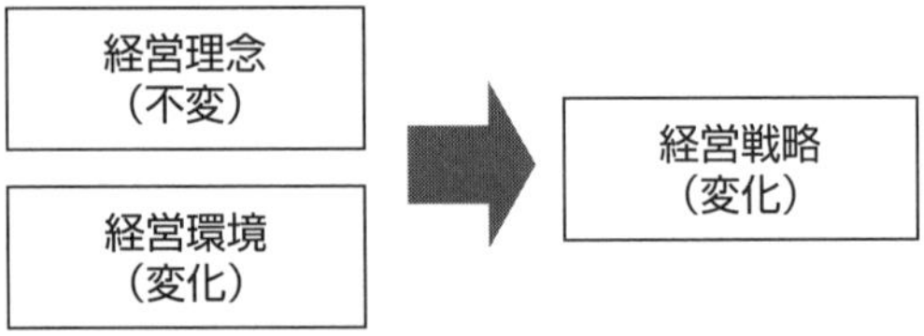

経営理念（不変）
経営環境（変化）
→ 経営戦略（変化）

1-2. 戦略とプログラムの関係

　プログラム（program）とは、プログラムミッション（program mission）を実現するために複数のプロジェクトが有機的に結合された事業である。

　経営戦略を実現するためには、経営戦略そして事業戦略からプログラムミッションを導き出し、複数のプロジェクトをプログラムとして構成して、適切に

実行することが必要である。

　企業が遂行するプログラムには、当初はあいまいで抽象的な企業戦略の初期的概念から次第にプログラムのコンセプトを明確にしていく形態と、プログラムのコンセプトが当初から明確にステークホルダー間で共有されている形態とに大別できる。P2Mでは、前者を戦略型プログラム、後者をオペレーション型プログラムとして区分する。

　企業の戦略は、一般的に経営戦略と事業戦略に分けられる。経営戦略とは、自社の経営資源をどの事業分野に重点配分するかという戦略であり、経営トップは理念の実践に向けて全体最適を考察した資源投入を決定する。事業を、市場（または顧客）と提供する製品やサービスの組み合わせと考えると大多数の企業は、複数の事業を同時に経営することになり、限りある経営資源をどのように配分するかという決定が常に必要になる。また、事業数が多い場合には全社の下部組織として、本部や分社が設けられていることがある。こうした場合、本部長や分社長レベルでも、さらにその担当分野に対して経営資源配分の戦略が必要となる。

図表2-1-2　経営戦略とプログラムの関係

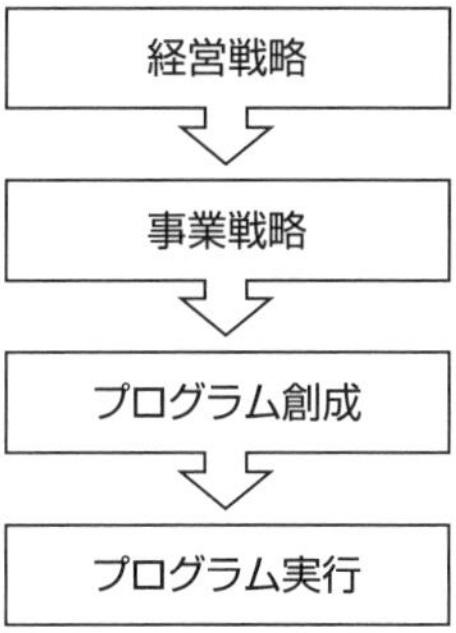

```
経営戦略
  ↓
事業戦略
  ↓
プログラム創成
  ↓
プログラム実行
```

　こうしたプロセスを経て、本部や分社の事業への経営資源配分が行われると、次に各事業部単位で事業戦略が練られる。一般に、全社組織の戦略を実践するために、下位組織である事業部は上位組織から配分された経営資源の活用を前提とした事業遂行の戦略を自ら構築して実践していく。具体的には、市場や顧客の選択や創造、提供する製品やサービスの優位性確保、業務プロセスの卓越

性、組織や人や資源のレベル向上などの実践である。つまり、戦略は利用可能な資源制約の中で、最も適切な施策を定めて実行される。

事業戦略から、「プログラムミッション」をコンセプトとして導き出し、事業戦略を実行するためのプログラムを創成する。プログラムミッションを実現するための具体的な実践プロセスとして構成された大きな施策の塊がプログラムである。

1-3. プログラムとプロジェクトの関係

見方を変えれば、戦略とは、長期的な成功を最大化することを目的とする組織の最も基本的な計画である。限りある自社の経営資源を最も効果的に投入し、効率よく活用して経営の目的を達成しようとするものであり、戦略の本質はやるべきことを絞り込むところにある。また戦略は顧客や競合などの環境変動に対応するために自在に変化する必要がある。プログラムは、こうした戦略の本質を踏まえて実践すべき施策としてのプロジェクト群をプログラムデザインにより明確にして、プログラムの構造（アーキテクチャー）を可視化し、プログラムのステークホルダーの戦略実践に向けた参画を促すものである。この過程では必要な経営資源が吟味され、効果的・効率的に投入されなければならない。

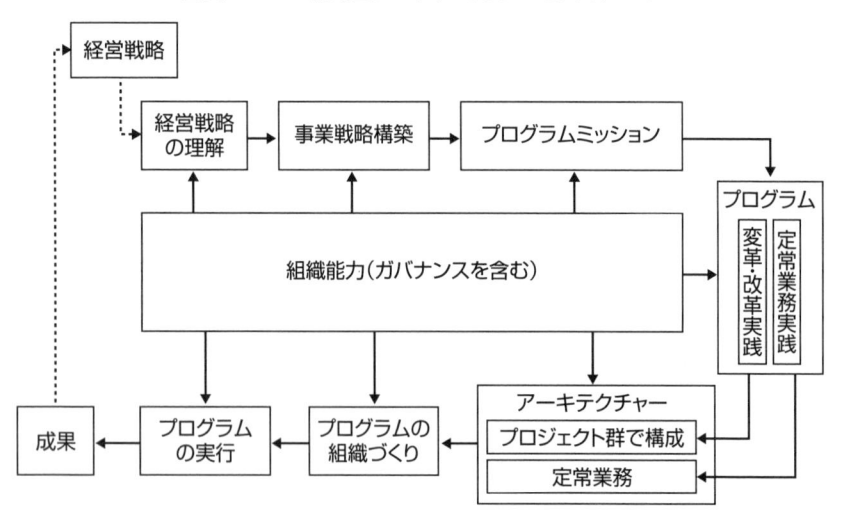

図表2-1-3　戦略型プログラムのプロセスイメージ

図表2-1-3は、経営戦略を受けて、事業戦略、プログラムミッション、プログラム、プロジェクト群の構成のためのアーキテクチャー、実行するためのプログラム組織作り、プログラムの実行、成果とその評価を一連の流れで示したものである。さらにこのようなプロセスを遂行していくにはガバナンスを含む組織能力が重要になる。

- プログラムとは、プログラムミッションを実現するために複数のプロジェクトが有機的に結合された事業である。
- 組織の経営理念は不変であっても、経営環境は変化するので経営戦略は常に変化に対応する必要がある。
- プログラムにはコンセプトが当初から明確にステークホルダー間で共有されているオペレーション型プログラムと、当初はあいまいで抽象的な企業戦略の初期的概念から次第にプログラムのコンセプトを明確にしていく戦略型プログラムがある。
- 戦略は、その意図するコンセプトをいくつかの「プログラムミッション」として導き出してプログラムを創成する。プログラムとは、プログラムミッションを実現するための具体的な実践プロセスとして構成された大きな施策の塊である。

2. プログラムの定義と分類

2-1. プログラムの定義

プログラムは、プログラムミッションを実現するために複数のプロジェクトが有機的に結合された事業である。

プログラムは価値創造を使命とする活動であり、単に複雑あるいは巨大なシステムを建設あるいは開発することにとどまるのではなく、こうしたシステムの利用・運用という定常的な業務遂行の過程で実現される価値までを含めたトータルな評価を視野に入れたマネジメントが必要である。

すなわち、プログラムには、複数のプロジェクト業務が必ず含まれるが、その他に従来のプロジェクトマネジメントの観点からは、プロジェクトではなく

定常業務とみなされるタイプの業務を含む場合がある。

　P2Mでは、この定常業務の部分をサービスモデル・プロジェクトとしてモデル化して、これに先行する段階であるプログラムの具体的な構想計画を確立するスキームモデル・プロジェクトと、システムの開発や建設を実行するシステムモデル・プロジェクトとを結合する形式を1つの典型的なプログラムのモデルと定義している。

　例えば、商品やサービスは、当初の計画どおり開発されて完了ということではなく、顧客ニーズの変化や競合との関連等で、経営的な評価をしつつ、常に最適な姿を追求しなければならない。また、商品やサービスを生み出して、顧客に提供するための業務プロセスや仕組みや人材等を含む組織力についても、継続的なイノベーションが要求される。このように定常業務すなわちサービスモデル・プロジェクトにおいて見出した価値をスキームモデル・プロジェクトやシステムモデル・プロジェクトにおいて継続的に新たな価値を創出していくことが求められている。

　こうしてみると、プログラムとは一定以上の規模を持つものでなくてはならないのかという疑問が生じてくるが、必ずしもそうではない。事業戦略は環境変動を読み込み、あるべき姿を想定してその達成に向けて組織を計画的に参画させていく形態が多いが、例えば新規事業創造の初期段階に見られるように、現場からの気付きや一顧客の小さなニーズ発掘から始まって、大きな事業創造につなげるような現場創発を起点とした「創発型」の形態もある。

　この創発型の活動の場合、小規模なものであっても、それが経営活動に大きな影響を与えるミッションを持ち、複数のプロジェクトから構成されているのであれば、プログラムとしてのマネジメントが必要である。

2-2. プログラムの分類

　プログラムには戦略型プログラムとオペレーション型プログラムがあることは、1-2戦略とプログラムの項で述べたが、ここではその具体的な事例を「図表2-1-4プログラムの類型と事例」に示している。

　戦略型プログラムは創出型、変革型とも言えるように類似のプログラムの実践経験がない状態からスタートするため、初期の段階で事業戦略に対応させて

明確にすることが必要になる場合が多い。一方、オペレーション型プログラムでは、大半の場合、関係者は類似のプログラム実践経験を持っており、最初から大枠では共通的な理解が得られている。

図表2-1-4　プログラムの類型と事例

分類	類型	具体事例
戦略型	組織改革	M&A、事業構造改革、リストラクチャリング、組織再編など
	商品改革	大型の新製品やサービス、新規素材、医薬品など
	新ビジネスモデル	新規市場（顧客）開拓、新規バリューチェーン構築など
	研究開発	宇宙開発、地球環境関連（大気汚染や水質、防災など）
	創作活動	映画製作、テレビドラマなど
	社会インフラ	スマートシティ
オペレーション型	建設関連	プラント、発電所、鉄道、空港、市街地再開発など
	資源関連	資源探査、油田、鉱山などの開発や運用など
	IT関連	人事や経理などの基幹系システム、生産管理、銀行勘定系システムなど

2-3. プログラムの基本属性

プログラムは、プログラムミッションとしての経営トップの事業に対する想いや要求が複雑に絡み合った概念を、複数のプロジェクトとして展開して問題解決を図るものである。このようなプログラムは、以下に示す4つの基本属性を持つ。

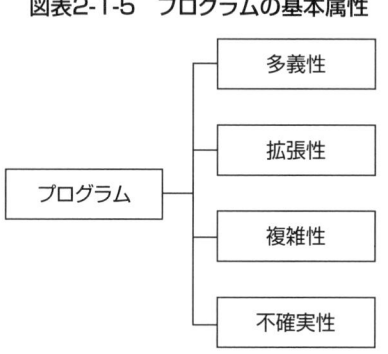

図表2-1-5　プログラムの基本属性

```
                  ┌─ 多義性
                  │
                  ├─ 拡張性
    プログラム ───┤
                  ├─ 複雑性
                  │
                  └─ 不確実性
```

プログラムの多義性（multiplicity of context）とは、当初のプログラムのミッション概念には、さまざまな発想が多様に絡み合って含まれていることを意味している。プログラムには、組織が存在する複雑な社会的環境を反映して、政治的、経済的、社会的、技術的、倫理的などさまざまな要素が統合されている。

プログラムはこれらの要素の組み合わせにより、一般的にその規模、領域、および構造の拡張性（scalability）を持つ。

プログラムは初期には一つのプログラムミッションという抽象概念から発するが、プログラムのライフサイクルの進行にしたがってしだいに具体的となる。同時に多数のプロジェクトが組み合わされ、内部的には高度に詳細化した複雑性（complexity）を持ったものとなる。他方、長期間の実行過程で、市場や競合などの外部環境とプログラムの相互作用による動的複雑性の影響も大きくなる。

さらに、プログラムは現在の状態に対する何らかの変革を企図するものであり、長期間にわたり環境の変化にさらされることからも、不確実性（uncertainty）が高いものとなる。

- プログラムは、複数のプロジェクトが有機的に結合された事業である。
- プログラムには、定常業務を含む場合がある。
- プログラムは、「多義性」、「拡張性」、「複雑性」、「不確実性」という4つの基本属性を持つ。
- 多義性とは、プログラムミッション概念にさまざまな発想や要求が複雑に包含されていることを意味している。
- 拡張性とは、プログラムの持つ規模、領域、及び構造の拡大可能性を指す。
- 複雑性とは、多数のプロジェクトが組み合わされ、相互に作用しあうことによる構造の複雑化や、長期間の実行過程で生じる市場や競合などの外部環境の影響による行動の複雑化を指す。
- 不確実性とは、プログラムが持つミッション（変革）の企図と長期間にわたる環境変動の影響に起因する不確実さを指す。

3. プログラムマネジメント

3-1. プログラムマネジメントとは

　プログラムマネジメントは、事業戦略を実践するためのプログラムミッションの達成を目的とするマネジメントである。そのために、関連性を持つ複数のプロジェクト群を定義し、これらを実行し価値創造を達成するための一連のプロセスで構成される。

　プログラムミッションは、当初は多義的であいまいであり、具体的に何を達成すればミッションが達成されたと言うべきか不明確であり、また環境変動への対応の仕方なども必ずしも明確ではない。プログラムマネジメントは、こうした初期の段階からスタートして、プログラムという自律分散と統合の仕組みを構築し、これに基づいて具体的な活動施策としてのプロジェクト群を定義して、各プロジェクトとプログラム全体の実行活動案を計画し、実行する。

　戦略型のプログラムを例にとれば、当該プログラムが存在する外部のマクロ的な環境（例えば政治、経済、社会および技術的な環境）、市場の環境、競合環境などを分析して、自社の内部的な環境（商品やサービス力、営業力、生産力、組織力、仕組みやシステムなど）との適合性を検証して、プログラムミッションを導き出すことがマネジメントのスタートになる。

3-2. プログラム統合マネジメント

　プログラム統合マネジメントは、プログラムを構成する各プロジェクトがそれぞれ自律的に運営されつつ、プログラムミッション達成に向けた方向に収束していくようにプロジェクト群を計画・設計し、それらの遂行をコントロールすることである。プログラム統合マネジメントは、大別すれば3つの段階で成り立つ。すなわち、外部環境への対応を目指して、プログラムのミッションを具体化して明確に定める段階と、プログラムの実行に向けて、構造を決めて関係者の参画を促す段階、さらにプログラムを実行する段階である。これらのプロセスはそれぞれ組織の経営資源などの内部環境により大きく影響される。そして、外部環境の変化に適合させていくためには戦略的なアプローチが要求される。

図表2-1-6　プログラム統合マネジメントの概念

〔目的〕	〔プロセス〕	〔成果物〕
プログラムミッションの特定	ミッションプロファイリング	プログラムシナリオ
プログラム構造の明確化	プログラムデザイン	プログラム構想計画
プログラムの実行	プログラム実行の統合マネジメント	プログラムミッションの実現

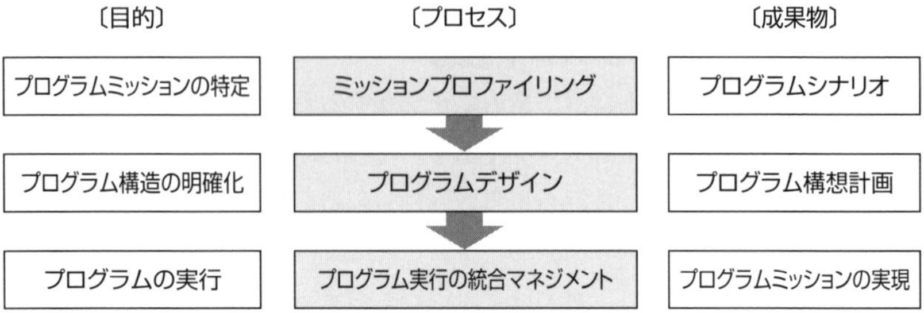

　P2Mでは、図2-1-6に示すように、プログラム統合マネジメントの概念を、①プログラムのミッションを具体的に特定する「ミッションプロファイリング」、②プログラムの構造を明確にする「プログラムデザイン」、③プログラムを実行する「プログラム実行の統合マネジメント」の3つのプロセスで構成している。

　プログラム統合マネジメントプロセスの詳細は第2章で述べる。

3-2-1.ミッションプロファイリング

　ミッションプロファイリングは、プログラムの初期段階で、事業戦略を分析して、戦略を実践できるように、プログラムミッションを明確にして、「あるべき姿」を描き、現状の「ありのままの姿」からどのようにして到達していくのかというシナリオを描くプロセスである。

　この段階で、プログラムが創造する価値の概念は、当初の抽象的な段階から徐々に具体化される。戦略型プログラムにおいては、プログラムミッションは当初は例えば「○○事業の改革」とか「新規事業の創造」というような極めて抽象的な表現からスタートするが、これから「改革後の事業の姿」や「創業後の事業の姿」を描き出し、戦略を反映した具体的なシナリオに展開する。

　ミッションプロファイリングは、プログラムの進行過程で環境の変化により変更を行う場合には、プログラムミッションを維持するために繰り返して行うべきものである。

3-2-2. プログラムデザイン

　プログラムデザインとは、ミッションプロファイリングの成果物に基づき、プログラムのアーキテクチャー（プロジェクト群の構成）を設計することである。プログラムの環境の構造的変化・状況変化等の不確実性をも計算に入れて、プログラムミッションを達成できるようにプログラムを構成する各プロジェクトとそれら相互の関係性を設計する。プログラムデザインのプロセスは、まずミッションプロファイリングで展開し検討された最終的なシナリオの実行期間やプロセスを定義する。次に必要なプロジェクト群を創成して構造化することで、プログラムの全体構成を可視化する。そしてプログラムの実現可能性などを検証して、プログラム構想文書としてまとめる。

　プログラム構想文書により、プログラムの実現すべき具体的目標や必要な作業が明らかにされる。またプログラムの参加者、各プロジェクトとその周辺の参加者などは、自身の果たすべき役割とプログラムにおける位置づけや他者との関係性を理解する。

3-2-3. プログラム実行の統合マネジメント

　プログラム実行の統合マネジメントは、ミッションプロファイリングで構想され、プログラムデザインで計画された価値の確実な実現を目指すプロセスである。プログラムはプロジェクトに比して、長期間に及ぶため環境変動を伴うので、プログラム自体にも戦略的なアプローチを取り込んだ実行が必要である。遂行結果は、プログラムの終結時にプログラムの遂行結果を当初計画との比較で確認する。

3-3. プログラム統合マネジメント活動指針

　プログラム統合マネジメントを効果的に実行するためには、プログラムの戦略マネジメント、リスクマネジメント、価値評価のマネジメントが必要であるが、これについては第3章と第4章で記述する。

　プログラムの統合マネジメント活動では、以下の4つを基本的な活動指針とする。

(1) ゼロベース発想

プログラム統合マネジメントでは、複雑な問題を解決するために新たな発想による枠組みの構築が必要になる。例えば「あるべき姿」の構想は、現状の単なる延長上にない非連続のアプローチが必要であり、ゼロベースの発想が不可欠である。

(2) 変化柔軟性

プログラム統合マネジメントでは、環境変化に即応したスピーディでタイムリーな代替案への移行や中断・中止の意思決定が必要であり、変化に柔軟に対応することが要求される。

図表2-1-7 プログラム統合マネジメントの活動指針

```
           プログラム統合マネジメントの活動指針
    ┌──────────┬──────────┬──────────┬──────────┐
 ゼロベースの発想    変化柔軟性      知識・情報の共有    価値の確認
 「あるべき姿」を見  タイミングを見て   オープンに環境で   公正・公平な価値を
 抜き、枠組みをつく  重要な方針変更を   知識・情報を共有す  確認することにより、
 る。         出す。        る          状況変化の中で
                                 マネジメントを方向
                                 付ける
```

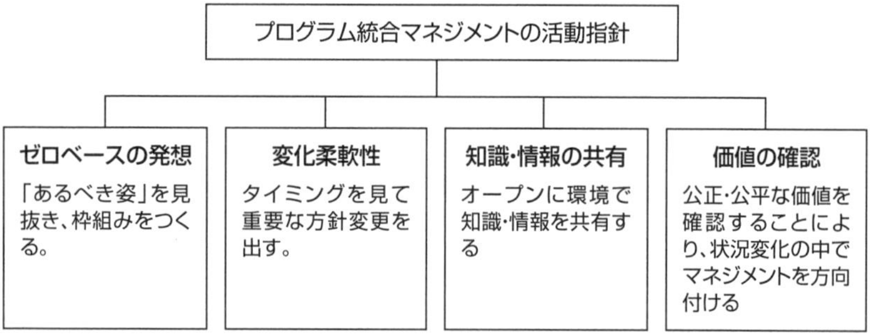

(3) 知識・情報の共有

プログラム統合マネジメントでは、ステークホルダーがオープンにコミュニケーションを行い、知識・情報を共有してプログラム組織メンバーの実践力を向上させていく必要がある。そのためには、ステークホルダー間の組織文化の違いなどを理解することも重要である。

(4) 価値の確認

プログラム統合マネジメントでは、求めるプログラム価値が環境変化に応じてどのように構築されているか、タイムリーに評価して適切な対応をする必要があり、その仕組みを構築しなければならない。

> - プログラムマネジメントは、事業戦略を実践するために導き出したプログラムミッションの達成を目的とするマネジメントである。
> - プログラム統合マネジメントのプロセスは、①プログラムのミッションを特定する「ミッションプロファイリング」、②プログラムの構造を明確にする「プログラムデザイン」、③プログラムを実行する「プログラム実行の統合マネジメント」の３つである。
> - プログラム統合マネジメントの活動指針は、①ゼロベースの発想　②変化柔軟性　③知識・情報の共有　④価値の確認の４つである。

4. ライフサイクル

4-1. プログラムのライフサイクル

　プログラムのライフサイクルとそのマネジメントに関する考え方は基本的にはプロジェクトの場合と異なるものではない。ただし、プログラムの場合は、事業戦略と直結した価値創造というミッションを持ち、比較的大きな規模で長期間の活動を行うために以下の工夫が必要である。

　実行段階のプログラムのライフサイクルは、プログラムを構成するプロジェクト群のライフサイクルを統合したものとして存在する。ただし、単なるプロジェクトのライフサイクルのボトムアップ的な寄せ集めではなく、プログラムミッションを達成すべく設定されたプログラムとしてのライフサイクルが先に存在し、各プロジェクトのライフサイクルはこれに適合して計画されていることは言うまでもない。

4-2. フェーズとフェーズゲート

　プログラムのライフサイクルは、組織の経営的な視点からプログラムを適切なフェーズに区切り、フェーズごとに事業戦略との整合性を審査・承認するフェーズゲートを設定し、プログラムとして承認される。

　プログラムは多様であるため、そのライフサイクルのフェーズは、一律に定

義できるような性格のものではない。

　フェーズゲートは、各フェーズの区切りのことであり、各フェーズで、あらかじめ定められている条件を満たさないと先に進むことができない「関所」を指す。例えば、経営者の承認や財務的な判断、設計審査などで、プログラムにおいては個々のプログラムの実情に応じて設定されるべきものである。

- プログラムのライフサイクルとライフサイクルマネジメントの考え方は基本的にはプロジェクト・マネジメントと同じだが、経営的な視点で事業戦略との整合性を審査・確認する工夫が必要である。
- フェーズゲートとは各フェーズで、あらかじめ定められている条件を満たさないと先に進むことができない「関所」の役割を果たす。

5. プログラム組織

5-1. プログラム組織づくり

　プログラムの組織とは、プログラムの遂行を目的として構成される組織である。当初は中心となるメンバーが選定されて少人数で構成されるが、必要に応じて増員され、複数のプロジェクトが実行される段階では大規模組織となることが多い。プログラム組織は、プログラムオーナーである経営者や事業責任者の指示や承認の下に構成される。プログラムは、期間限定のプロジェクト型業務と定常業務活動が密接に関係する。したがってプログラムを実行する組織体制もこの双方の特性を包含したものとなる。また、プログラムはそのミッション完遂までに一定期間以上を要するため、組織は、段階に応じて再構成して、中長期間に耐えうるものとする必要がある。

　プログラム組織は、当初から明確な形が存在する訳ではない。ミッションプロファイリングを経てプログラムデザインでプログラムの全体構成の可視化の段階ではじめて、どのような組織にするかという組織検討が可能になる。

　プログラム組織は、プログラム実行の主活動となるプロジェクト群を担う組織と、主活動をサポートする人事や経理などの支援的活動を行う組織の集合体として構成される。プログラム組織の考え方は本質的にはプロジェクト組織と

差異はないが、事業戦略との関連が強いというプログラムの特性上、経営組織との接点が多くなることに留意しておく必要がある。

プログラムマネジャーは、プログラムの上位にある事業戦略の実現に向かって組織の活動が適切に遂行されているかを監視し、必要に応じて方向を修正していく。

そのためにプログラム組織は、組織のメンバーの権限を体系的に整理し、情意組織を含む情報の相互流通の仕組みを整備する必要がある。また、プログラム組織はプログラムの進行状況に応じて戦略的な意思決定が可能な仕組みを具備しておく必要がある（詳細は4部を参照）。

図表2-1-8　プログラム組織の例

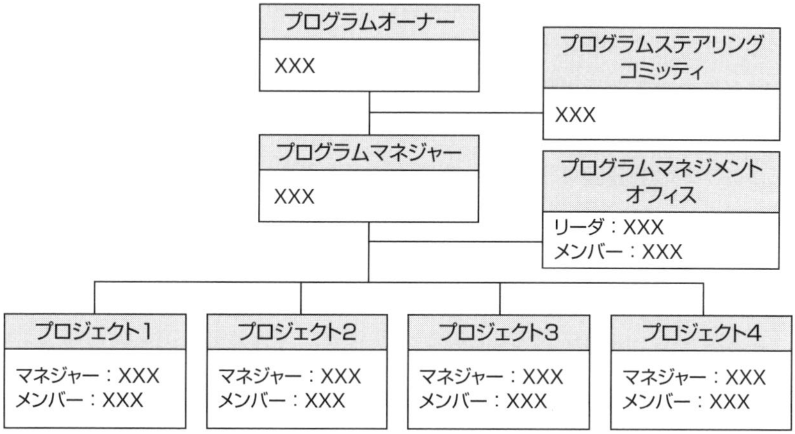

```
┌─────────────────┐      ┌─────────────────┐
│ プログラムオーナー │      │ プログラムステアリング │
│ XXX             │      │ コミッティ         │
└─────────────────┘      │ XXX             │
        │                └─────────────────┘
┌─────────────────┐      ┌─────────────────┐
│ プログラムマネジャー │      │ プログラムマネジメント │
│ XXX             │      │ オフィス          │
└─────────────────┘      │ リーダ：XXX      │
        │                │ メンバー：XXX    │
        │                └─────────────────┘
   ┌────┼────┬────┬────┐
┌──────┐┌──────┐┌──────┐┌──────┐
│プロジェクト1││プロジェクト2││プロジェクト3││プロジェクト4│
│マネジャー：XXX││マネジャー：XXX││マネジャー：XXX││マネジャー：XXX│
│メンバー：XXX ││メンバー：XXX ││メンバー：XXX ││メンバー：XXX │
└──────┘└──────┘└──────┘└──────┘
```

5-2. プログラムマネジャーの役割

プログラムには上位組織の戦略とのインターフェース機能と下位のプロジェクトをマネジメントする機能が包含されている。

したがって、プログラムマネジャーは戦略施策を具体的に方向づける役割とプログラムを着実に実行していく役割がある（第1部第4章参照）。

つまり、上位組織の戦略の要求事項のレベルから、プログラムミッションを導き出し、プログラムに参加する多種多様で個性的な組織や人を統合しつつ、激しい環境変動に適時に適切な対応が可能になるように動機づけることが必要

である。

　一方、プロジェクトについては、一般に達成すべき目標が明確に示されており、確実性の高い計画と予算を立案して、その遂行に最も適した組織や人材を選択して、精緻なマネジメントを行い確実に実行することが必要である。

5-3. プログラムの共通観

　プログラムの共通観とは、プログラムを遂行する組織の構成員や関係するステークホルダーが共有すべき当該プログラムに関する共通理解のことである。

　プログラムに参画するステークホルダーは、プログラムが目指すプログラムミッションという全体最適の姿とその背景を理解し、プログラムの構造（アーキテクチャ）とプログラム実践の評価がどのように行われるのかという共通認識を持って参画することが要求される。また、その共通認識はプログラムの実行組織を包含する共通の場（コミュニティ）において自由な情報交流が行われることによって促進される。

　プログラムの共通観は、3つの共通認識で構成される。

　1つめはプログラムミッションが導き出されたミッションプロファイリングのプロセスの理解と、プログラムの達成すべき目標への深い共通理解である。

　2つめに、プログラムデザインのプロセスを経て構築されたプログラムのアーキテクチャーに対する共通認識である。このプログラム構造を理解することは、プログラム実行にあたって自己の役割を認識するということであり全体最適を理解するということである。

　3つめに、プログラム実行における評価はどのように行われるのかという共通認識であり、評価の指標や基準や時期などが含まれる。これがステークホルダーの行動に一定の方向性を与えることになる。

　プログラムは環境の変化に対応して、各末端組織が自律分散的に行動する必要があり、ともすれば個別最適になってしまう危険性を包含している。それはガバナンスの仕組み等で対応するが、起こり得るあらゆるケースを網羅することは不可能であり、組織効率を悪くしてしまう場合もある。共通観を共有することで、各組織の意思決定の方向性に統一性を持たせ、変化対応のスピードの向上も期待できる。

- プログラムマネジャーは、プログラムの上位にある事業戦略の実現に向かって組織の活動が適切に遂行されているかを監視し、必要に応じて方向を修正していく。
- プログラムマネジャーには、戦略施策を具体的に方向づける役割とプログラムを着実に実行していく役割がある。
- プログラムの共通観とは、プログラムを遂行する組織の構成員や関係するステークホルダーが共有すべき当該プログラムに関する共通理解のことである。

【引用・参考文献】

1) 清水基夫『実践プロジェクト＆プログラムマネジメント』日本能率協会マネジメントセンター、2010年
2) 野中郁次郎監修、リクルートマネジメントソリューションズ組織行動研究所著『日本の持続的成長企業』東洋経済新報社、2010年
3) 伊丹敬之『経営戦略の論理』日本経済新聞出版社、2012年
4) 野村総合研究所著・編集『トップが語る次世代経営者育成法』野村マネジメントスクール、2011年
5) 伊丹敬之『場の論理とマネジメント』東洋経済新報社、2005年

第2章 プログラム統合マネジメント

　プログラム統合マネジメントは、プログラムの目的・目標を定め、それらの実現に向けて組織的活動を遂行するための一連のマネジメントプロセスである。プログラム統合マネジメントでは、当初の多義的で複雑なプログラムミッションを具体的な一群の達成目的、目標として定義する。さらにこれらを実現するための具体的な事業活動としてのプロジェクト群を構成して、プログラムミッションを達成するシナリオを構築する。

　次いでプログラムミッションの実行にあたってプログラムの設計図であるプ

図表2-0-1　プログラムマネジメントの構成（再掲）

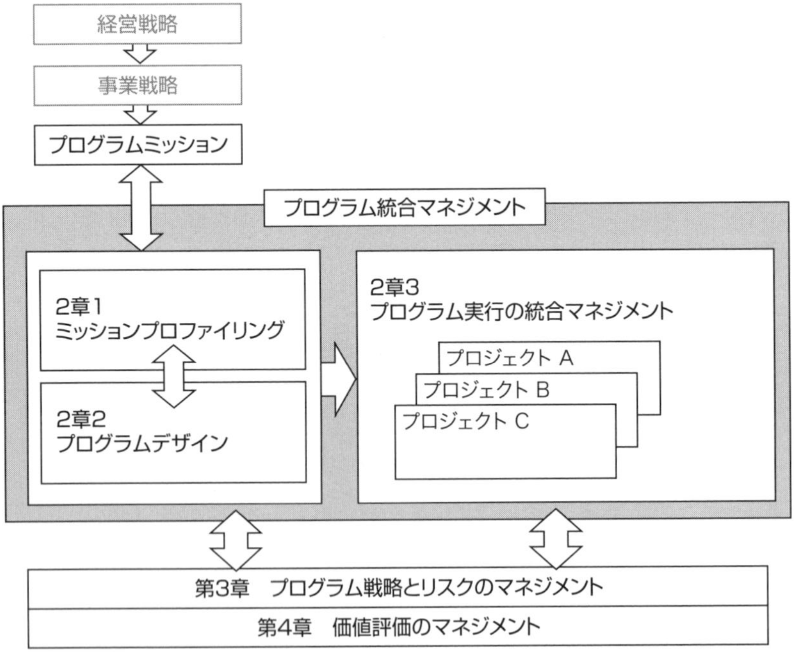

```
経営戦略
  ↓
事業戦略
  ↓
プログラムミッション
  ↕
┌─────────────────────────────────────────────┐
│ プログラム統合マネジメント                  │
│ ┌──────────────┐    ┌──────────────────┐    │
│ │ 2章1         │    │ 2章3             │    │
│ │ ミッション   │ →  │ プログラム実行の │    │
│ │ プロファイ   │    │ 統合マネジメント │    │
│ │ リング       │    │  ┌─────────────┐ │    │
│ └──────────────┘    │  │ プロジェクトA│ │    │
│       ↕             │  │ プロジェクトB│ │    │
│ ┌──────────────┐    │  │ プロジェクトC│ │    │
│ │ 2章2         │    │  └─────────────┘ │    │
│ │ プログラム   │    └──────────────────┘    │
│ │ デザイン     │                            │
│ └──────────────┘                            │
└─────────────────────────────────────────────┘
        ↕                      ↕
┌─────────────────────────────────────────────┐
│ 第3章　プログラム戦略とリスクのマネジメント │
├─────────────────────────────────────────────┤
│ 第4章　価値評価のマネジメント               │
└─────────────────────────────────────────────┘
```

ログラムアーキテクチャーを定めるプログラムデザインを行う。これはプログラムを複数のプロジェクト群で構成して、プロジェクト相互の関係性やインターフェースを明らかにしていくプロセスである。

そして、複数のプロジェクトを統合して、プログラムを実行するプロセスであるプログラム実行の統合マネジメントは、プログラムを構成する各プロジェクトがプログラムガバナンスの下で、自律的に実践され、必要に応じて変更を加えつつも、プログラムミッションを達成する機能を有する。

これらの全てのプロセスでは、プログラム戦略とリスクのマネジメントおよび価値評価のマネジメントを行う。

1. ミッションプロファイリング

1-1. ミッションプロファイリングとは

ミッションプロファイリングは、プログラムによって価値を創造する中核のプロセスである。当初の抽象的・多義的なプログラムミッションの概念を、環境の複雑性や組織の制約条件等を踏まえつつ具現化して可視化していくプロセスである。ここでは、事業戦略の本質を深く理解して、プログラム特有の価値創造を目的として組み合わされたプロジェクト群を考案・創出する。

ミッションプロファイリングでは、プログラムミッションの意図を解釈して「ミッション表現」として記述する。さらにこのミッション表現に基づいて、どのような価値を創造、実現するかを「あるべき姿」として描く。（価値については4章を参照）

そして現状の「ありのままの姿」との対比で、「あるべき姿」に到達するための課題を明確にして、最も効果的かつ効率的なプロジェクト群や推進体制等を検討して、シナリオに展開する。

「あるべき姿」（To-Be）とは、どうあるべきかという目標であり、「ありのままの姿」（As-Is）とは現在の状況を指す。To-Be と As-Is が明確になれば、そのギャップが明確になり解決策を見出して次の行動などを導き出す。この考え方や手法は組織運営からＱＣサークルまで広く活用されている。例えば、全

第2部　プログラムマネジメント

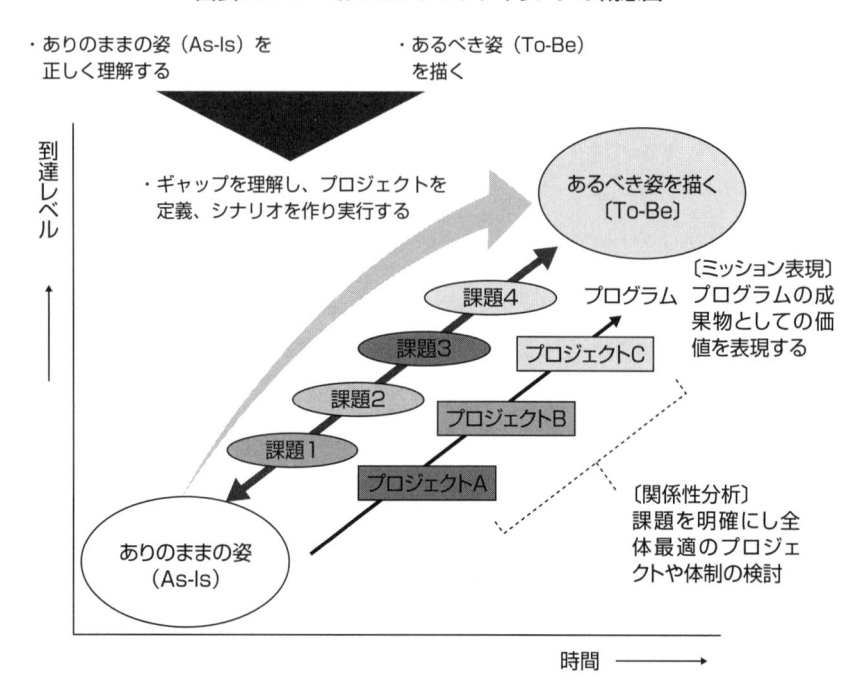

図表2-2-1　ミッションプロファイリングの概念図

- ありのままの姿（As-Is）を正しく理解する
- あるべき姿（To-Be）を描く

到達レベル ↑

・ギャップを理解し、プロジェクトを定義、シナリオを作り実行する

あるべき姿を描く〔To-Be〕

課題1／課題2／課題3／課題4
プロジェクトA／プロジェクトB／プロジェクトC
プログラム

〔ミッション表現〕プログラムの成果物としての価値を表現する

〔関係性分析〕課題を明確にし全体最適のプロジェクトや体制の検討

ありのままの姿（As-Is）

時間 →

社的な経営改革を行うような事業構成そのものの変革や、ビジネスモデルやバリューチェーンの改革や単体の商品、サービスの開発、身近な日常業務の問題解決にも応用される。

　ミッションプロファイリングは、「ミッション表現（Mission Statement）」、「関係性分析（Relationship Analysis）」、「シナリオ展開（Scenario Statement）」で構成される。

　「ミッション表現」では、プログラムミッションとプログラム価値を記述する。「価値の関係性分析」では、プログラム価値（全体価値）のプロジェクト群（部分価値）との関係性分析と、ステークホルダーのプログラムへの関与の仕方と価値創造分析を行う。最後に「シナリオ展開」では、複数のシナリオ案を作成して、実現性の検証やプログラムの実行を考慮した最適な案を実行シナリオとして選択する。

第2章 プログラム統合マネジメント

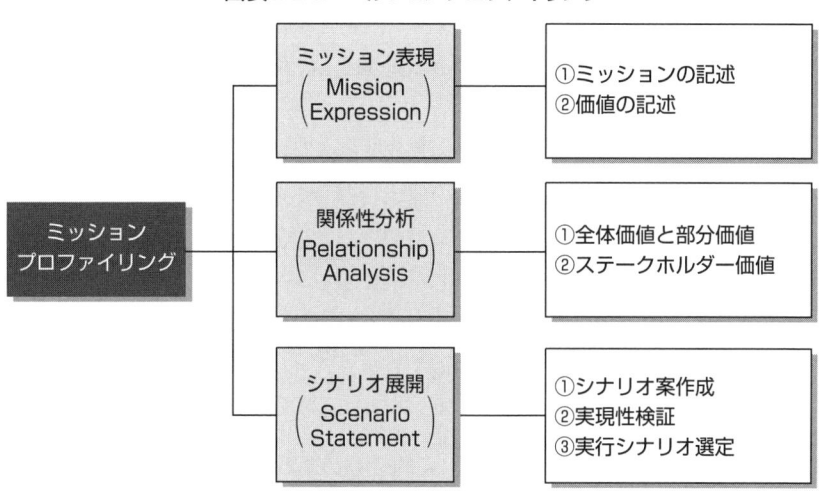

図表2-2-2 ミッションプロファイリング

ミッションプロファイリング
- ミッション表現 (Mission Expression)
  - ①ミッションの記述
  - ②価値の記述
- 関係性分析 (Relationship Analysis)
  - ①全体価値と部分価値
  - ②ステークホルダー価値
- シナリオ展開 (Scenario Statement)
  - ①シナリオ案作成
  - ②実現性検証
  - ③実行シナリオ選定

- ミッションプロファイリングは、プログラムによって価値を創造する中核のプロセスであり、当初の抽象的・多義的なプログラムミッションの概念を、環境の複雑性や組織の戦略要求や制約条件等を踏まえつつ具現化して可視化していくプロセスである。
- ミッションプロファイリングは「ミッション表現」と「関係性分析」と「シナリオ展開」で構成される。

1-2. ミッション表現

企業などの組織の戦略から発するプログラムミッションは、具体的なようでも実行を考えると多義的なケースが多い。ミッションを表現するには、多義的で漠然としたプログラムミッションの初期的表現から、それが真に意味するものは何か、ミッションの本質は何かを適切に把握する必要がある。

1-2-1. ミッションの記述

ミッションの記述は、プログラムオーナーの期待する全体像であり、プログ

ラム価値の源泉である。ミッションは、現状の問題を克服した「将来の願望」が示される。ミッションの記述は、プログラムオーナーの発想した価値を尊重して、その価値を可能な限り伝達できる表現とし、随時、追加や発見がないか確認を求める作業も必要である。

　ミッションの記述では、いくつかの達成すべき目的と、それをさらに具体化した副目的などの段階を経て、目的の達成指標である目標を設定する。想定した複数の目的の中で、成功に向けて戦略的に経営資源を集中する目的と優先度が低い目的に分類して、後者は採用しないことで、当初のプログラムミッションを実現するために必要となる目的はどれかをより明確にする。これにより、プログラムミッションは抽象的な初期的表現から一段階具体化されて、組織あるいは事業のあるべき姿ともいうべきミッション表現に成長する。

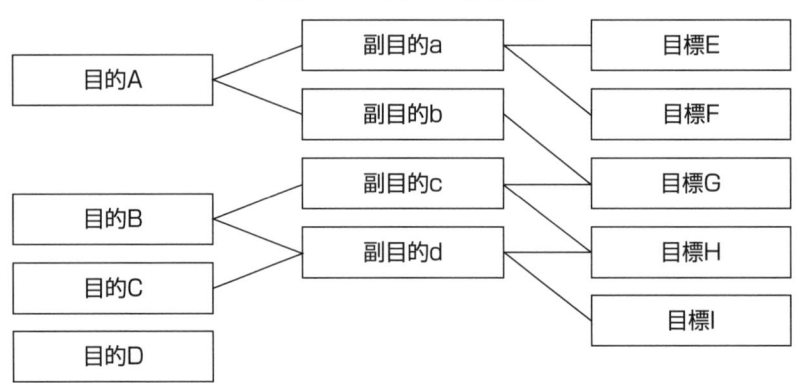

図表2-2-3　目的・目標の連鎖

```
目的A ──┬── 副目的a ──┬── 目標E
        │             └── 目標F
        └── 副目的b
目的B ──┬── 副目的c ──┬── 目標G
        │             ├── 目標H
        └── 副目的d ──┤
                      └── 目標I
目的C ──┘
目的D
```

　ミッションプロファイリングの役割の一つは、ミッションと目的、目的と目標、目標と手段の間の乖離や偏りを防いで、その整合性を計画し、維持し、調整することである。

　ミッションの記述は、上位組織の目的に合致していること、達成可能で具体性があること、達成すべき成果が定義されていることが求められる。さらに目標は、測定可能になっていることも重要である。

1-2-2. 価値の記述

　ミッション表現のプロセスでは、創造すべき価値の本質を見つめる。ミッション表現は、顧客価値を創造すること、独自性を持っていること、対象領域を明らかにすることである。

　価値とは、本来は顧客を創造するものであり、顧客価値につながるものでなければならない。そこでは競合が発生し、自社はどうするのか、自組織の事業は何でありたいのかという独自性の追求が重要なテーマである。この独自性の源泉となる差別要素を持っているかどうかが組織や事業の競争力を決定づけ、時によっては存続に関わりを持ってくるほど重要な要素になる。この意味で、ミッション表現においては環境動向を踏まえて、自組織の強みや弱みを反映している必要である。独自性の追求においてはミッションの内容とともに、その実践の方法についても考慮する必要がある。

　また、もう一つの重要なテーマは、どのような領域に焦点を当てて価値を実現するのかということである。つまり、市場や顧客のニーズをどう捉えるのか、自組織はそのニーズに対してバリューチェーンのどの部分を担当するのかという問題である。これは自組織の強みや、長期的戦略などによって様々なケースが考えられる。

　例えば、製造業のビジネスにおいて、BtoCのビジネスモデルを選択するのか、BtoBのビジネスモデルなのかによって選択肢は異なるし、材料から組み立てまでを自社もしくは関連グループに統合する垂直統合の戦略をとるか、自らのコアの部分を生かして、その他の部分は他企業との分業によって、価値を実現する戦略をとるか、様々な価値の実現方法が考えられる。自社の持つコアコンピタンス、すなわち技術力、生産設備、ブランドや販売チャネルなどの特徴ある能力を、どの市場分野（場）に適合させるのかという問題である。つまり、どのような市場セグメンテーションの軸を立てて市場を分割して、どこにターゲットを定めるかというマーケティングの問題に収束してくる。また現状のビジネスモデルすなわち顧客への価値提供の仕組みがこれに適しているかどうかを見極めて新たなバリューチェーンを設計して自組織の担当分野を見直す必要性も生じる。

　製造業に限らず、他の産業や非営利組織においても創造すべき価値の本質を

見定めることが必要であり、結局これは自組織の長期的戦略をどのように読み解くのかという問題そのものであると言える。

1-3. 価値の関係性分析

　ミッション表現に記述した創造すべきプログラム価値の、全体と部分の関係、および価値創造に関わるステークホルダーの協力や利害関係等を分析するのが価値の関係性分析である。

1-3-1. 全体価値と部分価値

　プログラムの価値は、複数のプロジェクト群で創造される価値の総和を超えるものでなければならない。

　例えば、1-2-2価値の記述の製造業の例では、研究開発プロジェクトによって生み出された材料や部品の価値を、市場調査プロジェクトによって、把握した顧客価値として実現できるように、製品開発プロジェクトにおいて製品に組み込む。さらにその価値を市場に届けるために生産、流通を行って、顧客に届ける。この全体のプロセスを新製品開発プログラムとして遂行することにより、個々のプロジェクトで生み出した価値を全体価値としてまとめ、個別の価値以上の価値を創造することで、新製品が利益を生む。この利益はプログラムが生み出した新たな価値と言える。

1-3-2. ステークホルダー価値

　ステークホルダーとは、プログラムに関わる特定の利害関係者である。ステークホルダーには、プログラムによる価値活動に直接、間接に関係するプレーヤーと、プログラム実行によって影響を受ける地方自治体や地域住民なども含まれる。

　ステークホルダー価値とは、ステークホルダーがプログラムに参加する立場と役割により獲得する財務上の利益や有形資産などの有形価値と、プロセス運用効率化、利便性向上やノウハウ等の知的資産に代表される無形価値のことである。

　プログラムの実行段階では、ステークホルダーの参画や協力、および調整や

交渉等がプログラムの価値実現と各々のステークホルダーの価値獲得に大きな影響を与える。ミッションプロファイリング段階でプログラムへのステークホルダーの関わり方を把握しておく意義は、ここにある。

1-4. シナリオ展開

図表2-2-1に示した「あるべき姿」と「ありのままの姿」のギャップをどのように分析して、どのような解決策で埋めていくのかという道筋を考えるのがシナリオ展開である。複数のシナリオを用意して、最適なものを選択する。

具体的には、ミッション記述の結果、プログラムミッションが具体化されるので、何を実行するのかプログラムの全体像を描くことが可能となる。しかしながら、実際の行動に移すには、いくつもの不確定要素の明確化と方針の一層の具体化が必要である。そのためには、いくつかのより具体的なシナリオ案を検討し、最終的には一つの実行シナリオを選択・決定する。

ミッション表現とシナリオ展開はともに具体化・詳細化のプロセスであるから、なかにはこれらを明確に区分せず、ひとまとめにして検討が進められる場合もある。しかし、いずれにしても最終的なアウトプットである実行シナリオが、具体化の次の段階であるプログラムの設計のための骨格となる。

1-4-1. シナリオ案作成

(1) 実行シナリオと環境シナリオ

ミッションの記述の結果、ミッション表現の形でプログラムの目指す到達点が明らかになる。シナリオ展開とは、現状からこの到達点までのプログラム実行のシナリオづくりのプロセスである。

ここでのシナリオには異なる2つの種類がある。1つは、組織等が未来に向かって行う行動とその結果の予測としてのシナリオである。他の1つは、組織が属する社会や市場などのビジネス環境の変化についてのシナリオである。ここでは前者を実行シナリオ、後者を環境シナリオとして区別する。

第2部　プログラムマネジメント

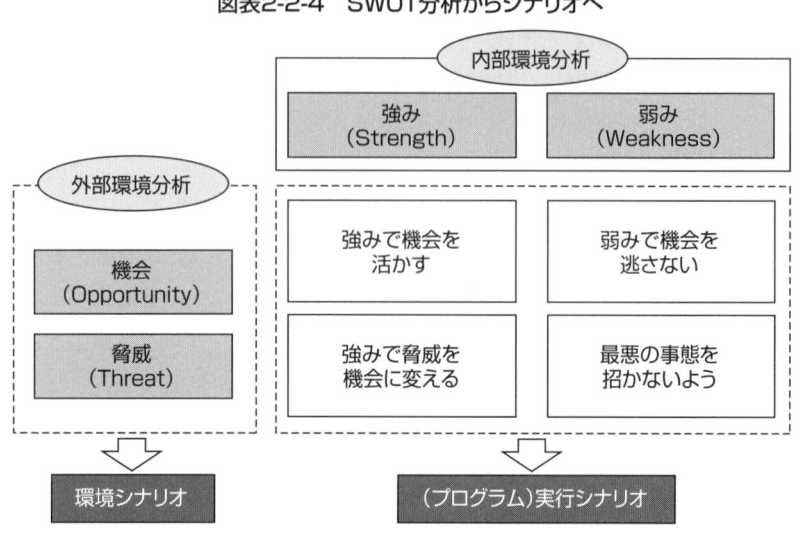

図表2-2-4　SWOT分析からシナリオへ

		内部環境分析	
		強み(Strength)	弱み(Weakness)
外部環境分析	機会(Opportunity)	強みで機会を活かす	弱みで機会を逃さない
	脅威(Threat)	強みで脅威を機会に変える	最悪の事態を招かないよう
	↓	↓	
	環境シナリオ	（プログラム）実行シナリオ	

　多くの場合、環境は組織からコントロールすることが不可能か困難である。したがって、環境シナリオはコントロール可能な実行シナリオと区別しておく必要がある。

　図表2-2-4に示すようにＳＷＯＴ分析ツールを使って、２つのシナリオの関係を整理できる。環境シナリオは主として、当該プログラムに関連する外部環境を自組織にとって機会（Opportunity）に作用することと、脅威（Threat）に作用することに分けて予測し、分析する。実行シナリオは環境の動向と、自組織の強み・弱みをマトリクスに書き出して、４つのボックス内に想定される具体的な施策群を記述していく。こうしたプロセスの結果から、環境シナリオと実行シナリオに展開することが可能となる。

(2)　シナリオ作成のフレームワーク

　プログラムによっては、外部環境の予測が十分な精度で行えるもの、外部環境の変化に影響されないもの、外部環境と関係なく実行可能なものなどもあるが、多くのプログラムはそうではない。特に大型のプログラムは外部環境との相互関係も複雑であり、実行期間も長いので多様な形で影響を受ける。

実行シナリオの展開にあたっては、まず外部環境の影響をどの程度受けるのかという判断が重要であり、それらを上手に吸収するようなプログラム設計が要求される。

実行シナリオは、プログラム特有の個別的な要素で構成されることは既述したが、いかなるプログラムにも共通的なものとして「目標要素」と「制約要素」および「ステークホルダー要素」がある。

① 目標要素：初期の概念的なプログラムミッションは、ミッション表現の段階で複数のより具体的な達成目的の形式に分解される。それらはさらに具体的な目標に分解されてそれぞれの実現可能性が検証される。これはプログラムミッションが真に達成可能か否か、換言すればプログラムによる価値創造の成立可能性を占うものであり、シナリオの重要な構成要素である。

② 制約要素：当該プログラムに与えられた内部資源（ヒト、モノ、カネ、技術、情報など）は有限であり、かつ環境の変化による外部的な要素（市場や顧客、競争、法規制など）によってシナリオを変更しなければならない状況が発生してくる。シナリオには、こうした資源の制約と環境の変化をあらかじめ読み込んだ複数の備えが不可欠の要素となる。

③ ステークホルダー要素：プログラムのシナリオとしては、誰にどのような役割を割当て、どのような利益を、どのようにして分け与えるのかの考察が重要である。顧客については、まずプログラムが価値の提供を意図している真の顧客は誰かを改めて認識する必要がある。多くの場合、直接的な顧客とその背後の間接的なエンドユーザーの存在がある。プログラムでは直接的な顧客の満足は当然であるが、エンドユーザーの満足に対してどのように取り組むのかは重要な課題である。

一方、プログラム遂行を分担するステークホルダーには、例えば組織内の関連する部門、コンソーシアム・パートナー、資源提供を受ける主要な外注先などがあり、それぞれについて目標達成への投資分担や制約条件の解決への貢献について検討が必要である。

1-4-2. 実現性検証と実行シナリオ選定

(1) シナリオ実現性検証

シナリオの実現性の検証にあたっては、プログラムのステークホルダーに対して、そのシナリオがミッションを達成しうるという説得性が重要になる。その意味からはシナリオは、ステークホルダーが見えるものになっていなければならない。可視化のツールは後述するビジネスモデル・キャンバスやバランス・スコアカードの戦略マップなどがあるが、これらのツールを活用して、不確実性を持つプログラムの将来を予測し、シナリオが実現性を感じられるものにする。

主要な課題については、可能性のあるいくつかの案について、幅広く有識者にヒアリングを行う、技術面や経済性のフィージビリティ・スタディ[*8]（FS: feasibility study）を行う、パイロットプロジェクトで検証してみるなどの方法で、事前に実現性の確認を行う。

さらにビジネスモデル・キャンバスで表現される要素が価値提案に結び付いているかを確認する。戦略マップの戦略目的間の関連性を確認する（因果連鎖の確認）。戦略目的の達成レベルを測る指標であるKPI（Key Performance Indicator）間の相関を検証するなどにより、実現性の確からしさを確認することができる。

シナリオ展開にあたっては、プログラムの個別性により様々な検討が必要になってくるが、以下のような検討が必要となる。

① **不連続点の克服**

組織の将来の姿は、過去から現在までのさまざまな意思決定の積み重ねとして存在するが、将来への過程には時として大きな不連続点があり得る。また組織としても意識的に不連続な変革が必要となる場合がある。こうした場合、プログラムシナリオとして変革に関連する技術や経験知の導入や、新旧システムの二重稼動などの対応策を組み入れる必要がある。

[*8] フィージビリティ・スタディ：プログラムやプロジェクトの実現可能性を事前に確認・調査すること

② 未来像からのアプローチ

検討は現在から未来ではなく、あるべき未来像をまず見て、そこから現在の姿を関連づけるシナリオ展開が重要である。制約要素に関しては、それが予測なのか仮説なのか願望なのかを識別しておかなければならない。目標要素については、予測結果を前提に議論してよい部分と、予測の不確実性を念頭に想定対策する部分を切り分けて考える必要がある。

③ ビジネスモデル

ビジネスモデルとは、簡略的に言えば「誰に」「どのような価値を」「誰が誰と」「どのようなやり方で」提供して、収益を獲得するのかという事業のモデルであり、プログラムのミッションプロファイルやシナリオ展開とは非常に親和性は高い。ビジネスモデルを分析、設計する一つの手法として「ビジネスモデル・キャンバス」がある。ビジネスモデル・キャンバスとは、ビジネスモデルを着想し、完成させ、評価するための柔軟なテンプレートである。ビジネスモデルを考える時には、顧客や提供する価値、インフラ、財務などの要素を総合的に考える必要があるが、ビジネスモデル・キャンバスでは、「顧客」、「価値提案」、「インフラ」、「資金」の4つの領域をカバーする9つの要素の相互の関係性でビジネスモデルを検討する様式となっている。

④ サービス事業

プログラムやプロジェクトが対象とするのはハードな対象物の建設のみではない。今後の価値創造におけるサービス事業の占める重要性は一層増していくと考えられる。したがってサービス事業を対象とするプログラムシナリオにおいては、サービス事業の特質を良く理解したものにしなければならない。

サービス事業には、無形性（形がなく手に触れることができない）、同時性（生産と消費が同時）、消費性（生産と同時に消滅、在庫が不可能）、異質性（提供者や受益者の状況により価値が異なる）などの特質がある。

⑤ 企業間の統合と提携

企業の統合（M＆A）や企業活動の提携（アライアンス）は、プログラムマ

ネジメントの重要な分野の一つである。競争のグローバル化が進めば進むほど、積極的にかつ戦略的に行われる傾向にあり、プログラムシナリオの構成要素となるべきものである。

ビジネスモデル・キャンバス

「ビジネスモデル・キャンバス」は、ビジネスモデルを着想し、完成させ、評価するための柔軟で、非常にパワフルなツールである[※1]。ビジネスモデル・キャンバスは、企業や組織には必ずビジネスモデルが存在するという基本的な考え方に基づき、「顧客」、「価値提案」、「インフラ」、「資金」の4つの領域をカバーする9つの要素（ビルディングブロック）で構成されている。

図表2-2-5　ビジネスモデル・キャンバスの概要

KPパートナー ⑧Key Partners 社外から調達するリソースやアウトソースされる活動	KA主要活動 ⑦Key Activities これらのことを実行するために必要な活動	VP価値提案 ②Value Propositions 顧客（または市場）の抱える問題を解決したり、ニーズを満たす価値提案の内容	CR顧客との関係 ④Customer Relationships 顧客とセグメントごとに、顧客との関係を構築し維持する必要があります	CS顧客セグメント ①Customer Segments このビジネスモデルの対象顧客（市場）は誰（どこ）ですか
	KRリソース ⑥Key Resources これらのことを実行するために必要なリソース		CHチャネル ③Channels 価値提案を顧客に届けるためのコミュニケーションや流通、販売などのチャネル	
CSコスト構造 ⑨Cost Structure 全体のコスト構造			RS収益の流れ ⑤Revenue Streams 顧客に価値提案が届けられた結果、収益が生じます	

出典：アレックス・オスカーワルダー、イブ・ビニュール『ビジネスモデル・ジェネレーション』翔泳社、2012年に基づいて作成

ここでは一般航空会社とは異なるビジネスモデルとなる格安航空会社（LCC）のキャンパスについて例を示す。（図表2-2-6参照）

図表2-2-6　格安航空会社（LCC）のキャンパス例

⑧KPパートナー	⑦KA主要活動	②VP価値提案	④CR顧客との関係	①CS顧客セグメント
航空機リース会社（統一機体によるディスカウント）	・必要最低限な接客 ・乗務員による清掃等	安く、早く移動したい	WEB	目的地に安く移動したい顧客 a.とにかく価格重視 b.時間的な余裕
	⑥KRリソース ・中型統一機 ・腕は確かなパイロット・CA ・安い駐機場		③CHチャネル WEB	
⑨CSコスト構造 ・人件費、マーケティング費用など ・リース代、整備代、不便な本社家賃など		⑤RS収益の流れ 運賃		

※1：「ビジネスモデル・ジェネレーション　ビジネスモデル設計書」
アレックス・オスターワルダー（著）、イブ・ピニュール（著）、小山 龍介（翻訳）翔泳社（2012/2/10）
参考文献および出典：「Busiess Model Generation WORKBOOK」　今津美樹（著）翔泳社（2013/4/8）

(2) 実行シナリオの選定

シナリオの展開とは、次の段階で行われるプログラムの設計、すなわちプログラムのアーキテクチャーと各プロジェクトの設計に対する起点となる実行シナリオを決定するプロセスである。ここでは数種のシナリオ案を案出し、これらを比較評価してその一つを選定する。このシナリオ案は一定の詳細度を持ち、時間軸を含む必要がある。

実行シナリオは、基本となる価値創造の方向性が定まったとしても、その具現化には様々なアプローチがあり得る。そこでは、多様なシナリオ案をつくり、比較検討して予測される環境に最も適したシナリオを選択することが重要である。事業戦略と外部環境の双方の観点から、成功の可能性の高いシナリオのバリエーションを案出することが求められる。

さらに各シナリオは、標準的なシナリオと楽観的シナリオと悲観的シナリオ

の3通りを準備して、開始時、中間時、完了時それぞれの評価時点を想定して、準備したシナリオの選択を行うことが考えられる。この際、常に最終的な実現すべき価値の許容範囲をあらかじめ設定しておくことが必要になる。

- ミッション表現とは、多義的で漠然としたプログラムミッションの初期的表現から、それが真に意味するものは何か、ミッションの本質は何かを適切に把握して的確な表現をすることである。
- ミッション表現は、ミッションの記述と価値の記述で構成される。
- 価値の関係性分析とは、プログラム価値の全体と部分の関係、および価値創造に関わるステークホルダーの協力や利害関係等を分析することである。
- シナリオ展開とは、プログラム実行に当たって、不確定要素の明確化と方針具体化のための具体的なシナリオ案を複数検討し、最終的には一つの実行シナリオを選択・決定することである。

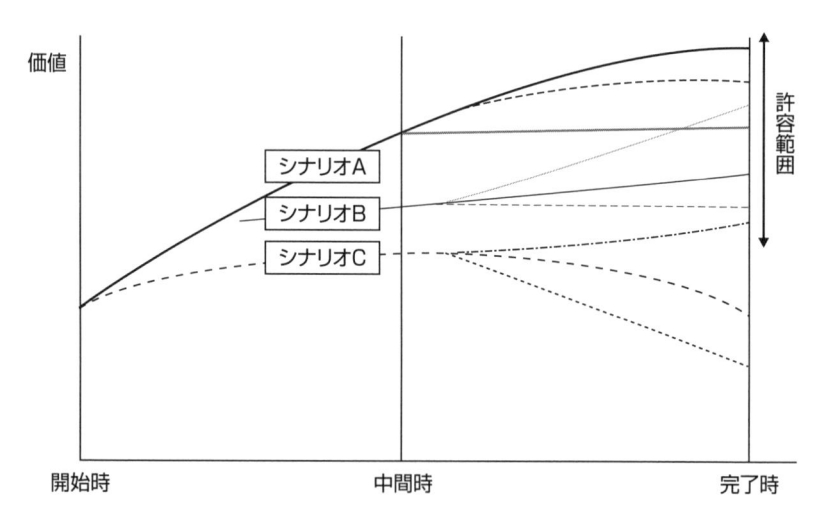

図表2-2-7 シナリオ展開の事例

※1）シナリオA,B,Cは異なるシナリオを示している。
※2）開始時とは、プログラム実行の開始時点のことである。すなわち価値獲得の開始時である。
※3）中間時は、環境変化などを想定して、準備したオプションを選択する時点である。これにより、一つのシナリオからも複数の結果が想定されることになる。

2. プログラムデザイン

2-1. プログラムデザイン

2-1-1. プログラムデザインとは

プログラムデザインとは、ミッション表現と実行シナリオに基づいて、プログラムのアーキテクチャーを設計するプロセスである。プログラムデザインの目的は、プログラムミッションを達成するように、個別目標の集合体を構造化することである（プログラムアーキテクチャーの設計）。さらに、設計されたプログラムおよびその構成要素である各プロジェクトを実行する仕組みを設計することである。

2-1-2. プログラムデザインのプロセス

プログラムデザインのプロセスは、ミッションプロファイリングでシナリオ展開された後に①プログラムライフサイクルを設定して、②プログラム実行に必要なプロジェクト群をデザインして、③プロジェクト群を構造化して、④各プロジェクトに役割を与え、⑤プログラムの操作性と実現性の検証を行うことである。

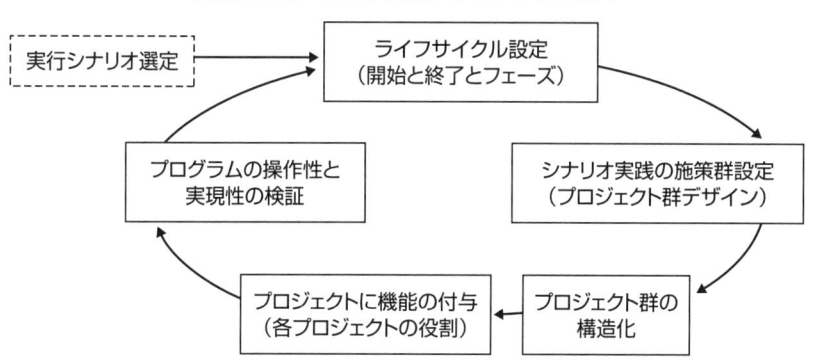

図表2-2-8　プログラムデザインのプロセス

プログラムアーキテクチャーの設計とは、プログラム実行に必要な役割を分担するプロジェクト群の定義とこれらの間のインターフェースの定義である。

そこでは戦略目標の組み込み、プログラムを効率的かつ確実に実行する実行戦略の仕組み、プログラム実行の適切なコントロールを可能にするプログラムライフサイクルの設計、プログラムの環境シナリオに基づき不確実性（リスク）への対応を考慮した設計などが重要である。

次にプログラムおよびプロジェクト実行の仕組みの設計に当たっては、プログラムの実行組織の構築と、評価の仕組みを含めたプログラム実行のためのインフラストラクチャーなどが必要である。

2-2. プログラムアーキテクチャー

2-2-1. プログラムアーキテクチャーとは

プログラムアーキテクチャーとは、実行シナリオに描かれたミッション達成のプロセスを、複数のプロジェクトに割り当てた構造形式を言う。

システムズアプローチ（第5部第1章参照）の観点から言えば、ミッションプロファイリングの過程は主に「何が必要か？」に焦点を当てたプロセスであり、プログラムデザインは「必要」を満足させつつ、具体的に「何が実現可能か？」を確かめていく過程である。

目的志向の観点から言えば、ミッションプロファイリングは、プログラム全体としての目的の明確化と個別目標への細分化を行うプロセスであり、プログラムデザインは、個別目標の実現とその結果として全体目標を達成するためのアーキテクチャーの構築を目指すものである。

モデル化の役割は、ステークホルダー間のプログラムに対する共通理解の促進、個別目標とプログラム全体の統合を維持することなどである。

2-2-2. プロジェクトの基本結合形式とプロジェクトモデル

プログラムを複数のプロジェクトが結合した構造と考えると、そのアーキテクチャーは逐次型、並列型、サイクル型の3種類の基本結合方式またはその組み合わせとなる。

逐次型プロジェクト結合は、複数のプロジェクトが相互に関係を持ちながら、時間経過に従って順番に進行するようなプロジェクトの結合である。

並列型プロジェクト結合は、複数の逐次型プロジェクトを重複しながら同時並行的に進行することにより、開発や生産のリードタイムの短縮、コスト削減などを達成する場合に利用されるプロジェクトの結合方式である。

サイクル型プロジェクト結合は、スキームモデル、システムモデル、サービスモデルの3つのプロジェクトがサイクル結合して、さらに次のプログラムとして循環する結合方式である。サイクル型プロジェクト結合の一例として、ソフトウェア開発プロジェクトでは、フェーズ単位がスパイラルを形成するスパイラルモデルがある。

図表2-2-9　逐次型プロジェクト結合

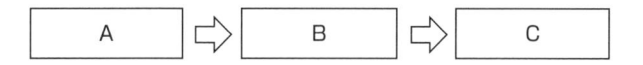

A ⇨ B ⇨ C

図表2-2-10　並列型プロジェクト結合

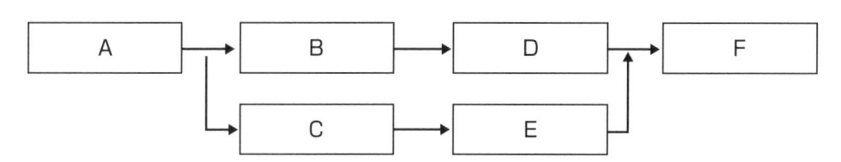

A → B → D → F
　　↓　　　↑
　　C → E

図表2-2-11　サイクル型プロジェクト結合

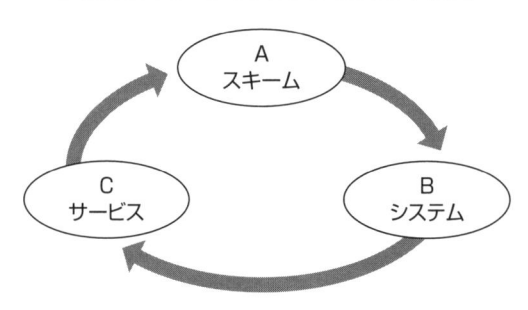

A スキーム → B システム → C サービス → （循環）

プログラムは、システムを計画するスキーム、システムを利用するサービスをプロジェクトとして認識し、知識、ノウハウ、データ、仕組みなどを総合的に収集、蓄積、加工して、ナレッジマネジメントによる知的生産性向上をデ

ザインに反映する。個別プロジェクトに分断された価値を追求するのではなく、プログラムとして獲得される知識やノウハウを活かして、連鎖波及的に価値を追求する視点がプログラムデザインでは重要である。

プログラムにおいて、各プロジェクトが担う役割からプロジェクトをモデル化して分類すると、プログラムの企画・計画の役割を果たすスキームモデル・プロジェクト、価値創造の仕組みをつくり上げるシステムモデル・プロジェクト、仕組みの利用・運用により価値の実現を行うサービスモデル・プロジェクトの3類型がある。

① **スキームモデル・プロジェクト**

スキームモデル・プロジェクトは、大規模なプログラムの中で、そのプログラム自身のプロファイリングや基本設計のプロセスを受け持つプロジェクトである。例えば新規事業立ち上げプログラムにおける全体枠組みの構想や基本計画の立案、大規模プログラムで官公庁やオーナー側企業が行うＲＦＰ（Request For Proposal）作成など発注先選定に至るまでの作業などがこれに相当する。また、資源保有国、資源開発企業、資源利用者側の企業、投資機関などを組み合わせて資源開発プログラムの枠組みをつくるなどの事例もある。

② **システムモデル・プロジェクト**

システムモデル・プロジェクトとは、システムづくりを具体的に実行するプロジェクトである。プラントやオフィスビルなどの施設や生産設備類、ＩＴソリューションシステムや情報ネットワークシステムなど、またはこれらを組み合わせた各種のシステムの建設・構築・設置を行うプロジェクトが代表的である。このほかに新製品の開発、海外生産体制の構築、新しい販売チャネル構築や全国的な顧客配送組織の新設などのシステム構築プロジェクトも含む。

③ **サービスモデル・プロジェクト**

サービスモデル・プロジェクトは、システムモデル・プロジェクトの完成を受けて、そこで構築された仕組みの利用・運用という定常的な活動により顧客

に価値を提供する。営利事業ではこのプロセスで自社に利益を獲得する。

システム運用で獲得した品質、安全性、ブランド、技術、ノウハウ、データは、新しい価値創造に必要な資源であり、システムモデルにフィードバックしたり、新しいスキームモデルにフィードフォワードしたりできる。

つまり、サービスモデルは、オペレーションプロジェクト開発と類似した特性を持ち、システム運用の価値を最大限に引き出すプロジェクトサービスの経験、情報、データを新たな事業機会へ利用するナレッジマネジメントを基礎としている。

2-2-3.アーキテクチャー設計のプロセス

プログラムのアーキテクチャー設計は、プログラムライフサイクルの設定、シナリオ実践のプロジェクト群デザイン、プロジェクト群の構造化、プロジェクトへの役割付与、プログラムの操作性と実現性検証のプロセスから成る。

① プログラムライフサイクルの設定

シナリオに具体的な日程を当てはめて、プログラムの開始日と終了日を決め、プログラムのフェーズを決める必要がある。

プログラムによっては、任意に日程やマイルストーンを設定できるケースもあるが、市場や顧客の都合やパートナーの事情などで、プログラム側で決定できないケースも存在する。また、個別プロジェクトのライフサイクルとの整合性も確保しなければならない。プログラムライフサイクルは、こうしたトレードオフを踏まえて日程を仮設定して、関連するステークホルダーと調整のうえ最終決定する。

図表2-2-12は、プロジェクトモデルのライフサイクルの視点ごとの検討事項をまとめたものである。

図表2-2-12　プロジェクトモデルのライフサイクル視点

対象	スキームモデル	システムモデル	サービスモデル
ライフサイクル 経済性の視点	投資収益予測 投資価値事前評価	投資の実行 投資の中間評価	投資収益の最大化 投資の事後評価
ライフサイクル 環境負荷の視点	環境負荷の予測 環境計画	環境計画と実行 環境予防システム	環境負荷の計測 再生・利用、無廃棄
ライフサイクル コストの視点	投資コストの予測・回収 ライフサイクルコスト計算	システム構築コストの最適化 プロジェクト別コスト把握	維持管理運営費用の最小化 維持管理運用費用の変化
ライフサイクル 不確実性の視点	プログラムデザイン ポートフォリオ選択	プログラムデザイン変更 オプション行使	プログラムデザイン変更 オプション行使

② シナリオ実践のためのプロジェクト群デザイン

　プログラムのライフサイクルを設定して、各フェーズの目的を達成するためのプロジェクト群をデザインする。具体的には、プログラムミッション記述の段階で目的・目標連鎖により分解された最終目標群の達成を各プロジェクトミッションとするプロジェクト群をデザインする。

　こうしていったんデザインしたプロジェクト群を、プログラムミッションの実現を考慮しながら、投入資源の効果性や全体最適や効率化の視点等により、複数プロジェクトの統合化、プロジェクトの分割や中止等を検討して必要なプロジェクト群を決める。

③ プログラムの構造化

　プログラムの構造化とは、プログラムを構成するプロジェクト群のアーキテクチャーを設計することである。プログラムの実行に必要なプロジェクト群を決めたら、まずプロジェクト間の依存性と影響（効果・リスク）を考慮した上で、投入可能な資源との関係で、並列的に遂行するプロジェクトや逐次結合関係やサイクル結合関係を決める。

　プログラムを効率的に確実に遂行するために最適なプロジェクト群の構造化を行う必要がある。具体的には個別プロジェクトの独立性を確保することによる自律分散の仕組みとすること、適切な管理スパンのプロジェクト規模、専門性の高いプロジェクト組織編成とすることや、適切なプログラム全体のコントロールの仕組みをつくること等が必要である。

また各プロジェクトの独立性を高め、プロジェクト相互間の干渉が極力発生しないように工夫することも必要である。それにより、プログラムの実行期間を短縮したり、一つのプロジェクトのトラブルが別のプロジェクトに波及することを避けたりすることができる。

④ 個別プロジェクトへの役割付与

プロジェクト群の構造化を決めたら、個別プロジェクトに役割を具体的に付与して必要な資源を当てはめる。プログラムマネジャーはプロジェクトマネジャーとプロジェクトの実現可能性を確認する。

⑤ プログラムの操作性と実現性検証

個別プロジェクトの実現性を確認した上で、プログラム全体の操作性を考慮して、ロードマップや運営ルールを作成する。プログラムシナリオの前提条件や環境の変化の影響をシミュレーションして、プログラムの価値創造の実現性の評価を行う。不確実性が見込まれる場合、プログラムオプションの選択肢を準備する。

2-3. プログラム構想計画文書

プログラムデザインの最終成果物は、プログラム構想計画文書であり、プログラムミッションやシナリオを含めプログラムの全体像が分かるように記述する。当該プログラムの目指す価値の評価を行い、環境変化に適応した柔軟なプログラム構造により、プログラムの実現可能性を把握する。そして個別プロジェクトの目的や目標や基本的な方針、制約条件などを規定する。

構想計画文書は、図表2-2-13に示す内容を含んだものだが、具体的にはプログラムによりさまざまな内容がある。

図表2-2-13 構想計画文書の記述例

区分	主な内容
戦略との関係	経営戦略、事業戦略との関係、重要な環境や制約条件など
プログラムミッション	プログラムミッション（目的、目標）
シナリオ展開	シナリオの背景と具体的な内容、実行シナリオ選定の経緯（概要）
プログラムデザイン	・上記の戦略との関係（What構築部分） ・プログラムのライフサイクルに関すること（フェーズとライフサイクル） ・プロジェクト群の構造化（How to部分）に関する基本的な考え方など ・プログラム実行に関する制約等（主要な資源や組織、コスト見積もりと予算計画、資金計画、回収計画、リスク等） ・全体工程
個別プロジェクト関連	・プロジェクト目的と目標　・基本運営方針 ・基本要求仕様書　・プロジェクト協働関係 ・制約条件　・資源関係　・スケジュール

出典：清水基夫『実践プロジェクト＆プログラムマネジメント』日本能率協会マネジメントセンター、2010年、p205図表4-4-13

　策定したプログラム構想計画は、プログラムオーナー[9]に加えて、関連部門の責任者による承認を行う。具体的な承認は、プログラムレビューという会議体や役員会議での審議、財務部門の確認等さらにそれらを組み合わせた形で実施され、策定されたプログラムの有効性を確認する。

　このようにしてプログラムの構想計画文書が承認されて、プログラムは具体的に実行される段階を迎える。プログラムは比較的規模が大きく、実施期間も長いため、長期間の環境変動を受けるのでプログラム自体の戦略やリスクのマネジメントが必要となる。

　これらについては〔第2章3〕プログラム実行の統合マネジメント〔第3章〕プログラム戦略マネジメントとプログラムリスクマネジメント、〔第4章〕価値評価のマネジメントに記述している。

---

[9] プログラムオーナー：プログラムの発注者もしくは責任者。プログラムを事業と考えると事業部長や部門長などの事業責任者がオーナーとなる。

- プログラムデザインとはミッションプロファイリングでシナリオ展開された後に
  ① プログラムライフサイクルを設定して、
  ② プログラム実行に必要なプロジェクト群をデザインして、
  ③ プロジェクト群を構造化して、
  ④ 各プロジェクトに役割を与え、
  ⑤ プログラムの操作性と実現性の検証を行うことである。
- プログラムデザインの目的は、プログラムミッションを達成するように、個別目標の集合体を構造化することである（プログラムアーキテクチャーの設計）。さらに、設計されたプログラムおよびその構成要素である各プロジェクトを実行する仕組みを設計することである。
- プログラムアーキテクチャーとは、実行シナリオに描かれたミッション達成のプロセスを、複数のプロジェクトに割り当てた構造形式を言う。
- プログラムにおいては、プログラムの企画・計画の役割を果たすスキームモデル・プロジェクト、価値創造の仕組みをつくり上げるシステムモデル・プロジェクト、仕組みの利用・運用により価値の実現を行うサービスモデル・プロジェクトの3類型がある。
- プログラムデザインの最終成果物は、プログラム構想計画文書であり、プログラムミッションやシナリオを含めプログラムの全体像がわかるように記述する。

経営戦略の着眼ポイント

　良い経営戦略とは何か、今の経営をどのような観点で立て直したら良いのだろうか。外部環境の変動が急激になればなるほど、経営戦略が内外の環境との整合性について満足できるレベルにあるかどうかを常に冷静に考えておく必要がある。

　戦略からプログラムを導き出すためには、「今の」戦略の問題点や課題がどこにあるのかという「ありのままの姿」を正しく認識することが、まず大切である。あらゆることに良い成果を上げることが、良い戦略とは言えない。今の

自組織の実力や背景に照らして「自覚できているか」「納得できているか」が大事なことだろう。

(1)「組織のミッション、ビジョン」

今の経営状況が思わしくない場合は、基本的な組織運営の考え方を見つめ直す必要がある。また、順調な場合も将来に向かって「治にいて乱を忘れず」の観点から検討する必要がある。

(2)「市場、顧客に対する考え方」

ミッション達成のために、どんな顧客、そして社会に対していかなる貢献をするのか、そのことは自分自身と組織メンバーの中でどれほど強い信念として共有されているのか、また具体施策として展開されているのかという観点から検討する。

(3)「適性、実力に見合った経営」

自分の組織の特徴・実力を正しく評価し、社会正義に則った経営ができているか。過当競争に陥ってないか。成功へのロードマップは十分考えられ、組織のメンバーは一丸となってそれに立ち向かう姿になっているかという観点から検討する。

(4)「価値創造が意図された業務プロセス」

仕事の内外作業区分やアライアンス戦略は熟慮され、効果を発揮しているか。業務プロセスは常に効率を追求して改善・改革が行われているか。将来に向けたビジネスモデルの検討はなされているかという観点から検討する。

(5)「技術や商品の鍛え方」

技術や商品は組織から顧客や社会に向けたメッセージであり、常に最新・最強の状態を要求される。総花的で特徴のないものになってないか。市場や顧客ニーズとかけ離れていないか。ニーズの先取りはできているかなどを検討する。

(6)「情報の適切な受発信とメンテナンス」

　必要な情報に対し、適時・適切・スピーディに必要な人に配信され、不要な情報はタイムリーに適切な処理がなされているか。経営に効果的で効率よい情報の流れになっているかという観点から検討する。

(7)「必要資源のダム（蓄積）構築」

　組織のミッション達成に必要な経営資源が特定され、将来に備えた蓄積がなされているか。また、常時その棚卸しが行われ、最新の状態にあるか。無用の蓄積のために資源が浪費されていないか。外部調達の経営資源についても同様の検討がなされているかなどを検討する。

(8)「人が育ち、活きる組織」

　組織の人々は自立の精神を持って、ミッション達成に向け一丸となっているか。事業や組織の永続的な発展に備えて長期展望に立った人の育成は実施されているか。戦略的なカルチャーは養成されているか。
（『経営戦略の論理　第3版』伊丹敬之、2003年を参考に作成）

事例：プログラムマネジメント実践事例

　ここでは、プログラムマネジメントの実践事例として、新規事業創造プログラム（戦略型プログラム）とクラウドシステム構築プログラム（オペレーション型プログラム）の2事例を掲載する。プログラムは様々な形態があるので、ここで掲載した事例は、読者のプログラムマネジメントにそのまま当てはめることはできないかもしれないが、基本的なプロセスは参考になるはずである。

【事例Ⅰ】
新規事業創造プログラム（戦略型プログラムの事例）

　プログラムマネジメントの実践については、既述したように様々な形態があるが、ここでは新規の事業づくりのプロセス事例を紹介する。

新規事業創造に対する経営者の思いや事業戦略を受けて、対象とする事業分野におけるマクロ環境、業界や競合、さらに自社の強み弱みなどを分析したうえで、プログラム戦略の要素などを考慮して、新規事業のテーマ（プログラムミッション）を導き出す。

　まずは、事業の外部、内部環境の分析を行う。これらの分析は必要に応じて実施するもので、すべてを実施しなければならないわけではなく、また以下の順に実施するというよりも並行して実施することになる。

(a) 5フォース分析で業界や競合との関係を分析する

　自社の業界内での位置づけと、新規参入企業や代替商品で参入を図る企業の有無、部材等の供給企業と買い手である顧客企業との力関係等を改めて認識してみることが出発点となる。今の自社の経営は順調に推移しているのかどうか、そうであれば強みの原因となっている要因は何かを抽出する。もしそうでなければ、阻害している要因は何なのかを考えてみる。

　新規事業を創造する場合、どのような自社の技術力や組織力を活かして、どこの市場（あるいは顧客）を対象にするかという大まかな方向性を持たなければならない。

(b) 自社の強みを自覚した競争戦略を考える

　今の競争環境の中で自社が生き抜いている真の強みは何か、そしてその強みを最大に発揮するための顧客との関係性はどのような形態かをまず自覚する必要がある。

　例えば自社の強みが「技術力」であれば、顧客に常に「最新の商品を提供する」という関係となる。また「ソリューション力」を強みとする場合は、顧客との関係は「徹底した顧客密着」ということになる。

　そして業務プロセスの改善、改革、習熟度を追求した結果のコスト力で勝負する場合は、「最強コストパフォーマンスの提供」という関係になる。

第2章　プログラム統合マネジメント

図表2-2-14　新規事業創造のプログラムマネジメントプロセス事例 ①

```
             ┌──────────────┐
             │ 経営者の思い  │
             │  事業戦略    │
             └──────┬───────┘
                    ↓
```

5フォース分析を行い業界や競合との関係を分析する

- 新規参入企業
- 供給業者 — 産業内の既存企業 — 買い手
- 代替製品

市場環境・競争環境

SWOT、クロスSWOT分析で環境変動への対応戦略要素を考察する

内部環境分析

	強み(Strength)	弱み(Weakness)
機会(Opportunity)	強みで機会を活かす	弱みで機会を逃さない
脅威(Threat)	強みで脅威を機会に変える	弱みで機会を活かす

外部環境分析

自組織の本当の強みを改めて自覚し、競争戦略を構築する

- コスト力で勝負するのか
- 技術力・商品力で勝負するのか
- ソリューション力で勝負するのか

マクロ環境の分析
- Political（政治）
- Economic（経済）
- Social（社会・生活）
- Technology（技術）

環境変動と自社の強みを踏まえた戦略から
やるべき新規事業のテーマ（＝ミッション）を導き出す

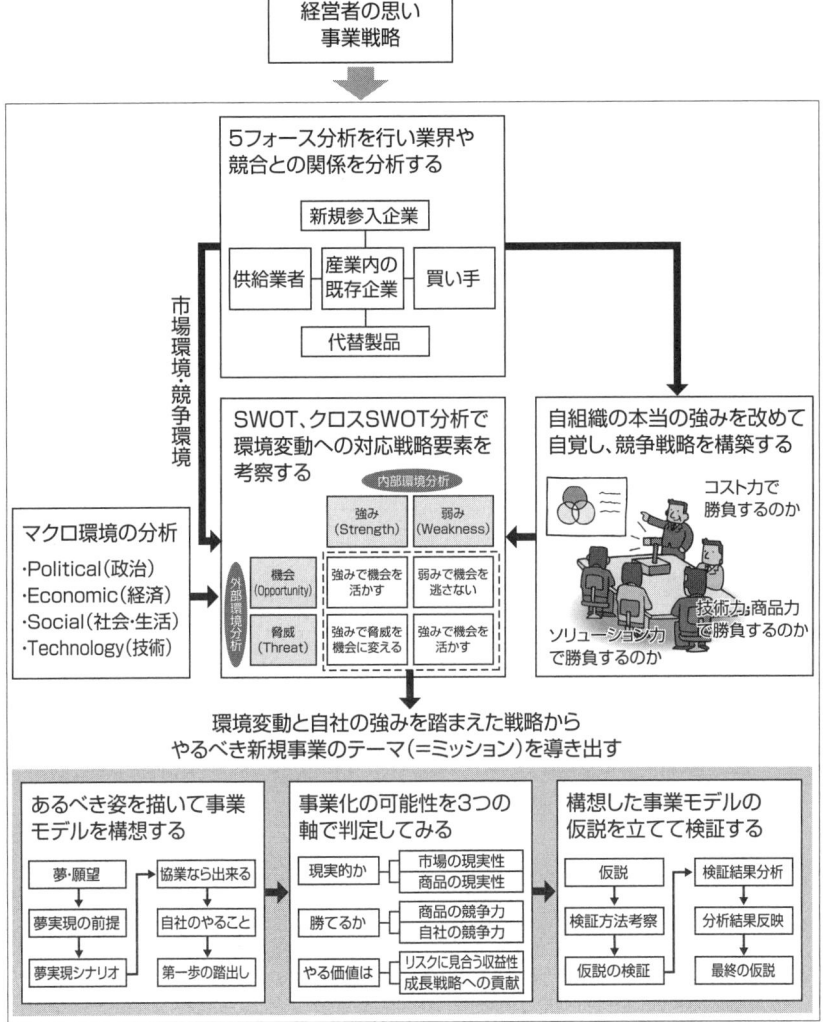

あるべき姿を描いて事業モデルを構想する
- 夢・願望 → 協業なら出来る
- 夢実現の前提 → 自社のやること
- 夢実現シナリオ → 第一歩の踏出し

事業化の可能性を3つの軸で判定してみる
- 現実的か：市場の現実性／商品の現実性
- 勝てるか：商品の競争力／自社の競争力
- やる価値は：リスクに見合う収益性／成長戦略への貢献

構想した事業モデルの仮説を立てて検証する
- 仮説 → 検証結果分析
- 検証方法考察 → 分析結果反映
- 仮説の検証 → 最終の仮説

→図表2-2-15へ続く

出典：ジョージ・S・デイ『大文字のイノベーションも必要である』ハーバードビジネスレビュー2008年9月より

(c) マクロ環境の分析

「新規事業が成功する最適の環境は何か」という視点で、これからのマクロ的な環境を俯瞰してみることが必要である。新規事業に関連する政治的・法的な動向、経済的な環境動向、社会的動向、技術的な動向を分析する。

(d) SWOT・クロスSWOT分析

自社のどのような強みを、どのような環境下にある、どんな顧客に提供する「新規事業」であるべきなのかを考える。これまで調査、検討してきた内容をSWOT分析する。例えば3年後を想定した新興国市場に提供する新規システムに、自社の強みを注入する事業モデルを創れば成功しそうだというような成功要因を見つけることが目的である。

P2M的な観点で言えば、ここまでのプロセスは、自社の戦略から「新規事業の創造」というプログラムを導き出すための準備段階とも言えるし、ミッションプロファイリングの初期段階とも言うことができる。

(e) あるべき姿（事業モデル）の骨格⇒事業化の可能性判定⇒事業モデルの検証・構築

① あるべき姿（新規事業のモデル構想）

「このような新規事業が欲しい」という願望からスタートし、徐々に事業のモデルとして具現化してくるプロセスを記述して可視化してみる。これはP2Mの「ミッションの記述」に相当するプロセスと言える。

② 事業化の可能性判定

次に、対象として考えている市場と商品には現実性があるのか、自社や商品の競争力はあるのか、これらをクリアしたとしてリスクに見合う事業性があるのか、自社の経営の将来方向を考えたときに貴重な経営資源を投入する価値があるのか等を検証し判定する。このプロセスはP2Mの「価値の関係性分析」に相当する。

③ 事業モデルの仮説・検証

事業化の可能性が見出せれば、具体的に新規事業を創造することを想定したモデルの仮説（概要設計）を立案して検証を繰り返してみる。ここもP2Mの「価値の関係性分析」に相当する。

図表2-2-15　新規事業創造のプログラムマネジメントプロセス事例 ②

➡図表2-2-14から

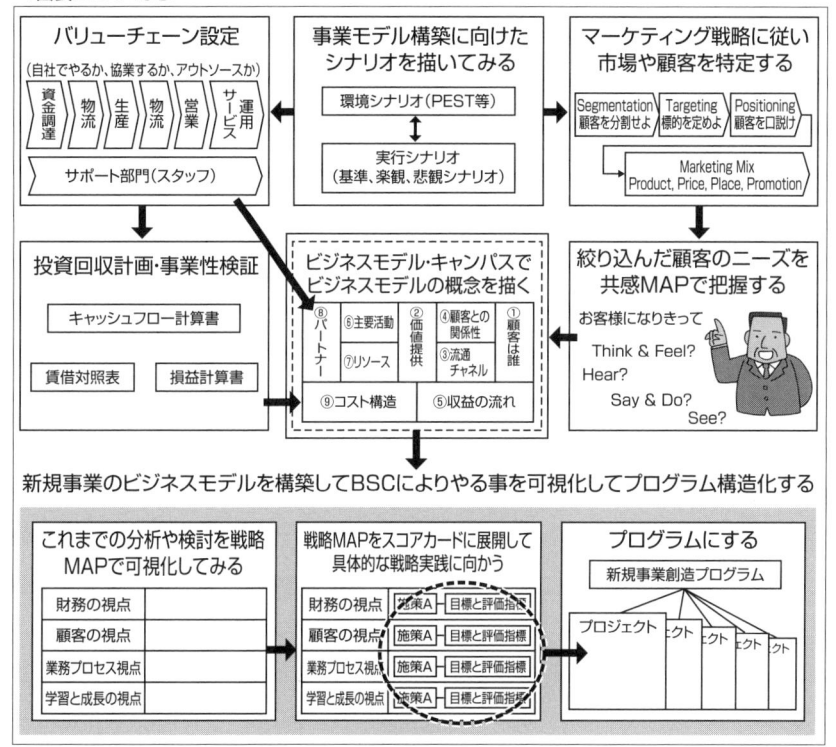

(f) シナリオを描く

事業モデルの構築に向けたシナリオを描く。自社でコントロール可能な実行シナリオとコントロール不可能な環境シナリオを区分して複数のシナリオを描く。これはP2Mの「シナリオ展開」に相当するプロセスである。

(g) バリューチェーン設定⇒投資回収計画・事業性検証

どのようなバリューチェーンの事業モデルになるのかを検討して、投資回収の目途をつけて数値による事業性の検証を行う。このプロセスはP2Mの「シナリオ展開」に相当する。

(h) 市場や顧客の特定⇒顧客ニーズの把握 ： マーケティング戦略

　対象とする市場、もしくは顧客のターゲットを決めなければならない。そのために比較的同類のニーズを持った市場や顧客を分割（セグメンテーション）したうえで、その中のどのセグメントに焦点を絞る（ターゲティング）のかを決めて、自社の立ち位置（ポジショニング）を明確にする。そしてターゲットとした市場や顧客のニーズを深く分析して、ニーズに合致するマーケティング・ミックス（４Ｐ）を準備する。このプロセスはP2Mの「シナリオ展開」（実現性の検証）に相当する。

(i) これまでの情報をビジネスモデル・キャンバスに集約する

　これまでの全ての情報を、ビジネスモデル・キャンバス上に記述して新規事業のビジネスモデルを可視化してみる。ここでシナリオを一つに集約する。

(j) ＢＳＣに記述することで戦略の可視化とプロジェクト構造化する

　キャプランとノートンが提唱したBSC（バランス・スコアカード）の戦略マップ[*10]に記述することによって、新規事業の戦略を可視化し、さらにスコアカードに展開して、その戦略を実践する施策群（プロジェクト群）で構成させる。これは言うまでもなくP2Mの「アーキテクチャー設計」に相当するプロセスである。

　こうした検討プロセスを経て、当初の「新規事業を興さなければならない」という抽象的な想いから、ミッションを明確化し、やるべきことを具体的に構造化していく。ただし、当初にも述べたように「新規事業の創造」というテーマに、決まった検討プロセス等は存在しない。アイデアやひらめきを、スピード重視で即実践してみるという進め方も当然あり得るし、そうであるから他に例を見ない新規事業が生まれるとも言える。

[*10] キャプランとノートンが「キャプランとノートンの戦略バランスト・スコアカード」で提案したもので、バランス・スコアカードの4つの視点を考慮して、戦略を描く。

【事例Ⅱ】
クラウドシステム構築プログラム(オペレーション型プログラムの事例)

ここでは、大手生保において、次期情報システム構築にクラウドを導入したことにより、IT開発・運用コスト削減を実現したプログラム事例を紹介する。

(a) ハイブリッドクラウド導入の背景

大手生保A社ではIT予算のうち、保守・運用費用はここ3年間70%となっている。さらに、ソフトウェア保守費を中心に、増加が予想されている。A社では2011年4月、事業戦略(新中期経営計画)の策定に際して次の議論がなされた。

- 大手損保との競争激化で収益が横ばいとなっている。
- IT投資は抑えたいのに、保守運用費用(特に、ソフト保守費用)が増加している。ライフサイクル・コスト削減ができるか。
- 保険の銀行窓販における顧客ニーズの対応、および新商品の投入を行う。

このため、A社のIT投資で解決したい中期的な経営課題として「IT開発・運用のコストの適正化」が挙げられた。そこで、経営層から情報システム部にライフサイクル・コスト削減が指示された。A社はクラウド化により現在200台のサーバーをデータセンターに集約し、50台に減らす。2011年度のシステム保守・運用費は40億円であったが、これを32億円とする計画である。

(b) プログラム立上げ

この「次期情報システム構築プロジェクト」の統括責任者に、情報企画部のT氏が任命された。T氏は、まず「経営層の想い」をさらに具体的な使命・目的・目標に落とすべく、準備に取りかかった。

(c) 企画・計画時のアプローチ

T氏は特に、ITガバナンス(企業統治の視点からIT投資を見極める仕組み)強化のためには、ITシステムの導入目的を明らかにし、IT戦略を策定するとともに実現方法を確立し、常にフィードバックしながら目指す方向へとコント

ロールする組織的能力が必要であると、理解していた。このため、次の検討を実施した。

- 組織戦略との整合性（ビジネス目的に合致か）。
- クラウド化の切り分け（既存IT、プライベートクラウド化など）。
- 導入ソフトウェア（SaaS[*11]、PaaS[*12]）の評価・選択。
- 全体最適化（ITの効率化）。

▪ 組織戦略との整合性

A社では、企業が成果を上げるために自社の事業について分析診断し、あるべき姿を考え、方向付けを行うという一連の活動として、次の経営戦略策定アプローチを実施した。

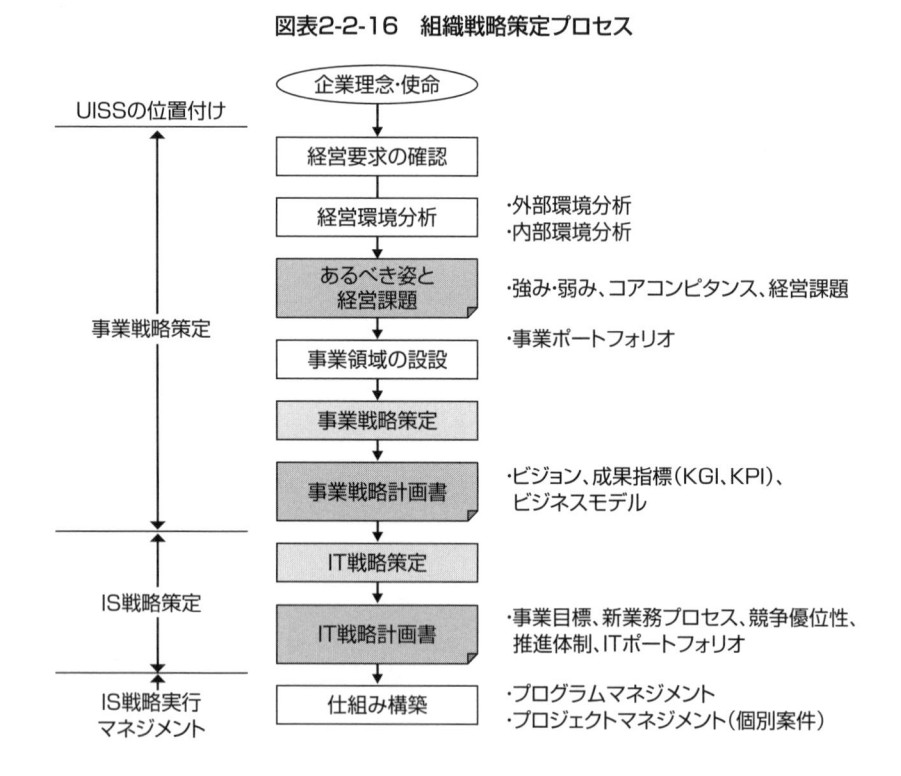

図表2-2-16　組織戦略策定プロセス

UISSの位置付け	プロセス	内容
	企業理念・使命	
事業戦略策定	経営要求の確認	
	経営環境分析	・外部環境分析 ・内部環境分析
	あるべき姿と経営課題	・強み・弱み、コアコンピタンス、経営課題
	事業領域の設設	・事業ポートフォリオ
	事業戦略策定	
	事業戦略計画書	・ビジョン、成果指標（KGI、KPI）、ビジネスモデル
IS戦略策定	IT戦略策定	
	IT戦略計画書	・事業目標、新業務プロセス、競争優位性、推進体制、ITポートフォリオ
IS戦略実行マネジメント	仕組み構築	・プログラムマネジメント ・プロジェクトマネジメント（個別案件）

ここでは、組織戦略策定の手順をユーザー企業の必要スキルおよび知識を体系的に整理したUISS（情報システムユーザースキル標準）と対比して示している[1]。

① 使命・目的・目標の設定（ミッションプロファイリング）
▶経営要求（オファー）認識
　T氏は、経営層の想いを間違いなく目標に組み込めるよう、経営層の想いを分析した。オファー内容の可視化を行った。
▶経営環境分析
　次に、外部環境分析として市場環境分析（ビジネス成長性把握）、競合他社との顧客満足度調査（ビジネス革新予見）を行った。内部環境分析としては、ベンチマーク（ビジネス競争力予測）、SWOT分析手法を実施した。
▶あるべき姿と経営課題
　まず、中期計画の戦略目標を「期間短縮と構築の柔軟性により、IT構築コストを削減」、「システム運用の効率化とシステム寿命の延伸により、運用管理コストを削減する」とし、クラウド導入によりライフサイクル・コスト削減を達成するための目標値を洗い出した。
▶事業戦略策定と事業戦略計画書の作成
　これまでの分析を踏まえ、プログラムの支柱となる「プログラムミッション」、「ビジョン」の策定、さらには「目的の定義」と「目標の設定」を行った。
　プログラムミッション：システムライフサイクル・コストの大幅削減を実現し、生保業界で新たな価値提供を行える企業に変革する
　ビジョン：生保業界の価値（勝ち）組になる
　目的：IT投資の抑制、新商品の販売力強化
　目標：ライフサイクル・コストの削減
　　　　・システム構築投資（センター設備・HW／SW調達）：20％削減
　　　　・運用・保守費用：20％削減／年

[*11] SaaS ： Software as a Service
[*12] PaaS ： Platform as a Service

② 戦略策定（プログラム戦略マネジメント）

T氏は今回のクラウド導入プログラムで期待される成果価値と追跡方法の概要を記載した「事業戦略計画書」を作成し、承認を得た。これらKGI（目標達成指標）、KPI（重要業績評価指標）の活用により、戦略目標へのコンポーネントの貢献度測定が可能となり、さらには成果価値の貢献度の追跡調査が可能となる。つまり、戦略目標とプロジェクト成功の橋渡しを実現することになる。

次に「IT戦略計画書」を作成するために、クラウド導入の目標を次のように設定した。

- コスト削減目標：運用管理は年間20％、センター設備は年間1/10、HW/NWは年間20％
- 投資金額：上限20億円
- 事業完了目途：2013年3月末

▶ビジョン・目的・目標から、戦略への連鎖

さらに、戦略の骨子を次のようにまとめた。

- クラウド化業務選別と有効性検証。
- 自社コア業務アプリケーション選別と維持。
- 新規追加業務機能の実現。
- BCP強化。
- 自社SaaSアプリケーション外販。

▶プロジェクトの重要度・優先順位の確定

また、T氏は組織戦略との整合性の一環として実施する「ITポートフォリオ分析」（IT投資価値の最適化を戦略目的適合性、ROI、リスクの視点で）実施した。結果として以下の施策をスコープとし、プロジェクトとして具現化（実装）することに決定した。

- クラウド化業務選別と有効性検証。
- 自社コア業務アプリケーション選別と維持。
- 新規追加業務機能の実現。

① プログラムの構造設計（アーキテクチャマネジメント）

ここまでの検討結果を踏まえ、さらにプログラム全体の構造を見極める作

業に着手した。戦略目標とKPIを達成するための「クラウド導入プログラム」と、それを実現するプロジェクトは、その実装機能の大きさや内容、人的資源リソースの割り当て可否を鑑み、「業務アプリケーション検証プロジェクト」、「プライベートクラウド構築プロジェクト」、「新アプリケーション開発プロジェクト」を明確にした。

(d) クラウド導入プログラム計画書の策定

T氏は「IT戦略計画書」に基づき、次の項目を含む「クラウド導入プログラム計画書」（プログラム構想計画書）を作成し、CIO（Chief Information Officer）承認を得た。

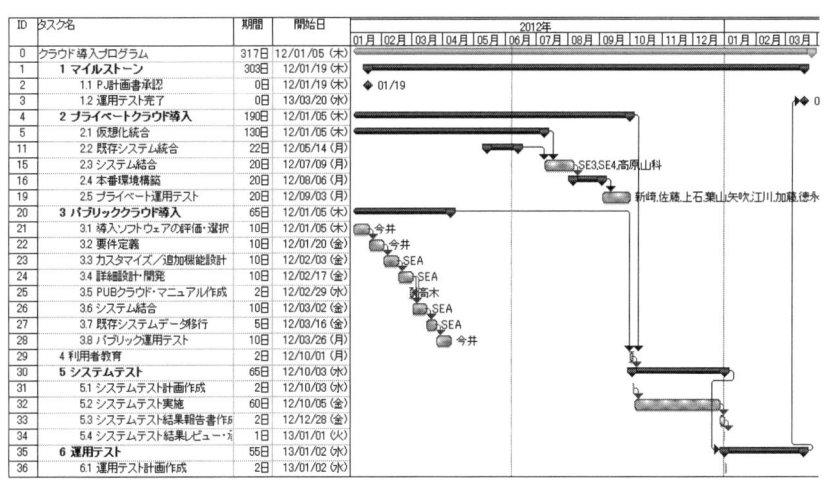

図表2-2-17　導入スケジュール

ID	タスク名	期間	開始日
0	クラウド導入プログラム	317日	12/01/05 (木)
1	1 マイルストーン	303日	12/01/19 (木)
2	1.1 PJ計画書承認	0日	12/01/19 (木)
3	1.2 運用テスト完了	0日	13/03/20 (水)
4	2 プライベートクラウド導入	190日	12/01/05 (木)
5	2.1 仮想化統合	130日	12/01/05 (木)
11	2.2 既存システム統合	22日	12/05/14 (月)
15	2.3 システム結合	20日	12/07/09 (月)
16	2.4 本番環境構築	20日	12/08/06 (月)
19	2.5 プライベート運用テスト	20日	12/09/03 (月)
20	3 パブリッククラウド導入	65日	12/01/05 (木)
21	3.1 導入ソフトウェアの評価・選択	10日	12/01/05 (木)
22	3.2 要件定義	10日	12/01/20 (金)
23	3.3 カスタマイズ／追加機能設計	10日	12/02/03 (金)
24	3.4 詳細設計・開発	10日	12/02/17 (金)
25	3.5 PUBクラウド・マニュアル作成	2日	12/02/29 (水)
26	3.6 システム結合	10日	12/03/02 (金)
27	3.7 既存システムデータ移行	5日	12/03/16 (金)
28	3.8 パブリック運用テスト	10日	12/03/26 (月)
29	4 利用者教育	2日	12/10/01 (月)
30	5 システムテスト	65日	12/10/03 (水)
31	5.1 システムテスト計画作成	2日	12/10/03 (水)
32	5.2 システムテスト実施	60日	12/10/05 (金)
33	5.3 システムテスト結果報告書作成	2日	12/12/28 (金)
34	5.4 システムテスト結果レビュー	1日	13/01/01 (火)
35	6 運用テスト	55日	13/01/02 (水)
36	6.1 運用テスト計画作成	2日	13/01/02 (水)

(e) 設計・構築時のアプローチ

ⅰ）方針の策定

T氏は「クラウド化の切り分け」に基づき、ハイブリッドクラウド形態で実施する以下の方針を策定した。

- 仮想化システム導入
- ソフトウェア導入（SaaSなど）
- 既存システムの統合

発注側として、T氏が複数プロジェクト（ITベンダーによる新アプリケーション開発、サービスインテグレータによるプライベートクラウド構築、ユーザー担当による業務アプリケーション検証）を統括してクラウド導入の全体マネジメントを行った。

ここで、このプログラムに参画して、クラウドソリューションを提供した受注側の取り組みは以下のとおりである。

②クラウド構築（受注側）
　サービスインテグレータは、クラウドソリューションで、計画から運用・保守までトータルでサポートした。クラウド構築の流れは、次のとおりである。
- A社よりクラウド化を受注する。
- サービスインテグレータはITコンサル（ソフトウェア・ソムリエと呼ぶ）にソフトウェア適用について調査を依頼し、セールスフォース・ドットコム社の顧客関係管理ソフト（SaaS）が機能とデータ整合性の面で適用できる、という評価を得る。その調査結果を受けて、アプリケーション開発をITベンダーX社に発注する。
- 仮想化によるサーバー統合は、サービスインテグレータが実施する。
- C社はコア業務アプリケーションの連携と業務アプリケーションの移行を実現する。
- サービスインテグレータはこれらサブシステムを検証し、統合を行う。

（参考文献：日本プロジェクトマネジメント協会編『IT分野のためのP2Mプロジェクト＆プログラムマネジメントハンドブック』日本能率協会マネジメントセンター、2012年）

3. プログラム実行の統合マネジメント

　プログラムの実行段階における統合マネジメントは、プログラムの構想計画で示された価値の確実な実現を目指すマネジメント活動である。優れた価値の創造は、高い価値を目指した計画とその確実な実行の両面がかみ合うことによ

り可能となる。もともと現状からの変化を意図して計画されるため、プログラムは本質的に大きなリスクを内包する。また、多くの資源投下は実行段階で行われるため、この実行段階での成否が目指した価値創造の成否に直結する。この段階において、プログラムマネジャーが交替することもある。それは、プログラムの計画段階ではマネジメントの対象が価値創造の可能性追求にあるのに対し、プログラムの実行段階では価値実現の確実性の追求に大きく変化するため、プログラムマネジャーに異なる資質が要求されることによる。プログラムの実行の過程において、リスクの見極めと価値実現の評価を行いながら、多くのステークホルダーとの調整を行い、計画を完遂する強い意志と、必要に応じた計画変更を含む柔軟な対応力がプログラムマネジャーには求められる。

3-1. プログラム実行の統合マネジメントプロセス

プログラムの構想計画が承認されると、プログラムマネジャーは実行段階に移行するための準備を始める。これをプログラム実行の立ち上げという。プログラム実行の立ち上げは、以下の5項目で構成される。

① プログラムの実行段階における業務の全体把握

図表2-2-18 プログラム実行の統合マネジメントプロセスの概要事例

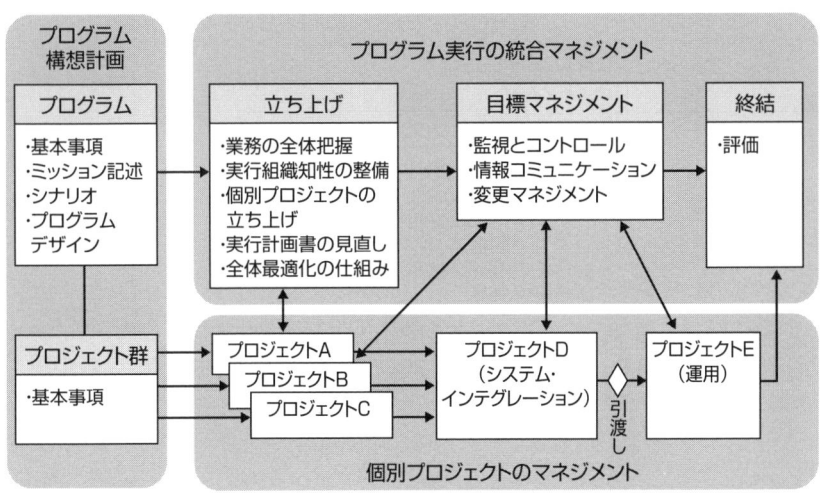

出典：清水基夫著『実践プロジェクト&プログラムマネジメント』日本能率協会マネジメントセンター、2010年、p207、図表4-5-1に加筆

② 各業務を実行する組織の決定
③ プログラムを構成する個別プロジェクトの立ち上げ
④ 実行計画の見直し
⑤ 全体最適化への仕組み

　プログラム実行の立ち上げが完了すると、いよいよプログラムの進捗を管理し、目標達成にむけた目標マネジメントを実行する。そして、プログラムの実行が完了して計画通りの成果が得られた場合や、これ以上継続しても期待した成果が得られないと判断された場合に、プログラムは正式に終了する。これをプログラムの終結という。この一連のプログラムの統合マネジメントプロセスを図表2-2-18に示す。

図表2-2-19　プログラム実行の統合マネジメントの対象と主要業務

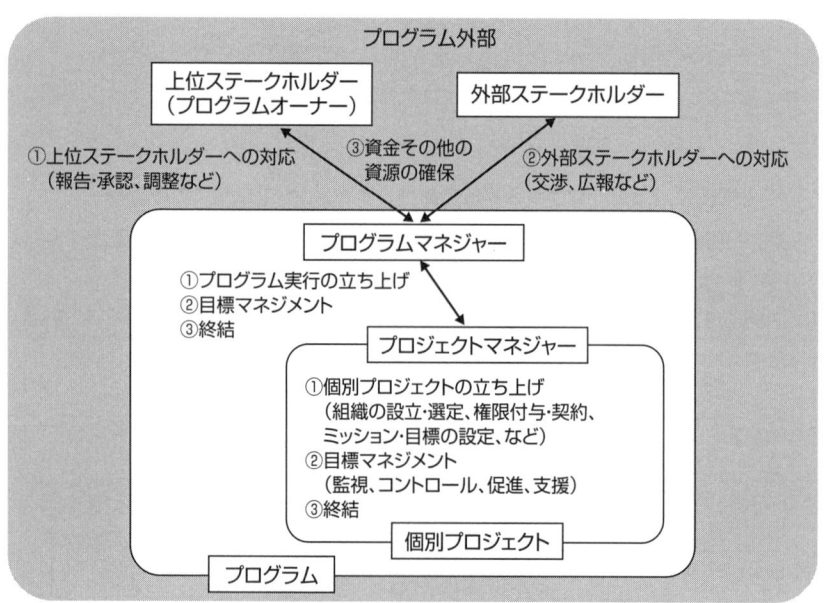

出典：清水基夫『実践プロジェクト&プログラムマネジメント』日本能率協会マネジメントセンター、2010年、p207図表4-5-2

3-1-1. プログラム実行の立ち上げ
(1) 業務の全体把握

プログラムの実行段階で行う業務を把握するために、プログラムを実行する組織から見て外部および内部への対応に分類し、さらに内部への対応を、プログラム全体を対象にする業務と個別プロジェクトを対象とする業務に分類する。これらの主要業務を図表2-2-19に示す。

プログラムは、戦略の実践活動であり、その活動の代表者としてプログラムマネジャーはプログラム実行組織の外部との交渉の全てに対する責任を負う。第一に、プログラムのオーナーなどの上位のステークホルダーに対してプログラムの進捗状況を報告し、必要な承認を得るなどの様々な調整がある。第二に、プログラムが創出する価値のユーザーや影響を与える関係者などの外部のステークホルダーに対してその価値の内容を説明する広報や必要な交渉を行う。第三に、プログラムの実行に必要になる資金をはじめとする資源を確保するための交渉を行う。これらは、プログラムマネジャーにとって、実行に必要な権限を得て、資源(人、物、金、情報)を正式に活用できるようにするために必要な業務である。プログラムの主要なステークホルダー事例を図表2-2-20に示す。

図表2-2-20　プログラム実行の統合マネジメントの対象と主要業務

プログラムの類型		上位ステークホルダー	外部ステークホルダー
企業内部の戦略実行の場合	組織改革	取締役会	株主など
	商品開発	事業部長	他の事業部、営業部門、研究部門など
企業外部から受注した案件の場合	建設関連	発注者側の責任者	発注者側のユーザー、主要なサブシステム供給者など
	資源関連		
	IT関連		
行政の政策実行の場合		財務部門、上位部局長	関連行政機関、地域住民、報道機関、大学など

(2) 実行組織体制の整備

プログラムの実行段階で行う業務の全体把握ができたら、それに基づいて、プログラムマネジャーはまず初めにプログラム実行の統合マネジメントを担当するコアメンバーを組織化する。次に、プログラムを構成する各プロジェクトを担当するプロジェクトマネジャーを決定し、各プロジェクトの立ち上げを指示する。プログラムのミッションや規模、もともとの組織の形態（第4部第3章を参照）によって、適切な組織形態を考慮する必要がある。

プログラム実行組織とプロジェクト実行組織の関係性を図表2-2-21に示す。

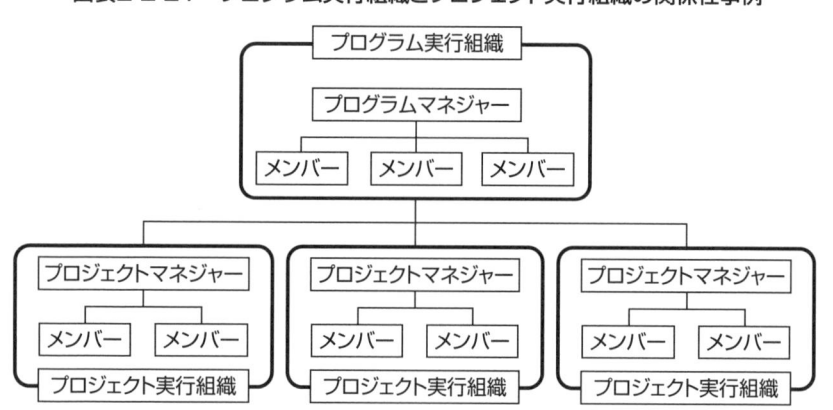

図表2-2-21　プログラム実行組織とプロジェクト実行組織の関係性事例

自らの組織だけでプログラムマネジメント組織とプロジェクトマネジメント組織に必要な人的資源が賄えない場合は、外部の協力を得る。プロジェクトの遂行に必要な技術力や各種のマネジメント力を明確にして、入札プロセスを経て選定する場合やアライアンスなどの協力関係、コンソーシアムやジョイントベンチャーという共同事業体の形成、M&Aによる資源の確保などがある。いずれの場合も、プログラム実行組織におけるガバナンスのルールを明確にし、リスクと評価の共通認識を持つことが重要である。

(3) 個別プロジェクトの立ち上げ

プロジェクトマネジャーはプログラムの構想計画に定められた当該プロジェクトの基本事項に基づいて、プロジェクトの業務の全体把握とそれらを実行す

る組織体制を決定し、プログラム実行組織への報告・情報交換や交渉・意思決定などの調整の運営ルールを明確にする。

(4) 実行計画の見直し

プログラムとプロジェクトの実行組織体制が確定した後、各組織はそれぞれの経験や能力とリスクに応じて、最も適した具体的な実行方法やプロセスを検討することにより、確実性のより高い実行計画となるよう調整やすり合わせなどの見直しを行うことが推奨される。

プログラムの構想計画段階で十分な検討が行われている場合でも、新たにプロジェクトマネジャーが選定され、プロジェクト実行組織体制が決定されたことによる実行計画の見直しは不可欠である。プログラムマネジャーは、プロジェクトマネジャーの個性を把握し、さらにプロジェクトごとの独自性を考慮したうえで、任命されたプロジェクトマネジャーを中心として検討されたプロジェクト側の意見も考慮して、プログラムの実行計画の細部の見直しを行う。

(5) 全体最適化の仕組み

プログラムを構成する各プロジェクトは、プログラム全体の成功すなわち全体最適の実現を目指して構成されている。しかし、各プロジェクト組織がプロジェクトミッションの他に組織独自の目的・目標を設定し、その達成を優先することがプログラムの目指す全体最適の実現と利害が相反する場合がある。単一の組織内で実施されるプログラムの場合は、この状況への対応も比較的容易であるが、プログラムの一部の業務を外部に発注する場合などでは大きな問題になることがある。この問題への対処として、①共通観（shared vision）、②実践コミュニティ（community of practice）、③契約におけるインセンティブとペナルティの組合せ、などの仕組みがある。

① 共通観の醸成

多数の人で構成されるプログラム実行の組織にとって大切なのが、第2部第1章第5節プログラム組織で説明されたプログラムの共通観である。プログラム実行組織とプロジェクト実行組織を構成する全員が、プログラムの本質を理

第2部　プログラムマネジメント

解し納得して、一体感を持ってそれぞれの業務に取り組むことが重要である。

　プログラムマネジャーは、プログラム実行組織とプロジェクト実行組織に参加することが確定したメンバーに対して、プログラムの目的・目標を共有するためのトレーニングを実施し、プログラムチームへの参画意識を高める。プログラムの実行段階でも、プロジェクトに対する評価を行って、そのプロジェクトのプログラムへの貢献度合いを示すことが大切である。これにより、プロジェクトマネジャーのプログラムに貢献するモチベーションの向上を図ることができる。

② 実践コミュニティの活用

　プログラム、プロジェクトともに、実行する業務すべてについて特定の機能組織や個人に対して権限と責任が明確に割り当てられるが、プロジェクト間の関係性が複雑な場合や目標達成の難易度が高い場合などでは、関係者がそれぞれの責任範囲や立場を超えて知恵を出し合うことが必要になる。このような公式の組織体制を超えた協働を促す仕組みとして、実践コミュニティが活用される。

　コミュニティとは、元来は地域に根差した共同社会を意味する言葉である。

図表2-2-22　プログラム・プロジェクト実行組織と実践コミュニティとの関係性概念

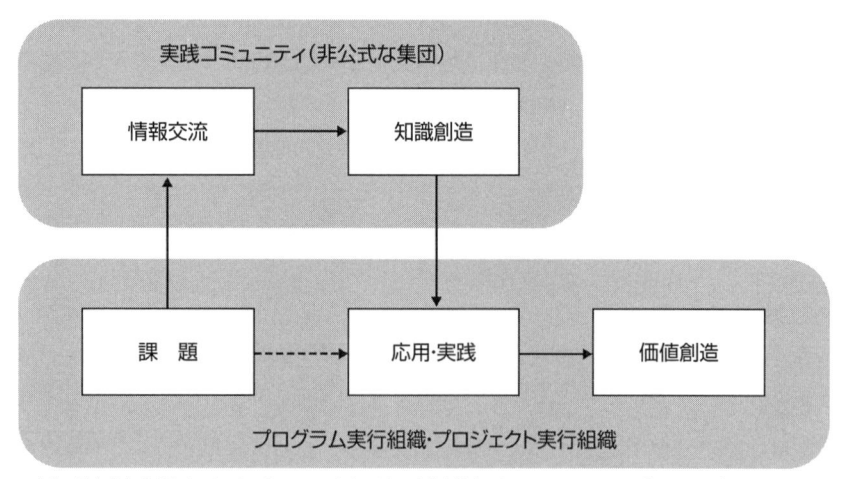

出典：清水基夫『実践プロジェクト&プログラムマネジメント』日本能率協会マネジメントセンター、2010年、p335図表7-1-12

その中では、個人はそれぞれの能力に応じて助け合うことや公式行事に参加するなど、一定の貢献が期待されている。コミュニティと一切の関係を持たずに生活することが難しかった時代には、これらの貢献は義務的な性格が強かったが、最近では、個人はそれらの義務を負わず、自然災害などの非常事態を除くとコミュニティから離れても生活していける場合が多い。

組織においてプログラムを実行する場合では、プログラムの実行組織体制として設定された責任は義務として果たさなければならないが、それと並行して、事業現場に存在する第一線の多様な知恵を有効に活用するために、幅広い専門家が自発的な貢献を奨励する場を持つことが重要になる。各自が持つ知恵やスキルを組織力に昇華する場を持つことが組織固有の体質や文化として認知され、全員がそういう場の形成に意識的に貢献する組織は、環境変化の激しい現代において生き残る組織力を培う上で、大きな効果がある。このような場のことを実践コミュニティと呼ぶ。プログラム組織やプロジェクト組織と実践コミュニティとの関係性概念を図表2-2-22に示す。

③ 契約におけるインセンティブとペナルティの組合せ

複数の組織でプログラムの実行組織とプロジェクトの実行組織が組成される場合には、業務を実行するにあたって契約が結ばれる。プログラム全体として目標（性能、コスト、納期など）を設定したうえで、例えば性能向上や納期短縮によりプログラム完了後にプログラムオーナー側の利益向上が見込める場合に、その一部を各プロジェクトの実行組織に還元する契約をインセンティブという。また、納期遅延など目標が達成できない場合にあらかじめ定めた割合で賠償金をプロジェクトの実行組織がプログラムのオーナー側に支払うペナルティ契約もある。

これらの組合せにより、プロジェクトの実行組織は、プログラムの全体最適を意識しながら、プログラムの目標達成への協力を正当化できる。

3-1-2. プログラム実行の目標マネジメント

プログラムの立ち上げが終わると、プログラム実行組織はいよいよプログラムの実行に着手する。各プロジェクトで設定された目標（性能、コスト、納期

など）達成への進捗を定期的にプロジェクト実行組織から報告を受け、プログラム全体の目標（性能、コスト、納期など）達成への進捗の監視を行う。そして、各プロジェクトに対して必要な対応を適宜判断して指示することで、プログラム全体をコントロールすることを、プログラムの目標マネジメントという。

(1) 監視とコントロール

プログラムマネジャーは、プログラムの環境変化について情報収集を行うとともに、各プロジェクトの進捗情報を収集する。これを監視（monitoring）という。集めた情報は過去のデータであり、それらを総合的に判断してプログラムの完了時点までの予測を行い、その時点で必要と考えられる対策を検討し、計画し、プロジェクト実行組織に実行させまたは自ら実行する。これをコント

図表2-2-23　プログラムの主要な監視項目

監視項目	概　要	方　法
外部環境	社会経済状況 市場動向 競争 革新的技術 法制度 大規模災害 関係企業等の経営状況 キーパーソンの異動	マルチメディア 業界情報 営業情報 個人的ネットワーク
プロジェクトの進捗状況	スケジュール コスト 品質 技術問題	報告（定期・不定期） 会議（定期・不定期） 現場視察
その他	クリティカルプロジェクト クリティカルアイテム キーサクセスファクター	マイルストーンでの確認 専門家会議

出典：清水基夫『実践プロジェクト&プログラムマネジメント』日本能率協会マネジメントセンター、2010年、p 215、図表4-5-5に加筆
※クリティカルプロジェクト、クリティカルアイテム：そのプロジェクトやアイテムが遅れるとプログラム全体の進捗などに必ず影響が出るようなプロジェクトやアイテム
※キーサクセスファクター（Key Success Factor）：目的や目標達成のために注力すべきタスク、事象など

ロール（control）という。これらの実施に当たっては、第3章で記述されるリスクへの考慮が重要になる。

① 監視

　監視の目的は、外部環境変化の把握、プロジェクトおよびプログラムの内部環境変化の把握と、プロジェクトの進捗状況（計画と実施の乖離、発生した問題）の把握が中心となる。プロジェクトの実行状況をどのような指標で測定し、評価するのかはあらかじめ計画されている。

　また今日では、多くの指標は情報ネットワークで収集され、評価されるが、時として、問題発生から発見までに時間がかかり、問題が顕在化したときには影響が大きくなっていて回復が難しい場合もある。これは、プロジェクトの実行組織は、自らの責任を果たすために自力で問題解決を行う努力をする傾向があり、悪意はなくてもプログラムの実行組織への報告が遅れたり、悪い情報を秘匿する場合があるためである。

　これを防ぐために、リスクの高い業務をあらかじめ特定してその進捗に特に注意を払うことや、報告される情報だけで判断せず、必要に応じてプロジェクトの現場に足を運び、プロジェクトマネジャーだけでなく主要なメンバーからも幅広く情報を収集することを心掛けることが重要である。プログラムの主要な監視項目を図表2-2-23に示す。

② 実行の促進

　プロジェクトが計画に対して遅延やコストが超過している場合、プログラムの実行組織がプロジェクトマネジャーに対して改善を促すことを、実行の促進という。あらかじめ定められた許容範囲を超えたスケジュール遅延や、コスト超過などの問題を抱えている場合には、プロジェクトの実行組織に対して、問題点の整理とその原因分析、課題解決の方法について報告を求める。当該プロジェクトの実行組織内で具体的で効果的な解決策が立案できない場合は、プログラムの実行組織が支援を行うことがある。

　例を挙げると、専門家・経験者の助言、各種情報の提供、機材貸与などの物的支援、実行環境の整備や障害の除去、他のプロジェクトやステークホルダー

との調整などである。さらに、プロジェクト要員の増強や、キーマンの負荷を低減するための支援や課題解決のための専従要員の配置など、人的体制強化も一般的に行われる。

(2) 情報コミュニケーション

プログラムの監視とコントロールを的確に行うためには、あらかじめ設定されたプログラムとプロジェクトの運営ルールに基づいて、プログラム内での報告や指示などの情報を統一的に扱う広義の情報コミュニケーションの整備が重要になる。使用する情報システムネットワークのほかに、会議体の設定、標準的報告様式などが必要で、プログラム内で用いる用語や指標についても共通理解を深める必要がある。

プログラムにとって特に重要なプロジェクトに対しては、プログラムの実行組織のメンバーをプロジェクトの実行組織内に必要により随時派遣して、連絡員として監視とコントロールの促進を行う場合もある。

(3) プログラム変更マネジメント

プログラムマネジメントの目的は所期のミッションの達成であり、そのためにはプログラムの実行にあたって確固たる信念と熱意をもって取り組まなければならない。しかし、外部環境の急激な変化などにより、当初計画のまま実行することが困難になった場合や、許容できないリスクが顕在化することが想定される場合には、プログラムの構想計画で決定された各プロジェクトの目標、スケジュール、コストなどの基本事項にさかのぼって変更することがある。こうした変更は安易に行われるべきではないが、判断を逡巡することが全体最適に反する場合もあり、プログラムマネジャーは、適宜プログラムオーナーに決断を仰ぐ責任がある。厳しく計画を遂行しつつ、適切なタイミングで柔軟な対応をする能力は、プログラムマネジャーに要求される重要な資質である。

一方で、どの程度の変更をプログラムオーナーの承認を得て行うのかは実行段階の初期に確認しておく必要がある。プログラムミッションの達成に影響のない範囲においては、プログラムマネジャーは自身の判断により迅速な対応が可能になる。プログラム変更の要因例と内容を図表2-2-24に示す。

図表2-2-24　プログラム変更の要因例

要因区分	要因例
経営体制の変化	母体組織の事業体制の変更（M&A等）、事業戦略の転換
	プログラムオーナーの異動
	主要ステークホルダーの方針転換、倒産、対立等
目的・目標の市場への不適合の判明（または市場の変化）	プログラム目標自体の不適切さの判明
	プログラム目標の実現困難の判明
	一部のプロジェクトの目標達成困難や深刻な遅延
	実行組織の能力不足の判明
事業環境の著しい変化	市場規模の急速な縮小または拡大
	強力な競合相手の出現
	法制度の変更、政策転換、戦争・動乱
コア技術の著しい変化	新技術の急速な普及
	利用技術の顕著な変化

出典：清水基夫『実践プロジェクト＆プログラムマネジメント』日本能率協会マネジメントセンター、2010年、p 218、図表4-5-6

この変更管理に必要な公式手続きは、プロジェクトの変更管理手順に準じる。

3-1-3. プログラムの終結

　プログラムの目標マネジメントが完了し、計画通りの成果が得られた場合やこれ以上継続しても計画通りの成果が得られないと判断された場合にプログラムは正式に終了する。これをプログラムの終結という。

　プログラムの中には、次々と新たなプロジェクトが計画され実行されることがあり終結を明快に宣言できない場合がある。プログラムの終結に際し、プログラムマネジャーは成果およびプロセスの評価を行うとともに、得られた教訓（lesson learned）を整理して、プログラムの上位ステークホルダーに報告する。プログラムオーナーの了解を得て、プログラムマネジャーは、プロジェクトマネジャーにプロジェクト実行組織の解散を指示し、自らもプログラム実行組織を解散して、プログラムは終結する。

- プログラム実行の統合マネジメントは、プログラムの構想計画で示された価値の確実な実現を目指すマネジメント活動である。
- プログラムは本質的に大きなリスクを内包し、多くの資源投下は実行段階で行われるため、その成否が目指した価値創造の成否に直結する。
- プログラムマネジャーは、プログラム実行の統合マネジメントにおいて、リスクの見極めと価値実現の評価を行いながら、多くのステークホルダーとの調整を行い、計画を完遂する強い意志と、必要に応じた計画変更を含む柔軟な対応力が求められる。
- プログラム実行の統合マネジメントは、①プログラム実行の立ち上げ、②プログラム実行の目標マネジメント、③プログラムの終結、で構成される。
- プログラム実行の立ち上げは、①プログラムの実行段階における業務の全体把握、②各業務を実行する組織の決定、③プログラムを構成する個別プロジェクトの立ち上げ、④実行計画の見直し、⑤全体最適化への仕組み、で構成される。

4. 関係性マネジメント

(1) プログラムにおける関係性マネジメントの必要性

　プログラムミッションの達成には、プログラムレベルでステークホルダーを把握して、マネジメントを行うことが必要になる。プログラムレベルでのステークホルダーには、プログラム全体に関与する者、複数のプロジェクトに関与する者、個々のプロジェクトのみに関与するものがあり、その利害の範囲はプロジェクトレベルよりも拡大し、かつ複雑化する。プログラムのもとにある個々のプロジェクトのステークホルダーは必ずしも同じ利害のもとにつながっているわけではないため、プログラムマネジャーはプログラム全体を見据えた関係性のマネジメントが必要になる。

　プログラムミッション達成のためには、個々のプロジェクトの縮小、拡大、修正、中止といった変更の必要性も発生するが、そういった変更は必ずしも

個々のプロジェクトステークホルダーの利害と一致しない可能性も出てくる。プロジェクトマネジャーは、プログラムミッションと個々のプロジェクトミッションの因果関係、その中での各ステークホルダーの位置づけを把握しながら総合的な調整を行い、プログラムに関与するステークホルダー全体の満足を図ることが必要となる。こうしたプログラムレベルの関係性については、プロジェクトに比べ多様性と複雑性が増すことから、構想計画段階（スキームモデル）での検討がより重要となる。早い段階よりステークホルダーを正確に把握し、必要な関係性を構築・維持することが、プログラムをマネジメントし、成功に導くうえで重要である。

昨今、公共性の高い比較的規模の大きい事業において、戦略的環境アセスメントが行われるケースが出てきている。戦略的環境アセスメントは、個々のプロジェクトの実施以前の段階においてステークホルダーとのコミュニケーションも行いながらアセスメントを行い、意思決定に反映することにより無駄な投資を削減したり、累積的環境影響の軽減を図ったりすることを目的とするものであり、プログラムレベルのステークホルダーとの関係性の設計に必要となるプロセスを含んでいる。

戦略的環境アセスメントは、すでに欧米では法制化されている国も多く、国際機関や主要な二国間の援助機関の中には、融資や援助を実施する際のガイドラインの中にその実施の必要性に言及している機関もある。

(2) 多面的な顧客関係の構築

プロジェクトは期間限定の業務であり、受注型のプロジェクトでは契約完了を持って顧客・発注者との関係は終了する。しかし、プログラムは継続して、自社製品やサービスを選んでもらうことが重要である。一つのプロジェクトが終了しても、それに関連する保守サービスや新たなプロジェクトが開始されることは多い。あるいは、今までとは異なる新しいサービスのスキームがプロジェクトとして発生することもあり、その形を顧客に提案して受け入れられることもある。

企業間取引で、よい製品やサービスを継続して提供することは、製品やサービスの品質を維持するだけでなく、取引における顧客との関係を長期にわたっ

て、良好に維持するという問題に帰着する。良好な関係を維持する中で、顧客企業に自社が提供する製品やサービスを選択してもらうように働きかけ、かつ利用した後で、満足してもらうことが大事になる。

そのためには、顧客との関係を多面的に構築することによって取引を円滑に進めたり、拡大したりすることが有効である。それらの多面的なチャネルの緊密さによって、企業間の関係の緊密さや企業が持つ実力が規定され、売り上げや顧客満足度に影響するといえる。例えば、上位レベルの社長や役員間のチャネル、部課長レベルのチャネル、担当者レベルのチャネルと階層的に関係を築いたり、購買と営業のチャネル、技術者間のチャネルなど、専門家同士の関係が構築されていればいるほど、企業間の取引も密になる。

プログラムマネジャーは、各プロジェクトの進行中から、このような継続的な関係を意識して顧客関係を積極的に築くように社内を導いていく必要がある。また、関係が多面的になればなるほど、会社としての整合性の取れた関係を維持することが難しくなる。例えば、担当者は非常に良い関係を相手企業の担当者と築いて、契約の一歩手前まで行ったが、顧客企業の社長と自社の社長との関係性を十分に築かなかったことによって、競合企業に商談をひっくり返されたという例は数多くある。あるいは、以前の営業担当者と新しい担当者が違うことを言ったとか、技術者と営業担当者とが全く異なった対応をして顧客を怒らせてしまい、大事な商談を逃がしてしまったという例もよくある。

同じ顧客に対しては、誰が対応しても同じような情報に基づいて整合性の取れた対応を取った方が、より取引の機会が多くなり、効率的であることは明らかである。さらに、多面的な対応でも、戦略的に整合性をとって対応した方がより効率が良いことは明らかである。

最近のカスタマーリレーションシップマネジメント（Customer Relationship Management：CRM）の考え方では、情報技術の進歩を利用して情報を一元管理するし、同一顧客に対しては、会社全体として整合性の取れた対応ができる仕組みの構築を目指す企業が増えている。さらに、こうした企業は、CRMを社内ネットワーク上で実現することにより、顧客対応を迅速に行うことを目指している。

第2章 プログラム統合マネジメント

- プログラムミッションの達成には、プログラムレベルでステークホルダーを把握して、マネジメントを行うことが必要になる。
- プログラムマネジャーはプログラム全体を見据えた関係性のマネジメントが必要になる。
- プログラムマネジャーは、各プロジェクトの進行中から、継続的な関係を意識して顧客関係を積極的に築くように社内を導いていく必要がある。

5. マルチプロジェクトマネジメント

5-1. マルチプロジェクトとは

　組織が遂行している複数のプロジェクトの使命が相互に関係のない場合、それらのプロジェクト群をプログラムと呼ばず、マルチプロジェクト（multiple projects）と呼ぶ。複数のプロジェクトを同一の経営資源（人、物、金、情報）によって扱うという共通点はあるが、プログラムマネジメントではプログラムのミッションの達成とそのための効果的・効率的な遂行に関心がある。プログラムが生み出す価値は各プロジェクトが産み出す価値の総和より大きくなくては意味がない。一方で、マルチプロジェクトマネジメントではプロジェクト群の成果の総和の達成とそのための効果的・効率的な遂行に関心がある。特定分野の企業においては、プログラムマネジメントとマルチプロジェクトマネジメントの両方が併存することが珍しくない。これら二つのマネジメントに必要なマネジメントスキルや知識には共通点が多いので、一体的に運営されることが多い。

　マルチプロジェクトを扱うことが一般的な企業においては（プラント建設、ITソリューションなど）、複数のプロジェクトを継続的に安定して受注し、必要な専門的人的資源の稼働率を平準化しながら、性能、コスト、納期の計画通りに完成することが、事業の安定・継続・成長に寄与する。さらに、人材を含む資源の維持向上が競争力の源泉となる。

　マルチプロジェクトマネジメントの主要な視点を図表2-2-25に示す。

図表2-2-25　マルチプロジェクトマネジメントの主要な視点

マネジメントの要素	概要
プロジェクトポートフォリオの最適化	健全性
	収益性
	成長性
	人的資源の効率的活用
組織の生産性の最大化	人的資源の効率的活用のための計画と運用
事業リスクの最小化	組織横断的な監視とコントロール
分野別専門能力の向上	競争力と成長性の基盤

出典：プロジェクトマネジメント委員会自主研究報告書『マルチプロジェクトマネジメントの研究』エンジニアリング振興協会、2005年3月、p5の記述を参考に作成

5-2. マルチプロジェクト運営の要点

5-2-1. プロジェクトマネジメントカルチャーと事業運営基準

　組織においてプロジェクトの遂行によって成果を挙げる意識が定着しているかどうかを測る指標として、組織文化という意味でのプロジェクトマネジメントカルチャーがある。組織のプロジェクトマネジメントカルチャーによって、どのような視点で事業を運営する上での基準を設定するかが決まる。それらの

図表2-2-26　案件選択の評価指標例

No.	指標	運用の観点
1	受注高	・適正な受注残高の確保 ・経営資源稼働率の維持
2	期待利益	・適正利益の確保
3	マンパワー投入効率	・人的資源の合理的活用
4	リスクの程度	・事業継続への影響度
5	市場シェアの確保	・事業基盤の維持
6	新規分野・顧客の開拓	・市場拡大による成長性の確保
7	技術力強化	・一般的な技術力強化 ・新たな技術創出 ・海外やジョイントベンチャープロジェクトへの参加によるプロジェクト遂行能力

出典：プロジェクトマネジメント委員会自主研究報告書『マルチプロジェクトマネジメントの研究』エンジニアリング振興協会、2005年3月、p5の記述を参考に作成

基準は組織内で明確にしておく必要がある。その結果がプロジェクト・ポートフォリオに現れる。複数のプロジェクト候補から、取り組む案件を選択し、限られた資源を投入する意思決定を合理的に行うために、受注型プロジェクトを扱う企業において一般的に評価する指標例を図表2-2-26に示す。

5-2-2. 組織形態と権限基準

組織が向き合う市場に合わせるプロジェクトマネジメントカルチャーの強弱によって、完全なタスクフォース型からマトリクス型や機能部門重視型まで様々な組織形態が考えられる（第4部第3章を参照）。組織形態によって、プロジェクトマネジャーの持つ権限のレベルは異なる。しかし、どのような組織形態であったとしても、各ポジションの責任者の責務とそれに応じた権限の付与が明確に示されなければ、組織の運営は難しくなるので、明確な権限基準に基づいて、分かりやすく明確に示す必要がある。

5-2-3. 処遇制度

プログラムマネジメントにも共通することであるが、マルチプロジェクトの運営においてもプロジェクトの成果を大きく左右するプロジェクトマネジャーの処遇制度が適切に定められているかどうかは、非常に重要である。重責に見合うインセンティブにより、モチベーションを高く維持するとともに、将来のキャリアパスを提示することが必要である。

- 組織が遂行する複数のプロジェクトの使命が相互に関係のない場合、それらのプロジェクト群をマルチプロジェクトと呼ぶ。
- マルチプロジェクトのマネジメントは、プロジェクト群の成果の総和の達成とそのための効果的・効率的な遂行を目的とする。

【引用・参考文献】
1) 清水基夫『実践プロジェクト＆プログラムマネジメント』日本能率協会マネジメントセンター、2010年
2) 亀岡彰男監修『サービスサイエンス』エヌ・ティー・エス、2007年

第 2 部　プログラムマネジメント

3）伊丹敬之『経営戦略の論理』日本経済新聞出版社、2012 年
4）沼上幹『経営戦略の思考法』日本経済新聞出版社、2009 年
5）沼上幹『わかりやすいマーケティング戦略』有斐閣アルマ、2008 年
6）青島矢一・加藤俊彦『競争戦略論』東洋経済新報社、2012 年
7）『製品開発と事業モデルの再構築』ハーバード・ビジネス・レビュー、2009 年 4 月号
8）延岡健太郎『価値づくり経営の論理』日本経済新聞出版社、2011 年
9）アレックス・オスターワルダー（著）、イヴ・ピニュール（著）、小山 龍介（翻訳）『ビジネスモデル・ジェネレーション　ビジネスモデル設計書』翔泳社、2012 年
10）今津美樹『Business Model Generation WORKBOOK』翔泳社、2013 年
11）ロバート・S・キャプラン（著）、デビッド・P・ノートン（著）、櫻井 通晴（翻訳）『キャプランとノートンの戦略バランスト・スコアカード』東洋経済新報社、2001 年
12）『情報システムユーザースキル標準 Ver2.2』独立行政法人　情報処理推進機構
13）佐藤　義男『クラウド時代のプロジェクト＆プログラムマネジメント』株式会社ピーエム・アラインメント
14）『プロジェクトマネジメント知識体系ガイド（PMBOK ガイド）第 4 版』PMI
15）『企業 IT 動向調査報告書 2012』一般社団法人日本情報システム・ユーザー協会
16）小原・浅田・鈴木『プロジェクトバランススコアカード』生産性出版、2004 年
17）「マルチプロジェクトマネジメントの研究」プロジェクトマネジメント委員会自主研究報告書、ENAA、2005 年

第3章 プログラム戦略とリスクマネジメント

　第3章では、前章で述べたミッションプロファイリングからプログラム実行の統合マネジメントに至るまでの過程において、共通に活用する要素であるプログラム戦略とリスクの関係について記述する。

　オーナーの事業に対する想いやアイデアが情熱とともにミッションになり、それがプログラムやプロジェクトとなって、事業が遂行され成果が得られるという流れを踏まえると、ミッションプロファイリングでプログラムミッションを可視化する上流過程では、不確実性（リスク）は大きい。

図表2-0-1　プログラムマネジメントの構成（再掲）

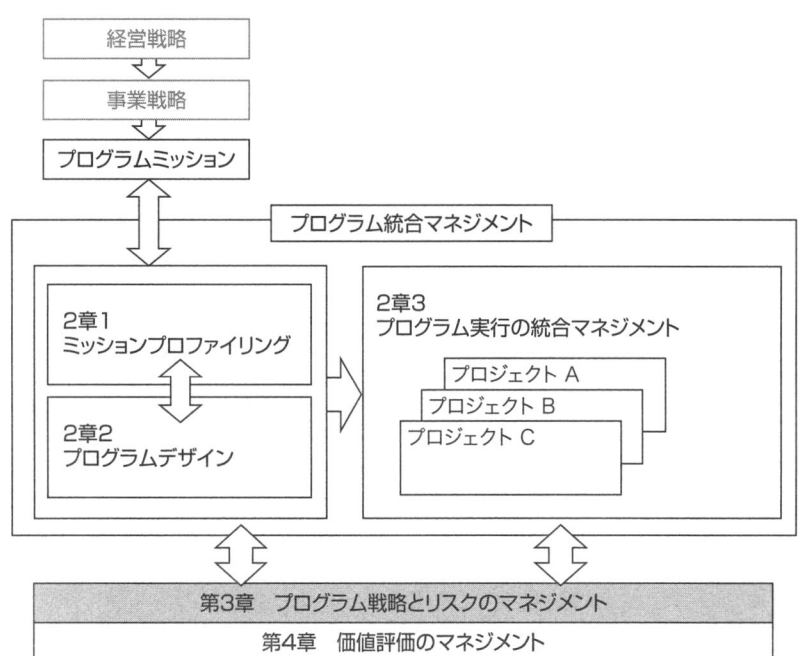

```
経営戦略
  ↓
事業戦略
  ↓
プログラムミッション
  ↕
┌─────────────────────────────────────────┐
│         プログラム統合マネジメント          │
│ ┌──────────────┐  ┌──────────────────┐ │
│ │ 2章1         │  │ 2章3             │ │
│ │ ミッション    │⇒ │ プログラム実行の  │ │
│ │ プロファイリング│  │ 統合マネジメント  │ │
│ │      ↕       │  │ ┌────────────┐  │ │
│ │ 2章2         │  │ │プロジェクトA│  │ │
│ │ プログラム    │  │ │プロジェクトB│  │ │
│ │ デザイン      │  │ │プロジェクトC│  │ │
│ └──────────────┘  └──────────────────┘ │
└─────────────────────────────────────────┘
      ⇕                        ⇕
┌─────────────────────────────────────────┐
│ 第3章　プログラム戦略とリスクのマネジメント │
├─────────────────────────────────────────┤
│ 第4章　価値評価のマネジメント              │
└─────────────────────────────────────────┘
```

第2部　プログラムマネジメント

　本章の目的は、第1にいかにしてプログラム遂行に戦略性を組み込んでいくかのプロセスについて、第2にリスクを確実に把握しつつ、許容可能な範囲で、戦略的成果の最大化をめざすプロセスについて説明することである。価値創造あるいは変革という戦略を具現するプログラムミッションは、それ自体が大きな投機的リスク[*13]という不確実性である。プログラムから豊かな成果を得るためには、高い目的・目標（ミッション）を求めつつも、それに伴うリスクがプログラムとして許容範囲すなわち対処可能であることを要する。プログラムマネジメントでは、戦略性とリスクマネジメントを一つの大きな枠組みの中で計画していくことが要求される。

1. プログラムの戦略とリスク

1-1. プログラムにおける戦略

　事業主・オーナーから提起されるプログラムミッションは、長期的かつ大局的に事業を発展させるための事業戦略の実践を求めている。プログラムでは、プログラムミッションが要請する戦略の本質を戦略目標の形で適切に定義すること、またそれを確実に実行する方針としてのプログラムの実行戦略を構築することが必要である。

　これらの戦略・方針は、プログラム統合マネジメントのミッションプロファイリングのプロセスに並行して検討され、実行シナリオに組み込まれ、さらにプログラムデザインのプロセスの中でより詳細に計画される。

1-2. プログラムにおけるリスク

　リスクとは、何らかの事業あるいは行動を行う上での不確実性である。プログラムは、上位からの事業戦略を受けて今までにない価値の創造や変革を目指すものであるから、不確実性はその必然的な性質であるから、本質的に投機的リスクの性質をもつ。

[*13] 投機的リスク（speculative risk）：損失だけでなく利益の発生する可能性のある不確実性をいう。なお、損失発生の可能性だけのリスクは純粋リスク（pure risk）という。

一般にプロジェクトでは、当初から達成目標がほぼ明示されており、そのリスクマネジメントは主に純粋リスクを対象にする。プログラムの場合は、上流工程で達成すべき戦略目標を選定する。概念的に言えば、これがプログラムで獲得できる価値の上限を定め、その後の実行マネジメントにおける成功・失敗により実際に獲得できる価値の範囲が定まることになる。

プログラムは複数のプログラムを組合せた長期間のライフサイクルをもつため、様々な外部環境の変化の影響を受けるため、その対策が必要となる。この点もプログラムのリスクマネジメントが典型的なプロジェクト・リスクマネジメントとは異なる要素である。

1-3. 日本型組織の戦略アプローチと日本型プログラムマネジメント

欧米型組織では、組織構造、レポートラインを明確化し、それが機能するようなインセンティブを定義する。しかし、定義が明確なだけに状況に合わせて定義された役割を超えて対応するような行動は起こりにくい。このような組織の特性は、明確な目的や役割が決まり、確実な遂行が必要なプロジェクトにおいては、有効に機能すると考えられる。

一方、日本型組織は、安定的な雇用慣行、三現主義（"現場"、"現物"、"現実"を重視）、コンセンサスの重視といった特徴を持つ。職務記述書で職務の内容を定義されている点では欧米型組織と同様であるが、職務の定義が曖昧なため隙間部分を個人の能力やお互いの協調で埋めることで職務が遂行されている。これにより、職務を厳密に規定しなくて組織が自律的に行動でき、環境の変化により、職務を変化させる必要がある場合なども迅速に対応が可能となる。このような個人の能力による対応やお互いの協調による対応を高く評価する文化的風土もある。

このような日本型組織の特性は、目的や役割、実施内容が明確なプロジェクトにおいては、業務上の不整合を協調で補うなどの効果的な面も大きい反面、トップダウンがスムーズに進まない、ミドルマネジメントの資質に左右されるなど、必ずしも有効といえない面もある。しかし、現場に近いミドルマネジメント層が、自律的に協調行動をすることが、多義性、拡張性、複雑性、不確実

性を含むプログラムにおいては、有効に機能する場合もある。もちろん、このような日本型組織の特性が、プログラムにおいて有効に機能するためには、現場の中核となるミドル層が重要である。日本型組織でのマネジメントの特徴として、野中郁次郎[1]は「トップが持っているビジョンとしての理想と第一線社員が直面することの多い錯綜したビジネスの現実をつなぐ懸け橋」になるミドル・アップダウン・マネジメントをあげている。

日本型組織では、トップダウンで戦略遂行するのではなく、ミドルマネジャーが会社全体を視野に入れ、経営トップからの戦略ミッションを理解し、かつ現場・現実を見据えてプログラムを実行するミドル主導型のアプローチが多用されてきた。

もちろん、日本企業でも経営者によるトップダウンのマネジメント手法を実践している企業も多く、また欧米においても日本と同様な現場・現実・現物の三現主義を重視したマネジメントスタイルを採用している企業も多くある。ミドル・アップダウンのアプローチは、必ずしも日本型の組織だけで有効なのではなく、現場発という特徴を生かすことで、様々なプログラムに活用できる。

現場の状況を把握しているミドルの発案による戦略は、事業の実態を熟慮した戦略であり、さらにプロジェクトやプログラムの現場から見出すことのできる様々なリスクはトップダウン型のアプローチと比較して、より具体的で、明確な形でとらえることが可能となる。一方、現場視点になることで、戦略が短期的、部分思考になりがちという短所を回避する注意が必要である。

* プログラムでは、プログラムミッションが要請する戦略の本質を戦略目標の形で適切に定義すること、またそれを確実に実行する方針としてのプログラムの実行戦略を構築することが必要である。
* リスクとは、何らかの事業あるいは行動を行う上での不確実性である。プログラムは、上位からの事業戦略を受けて今までにない価値の創造や変革を目指すものであるから、不確実性はその必然的な性質であるから、本質的に投機的リスクの性質をもつ。

> ＊リスクには、悪い結果や影響だけでなく、好結果をもたらす場合もあり、前者を「純粋リスク（pure risk）」、後者を「投機的リスク（speculative risk）」という。

出典：野中郁次郎・竹内弘高『知識創造企業』東洋経済新報社、1996年、p.191

戦略とリスクの関係

　アップル社のiPodとiTunesを例にとって、「戦略とリスク」について紹介する。

　iPodは2001年に発売開始されたハードディスクドライブもしくは大容量メモリ内蔵のデジタル音楽プレーヤーで、斬新なデザイン面や操作性の面で卓越した良さを持ち、主たる購買層である若者を中心に爆発的に販売数を伸ばした。一方、iTunesは音楽の再生・管理ソフトウェアで、iPodと同じく2001年1月に配布開始された（iTunes Music Storeは2003年4月）。そして、音楽を保存・整理するには、iPod購入者は必ずiTunesを使うという枠組みを創り出した。当時、ソニーなどが同様のデジタル音楽プレーヤーと音楽ダウンロードの仕組みを提供していたにも関わらず、アップル社が成功したのは、音楽業界を巻き込んで、iTunes Music Storeという環境を作り上げたことに要因がある。iTunes Music Storeを利用すれば、音楽を利用者自らがデジタル化することなく、豊富な音楽データを容易に聞くことができる。

　アップル社がとった「戦略」は、iPodというハードと、iTunesというソフトを一体で提供し、さらに多くのステークホルダーを巻き込んだiTunes Music Storeという音楽環境の創出であった。ここでアップル社がとった「リスク」は、iPod購入者がiTunes／iTunes Music Storeを使って音楽を購入・保存し続けるという新しい収益モデルを構築することである。ここには、他社が陥った音楽業界などの抵抗といった「リスク」を乗り越える音楽産業全体を見通したエコシステムの構築という「戦略」があった。

　その後、iPodはclassic以降、shuffle、nano、touchと様々な種類が開発・発売され、一人ひとりのライフスタイルに合わせて所持され、完全に日常生活の中に溶け込んだ。これに伴い、iPod購入者はiTunes／iTunes Music

Storeを使ってネットワーク経由で音楽を購入、保存・整理するという、これまでの店舗で音楽CDを購入するスタイルとは全く異なる音楽の文化スタイルを確立した。音楽産業を活性化させることにより、音楽産業に関わる企業各社も利益を生み出すとともに、アップル社はiPod、iPhone、iPadなどの商品群からのみではなく、構築した音楽配信の仕組みからも、大きな利益を獲得するに至った。

◇◇◇

◇◇◇ エコシステム ◇◇◇◇◇◇◇◇◇◇◇◇◇◇◇◇◇◇◇◇◇◇◇◇◇◇◇◇◇◇◇◇◇

　本来は、花とその花粉を運ぶ蝶や蜂などのように生物とその環境の構成要素をシステムとしてとらえる、生物学で言う「生態系」を意味する科学用語である。昨今は、経営やITの分野において、相互の依存や協調関係によって、新たな産業体系を業界や国境を越えて構築している企業間の共存共栄の仕組みを指して用いられる。

　IT分野では、マイクロソフトのWindowsとインテルのプロセッサを中心に複数の周辺機器メーカーやソフトウェアメーカーによって、WINTELと呼ばれる集合体が形成された。このようなエコシステムには、中核になる企業が必要であるという認識があり、WINTELでは、マイクロソフトとインテルがその役割を果たした。

　現状のガソリン車には、ガソリンスタンドという燃料の補給網が整備され、故障の修理などもカーディーラーの店舗や修理工場が随所にあり、さらに補充部品を扱う店舗も多く存在し、これらがガソリン車のエコシステムを構築している。

　これに対し、電気自動車のエネルギー源である電気を補充するスタンドは、設備投資費用が高額であり、電気自動車が普及していないので需要があまりないので、整備が進まず、エネルギーの補充設備がないことで、電気自動車の購入が進まないという悪循環になっている。つまり電気自動車のエコシステムの発達が十分でないことが電気自動車の普及が進まない要因の一つと考えられている。

◇◇◇

2. プログラム戦略マネジメント

プログラムでは、プログラムミッションが要請する戦略の本質を戦略目標の形で適切に定義し、それを確実に実行する必要がある。さらにプログラムには、環境変化や複数プロジェクトが何らかの関係性を持つことによって発生するプログラムそのものの不確実性とプログラムを構成する個々のプロジェクトの不確実性がある。このようなプログラムを成功に導くためには、戦略的なマネジメントが必要である。そして、いったんプログラムが開始された後も、プログラムの目指す価値創造に対して何らかの変化が起きていないかを評価し、もし変化が起きていた場合には適切なプログラム変更を行うことができるような戦略的なマネジメントを実施していかなければならない。

2-1. プログラム戦略マネジメントとは

プログラム戦略マネジメントは、プログラムミッションの本質を正しく解釈し、目的、目標、手段の相互関係性を明らかにする。さらに基本的な枠組みを策定して重要な制約を特定し、プログラム遂行の全ての過程でプログラムミッションを実現するための統合マネジメントを行うことである。そして、プログラム戦略マネジメントには、上位組織の戦略から導き出されたプログラムミッションを具体的な目標へと展開する戦略目標マネジメントと、プログラムを成功裏に実現するための方法としての実行戦略マネジメントの二つの局面がある。（図表2-3-1）

図表2-3-1 プログラム戦略マネジメントの構成

ミッションプロファイリング	プログラムデザイン
（ミッション記述）　　　（シナリオ展開）	

戦略目標マネジメント
↓↑
実行戦略マネジメント

時間 →

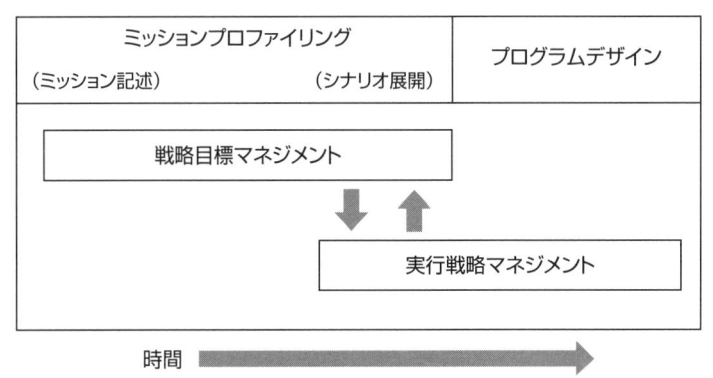

出典：清水基夫、「P2Mにおける戦略とリスクの一考察」、国際P2M学会誌、VOL5, No1　P129, 2010

また、プログラムにはプログラムを構成する個々のプロジェクトの不確実性と、環境変化や複数プロジェクトが何らかの関係性を持つことによって発生するプログラムそのものの不確実性があるため、全体として多くのリスクが存在することになるが、その対応は戦略目標マネジメントの実施過程を通して分析・評価され、結果としてプログラムシナリオへと反映されることになる。

> - プログラム戦略マネジメントとは、プログラムミッションの本質を正しく解釈し、目的、目標、手段の相互関係性を明らかにし、その基本的な枠組みを策定して重要な制約を特定し、プログラム遂行の全ての過程でプログラムミッションの実現を最優先するように統合マネジメントを行うことである。
> - プログラム戦略マネジメントには、プログラムミッションを具体的な目標へと展開する戦略目標マネジメントと、プログラムを成功裏に実現するための方法としての実行戦略マネジメントの二つの局面がある。
> - プログラムが持つ不確実性（投機的リスク）への対応は戦略目標マネジメントの実施過程を通して分析・評価され、結果としてプログラムシナリオへと反映されることになる。

2-2. 戦略目標マネジメント

プログラムの戦略目標とは、プログラムミッションを達成するために、何を行い、その結果として何をどれだけ達成するのかという目標である。例えば、プログラムミッションとして、「3年後までにグローバルでの売り上げを3倍にする」といったような望む結果が漠然と示されたものは願望であって、戦略とは言えない。プログラムの戦略的目標としては「現在の3倍以上の市場規模となるように販売対象国を拡大する」、「現在の3倍以上の販売を可能とする販売とサービスの体制をグローバルで実現する」、「現在の3倍以上の種類の製品またはサービスをグローバルで販売する」などのように具体的に何を実施するのか「行動」として明確にわかる目標の設定が必要である。これによって、初めてプログラムで実行すべき行動を明確にすることができるようになる。

さらに、ただ目標が明確になりさえすれば良いということではない。プログ

ラム目標に対する戦略目標マネジメントとして重要なことは、「効果性（本当にそうなるのか？：構想の価値）」、「実現性（本当にその内容は実現できるのか？：実現の価値）」、そして特に企業や事業の観点では、「発展性（継続できるのか、さらに発展させられるのか？：活用の価値）」などを評価することである。そしてこれにより、より詳細なプログラムの目標群の展開へとつなげていくことである。

プログラム目標を考える場合、外部環境と内部環境の関係、外部環境の変化、プログラムミッションの上位にある企業や事業のミッションとの関係、それらの将来への可能性と不確実性など、様々な要素を考慮しなければならない。また、これらの要素の全てをに対応することは容易ではなく、複雑な要素間のトレードオフが要求されることになる。何かで代替すること、何かを行わないこと、何かを切り捨てることも必要になってくる。上記三つの視点は、そのための判断基準を提供するものとして重要である。

図表2-3-2 プログラム戦略目標マネジメントにおける重要な視点

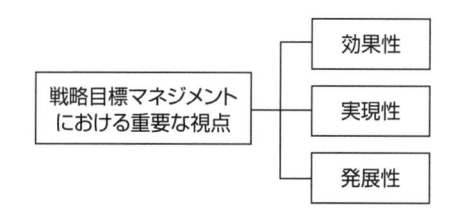

戦略目標マネジメントにおける重要な視点
- 効果性
- 実現性
- 発展性

2-2-1. プログラム目標の効果性

プログラム戦略目標マネジメントの視点で目標の効果性、「本当にそうなるのか？」ということを評価する場合、以下の3点が重要な要素となる。
- 有効性と効率性
- 時間軸
- 価値の独自性

(1) 有効性と効率性

有効性とはプログラムが創造しようとしている価値が、環境（市場等）において本当に価値があるかどうか、すなわち環境（市場等）における価値の適合

性であり、効率性とはその価値創造のための投入に対して得られる価値の比率ということになる。

　組織にとってはその両方ともに重要であるが、環境（市場等）において価値の適合性が高い方がより優先度は高くなる。なぜなら、効率性は、最初は優れていなくても、継続的に改善をすれば、高めていくことができるが、環境（市場等）において価値が無い（有効性が低い）ものは、いかに効率化の努力をしても意味がないからである。したがって、有効性の方が優先度は高いということになる。すなわち選定したプログラム目標が本当に環境または市場、顧客の望むものに適合しているかが最も重要であるということである。ただし、有効性の有無、程度についてはその見極めが難しいため、プログラムの実施判断においては評価が容易な効率性に傾きがちになることに注意が必要である。

(2)　時間軸

　競争環境下においては、いつ市場にプログラムの価値を提供するかという時間的な要素も重要な評価、判断の材料となる。有効性が高かったとしても、他社・他組織によって先に同様の価値を市場に提供されてしまった時点で、それまでの有効性の多くが失われてしまう。プログラムの目標を設定する場合、時間的な要素を外して考えることはできないということである。有効性が高いと考えられる価値創造を長い時間をかけて一気に実現するのか、それとも一部だけでも短期間で実現し、その後、段階的に価値創造を実現していくのか、主には2種類の選択肢があるが、そこは自らの都合だけでは決められない難しさもある。ただし、早期に実現できるということは競争環境下では多くの場合有利になることは間違いない。「どうしたら早くできるか」という意識を持ってプログラムの目標を考えることが重要である。

(3)　価値の独自性

　競争環境下において競争優位を実現するためには、プログラムが創出する価値が独自性を持つことが重要になる。プログラムの目標として、自社・自組織の製品やサービスなどの他ではみられない特性、複数の製品やサービスを組み合わせて得られる他ではみられない特性、市場での特異なポジション、組織の

中の有効な仕組みなど、価値の独自性、すなわち他社・他組織に簡単には模倣できない特徴のある価値の創出を考える必要がある。このことは例えば医薬品業界における「アンメットメディカルニーズ（未充足な医療ニーズ）へのチャレンジ」などが代表的な例である。充足した環境においては、提供できる価値も獲得できる価値もそのどちらも小さいものとなってしまうことは明らかだからである。

また、競争環境下においては、複数の組織が同種の製品やサービスを市場に提供することになる。市場は常にそれらを評価し、例え同種であったとしてもそれぞれの特徴を認識し、そして製品やサービスを生み出した組織の特徴としても認識する。すなわち、製品やサービスの独自性は組織の文化や組織の経験と相まって実現されるものであるということもできる。

2-2-2. プログラム目標の実現性

プログラムによって、新たな価値を創造し、実現しようとする場合、そこには必ず未知の要素、すなわち投機的および純粋リスクが含まれることになる。このことは不確実性としてプログラムの基本属性で説明されているが、高いレベルの価値実現を目指せば目指すほど、当然不確実性は大きなものとなり、一般的に実現性は低くなる。プログラムの実施には多くの資源投入が必要となることからも、組織において高い実現性は非常に重要な意思決定要素の一つである。ただし、プログラム全体の実現性を確実に評価する指標が存在するわけではないため、複数シナリオ間での相対的な評価や、プログラムを構成する個々のプロジェクトの実現性評価、すなわちリスク分析結果を集めた上での総合的な評価が必要となる。

2-2-3. プログラムの発展性

一般の組織、特に企業においては継続的な成長は必達のテーマである。

プログラムに発展性をどのようにもたせるかはプログラム目標を考察する上で重要な要素となるため、ここではプログラムの発展性の二つの側面について説明する。

(1) プログラム自身の発展性

プログラムの成功の結果、さらに次の段階の成果を求めてそのプログラム自身を拡張するか、あるいは継続性のある新たなプログラムをスタートさせるプログラムの発展性が重要である。これが容易となるようにプログラムの目標や構造を設計する必要がある。P2Mにおいて、そのことはプログラムにおける実際の価値獲得を行うサービスモデル・プロジェクトを元に、さらに高次元の価値獲得を目指して次の新たなスキームモデル・プロジェクトを立ち上げることが重要であるとして示されている。先行プログラムにおける学習効果をいかに次のプログラムに活かしていくかが重要な課題であり、その課題はプログラム目標として当初より組み込まれていることが必要となる。

製造業における製品開発の目標設定では、特定の製品やサービスをまず市場に投入し、市場から得られるフィードバックを次製品以降に適用していくような製品戦略や、長期的製品ロードマップと個別プロジェクトの整合性などが重要である。また、プロジェクト受注型事業(プログラム)を行う組織において、プロジェクトの完了によって高まったその分野における知識・経験などを以後のプロジェクトに活かしていく受注戦略などがその例と言えよう。

(2) プログラムが組織に与える発展性

ミッション達成のためのプログラム遂行を介して、例えば希少な経営資源、新たな市場や顧客、強化された組織力・マネジメント力、資金の調達先や信用さらにはブランド力など、プログラム完了後も発展的に活用可能となる組織の経営資源やコンピタンスの獲得が行われる。これはダイナミックケイパビリティの考え方であり、組織の継続性を重視する日本企業にとっては特に重要な視点であると言える。プログラムやプロジェクトの実施によって競争力が高まった人材や技術の蓄積をプログラムやプロジェクトの完了後も散逸させることのないようにしなければならない。ただし、プログラムマネジメントは第一義的にはプログラム目的の達成を目標としている。事業戦略上、発展性は非常に重要な要素になるが、プログラムが失敗すればもとより発展性は無い。発展性はプログラム以後に目配りをした付随的な視点であるともいえる。

- プログラムの戦略目標とは、プログラムミッションを達成するために、何を行い、その結果として何をどれだけ達成するのかという目標である。
- プログラム目標に対する戦略目標マネジメントとして重要なことは、「効果性」、「実現性」、特に企業や事業の観点では、「発展性」ということなどを評価すること、そしてより詳細なプログラムの目標群の展開へとつなげていくことである。
- プログラム目標は、外部と内部環境、外部環境の変化、プログラムミッションの上位にあるミッションとの関係、それらの将来への可能性と不確実性などの要素を考慮して設定する。
- プログラム目標の効果性を評価する視点として、「有効性と効率性」、「時間軸」、「価値の独自性」がある。
- 競争環境下において競争優位を実現するためには、プログラムが創出する価値が独自性を持つことが重要になる。
- プログラムの実施には多くの資源投入が必要となることからも、組織においてプログラムの高い実現性は、非常に重要な意思決定要素である。
- プログラム目標の発展性には、「プログラム自身の発展性」と「プログラムが組織に与える発展性」の二つの側面がある。

2-3. 実行戦略マネジメント

　プログラムの実行戦略マネジメントは、戦略目標マネジメントで明らかにされた戦略目標の達成を目指して、プログラムを実行する上での戦略に関するマネジメントである。プログラム実行の確実性、効率性を高めること、そしてプログラムの実行レベルで行われる製品やサービスの競争力の向上が目的となる。ここで、確実性についてはリスクマネジメントとの関係で別途扱うこととするが、プログラム目標の中核的要素の一つである製品やサービスの競争力は、製造業などでは半ばルーチン的に改良製品を繰り返し開発することで実現しており、プログラムマネジメントの初期段階で行われるミッションプロファイリングではなく、プログラムの設計や個別プロジェクトレベルで扱うことも可能である。すなわち、戦略型プログラムのケースでは製品やサービスの競争力向上

第2部　プログラムマネジメント

は戦略目標マネジメントの重要な要素であるが、オペレーション型プログラムでは実行戦略マネジメントにおける重要な要素として考えることも必要になる。

- プログラムの実行戦略マネジメントは、戦略目標マネジメントで明らかにされた戦略目標の達成を目指して、プログラムを実行する上での戦略に関するマネジメントである。
- プログラムの実行戦略マネジメントの目的は、プログラム実行の確実性、効率性を高めること、そしてプログラムの実行レベルで行われる製品やサービスの競争力の向上となる。

2-4. 組織の戦略とプログラム

　組織の持つ戦略は多様であり、さらに組織が実施するプログラムの実施環境や利用可能な資源なども異なる。そのためプログラムミッションのプログラム目標への展開について一括りにして説明することは極めて困難であるが、一般的に組織が取りうるプログラムの類型から整理を行うこととする。（企業内の戦略の概要は、第4部序章参照）

(1)　戦略型プログラム

　企業組織の場合、全く経験がないタイプのプログラムを実行することで、競争戦略への対応として市場における競争優位をもたらす新しい仕組みをつくり出すことや、それまでにない革新的な製品やサービスの開発、全く新しい市場の創出などがプログラムの主要なテーマとなる。（第4部序章参照）また、リソース・ベースト・ビュー（RBV）[14]に基づく戦略も、価値があり、希少で、他から模倣されない経営資源を獲得することなどがプログラムの主要テーマとなる。

---

[14] RBV(Resource Based View of the firm)：組織独自の資源を活用することによって、企業は競争優位を獲得することができるという戦略論。B.ワーナーフェルト（Birger Wernerfelt）が、Strategic Management Journal誌に掲載した「A resourse-based view of the firm」で提唱し、ジェイ・B・バーニー（Joy B,Burney）の「企業戦略論」によって展開された。

第3章 プログラム戦略とリスクマネジメント

この種のプログラムに関してプログラム目標への展開を行う場合、戦略目標マネジメントの視点、すなわちミッションプロファイリングにおいてその要素を考察することが重要であり、その概要について図表2-3-3に示す。

例えば市場に関する戦略には、その製品やサービスに関する競争戦略と事業ポートフォリオ戦略が存在し、その基本戦略としては、コストリーダーシップなどの競争戦略理論によるものや新市場創造などがあげられる。また基本戦略は単独では無く、複数を組み合わせて全体の戦略を構成する場合も一般的である。基本的にそれぞれの戦略は、他社に対する戦略的優位を獲得することが目的となるが、その源泉となる要素としては、規模の経済、範囲の経済など「戦略優位の源泉」の欄に示された項目、そして他のいくつかの項目との効果的な組み合わせを行うことが重要となる。多くのプログラムは、「基本戦略」のい

図表2-3-3　戦略目標マネジメントの視点

事業分野 (事業戦略)	基本戦略 (戦略ミッション対応)	戦略優位の源泉	戦略施策の具体化の主要な視点
【市場に関する戦略】 ●競争戦略 ・脅威への対応 ・機会の活用 ●事業ポートフォリオ戦略 ・事業分野の拡大 ・不採算事業の整理	●コストリーダーシップ ●差別化 ●集中化 ●新市場創造 ・革新商品 ・新顧客市場 ・多角化 ●撤退 ・事業終結 ・事業売却	●規模の経済 ●経験曲線 ●範囲の経済、シナジー ●品質 (機能・性能・デザイン) ●ネットワーク外部性 ●ニッチ ●販売チャネル ●サービス	●バリューチェーン ●取引コスト ●イノベーション ・プロダクト ・市場 ・生産技術 ●市場特性(顧客層、地理)、フォーカス ●組織体制、M&A、提携
【資源に関する戦略】 ●RBV(VRIO) ●資源効率化	●組織能力 ●稀少資源の獲得 ●プロセスの効率化	●効率化 ●システムフォーカス ●需要分野フォーカス ●特徴的技術 ●得意な内部プロセス ●サプライチェーン	●技術開発、人材開発 ●生産技術 ●効率化投資 ●財務と情報

出典：清水基夫、「P2Mにおける戦略とリスクの一考察」、国際P2M学会誌、VOL5,No1P129,2010

ずれかがプログラムに提示されたプログラムミッションとなり、「戦略優位の源泉」の各項目をさらに当該プログラムに即して具体的に展開したものがミッションプロファイリングにおけるプログラム目標に対応する。

　さらにプログラムを具体化する上では、多様な視点からの検討が必要であるが、その主要なものを「戦略施策具体化の主要な視点」の欄に示している。規模の経済を例に挙げると、利益率の目標を設定し、その実現のために、バリューチェーンの範囲やバリューチェーンに関する取引コストを検討、提携やM&Aを含めた遂行体制とこれに伴う設備投資や技術開発投資の内容を検討することになる。その結果として、実行すべきプログラムの構造が定まることになる。

　RBVの分野では、組織の能力をどのように強化するかが重要な要素になる。この分野においては、例えばトヨタ生産方式やTQCによる各社の品質能力の向上など、小集団活動を通じて長年の業務の積み重ねの中から、プロジェクトによらずに高い能力が蓄積されることもある。ただし、他の企業がトヨタ生産方式（リーン生産方式）を取り入れようとする場合、トヨタ自動車と同様の蓄積を持っているわけではないため、単純に模倣することは困難であり、明確にプログラムもしくはプロジェクト化して取り組むことが必要になる。また、複製コストが大きくなり、競合による入手が困難な希少資源の獲得に関しては、希少な原材料の確保、繁華街や駅前などの有利な立地への出店、専門能力を有する人材の確保や優秀な技術を持つベンチャー企業の子会社化などまで、競争優位を確保するための様々な資源が対象となる。

　資源効率化に関しては、新型プラントの開発や運用方式の改革など、原価に大きな影響を及ぼすプロセスや物的資源利用の効率化を目指す戦略となる。この場合においても、効率化と同時に事業の方向性を、統合されたシステムに求めるのか、個々のモジュール、部品・材料、素材など、より細分化された要素技術的な部分に求めるのか、あるいは他社が模倣困難な特異な内部プロセスなどの獲得に求めるのか、具体的に何にフォーカスをあてるかが重要であり、その結果としてプログラム目標が定められることになる。

(2) オペレーション型プログラム

オペレーション型プログラムの場合、その目的とする成果すなわち実現する効果について一定の経験を有することから、プログラム実行の効率がどうかということが大きな関心ごととなる。この点において、効率化よりも効果の実現が重要である戦略型プログラムとは大きく異なっている。もちろん効果そのものは戦略目標マネジメントの中で検討されるが、プログラムをいかに効率的に進め、それにより効果を獲得するかということが実行戦略マネジメントにおいてより重きをおいて行われることになる。

事業分野として、建設業、プラントエンジニアリング業、IT産業、航空宇宙産業などプロジェクトそのものを事業としている分野や、医薬品事業等のように、同一ではないが類似のプログラムもしくはプロジェクトを繰り返し遂行しているような分野があり、多くの場合、こうした分野ではプログラム／プロジェクト自体が事業であり、事業戦略とプログラム戦略が重なり合いマネジメントが行われている。これはまさに実行戦略マネジメントの内容と一致するものである。このようなケースの戦略とその施策について以下に示す。

オペレーション型プログラムの分野においても、競争力を高め、新たな顧客を獲得して成長することは重要な課題であるが、次々と継続的にプログラムを遂行することにより、売り上げを向上させるとともに、負荷の平準化を行って組織の運用を効率化する視点がより重要になる。このことはマルチプロジェクトマネジメント（第2部第2章4節5）における課題と同様で、社内の資源と外注や提携を組み合わせて効率的な組織運営を行うことが重要である。同時にこれは作業者の経験の蓄積、専門家・分業化の促進による能力向上、設備効率の向上など組織の競争力向上にも直結する。組織の能力に対して仕事量が不足することはもちろん問題であるが、過剰となる場合もプログラムやプロジェクトの失敗につながることになる。組織の能力、保有事業量に応じた選択受注などの基本戦略が必要となる。

電機や自動車産業などのように、定期的に製品を改良して新製品として販売する企業は多いが、これらの分野のプログラムは、ターゲットとする製品の新規性が特別に高ければ、戦略型に近い性格を持ち、安定化した改良製品が中心であれば、オペレーション型の性格が強いものとなる。オペレーション型プロ

グラムにおける基本戦略として、事業の対象を商品群と捉え、開発にあたっての効率化を狙うものとして群開発があるが、これは電機や自動車など同一製品分野に多様な機種をもつ事業において、多数の機種間に共通化した部品やサブシステムを開発し、開発の効率化と生産数量における規模の経済を実現する戦略である。また、この群開発を成功させるための大きな要因として、製品構成要素のモジュラー化と製品共通のプラットフォーム化がある。モジュラー化の割合が少なければ個別の市場ニーズへ最適化が可能となるが、その反面、開発ボリュームは大きくなり、モジュラー化が多ければその逆になる。プラットフォーム化が進んでいれば多数の製品開発への転用が可能となり製品開発の効率化につながるが、プラットフォーム化が不十分だった場合、プラットフォームが本来のプラットフォームとして機能せず、個別カスタマイズが発生し、結果としては製品品質に影響を及ぼすようなことが起こる。環境の変化に対応して、どこまでをモジュール化するか、どこまでをプラットフォーム化するか、どこで新たなプラットフォームに変えるかなどが重要な鍵を握ることになる。

そこで、プログラムにおいて、どの部分をプラットフォーム化するかの方針を定め、プラットフォームを構築するプロジェクトとこのプラットフォームを活用して製品を構築する複数のプロジェクトをプログラムとして構成することで、プラットフォーム化を推進する。

医薬品事業における代表的な基本戦略として、数百以上の候補物質から順次段階を経て薬効のある物質を選択・抽出していくパイプラインマネジメントがあるが、これは各選択段階にある候補物質の数をそれぞれの段階における最適な数にコントロールするマネジメント手法であり、基本戦略となっている。具体的には、最適な数を越えている場合は、他社にその候補物質を売却し、不足

図表2-3-4　モジュラー化とプラットフォーム化

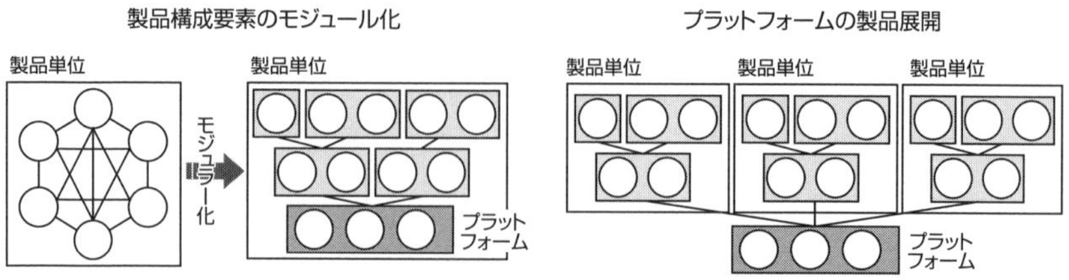

第3章　プログラム戦略とリスクマネジメント

している場合は他社から購入するなどを行ってパイプラインの数のコントロールを実施している。

図表2-3-5 パイプラインマネジメントイメージ図

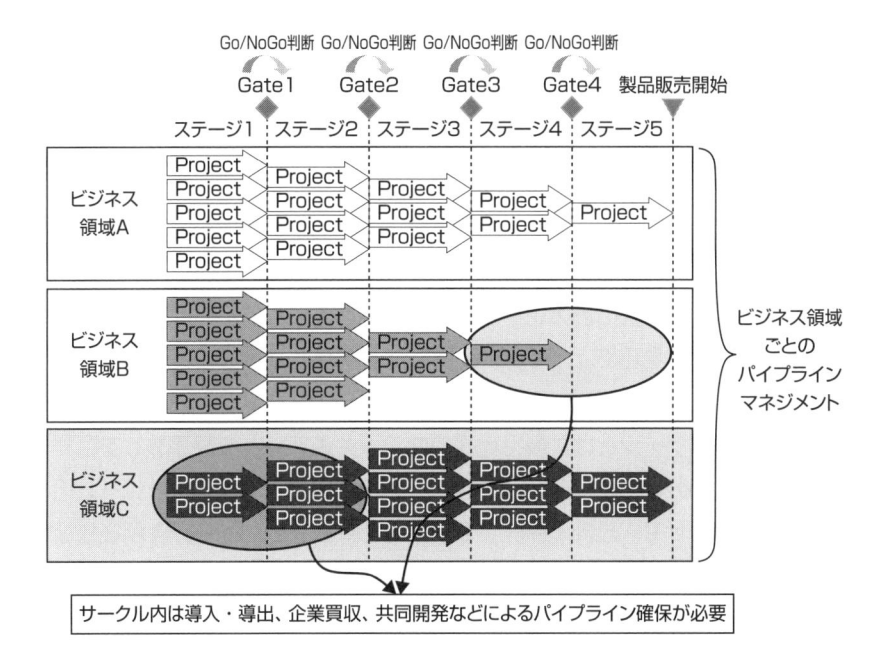

```
                Go/NoGo判断 Go/NoGo判断 Go/NoGo判断 Go/NoGo判断
                  Gate1      Gate2      Gate3      Gate4    製品販売開始
                ステージ1 ステージ2 ステージ3 ステージ4 ステージ5
```

(ビジネス領域A、B、Cごとのパイプラインマネジメント図)

サークル内は導入・導出、企業買収、共同開発などによるパイプライン確保が必要

システム商品を扱うオペレーション型プログラムの場合は、商品に幅広い技術的分野が要求されることからも、競争力向上には、自社のコア技術を磨くだけでなく、他社との提携などで、優れた特徴をもつ外部の資源を戦略的に活用することも基本戦略として考える必要がある。

- 戦略型プログラムにおいては、戦略目標マネジメントの視点、すなわちミッションプロファイリングにおいてプログラム目標の要素を考察することが重要である。
- RBVの分野では、組織の能力をどのように強化するかがプログラム目標における重要な要素になる。

第2部　プログラムマネジメント

- オペレーション型プログラムにおいては、プログラム実行の効率が大きな関心ごととなる。プログラムをいかに効率的に進め効果を獲得するかということが実行戦略マネジメントにおいてより重きをおいて行われることになる。

モジュラーデザイン・群開発

今日、多くの製品への要求として、製品ライフサイクルの短命化と多様化する顧客ニーズへの対応がある。日本企業は、きめ細かな対応を強みとして、多種多様な製品を開発することによってその要求に応えてきていたが、その結果として設計・開発工数の肥大化や製品品目種の増大そして製品の高コスト化を招くことになり、場合によっては、品質レベルを保ち続けることも難しくなってきている。

モジュラーデザインとは、製品仕様の中で、共通部分と変動があるすなわち差別化となる部分とを切り分け、共通部分を標準部品化、さらにそれらを組み合わることによって、設計・開発工数や期間を低減させながら、より多様な製品仕様を実現するための開発手法である。この標準化された部品をモジュールといい、しばしばそのインタフェースを公開することにより、多数の供給業者を得ることができる。これによりモジュール化はその信頼性を高めると同時に大幅な低コスト化をも可能とする。図表2-3-6に携帯電話・スマートフォン等

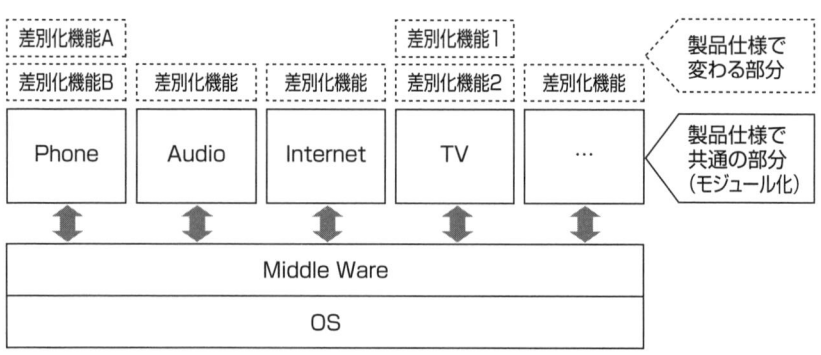

図表2-3-6　携帯電話・スマートフォン等のモジュール化イメージ図

※モジュール間でのやり取りが発生しないようにしている

のモジュール化のイメージを示す。そして、群開発においては、モジュールそのものの有無や差別化機能（破線部分）の有無によって最終的な製品種は異なるが、製品群としての開発が行われる。

3. プログラムリスクマネジメント

3-1. プログラム戦略マネジメントとリスク

　リスクとは、何らかの事業あるいは行動を行ううえでの不確実性であり、それぞれのリスク事象の発生確率とインパクトの積の総和として表される。一般的にリスクとは不確実性と同義と解され、悪い結果だけでなく、好結果をもたらす場合もある。悪い結果のみのリスクを純粋リスク（pure risk）、好悪両方の可能性があるリスクを投機的リスク（speculative risk）という。

　プログラムのリスクマネジメントは、プログラムそのものの持つ事業リスク、ミッション実現の全体のプロセスにおけるリスク、さらに個々のプロジェクトのリスクがプログラムにもたらすインパクトなどを合わせてリスク事象が評価され、プログラムミッションの実現目的に照らして、リスクへの対応を行う。

図表2-3-7　プログラム戦略マネジメントとリスクマネジメント

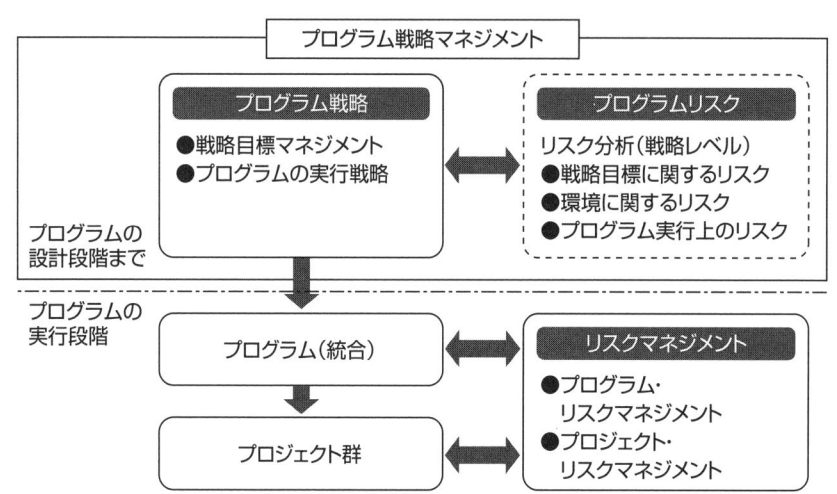

出典：清水基夫、「P2Mにおける戦略とリスクの一考察」、国際P2M学会誌、VOL5, No1、2010年、P129

プログラムにおけるリスクマネジメントは、プログラムの持つ多義性、拡張性、複雑性、不確実性に対応できるように柔軟かつ動態的に考えることが必要となる。

図表2-3-7プログラム戦略マネジメントとリスクマネジメントの関係で示す通り、時間軸でとらえるとリスクは、上流であるプログラムの設計段階までのリスクと、下流であるプログラムの実行段階におけるリスクに大別できる。

プログラムの設計段階において、プログラムの戦略目標マネジメントはプログラムミッションを達成するために、何を行い、どれだけ達成するのかという達成目標の設定とその計画であり、また実行戦略マネジメントはプログラム実行の確実性、効率性を高めること、そしてプログラムの実行レベルで行われる製品やサービスの競争力の向上を目的とする。この設計段階でプログラムリスクは、戦略目標に関するリスク、環境に関するリスク、およびプログラム実行上のリスクが検討されるが、独立したリスクマネジメントとは意識されず、あくまでも戦略マネジメントの内部で投機的リスク（speculative risk）を含めたリスクの特定と分析までが行われ、特定されたリスクについて許容可能なレベルまでプログラムの目標や構造を変更することで対処される。

他方、プログラムの実行段階になると、外部環境（市場、経済・社会環境、自然環境・災害、競合先の動向等）に由来する外部リスク事象やプログラムの目標が間違っていたなどのプログラムの構造に起因するリスクも考慮する必要がある。さらに、個別のプロジェクトの進捗を監視して、プログラムの目的に影響するプロジェクトのリスク事象の可能性を早めに把握し、必要な対応を行うプログラムリスクマネジメントと個々のプロジェクトごとのリスクマネジメントがある。

3-2. リスク要因と対策

戦略レベルのリスク要因は、個別の技術的リスクより外部環境の変化やマネジメント能力の不備・不足に関係したものが多い。これは、プログラムの場合は、より新規性が高く、環境変化を考える必要があることや複数プロジェクトの相互連関性や相互依存性によって、あるプロジェクトが遅れるとそのプロ

ジェクトに関連する他のプロジェクトに遅延が波及するといったことが発生するからである。

したがって、通常のリスクマネジメントではなく、プログラムの設計によりリスクを解消することが多い。代表的なリスク要因とリスク対応の施策例を図表2-3-8　戦略レベルのリスクと対策に示す。ただし、ここに示したリスク以外に、"想定外のリスク"もある。想定外のリスクが発生した場合、必要な情報を収集・整理、複数の対策オプションを策定し、対応を行う。必要があれば、上位マネジメントの判断を仰ぐ等の対処を行うことになる。

図表2-3-8　戦略レベルのリスクと対策

リスクの分野	リスクの主要な要因例	リスク対応の対策例
不適切な目標	▶目標の不明確 ▶過大な目標／遠すぎる目標	・ガバナンス体制の確立 ・ミッション再定義
市場の不確実性	▶規模・成長性の不確実 ▶複雑性（商品と市場相互作用、技術開発等） ▶市場・環境の変化 ▶製品ライフサイクル ▶エコシステムの未成熟 ▶暗黙の前提の崩壊	・逐次型プロジェクト（オプション戦略）、リアルオプション ・応答サイクルの短縮（カンバン方式等） ・ニッチ市場での実績 ・ポートフォリオによるリスク平均化 ・提携によるリスク低減
取引上のリスク	▶取引先の破綻 ▶取引上の機会主義 　・取引特殊な契約 　・将来価値の非対称性	・取引契約による対策（スポット取引、完備契約、逐次契約、関係性） ・垂直統合（内部取引、官僚組織、身内意識による統治） ・共同事業
資源の不備・不足	▶組織体制 ▶人的資源（技術力等）不足 ▶物的資源（設備・資材等） ▶資金	・組織体制の整備 ・資源の獲得（人事・採用、研究開発、買収、提携、共同事業、外注等） ・公的な支援（用地提供・支援、補助金、税の減免、融資等）
他社等からの脅威	▶5つの脅威（ポーター） ▶破壊的イノベーション	・脅威に応じた個別の対策

出典：清水基夫、「P2Mにおける戦略とリスクの一考察」、国際P2M学会誌、VOL5,No1、2010年、P129

3-3. プロジェクトとプログラムのリスクマネジメントの特徴

　プロジェクトでは、一定のミッションの内容や一定の前提条件が明示的に与えられている。これに対し、プログラムは、資源などの考慮の対象となる前提条件は必ずしも固定的ではなく、プログラムにおけるリスクマネジメントでは、プロジェクトと比較して、リスクの範囲や量は大きく、未確定要素も格段に多い。これが、プログラムにおけるリスクマネジメントの難しさであるともいえる。一方で、リスクへの対応策の選択肢の幅が広いともいえる。

　プログラムに関するリスクマネジメントでは、個別のリスク要素を特定化し、これを分析し、対処手法を考えるということに加えて、プログラム全体の枠組みの中でプログラムのミッション達成を実現するために、プロジェクト間の関係性を考慮して、リスクの対応措置を考えることを基本とする。個別の要素であるプロジェクトから生じたリスクがこのプロジェクトだけにとどまらず、他のプロジェクトやプログラムに影響をもたらす場合、プログラム全体の観点から、その影響度を評価し適切な対応措置をとる必要性が生まれる。対応としては以下の選択肢がある。

①当該プロジェクトを中止する（ただし、プログラムの当初の目的を実質的に達成できるとする判断がある場合に限られる）。
②当該プロジェクトの役割を別のプロジェクトないしは別の主体が機能的に代替する。
③当該プロジェクトを修復する（全体のプロジェクトの枠組みを維持しつつ、全体への影響を軽減する）。

　そこで、プログラムの場合、プロジェクトのようにあらかじめリスク要素を特定化し、評価したうえで対応方針を決め、実践するという固定的な考え方ではなく、複数のリスク対策のオプションを準備した上で、プログラム全体の進捗状況を勘案しつつ、全体のバランスの中で、まずリスクの影響度を評価し、プログラム達成のための対応策を柔軟に採用する。プロジェクトではプロジェクトの成功のためのリスク管理となるが、プログラムの場合にはプログラム全体における価値創出を目指すリスク管理を行う。

図表2-3-9　プログラム・リスクマネジメントとプロジェクト・リスクマネジメント

		プログラム・リスクマネジメント	個別のプロジェクトのリスクマネジメント
プログラム構想・計画のフェーズ（プログラム戦略マネジメントに包含）			
	目的	●最適なプログラム目標の定義 ●確実なプログラムシナリオとアーキテクチャ（プロジェクト群の構成）の選定	―
	主要な関心事	●個別プロジェクトの全体リスクのレベル ●高リスクなプロジェクトと特に高いリスク要因の識別 ●プログラム統合プロセスのリスク	
	主要なリスク要因	●外部リスク ●プロジェクト組織の能力	
プログラム実行フェーズ			
	目的	●各プロジェクトの監視・コントロール ●プログラム目標に影響する顕在化したリスク事象への対応 ●プログラム統合のリスクへの対応	●プロジェクトリスクレベルの最小化または許容範囲内への維持
	主要な関心事	●各プロジェクト進捗状況 ●主要な外部リスクの情報（環境、市場、競争、ステークホルダーなど） ●重要なリスクイベントの早期発見 ●必要な対策処置	●プロジェクトの全体リスクレベル ●個別リスクへの評価・計画と対応 ●プロジェクトの進捗状況 ●必要な対策処置
	主要なリスク要因	●各プロジェクトの状況または結果 ●プロジェクト間の相互関係 ●外部リスク（市場、経済・社会環境、自然環境・災害、競合先の動向他） ●契約 ●資金調達	●プロジェクトのQCD ●技術リスク ●プロジェクト間インターフェース ●ヒューマンエラーと事故

出典：清水基夫、「戦略プログラムにおけるリスクマネジメント」、プロジェクトマネジメント学会誌、VOL13,No4、2011年、P20

プログラムにおけるリスクマネジメントとプロジェクトにおけるリスクマネジメントの比較を図2-3-9にまとめた。

3-4. リスク感度の高い人材の育成

リスク感度とは、平時においても何かの変化・小さな違和感を見逃さず俊敏に行動を起こす、小さな危険信号も見逃さない感度を指し、その感度・センスを持った人をリスク感度の高い人材という。

プログラムのリスクマネジメントは、プロジェクトのリスクがプログラムにもたらすインパクトなどの相互連関性とプログラムを事業と捉えたときの事業のリスク事象が評価され、プログラムミッションの目的の実現に照らして、リスクへの対応が行われる。プログラムを実行する組織の文化は、「組織としてのこれまでの成功体験、失敗体験の積み重ねからできている」[1]ため、いかにしてリスクに対応できる組織を作るかは、組織としての経験知の豊富さによる。したがって、組織の中に豊富な経験値を持つ人材を育成することが重要となる。

図表2-3-10にリスクに俊敏に対応できる人材育成の要素を示す。リスクに対して、迅速な対応行うためには、リスクの予兆情報などが確実にプログラムマネジャーに届けられるような組織体制、情報流通の仕組みといったハードの整備を行ったうえで、そのハードを活用するためのメンバーの役割分担や行動手順などのソフト面の整備が必要となる。さらにハードやソフトの事前対策を十分に行ったとしても、新たなリスクは発生するもので、そのような際に最後に頼れるのは、展開を二手三手と先読みし、事態の進行に合わせて計画や対策を最適化できる人の「スキル」である。

図表2-3-10　リスクに俊敏に対応できる人材の育成

ハード	ソフト	スキル
事前対策	行動計画	対応能力
ex.プログラムマネジャーにきちんと情報が入ってくる仕組み作り	ex.リスク発生時の体制と役割分担、行動基準、及び手順	ex.訓練による人や組織のリスク対応能力の向上

↑ リスクに俊敏に対応できる人材の育成
高いアンテナ、素早い判断、リスク感度の高いリーダー

「危険な兆候が見られたら直ちに行動を起こす、小さな危険信号も見逃さない」[2] スキルを醸成していく。このスキルはまさに高いアンテナを持ち、素早い判断のできるリスク感度の高いプログラムマネジャーを育てること、「リスクに俊敏に対応できる人材育成」の領域であり、実経験や教育・訓練の積み重ねとして身に付く。

このような人材の育成に向けて、組織としては、リスクを経験できるプロジェクトの場をリスクのあまり大きくないプロジェクトから経験して、順次リスクの大きいプログラムを担当することのできる組織的な取り組み（例えば、製品開発を複数行う事業では、ある程度ベースのある派生機種のプロジェクトのプロジェクトマネジャーを経験させ、徐々に基幹となる機種のプロジェクトマネジャーを経験した上で、ある製品群を担うプログラムマネジャーに任命するといったキャリアパスを考える）やP2Mなどのプログラムマネジメント教育をした上で、実践の場では、上位者による指導やプログラムを複数経験したプロフェッショナルによるメンタリングを実施するなどを行う。

「ビジネスの現場はすべて個別一回性の事象であり、経営は決して理論通り、戦略通り、思惑通りには進まない」[3] 特性を持っている。ビジネス環境がダイナミックに変わる中では、過去のプログラムマネジメントノウハウを活かし難い側面もある。リスクはどんな状況でどの様に起こるのかは予測が難しい。また、新たなリスクの顕在化により、価値評価指標も見直す必要がある。そこで、単に複数のプログラムを経験するというだけでなく、その経験を個人にとどめるのではなく、組織で蓄積することで、疑似体験ができるようにすることも重要である。さらに小さな失敗であれば、ある程度はそれを認め、失敗経験に基づいてリスクの予兆を読み取ることができるようなリスク感度を培うことも必要である。

- プログラムのリスクマネジメントは、プログラムそのものの持つ事業リスク、ミッション実現の全体のプロセスにおけるリスク、さらに個々のプロジェクトのリスクがプログラムにもたらすインパクトなどを合わせてリスク事象が評価され、プログラムミッションの実現目的に照らして、リスクへの対応を行う。

- プログラムに関するリスクマネジメントでは、個別のリスク要素を特定化し、これを分析し、対処手法を考えるということに加えて、プログラム全体の枠組みの中でプログラムのミッション達成を実現するために、プロジェクト間の関係性を考慮して、リスクの対応措置を考えることを基本とする。
- リスク感度とは、平時においても何かの変化・小さな違和感を見逃さず俊敏に行動を起こす、小さな危険信号も見逃さない感度を指し、その感度・センスを持った人をリスク感度の高い人材という。
- リスクに対応できる組織を作るかは、組織としての経験知の豊富さによる。したがって、組織の中に豊富な経験値を持つ人材を育成することが重要となる。

想定内リスク・想定外リスク

コンピュータの2000年問題、アメリカ同時多発テロ事件（2001年9月11日）等に端を発し、日本でも2000年台半ばより取り組みが進み出した「事業継続

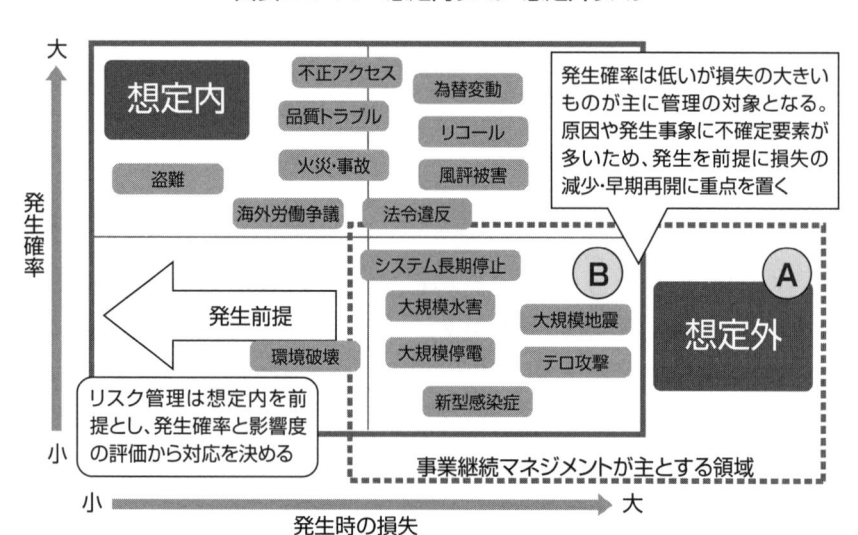

図表2-3-11　想定内リスク・想定外リスク

マネジメント（BCM : Business Continuity Management）」は、危機における経営戦略であり、経営目標と経営資源の配分が中核要素である。

　リスク管理が、想定内の事象を前提とし、発生確率と影響度の評価から対応を決めるのに対して、危機は防げない、必ず起きると"発生ベース"で考え、それが"想定内"か"想定外"かを考えないのが、事業継続マネジメント（BCM）を考える上での前提である。危機を防ぐ（壊れないようにする・使えなくならないようにする）だけではなく、発生した危機（壊れてしまう・使えなくなってしまう）に立ち向かう発想を必要とする。これがリスクアプローチを補完し、企業・組織の危機対応能力を向上させる。

超長期プロジェクトマネジメント

　原子力発電所、宇宙事業など、50年から100年を視野に入れた、「超長期プロジェクトマネジメント」がある。原子力発電所の廃炉プロジェクトは、福島第一原発、英国トロースフィニッド発電所、今後十数年の間に起きてくる数百にのぼる廃炉プロジェクトなど、それぞれ100年という時間の単位をプロジェクト期間として見据えておく必要がある。

　また、大型プラントや社会インフラ等は、企画・計画から構築、稼働、廃棄まで50有余年かかるため、事業運営者（発注者）は、超長期プロジェクトとして認識し、定期的な評価・検証を実施し、必要があれば計画を見直さなくてはならない。また、常に終結をイメージしておくことも重要である。このため、プログラムマネジメントを適用することが推奨され、スキームモデルプロジェクト、システムモデルプロジェクト、サービスモデルプロジェクトを定義し、着実に進めなければならない。

　プロジェクトマネジメントの基本属性は、「有期性」、「個別性」、「不確実性」であるが、超長期プロジェクトでは「不確実性」（リスク）、すなわち「変化」については、特に十分な考慮が必要である。「変化」とは「社会・政治・経済の変化」、「技術・環境の変化」、「人の変化（思想、倫理、価値観等も含む）」などであり、このことが一番の難敵である。この「変化」はプロジェクトを取り囲む環境を大きく変えるため、プロジェクト自体の使命、ビジョン、戦略を適宜見直さなければならない。

こうしたプロジェクトは、プロジェクトの長期計画法である「ローリングウェーブ計画法」（第３部第２章７節のカラム参照）を超長期に適用して計画を進め、環境の大変化に対しては大胆なプログラムチェンジの手法で対応するしかないであろう。

長期であることは、全ての参加メンバーが交替する事を前提として、「継続性」への配慮が重要である。その基本はドキュメンテーションであり、継続性を前提としてルールを決め、運用することが必要である。特に、変更等、未来のメンバーが理解し易くして置くことが重要である。

すなわち、官公庁や企業など事業に関係するステークホルダー間での契約文書や記録の整備を初めとして、プラントのライフサイクルのすべてにおいて必要とされる設計図書、工事等の完成図書、保守記録に至るまでプロジェクトドキュメントをどのように残すかである。更に、ドキュメントを残す媒体（メディア）の寿命とアプリケーションの変化も十分に視野に入れ、進める必要がある。

同時に、これらを適切に行うべき専門的人材やマネジメント人材の継続的育成とその体制、国家的あるいは国際的な政策や長期の資金確保の枠組み（法令、条約、国際的資金調達組織）の整備も必須である。

超長期プロジェクトは、時が移り、社会が変化し、人が変わっても、地球上に住む住人として、地球環境に配慮し、未来の人類の幸せを考えて進めるべきである。

【引用・参考文献】

1) 清水基夫『P2Mにおける戦略とリスクの一考察』国際P2M学会、vol5、No1、P129、2010年
2) 清水基夫『戦略プログラムにおけるリスクマネジメント』プログラムマネジメント学会誌、vol13、No4、P20、2011年
3) 中西晶『高信頼性組織の条件』生産性出版、p.116、2007年
4) DIAMONDハーバード・ビジネス・レビュー編集部『リスク感度の高いリーダーが成功を重ねる』ダイヤモンド社、p200、2005年
5) 野中郁次郎、徳岡晃一郎『知を価値に変える経営を』日本経済新聞社、2011年

第4章 価値評価のマネジメント

　本章では、プログラム統合マネジメントを支える共通マネジメントのひとつである価値評価のマネジメントについて述べる。プログラムマネジャーには、プログラムを構成する各フェーズで実現を目指す戦略と潜在するリスクを考慮して、プログラムの価値を最も高めるように意思決定をすることが求められる。プログラムの価値とは、プログラムによって実現または獲得される組織にとっての望ましい何らかのものである。営利企業の場合は、売上高の増加、生産効率の改善、市場の拡大など様々な例があげられようが、最終的には企業の利益

図表2-0-1　プログラムマネジメントの構成（再掲）

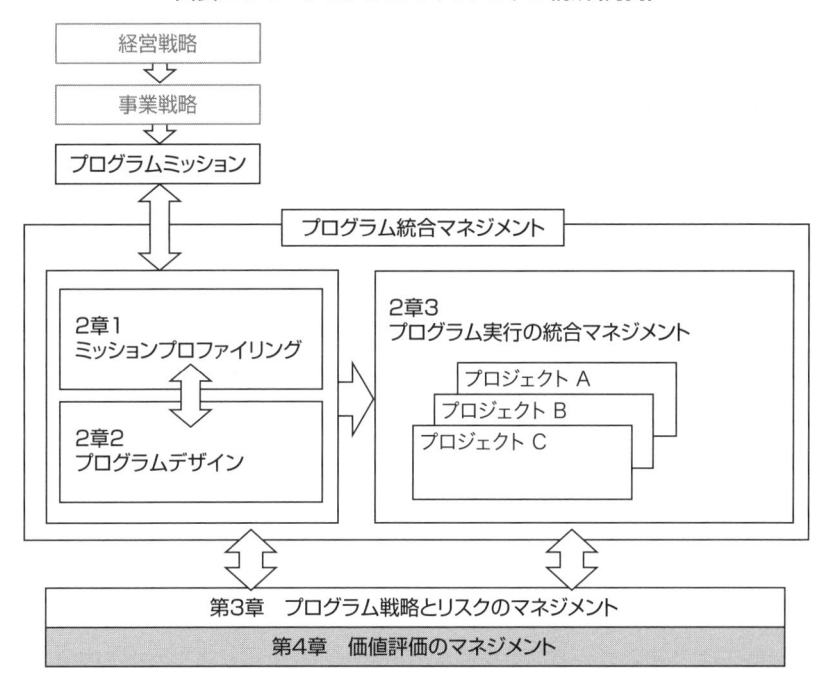

の拡大に帰着する。したがって、営利企業の場合は、企業の財務指標がプログラムの価値の評価指標として最も重要な位置を占めることが一般的である。

しかし、営利企業のプログラムであっても、基礎的研究、全社品質マネジメント、人材教育プログラムのように、直ちに直接的な利益拡大につながらないが長期的・間接的効果が期待できる重要な価値を持つプログラムも存在する。また、公共的事業など非営利事業では、プログラムの価値とは財務的利益ではなく無形の価値であることが一般的である。

本章では、プログラムにおける価値の定義と価値基準、価値交換の概念を説明し、有形（主として財務的価値）資産と無形（ノウハウなど）資産に関する理解を深め、価値評価のプロセスとそのマネジメントについて事例を含めて解説する。

第5部第3章価値とその評価手法に、価値および価値評価に関する基礎的知識を解説しているので、参照されたい。

1. 価値評価のマネジメント

1-1. 価値と価値指標

(1) 価値の定義と価値指標

プログラムは、全体使命により構想され価値創造を意図した組織活動である。

プログラムの価値とは、プログラムによって実現される新たな効用である。プログラムのミッション、目的に沿った、組織にとって新たな望ましいものが価値である。多くの場合、プログラムには顧客が存在し、実行組織が得る価値はその過程または結果として顧客が得る価値から一部が還元されたものである。したがって、プログラムの価値を考えるうえでは、顧客が得る価値の拡大が最優先の前提である。プログラムを事業経営の一部分または一形態と考えると、プログラムにおける価値は、事業経営における価値と共通する部分が大きい。

事業経営では、交換価値[*15]の低い要素（資源）を集めて、顧客にとって使用価値の高い商品として市場において交換することが価値を創造することになる。すなわち、用いた資源の交換価値の総和と作り出した商品の交換価値の差

第 4 章　価値評価のマネジメント

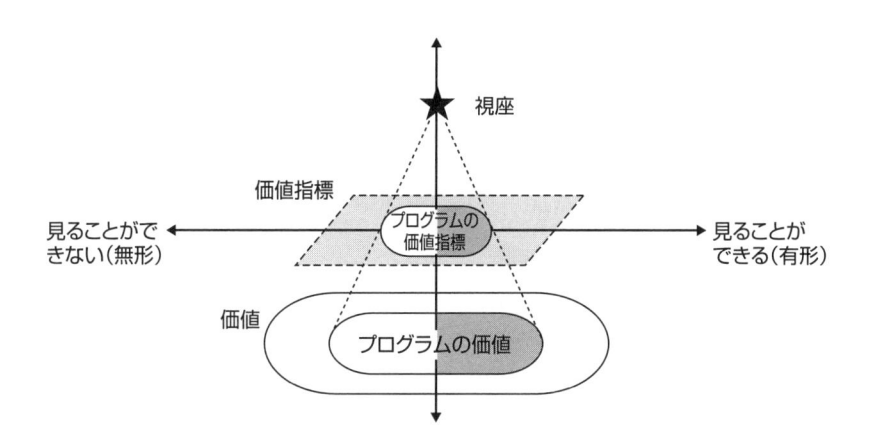

図表2-4-1　プログラムにおける価値と価値指標の関係

（図：視座を頂点とし、「価値指標」の平面上に「プログラムの価値指標」、その下の「価値」領域に「プログラムの価値」が配置されている。横軸は左が「見ることができない（無形）」、右が「見ることができる（有形）」）

が事業における利益となるように、プログラムにおける価値は、プログラムの実行に投入された資源の交換価値の総和とプログラムが産み出した交換価値の差がプログラムの価値である。

プログラムにおける価値と価値指標の関係を図表2-4-1に示す。

プログラムの成果として期待する価値は、プログラムミッションから展開されて決定され、これによりプログラム価値を評価する視座[*16]が決定される。視座からプログラム価値を評価するために設定された価値指標を通して価値を見るとき、プログラムの価値は、価値全体の中の一部が抽出される。目に見える価値の評価指標を設定すると有形の価値が抽出され、目に見えない価値の評

[*15] 交換価値：市場において市場参加者の合意に基づいて成立した価格
　「価値」の概念は、Karl Marxが資本論で「使用価値」と「交換価値」に分けて議論を展開し、Carl Mengarが効用価値説で「欲望満足」を中心に理論するなど、これまでに多くの研究者により議論されているが、まだ一定の見解は得られていない。比較的新しく、かつ体系的にまとめられている「価値理論」としては、Shalom Schwartzの「価値体系」があり、そのなかでは「価値とは、望ましい、状況を超えて設定されるゴールや目標であり、その重要性は変化しても、人々の生活を導くために用いられるものである」と定義されている。

[*16] 視座：人が物を見ている時の目の高さ、どの位置から見ているか。
　視点：人が物を見ている時の方向、様々な角度（視点）から見ると、より実態が把握できる。

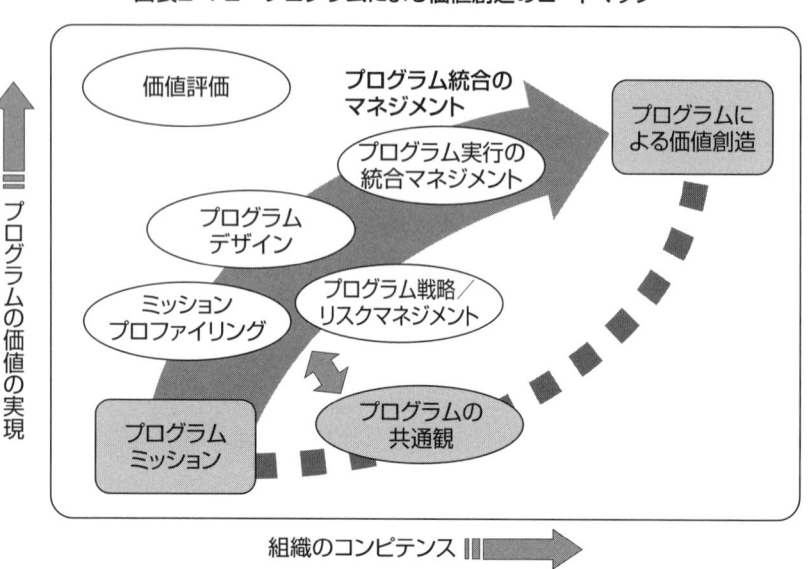

図表2-4-2　プログラムによる価値創造のロードマップ

（縦軸）プログラムの価値の実現
（横軸）組織のコンピテンス

価値評価
プログラム統合のマネジメント
プログラム実行の統合マネジメント
プログラムデザイン
ミッションプロファイリング
プログラム戦略／リスクマネジメント
プログラムミッション
プログラムの共通観
プログラムによる価値創造

価指標を設定すると無形の価値が抽出される。これらの有形、無形の価値の両方をプログラムの価値として評価することが重要である。

(2)　価値創造のロードマップ

　プログラムによる価値創造のロードマップを図表2-4-2に示す。

　プログラムを実行する組織主体としては、当初のプログラムミッションから期待される価値創造の最大化を目指して、統合マネジメントの各マネジメント活動によりプログラムを実行する。また、そのプログラムの実行の過程でコミュニティを整備・育成して組織の実践力であるコンピテンスを高めていくことは、プログラムが創造する価値の増大への鍵となると同時に、組織の未来にとって重要なプログラム価値の基礎となる。

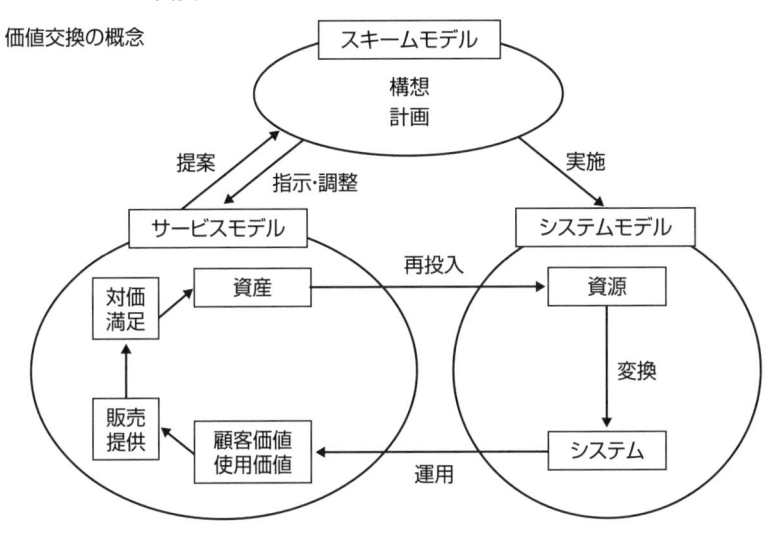

図表2-4-3 プログラムにおける価値創造の仕組み

価値交換の概念

スキームモデル（構想・計画）から、サービスモデルへ「指示・調整」、サービスモデルから「提案」。スキームモデルから「実施」でシステムモデルへ。サービスモデル内：資産→販売提供→対価満足→資産のサイクル、顧客価値・使用価値。システムモデル内：資源→変換→システム。システムモデルからサービスモデルへ「再投入」（資源→資産）、「運用」（システム→顧客価値・使用価値）。

1-2. 価値創造の仕組み

プログラムにおける価値創造の仕組みについて、その概念を図表2-4-3に示す。

スキームモデルにおいて、プログラムの構想と計画が策定される。この構想・計画にしたがって、システムモデルにおいて、プログラムとして利用可能な資源を投入し、それらの資源をシステムに変換し、さらにそのシステムを運用して顧客価値や使用価値を創造する。こうして創造された顧客価値あるいは使用価値を提供、販売することにより、対価や満足を得る。プログラムにおいては、このような価値創造の仕組みにより組織としての価値が実現されている。

1-3. 無形資産

無形資産とは、国際評価基準委員会では「その経済的特性によって現れる非貨幣資産であり、物質的実体はもたず、その所有者に権利と特典を与え、通常その所有者のために収入を抄出するもの」（IVS：国際評価基準）と定義されている。国際財務報告基準（IFRS）では、もう少し簡単に定義されていて、無形資産とは、物質的実体のない識別可能な非貨幣性資産であるとされている。

ここで、非貨幣性資産とは、会計上の現預金または売掛金等のような貨幣資産（財務的資産）ではないことを意味している。一般的に無形資産とされているものの例を図表2-4-4に示した。

図表2-4-4　無形資産の例

マーケティング関連	登録商標、ブランド、ロゴ、インターネットのドメイン名など
技術関連	データベース、業務プロセス、極秘製法、ソフトウェアなど
顧客関連	顧客名簿、顧客との関係性など
契約関連	ロイヤリティ、広告契約、サービス契約、リース契約、フランチャイズ契約、放映権、雇用契約、通行権、漁業権など
芸術関連	演劇の公演、演奏会、書籍・雑誌等の内容、歌詞・楽曲、絵画、視聴覚データ（DVD、HD、フィルム）など

1-4. プログラムの種類と価値の視点

プログラムの目的は新たな価値を創造し、ステークホルダーの要求を満足させることにある。

プログラムは、プログラムミッションにより構想された価値創造を意図した組織的活動である。プログラムの種類により創出する価値は異なっている。すなわち、戦略型プログラムでは、商品概念、市場の仕組み、組織の形態、事業の収益構造などについて、従来にないまったく新しいものを創出するものと、既に存在するこれらについて部分的改善ではなく構造的・体系的にまったく新しいものに改変して、効率や効果の改善だけではなく、それまでに存在しなかった種類の価値を創造するものとがある。また、オペレーション型プログラムでは、主に統合活動による効率化や技術力などの資源統合の効果による経済的利益の拡大、知識や競争力の創造や拡大等の価値創造を行う。

いずれの種類においてもプログラムは、その部分を構成する多数のプロジェクトから成り立っている。その観点でみると、プログラムのコストの全体は部分の総和に等しいが、プログラムが企図する価値の全体は、部分である個々のプロジェクトの価値の総和ではなく、それをはるかに超えるものであり、それを構想し、実現を図るのがプログラム統合マネジメントである。それゆえプログラムマネジャーには、プログラム全体を価値の観点から統合的に俯瞰できる

能力が要求される。実際にはプログラムを構成する個別のプロジェクトには単独で価値を生まないもの、あるいはコストのみを消費したり、リスクの高いものもあるが、それらもプログラム全体としての価値を生み出すことを目的として実行される。また、通常のプログラムの考え方とは逆に、すでにある複数のプロジェクト群をある視点で統合・再編成することで新たなプログラムを定義して遂行するボトムアップ型プログラムの場合でも、プログラムの価値は部分をなすプロジェクト群の価値の総和を超えるべきものである。

プログラムのコストは一般に金銭評価が可能なものであるが、価値は同じ基準では評価できない場合も多い。財務上あるいは税務上の理由から、しばしば投資コストすなわち資産価値という図式で表されることがあるが、言うまでもなくプログラムによる創出価値とは異なるものである。企業におけるプログラムは、最終的には売上高、純利益、さらには投下資本利益率（ROI）の向上などの数値的な評価に帰結することが原則であるが、必ずしもこれがすべてというわけではない。社会インフラ整備などの公共的なプログラムでは、直接的に金銭的な価値評価が困難な場合も多い。プログラムの企画段階では、金銭的なコストとそれに見合う価値を対比しつつ構想計画を実行する。金銭的尺度で価値評価ができない場合には、価値は組織やステークホルダーの価値観が反映された価値指標に基づいて評価することになるので、プログラムマネジャーには高い価値判断能力が要求される。

1-5. 資産と資源

企業価値の評価指標としての保有資産については、物的資産、金融資産、従業員／サプライヤー資産、顧客資産および組織資産があるといわれている。

一般的に企業価値は財務諸表により評価されてきたが、現在では財務諸表には反映されにくい知的資産などの無形資産を含めて評価されるようになってきている。

一方、プログラムを計画するときには、資源を特定する必要がある。プログラムの資源の大部分は、プログラムを実行する組織の資産であるが、プログラムでは資産は単に保有するものではなく、資源として新たな価値創造に活用されてはじめて価値を有するようになる。P2Mでは、資源を人的、物的、金融、

情報、知識、基盤の6つに区分している。

◇◇◇ アンメットメディカルニーズ（未充足な医療ニーズ）へのチャレンジ ◇◇◇

製薬企業の開発戦略はアンメットメディカルニーズにチャレンジして価値の独自性を獲得することにより競争優位を目指す戦略へと変化している。

日本の製薬企業（国内売上高上位20社）のアンメットメディカルニーズに対する取り組みを継続的に集計・分析した医薬産業政策研究所の研究では、図表2-4-5に示す「治療満足度（2005年）別に見た新薬の開発状況の結果を得た。図表中の左下の領域は治療に対する薬剤の貢献度と治療満足度の両方が低い、いわゆるアンメットメディカルニーズを示しているが、日本の製薬企業の全開発パイプラインのうち、40.8％がアンメットメディカルニーズにチャレンジしていることがわかる。

製薬企業の開発戦略について、20世紀後半と現時点を比較すると図表2-4-6のようになる。開発するクスリのタイプは低分子化合物を化学合成する

図表2-4-5　治療満足度（2005年）別にみた新薬の承認状況（2006-2009年）

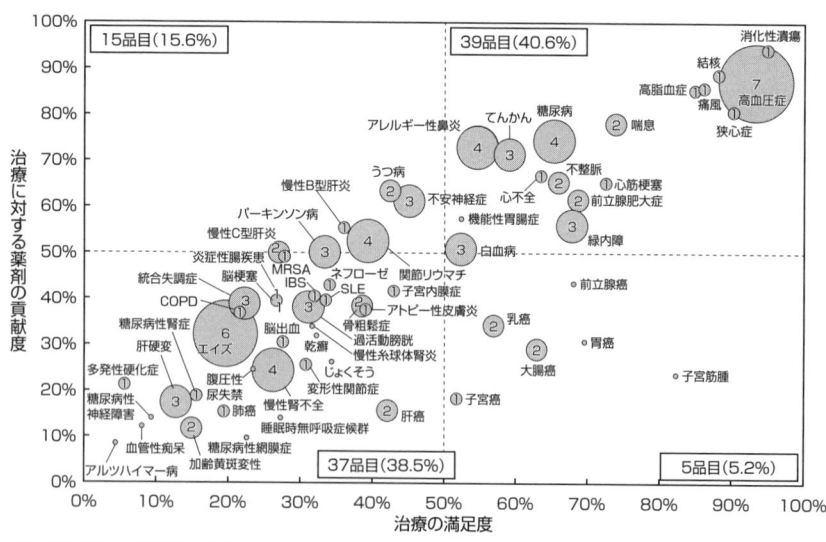

出典：江口武志、大久保昌美、「アンメット・メディカル・ニーズに対する医薬品の開発・承認状況」、医薬産業政策研究所　政策研ニュース　2010年10月

第4章　価値評価のマネジメント

図表2-4-6　医薬品開発におけるビジネスモデルの変化

20世紀（～2000年）	21世紀（2000年～）
くすりのタイプ 　低分子化合物 　化学合成医薬品 開発戦略 　患者数が多い疾患（高血圧、糖尿病、胃潰瘍等）を対象疾患として、ブロックバスターを狙う 研究拠点 　日本の中央研究所	くすりのタイプ 　高分子化合物 　バイオ医薬品 開発戦略 　アンメットメディカルニーズを対象疾患として、一人勝ちを狙う 研究拠点 　海外の研究所 　アカデミア、研究機関 　バイオベンチャー

ことから、高分子化合物やバイオ医薬品に変化し、研究拠点は日本国内の中央研究所から世界中の研究機関やバイオベンチャーへと移っている。開発戦略の方向性は、高血圧や糖尿病などの患者数の多い疾患をターゲットとしブロックバスターを狙っていたが、現在では上述のようにアンメットメディカルニーズにチャレンジして、開発に成功するとその疾患領域でファーストインクラス（画期的な新医薬品）としてひとり勝ちする戦略へと変化している。

（参考）江口武志,大久保昌美：アンメット・メディカル・ニーズに対する医薬品の開発・承認状況,政策研ニュース,1-4,31（2010）

2. 価値評価のプロセス

価値評価のプロセスとは、プログラムにおける体系的な価値評価の過程のことを意味している。すなわち、プログラムに含まれている価値をプログラム全体を通じて体系的にその価値を評価し、その価値を維持する基本的な枠組みのことである。

2-1. 価値評価の目的

プログラムマネジメントおける価値評価は次の目的のために必要とされる。

・　マネジメントにおける意思決定

- プログラムの成果の財務的評価
- 組織としての学習

　プログラム全体やそのプログラムを構成するプロジェクトにおける各プロセスでは多くの意思決定が必要となる。この意思決定では、必ず投入に対して、そのプロセスにおいてどれだけの成果（価値）が得られるのかを評価しなければならない。これはマネジメントにおける意思決定のための価値評価である。すなわち、プログラムにおける各プロセス、たとえば開始時の構想・計画、実行中の具体的な方法の選択、変更マネジメントにおける意思決定の場面では価値評価が常に必要となる。また、プログラムの終了時には損益バランスの確認などの財務的評価によりプログラム全体の成果を確認する。さらにプログラムの各プロセスで財務的評価のみならず無形資産についても適切な指標を設定して評価する。プログラムの構想・計画・実行の過程で、またプログラムの最終結果について組織は様々な学習を行い、それが組織能力としての無形資産になる。この無形資産の状況を継続的に評価することで、組織の学習の進展の程度や他社とのベンチマークが可能となる。

(1) マネジメントにおける意思決定

　プログラムにおける意思決定は、①プログラム開始前のプログラム全体としての投資可否に関する意思決定と、②プログラム実行中のプログラムおよび各プロジェクトのプロセスでの意思決定に大別できる。

① 投資可否に関する意思決定

　投資可否の意思決定では、総投資量の見込みとプログラム実行中に起こるリスクの見込みが、獲得可能な財務的価値および無形資産の増加見込みに対して、下回る場合にのみ投資可能と判断される。特に、プログラムが長期間を要する場合には、獲得見込みの財務的価値を現在の価値に換算して評価する必要がある（正味現在価値：NPV）。また、プログラムを実行することにより得られる知識や能力などの無形資産は組織としての競争力に大きな影響を与える。したがって、投資可否に関する意思決定では、無形資産についてもできるだけ正確に評価する必要がある。

② **プログラム実行中のプログラムおよび各プロジェクトのプロセスでの意思決定**

各プロセスでの意思決定は、主としてプログラムを構成するプロジェクトやワークパッケージのレベルで、それらが進行中に必要となる判断を意味している。これら各プロセスでの意思決定がプログラム全体に与える影響を正確に評価することは困難であるので、通常は、プログラム全体の構想・計画に基づいて、各プロセス内で設定した判断基準にしたがって意思決定を行う。加えて、プログラムの実行中には、当該プログラムの最終的な目的を達成するためにプログラムとしての変更マネジメントが必要になる場合がある。

(2) プログラムの成果の財務的評価（第5部第3章参照）

プログラムの実行結果として得られた成果を価値として評価するための中心的な方法は財務的評価である。将来または過去のキャッシュフローや損益を基準に事業価値を算定するアプローチであるDCF（Discounted Cash Flow）法などを活用する。企業は継続的、定期的に財務的なデータを蓄積しているが、プログラムは完了後には組織が解散してしまうことが多いので、プログラムの価値評価結果を組織のノウハウとして蓄積していくことが必要である。

(3) 組織としての学習

プログラムにおける学習とは、そのプログラムの構想、計画、実行、終結の結果として、どのような価値を創出したのか、さらにそれをどのように評価したかについて、成功例および失敗例を含め、暗黙知ではなく形式知として、その組織内に蓄積していくことを意味している。

従来は、プログラムやプロジェクトは有期的であり、継続性がないとされてきたが、現在では、プログラムやプロジェクトが組織の戦略実現のための継続的な仕組みづくりの一環であると考えられるようになってきている。したがって、各組織が知識、能力を向上させて、継続的に高い価値を創出できるようにするには、何を持って価値があるとするのか価値についてその評価方法も含めて、組織として学習していくことが重要である。

正しく評価することによって、価値を高めることが可能となるが、そのためには、適切な評価が行えるように評価方法や評価指標を、組織の中で常に改善

し続けていくことが重要となる。このようなプログラムの実行過程で得られた組織、仕組みの強化、メンバーの知識や能力の向上は、他から模倣されにくい無形の価値として各組織内に蓄積され、無形資産となっていく。これらはプログラムの副次的価値ではあるが、各組織の競争力向上にとって極めて重要である。

2-2. 価値評価の手法

プログラムにおける価値評価の手法は、プログラムにより創出された価値をプログラム活動の全体を通じて体系的に評価する方法である。

(1) プログラム価値の認識

プログラムの価値は、プログラムのマネジメントを方向づける最も重要な指針である。プログラムの価値評価には、評価指標と目標水準（目標値）が必要である。評価指標値は、プログラム全体の構想に基づき、タイムリーかつ適切に収集しなければならない。評価指標には、プログラムを構成する各プロジェクトやワークパッケージに限らず、これらのシナジーとして創出される有形、無形の成果が含まれる。目標水準は、プログラムが期待どおりに構想された価値を創出または維持しているかを基本に、スキームモデル、システムモデル、サービスモデルの各モデルにおいて設定することを認識すべきである。

① **環境変化により異なる価値**

プログラムの価値は、時間推移、環境変化などの状況により変化するため、期待される価値について、計画と比較しながら随時確認しなければならない。状況変化は、プログラムの内部要因のみならず、政治、社会、経済、市場、競争、技術革新などの外部要因にも起因する。

② **立場により異なる価値**

プログラムには、利害や立場の異なるステークホルダーが、それぞれ異なる価値を求めて参加する。したがって、プログラムで期待された価値を創出し、維持しながらすべてのステークホルダーができる限り満足できるようにバランスのとれた価値を追求することが重要である。

しかし、現実には状況変化によりステークホルダーが享受できるはずの価値

に不均衡が生じることがある。このような場合には、ステークホルダー間のコンフリクトを解消するために、プログラムを構想したときのプログラムミッションに立ち返り、各ステークホルダーの価値のバランスを再調整することが必要となる場合がある。

(2) プログラム価値評価のプロセス

プログラム価値評価のプロセスは、プログラムミッションが要求する価値に基づいて設定した評価指標により、プログラムの計画時、変更時、中間時、終結時などの主要なマイルストーンに評価時点を定めて評価することにより、プログラム価値の創出、維持、向上を図ることを意味している。

プログラム価値評価のプロセスの活動範囲は、①基本的な枠組みのデザイン、②評価指標の開発、③価値評価のマネジメントプロセス（マイルストーン時の評価、報告書作成、改善提案、ステークホルダーへの報告、検討、改良へのフィードバック、データの蓄積など）である。

① 基本的な枠組みのデザイン

プログラム価値評価のプロセスの例を図表2-4-7に示す。プログラム価値評価のプロセスとは、プログラムミッションが意図する様々な有形、無形の価値要素を切り出して、戦略的にマネジメントすることにより、プログラムを構成するプロジェクト群を運営するプログラムの状況を評価する仕組みのことであ

図表2-4-7 プログラム価値評価のプロセス例

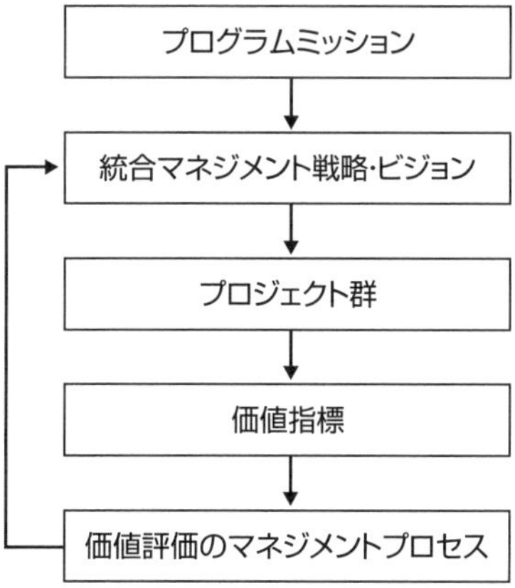

```
プログラムミッション
      ↓
統合マネジメント戦略・ビジョン ←┐
      ↓                        │
  プロジェクト群                 │
      ↓                        │
   価値指標                     │
      ↓                        │
価値評価のマネジメントプロセス ──┘
```

る。したがって、具体的なプログラムやプロジェクトに共通する適正な指標をバランスよく設定し、プログラムミッションが要求する価値を評価するプロセスをデザインすることが必要である。

② 評価指標の開発

評価指標は、評価の対象を適切に評価することができるように設定する必要がある。評価すべき対象は、プログラムミッションの達成、戦略の目的、各プロセスの目標、成果物、ステークホルダーなど、多くの項目をあげることができ、これらは価値指標を設定するための手法を用いて設定する。本書では、そのひとつとしての「バランス・スコアカード」を紹介する（2-6項参照）。

③ 価値評価のマネジメントプロセス

価値評価のマネジメントプロセスを図表2-4-8に示す。

プログラムミッションが要求する価値を特定し、それに基づいて設定された戦略の達成目標と戦略的要素を確認する。次に戦略的要素と期待される結果の関係を分析しながら評価指標を含む基本的な価値評価の枠組みをデザインする。次に設定した評価指標にしたがって、プロジェクトやプロセスの成果を計測し、その結果をステークホルダーに報告する。プログラムの終結まで、評価指標の

図表2-4-8　評価指標のマネジメントプロセス

```
┌─────────────────────┐
│ プログラムミッションの価値 │
└──────────┬──────────┘
           ↓
┌─────────────────────┐
│   統合マネジメント    │
│  戦略目標・戦略的要素   │
└──────────┬──────────┘
           ↓
┌─────────────────────┐
│   評価指標のデザイン   │
└──────────┬──────────┘
           ↓
┌─────────────────────┐
│    成果の計測・報告    │
└──────────┬──────────┘
           ↓
┌─────────────────────┐
│  評価指標の有効性の検証  │
│ 評価指標と評価システムの改良 │
└─────────────────────┘
```

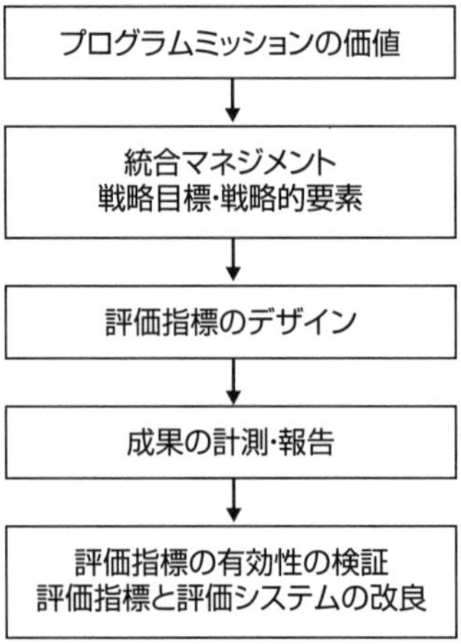

有効性を検証し、評価指標と評価システムの改良を繰り返すことが重要である。

(3) プロジェクトにおける指標

プログラムの目的は、各プロジェクトが相互にシナジー効果を発揮してまったく新しい価値を創出することである。したがって、単体プロジェクトの評価指標は、単独プロジェクトとして適切であると同時に、プログラムの視点での整合性が含まれていなければならない。すなわち、プログラムミッションが要求する価値を適切に評価するための評価指標をデザインすることが求められる。

2-3. 企業会計的手法

(1) 財務会計と管理会計

事業活動における価値評価の基本的手法として、財務会計（financial accounting）および管理会計（management accounting）の2種類の企業会計手法がある。プログラムが価値実現事業であり、特に企業においては財務的な報酬を期待するものであると考えた場合、企業会計手法を用いて評価することが必要になってくる。ここでは、まず2種類の会計手法の一般的な特徴や用途等について解説を行う。

財務会計は、主として企業の利害関係者（株主、債権者、投資家、徴税当局など）に対する情報提供を目的とし、その主要な機能として情報提供機能と利害調整機能を持っている。特に企業の存続と将来の成長のために不可欠である資金を提供している株主や債権者、投資家がその投資判断をするためには、財務に関する情報は重要なものとなる。一方、管理会計は企業の内部者（経営者や部門管理者）に対する情報提供を目的とし、主要な機能は経営管理者の意思決定や組織内部の業績測定・評価に役立てるための情報提供である。

財務会計情報は企業外部すなわち公的に提供される情報であり、その提供の方法については様式（貸借対照表（balance sheet）、損益計算書（profit-and-loss statement）、キャッシュフロー計算書（cash flow statement）を含む財務諸表）を含めて、企業会計原則や商法、金融商品取引法、法人税法など法令で定められている。管理会計は外部に公表されることのない企業内部の私的な

会計手法であり、過去から現在の情報を用いて行われるが、国際財務報告基準（IFRS）が適用されることにより、さらに企業の将来の見通し情報を用いることも可能となる。また、管理会計は、経営戦略などの意思決定を目的とする意思決定会計と損益分岐点分析や予算の編成・統制に代表される業績管理会計とに分けられる。

(2) 財務会計情報と経営分析

　財務情報は企業経営の最も基本的な情報であり、経営判断に利用していくことは当たり前であり一般的である。ただし、これは各企業の会計年度末や会計期間ごとの定時的な情報であり、かつ基本的には過去の情報であることから、成績表としての意味合いが強く、財務情報のみを用いて経営判断を行うことには危険があることも指摘されている。

　財務情報を用いて経営状況を判断する場合の基本は、財務諸表分析と企業行動の因果関係を分析して将来を判断することである。この場合、一社だけの情報で経営の良し悪しを判断することは困難であるため、同一業界あるいは他の業界を含めた数社の間でデータを比較するクロスセクション分析と時間軸に沿ってデータを比較する時系列分析を行うことが重要である。これらの分析では企業規模の差異の影響を消去できることなどから、絶対値での比較より、様々な比率を比較する比率分析手法が用いられる。財務分析の主要な内容として、①安全性分析、②効率性・生産性分析、③収益性分析、④成長性分析、そしてこれらを統合した⑤総合的評価が行われる。

　財務会計情報を利用してプログラムの評価を行う場合も、基本的には経営分析で行われていることと同様であるが、まずはプログラムに関する財務情報が抽出できるようになっていなければならない。また、過去情報を用いた評価であることを考えると、プログラムとしては価値獲得のためのサービスモデル・プロジェクト群が実施されている時に、財務情報に表されている獲得済みの価値とそのために実施されているプロジェクト群の因果関係を分析し、必要であればプログラム変更、すなわちサービスモデル・プロジェクト群の最適化へとつなげていくことができなければならない。

図表2-4-9　クロスセクション分析と時系列分析

時系列分析				
	2010年度	2011年度	2012年度	2013年度
自社				
同業他社				
他業界				

2013年度　クロスセクション分析				
	安全性	効率性・生産性	収益性	成長性
自社				
同業他社				
他業界				

(3) 管理会計情報

　管理会計は経営における事業成績の把握と各種の判断のために、必要となる会計的数値情報を収集し、分析評価を行うことである。その内容や手法は、個別の企業あるいは事業の単位で異なるとともに、企業や事業がおかれている環境による影響を大きく受けることになる。特に昨今の変化が激しい経営環境においては、意思決定者はタイムリーに適切な意思決定を行うことがより一層要求される。また、情報技術の発達によって溢れかえった多種の情報の中から、必要なものを見極め、早く正確に捉えて利用することが重要となる。前述の財務会計情報を用いた分析データも、管理会計のための情報の一種ということができる。様々な管理会計技法のうち、経営戦略策定を目的とした管理会計技法の一例を図表2-4-11に、またそれぞれの技法の概要について図表2-4-12に示す。

　管理会計情報を用いてプログラムの評価を行う場合は、将来獲得しようとしている価値を金銭的価値で表したものと、そのために必要な投資額を用いることがまずは必要になる。いかなる場合であっても、結果として価値がマイナスになってしまうようなプログラムが実施されることはないと考えなければならない。

図表2-4-10 財務情報を用いた経営分析（参考）

分野		概要
①安全性分析	●短期支払能力 ●長期支払能力 ●インタレスト・カバレッジ	●流動比率、当座比率 ●自己資本率、負債比率など ●インタレスト・カバレッジ・レシオ
②効率性・生産性分析	●資産活用の効率性 ●生産性	●総資本回転率、有形固定資産回転率、棚卸回転率、売上債権回転率など ●労働生産性、設備生産性、労働装備率
③収益性分析	●売上高利益率（ROS） ●総資本利益（ROIまたはROA） ●自己資本利益率（ROE）	●売上高と総利益、営業利益、経常利益、税引前利益、税引後利益などの比率 ●総資本に対する利益の比率。多くは利益として事業利益（営業利益＋受取利益・配当金）を用いる。 ●株主の視点から見た利益率であり、自己資本と税引後当期純利益の比率
④成長性分析	●売上高成長性 ●経常損益成長性 ●使用総資本成長性 ●自己資本成長性 ●従業員数成長性	●基準年に対して、それぞれの項目の成長（比率）を測定する。各項目あるいはそれらの間の比率の変化により、経営の時系列変化を分析・評価する（例：売上高成長性より利益成長性が大きければ経営は改善している、など）。
⑤総合的評価		●さまざまな方法が考えられているが、一例としてA・ウォールの指数法がある。この場合、流動比率、負債比率、売上債権回転率など7項目の数値に、全体が満たされた場合に100となるように重みづけをして指標とする。

出典：伊東邦雄『現代会計入門』日本経済新聞社、1994年、p568を参考に作成

第4章　価値評価のマネジメント

図表2-4-11　経営戦略の策定と遂行のための管理会計技法

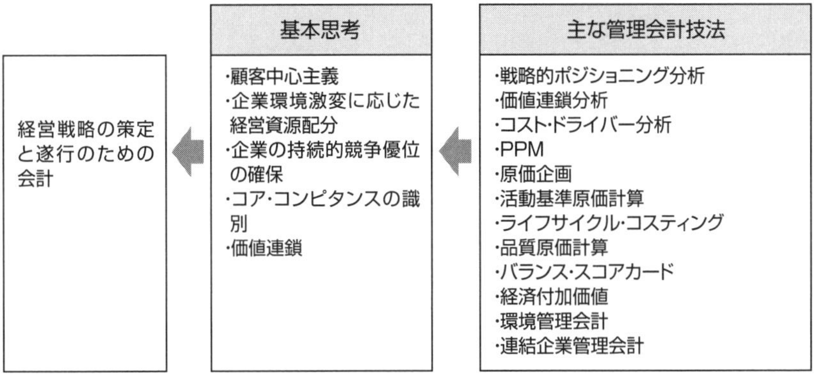

基本思考	主な管理会計技法
・顧客中心主義 ・企業環境激変に応じた経営資源配分 ・企業の持続的競争優位の確保 ・コア・コンピタンスの識別 ・価値連鎖	・戦略的ポジショニング分析 ・価値連鎖分析 ・コスト・ドライバー分析 ・PPM ・原価企画 ・活動基準原価計算 ・ライフサイクル・コスティング ・品質原価計算 ・バランス・スコアカード ・経済付加価値 ・環境管理会計 ・連結企業管理会計

→ 経営戦略の策定と遂行のための会計

出典：岡本清他『管理会計』中央経済社、p17

- 事業活動における価値評価の基本的手法として、財務会計および管理会計という企業会計手法がある。プログラムが価値実現事業であり、企業においては財務的な報酬を期待するものであると考えた場合、企業会計手法を用いて評価することが必要になってくる。
- 財務会計の目的は、主として企業の利害関係者(株主、債権者、投資家、徴税当局など)に対する情報提供であり、その主要な機能には情報提供機能と利害調整機能がある。
- 管理会計の目的は、企業の内部者(経営者や部門管理者)に対する情報提供であり、主要な機能には経営管理者の意思決定や組織内部の業績測定・評価に役立てるための情報提供がある。
- 管理会計情報を用いてプログラムの評価を行う場合は、将来獲得しようとしている価値を金銭的価値で表したものと、そのために必要な投資額を用いることがまずは必要になる。

2-4. 現在価値の評価

　企業や組織の意思決定の中には、「新しい事業を始めるか否か」、「新しい製品を開発するか否か」、「新しいサービスを開発するか否か」など、複数の投資

図表2-4-12　管理会計手法概要

技法	概要
戦略的ポジショニング分析	業界におけるポジションを示す
価値連鎖（バリューチェーン）分析	バリューチェーンの活動（業務）ごとにコストや強み・弱みを明確にする
コスト・ドライバー分析	ABMにおけるコスト・ドライバー分析は、識別されたアクティビティの中から、付加価値を生まないアクティビティや不効率なアクティビティに注目し、その原因を識別する
PPM（プロダクト・ポートフォリオマネジメント）	多種製品を生産・販売したり、複数事業を行ったりしている企業が、戦略的観点から経営資源の配分が最も効率的・効果的となる製品・事業相互の組み合わせ（ポートフォリオ）を評価する
原価企画	製品企画段階から製品原価の最小化を目指す活動
活動基準原価計算	製造間接費を管理する方法。活動基準管理（activity based management）にて使用
ライフサイクル・コスティング	製品の調達・製造から廃棄に至るまでの一連の流れの中で発生する様々な費用（ライフサイクルコスト）に着目し、これを評価する手法
品質原価計算	品質管理に関して発生しているコストを評価する
バランスト・スコアカード	戦略・ビジョンを4つの視点（財務の視点・顧客の視点・業務プロセスの視点・学習と成長の視点）で分類し、その企業の持つ戦略やビジョンと連鎖された財務的指標、および非財務的指標を設定し、マネジメントに用いる。
経済付加価値	株主に対する収益還元に重点を置いた経営指標。事業利益が、資本コストを上回ったときに創造される価値を評価
環境管理会計	環境保全活動と経済活動を結びつけたもの。企業の環境保全情報をステークホルダーに開示する機能（外部環境会計）と、これらに関連する経済情報から企業の意思決定に有益な機能（環境管理会計）がある
連結企業管理会計	傘下に多くのグループ会社を持つ会社において、連結グループ全体の実態を把握する

第4章　価値評価のマネジメント

案件に関するその意思決定の結果が組織や企業の活動や業績に大きな影響を及ぼすものがあり、その投資案件の全て、または一部はプログラムとして考えることができる。

　そのため、投資案件（プログラム）の評価を行うに当たっては、前述のように、将来獲得できるであろう価値の大きさから投資額を引くことによってその案件が生み出す価値を求めることが重要になる。単純に考えると、生み出す価値がプラスになれば投資する、マイナスになれば投資しないということになる。ただし、多くの場合、企業や組織において、全ての投資案件（プログラム）がプラスの価値を生み出すとしても、資源面の制約等から全てを実施するということはなく、必ず投資案件（プログラム）の取捨選択が行われることになる。

　しかし、投資案件（プログラム）は価値の創出時期が異なっていることが多いため、その時期が考慮されていない単純に差し引きだけで求められた価値で比較することは間違った判断を下してしまう危険性をはらんでいる。要するに、1年後に100円の価値が得られる案件と10年後に101円の価値が得られる案件をその時間を考慮しないで本当に価値の大小だけで評価できるのかということである。このような場合、金銭の時間的価値やリスクを考慮することが可能なファイナンス理論に基づいた評価方法が役に立ち、その代表的な手法として現在価値による投資案件の評価がある。

　ディスカウンテッド・キャッシュフロー（DCF）法は、将来獲得できると思われる価値（キャッシュフロー）の予測をもとに、現在価値の考え方を用いて案件の評価を行う方法である。具体的には、NPV（Net Present Value：正味現在価値）、IRR（Internal Rate of Return：内部収益率）を使う方法がある。将来の価値は「今日の1円の方が明日の1円より価値がある」というファイナンス理論に基づいて現在の価値へと置き換えられる。すなわち明日の1円には利息が含まれており、今日現在の価値（NPV）としては1円から利息を引いた価値しかないと認識される。そして、この利率は割引率と呼ばれており、NPVを求める一般式は図表2-4-13の通りとなる。

図表2-4-13　NPV計算方式

t年後のキャッシュフローCtは、割引期間（t年）と割引率（discount rate）rにより現在価値（Present Value）PVとして計算される。

$PV = C_t / (1+r)^t$

上記より、キャッシュフローのNPVは次の式で示すことができる。

$NPV = $ 予測キャッシュフローの現在額 － 投資額
$= C_0 + C_1/(1+r) + C_2/(1+r)^2 + \cdots\cdots + C_t/(1+r)^t$
$= C_0 + \sum_{i=1}^{t}(C_i/(1+r)^i)$

※ここで、C_0は投資額であり、マイナスの数値である。

なお、NPVを使ったDCF法では、割引率を何％に設定するかによって値が大きく変わってしまうこと、根本的に将来のキャッシュフローの予測が難しいこと、環境の変化に対応した意思決定の柔軟性を十分に取り込むことが難しいことなどがあるため、運用に当たっては注意が必要となる。

また評価に活用されるその他の手法として、回収期間法（Payback Period）がある。回収期間法は、プロジェクト投資が特定の期間で回収されるべきとの考えに基づいて、投資決定を行う方法である。回収期間（Payback Period）とは、予想されるキャッシュフローの総和が初期投資に等しくなる期間を指す。回収期間法では、回収期間内のキャッシュフローのみが考慮され、その後のキャッシュフローは無視されており、通常お金の時間的な価値も考慮されずに計算される。

さらに、金融オプションの理論を適用したリアルオプション法がある。今日の複雑な環境下での競争の時代において、適切なリスクを取ることなしに大きな価値を獲得することは望めない。有効なリスクを取るためには、用意周到な分析と、時間の経過とともに明らかになる状況に応じて柔軟な対応を行うこと（オプションを選択すること）が必要不可欠となる。

代表的なオプションとしては、延期、拡大、縮小、撤退、段階（段階的に進める）、転用がある。

- プログラム評価において、金銭の時間的価値やリスクを考慮することが可能なファイナンス理論に基づいた評価方法が役に立ち、その代表的な手法として現在価値による投資案件の評価がある。
- 将来獲得できると思われる価値（キャッシュフロー）の予測をもとに、現在価値の考え方を用いて案件の評価を行う方法として、ディスカウンテッド・キャッシュフロー（DCF）法がある。
- さらにその他の手法として、回収期間法や金融オプションの理論を適用したリアルオプション法がある。

2-5. 無形資産の価値

無形資産は財務的指標に現れず、目にははっきり見えないことから「見えざる資産（invisible assets）」と言われることや、暗黙知であることが多く「手に触れることができない資産（intangible assets）」と言われることがある。無形資産はこのように目に見えず、手で触れることもできないので、その価値を正確に評価することが極めて難しい。

無形資産の価値評価については、企業価値（全体）の評価を目的とする場合に加えて、戦略や競争力強化の観点から、技術力、ブランド力、組織力、関係構築力などの具体的な要素ごとの効果に注目して評価する場合がある。プログラムにおける無形資産の価値評価は、プログラムミッションの観点で全体を考慮するものの、戦略目標にブレイクダウンした具体的な要素効果に注目して評価することが中心である。

2-5-1. 無形資産の重要性の増加

近年になって、企業経営において無形資産価値の創造、維持および向上の重要性が広く認識されるようになっている。

数年前までは日本企業が世界的に高い地位を築き上げていた液晶テレビや携帯電話の領域は、現在では韓国やアメリカなどの諸外国の企業に席巻されている。これは、韓国やアメリカの企業が製品自体の性能に加えて、製品の付加価値を高める技術としての特許、ブランド、顧客へのサービス、販売ネットワー

クなどの無形資産を効率的に活用して競争力を高めた結果とも言うことができる。製品技術の開発は、サイエンスの領域であり、革新的な技術の開発には多くの時間と労力がかかるが、そこから得られた無形資産としての技術やノウハウは簡単かつ短時間で競合他社に浸透してしまう。競争力を維持向上するためには、無形資産についても適切に評価して取り扱うことが重要である。

日本は、高い品質と要素技術に裏打ちされたイノベーション価値の創造により、先進国としての地位を築いてきた。しかし、今後は新興国市場でのビジネス展開を目指して世界的な競争激化が引き起こされている状況で、いかに効率的に先進国での事業を再編し、新興国への投資を有利に展開するかがポイントである。

また、国際財務報告基準（IFRS）においても、無形資産の認識基準が示されており、当該資産の経済的便益が契約上もしくは他の法的権利からもたらされる場合や、当該資産が取得・被取得企業から分離可能な場合には無形資産として認識できるとされている。

プログラムマネジメントの対象範囲も多業種、多国籍にわたることが多く、プログラムを構成する実行プロジェクト群の関係も複雑多岐にわたるようになってきており、各プロセスでの価値評価はプログラム全体の意思決定に大きな影響を与える。プログラムの価値について考える場合にも、企業経営で検討する場合と同様に無形資産について適切に評価して取り扱わなければならず、その重要性は高くなってきている。

2-5-2. 無形資産の価値評価

プログラムマネジメントにおいて、プログラムミッションに従い戦略を遂行し、プログラムを成功に導くためには、無形資産を正確に見極め、各プロセスにおいて継続的に無形資産の価値評価を実施していくことが重要である。

プログラムにおける無形資産の価値評価は、プログラムの成功（成果；アウトカムとアウトプットの増大）とガバナンスや評価力を含む組織能力の向上を意図しており、財務会計は客観的な正確さが要求されるので、客観的な基準に従い収集されたデータを用いて、客観的な指標に基づいて評価する。一方、例えば組織能力を評価する際に評価者の主観が含まれることが避けられないよう

に、無形資産の価値評価については客観性を確保することが難しい。本項では、評価形態として定量的（数値的）評価と定性的（非数値的）評価に分類し、プログラムの価値を評価する観点で解説する。

(1) 定量的評価

定量的評価は数値的指標を用いるので、定義された範囲内では評価結果の客観性が確保できる。プログラムマネジメントにおいては、各プロセスやプログラム全体での無形資産の価値評価の結果をステークホルダー間で共有するうえで効率的なので、無形資産の価値を数値化する手法を用いる。数値化においては、評価対象と評価指標が明確に定義されていることがポイントである。

① 評価プロセス

無形資産の評価プロセスを図表2-4-14に示す。

無形資産の価値評価においても、プロジェクトと同様にデザイン、計画、実行、調整、成果のプロセスで実施する。デザインでは、対象とする無形資産およびその価値を定義し、価値評価の方法と指標を設定する。計画段階では、価値評価の時期および評価材料となるデータの収集方法を設定する。実行段階では、あらかじめ設定された方法にしたがって、データを収集し、収集したデータを分析するとともに価値を算定する。調整段階では、データの分析結果に基づき、あらかじめ設定された評価指標に照らして妥当な結果であるかも含めて

図表2-4-14　無形資産の評価プロセス

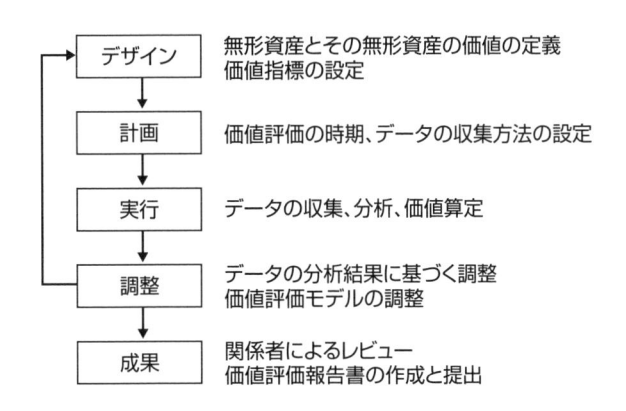

デザイン	無形資産とその無形資産の価値の定義 価値指標の設定
計画	価値評価の時期、データの収集方法の設定
実行	データの収集、分析、価値算定
調整	データの分析結果に基づく調整 価値評価モデルの調整
成果	関係者によるレビュー 価値評価報告書の作成と提出

調整する。評価結果は、関係者によりレビューされ、その結果を含めて価値評価報告書が作成され、ステークホルダーと共有する。

すなわち、無形資産の価値評価においては、各プロセスでの価値評価を適切に実施し、その結果を分析・評価することによりプログラム全体の価値評価モデルを最適化することが、より精度の高い価値評価結果につながる。

② 評価指標

無形資産の定量的な価値指標の例を図表2-4-15に示す。

間接指標は、対象となる無形資産の全体または部分を代表する指標のことである。また、プログラムマネジメントでは組織成熟度、能力成熟度をモデル化し、各プロセスや活動の状況を特徴的な表現により分類し、これらを数値化する例もある。

代理指標は、真の指標（true endpoint）で評価すべきだが、真の指標では測定できない、または測定に長期間を要する場合に設定するのが代替の指標（surrogate endpoint）である。代理指標を設定する際には、代理指標と真の指標との関係の妥当性が、評価の精度に大きな影響を与えることを認識しておくことが重要である。

比較指標は、「対前年度比50％向上」のように、対象を対照と相対的に比較する指標であり、対照の設定が評価に大きく影響を与えることを考慮すべきである。

統計指標は、仮説に基づいて計画的に収集されたデータを分析することにより、統計的な意味合いを有する指標として設定されたものであり、間接指標や代替指標が統計学的に検証されると統計指標となる。

本来、「目に見えないもの」として定義されている無形資産を定量的に評価する（数値化して目に見えるようにする）ための指標を設定することには無理が生じる。このため定量的指標の設定には、その指標を用いることで、対象となる無形資産をどの程度正しく評価できるのかについて、ステークホルダー間で共有し、合意しておくことが重要である。

第4章　価値評価のマネジメント

図表2-4-15　無形資産の定量的な価値指標の例

間接指標	対象の属性を総合的または部分的に代表する指標	業務処理速度、特許出願件数、歩留まり率、顧客満足度、品質指標、ブランド認知度、組織成熟度
代理指標	成果の代わりに投入で評価する代替の指標	研究費、宣伝広告費、顧客訪問回数、教育訓練時間
比較指標	時間的差分法に基づく指標	市場順位、他社との比較、ベンチマーキング
統計指標	計画的に収集され、統計的な意味合いを有する指標	間接指標、代理指標が統計的に検証されたもの

(2) 定性的評価

　定性的（非数値的）評価は、数値化が難しい指標により評価することであり、例としてはチームの雰囲気やメンバーの興味関心の強さなどがある。プログラムにおける無形の価値には、重要であるにも関わらず数値化することが極めて困難なものがある。例えば、プログラムを遂行することにより得られる組織能力の向上においては、より主観的で定性的な価値観や信念が価値評価に大きな影響を与える。マネジメントにおいては、「測定できないものは、マネジメントすることはできない」(If you can't measure it, you can't manage it. Peter Ferdinand Drucker) と言われているが、プログラムマネジメントにおける価値はすべて測定可能であるとは言い難い。サイエンスに基づいて、無形の価値を数値化して定量的に評価することを限界まで推し進めることにより、定義された範囲内での価値評価の精度を向上させることは可能である。しかしながら、無形の価値をすべて定量化することは難しく、定量的評価に加えて、主観的効果、シナジー効果を含む無形資産の定性的評価を適切に組み合わせて、プログラムにおける無形資産の価値評価することがポイントである。定性的評価を実施する際には、評価プロセスや評価結果の公平性に配慮し、ステークホルダー間で納得感に偏りが生じないようにすることが重要である。

- 無形資産は目に見えず、手で触れることもできないので、その価値を正確に評価することが極めて難しい。
- プログラムマネジメントにおいて、プログラムミッションに従い戦略を遂行し、プログラムを成功に導くためには、無形資産を正確に見極め、各プロセスにおいて継続的に無形資産の価値評価を実施していくことが重要である。
- プログラムマネジメントにおいては、無形資産の価値を数値化する手法を用いる。
- 数値化においては、評価指標と評価水準を明確に定義することが重要である。
- 無形資産の価値評価においては、各プロセスでの価値評価を適切に実施し、その結果を分析・評価することによりプログラム全体の価値評価モデルを最適化することが、より精度の高い価値評価結果につながる。
- プログラムにおける無形資産の価値評価は、定量的評価に加えて、主観的効果、シナジー効果を含む無形資産の定性的評価を適切に組み合わせて、評価することがポイントである。
- 定性的評価を実施する際には、評価プロセスや評価結果の公平性に配慮し、ステークホルダー間で納得感に偏りが生じないようにすることが重要である。

2-6. 価値評価のデザイン

　価値評価のデザインとは、プログラムが創出する価値の特定と、その測定方法や評価基準などの価値評価プロセスを設計することと定義でき、また、その測定結果や評価の結果に基づき、再度設計できるような枠組みを提供するものと定義できる。

　プログラムは経営戦略の実践レベルであり、最終的に企業価値の向上に貢献することを目的としている。したがって、その価値を評価する価値指標は大きな視点からのバランス指標であることが望ましい。そのためには、価値にはいろいろな種類のものが存在すること、決して結果として得られるものだけが価

値では無いことを理解した上で、プログラムが創造しようとしている価値を幅広い視点から洗い出し、評価できるように指標化することが必要となる。

(1) プログラムの価値評価のデザイン

プログラムはプログラムミッションの意図するイノベーション要素やプロセス革新要素、チーム（組織）改革要素を特定して新たな価値創造を目指し、その結果として財務（キャッシュフロー）の目標達成、ステークホルダーの調和のとれた満足を狙いとしている。したがって、プログラムとプログラムを構成する具体的なプロジェクトにおいて共通する指標とは何かを、ステークホルダーの視点、チームの視点、イノベーションの視点、プロセスの視点、キャッシュフローの視点から吟味し識別することが必要になる。

(2) 複合的な評価手法

評価の対象は、使命の達成、目的・目標、成果物、ステークホルダーの満足など多数の項目をあげることができ、それらの評価は少なくとも事前・中間・事後が必要である。そして指標には、①わかりやすい、②数値化されている、③図表化されている、④タイムリーである、⑤手がかからない、⑥全体の体系化がなされているなどの工夫が必要である。また、これらの条件の前提として、最も重要な視点は、バランスのとれた総合指標による評価を可能とすることである。その指標の開発には、プログラムにミッションを与えたオーナーやプログラムの責任者が自由な発想と尺度で行うことが望まれる。

また評価の役割には、現在の状況の変化を判断し、将来の成果に結びつけるナビゲーションの役割を果たすこともある。プログラムマネジメントには、外部の変化に関する情報を収集しながら組織の能力を整合させていく戦略的な考え方が必要であるが、バランス指標はあらかじめその戦略的な成功要素を計画と評価システムに組み込んでおこうとする考え方である。

複合的な評価指標の代表的な例として、ロバート・キャプランとデビッド・ノートンが開発した、企業活動による価値を全体として総合的に評価する手法であるバランス・スコアカード（Balanced Score Card：BSC）がある。バランス・スコアカードでは、これまでの財務的指標中心の業績管理に、顧客、業

務プロセスや学習と成長の視点を加えて、4つの視点で分類し、その企業の持つ戦略やビジョンと関連付けられた財務的指標、および非財務的指標を設定することで、バランスの取れた評価を行うものである。

　事業戦略を戦略マップ（strategy map）で描き、戦略マップ上の戦略を構成する要素である戦略目的（目標）（strategic objectives）ごとに、その戦略目的（目標）が、どの程度達成できたかを測る評価指標とその目標値を設定する。戦略目的（目標）が、戦略マップ上で相互に関連を持つ形で構成されている。例えば、従業員のスキル（学習と成長の視点）が向上すると、業務の効率が上がり（業務のプロセス）、顧客に対して迅速で高度なサービスが提供できる（顧客の視点）。これにより顧客のロイヤリティ（忠誠）が向上して、結果として売上げ（財務の視点）が拡大する。このような連鎖により、戦略の一貫性を把握することができる。さらに、それぞれの戦略目的（目標）に関連付けられた評価指標で評価することで、事業戦略全体の評価をバランスよく行うことができる。

　プログラムの価値には、プログラムの実現目標として事業戦略が目指す価値と、プログラム活動自体がステークホルダーにもたらす様々な価値があり、これらの価値には損益など財務的指標で測られる価値と、組織の競争力などに影響する見えざる価値とがある。BSCは当初は組織体の業績評価において、財務指標とともに無形資産の価値などを評価する仕組みとして考案された手法ではあるが、現在では、組織体の戦略を測定し、その実行に対処するツールとして、多くの企業で活用されていることからも、プログラム評価手法として採用することも十分可能である。

(3)　プロジェクト＆プログラム・バランス・スコアカードとPBudgeting

　バランス・スコアカードで想定されているような視点、およびその他の視点から評価指標を設定してマネジメントを行おうとする実践的な試みが、プロジェクト＆プログラム・バランス・スコアカード（以下、PBSC）であり、そのための予算管理のフレームワークであるPBudgeting（以下、PBGT）と共に、小原・浅田・鈴木（2004）により提唱された。詳しくは本書の第4部第4章を参照されたい。

第4章　価値評価のマネジメント

　PBGTはPBSCによるプログラムおよびプロジェクトの実行計画に財務的な裏付けを与える。プログラムおよびプロジェクトの実行に必要な資源と成果をキャッシュフローと利益の視点から計画、調整する。PBGTは、PBSCにおいて仮定された、財務指標と非財務指標の関係性への理解を促進させる。どの程度の資源を投入して、どの程度の成果を得るべきかを貨幣価値で測定し、プログラムおよびプロジェクトを財務的に実行可能なものにする。

　また、PBGTは、プログラム予算およびプロジェクト予算と部門予算の結びつきを明確にする。PBGTにおいては、両者が無関係に編成、運用されることはない。プログラム予算およびプロジェクト予算は、増分として部門予算に割り当てられる。言葉を換えれば、プログラムおよびプロジェクトの実行によって得られる収益、費用あるいは資産に対する効果が部門別予算に上乗せされる（図表2-4-16）。

　部門責任者は、プログラムおよびプロジェクトの効果が予算に上乗せされるため、プログラムおよびプロジェクトの動向に対する注意を向け、強く協力を動機づけられることになる。

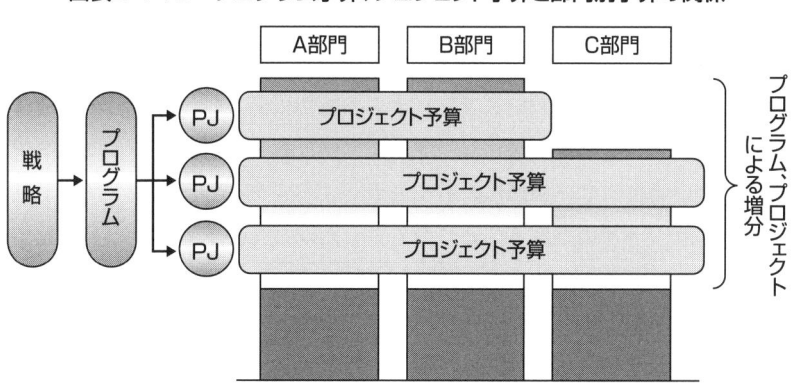

図表2-4-16　プログラム予算、プロジェクト予算と部門別予算の関係

出典：小原重信、浅田孝幸、鈴木研一『プロジェクト・バランス・スコアカード』生産性出版、2004年、P30図表1-11

- プログラム価値を評価する価値指標は大きな視点からのバランス指標であることが望ましい。プログラムが創造しようとしている価値を幅広い視点から洗い出し、評価できるように指標化することが必要となる。
- 価値評価のデザインとは、プログラムが創出する価値の特定と、その測定方法や評価基準などの価値評価プロセスを設計することと定義でき、また、その測定結果や評価の結果に基づき、再度設計できるような枠組みを提供するものである。
- プログラム価値のデザインにおいては、プログラムとプログラムを構成する具体的なプロジェクトにおいて共通する指標とは何かを、ステークホルダーの視点、チームの視点、イノベーションの視点、プロセスの視点、キャッシュフローの視点から吟味し識別することが必要になる。
- 評価指標の代表的な例として、ロバート・キャプランとデビッド・ノートンが開発した、企業活動による価値を全体として総合的に評価する手法であるバランス・スコアカード（Balanced Score Card：BSC）がある。
- さらにBSCをプログラムとプロジェクトに活用し、バランスのとれた評価指標でマネジメントするためのフレームとして、PBSC, PBGTがある。

2-7. 非商業的プログラムの価値評価

非商業的プログラムでは、その達成価値は必ずしも金銭的尺度（金額）での評価になじまないものが多い。プログラムの構想段階では、通常は金銭的なコストとそれに見合う価値を対比しつつ構想計画を行うが、金銭的尺度で価値評価ができない場合には、価値は組織やステークホルダーの価値観が反映された価値指標に基づき評価されることになる。したがって、プログラムを実施する上位組織やプログラムのオーナー、責任者には高い価値判断能力が要求されることになる。もちろん、非商業的プログラムであっても、道路・空港、都市インフラなどの公共投資については投資効果の経済性の説明が必要であり、また、防災、社会衛生、福祉などの分野についても投資効果に対する一定の説明が必

要となるため、いわゆる政策評価が必要となっている。

(1) 非商業的プログラムの評価方法

　国や地方自治体では、それぞれの議会において予算審議が行われる。これは個々の政策に対する投資（予算投入）の正当性の確認と財政規律の維持の観点から、重要な政治プロセスといえる。ただし、従来の行政では、法律の制定や予算の獲得に重点が置かれ、その効果やその後の社会経済情勢の変化に基づき政策を積極的に見直すといった評価機能は軽視されがちであった。このような認識の下、政策評価制度の導入が提言され、国民の信頼の一層の向上を図るため、行政機関が行う政策の評価に関する法律[*17]（評価法）が制定され施行されている。しかしながら、このような非商業的な施策の場合、予算に対する投資効果を金額で直接的に評価することは難しく、その政策評価は様々な間接的手法を用いて行われているのが実態である。

　政策評価の手法は分野によってさまざまであるが、大きく分けると単一指標による評価と複数指標による評価がある。また、事前や事後などの評価の時期によって適切な手法を採用することが重要である。代表的な評価方法を以下に示す。

① 費用便益分析

　費用便益分析では、獲得する便益を推測し、費用（投資額）と比較する。ただし、対象とする便益は直接的には金額で表されないため、様々な手法により金額に換算して分析を行う。この手法においては、費用便益比（Cost Benefit Ratio）が評価指標として用いられ、貨幣換算できる効果の総現在価値（B）と費用の総現在価値（C）の比（B／C）で、一般的にB／C≧1が採択の基準

[*17] 行政機関が行う政策の評価に関する法律：行政機関が行う政策の評価に関する基本的事項等を定めることにより、政策の評価の客観的かつ厳格な実施を推進しその結果の政策への適切な反映を図るとともに、政策の評価に関する情報を公表し、もって効果的かつ効率的な行政の推進に資するとともに、政府の有するその諸活動について国民に説明する責務が全うされるようにすることを目的として、平成14年4月1日に施行された法律である。政策評価の在り方、政策評価の結果の取り扱い、政策評価に関する基本方針、評価計画などを行政機関が行うことを定めている。

とされている。金額換算のための代表的な例を図表2-4-17に示す。

図表2-4-17　費用便益分析の代表例

分類	主要な手法例	記事
顕示選好法	【代替法】評価対象に近似していると考えられ、貨幣尺度での価値判明している財・サービスに置き換えて価値を評価する。	例：森林の保水能力をダム（のコスト）に置き換える。適切な代替物の発見が必ずしも容易ではない。
	【トラベルコスト法】訪問地までの旅行費用と訪問回数から、間接的にレクリエーション機能等の価値を評価する。	観光・レクリエーション施設等の評価に適用できる。
	【ヘドニック法】環境や社会資本の価値が地価に転移するという仮説から、これらの地価に与える影響を分離することでその価値を評価する。	現実の市場における地価をもとにしているので、客観的で信頼性が高い。
表明選好法	【仮想評価法】仮想的な変化につき、対象者にその変化に対する支払意志額（WTP：willingness to pay）または受入補償額（WTA：willingness to accept）をアンケートにより尋ね、その価値を評価する。CVM（contingent valuation method）ともいう。	理論的には多様な分野への適用が可能。質問に起因する回答の正確性や、事業促進のため本心より高額のWTPの回答が行われる可能性などの問題がある。
	【コンジョイント法】複数の属性を組み合せた「プロファイル」に対する選好を尋ねて、プロファイルを構成する個々の属性の価値を評価する。	多属性の評価対象を属性別に評価できる。

参考文献：「非市場財の経済評価」Best Value（価値総合研究所機関紙）vol.4 2003年 p11

② 費用効果分析

　費用便益分析では「便益」は金額に換算され評価されるが、費用効果分析における「効果」は金額に換算できないものを対象とする。具体例としては、汚染の減少率、死亡率、喫煙率、救命者数などを、費用との対比として評価する。事前評価と事後評価のどちらにも用いることができる。

③ 産業連関分析

　産業連関表は、国や地域などにおける産業部門間の相互依存関係、すなわちある産業のアウトプットが他の産業の生産にどれだけ影響を与えるかという波及効果を明らかにしたものである。産業連関表は縦方向と横方向に産業分野を配した取引基本表、投入係数表、逆行列係数表という、3種類のマトリクス表で構成される。取引基本表は産業間の取引の相互関係と個々の産業ごとの生産額や粗付加価値額を示す。投入係数表はある産業の1単位の生産を行うために必要となる、産業ごとの原材料の単位数を示した表である。逆行列係数表は、ある産業の1単位の最終需要に対し、産業ごとに多段階に波及して必要となる直接・間接の波及効果を示す表である。こうしたデータは、例えば国や都道府県などの地域単位の統計値として、まとめられ公表されている。産業連関分析によれば、政策やプログラムによる生産上の波及効果や影響の事前評価が可能であり、また、事前と事後産業連関表の比較分析により、政策やプログラムの効果や影響を知ることができる。

(2) 非商業的プログラム評価の利用

　非商業的プログラムに分類されるものの中には、公共的プログラムだけではなく、企業内基礎研究や組織文化の改革、教育、科学研究、対外経済援助などの潜在価値プログラムがある。個々のプログラムを評価する上で、潜在価値を直接評価することは決して簡単ではないが、政策評価の考え方を用いることによって、商業的プログラムへの波及効果などを評価することが可能となる。

（参考資料）総務省 行政評価Q&A

- 非商業的プログラムでは、その達成価値は必ずしも金銭的尺度（金額）での評価になじまないものが多い。そのためプログラムの価値は組織やステークホルダーの価値観が反映された価値指標に基づき評価されることになる。
- 非商業的プログラムの評価方法として、政策評価制度がある。具体的な方法としては、獲得する便益を推測し、費用（投資額）と比較する費用

便益分析、金額に換算できない「効果」を対象とする費用効果分析、ある産業のアウトプットが他の産業の生産にどれだけ影響を与えるかという波及効果を評価する産業連関分析がある。
- 非商業的プログラムに分類されるものの中には、企業内基礎研究や組織文化の改革、教育、科学研究、対外経済援助などの潜在価値プログラムがある。個々のプログラムを評価する上で、潜在価値を直接評価することは決して簡単ではないが、政策評価の考え方を用いることによって、商業的プログラムへの波及効果などを評価することが可能となる。

3. 価値評価指標

　ここでは、プログラムを評価する具体的な価値評価指標例を示すが、決してこの内容に限定されるわけではない。ミッションに基づく価値創造の仕組み、すなわちプログラムの具体的な内容に応じてその価値評価指標はデザインされ、評価されることが必要である。

3-1. BSCによる目標と評価指標の例

　価値評価のデザイン（2-6）で述べたように、事業戦略をバランス・スコア・カードの戦略マップを用いて描き、戦略マップ上の戦略を構成する要素である戦略目的（目標）ごとに、その戦略目的（目標）が、どの程度達成できたかを測る評価指標とその目標値を設定する。以下にバランス・スコアカードの四つの視点における戦略目的（目標）と評価指標の例を示す。

　評価指標は、戦略目的（目標）の達成状況を計測するための指標であり、達成度合いを正しく反映できる指標であり、かつ計測可能な指標でなければいけなし。戦略目的（目標）に対し、一対一で、対応できれば望ましいが、一指標で評価できないこともある。その場合は、複数の指標で評価することになる。ただし、指標が増えすぎると扱いにくくなるので、適切な数で管理することが望ましい。評価指標は継続的に計測して評価していく必要がある。継続的に評価する中で、評価指標が戦略目的の達成を十分に評価できないことが判明した場合は、評価指標の見直しも考慮する必要がある。

第4章　価値評価のマネジメント

図表2-4-18　バランス・スコア・カード（BSC）における目標と評価指標の例

四つの視点	目　標	評価指標
財務の視点	●生き残り	●キャッシュフロー
	●成功	●四半期ごとの売上高成長率と部門ごとの営業利益
	●繁栄	●市場シェアとROE（株主資本利益率）
顧客の視点	●新製品	●全売上高に対する新製品の売上高の割合
		●全売上高に対する基幹製品の売上高の割合
	●責任をもった納品	●顧客が定義するところの納期の厳守
	●顧客から好まれる供給者	●主要顧客の全体に占める割合
		●主要顧客による自社のランキング
	●顧客とのパートナーシップ	●提携・協調の関係にある顧客先数
内部ビジネス・プロセスの視点	●技術力の向上	●生産工学VS競争
	●製造における優位性	●処理時間
		●単位コスト
		●欠品率
	●設計の効率性	●シリコンの開発効率
		●エンジニアリングの効率
	●新製品の開発	●導入の計画VS実際
学習と成長の視点	●技術リーダーシップ	●次世代製品の開発に要する時間
	●製造のレベルアップ	●ベストな状態に達するまでの時間
	●注力商品の開発	●売上高の80％を占める商品数の割合
	●リードタイムの短縮	●新製品導入VS競争

出典：キャプラン、R.S.＆ノートンD.P.『新しい経営モデル　バランス・スコアカード』ダイヤモンド・ハーバード・ビジネス・レビュー（ダイヤモンド社）、2003年8月、p46

3-2. ビジネスモデル・キャンバスの評価指標の例

　ビジネスモデル・キャンバスは、9つの構築ブロックの戦略とこれを俯瞰することで、ビジネスモデルの全体像が俯瞰できるように構成させている。評価指標の設定に当たっては、ビジネスモデル・キャンバスの構築ブロックごとに評価指標を設定して、評価を行う。以下に、構築ブロックごとの評価指標例を示す。

図表2-1-19　ビジネスモデル・キャンパスのエリアごとの評価指標の例

KPパートナー	KA主要活動	VP価値提案	CR顧客との関係	CS顧客セグメント
・パートナー数 ・外部委託先数	・主要活動の進捗率	・生産効率 ・コストダウン ・納期遵守率 ・在庫回転率 ・環境規制対応	・顧客数 ・顧客ごと継続取引数	・市場シェア ・市場における認知度 ・新規顧客数 ・失われた顧客数
	KRリソース ・リソース充足率 ・技術の獲得数		CHチャネル ・チャネル数 ・チャネル経由商談数	

CSコスト構造	RS収益の流れ
・ライフサイクルコスト ・調達コスト ・維持修繕コスト ・社会的コスト	・キャッシュフロー ・ROI ・ROA

参考：アレックス・オスターワルダー、イヴ・ピニュール著、小山龍介訳『ビジネスモデル・ジェネレーション　ビジネスモデル設計書』翔泳社、2012年

図表2-4-20　プログラムの評価に関する指標例（例：5E2A）

指標	概要
効率性（Efficiency）	プログラムの資源効率性であり、投入に対する算出比率である
有効性（Effectiveness）	プログラムの事前・事後のステークホルダーの満足度であり、費用対便益の比率が計測できる
価値獲得（Earned Value）	プログラムの進捗度をスケジュール、コスト、獲得価値で計測でき、目標達成度の評価と予測に使用できる普遍的な尺度である
環境性（Ecology）	持続的な発展を可能にするグローバルな考え方を積極的に推進する
倫理（Ethics）	社会に受け入れられる公正・公平な通念、道徳、手順への対応基準である
収益責任（Acceptability）	プログラム、プロジェクト、プロジェクト・マネジメント、チーム個人の説明責任の内容項目と基準である。説明責任の要素には、モラル、社会、職業において準拠すべき行動基準を含むことも要求されている
成果責任（Accountability）	プログラムのステークホルダーとの価値実現に関する具体的な文書契約の同意条件であり、資本投下・回収、価値分配などで計測されるキャッシュフローに関する指標で表現される

3-3. バランスの取れた評価指標

プログラムの現在価値はプログラムが遂行されていく時間経過とともに変貌していくことを認識しておかなければならない。最終目的とする価値実現に向かっているかどうかを途中経過として把握して、場合によってはプログラム活動の修正を迫る必要も発生してくる。そうしたことをあらかじめ価値評価の視点で考慮する上で、効率性（Efficiency）、有効性（Effectiveness）、価値獲得（Earned Value）、環境性（Ecology）、倫理（Ethics）、収益責任（Acceptability）、成果責任（Accountability）などは指標開発の参考となる。

3-4. SMART

英国における政策評価のチェックシステムであるPSA（Public Service Agreements：公共サービス協定）で用いられる5つの基準として、SMARTがある。SMARTもバランスの取れた評価指標として参考になる。

明確性（Specific）、計量性（Measurable）、達成可能性（Achievable）、結果指向または関連性（Result-oriented or Relevant）、期限（Time-bound）の5つの要素を考慮する考え方であり、その頭文字をとってSMARTと呼ばれる。

- プログラムを評価する具体的な価値評価指標例として、BSC,ビジネスモデル・キャンバス、価値評価の視点（5E2A）、SMARTを示すが、価値評価指標は決してこの内容に限定されるわけではない。
- ミッションに基づく価値創造の仕組み、すなわちプログラムの具体的な内容に応じてその価値評価指標はデザインされ、評価されることが必要である。

【引用・参考文献】
1) 江口武志、大久保昌美『アンメット・メディカル・ニーズに対する医薬品の開発・承認状況』政策研ニュース、1-4、31、2010年
2) 伊東邦雄『現代会計入門』日本経済新聞社、1994年、P568
3) 小原重信、浅田孝幸、鈴木研一『プロジェクト・バランス・スコアカード』生産性出版、2004年、p30

4）「非市場財の経済評価Best Value」価値総合研究所機関紙Vol4、2003年、p11
5）キャプラン.R.S、ノートンD.P.『新しい経営モデル　バランス・スコアカード』ダイヤモンド・ハーバード・レビュー、ダイヤモンド社、2003年、p46
6）アレックス・オスターワルダー、イブ・ビニュール『ビジネスモデル・ジェネレーション　ビジネスモデル教科書』翔泳社、2012年
7）清水基夫『実践プロジェクト＆プログラムマネジメント』日本能率協会マネジメントセンター、2010年

第3部 プロジェクトマネジメント

第1章　プロジェクトとプロジェクトマネジメント ・・・・・・・・・ 206
第2章　統合マネジメント ・・・・・・・・・・・・・・・・・・・・・・・・・・・・・・ 221
第3章　ステークホルダーマネジメント ・・・・・・・・・・・・・・・・・・ 242
第4章　スコープマネジメント ・・・・・・・・・・・・・・・・・・・・・・・・・ 253
第5章　資源マネジメント ・・・・・・・・・・・・・・・・・・・・・・・・・・・・ 267
第6章　タイムマネジメント ・・・・・・・・・・・・・・・・・・・・・・・・・・ 291
第7章　コストマネジメント ・・・・・・・・・・・・・・・・・・・・・・・・・・ 308
第8章　リスクマネジメント ・・・・・・・・・・・・・・・・・・・・・・・・・・ 333
第9章　品質マネジメント ・・・・・・・・・・・・・・・・・・・・・・・・・・・・ 359
第10章　調達マネジメント ・・・・・・・・・・・・・・・・・・・・・・・・・・・ 371
第11章　コミュニケーションマネジメント ・・・・・・・・・・・・・・ 387

第1章 プロジェクトと プロジェクトマネジメント

1. プロジェクトの定義

プロジェクト（project）とは、プロジェクトの特定ミッション（Project Mission）を受けて、始まりと終わりのある特定期間に、資源、状況などの制約条件（constraints）のもとで達成を目指す、将来に向けた価値創造事業（Value Creation Undertaking）である。

特定ミッションとは、プログラムからプロジェクトに期待される達成要求のことである。この要求を明確にすることが、プロジェクトマネジメントの出発点となる。特定ミッションを明確にするためには、プログラムの中で、プロジェクトに課せられる目的、目標、方針、手段、行動指針などについて把握することが必要である。プロジェクトの特定ミッションが規定され、資源の投下が決定されると、その特定ミッションはプロジェクトチャーター（Project Charter）になる。

2. プロジェクトの基本属性

プロジェクトには特定ミッション、特定期間、制約条件に関連して、テーマの個別性、始まりと終わりのある有期性、状況変化やリスクを含む不確実性などのプロジェクト固有の基本属性をもつ。プロジェクトの基本属性は、図表

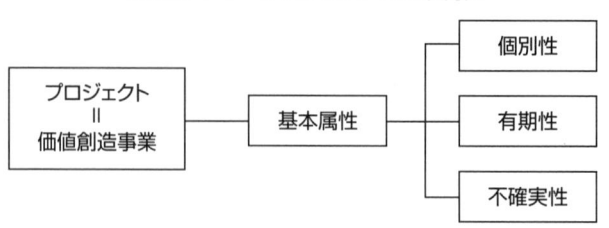

図表3-1-1　プロジェクトの基本属性

3-1-1のとおりである。

2-1. 個別性

個別性とは、プロジェクトが非反復的な特性（全く同じプロジェクトはない）を持つことを指している。類似性の見られるプロジェクトであっても、全くの同一環境下で実施されることはなく、非反復的であるといえる。個別性という特性に対応するためには、類似の成果物を生むプロジェクトであっても、未経験の要素が入り込むことに注意を払い、実践にあたっては、そのプロジェクトの固有の視点、適応方法を前提とした対応、創意などの知恵や工夫が必要になる。

2-2. 有期性

有期性とは、プロジェクトには明確な「始まり」と「終わり」があるという特性を持つことを指している。

「始まり」は、プロジェクトのミッションによってチームが新しく立ち上がり、プロジェクトの責任者が決定されるので明確だが、「終わり」は必ずしもそうではない。構築したソフトウェアやプラントが完成しても、引き渡しが不明確で、保守が際限なく継続するという場合も多い。どこが「終わり」なのか明確にしておく必要がある。

プロジェクト遂行のためには、通常、プロジェクトチームが編成されるが、遂行期間が決められ、プロジェクトが完了すると解散する。「終わり」があることで責任者が明確な責任をとる体制といえる。

2-3. 不確実性

不確実性とは、プロジェクトが、将来に向けた価値創造活動であることから、常に不確実性を伴うという特性を指している。この不確実性によって、プロジェクトは未知の情報、未確定な技術、予測不可能な環境などの様々なリスクにさらされる。プロジェクトはこれらのリスクを事前に特定し、対応策を想定する必要がある。プロジェクトは、人間の創意工夫、知恵、判断力と創造的なチーム活動で、この不確実性を克服していく。

3. 段階的詳細化とローリングウェーブ計画法

　プロジェクトの基本属性である、個別性、有期性、不確実性から、プロジェクトマネジメントの重要な特長である段階的詳細化の概念が導き出される。

　プロジェクトはそれぞれに個別性があり、不確実性を伴うことから、未知の部分が存在する。一方で有期性があり、明確な「始まり」と「終わり」がある。このことは、特定の期日までに完了する必要があり、未知の部分がはっきりするまで開始しないという選択肢は存在しない。したがって、未確定のものはある前提条件を置いてスタートし、詳細がはっきりしてきた段階で、より詳細な計画を順次策定していく手法がとられる。これが段階的詳細化の概念であり、これを実践する場合、段階ごとに詳細な計画に落とし込んで進めていく計画策定の方法を「ローリングウェーブ計画法」（第3部第2章コラム参照）と呼ぶ。

4. プロジェクトマネジメントの定義

　プロジェクトマネジメント（Project Management）とは、特定ミッションを達成するために有期的なチームを編成して、プロジェクトマネジメントの専門職能を駆使して、プロジェクトを公正な手段で効率的、効果的に遂行して、確実な成果（deliverables）を獲得する実践的能力（capability）（6部2章参照）をプロジェクトに適用することである。

　プロジェクトマネジメントの起源は、エジプトのピラミッド建設にあると言うのが最近の定説になっている。しかしながら、プロジェクトマネジメントの体系化と言う観点からは、その黎明期は20世紀のガントチャートやクリティカルパスメソッドなどのプロジェクトマネジメント手法の発明まで待たなければならない。現代におけるプロジェクトマネジメントの意味するところは、20世紀以降に主に開発された、プロジェクトマネジメントに関する先人の知恵を、体系的にプロジェクトに適用することによって、プロジェクトの目的を、効率的、効果的に達成するという点にある。

5. プロジェクトマネジメントの要件

　プロジェクトマネジメントの要件は、次のとおりである。

5-1. 公正な手段

公正な手段とは、国際規格水準に適合し、かつ、社会理念、倫理基準、専門的基準や法規に準拠した手順により、プロジェクトを遂行することをいう。

国際規格である、「ISO プロジェクトマネジメントの手引き」に規定されるプロセスに準拠して進めることなどが、公正な手段に沿ってプロジェクトを進める例であると言える。

5-2. 効率的遂行能力

効率（efficiency）とは、資源投入に対する産出の比率を意味し、プラントや建造物などの場合には物的生産性指標のことを意味する。プロジェクトマネジメントではムリ、ムダ、ムラを最小限に抑制する手順、知恵、工夫が必要とされるが、効率的遂行能力においては、物的生産性に加えて、今日では市場情報や生産データを活用したり、異種技術を結合したりして、価値を高める知的生産性も重視されている。

5-3. 効果的遂行能力

効果（effectiveness）とは、プロジェクトによってもたらされる全体的な影響に関する指標であり、プロジェクトに直接的、間接的に利害が関係する人たち（ステークホルダー）の満足度に関係する。効果的遂行能力は、プロジェクトの投資コストに対して獲得される便益（benefit）の程度で評価することができる。

5-4. 有期的なチーム

有期とは、開始日があって終了日があることである。プロジェクトの定義でもあるように、プロジェクトの基本属性に有期性があり、したがってプロジェクトマネジメントの実践は有期的なプロジェクトチームによって実践される。このため、チームを形成し、育成し、効果的・効率的な遂行能力を獲得し、価値創造につながる成果物を確実なものにしていくことはプロジェクトマネジメントの重要な要件となる。

プロジェクトマネジメントの定義を図に示すと、図表3-1-2の通りである。

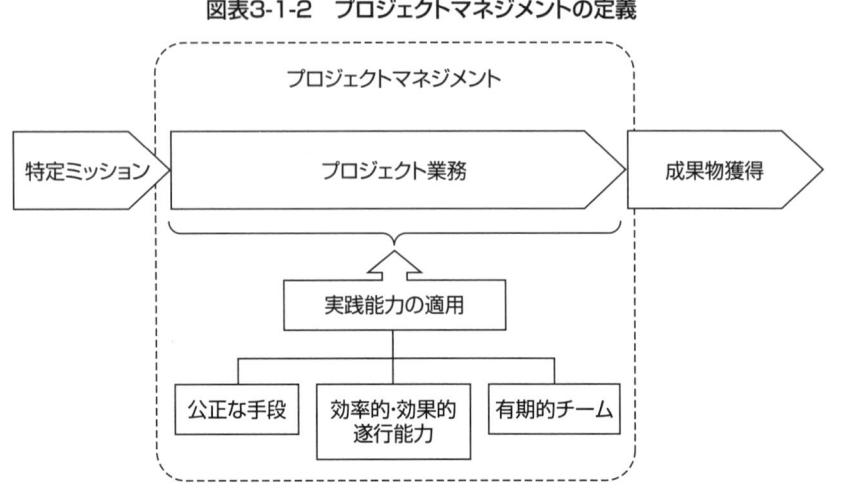

図表3-1-2　プロジェクトマネジメントの定義

6. プロジェクトマネジメントに関連する概念

ここでは、プロジェクトおよびプロジェクトマネジメントを学ぶ上で重要となる、その他のプロジェクトマネジメントに関連する概念について説明する。

6-1. プロジェクト業務と定常業務

一般に、組織の行う業務は、定常業務とプロジェクト業務に分類される。定常業務およびプロジェクト業務の特徴は以下のとおりである。

図表3-1-3　定常業務とプロジェクト業務

プロジェクト業務	定常業務
・プロジェクトの目的に対応するために有期的に設置された組織で実施される。	・恒常的な組織で実施される。
・非継続的、非反復的に実施される。	・継続的かつ反復的に実施される。
・プロジェクトのつど、個別に予算を策定する。	・通常は、年度予算など組織に固定的に割り当てられた予算の範囲内で実施される。

ただし、この両者は、全く相容れない二律背反の概念ではなく、時間の経過とともに、プロジェクト業務から定常業務へ移行していく関係にあることに注意が必要である。これは、プロジェクトは組織が変革に対応するための手段と

して実施されることを理解すると分かりやすい。

定常業務が外部環境の変化により現実的でないと判断された場合は、外部環境の変化に対応する特定ミッションを持ったプロジェクトを組織し、新たな価値創造の仕組みを成果物として作成することになる。そのプロジェクトによって生み出された成果は、目的とする価値を創造することが確認されれば、その運営を行う恒常的な組織に移管され、それ自体が定常業務として実施されるようになる。このように、定常業務とプロジェクト業務は、外部環境の変化に対応するため、時間の経過とともにサイクリックに移り変わる性質を持っている（図表3-1-4参照）。

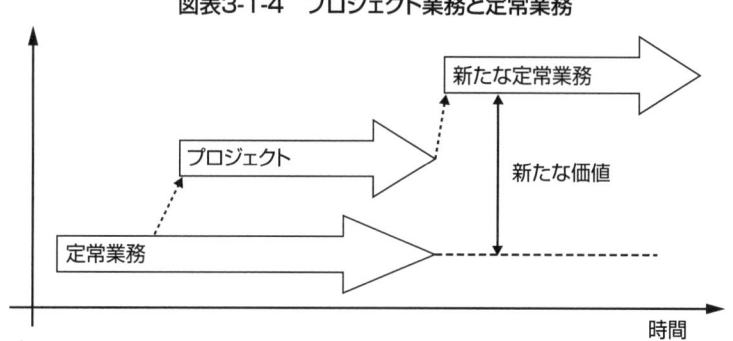

図表3-1-4　プロジェクト業務と定常業務

6-2. プロジェクトステークホルダー

プロジェクトステークホルダー（Project Stakeholders）は、特定利害関係者と訳されることが多いが、実際にはプロジェクトに直接的、間接的に関与する事業主（プロジェクトのオーナーまたはプロジェクトの権限者）、投資機関、金融機関、コンサルタント、デザイナー、プロジェクトチーム、プロジェクトマネジャー、コントラクター、メーカー、協働パートナー、資源取引相手、シンクタンク、認可機関などを含む。これら様々な関係者が参加し、プロジェクトは価値創造活動を遂行する。

プロジェクトに直接参加するのは、プロジェクトマネジャー、プロジェクトチームメンバーなどであり、サービス会社、人材派遣企業、流通会社などの協力者も関与する。また、プロジェクトに直接参加・関与しなくても、プロジェクトから社会的影響を受ける地方自治体、地域住民もあり、プロジェクトの実

行や実現により利害関係が発生したり、社会的影響を受ける機関、会社、個人も総称してステークホルダーと呼んでいる。

　事業主はプロジェクトの成果物がもたらすであろう価値を総合的に評価して資源投下の意思決定をするばかりでなく、ステークホルダー要求事項に対する適合性を評価し判断する。プロジェクトマネジャーは、プロジェクトの遂行にかかわる権限委託を受けたプロフェッショナルである。その職務は、ミッションを実践的目標や目的に具体化して、制約された資源を認識したうえで、専門的な人材を集めて特別チームを編成して任務を遂行することである。

- プロジェクトステークホルダーは、プロジェクトに直接的、間接的に関与する関係者を指す。
- プロジェクトに直接参加・関与しない第三者も、プロジェクトにより社会的影響を受けることがある。
- プロジェクトの遂行にあたっては、様々なステークホルダーの既存の利害関係に与える影響に注目する必要がある。

6-3. プロジェクトライフサイクル

　プロジェクトの遂行段階ごとの特徴的な基本属性に照らし合わせて、すべての遂行過程を把握するためには、プロジェクトライフサイクル（Project Life Cycle）として理解することが便利であり、それは国際的共通観となっている。

　プロジェクトには「始まり」と「終わり」があり、プロジェクトライフがある。そして、すべてのプロジェクトは固有のライフサイクルをもっている。プロジェクトの期間を横軸にとり、作業量を縦軸にとって、その経過をグラフ化すると、図表3-1-5に示す通り、山型カーブになり、累積作業量ではSカーブになる。これをプロジェクト固有のマイルストーン（milestone）で区分すると、区分期間をフェーズ（phase）として認識することができる。マイルストーンは製品開発、ソフトウェア開発、プラント建設などで異なり、適用業務との関連性で選択する。

　一般的なプロジェクトライフサイクルは、始まり、中間、終わりのフェーズで構成され、中間は複数に分割されている。このフェーズ区分は、確認可能な

中間、あるいは最終の成果物を指標としている。なぜなら、この成果物の種類や特性によって仕事の内容、質、マネジメントの対象が異なるからである。プロジェクトフェーズごとの計画やプロジェクトライフサイクルを意識した管理は、この考え方によるものである。

図表3-1-5　プロジェクトライフサイクルの2つの概念図

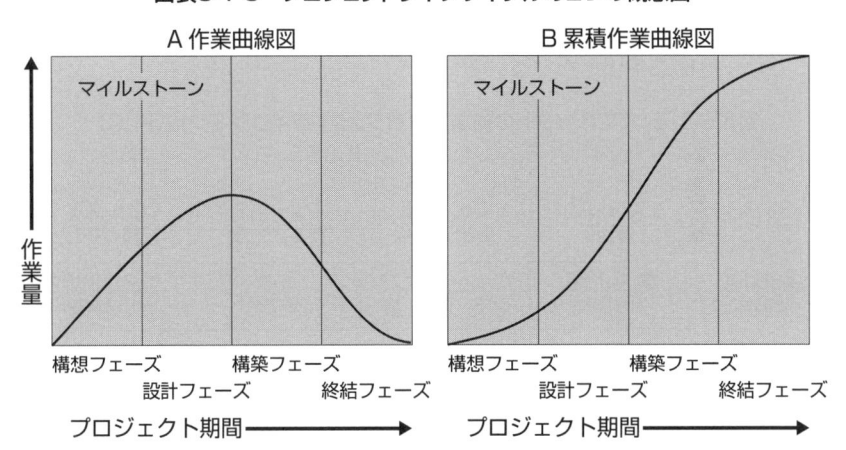

A　作業曲線図　　　　　　　　B　累積作業曲線図

（縦軸：作業量、横軸：プロジェクト期間、フェーズ区分：構想フェーズ／設計フェーズ／構築フェーズ／終結フェーズ、マイルストーン）

・プロジェクトライフサイクル例と特徴

　プロジェクトは個別的でユニークなものであることが特徴であり、まったく同じプロジェクトはない。しかし、プロジェクトのフェーズには類似のパターンがあり、大きく分けて次の3つのパターンがある。

1) **新製品開発プロジェクト**

　医薬品、自動車、家電などの新製品を研究開発し、市場に投入されるまで

2) **建設・エンジニアリングプロジェクト**

　ビルや工場建設など

3) **ソフトウェア開発プロジェクト**

　業務改革やサービス向上を目指すシステム開発

第3部　プロジェクトマネジメント

※上記3種の他にも、業務改革、流通改革などのプロジェクトがあるが、実行のパターンは類似する。

　図3-1-6の例では、それぞれの業界で多く採用されている用語を使用したが、それらの用語は業界ごとに違うだけでなく、企業によっても異なるが、目的を達成するために人的資源を投入することと、フェーズごとに大きな目標を掲げることは一般的な手法となっている。

図表3-1-6　プロジェクトの対象別プロジェクトライフサイクル（PLC）

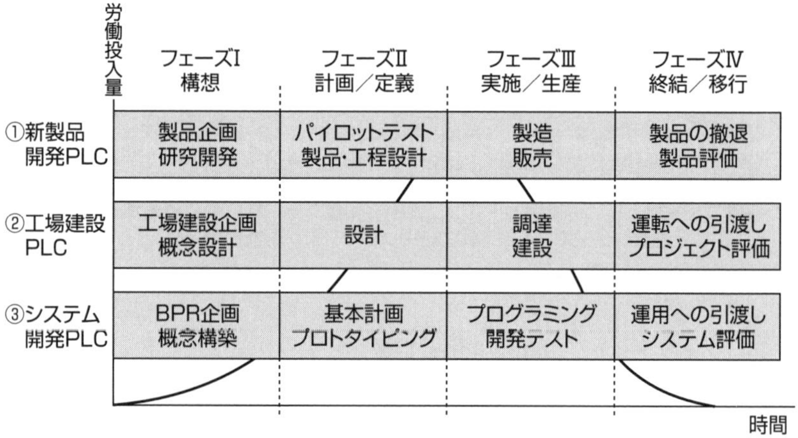

	フェーズI 構想	フェーズII 計画／定義	フェーズIII 実施／生産	フェーズIV 終結／移行
①新製品 開発PLC	製品企画 研究開発	パイロットテスト 製品・工程設計	製造 販売	製品の撤退 製品評価
②工場建設 PLC	工場建設企画 概念設計	設計	調達 建設	運転への引渡し プロジェクト評価
③システム 開発PLC	BPR企画 概念構築	基本計画 プロトタイピング	プログラミング 開発テスト	運用への引渡し システム評価

（縦軸：労働投入量、横軸：時間）

　プロジェクトマネジメントの特徴は、大きな概念を定め、時間の経過とともに資源を投入し、段階的に上部概念から下部の詳細へと、調和を保ちながら内容を具体化していくトップダウン的な目的達成管理手法にある。したがって、時間の経過とともに詳細が決まり、プロジェクトの目標達成のために蓄積された情報量が幾何学的に増加する。

　ある程度まで進行した状態で、以前に決定された内容に変更が生じると、その変更時期が遅くなればなるほど、インパクトが大きくなる。図3-1-7は、フェーズの進行とともに，プロジェクトの仕様、品質、コスト、スケジュールなど、不確実性は減少していき、反対に確実性が増すことで、非定常的で創造的な仕事は減少し、定常業務の割合が多くなることを示している[1]。

第1章 プロジェクトとプロジェクトマネジメント

図表3-1-7　プロジェクトライフサイクル

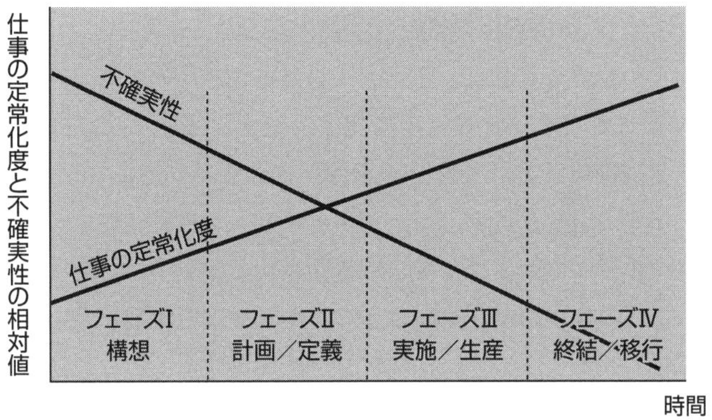

[図：縦軸「仕事の定常化度と不確実性の相対値」、横軸「時間」。不確実性は右下がり、仕事の定常化度は右上がり。フェーズI 構想／フェーズII 計画／定義／フェーズIII 実施／生産／フェーズIV 終結／移行]

7. プロジェクト活動

7-1. プロジェクト活動の構成

　プロジェクト活動は、チームによる価値創造活動であり、プロジェクトの成果物創出活動とプロジェクト遂行のマネジメント活動によって実現される。

- プロジェクトの成果物創出活動：社内、社外の顧客に対して、プロジェクトの主たる目的である成果物を創出するための活動。
- プロジェクト遂行のマネジメント活動：プロジェクトの全体観、共通観の理解のもとで、状況や環境変化に適応して、最大の効率と効果を発揮してプロジェクトを成功裏に遂行するための活動。

　プロジェクト活動の概要は、図表3-1-8の通りである。

図表3-1-8　プロジェクト活動の概要

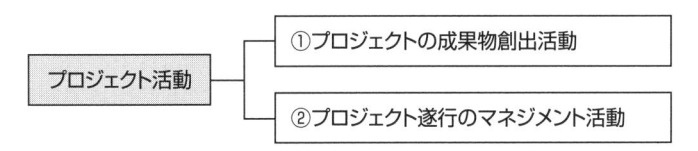

［図：プロジェクト活動 → ①プロジェクトの成果物創出活動／②プロジェクト遂行のマネジメント活動］

以下、それぞれの活動の概要について説明する。

7-2. プロジェクトの成果物創出活動のフェーズ

プロジェクトの主たる目的は、ミッションに基づき価値創造の産物である成果物を提供することである。この成果物を創造する部分を受け持つのがプロジェクトの成果物創出活動（図表3-1-9参照）である。

成果物を創出する業務は、プロジェクトマネジメントに関連する概念で示したプロジェクトのライフサイクルを、成果物創出のフェーズに分けて実行される。プロジェクトのライフサイクルは、プロジェクトの業種によって分割や取り扱う方法に違いがあるが、フェーズに分けて実施することは共通している。

図表3-1-9　プロジェクトの成果物創出活動のフェーズ

フェーズⅠ〔構想〕	プロジェクトで創出する価値の概念形成、実現のための戦略策定を行いながら、採算性を含む具現性を実現させる構想を策定する。ここではプロジェクトの特定使命・目的・目標を明確に示す。この業務を的確に行うことでプロジェクトの持つ潜在的な成功率のおよそ80％を獲得できる。構想計画が十分行われないと、開発段階で構想計画に戻り、必要以上の時間を消費することになる。
フェーズⅡ〔計画／定義〕	プロジェクトで創出する価値を具体的に設計し、製作するための計画を策定する。プロジェクトの成果物が段階的に詳細化される場合は、基本設計、詳細設計などの工程を経て完了させるように計画し、各工程を経るたびに、計画を策定し直す、いわゆるローリングウェーブ計画として定義する
フェーズⅢ〔実施／生産〕	実施段階ではプロジェクトに必要な資源の調達を行い、必要な検査をして納入される。プラント系では、これらを建設現場に運び、建設、テストをして終了させる。 システム開発では、運用前に多くのテストが行われ、システムが運用できるか確認されて運用に入る。システム開発では、テストが膨大となり、総コストの50％から70％になることもあるので、テストを削減できる設計が求められる。 実施段階では、種々の問題が発生し、プロジェクト担当者はその解決に翻弄されることが多い
フェーズⅣ〔終結／移行〕	成果物を、定常業務に移管し、運用を開始する。また、プロジェクト活動で得られた多くの知的資産の蓄積を果たさなければならない。知的資産として蓄積されずにプロジェクトが解散すると企業の資産として再利用できないから、知的資産重視（株価に反映される）の昨今では重要な業務である。

第1章　プロジェクトとプロジェクトマネジメント

プロジェクトの成果物創出活動は、業界や創出する成果物によってフェーズの体系が変化するため、それぞれの業界や成果物ごとに体系化されるのが一般的である。

7-3. プロジェクト遂行のマネジメント活動のマネジメントサイクルとマネジメント領域

7-3-1. マネジメントサイクル

プロジェクト遂行のマネジメント活動は、決められた制約条件（納期、予算、手持ち人材等）の中で手順よく、効率的に業務を遂行し、完了させることが求められており、これを担当するのがこの活動である。

プロジェクト遂行のマネジメント活動は、一般的なマネジメント活動と同様に、PDCAサイクルによって継続的に改善されながら遂行される。

プロジェクトマネジメントは、有期的なマネジメント活動であり、定常業務から派生した変化への対応というミッションに基づいて実施される。このため、定常業務からの立ち上がりの部分と、定常業務への移行の部分が加わり、さらにコントロールの中のチェックと修正行動（Act）の部分が密接に結びついて

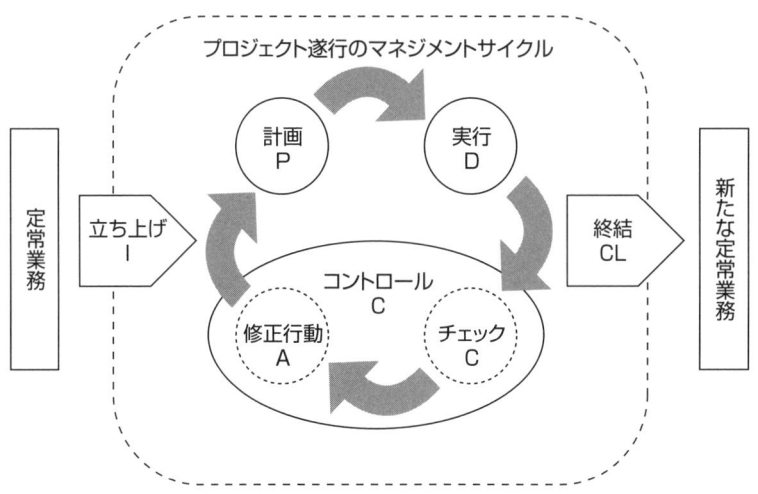

図表3-1-10　プロジェクトマネジメントのマネジメントサイクル

実施されるため、

〔立ち上げ〕⇒〔計画〕⇒〔実行〕⇒〔コントロール〕⇒〔終結〕

というサイクルで記述されるのが一般的である。この関係を図表3-1-10に示す。

7-3-2. マネジメント領域

一方、プロジェクトマネジメント活動は、対象とするマネジメント領域ごとに適用する方法論が異なり、これらのマネジメント対象ごとに、プロセスや方法論を説明するほうが学習者にとって理解しやすいという特徴がある。

2012年9月に制定された「ISO21500 PMガイダンス」では、このマネジメント領域を「サブジェクトグループ」として定義している。本書の第3部の第2章以降の各章の説明にあたっては、ISO21500の定義にならい、以下のマネジメント領域の体系に沿って、解説を進める。

(1) 統合マネジメント（第3部第2章）

プロジェクトを立ち上げる段階から、計画し、実行し、コントロールし、集結して定常業務に成果物を移管するまでの全てのプロセスを統合的に管理するためのマネジメント領域。

(2) ステークホルダーマネジメント（第3部第3章）

プロジェクトにより何らかの影響を受けるステークホルダーをマネジメントの対象とし、その期待を管理するためのマネジメント領域。

(3) スコープマネジメント（第3部第4章）

プロジェクトの成果物、および成果物を創出するための作業範囲、すなわちプロジェクトスコープを対象とし、スコープを特定し管理するためのマネジメント領域。

(4) 資源マネジメント（第3部第5章）

プロジェクトを遂行するために必要となる資源を管理するためのマネジメン

ト領域。

(5) タイムマネジメント（第3部第6章）
プロジェクトを納期通りに終結するためのマネジメント領域。

(6) コストマネジメント（第3部第7章）
プロジェクトを予算通りに完了するためのマネジメント領域。

(7) リスクマネジメント（第3部第8章）
プロジェクトを遂行する際に直面するリスクを特定し、管理するためのマネジメント領域。

(8) 品質マネジメント（第3部第9章）
プロジェクト活動と成果物の品質を管理するためのマネジメント領域。

図表3-1-11　プロジェクト遂行のマネジメント活動の概要

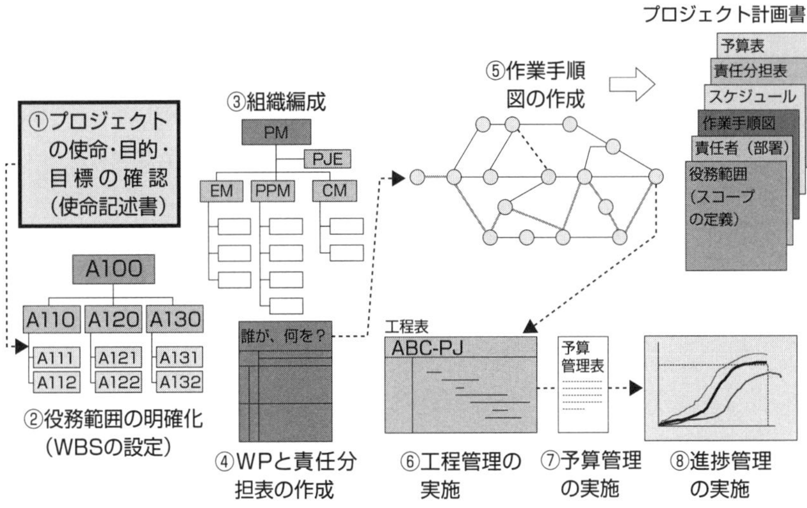

(9) 調達マネジメント（第3部第10章）

プロジェクト活動を行うための契約や外部からの調達を管理するマネジメント領域。

(10) コミュニケーションマネジメント（第3部第11章）

プロジェクトのステークホルダーとのコミュニケーションを円滑に行うためのマネジメント領域。

なお、一般的なプロジェクト遂行のマネジメント活動の概要を図示したのが、図表3-1-11である。本図は、プロジェクトは既に構想計画が終了したところから始まり、システムモデル終了までを図示したものである。

【参考文献】

1）清水基夫『実践プロジェクト&プログラムマネジメント』日本能率協会マネジメントセンター、2010年

第2章 統合マネジメント

1. 概要

1-1. 統合マネジメントの目的

統合マネジメントの目的は、「プロジェクト完了までのシナリオを明確化し、

図表3-2-1 統合マネジメントの概要

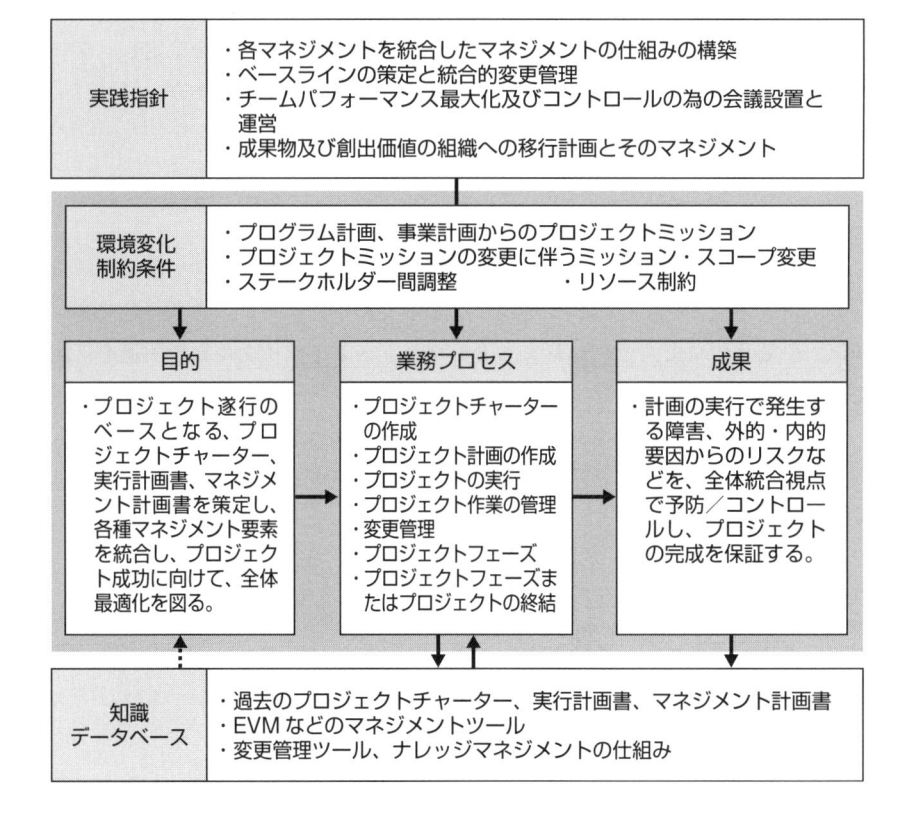

実践指針	・各マネジメントを統合したマネジメントの仕組みの構築 ・ベースラインの策定と統合的変更管理 ・チームパフォーマンス最大化及びコントロールの為の会議設置と運営 ・成果物及び創出価値の組織への移行計画とそのマネジメント
環境変化 制約条件	・プログラム計画、事業計画からのプロジェクトミッション ・プロジェクトミッションの変更に伴うミッション・スコープ変更 ・ステークホルダー間調整　　　・リソース制約

目的	業務プロセス	成果
・プロジェクト遂行のベースとなる、プロジェクトチャーター、実行計画書、マネジメント計画書を策定し、各種マネジメント要素を統合し、プロジェクト成功に向けて、全体最適化を図る。	・プロジェクトチャーターの作成 ・プロジェクト計画の作成 ・プロジェクトの実行 ・プロジェクト作業の管理 ・変更管理 ・プロジェクトフェーズ ・プロジェクトフェーズまたはプロジェクトの終結	・計画の実行で発生する障害、外的・内的要因からのリスクなどを、全体統合視点で予防／コントロールし、プロジェクトの完成を保証する。

知識 データベース	・過去のプロジェクトチャーター、実行計画書、マネジメント計画書 ・EVMなどのマネジメントツール ・変更管理ツール、ナレッジマネジメントの仕組み

目標達成に向けて、全体最適の観点でマネジメントしていくこと」である。

統合マネジメントにおいては、全体最適の視点でマネジメント領域毎のプロセス、ルール、要領などを特定・定義して、依存関係の整合性を確保してプロジェクトマネジメントの仕組を構築し、プロジェクトの成功に向けて確実に運営することが重要である。また、プロジェクト遂行の過程で発生する様々な変更要求、課題は、プロジェクト統合マネジメントでの仕組みにより、可視化され全体最適な視点での品質・コスト・納期（QCD）をバランスさせた統合的な判断に基づき、確実にコントロールされることが求められる。

特に、プロジェクト統合マネジメントでは、プログラムからのプロジェクトミッションを受けて、プロジェクトでの価値創出、成果物などの基本要件をまとめたプロジェクトチャーターを作成し、プロジェクトの成果物創出活動に対するプロジェクト実行計画、プロジェクト遂行のマネジメント活動に対する各種マネジメント要素を統合したプロジェクトマネジメント計画を策定し、プログラムマネジメントとの整合性を適宜確保して遂行することにより、プロジェクトのミッションを達成することが重要である。

1-2. 業務プロセス

プロジェクト統合マネジメントは、プロジェクト遂行の為の一貫したプロジェクトマネジメントの流れを定義したものである。プロジェクト統合マネジメントの業務プロセスとプロジェクトのマネジメントサイクルとの関連を下記に示す。

上記の業務プロセスを運営することにより、計画の実行で発生する障害、外的・内的要因からのリスクなどを、全体統合視点でマネジメントし、プロジェクトの完成は保証される。

立上げプロセスは、プログラムからのプログラム構想計画をベースにプロジェクトミッション、プロジェクトマネージャーの権限などを「プロジェクトチャーター」で定義し、ステークホルダーに対しては、プロジェクト計画の着手と計画推進責任者であるプロジェクトマネージャーを正式に任命するプロセスである。

計画プロセスでは、プロジェクトチャーターをベースにプロジェクトの成果

図表3-2-2　業務プロセスとプロジェクトのマネジメントサイクルとの関連

・プロジェクトチャーターの作成	プロジェクトミッション、プロジェクトマネジャーの権限などを定義する立上げプロセス。
・プロジェクト計画の作成	プロジェクトの実行計画やプロジェクトマネジメント計画書を策定する計画プロセス。
・プロジェクトの実行	プロジェクトの計画に基づき、一連のプロジェクト作業を行う実行プロセス。
・プロジェクト作業の管理 ・変更管理	実行した作業のパフォーマンスを把握し、計画との差異を明らかにする。また、実行に伴う各種変更要求、課題などをコントロールするプロセス。
・プロジェクトフェーズまたはプロジェクトの終結	プロジェクトの完了を正式に承認し、プロジェクトの成果物および創出価値を組織へ移行する。

物創出活動に対するプロジェクトの実行計画とプロジェクトを終結までマネジメントする仕組みとしてのプロジェクトマネジメント計画書を策定する。ステークホルダーに対しては、マネジメントの仕組みを提示し、プロジェクト体制の確立などを行うプロセスである。

　実行プロセスでは、プロジェクトの計画に基づき、一連のプロジェクト作業を行うプロセスである。

　コントロールプロセスでは、実行した作業のパフォーマンスを把握し、計画との差異を明らかにする。明らかになった差異から、必要な是正措置を洗い出したり、実行に伴う各種変更要求、課題などを品質・コスト・納期（QCD）をバランスさせた統合的な判断に基づきコントロールするプロセスである。

　終結プロセスは、プロジェクトの完了を正式に承認するとともに、プロジェクトの成果物および創出価値を活用する組織への移行と、プロジェクトで発生した教訓のナレッジ化を行い、管理運用する組織へ委譲するプロセスである。

　プロジェクト統合マネジメントの業務プロセスは、プロジェクトの成果物創出活動での特徴あるフェーズに分けて運営する必要がある。プロジェクトをフェーズに分けてプロジェクト全体を最適化するマネジメントをライフサイクルマネジメントという。フェーズごとに目標を設定し、目標を達成したことが上位組織、あるいは外部のステークホルダーからなる組織によって確認、承認

され、次のフェーズに入れるような規則を定めていることが多い。

図表3-2-3　プロジェクト統合マネジメントプロセスと成果物プロセスとの関係例

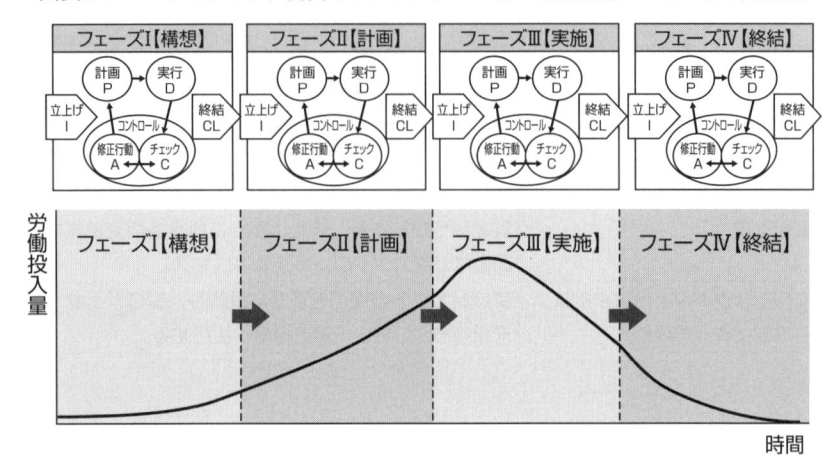

プロジェクト統合マネジメントのプロセスは、それぞれのフェーズごとにマネジメントプロセスが組み込まれ、フェーズの成果によって次のフェーズに進むか否かが判断される（図表3-2-3）。完了した前フェーズの成果物、完了報告書、終結報告書などの文書が次のフェーズのインプットとなる。

1-3. 実践指針

立上げおよび計画プロセスでは、プロジェクトでの目的、目標に対して、ステークホルダーの承認を得た、スコープ、スケジュール、コストなどのベースラインの設定（3-3ベースラインを参照）と、各マネジメント項目の整合性を確保したプロジェクトマネジメント計画を策定する。

実行のプロセスは、計画書に記載された業務を実施するプロセスである。また、コントロールプロセスは、各種ミーティングや報告書を通して情報を収集し、計画との差異を分析し、対策を実施するプロセスである。例えば、キックオフミーティング、計画レビュー、フェーズ完了レビュー、進捗会議、変更管理などの会議の設定と運営などである。会議運営にあたっては、プロジェクトの規模などのマネジメント遂行の必要性により、プロジェクト体制内に運営

チームを配置して行うことも実践指針の重要な項目として挙げられる。

終結プロセスでは、プロジェクト成果物および創出価値が計画での目標基準に達していることが重要である。成果物および成果物活用による組織の定常業務の効率化などのプロジェクトの創出価値が、プロジェクトの目的実現に十分なものであることを確認し、保証することが重要な指針となる。

2. プロジェクトチャーターの作成

プロジェクトチャーターの作成の目的は、プログラムで提供される「プログラム構想計画書」をベースに、プロジェクトが、財務、顧客との関係、業務処理、および従業員との関連でどのような結果をもたらし、企業としての目標の達成にいかに貢献するかを示すもので、以下のようなものがある。

- プロジェクト発足の正式な承認
- プロジェクトマネジャーの任命
- プロジェクトマネジャーに組織のリソース利用の権限を与える

プロジェクトチャーターは、プロジェクトを組織の戦略目標につなげるものであり、適切な考慮事項、義務、前提および制約などの基本要件を明らかにすることである。

プロジェクトに対して、プログラムレベルで策定されたプロジェクトミッションは、方針レベルのものが多く含まれる。プロジェクトミッションの実現性を向上させるため、以下のことが必要である。

① 当該プロジェクトの目標(予算、納期、品質など)を概要レベルで明確化する
② プロジェクトの制約条件を明らかにし、実行課題とリスクを洗い出す
③ プロジェクトの実行計画やプロジェクトマネジメント計画策定の条件を明らかにする

2-1. プログラム構想計画書

　プロジェクトは企業や組織の戦略、戦略に伴うプログラムなど様々な目的から発生する。一般にプロジェクトは、プロジェクトオーナーあるいは企業の経営者などの上位者から、達成すべき目的や実現する価値などを、品質・コスト・デリバリーの目標とともに指示され開始される場合が多い。[1]

　プロジェクトがプログラム配下で遂行されている場合、上位プロセスから「プログラム構想計画書」の中の個別プロジェクト基本事項として、以下に示す項目などが提供される。（第2部参照）

- プロジェクトミッション
- プロジェクト価値のアセスメント計画
- プロジェクトスコープ
- 成果物スコープ
- マネジメントの基本要件
- プロジェクトライフサイクル
- スケジュール
- リスク、各種制約と条件
- ＲＦＰ（Request for Proposal：提案依頼書）原案

　組織の内部プロジェクトの場合は、組織内のスポンサーが作成するが、組織の外部プロジェクトの場合は、顧客が作成する。一般には業務の委託／受託関係において契約書の付属文書として作られることが多い。顧客側からみたプロジェクト作業記述書は、委託組織に要求事項を伝えるＲＦＰの役割の文書であり、受託組織から見た場合、提案書・見積書などを補完する提供物詳細書／サービス仕様書的な役割の文書である。

　このプログラム構想計画書は、プログラムが遂行されている場合、上位プロセスからの成果として提供され、その内容が「2-2プロジェクトチャーター」で示している内容を満足する場合、プロジェクトチャーターとして代替できる。プロジェクトの独立性が高い場合、本プロセスにて、プロジェクトチャーターを作成する必要がある。

第 2 章　統合マネジメント

2-2. プロジェクトチャーター

　プロジェクトチャーターは、上位マネジメントからの組織の戦略レベルを中心に示した「プログラム構想計画書」に示されるプロジェクトへの成果物スコープ、プロジェクトスコープおよびマネジメントの基本要求事項から以下に示す項目などを定めた文書である。

- プロジェクトミッション
- 組織の戦略目標
- プロジェクトの目的・目標、成果物
- プロジェクトスコープ
- プロジェクトの成功の定義と評価尺度としてのキー・サクセス・ファクター（KSF）
- マイルストーン計画
- プロジェクトライフサイクル
- ステークホルダーのニーズと期待
- 組織・環境・外部に関する前提条件および制約条件
- 計画作成ガイドライン

　プロジェクトチャーターを作成し、プロジェクトが正式に承認され、プロジェクトマネジャーが任命されて、プロジェクト計画作成の着手指示を行う。
　外部顧客の為に実施するプロジェクトの場合、顧客から提示される契約関連文書がプロジェクトチャーターに代替えできる場合がある。

> プロジェクトチャーターの作成は、
> - プロジェクトを正式に承認し、
> - プロジェクトマネージャを任命し、
> - プロジェクトマネージャに組織のリソースを使う権限を与える
>
> プロセスである。

3. プロジェクト計画の作成

プロジェクト計画の作成の目的は、当初のプロジェクトミッションから展開された「プロジェクトチャーター」をベースに、プロジェクト完了までの実現性を確保したロードマップとしてのプロジェクト計画書を策定し、ステークホルダーの承認を獲得することである。

プロジェクト計画書は、以下の三つの計画書で構成される。

図表3-2-4　プロジェクト計画書

①プロジェクト実行計画書	プロジェクトの成果物創出活動に対して具体的な作業単位に分解した計画書
②プロジェクトマネジメント計画書	各マネジメント領域を統合し、プロジェクト遂行を円滑かつ効率的にする為のプロジェクト完了までのマネジメントの仕組みの構築・運営をまとめた計画書
③プロジェクト価値アセスメント計画書	「プログラム構想計画書」により個別プロジェクト向けに提供されるプロジェクトの達成価値を評価するための計画書

これらの計画は個々に独立した文書でもよいし、一つの文書にまとめたものでもよい。各計画書の詳細化レベルは該当するプロジェクトのステークスホルダーと調整することによって、実施組織の裁量で、詳細な文書としてもよいし、適切な補助計画を参照する概要程度の文書にしてもよい。概要程度の文書にする場合は、個々の補助的な計画書をどのように統合し、調整するかを記述することが必要である。但し、プロジェクトマネジメント計画書はマネジメント領域ごとの計画をプロジェクト特性に合わせて統合化される必要がある。

各計画の作成には、過去の計画文書や組織で標準化されたプロセス、テンプレート、要領などを活用して作成するのが一般的である。

プロジェクト作業が実行され、進捗を監視し、変更要求が発生した場合、各計画書は変更管理プロセスを通して、ステークホルダーの承認のもと改訂更新される。

3-1. プロジェクト実行計画

プロジェクト実行計画は、プロジェクトの価値創出活動を規定する計画書である。プロジェクト実行計画の策定にあたっては、プロジェクトチャーターに

規定されるプロジェクトの目標とする成果物を作成するために、下記を計画化する必要がある。

① 必要となる作業の洗い出し
② WBSからワーク・パッケージに詳細化しての定義づけ
③ 実行する組織や責任者、スケジュール、コスト、資源、リスク対応
④ その他必要項目の整合性の確保

　この統合化された結果は文書化され、プロジェクトステークホルダーと調整・合意される。調整・合意ではプロジェクト組織のプロジェクト実行能力を把握し、実現性を確保した計画とすることが重要である。実現性が不明確な場合には、計画の中に実現性検証の為のフィージビリティを反映し、検証結果を踏まえ計画の段階的詳細化（240ページ「ローリング・ウェーブ計画法」参照）を行う必要がある。
　プロジェクト実行計画には、「スコープ」「品質」「スケジュール」「コスト」「資源」「リスク」面で、プロジェクトを実施するためのベースラインが含まれる。プロジェクト実行計画には、関連するすべてのプロジェクト実行計画プロセスのアウトプット並びに、プロジェクトの実行、コントロールおよび終結にあたる全作業を定義し、統合し、調整するために必要な処置を含めることが必要である。

3-2. プロジェクトマネジメント計画

　プロジェクトマネジメント計画書は、「プロジェクト完了までのマネジメントの仕組み」を構築するためのマネジメント方針、標準、各種管理要領などプロジェクトマネジメントの方法を規定したものである。計画書に反映する主な項目を以下に示す。

- 選定したプロジェクトマネジメントプロセスとプロジェクトフェーズ
- ステークホルダーの役割、責任
- マネジメント体制（指揮・命令体制含む）

- マネジメントマイルストーンおよびプロジェクトマネジメントWBS
- プロジェクト完了基準
- 要件・要求管理の方法および仕組み
- リスク、課題、変更を管理・コントロールする方法および仕組み
- 構成管理の方法および仕組み
- 文書管理の方法および仕組み
- ナレッジ管理の方法および仕組み
- ベースラインのパフォーマンスを測定する方法および仕組み
- ステークホルダー間のコミュニケーション方法および仕組み
- 会議・ミーティングの運営方法
- スケジュール、コスト、品質、資源、調達、コミュニケーションのマネジメント領域ごとの計画
- その他マネジメントの遂行に必要となるプロセス、ルール、標準、手順

　計画書作成での留意点は、プロジェクトステークホルダーがマネジメントを円滑に遂行するための管理ルール、要領を規定することが重要である。プロジェクトマネジメント計画は、プロジェクト全体に適用は当然として、調達計画および品質計画などのマネジメント計画への適用も可能である。

3-3. ベースライン

　ベースライン（baseline）とは、計画された基準値である。プロジェクトマネジメントでは、プロジェクトオーナーあるいはプロジェクトマネジャーの承認を得て、具体的に実施が予定されている計画がベースラインである。計画はプロジェクトの状況変化に応じて、オーナーの承認を得ながら、常に最新のものに更新される。「現在の計画」を示すものがベースラインである。

　プロジェクトでのベースラインには、スコープ、スケジュール、コストなどがあり、プロジェクトのパフォーマンス測定の基準値となる。ベースラインに対する実績との差異分析を行い、今後の予測を行う。

　パフォーマンス評価に使用するベースラインは、WBS（第4章「スコープマネジメント」参照）により、ワーク・パッケージ（WP）のレベルに細分化さ

れ、利用される(図表3-2-5)。

図表3-2-5 WBSを基準にしたベースライン

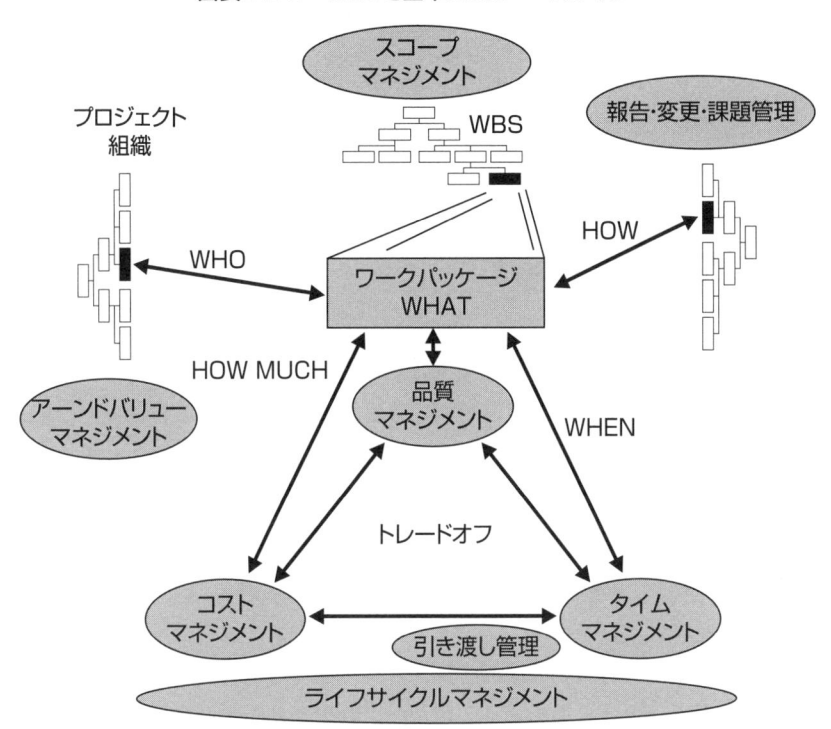

3-4. プロジェクト価値評価計画

　プロジェクト遂行による直接的な成果物の完成以外に、その成果物の完成およびプロジェクト遂行に伴い創出される価値を評価する計画が必要である。プロジェクト価値評価計画書では、プロジェクトで創出を目指す価値に対して、価値評価指標、評価方法および評価タイミングを定めた文書である。

　「プログラム構想計画書」の中で個別プロジェクトごとに計画策定され提供される。提供されたプロジェクト価値アセスメント計画の内容を踏まえ、プロジェクト実行計画およびプロジェクトマネジメント計画との整合性を確保する必要がある。

第3部　プロジェクトマネジメント

> プロジェクト計画の作成では、
> - プロジェクトの成果物創出活動を規定するプロジェクト実行計画の策定
> - プロジェクトの各マネジメント領域を統合したマネジメント計画の策定
>
> が重要である。

4. プロジェクトの実行

　プロジェクトの実行の目的は、プロジェクト成果物を作成するために、プロジェクト計画書に定義された作業を実行することである。

　プロジェクトマネジャーは、計画設定されたベースラインの役割分担に応じて実行する組織実行体制を設置し、タスクの実施、発生した課題、変更、リスクなどの対応、成果物が一定の品質基準を満たしているかどうかの検収作業の指揮を行う。作業はクリティカルパスに沿って推進するのが一般的であり、タイムリーな進捗データ収集を行う必要がある。

　実行体制以外に、プロジェクトマネジメントを遂行するための管理体制の設置も必要となる。実行体制の設置には、人的組織などとともに、情報基盤（インフラストラクチャー）の整備や各種手順、管理要領などの整備も含まれている。

　実施した作業に関する以下に示すような進捗データは、日常的に収集する仕組みが必要である。

- スケジュールの進捗
- 発生した工数、費用
- 成果物の品質計画に対する状況
- 要素成果物の作成状況

　これらの進捗データは、プロジェクト作業の管理のために、ベースラインとの比較、進捗報告などに使用されるプロジェクトのパフォーマンス状況を把握

するための基礎情報である。

収集される基礎情報は、プロジェクトマネジメント計画で定めたパフォーマンス評価方法、進捗計上ルールなどに準じて収集する。

「課題ログ」は、プロジェクト作業の実行に伴い発生した課題とその解決策を文書化したものである。コミュニケーションを促進し、課題を共通に理解するために利用される。

● 課題ログは
① 明確に記述する。
② 緊急度および潜在的な影響度に基づいて分類する。
③ 解決のための作業項目の責任者を割り当て、課題解決の予定日を設定する。
④ 定期的に課題の解決状況の進捗を管理する。
必要がある。

課題を未解決にしておくことは、コンフリクトやプロジェクト遅延の主な原因になるため、スケジュール進捗報告と同時に課題ログ検討を実施、解決策を検討、決め、実行する。

● 実行プロセスでは
① 課題に対する是正処置
② リスクに対する予防処置
③ 成果物に対する欠陥修正
などを実行する必要がある。

実行プロセスでの重要項目の一つに「チームパフォーマンスの最大化」がある。プロジェクトに参画するチーム要員は、プロジェクトの進捗に伴って増え、チーム要員の知識・経験のバックグラウンドも非常に多様である。こうした多ような参加メンバーのモチベーションの向上は重要である。キックオフミーティング（KOM）の実施や、チームビルディング時の工夫によるチームパフォーマンスの最大化への努力を怠ってはならない。

コントロールプロセスにて「承認された変更」がある場合、プロジェクト計画は変更内容を反映し、更新する必要がある。変更管理プロセスとルールは、事前にプロジェクトステークホルダーに周知し、徹底することが重要である。

プロジェクトの実行プロセスで発生した、課題に対する解決策、リスクに対する対応策など、プロジェクトの技術面、管理面およびプロセス面に関して学んだ教訓を明確にする。明確にした教訓は、後日活用できるように、ナレッジマネジメントの仕組みが構築され実施されていることが望ましい。

> プロジェクトの実行プロセスでは、
> - プロジェクトのパフォーマンス状況を把握すること
> - 是正処置、予防処置、欠陥修正などを実行すること
>
> などが重要である。

5. プロジェクト作業の管理

5-1. プロジェクト管理項目

プロジェクト作業の管理の目的は、プロジェクト計画にしたがって、品質・コスト・納期（QCD）をバランスさせた統合的な判断に基づきコントロールし、プロジェクト作業を目標に沿って完了することを保証することある。この

図表3-2-6　プロジェクト管理項目

・進捗データ	・プロジェクトのパフォーマンス状況の基礎情報
・品質管理測定値	・品質計画での品質基準に対する適合度合いを、「QC七つ道具」と呼ばれる、ヒストグラフ、特性要因図、パレート図、管理図などで測定した情報
	・進捗報告書、プロジェクト完了報告書における成果物の品質目標に対する達成状況の情報
・リスク登録簿	・変更要求および進捗報告書へ現在のリスク事項のステータス情報と新規に発見されたリスク情報
・課題ログ	・変更要求および進捗報告書へ既存の課題の対応状況および、今回新たに発生した課題の内容とその是正処置内容の情報

コントロールプロセスでは、実行プロセスで測定・可視化された以下の実績に対して、ベースラインとの差異を評価し、今後の見通しを予測し、是正措置、見直し、再計画などを行うことが重要である。

この評価結果を踏まえ、「進捗報告書」と「変更要求」が作成され、ステークホルダーに対する状況統制のための進捗会議を運営する必要がある。

進捗会議は定期的に開催され、

- プロジェクトでの作業進捗を中心とした会議
- 計画変更などの意思決定を中心とした会議の運営が必要となる。
  進捗報告書の基本記載事項は、以下に示す項目が一般的である。
- 実行中アクティビティの進捗
- 完了したアクティビティと作業着手したアクティビティ
- WBS階層ごとに集計計上された進捗、パフォーマンス差異
- 是正処置と今後のパフォーマンス予測
- 各成果物の品質計画に対する状況
- 課題ログを活用した課題案件の対応状況と新規発生課題
- 変更登録簿を活用した変更要求案件の対応状況と新規発生変更要求
- リスク登録簿を活用した潜在的リスクの対策状況と新規リスク事項
- 連絡事項

これらの基本報告事項に対して、第11章の「2.コミュニケーションの計画」で示す、報告対象となるステークホルダーや会議の目的に応じて、その各記載事項の内容やレベルを決めて作成する。

5-2. プロジェクトフェーズおよび完了報告書

プロジェクトフェーズおよびプロジェクト完了時には、本プロセスにてプロジェクト完了報告書を作成する。プロジェクト完了報告書は、プロジェクト計画で設定した作業、成果物および価値が、プロジェクト推進過程で対応した「承認された変更」内容を反映して、計画で設定した完了基準通り達成し、プ

ロジェクト作業の全てが完了したことをステークホルダーに報告し、承認を得る文書である。

5-3. 変更要求

変更要求は、コミュニケーションマネジメントを除き、マネジメント領域ごとの管理プロセスで問題が発生し、計画値と実績値を比較した結果、変更が必要な場合に変更要求を提出する。

変更要求には、

① 課題に対する対応策などの是正処置
② リスク対応などの予防処置
③ 成果物などの欠陥修正およびプロジェクト計画などの更新

がある。

変更要求の手続きは、プロジェクトマネジメント計画にて整備される変更管理のプロセス、ルール、活用書類の様式に準じて行う必要がある。

5-4. アーンドバリューマネジメント（EVM）

ベースラインのマネジメント技法として、「アーンドバリューマネジメント（Earned Value Management＝ＥＶＭ）」がある。ＥＶＭは、スコープ、コスト、スケジュールの進捗を同一の測定基準で統合的にとらえ、プロジェクトの進捗状況を評価し、最終推定コストや最終推定期間の算出ができるため、プロジェクト横断的または組織横断的に適用できる有効な技法である。ＥＶＭの詳細については第7章「コストマネジメント」を参照されたい。

ＥＶＭでは監視項目として、クリティカルパス上の作業の進捗状況の監視がある。クリティカルパス上の作業の進捗は、直ちにスケジュールに影響するので、進捗における監視は大事である。

クリティカルパスの計算およびそのコントロール方法の詳細については、第6章「タイムマネジメント」を参照されたい。

プロジェクト作業の管理では、
- 統合ベースラインとの差異の可視化と今後の予測
- 状況把握・統制の為の会議運営
- 変更、課題、リスク案件のステータス監視

が重要である。

6. 変更管理

6-1. 変更管理

　プロジェクトの進捗に伴って、計画初期の不明確・不合理部分が明らかになり、また、プロジェクトを取り巻く状況も変化するため、当初の計画からの変更（追加、削除、変更）を余儀なくされることが多い。変更をいかに確実に、また手際よく処理できるかがプロジェクトの成否を握る鍵の一つである。

　変更管理の目的は、プロジェクトおよび成果物に加えられるすべての変更をコントロールし、次に実施段階に進む前に、これら変更の容認または否認を正式に決定することである。変更の正式決定は、ステークホルダーにより構成される変更管理会議にて実施するのが一般的である。

　変更は、スコープ、コスト、スケジュール、品質などほとんど全てのマネジメント領域で相互に影響しあう。したがって、変更管理は、全てのマネジメント領域が統合された「変更管理システム」の一環として機能させることが重要である。

　承認された変更の内容に応じて、プロジェクトマネジメント計画書やプロジェクト文書などが改訂される。成果物の変更は、構成管理の手順によってコントロールするのが一般的である。

　プロジェクト全体にわたって、変更要求を変更登録簿に登録し、その変更による便益、変更の範囲、資源、タイム、コスト、品質およびリスクの観点から評価し、変更の影響を査定し、実施に先立って承認を得ることが必要である。

　変更はプロジェクト遂行の全ての段階で発生する可能性があり、プロジェクトの達成目標に大きく影響を与える。特に注意が必要な変更は、プロジェクト

の上流段階で決定されたものが、下流段階になって変更されることである。大幅な工数変更が発生し、プロジェクト品質にも多大な影響がでるので、上流設計段階における設計変更管理を重点的に行うことが肝要である。

6-2. 変更管理システム

変更の要因は大きく分けて、発注者との契約範囲の変更と受注者（請負者）のプロジェクト計画からの変更に大別される。いずれの場合もプロジェクトのスコープ、スケジュール、品質およびコストに影響を与えるものである。プロジェクトの円滑な遂行上、変更要因に対し常時きめこまやかに監視し、分析・評価するとともに、その結果をもとに適正な是正措置をとることができる「変更管理システム」が必要である。この変更管理システムは、以下の項目を含む業務プロセスで構成される。

① プロジェクト計画の設定
　変更を監視・識別するために、プロジェクトのスコープ、スケジュール、品質の計画およびコストのベースラインを設定する。
② 変更項目の監視
　ベースラインからの変更を常に監視し、識別し、変更項目が発生した場合には関係者へ伝達する。
③ 変更項目の評価と影響分析
　変更の対象としてあげられた項目を変更として認識するか否かを評価する。次いで変更要因が与える影響の範囲や度合いを予測・分析し変更計画を立案する。
④ 適切な権限に基づく変更の承認または却下
　適切な権限を有する社内の上級マネジメントや顧客などへ提出され、承認または却下が決定される。
⑤ プロジェクト計画の更新
　承認済みの変更要求にそって、契約の変更とプロジェクト計画やベースラインの改訂更新を行い、関係者へ変更情報として伝達する。

⑥　変更実施の監視

変更の実施状況を時系列的にモニターし、その状況を関係者へ報告する。

変更管理では、
- 各マネジメント領域に与える影響の把握
- ステークホルダーによる公式の変更管理会議の設置
- 変更を一元管理する変更管理システムの構築

が重要である。

---

7. プロジェクトフェーズまたはプロジェクトの終結

プロジェクトフェーズまたはプロジェクトの終結の目的は、全てのプロジェクトプロセスおよびタスクの完了を確認し、プロジェクトフェーズまたはプロジェクトを終結することである。終結の検証は、終結報告書の作成、完了した調達、解放された資源を確認し、公式にステークホルダー（顧客）の承認を得る。

プロジェクトまたはフェーズの終結報告書は、進捗報告書、契約文書、プロジェクト完了報告書を検査（チェック）し

- 完成した成果物がステークホルダーの期待・要求を満たすこと
- 成果物による創出価値が活用または運用状態に至ったこと

を公式に示した文書である。

プロジェクトまたはフェーズが完了する前に途中で打ち切り終結する場合は、

- 打ち切り理由と完成要素成果物
- 未完成要素成果物

を提示し、ステークホルダー間（発注者と受注者）で合意した文書となる。
調達されたプロダクトまたは提供サービスに対して、契約締結された要求事

項など規定の内容をクリアしているか、受け入れ検査が完了しているかの確認を行う。

プロジェクト遂行のために任命されたプロジェクトスタッフおよびリースされた資源などは終結時に解放する。

終結時には、プロジェクトを評価し、経験を収集し、現在および将来のプロジェクトに役立てることを目的に、学んだ教訓の収集を行う必要がある。プロジェクト全体にわたって、プロジェクト・チームおよび主要なステークホルダーは、プロジェクトの技術面、管理面およびプロセス面に関して学んだ教訓を明確にする。学んだ教訓は収集し、編集し、定型化し、保存し、普及させ、組織全体で共有することが必要である。教訓の収集では、教訓を明確にするための「振り返り」の定着化と教訓を組織、個人へフィードバックするための「ナレッジマネジメント」が必要である。失敗に関する教訓に関しては責任追及にならない原因分析の文化の定着が必要である。

完了前にプロジェクトを中止する必要が生じることがある。特別な根拠が存在しない限り、プロジェクトの中止には、顧客に引き渡す成果物がなくとも、プロジェクトの終結と同じアクティビティが含まれることが望ましい。

> 終結プロセスでは、
> - プロジェクト成果物計画での目標基準に達していること、
> - 定常組織への移行、移管のマネジメント
>
> などが重要である。

◇◇◇◇ ローリング・ウェーブ計画法（段階的詳細化法） ◇◇◇◇

プロジェクトの開始時点では、情報が限られていたり、細部まで要件が明確になっていないことが多く、ワーク・パッケージ（WBSの最小単位）レベルまで要素成果物や作業を分解することが難しい場合がある。このような場合に、WBSのレベルを工程の進行に伴い、分解可能な範囲で段階的に詳細化していく計画方法を「ローリング・ウェーブ計画法」と呼んでいる。

一般的にはプロジェクトのフェーズごとに当該フェーズはWBSのサマリー

のレベルまでで止め、次フェーズに進んだ段階でワークパッケージレベルへ落とすなど、プロジェクト推進に必要なレベルへ順次詳細化していく。

　ローリング・ウェーブ計画法の運用にあたっては、フェーズごとのステークホルダーによるレビュー・承認を行い、遂行するのが一般的である。実践には計画化作業の工数を各工程で十分確保するか、計画化チームを設置しての遂行が必要となる。段階的詳細化でのプロジェクト遂行では、各工程の完了承認レビュー、次工程着手のための計画承認レビューを設けて行う必要がある。

【参考文献】

1) 清水基夫『実践プロジェクト＆プログラムマネジメント』日本能率協会マネジメントセンター、2010年
2) ラリー・リーチ『リーンプロジェクトマネジメント』ラッセル社、2007年
3) 岡村正司『徹底解説！プロジェクトマネジメント』日経BP社、2003年
4) 好川哲人『プロジェクトマネジャーが成功する法則　－プロジェクトを牽引できるリーダーの心得とスキル－』技術評論社、2003年
5) ハロルド・カーズナー『カーズナーの実践プロジェクトマネジメント』生産性出版、2003年
6) 岸良裕司『全体最適の問題解決入門　－「木を見て森を見る」最強の思考プロセス』ダイヤモンド社、2008年
7) 堀 公俊『日経文庫 ファシリテーション入門』日本経済新聞社、2004年
8) アラン・ドネロン『チーム内の「イライラ」を「達成感」に変える』ファーストプレス、2008年
9) デイヴィット・ストラウス『チームが絶対うまくいく方法　－コラボレーション、リーダシップ、意思決定のコツ－』日本経済新聞社、2004年
10) マニュエル E. ソーサ、スティーブン D. アペンジャー、クレイグ M. ロールズ『「アラインメント・マトリクス」による意思疎通の改善プロジェクト・チームの対話不足を防ぐ法』August 2008 Harvard Business Review、pp.132-143
11) ドラガン・ミロセビッチ『プロジェクトマネジメント・ツールボックス』PMI東京支部（編集, 翻訳）、2007年

第3章 ステークホルダーマネジメント

1. 概要

1-1. ステークホルダーマネジメントの目的

プロジェクトでは、利害と立場の異なるステークホルダーが異なった要求事

図表3-3-1　ステークホルダーマネジメントの概要

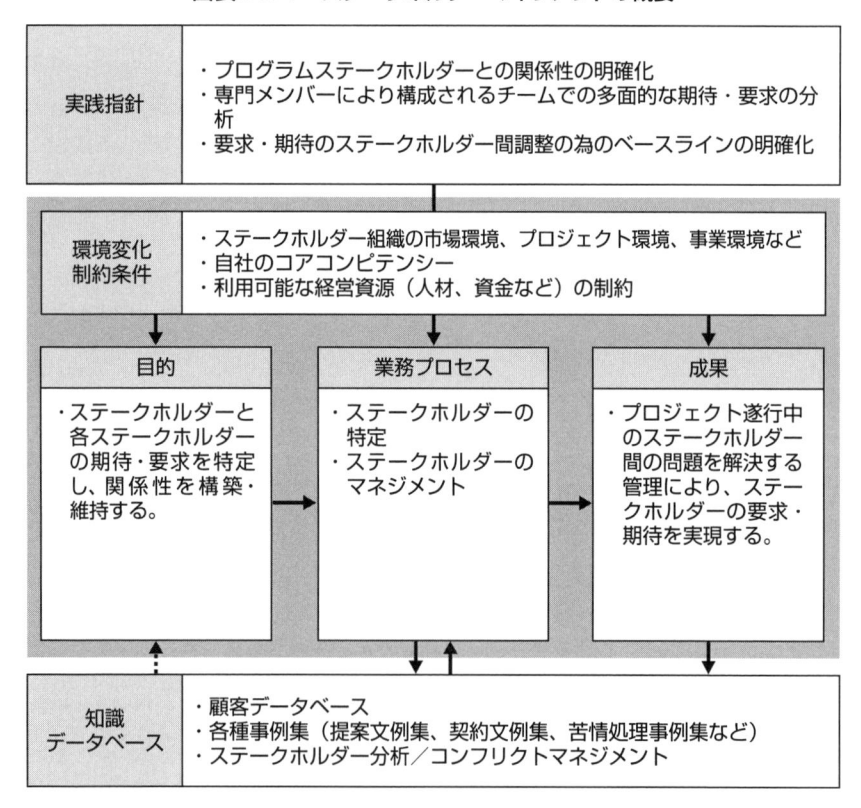

実践指針	・プログラムステークホルダーとの関係性の明確化 ・専門メンバーにより構成されるチームでの多面的な期待・要求の分析 ・要求・期待のステークホルダー間調整の為のベースラインの明確化
環境変化 制約条件	・ステークホルダー組織の市場環境、プロジェクト環境、事業環境など ・自社のコアコンピテンシー ・利用可能な経営資源（人材、資金など）の制約

目的	業務プロセス	成果
・ステークホルダーと各ステークホルダーの期待・要求を特定し、関係性を構築・維持する。	・ステークホルダーの特定 ・ステークホルダーのマネジメント	・プロジェクト遂行中のステークホルダー間の問題を解決する管理により、ステークホルダーの要求・期待を実現する。

知識 データベース	・顧客データベース ・各種事例集（提案文例集、契約文例集、苦情処理事例集など） ・ステークホルダー分析／コンフリクトマネジメント

項を求めて参加する。したがって、プロジェクトで期待された価値を維持し、全てのステークホルダーができるかぎり満足するよう、ステークホルダーの要求事項をマネージすることが重要である。しかし、現実には状況変化が発生すると、ステークホルダーが享受すべき価値に軋轢（コンフリクト）が発生する。このような場合には、プロジェクトミッションに立ち返って、あらためてステークホルダーの利害関係を調整することで、ステークホルダー間の対立を防止する必要がある。

　ステークホルダーマネジメントの目的は、顧客を含む組織内外のプロジェクトに関与する様々なステークホルダーの要求事項と期待に関するマネジメントを行い、満足を獲得して、プロジェクトを完遂することである。ステークホルダーのプロジェクトへの関わり方は、プロジェクトライフサイクルが進むにつれて変化するため、その変化を監視することが必要である。

1-2. 業務プロセス

　ステークホルダーマネジメントの業務プロセスは、

① 　プロジェクト立上げプロセスでの「ステークホルダーの特定」
② 　実行プロセスでのステークホルダーの期待・要求の維持・改善

の2つのプロセスにより構成される。

　「ステークホルダーの特定」プロセスでは、ステークホルダー分析により、プロジェクトに影響を受けるか、または影響を及ぼす個人、グループまたは組織を明らかにし、その利害および関与に関する情報の文書化を行う。

　また、特定されたステークホルダーの関係性を、契約の内容、実施体制、コミュニケーション計画、リスク計画など各ステークホルダーがどういう位置づけでプロジェクトに関わるかの戦略を示す。

　「ステークホルダーのマネジメント」プロセスでは、構築計画されたステークホルダーの関係性のもとで、利害と立場の異なるステークホルダーの要求事項・期待を把握し、各ステークホルダーができるかぎり満足するようにプロジェクトを遂行する。コンフリクトが生じた場合には、契約、共有目的の追求、

社会的責任などをよりどころに、その解決を図り、良好な関係を構築・維持することが重要である。

1-3. 実践指針

　プログラムレベルでのステークホルダーは、プログラム全体に関与する者、複数のプロジェクトに関与する者、個々のプロジェクトのみに関与する者があり、その要求の及ぶ範囲はプロジェクトレベルよりも拡大し、かつ複雑化する。

　さらには、プログラム遂行の過程において、個々のプロジェクトの縮小、拡大、修正、中止といった変更の必要性が発生する。こうしたプログラムレベルの関係性の変化に伴い、プロジェクトステークホルダー間の要求事項・期待の調整が発生することが考えられるため、ステークホルダーの特定には、プログラムレベルでの関係性も含め、多面的な視点でのステークホルダーに対するインタビューや分析をすることが必要であり、ナレッジ化が難しい分野である。

　ステークホルダー関係性を最初に設計し、それを構築・維持する主体となるのは、多くの場合、そのプロジェクトを必要とする顧客（プロジェクトオーナー）、あるいはそのプロジェクトの遂行に主要な役割を演じるプロジェクト遂行者（受注者）である。

　したがって、関係性のあり方は、そのプロジェクト特有の条件（プロジェクトが属する市場全体の環境や、そのプロジェクト固有の環境）以外に、マネジメントの主体となる顧客（プロジェクトオーナー）、あるいはプロジェクト遂行者の事業環境、コアコンピテンシー、利用可能な経営資源などに大きく影響を受ける。

　ステークホルダー間の要求事項・期待、コンフリクトの原因などによる調整は、要求事項と期待のベースラインを明確にした契約書などで事前に合意形成しておくことが最も重要かつ有効となる。

　ステークホルダー間のコンフリクトの発生の予兆を察知して事前に摘み取るには、ステークホルダーの要求・期待の変化の可視化が重要となる。そのためにプロジェクトマネジャーは、顧客の視点を常に意識して接する必要がある。加えて他のステークホルダーとも良好な関係の構築・維持も心がける必要がある。

2. ステークホルダーの特定

2-1. ステークホルダーの特定

　ステークホルダーの特定の目的は、プロジェクト立上げ時に作成される「プロジェクトチャーター」、「プロジェクト組織図」などからプロジェクトに関与するステークホルダーの定量的および定性的な情報から、利害、期待、影響度などの特定を行い、ステークホルダー登録簿の作成を行うことである。

　ステークホルダー登録簿の作成は、多面的な視点でのステークホルダーに対するインタビューや分析をすることが必要であるが、ナレッジ化が難しい分野である。したがって、過去の教訓・資産は利用するが、各領域での専門メンバーによるチームとして分析・特定することが必要となる。

　ステークホルダーは、プロジェクトの進行に伴い変化することがあるため、プロジェクト各フェーズの終結などのタイミング等で、見直すことが必要となる。

　プロジェクトステークホルダー（Project Stakeholders）は、実際にはプロジェクトに直接的、間接的に関与する協働パートナー、資源取引相手、事業主（プロジェクトのオーナーまたはプロジェクトの権限者）、投資機関、金融機関、コンサルタント、デザイナー、プロジェクトチーム、プロジェクトマネジャー、コントラクター、エンジニアリング企業、メーカー、シンクタンク、認可機関などを含み、これら様々な関係者が参加し、価値創造活動を遂行する。

　プロジェクトに直接参加するのは、プロジェクトチームメンバーであるプレイヤーばかりでなく、サブプレイヤーとしてサービス会社、人材派遣企業、流通会社などの協力者も関与する。また、プロジェクトに直接参加・関与しなくても、プロジェクトの実行や実現に伴い、利害関係が発生したり、社会的影響を受ける機関、会社、個人も総称してステークホルダーと呼んでいる。図表3-3-2にプロジェクトオーナーとステークホルダーの一例を示す。

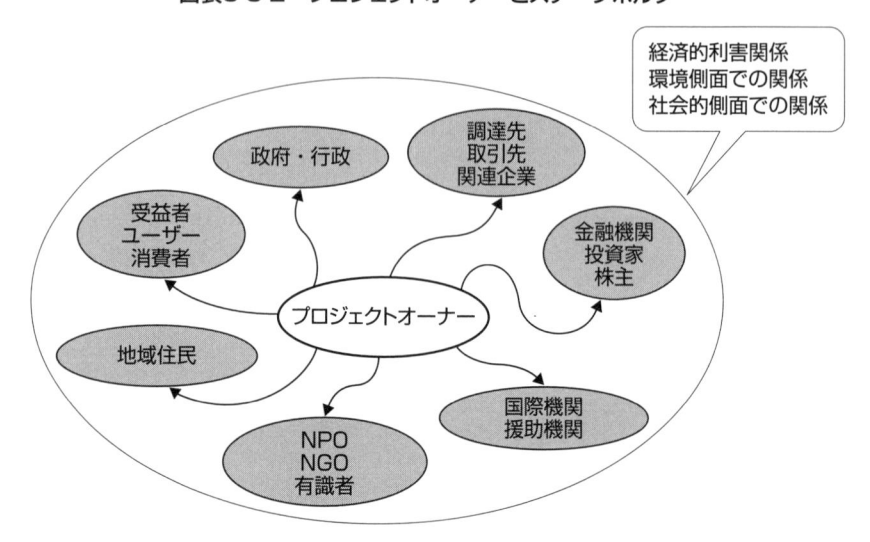

図表3-3-2　プロジェクトオーナーとステークホルダー

　経済的利害関係
　環境側面での関係
　社会的側面での関係

（図：プロジェクトオーナーを中心に、受益者・ユーザー・消費者、政府・行政、調達先・取引先・関連企業、金融機関・投資家・株主、地域住民、NPO・NGO・有識者、国際機関・援助機関が配置されている）

2-2. ステークホルダー登録簿

　ステークホルダーを特定するフレームとして、「ステークホルダー・マトリックス」は有効である[8]。特定されたステークホルダーの様々な関心事項に対する影響に関して、「ステークホルダー影響グリッド」[8]を用いてテークホルダーを分類整理する。関心事項に対するステークホルダーへの対応戦略をステークホルダー登録簿として整理する。ステークホルダー登録簿は、ステークホルダーの識別情報、期待・要求、影響、利害などの評価情報および関心事項に対するタイプ分類情報を基本事項として整理したものである。それ以外の必要とする情報に関しては、プロジェクトごとに決定する必要がある。

　以下に、ステークホルダー登録簿の作成にあたり、必要となるステークホルダー・マトリックスとステークホルダー影響グリッドを示す。

2-2-1. ステークホルダー・マトリックス

　ステークホルダー・マトリックスはステークホルダーの要求事項や期待を体系的に評価するフレームを提供する。特定されたステークホルダーと各ステークホルダーのプロジェクト成功の影響要因の項目とのマトリックスで構成され

第3章　ステークホルダーマネジメント

る。

　ステークホルダーがプロジェクトの成否を左右する各種パラメーターに与える影響度合いを明確にする。ステークホルダーのマネジメントでは、このマトリックスを必要に応じて、影響項目ごとのステークホルダーの影響ポートフォリオを作成しマネジメントに活用する。図表3-3-3にステークホルダー・マトリックスのフレーム例を示す[8]。

図表3-3-3　ステークホルダー・マトリックスのフレーム例[8]

ステークホルダー	プロジェクトのバロメーターへの影響																			
	資源						プロジェクト要件					プロジェクト・プロセス				パフォーマンス評価及び報酬				
	人	金	施設	材料	情報	知識	優先権	目標	仕様	スケジュール	予算	品質	ロジスティクス	要素成果物	チームワーク	プロジェクト・プロセス	インターフェース	インフラストラクチャー	テクノロジー	問題解決	プロジェクトの成功	プロジェクトのパフォーマンス	チームのパフォーマンス	個人のパフォーマンス	チームの報酬	個人の報酬	雇用保険
プロジェクト・マネジャー																											
チーム・リーダー																											
チーム・メンバー																											
機能部門マネジャー																											
上級マネジメント																											
顧客スポンサー																											
請負業者／ベンダー																											
パートナー																											
監督機関																											
特定利益団体																											
メディア																											
その他																											

記号：ステークホルダーは…　○　プロジェクトのバロメーターにわずかあるいはまったく影響力がない
　　　　　　　　　　　　　●　プロジェクトのバロメーターにある程度の影響力がある
　　　　　　　　　　　　　■　プロジェクトのバロメーターに大きな影響力がある
　　　　　　　　　　　　　□　プロジェクトのバロメーターにきわめて重要な影響力がある

2-2-2. ステークホルダー影響グリッド

　様々な関心事項に対するステークホルダーの影響は、ステークホルダー・マトリックスからステークホルダーの影響グリッドをマッピングすることができる。ステークホルダーに関して、サポートの重要性とコミットメントのレベルとの2軸による影響グリットによるステークホルダーの分類例を図表3-3-4

に示す[8]。

図表3-3-4　ステークホルダー影響グリッド例[8]

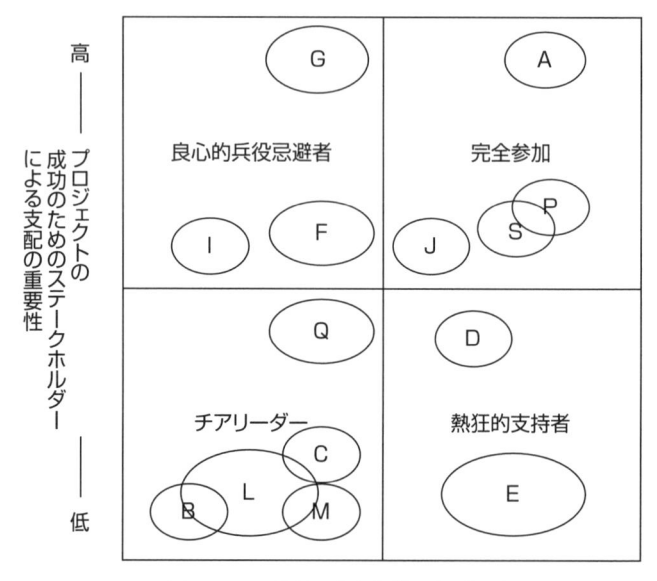

縦軸：プロジェクトの成功のためのステークホルダーによる支配の重要性（低〜高）
横軸：ステークホルダーのコミット（低〜高）

- 左上（高・低）：良心的兵役忌避者　G, I, F
- 右上（高・高）：完全参加　A, J, S, P
- 左下（低・低）：チアリーダー　Q, B, L, C, M
- 右下（低・高）：熱狂的支持者　D, E

注）A, B, およびCなどのバブルは別々のステークホルダーを表し、そのバブルの大きさは認識されているステークホルダーの影響の度合いを表している。

> ステークホルダーの特定では、
> - 各領域での専門メンバーで構成したチームにより、多面的での視点でのインタビュー
> - ステークホルダー・マトリックスによる評価
>
> が重要である。

3. ステークホルダーのマネジメント

ステークホルダーのマネジメントの目的は、

1）ステークホルダーのニーズおよび期待を理解

2） ステークホルダーの懸念事項の特定および問題の解決

などにより、関係性を良好な状態に構築・維持することである。

プロジェクト遂行過程においては、利害関係の異なるステークホルダー間での様々な摩擦、コンフリクトが予想され、それらを未然に防ぎ、また発生した場合には、あらかじめ合意した契約上の取り決めなどをよりどころに解決を図る、あるいは、契約がない場合は企業の社会的責任という観点で適切な関係調整業務を図ることが、ステークホルダーマネジメントの主要な業務となる。いわゆる、「コンフリクトマネジメント」（250ページ「コンフリクトマネジメント」参照）が重要となる。

プロジェクトマネジャーがステークホルダーの問題を解決することができないときは、プロジェクト組織階層にしたがって、問題の処理をより高い権限を持つ上層部にゆだねるか、または外部の個人の支援を要請しなければならない。

ステークホルダーの関係性の中心は、通常、プロジェクトオーナー（顧客・発注者）およびプロジェクト遂行者（受注者）間の顧客関係性である（「コラム3-3-2　ステークホルダー間の関係性の留意点」参照）。この両者の関係性の詳細は、まず提案（プロポーザル）によって提示され、契約のかたちで合意が得られて確定するのが一般的である。顧客（発注者）と受注者をとりまく主要なステークホルダー、たとえば協力会社や関係官庁などとの関係も、契約において合意のもとに何らかの取り決めがなされていることが多い。

ステークホルダーのマネジメントは、合意したプロジェクト成果物、ステークホルダーがそれぞれの立場で享受する価値、リスク負担、作業の役割分担などに対して、実行から終結に至るプロセスでの変更をマネジメントし、全体最適な視点で再合意を形成する期待のマネジメントである。

ステークホルダーのマネジメントでは、
- 期待と要求の定期的な評価
- コンフリクトが発生した場合のWin-Winの解決

が重要である。

第3部　プロジェクトマネジメント

コンフリクトマネジメント

　コンフリクトマネジメントとは、プロジェクトに関わるステークホルダー間に生じる、物やサービスの提供範囲、品質の要求レベル、納期、予算などの様々な利害が絡む軋轢（コンフリクト）や利益相反を調整して、プロジェクトを円滑に予定どおりに遂行することである。

　プロジェクトマネジメントでは、コンフリクトとして顕在化しないように問題を事前に回避することが最も重要である。

　ステークホルダー間での様々な摩擦、コンフリクトが発生した場合には、あらかじめ合意した契約上の取決めなどをよりどころに交渉などにより解決を図ることである。

　交渉の本質は自分の利益を主張し、相手と駆け引きを行い、相手に自分の要求をのませるものであるが、対立の解消に一番良い戦略は「問題を解決する」WIN-WINのアプローチによりお互いに利益が得られるように問題解決し合意することである。図表3-3-5に、文献[2]に示されている「対立への対応戦略と結果」を参考として示す。

図表3-3-5　対立への対応戦略と結果[2]

	問題を解決しよう	こちらの考えを強制しよう	妥協しよう	口先でまるめ込もう	引き下がろう
問題を解決しよう	問題解決(WW)	強制or問題解決(WL or WW)	問題解決(WW)	問題解決(WW)	問題解決(WW)
こちらの考えを強制しよう	強制(WL)	行き詰まり(LL)	強制(WL)	強制(WL)	強制(WL)
妥協しよう	問題解決(WW)	強制(WL)	妥協(LL)	妥協(LL)	妥協(LL)
口先でまるめ込もう	問題解決(WW)	強制(WL)	妥協(LL)	口先だけ(LL)	口先だけ(LL)
引き下がろう	問題解決(WW)	強制(WL)	妥協(LL)	口先だけ(LL)	何も起こらない(LL)

【備考】W：どちらかが勝ち、L：どちらかが負けを示す。

ステークホルダー間の関係性の留意点

　ステークホルダー間の関係性のあり方は、マネジメントの主体となる顧客

図表3-3-6　顧客関係性

プロジェクトオーナーにとっての顧客関係性

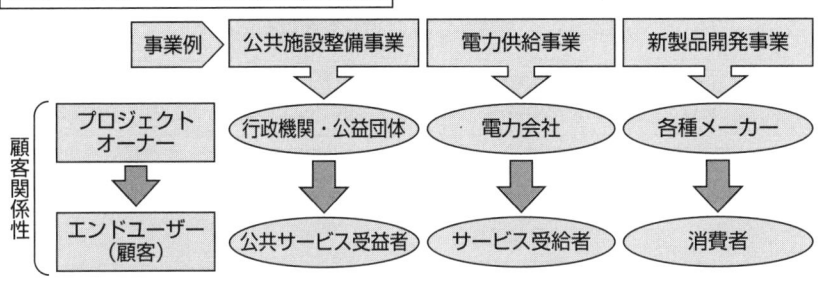

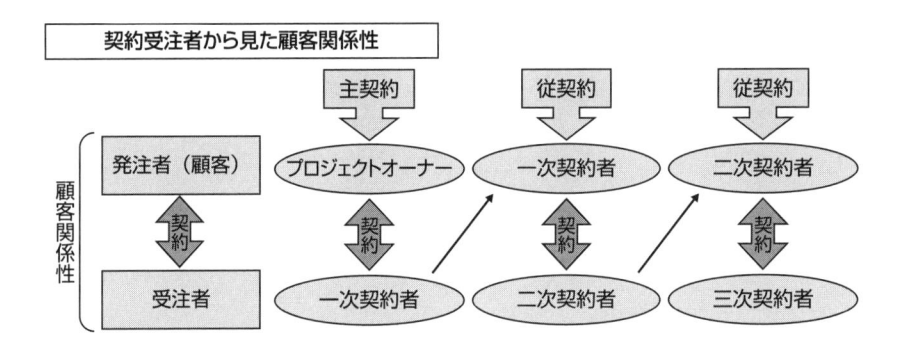

事業例	公共施設整備事業	電力供給事業	新製品開発事業
プロジェクトオーナー	行政機関・公益団体	電力会社	各種メーカー
エンドユーザー（顧客）	公共サービス受益者	サービス受給者	消費者

顧客関係性

契約受注者から見た顧客関係性

	主契約	従契約	従契約
発注者（顧客）	プロジェクトオーナー	一次契約者	二次契約者
（契約）	（契約）	（契約）	（契約）
受注者	一次契約者	二次契約者	三次契約者

顧客関係性

（プロジェクトオーナー）、あるいはプロジェクト遂行者の事業環境、コアコンピテンシー、利用可能な経営資源などに大きく影響を受ける。したがって、関係性の中心を構成するのは「顧客関係性」である。顧客関係性には大きく分けて、

① プロジェクトオーナーとエンドユーザー（最終顧客）との関係
② 契約をベースとした発注者（顧客）と受注者の関係

の2つがある。

プロジェクトに関与する立場により、異なる顧客関係性が発生するため留意が必要である。図3-3-7に示す通り、プロジェクトを企画・起案する主体であるプロジェクトオーナーそのものがプロジェクト遂行者になる場合とプロジェクトオーナーが別の主体に事業を発注し、受注企業がプロジェクト遂行者になる場合がある。いずれの場合でも、プロジェクトオーナー、プロジェクト遂行者、最終顧客の関係性が核となってプロジェクトが成立する。顧客関係性の設

計は、プロジェクトについて「何ができるか」というコアコンピテンシーに対するそれぞれの関係者の認識が、当然設計の根拠となる。

図表3-3-7　顧客とプロジェクト遂行者の関係

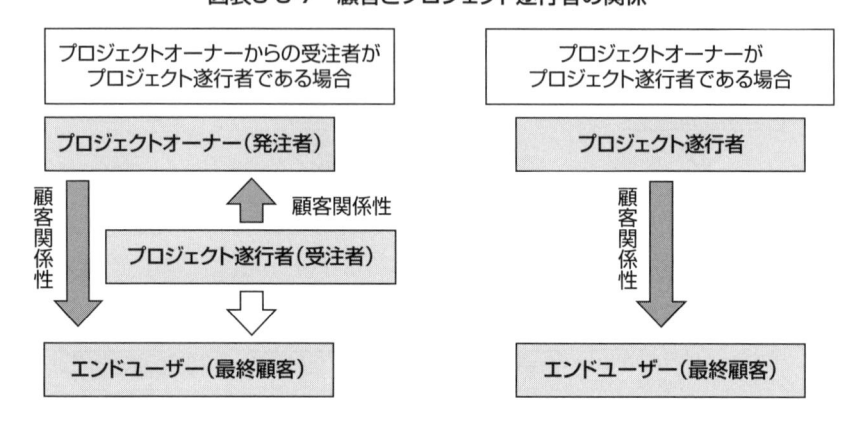

【プロジェクトオーナーからの受注者がプロジェクト遂行者である場合】
プロジェクトオーナー（発注者） →（顧客関係性）→ エンドユーザー（最終顧客）
プロジェクト遂行者（受注者） ←→ プロジェクトオーナー（顧客関係性）
プロジェクト遂行者（受注者） → エンドユーザー（最終顧客）

【プロジェクトオーナーがプロジェクト遂行者である場合】
プロジェクト遂行者 →（顧客関係性）→ エンドユーザー（最終顧客）

【参考文献】

1）清水基夫『実践プロジェクト＆プログラムマネジメント』日本能率協会マネジメントセンター、2010年
2）ラリー・リーチ『リーンプロジェクトマネジメント』ラッセル社、2007年
3）ハロルド・カーズナー『カーズナーの実践プロジェクトマネジメント』生産性出版、2003年
4）岸良裕司『全体最適の問題解決入門　－「木を見て森を見る」最強の思考プロセス』ダイヤモンド社、2008年
5）堀 公俊『日経文庫 ファシリテーション入門』日本経済新聞社、2004年
6）デイヴィット・ストラウス『チームが絶対うまくいく方法　－コラボレーション、リーダシップ、意思決定のコツ－』日本経済新聞社、2004年
7）マニュエル E．ソーサ、スティーブン D．アペンジャー、クレイグ M．ロールズ『「アラインメント・マトリクス」による意思疎通の改善プロジェクト・チームの対話不足を防ぐ法』August 2008 Harvard Business Review 、pp.132-143
8）ドラガン・ミロセビッチ『プロジェクトマネジメント・ツールボックス』PMI東京支部（編集，翻訳）、2007年

第4章 スコープマネジメント

1. 概要

1-1. スコープマネジメントの目的

スコープマネジメントとは、

図表3-4-1　ステークホルダーマネジメントの概要

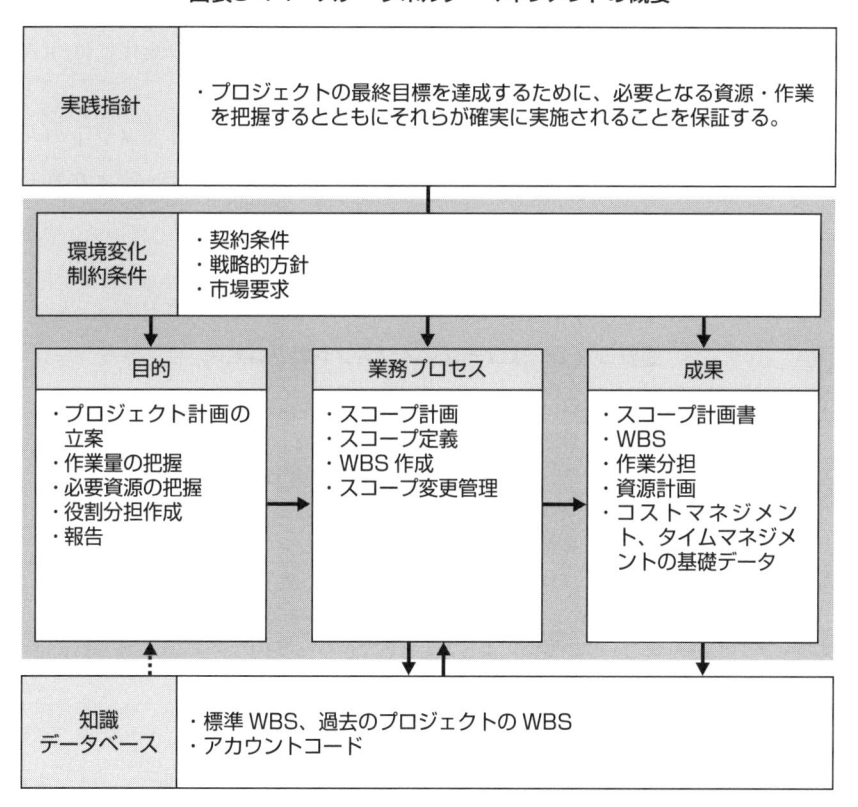

実践指針	・プロジェクトの最終目標を達成するために、必要となる資源・作業を把握するとともにそれらが確実に実施されることを保証する。
環境変化 制約条件	・契約条件 ・戦略的方針 ・市場要求

目的	業務プロセス	成果
・プロジェクト計画の立案 ・作業量の把握 ・必要資源の把握 ・役割分担作成 ・報告	・スコープ計画 ・スコープ定義 ・WBS作成 ・スコープ変更管理	・スコープ計画書 ・WBS ・作業分担 ・資源計画 ・コストマネジメント、タイムマネジメントの基礎データ

知識 データベース	・標準WBS、過去のプロジェクトのWBS ・アカウントコード

プロジェクトの最終目標を達成するために

① 必要な全ての作業・資源を分析
② 必要な資源が確保
③ それらが確実に実施

されることを保証するための一連の業務プロセスである。

スコープマネジメントにとって重要なことは、プロジェクトに含まれる成果物（製品またはサービス等）の範囲を明確にし、そのために必要な作業を定義・分析し、それぞれの作業の分担を決め実行させることである。スコープを定義する際には通常、発注者と受注者間で取り交わされる契約の内容が最も重要である。

さらに、プロジェクトの進捗によっては、環境・制約条件の変化に伴うスコープの変更を管理することも重要である。

また、スコープマネジメントで実施する作業は、スコープマネジメントのみならず、タイムマネジメント、コストマネジメントなどの基礎データとなる。

1-2. 業務プロセス

スコープマネジメントは、通常以下のプロセスを通じて達成される。

図表3-4-2　スコープマネジメントのプロセス

スコープ計画	契約、プロジェクトの方針や要求される技術などプロジェクトが置かれた条件を分析し、スコープを定義する。
スコープ定義	プロジェクトの創出する最終価値を定義する。目的、成果物、要求事項およびプロジェクトの境界とプロジェクトスコープを明確なものにする。
WBS作成	プロジェクトの目的を達成するために、完了する必要のある一連の作業を表現し、階層的分割の枠組みを作成する。
スコープ変更管理	スコープの変更によって生じるプロジェクトのプラスの影響を最大にし、マイナスの影響を最小にする。

1-3. 実践指針

　スコープマネジメントを実施することによって、プロジェクトは、管理範囲外へのスコープの拡大や変更を予防し、プロジェクトを目標通りに完了することの保証を手にする。

　スコープマネジメントで策定するWBSやタスクは、スコープマネジメントのみならず、タイムマネジメント、コストマネジメントなどの計画策定の基礎データとなるため、プロジェクトマネジメントの重要な成果物となる。

　したがって、スコープマネジメントでは、プロジェクト計画の基礎となるWBS（Work Breakdown Structure）を策定し、その変更を管理することが重要な目的となる。WBSを策定する場合、組織として保有するWBSテンプレート、過去のプロジェクトのWBS、業界のWBS標準などを活用する。

　スコープマネジメントを実施するうえで重要なことは、プロジェクトの最終成果物やプロジェクトが提供すべきサービスの範囲を明確にし、そのために必要となる要素成果物を定義・分析し、プロジェクトに含まれる作業を、必要かつ十分に洗い出すことである。

2. スコープ計画

　プロジェクトの目標を達成するために、

① 顧客および他のステークホルダーの要求事項を明確にする。
② 実施すべき活動を組織化する。

　上記2点は、プロジェクト初期におけるプロジェクトマネジメントの重要な業務である。

　プロジェクトスコープの詳細な定義に先立ち、契約、プロジェクトの方針や要求される技術などプロジェクトが置かれた条件を分析、スコープ計画を作成する。

　スコープ計画は、次に示す項目に着目して文書化し、計画を作成する。

・プロジェクトの成果物またはサービスに関しての特性の概要

- プロジェクトの成功・失敗の評価基準になる定量的な達成目標
- スコープを明確化するうえで必要な遂行要領および手順

> スコープ計画は、成果物の特性の概要、定量的な達成目標、必要な遂行要領および手順などを記載する。

3. スコープの定義

スコープの定義はプロジェクトの予算、スケジュール、資源、品質などの計画を立てるにあたり、最初に実施しなければならない作業であり、正確なスコープの定義は、プロジェクト成功に向けて最も重要な作業である。

スコープの定義が不十分であると、プロジェクトを混乱させ、変更、やり直し作業が発生し、結果として予算やスケジュールのオーバーランを引き起こすことになる。

スコープの定義のための技法がWBSの作成である。以下の項目に注目して、スコープの定義を実施する。

① コスト、作業所要時間、資源所要量の正確な見積りができる単位で作成
② コストとスケジュールをコントロールするベースラインが定義できる単位で作成
③ 作業の責任と権限の所在が明確化できる単位で作成

[*1] スコープオブワークの明確化
スコープオブワークを明確にすることは、一括請負契約が主流の日本の企業にとっては重要な問題であるが、プロジェクトの基本条件（要件）設定や契約時に顧客とWBSを作成して、それぞれの役務範囲を明確にしている例は少ない。多くの企業において、実施段階で客先との間に生じる解釈の相違がトラブルの原因となっている。同様に社内関連部門間、コンソーシアム間、協力会社との間で、スコープオブワークの定義と責任履行範囲に関して問題が発生しているケースが多い。スコープオブワークの明確化は、作業の履行責任の所在を明確にするとともに、追加・変更管理のベースともなり、特に大型化、複雑化するプロジェクトにおいては、コントラクターにとってリスク回避の意味からも重要である。

プロジェクトにおけるスコープには
① スコープオブサプライ（供給範囲）
② スコープオブワーク（作業範囲）[*1]
の意味がある。

図表3-4-3　プロジェクトにおけるスコープ

1）スコープオブサプライ	提供する製品またはサービスに含まれる機能や構成要素。基礎、建築、機器、配管、電気など
2）スコープオブワーク	製品またはサービスを提供するために実施される作業。プロジェクト管理、基本設計、詳細設計、調達、検査、据付、試運転など。

- スコープの定義が不十分であると、変更、やり直し作業が発生する。
- スコープには、スコープオブサプライ（供給範囲）とスコープオブワーク（作業範囲）の意味である。

4. WBSの作成

　WBS（Work Breakdown Structure）の作成は、プロジェクトの目的を達成するために完了する必要のある作業を要素分解により定義し、階層的に表現した、作業分解図を作成するプロセスである。

4-1. WBSの定義

　WBS（Work Breakdown Structure）はプロジェクトの目的を達成するために、実行されるべき全ての作業をプロジェクトの成果物やフェーズに基づき、体系的に階層組織化して表したものである。

　階層の第一レベルには、プロジェクトの「最終製品」を構成する主要な成果物を設定する場合や、「フェーズ」など作業の時間的経緯を使用する場合などがある（「最終製品」とは、ハードウェア、ソフトウェア、サービス、またはこれらの組み合わせのことを指す）。

　それに続く下位レベルの階層は、最終製品の製作に必要な各作業要素の詳細

な定義を示すが、下位レベルになるほど詳細な内容を示す。

WBSは、プロジェクトが成果物を創出するための全ての活動を網羅している必要がある。すなわち

プロジェクト＝WBS

という関係であることが重要である。これは、通常、プロジェクトの作業が多くの担当者によって分担して進められるため、全てのプロジェクト作業の完了が、プロジェクトそのものの完了を保証する仕組みであり、プロジェクト計画の最も基本となる考え方である。

この関係を保証するため、WBSの階層の上下において、上位の構成要素が下位の構成要素を100パーセント統合していること、下位の構成要素を100パーセント作成すれば上位の構成要素を100パーセント完成できることという「100パーセントルール」を徹底することが、WBSを策定するうえで最も重要なポイントとなる。

4-2. WBSの目的

プロジェクトの巨大化、長期化、複雑化、グローバル化に伴い、WBSの重要性が高まっている。特に大型プロジェクトでは、リスク分散の意味からもコンソーシアムに代表されるような企業連合を形成し、プロジェクトを実行するケースが多くなっている。プロジェクト構成企業間の作業分担・責任範囲を明確にするためにも、WBSを作成することが必須となっている。

WBS作成の目的は、以下のような内的要因と外的要因が考えられる。

図表3-4-4　WBS作成の目的

内的要因	外的要因
・プロジェクト管理上の必要性	・顧客の要求 ・コンソーシアムまたはジョイントベンチャーによるプロジェクト遂行での必要性

4-2-1. プロジェクト管理上の必要性によるWBSの活用

プロジェクト管理におけるWBSの目的とその効果は、以下のとおりである。

- プロジェクトに必要な全作業の把握と識別
- 組織との対応による作業範囲、責任、権限の明確化
  ※マトリクス組織でプロジェクトを実行する場合は特に重要
- コストコントロール、スケジュールコントロールのフレームワークの設定
- プロジェクトの進捗度、生産性把握のための基盤提供
- プロジェクトリソースの集計単位の提供
- 仕様変更、追加オーダーへの迅速な対応
- 多ようなレポーティング要求への柔軟な対応
- プロジェクトメンバー間共通のコミュニケーションツールの提供
- プロジェクトの実績データのフィードバック

4-2-2. 顧客の要求によるWBSの作成

契約などによって客先から、プロジェクトに適用する「コストコード体系」や「コストブレイクダウンに適用するワークカテゴリーの体系」を求められることがある。

特に実費償還型契約（Cost Reimbursement Contract ,Cost-plus Fee Contract）などの場合は、このコストコード体系にしたがって費用集計・請求することが必要となる。さらに、定額請負型契約（Lump-sum Contract）の場合でも、顧客（発注者）としてプロジェクトの進捗を監視するため、または仕様変更・追加オーダーの管理のため、顧客（発注者）・コントラクター共通の認識基盤が必要となる。そのためにWBSが作成される。

4-2-3. コンソーシアム、ジョイントベンチャープロジェクトによるWBSの作成

コンソーシアムやジョイントベンチャープロジェクトにおいて、互いの責任履行範囲の明確化、プロジェクトの進捗確認と報告、さらに仕様変更・追加工事の費用請求などの目的でWBSは作成される。

4-3. WBSの構築

　一般にWBSの構築にあたって、プロジェクトの構成作業を上位から下位レベルまで体系的に分解する方法について、特に定められた原則はないといわれている。プロジェクトの種類やプロジェクトを遂行する組織形態などによって、作業分割の構成、分割の方法は異なる。作業分割とはWBSを作成するために、プロジェクトライフサイクルの中で実施される作業を管理できるレベルまで分割し、定義する作業である。

　図表3-4-5に火力発電所建設の例、図表3-4-6にソフトウェア開発の例を示す。

4-3-1. 作業分割

　通常、プロジェクトの製品と作業が構成要素となるが、これらの要素はプロジェクトがどのように管理されるかを念頭において決定されなければならない。たとえば、作業分割のレベル1では、製品のシステム構成や区域（エリア）など物理的な面から分割し、レベル2では作業カテゴリーなどの機能的な面から分割する。それぞれの構成要素は、タイムとコストの計画が可能なように分割される必要がある。

　さらに、各要素定義の精度が十分であるか否かについて確認するために、作業分割の妥当性を検証する。各構成要素は適切な日程目標と予算を付与することができ、作業の実施担当を特定できることを検証する。もしも不十分であれば、適切な管理ができるところまで分割または統合する。

　WBSを作成する際に、構成要素の漏れや重複がないことに注意する。つまり、子レベルの合計は親レベルと等しくなければならない。

　親WBS = Σ子WBS

　WBSの各作業項目は、WBSコード（アカウントコード）と呼ばれるユニークな識別番号がつけられる。

　図表3-4-5と図表3-4-6は、発電所建設およびソフトウェア開発を想定した一般的なWBS体系の例であるが、特に図3-4-5は、後述のワークパッケージ、タスクおよびコントロールアカウントの設定イメージを例示している。

4-3-2. ワークパッケージとタスク

　作業分割によってWBSを上位の階層から予算やスケジュールの計画が実施可能な階層まで詳細化した最も下位のレベルのWBS構成要素を「ワークパッケージ」（WP）と呼ぶ。
　WBSの最下位の階層、つまりワークパッケージの詳細度はプロジェクトの規模や重要度など、必要とされる管理のレベルによって異なる。

4-3-3. ローリングウェーブ計画法（第2章コラム参照）

　直近の作業では詳細なレベルのスケジュール計画を行い、遠い将来の作業で詳細化が困難な場合は比較的上位のWBSレベルで計画し、プロジェクトの進捗にあわせて段階的に詳細化する計画手法を「ローリングウェーブ計画法」と呼ぶ。したがってこの手法では、同一のプロジェクトであってもその進捗段階によってワークパッケージの詳細度は異なる。
　ワークパッケージの設定に際して、注意すべきことは以下のとおりである。

- 予算割り当ての最小単位であること
- 全てのワークパッケージに割り当てられた予算の合計額はプロジェクトの総予算額と等しくなくてはならない。
- 作業範囲と作業履行責任部門（責任者）を明確に定義できること。
- 明確なインプットとアウトプット（成果物）をもつこと。

　ワークパッケージは、必要に応じて「タスク（もしくはアクティビティ）」と呼ばれる単位に分解される場合がある。「タスク」は、より実務的なスケジュール計画やコスト見積りを実施するために最適な詳細度を持った作業管理の単位であるが、近年ではスケジューリングツールなどの普及によって、実作業レベルのタスクまでWBSの作業分割を行う例が増えている。

4-3-4. コントロールアカウント

　スコープ、スケジュール、コストを統合して管理するアーンドバリューマネジメントにおいて、コントロールに最も適したWBS上の任意の選択されたポ

第3部　プロジェクトマネジメント

図表3-4-5　WBS、ワークパッケージ、タスク、コントロールアカウント（火力発電所建設の例）

レベル：0　火力発電所建設

WBS構成要素

レベル：1
- [A] 発電所主機
- [B] 発電所補機
- [C] LNG貯蔵設備
- [D] 建物
- [E] プロジェクトマネジメント

コントロールアカウント

レベル：2
- [1000] 設計
- [2000] 製造
- [3000] 輸送
- [4000] 調達
- [5000] 建設

レベル：3
- [1100] 蒸気タービン
- [1200] ボイラ
- [1300] 発電機
- [1400] 操作盤
- [1500] 復水器

ワークパッケージ

レベル：4
- [1110] 高圧ケーシング
- [1120] 低圧ケーシング

タスク
- 本体取り付け
- 配管作業

注：〔　〕内がWBSコード（アカウントコード）

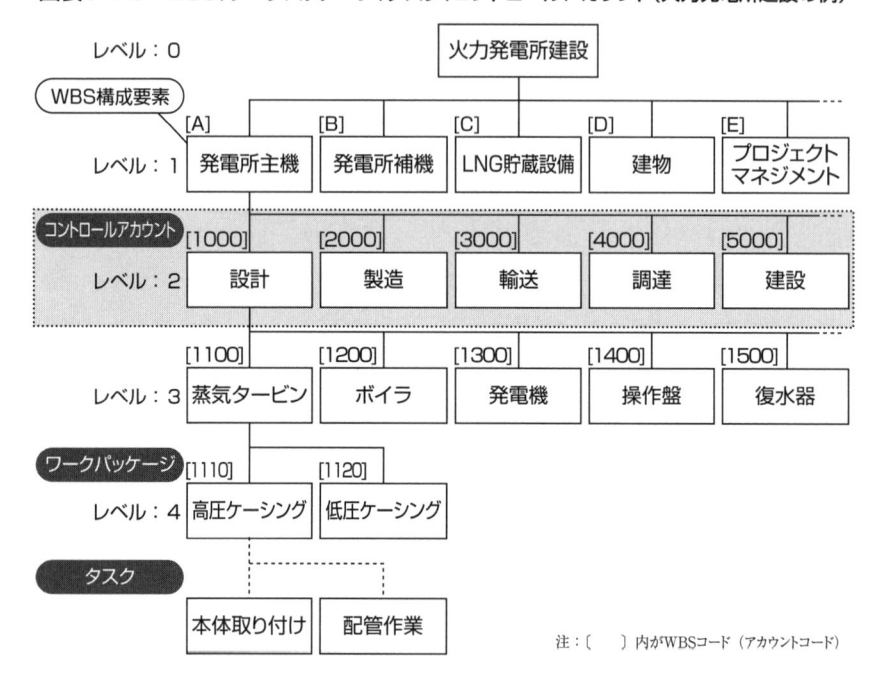

図表3-4-6　WBS（ソフトウェア開発の例）

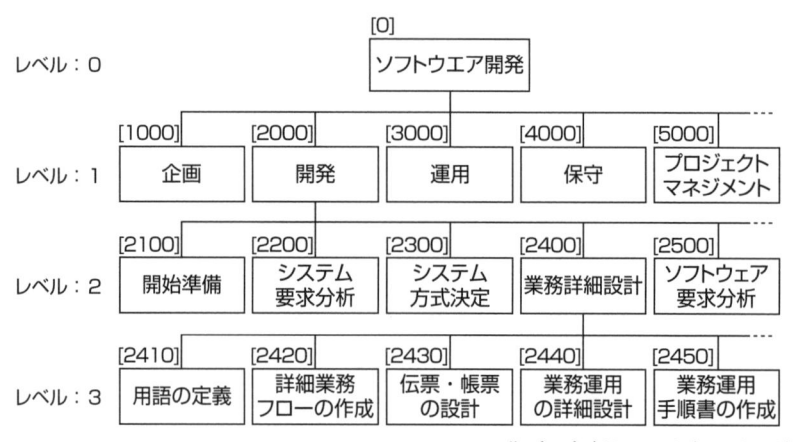

レベル：0　[0] ソフトウエア開発

レベル：1
- [1000] 企画
- [2000] 開発
- [3000] 運用
- [4000] 保守
- [5000] プロジェクトマネジメント

レベル：2
- [2100] 開始準備
- [2200] システム要求分析
- [2300] システム方式決定
- [2400] 業務詳細設計
- [2500] ソフトウェア要求分析

レベル：3
- [2410] 用語の定義
- [2420] 詳細業務フローの作成
- [2430] 伝票・帳票の設計
- [2440] 業務運用の詳細設計
- [2450] 業務運用手順書の作成

注：〔　〕内がWBSコード（アカウントコード）

イントを、「コントロールアカウント（Control Account）」と呼ぶ。通常、プロジェクトは複数のコントロールアカウントから構成され、一つのコントロールアカウントは複数のワークパッケージで構成される。

4-3-5. 標準WBS

基本的にWBSは個々のプロジェクトで異なるが、ほとんどのプロジェクトは作業要素としては似通った部分が多いため、過去のプロジェクトで作成したWBSは、新規プロジェクトのドラフトとして転用できる。それぞれの企業、分野では通常取り扱う設備・機種ごとに標準WBSをあらかじめ確立しておき、それぞれのプロジェクトの特異性から個々の作業要素を削除・追加、分割・統合して使用することが効率的である。

4-3-6. 100パーセントルール

プロジェクトで実行される作業は、すべてWBSに定義され、ワークパッケージをすべて実行することによって、プロジェクトの最終成果物が確実に得られることが保証されていなければならない。したがって、WBSの作成にあたっては、以下の100パーセントルールにしたがって行うことがプロジェクトの成功にとって非常に重要となる。

【100パーセントルール】[1]
WBSの次の分解レベル（子ども）は、親要素に属する全ての作業を表す。
チェック方法：

- 各要素は、その配下の全ての作業項目をくくるのにふさわしいか
- 各要素は、その配下に必要な作業要素をすべて含んでいるか

> WBSの作成では、
> - プロジェクト＝WBSであること
> - 100パーセントルール
>
> などが重要である。

2軸管理のWBS

　一般的に、プロジェクトのWBSは、そのプロジェクトがプロダクト、サービス、所産の、どれを目的としたプロジェクトであるかによって、WBSの構成要素は変わってくると言われている。それぞれの目的に応じた構成要素は次のように規定すると作業が進めやすい。

　プロダクト：最終成果物の構造を反映する。
　サービス：ボトムアップの手法により、必要な作業をグルーピング。
　所産：標準プロセスの処理手順。

　いずれの場合も、最初のレベルにプロジェクトマネジメント要素を含める。

図表3-4-7　2軸管理のWBS

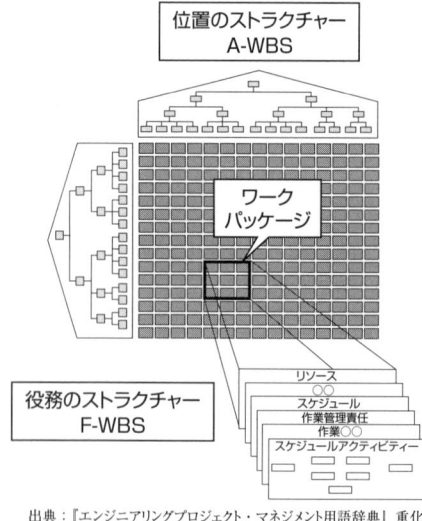

1. 役務のストラクチャー（何をすべきか？）

　役務とは作業を表すもので、具体的には設計、調達、建設、あるいは製作、プロジェクト・マネジメント・サービス等々であり、下位レベルのブレイクダウンを行えば、カテゴリーに区分され、更にプロダクトあるいはタスクで区分されるものである。

2. 位置のストラクチャー（どこの作業か？）

　上記作業を識別するもう一方の条件として、何の設計なのか、どこの建設なのかといった位置を明らかにする要素が必要である。
　具体的にはプラント、ファシリティー、ユニット、エリア、作業（コントロール）ブロックといった区分となる。

出典：『エンジニアリングプロジェクト・マネジメント用語辞典』重化学工業通信社、1986年

しかしながら、大規模なプラントなどのように、長納期であり、作業範囲も膨大となり、非常に多くのステークホルダが協働してプロジェクトを遂行するような場合は、単一の構成要素によるWEBの階層化だけでは不十分な場合がある。

このような場合に対応するため、日本のエンジニアリング企業においては、広大なプラントエリアを対象とした物理的なWBSと、プロジェクト作業のWBSの2軸の階層化によるWBSを作成し、2軸の交点にワークパッケージを定義して作業を行うことが一般的になっている。

5. スコープ変更管理

スコープの変更とは、契約時の役務範囲からの変更をいう。スコープ変更管理システムは、プロジェクト全体の変更管理システムの一要素として位置づけられ、スコープの変更の業務手順を記述したものである。その内容は、変更に関わる事務処理手続き、変更項目の追跡管理システム、変更事象の承認レベルなどで構成される。スコープの変更は、以下のような事象から発生する。

- 製品またはサービスのスコープを定義する際の見落とし、理解不足（スコープオブサプライの変更）
- 製品またはサービスを提供するために実施される作業を定義する際の見落とし、理解不足（スコープオブワークの変更）
- 外的要因（関連法規の変更など）
- 付加価値を見直すための変更（契約後のVEや新技術採用によるコストダウンの提案など）
- 顧客要求事項の変更など

スコープの変更は、他のマネジメント領域（リスクマネジメント、タイムマネジメント、コストマネジメント、品質マネジメントなど）と相互に関連があり、常に他のマネジメント領域と互いに整合をとりながら実施する必要があるため、第2章で記述した変更管理システムの統合されたプロセスの一環として

第3部　プロジェクトマネジメント

機能しなければならない。

> スコープの変更は、常に他のマネジメント領域と互いに整合をとりながら実施する必要がある。

【引用文献】

1) Gregory T. Haugan著、伊藤衡監訳『実務で役立つWBS入門』翔泳社、2005年

第5章 資源マネジメント

1. 概要

1-1. 資源マネジメントの目的

プロジェクトにおける資源は、「人的資源」、「物的資源」、「金融資源」、「情

図表3-5-1　資源マネジメント概要

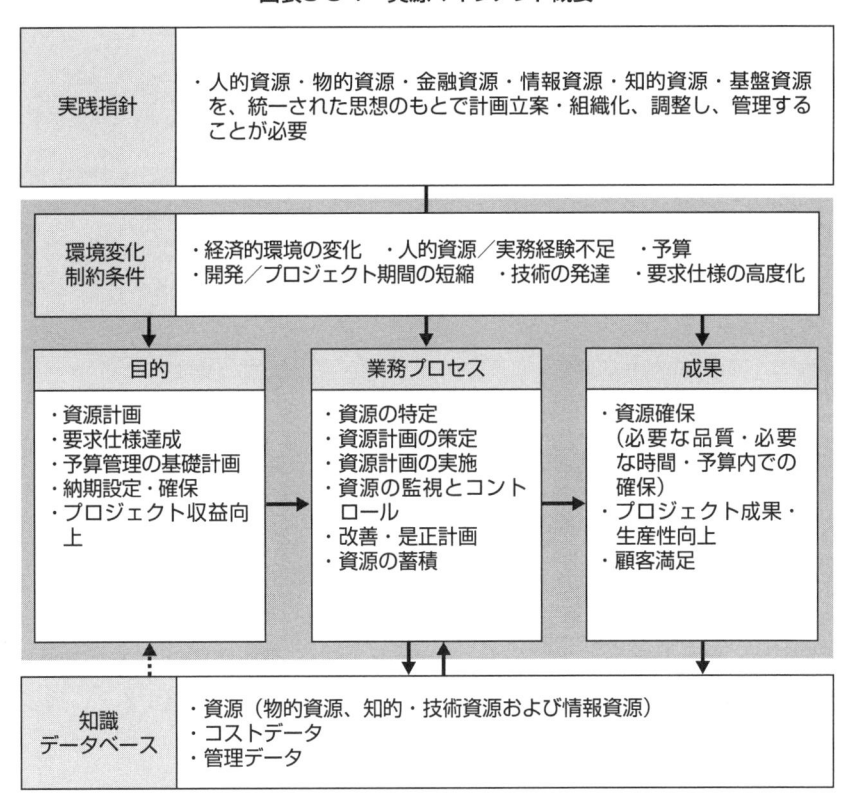

実践指針	・人的資源・物的資源・金融資源・情報資源・知的資源・基盤資源を、統一された思想のもとで計画立案・組織化、調整し、管理することが必要
環境変化 制約条件	・経済的環境の変化　・人的資源／実務経験不足　・予算 ・開発／プロジェクト期間の短縮　・技術の発達　・要求仕様の高度化

目的	業務プロセス	成果
・資源計画 ・要求仕様達成 ・予算管理の基礎計画 ・納期設定・確保 ・プロジェクト収益向上	・資源の特定 ・資源計画の策定 ・資源計画の実施 ・資源の監視とコントロール ・改善・是正計画 ・資源の蓄積	・資源確保 （必要な品質・必要な時間・予算内での確保） ・プロジェクト成果・生産性向上 ・顧客満足

知識 データベース	・資源（物的資源、知的・技術資源および情報資源） ・コストデータ ・管理データ

報資源」、「知的資源」(技術資源を含む)、「基盤資源」の6つから構成される。

プロジェクトマネジメントにおいて、プロジェクトマネジメントを構成する様々なプロセスや技法が、コンピュータシステムにおけるソフトウェアに相当するとすれば、資源はその土台となるハードウェアに相当する。当然のことながら、どちらが欠けてもプロジェクトは機能しない。

プロジェクト全体のマネジメントのもと適切な資源を適切な時期に入手して、初めてプロジェクトは完遂する。プロジェクト資源マネジメントは、プロジェクトにとって必要な資源を明確にし、適切に入手することに関するマネジメントである。資源マネジメントのマネジメント概要について図表3-5-1に示す。

なお、「人的資源」のうち人材の育成などに関するマネジメントについては「第6部　人材能力基盤」で詳細を示し、「金融資源」については「第4部　事業経営基盤4章会計とファイナンス」で詳細を示す。

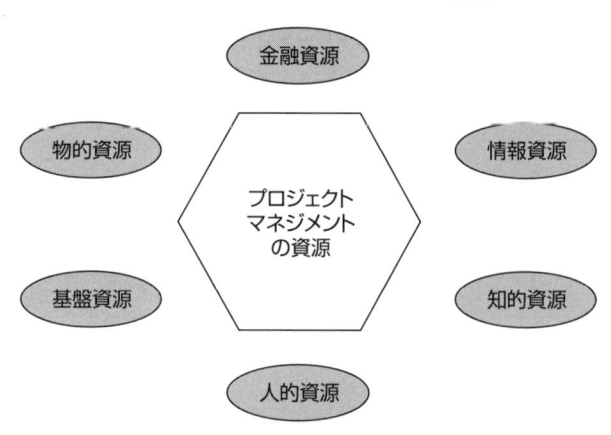

図表3-5-2　プロジェクトの6つの資源

1-2. 業務プロセス

資源マネジメントの業務プロセスは、資源の特定、資源計画の策定、資源計画の実施、資源の監視とコントロール、改善・是正計画、資源の蓄積という6つのプロセスからなる。この業務プロセスの流れを簡単に説明すると、図表3-5-3のとおりになる。

第5章 資源マネジメント

図表3-5-3　資源マネジメントの業務プロセス

・資源の特定プロセス	プロジェクトに必要な資源を特定
・資源計画の策定プロセス	特定された資源を入手するための計画を策定
・資源計画の実施プロセス	計画に基づき必要な資源を入手
・資源の監視とコントロールプロセス	資源の入手が計画通りに実施されているかどうかを監視し、計画からの差異を分析・評価し、将来の資源入手の予測を実施
・改善・是正計画プロセス	資源の監視とコントロールの結果として必要に応じて資源入手の計画を再度策定し、予測の見直しを実施
・資源の蓄積プロセス	プロジェクト遂行の中で取得した資源を組織として将来のプロジェクトに活用するために蓄積

図表3-5-4に以上の業務プロセスのイメージを示す。

図表3-5-4　資源マネジメントの業務プロセス

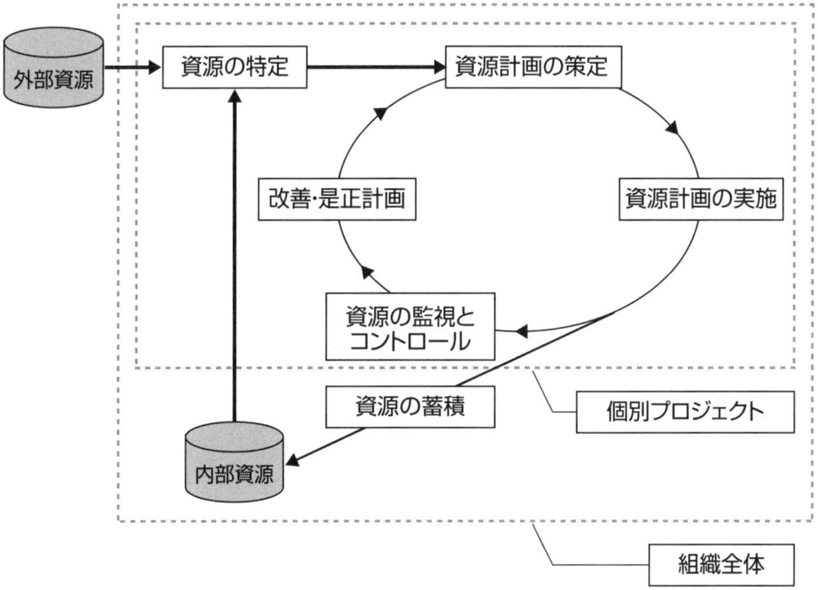

図表3-5-4において、特定された資源を外部資源から入手することに関するマネジメントは、調達マネジメント（第10章）で取り扱う。

1-3. 実践指針

資源マネジメントはプロジェクトの視点と組織の視点で捉える必要がある。

図表3-5-5　資源マネジメントの視点

プロジェクトの視点	組織の視点
プロジェクトに必要な資源を特定し、それらを入手するための計画を策定し、その計画にしたがって資源を入手し、それらが計画通り入手できているか監視・コントロールを行い、必要に応じて計画の見直しを行う業務プロセスを継続的に実施する。	プロジェクト遂行によって得られた資源または資源の価値を組織の資産として将来のプロジェクトに活用できるような仕組みづくりを行うとともに、組織として個別プロジェクトの資源マネジメントを支援する。

2. 資源の特定

2-1. 資源の特定にあたっての基礎情報

資源を特定するにあたって参考となる基礎情報は、次に示すとおりである。

① WBS

WBSによって資源を必要とするプロジェクト要素を体系的に示すことができる。WBSは、資源の洗い出しのために最も重要な基礎情報である。

② 実績情報

過去のプロジェクトの類似作業において、どのような資源がどの程度必要であったかを調べ、資源の特定において活用する。

図表3-5-6には資源の例を示す。

2-2. 資源の必要度の設定

2-2-1. 理想の資源

資源を特定するプロセスでは、基本的には、それらが手に入るか否か、予算

図表3-5-6 資源の例

分野	具体例
人的資源	(1) プロジェクト要員（組織内・派遣） (2) 役務請負
物的資源	(1) 資材 (2) 場所 (3) 装置（建設機材、コンピュータハードディスクなど） (4) ソフトウェア (5) エンジニアリング環境
金融資源	(1) 資本・負債 (2) 株式
情報資源	(1) マネジメント関連データ 　(a) 基準・ガイドライン 　(b) テンプレート 　(c) 過去の実績 　(d) 各プロジェクトデータ (2) 組織共有データ イントラネット情報 (3) 一般情報 (a) 業界情報 (b) 営業情報 (c) その他、必要な情報
知的資源	【知的所有地】 (1) 特許 (2) 実用新案 (3) 商標 (4) 著作権 (5) ノウハウ／ナレッジ (6) ブランド 【組織内技術】 (1) 先端技術分野、コア技術 (2) 人材の特定
基盤資源	(1) ネットワーク (2) 経理システム等の組織内システム (3) エンジニアリングツール (4) プロジェクトマネジメント情報システム（PMIS）

枠に収まるか否かなどの条件に制約されることなく、プロジェクト実施に際しての理想的な資源のあり方を検討することから始める。

プロジェクトのスコープ設定において必要な資源が明確にされていくが、スコープを設定する役割と資源入手の役割が分けられている場合は、密接な情報交換を行っておく必要がある。

なお、人的資源については、プロジェクトに必ず必要となるものであることから、受注に際しては社内に必要な人材がアサインされているか検討しておく必要がある。その後、資源計画の策定の段階で必要な人的資源の規模と入手する手段について検討する。

2-2-2. 各資源の必要度

各資源に対して、プロジェクト遂行にあたっての必要度を明確にする。たとえば、

①必要不可欠　ないとプロジェクトを完遂できない
②必要　　　　あるとプロジェクトが効率的に実施できる
③あれば便利　あるとプロジェクトを遂行しやすいが、特になくても問題ない

のように分類し、「資源計画の策定」において、プロジェクトに対する制約条件を勘案しながら計画していく際に、優先順位の設定など入手の妥当性を検討する際の評価基準に利用するものである。なお、通常、2) および3) に分類されるものは、コストパフォーマンスの観点から、その必要度について資源計画の策定の段階であらためて検討される。

2-2-3. 各資源の入手の可能性

各資源に対して、入手の可能性について検討する。なお、入手の方法および入手先についても検討を行っておく必要がある。具体的には、資源の特徴に応じて、外部から入手するのか、内部に留保されているものを利用するのか、また、どこから入手するのかを可能なかぎり明確にしておくことが重要である。

2-2-4. 各資源のメトリックス

進捗管理（資源入手の進捗など）に関係して、計画に対する進捗状況をチェックするためには、資源のそれぞれの種類に応じて定量的なメトリックス（計測基準）を設定しておくことが必要である。そのためには、資源を特定する段階で、資源の単位などを明確にしておかなければならない。

2-3. 資源の特定における成果物

「資源の特定」プロセスにおける成果物は、資源一覧表である。

資源一覧表とは、理想的な資源も含めたプロジェクトに必要な資源に関するリストである。なお、それぞれの資源の必要度もこの中で示される。

> プロジェクトを遂行する上で必要な資源を特定し、それらの必要度合い、入手の可能性等を検討して、資源一覧表としてまとめることである。

3. 資源計画の策定

3-1. 資源計画の策定における基礎情報

資源計画の策定にあたっては、基礎情報を以下のような項目で収集・整理する必要がある。

なお、上記の中で、資源と人材とが密接に関係すると思われる知的資源については、「人的資源」のマネジメントと密接な関係がある。また、情報資源についてはナレッジマネジメントと密接な関係がある。

3-2. 資源計画の策定作業

3-2-1. 各資源の具体的な計画の検討

各資源をどこからどのように調達するかを検討する。また、各資源をいつまでに用意しておく必要があるかを明確にする。

検討する際は、WBSと作業計画表が基本となる。WBSのワークパッケージ

図表3-5-7　資源計画における基礎情報

1) WBS	プロジェクトで実施しなければならない作業に関する基礎情報
2) 作業計画表	資源を入手しておかなければならない時期について計画を策定する際の基礎情報
3) 資源一覧表	「資源の特定」のプロセスにおいて作成された資源一覧表
4) 要員計画	プロジェクトにおいて必要となる人的資源に関する計画
5) 資源の所在に関する情報	・内部資源　①保有資源（再資源化したものを含む） 　　　　　　②社内の技術者の育成 　　　　　　③社内の要員 　　　　　　④利用可能能力〔利用可能量／利用可能時期〕 ・外部資源　①調達先 　　　　　　②ライセンス 　　　　　　③技術者の派遣、技術導入 　　　　　　④要員の派遣、役務請負 　　　　　　④業界情報／営業情報 　　　　　　⑤利用可能能力〔利用可能量／利用可能時期〕
6) 組織の方針	プロジェクトで使用する機材については、買い取りかレンタル品とするかなどは組織として定めていることが多い。このような資源の調達方法をはじめ、資源計画に関わる組織の方針・考え方を十分に把握しておく
7) 実績情報	過去のプロジェクトの類似作業において、どのような資源がどの程度必要であり、プロジェクトのどのフェーズで必要となったか、どこから入手したかなど

　などから、資源として何が必要かを洗い出す。

　人的資源については、プロジェクトを完成させるために必要な人材に対して、要員数、必要時期、技術力、ノウハウ、組織戦略等の側面から組織内の人的資源で対応可能かどうか、対応不可であれば、いつどのように外部から調達するかを検討する。要員の計画については次節3-2-2項を参照。

　物的資源については、要求事項を満足させるために必要な資機材の仕様を決定し、それらが組織内で必要な時期に調達できるかどうかを検討し、不可であれば外部からの調達を検討する。

　情報資源については、プロジェクト遂行に必要な情報が組織内の情報資産として利用可能であるかを検討し、不可であれば新規に作成するか、または外部から購入することを検討する。

知的資源については、プロジェクト遂行上、組織外の組織または個人が所有する知的財産を利用するかどうかの検討を行い、もし利用する場合はその対応について検討する。

　基盤資源については、プロジェクト遂行に必要なIT基盤が現状組織内で有しているIT基盤で対応可能かどうかを検討し、対応可能であればその立上げ、設定、運用に関わる体制やスケジュール、コスト等を検討する。対応可能であっても改修等が必要になることがある。対応不可である場合は、組織外部からの入手または組織外部の基盤の利用等を検討することになる。この場合は組織として、当該プロジェクトだけに適用するのか、あるいは組織全体に適用するのかの検討を行う必要がある。

　これらの検討にあたり、実績情報は必要な資源の見積もりや調達先選定の面で参考になるとともに、漏れのチェックにも利用することができる。

3-2-2. 要員計画の検討

　必要な労働力は、プロジェクトの進行に応じて増減を繰り返す。労働力が最も多くなる時期を特定し、入手が可能か否かをはじめ、各段階における入手の可能性を十分に検討する必要がある。基本的には時系列的に労働力を予想して、プロジェクトのライフサイクルにおける推移を把握しておくべきである。

　またこの時、社内的な要員については、全社的な観点から当該プロジェクトと他のプロジェクトとの移行をそれぞれの所属組織と調整しておく必要がある。

　さらに、個別の要員にとっては、長期的にみれば現行プロジェクトはあくまで一つのプロジェクトである。したがって、その他のプロジェクトを含め、個人についてある程度の長期にわたる任務の割当ての展望が明確でないと、モラル（moral：規律）およびモラール（morale：やる気）の低下につながる恐れがある。

　個別の要員とその所属組織に対するプロジェクトの割り当てに関するマネジメントも、個別プロジェクトの成否に影響を及ぼす重要な要因となる。

　初期段階における必要な労働力の見積りは、実際の作業段階で追加投入が生じないように十分な検討が必要である。一般に資源の追加投入は、コストの増大、スケジュールの遅延につながるものであるが、労働力に関しては追加投入

による悪影響が特に大きく、注意が必要である。
　また、要員については一般に能力のバラつきが大きいことから、過去の実績や紹介などに基づいて調達先を検討する必要がある。
　特にソフトウェア開発は、人材のスキルに依存する部分が大きいため、スキル評価が重要である。

3-2-3.最適案の決定

　資源計画については、入手困難の可能性など、様々なケースを想定して複数の代替案を作成し、比較検討を行う。代替案の策定は、プロジェクトに必要な資源の取得について異なるアプローチを求めるものであり、たとえば必要な資源が手に入らない場合は代替となるものを探るなどの方策を検討する。
　これは、必要な資源の見直しにもつながる。
　検討にあたっては、実績情報や様々な問題解決の手法などを活用して、代替案の中からプロジェクトの目的、プロジェクトを取り巻く制約条件等に照らして最も適切であると考えられる計画案を最終的な案として決定する。

3-3.資源計画の策定における成果物

3-3-1.資源一覧表

　資源の特定における資源一覧表から、不必要と判断されたものを除き、また新たに必要と特定された資源を追加したリストである。

3-3-2.資源計画書

　人的資源、物的資源、情報資源、知的資源、基盤資源のそれぞれについて、特定された資源をどのように入手するかを資源計画書としてまとめる。

資源一覧表にまとめられた特定された資源を、どのように入手するのかの検討を行い、その結果を資源計画書としてまとめることである。

4. 資源計画の実施

　資源計画書に基づいて、必要な資源を、必要な量、必要な時期に、適切なコストで入手するプロセスである。

　外部から資源を調達する場合には、調達マネジメントが重要となる。

4-1. 資源計画の実施における基礎情報

　資源計画の実施における基礎情報は、「資源計画の策定」のプロセスで作成した資源計画書である。

4-2. 資源の入手

　プロジェクト遂行に必要な各資源を資源計画書に基づいて、必要な量を必要な時期に入手する。入手する資源は、資源計画書の品質要求事項を満足していることが重要である。資源の量、資源の入手時期、資源の品質のいずれかが欠けると、プロジェクトに影響を及ぼす。

　人的資源については、必要な要員を必要な時期に組織の内外から入手する。

　人的資源を組織内から入手する場合は、所属する部署のマネジメントとの調整が必要になる。組織の外から入手する場合は調達マネジメントの手順にしたがって調達される。

　情報資源については、マネジメント関連データ、組織共有データ、一般情報等を組織の内外から入手し、当該プロジェクト遂行に必要なデータに加工する。

　例えば、組織が保有する標準手順書を入手して、当該プロジェクト特有の要求事項を盛り込み手順書を作成する。

　知的資源については、組織の外部から入手すべき知的所有権があれば、その所有者と契約を行い確実に入手する。

　基盤資源については、プロジェクト遂行に必要なIT基盤の整備を行う。既存の情報システム基盤を利用する場合でも、改修が必要であればタイムリーに実施し、実際の運用に支障のないようにする。既存の情報システム基盤が利用できない場合は、組織の外部から入手するかまたは組織の外部の情報システム基盤を利用する。

4-3. 資源計画の実施における成果物

4-3-1. 資源

資源計画書に基づいて入手した資源である。

4-3-2. 資源データ

入手した資源に関する記録である。実施のチェック、再資源化、再利用化において活用できる。

> 資源計画書に基づき、要求事項を満足する資源を、必要な時期に、必要な量を入手する。

5. 資源の監視とコントロール

5-1. 監視（モニタリング）

前項で策定された資源計画が、プロジェクト遂行の過程で計画どおり実施されているか否かを常に監視する必要がある。各種資源が計画どおり調達され供給されているかを追跡し、フォローしなければならない。

このためにはデータ／情報の適切な収集方法が確立されている必要がある。

また、これらのデータ／情報について、計画策定時点で検索・収集と蓄積が容易に行われるように考慮されなければならない。

特に品目が多い場合には、情報システムの活用が必須であり、もし整備されていない場合は、基盤資源整備の一環としてプロジェクトのみならず全社的な動きとして検討する必要がある。

◇◇◇ ソフトウェア開発における計測基準 ◇◇◇

ソフトウェア開発においては、目に見えないソフトウェアに対して何を基準に計測すれば妥当であるかという判断が難しいとされている。

しかし、計測データなしには管理はできないため、進捗状況を示す様々な指

標が提案されている。

　たとえば、ソフトウェアの規模の指標として、ファンクションポイント法と呼ばれるものがある。これは、実現される機能に注目して、規模の指標を算出するものである。最近、プログラミング言語の多様化が進み、ソースコードの行数（Lines of Code＝LOC）と実際の見積りとが合わなくなったことから、このファンクションポイントの利用が進んでいる。

　このように、監視における進捗基準をあらかじめ明確にしておき、一貫性を持った評価を行うことが重要である。

5-2. コントロール（分析・評価・予測）

　プロジェクトでは、当初にその具体的な遂行方針ならびに進捗を測る基準が、プロジェクト遂行計画書として設定される。その進捗計測基準に基づいて計画ととモニタリングの結果として得られた実績とを比較し、その差異の原因分析を行うとともに、全体評価を実施する。さらに、将来の完成時までの資源供給について予測を行う。

　例えば、プラント建設などのプロジェクトにおける機器および資材の調達では、設計の進捗に伴い資材の数量調整など、調達計画を適宜見直すことが肝要となる。建設機械などの追加投入や要員の追加はリードタイムが必要であり、スケジュールの遅れにつながることが多いため、時期を失しないよう進捗・状況に関する評価・分析が必要であり、危険な兆候がみられる場合は早めに対策を講じなくてはならない。

　対策としては、改善・是正計画において各アクティビティの優先順序を組み換えることなどによって、追加投入を行わなくともやりくりができるような時間的猶予をもつことが必要である。

> 計画通りに資源が入手できているかどうかを監視し、計画からの差異を分析・評価し、将来の資源入手の予測を行う。

6. 改善・是正計画

　前項の分析・評価・予測の結果、工程に影響のある問題点が見いだされた場合は、資源の供給計画（供給量、時期、調達先の変更など）を再度策定し、予測し直す必要がある。資源の再予測とは、時間的な制約や資源そのものの制約を考慮し、タイムマネジメントに基づき作られたリソーススケジュールを再編成することである。

　日程計画における当初のリソーススケジュールは、資源の入手が十分に行われるとの仮定に基づくことが多い。しかし、通常、資源には限りがあり、いくつかの個別業務活動が同時に限られた資源を要求することも多いため、なるべく全体の納期を遅らせることなく資源の再配分をしなければならないという状況がしばしば発生する。その場合には、ある判断基準に照らし合わせていずれかの個別業務活動を遅らせるなどの組み換えを行うことが必要になる。

　このような資源の組み換えで処置できない場合には、資源を追加投入するなどの意思決定が必要になる。

　人的資源の追加投入については、特に慎重に行う必要がある。人的資源による作業が基本であるソフトウェア開発を例にとると、この問題点がよくわかる。

　作業に遅れが生じると、どの分野でも人の追加投入によって回復を図ろうとする傾向があるが、機械化された部分の少ないソフトウェア開発では、より一層、人の追加投入がなされやすい。良くないとわかっていても、なされてしまいがちである。

　しかし、ソフトウェア開発における人的資源の追加投入は作業の遅れを回復するどころかさらなる遅れにつながることが、すでに2000年代以前から指摘されている[1]。特に、工程後期になればなるほどその影響は大きくなる。

　その理由は、ソフトウェア開発は技術者間のコミュニケーションを伴いつつ進められる側面が強く、要員を追加することによりコミュニケーションが相乗的に増えるためである。そして、何よりも新しい要員はプロジェクトのコンテキストを理解していないため一から教育する必要があり、教育のために要員の時間が取られてしまうことも大きな要因である。

　遅れについては早めにその兆候を察知することが肝要であり、人的資源の追加投入が避けられないと判明した場合は、追加投入する要員の特性（対応可能

性）をはじめ、単純に追加しても問題がない内容か否かなどを十分に検討したうえで追加投入を決定すべきである。

プロジェクトの内容を十分に理解していないと対応がむずかしい場合や今後のスケジュールに大きな影響を及ぼす場合は、現行のプロジェクト要員の中から対応チームを結成して集中的に遅れの回復作業にあたらせ、比較的影響が少ないところに不足した要員を新たに投入するという方法が考えられる。

いずれにせよ、追加投入はリスクが高いことから、計画段階での正確な見積りを心がける必要がある。

以上の流れは、図表3-5-8の通りである。

図表3-5-8　改善・是正計画の流れ

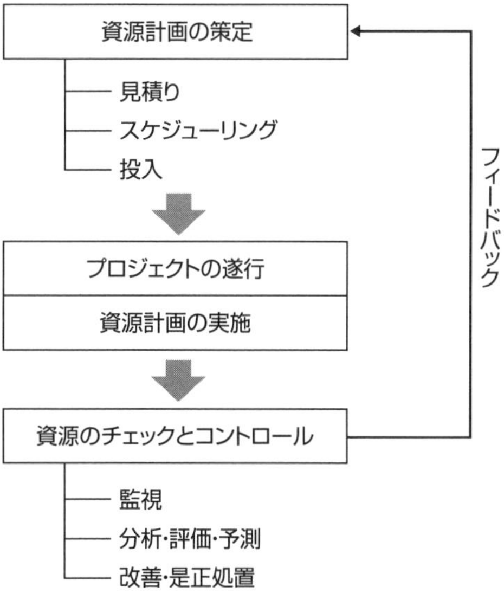

```
┌──────────────────┐ ←──────┐
│    資源計画の策定     │        │
└──────────────────┘        │
    ├─ 見積り                 │
    ├─ スケジューリング         │
    └─ 投入                   │
         ↓                    │フィードバック
┌──────────────────┐        │
│   プロジェクトの遂行    │        │
├──────────────────┤        │
│    資源計画の実施     │        │
└──────────────────┘        │
         ↓                    │
┌──────────────────┐        │
│ 資源のチェックとコントロール │────────┘
└──────────────────┘
    ├─ 監視
    ├─ 分析・評価・予測
    └─ 改善・是正処置
```

> 計画通りに資源が入手できているかどうかを監視し、計画からの差異を分析・評価し、将来の資源入手の予測を行う。

7. 資源の蓄積

7-1. 資源の蓄積の意義

　プロジェクトは、特定の制約条件の下で、将来に向けた価値創造事業であり、期限内に、定められた予算で完成させて所期の目的を達成することである。

　この目的を達成するために人的資源、物的資源、金融資源、情報資源、知的資源、基盤資源が利用され、その成果としてプラント、建造物、ソフトウェア、研究成果、新製品などが生み出される。

　物的資源は消費されてなくなるか、あるいは形を変えて別な用途に活用される。しかし、人的資源、情報資源・知的資源・基盤資源はプロジェクト遂行のために使用することによって、さらに幅が広くなり、また技術の内容も深みを増し、利用価値が高まる場合も多い。所期の目的物の完成はもちろんプロジェクトの成果であるが、物的資源以外の資源の質的向上もプロジェクトの大きな成果である。

　例えば、新しい技術の開発を考えてみると、まったく新規に開発されたように見える技術もあるが、実際には既知の技術をベースにして新たなことに挑戦し、新たな事実を見つけ、それによって新技術が完成する場合が多い。

　そもそも創造というものは、蓄積なしにはあり得ないといわれている。

　プロジェクトを遂行することによって資源の幅が広がり、質が高まっても、そのプロジェクトにのみ活用されたのではあまり意味がない。そこで得られた成果を次のプロジェクト、次の世代へと引き継がなければならない。

　プロジェクト組織では、一般にそのプロジェクトが成功すればそれでよしとする気風が強く、将来や次のプロジェクトに引き継ぐという考えが弱いのも事実である。

　しかし、組織として生産性とともに品質を高め、競争力を向上させていくには、これらの資源の特徴を理解し、プロジェクト遂行によって高まった資源を組織として蓄積し、将来のプロジェクトに活用する意識を高め、実践することが重要になる。

7-2. 知的資産および情報資産の再資源化

7-2-1. 資源のストック化・標準化

　様々な資源のうち、特にプロジェクトで得られたデータや情報（フロー情報）などの情報資源や知的資源は他のプロジェクトで再利用できるものが多く含まれている。これらの資源を蓄積し、企業として知識・データベース化することによって、将来のプロジェクトに貢献できるようにしなければならない。

　これが、資源のストック化である。しかし、資源が無秩序に蓄積されていては検索に多大な労力が必要となり、利用されないままに終わってしまう。また、明確な意図をもって資源を扱わなければ重要な資源が抜け落ち、ストック化する効果も薄れる。

　資源を蓄積し効果的に再利用するためには、資源は秩序をもって整理され蓄積されなくてはならない。資源をストックするためのシステム的な枠組みは非常に重要であり、組織としての資源蓄積システムを構築し、データ／情報の再利用を考え、意図的にデータ／情報を扱う必要がある。

　そのためにも、資源の蓄積と利用に対する標準化は効果的である。過去のプロジェクトにおけるデータ／情報／知識を標準化することにより、初めてそのデータ／情報／知識を共通ベースとすることができ、効果的な活用を図ることができる。

　標準化すべきものとしては、プロセス、ドキュメント、ツール、利用技術、品質基準など多くのものが存在する。ソフトウェアによる計算のルーチン化やシミュレーターによる計算などは標準化の一例であり、これによって誰が計算しても同じ結果が得られるとともに、効率化が図れるようになる。

　なお、標準化（標準方法）はそれ自体が情報資産となるから、標準化を妥当なものとするためには、十分な経験に基づいて設定する必要がある。また、常に利用者の視点から見直しを図ることが必要であり、標準化は安定的であるべきという特性と相反する困難な作業であるが、標準化にあたって留意しなければならない事項である。

7-2-2. 情報システム化の重要性

知的資産および情報資産の多くは、人の頭の中に埋もれている。これらの資産を組織的なレベルに引き上げていくためにはドキュメントなどの資料によって蓄積していくことが必要であるが、実際の活用を考えた場合、情報量の増大に伴い、さらに情報システムとしての蓄積が重要になってくる。

特に近年、技術情報の多くはCAD（Computer Aided Design）、CAE（Computer Aided Engineering）、PDM（Product Data Management）などによって電子化され、技術的なシミュレーションが行われる例が多い。また、プロジェクトのマネジメント関連情報もPMIS（Project Management Information System）により蓄積される。

情報のシステム化は、人的資源の中に埋もれていた資源を目に見えるかたちで組織の資産として蓄積することにほかならず、このシステム化された技術の世界は、さらに組織の中で埋もれていた多くの「暗黙知」を「形式知」（5部2章参照）に変える役割を果たすことになる。

また、情報の提供・整備においては、システムにおける工夫により形式知化に必要な負荷（整理、標準への準拠、入力等）を軽減することが可能であり、情報の更新などを促進することにつながる。さらに、蓄積した技術情報に基づいて事象を事前にシミュレーションできるシステムによって、単に知的資源を効果的に利用するだけでなく、多くの物的資源（人、材料、設備等）の省資源化をもたらし、プロジェクトのスピードと生産性を飛躍的に向上させることが可能となっている。マネジメント関連情報においても同様である。

一方、システム化されたがための技術の「ブラックボックス化」が起きている。これはプロジェクトマネジャーや技術者の育成の面からも問題であり、留意する必要がある。

7-3. 資源の蓄積の具体策

7-3-1. 物的資源

物的資源の場合は、蓄積よりは処理の側面が強い。

(1) プロジェクト終了後の残存物的資源の推定

プロジェクト遂行において、資材、機材などはスケジュールにしたがって計画的に必要な分量だけ購入し、プロジェクトの終了段階にはすべて使い切って残らないようにするのが理想的ではあるが、現実には必ず残るものが出てくる。

そのうち、再利用を目的としたもの以外は、廃棄される。

資材、機材、建設機械などについての残存量、使用終了時期などを洗い出し、それらをどのように活用するかを検討することが必要である。

(2) 残存物的資源の活用に関する情報入手

プロジェクト終了時に残存する資材、機材、建設機械などの活用の仕方によってはプロジェクトの採算性を大きく左右することもあり、いかに活用するかはプロジェクト終了時の重要な課題である。

7-3-2. 知的資源

(1) プロジェクトドキュメントの整理

契約書、仕様書、図面、コストデータ、資材物量データ、運転データ、プロジェクト進行記録、議事録、発生した問題および解決方法などを整理し、他人が読んでも理解できるかたちにまとめる。標準がある場合は、それに従う。

(2) プロジェクト遂行中に生まれた知的・技術資源の整理

技術、プロジェクトの進め方、採用した工法など、プロジェクト遂行中に生まれた知的・技術資源を再利用するために情報を整理するとともに、可能なかぎり一般化して他のプロジェクトにも使用可能なかたちにまとめることが重要である。前項で述べたとおり、整理にあたっての標準の役割は大きい。

ソフトウェアの場合は、物的資源と異なり、消耗がありえないため形態として再資源化が容易な反面、個別のプロジェクトごとの設計内容に依存することから、他のプロジェクトで再利用することは難しいとされている。

しかし、ソフトウェアにおいても生産性や品質向上の観点から再利用（部品化、標準化）は重要であり、設計・製造の段階以前から再資源化のための方策などを計画・実施する必要がある。オブジェクト指向的な設計やプログラミン

グは、再利用に向いているといわれる。

(3) 知的資源の権利化

自ら開発した知的資源であっても、他人が権利化してしまうと利用する場合に使用料を支払わなければならなくなる。ソフトウェア開発の場合、契約時には著作権・特許、ライセンスに関する権利の帰属および適用範囲に留意する必要がある。また、必要に応じて再資源化を視野に入れた契約とする。

(4) 知的資源の情報化

これについては前述の「資源のストック化・標準化」で述べたとおりである。

7-3-3. 情報資源

プロジェクトの情報資源の中で、将来のために蓄積する必要があると思われるものを次に示す。

(1) プロジェクト情報

プロジェクト情報に関するドキュメントは、ただ単にファイルするのではなく、他のプロジェクトが参照し、再利用が容易になることを目指し、整理してまとめることが大切である。

(2) プロジェクト遂行中の人脈

プロジェクト遂行中は、顧客はもとよりベンダー、メーカー、工事業者など数多くの人と接触し、協力し合って仕事を進めることが基本である。有能な関係者との間には、当該プロジェクトだけでなく他のプロジェクトにもつながるような関係を保つことが大きな財産となる。

(3) 地域（会社）の特異性

一緒にプロジェクトを実施した客先に関する情報は、そのプロジェクトだけでなく、実施した企業共通の財産である。客先の物事の考え方、仕事の進め方、慣習などを同じ企業の次のプロジェクトを実施する人たちへ伝える努力が必要

である。特に海外での（外国企業とのアライアンスも含め）プロジェクトでは、その国の文化、歴史的背景、考え方が日本とは大きく異なる場合が多く、これらを明確に伝承することが、次のプロジェクトの成功に欠かせない。

(4) プロジェクト実施関係者のリスト

情報化することはもちろんであるが、形式知にすることが難しい情報は、プロジェクトデータベース的なものの蓄積のかたちで経験した個人に聞くことができるようなシステムが必要である。これは人材データベースと関係する。

一般的に、「Know Who」と言われる。

(5) IT情報としての活用

「知的資源および情報資源の再資源化」の項でも述べたとおり、知的資源、情報資源ともに情報技術を利用し、容易に検索・利用できるシステムにしておくことが必要である。基盤資源である社内の情報システムなどを通じて資源のデータベースにアクセスでき、利用できるシステムを構築することが望ましい。

7-4. 資源の蓄積の例

(1) レッスンズラーンド（Lessons Learned）

プロジェクト完了時にそのプロジェクトに関する反省会などを実施し、一つのプロジェクトを遂行して得られた多くの貴重な経験を次の類似のプロジェクトに引き継ぎ、プロジェクト遂行のパフォーマンス向上に役立てるべきである。

検討項目としては、プロジェクト全体の運営に関しての成功点、失敗点、改良点を具体的に文書として残すことである。なお、失敗点に関しては責任追及を目的とせず、原因を明らかにすることが重要である。

これらの結果は、たとえばプラント建設型のプロジェクトでは、プロジェクトのマネジメント、エンジニアリング、調達、工事、コントロール、さらに試運転、引き渡しに至るまで、また部門ごとにまとめ、社内における共有資源とする。

プロジェクト遂行を通じて得られた各種の経験やノウハウを、そのプロジェクト限りとせず、また従事した個人限りのものとせず、組織としてのプロジェ

クト遂行能力の向上に役立たせることを目的とするものである。

(2) プロジェクトドキュメントの蓄積

過去から現在まで実施した全てのプロジェクトのドキュメントを保管することにより、企業としての大きな財産としている例がある。かつてはドキュメントを書類でファイルして保管していたが、現在は情報技術を活用し電子媒体として保管して、必要な時に直ちに取り出せるようにし、類似のプロジェクトを実施する際に過去の経験が生かされる仕組みとして活用されている。

プロジェクトノウハウ集

あるエンジニアリング会社では、プロジェクトの遂行で得られた経験を次世代のプロジェクトマネジャーやプロジェクトのキースタッフへ伝承する目的で、ノウハウ集「そんな時はどうする」としてまとめ、知識データベース化している。

この会社では、各プロジェクトが終了した時点で必ずレッスンズラーンドの会合を開き、プロジェクト遂行上で得た経験をノウハウとして蓄積することをプロジェクト遂行マニュアルで定めてルール化している。このノウハウ集は、国内プロジェクト・海外プロジェクト向けに、それぞれいくつかに項目分類され、利用しやすいように配慮されている。

7-5. 無形資産について

蓄積される資源のうち、知的資産・情報資産などは無形資産としての価値が非常に高く、その活用の促進が積極的に進められている。ここで、無形資産とは、一般にその企業の株式の時価総額から貸借対照表上に計上されている有形資産額を引いたものとして定義する。

企業の価値の多くの部分は無形資産から生み出されており、プロジェクトの資源マネジメント、特に知的資源・情報資源の蓄積・再資源化を行うことにより、プロジェクトの生産性の向上が図れるとともに、無形資産の面からも企業価値の創造に貢献できることとなる。

一般に、無形資産は様々な要素により構成されるとされているが、代表的なものとしては次が掲げられる。

- 知的資産　　：人的資産、研究開発能力、ライセンス（特許、商標等）等
- 顧客資産　　：顧客データベース、顧客との信頼関係等
- ブランド資産：商品ブランド、コーポレート・ブランド等

これらは、いずれも図表3-5-6に示した一般的な資源例の中に含まれているものであり、この点から見ても資源マネジメントと無形資産の管理が切っても切れない関係にあることが理解できる。
　このように、無形資産は企業価値を決定する主たる要因となりつつあるが、一方では、そのマネジメントが非常に難しいものであるとされてきた。
　これは、資源としての認識はあるものの、それをマネジメントするための方法論とそれに耐えうる定量的な評価値が十分ではなかったことによる。
　今後は、本章で示した資源マネジメントの考え方を基本的な方法論に、情報マネジメントで示す情報システム基盤をベースとして評価値を算出することにより、無形資産に対するマネジメントが徐々に可能となってくるものと思われる。

ブランドエコノミクス

　無形資産の中でも最も定量的な評価が難しいとされてきたブランド資産に関しても、近年定量的なマネジメントを可能とするモデルが提案されてきている。「ブランドエコノミクス」は、ブランド情報とEVA®を組み合わせることによりブランド戦略を構築するモデルである（米国のコンサルティング会社であるスターンスチュアート社の手法）。
　今後は、このようなモデルが数多く提案されてくると思われるので、最も使いやすいモデルを選択できる日がくることであろう。

> プロジェクト遂行により、価値が向上した資源を、将来のプロジェクトで再利用できるように、組織として資源を蓄積する。

【参考文献】

1）フレデリック・P・Jr.ブルックス『人月の神話』アジソン・ウェスレイ・パブリッシャーズ・ジャパン、1996年
2）伊藤邦雄『コーポレート・ブランドの評価と戦略モデル』DIAMONDハーバード・ビジネス・レビュー、第27巻、3号、pp38-53
3）ミッシュ・バージェセン『ブランドエコノミクス:EVAとBAVの融合モデル』DIAMONDハーバード・ビジネス・レビュー、第27巻、3号、pp54-67

第6章 タイムマネジメント

1. 概要

1-1. タイムマネジメントの目的

　タイムマネジメントは、目標納期や収支バランスの実現などプロジェクトの目標を達成するため、必要な全ての作業・資源を時間という制約条件の中で最適化し、プロジェクト遂行方針を実現する一連の業務プロセスである。

　タイムマネジメントにとって重要なことは、プロジェクトに含まれる製品またはサービスに対し、時間という軸の上で最も効率的な業務手順を計画し、計画にしたがって進捗を統制し、計画の変更をもたらす因子を予見・管理することである。タイムマネジメントの実施により、計画の最適化と時間軸上の諸条件が明示されるとともに、実状が計画とどの程度乖離しているのか、そしてその変動要因が把握できる。

　タイムマネジメントのプロセスは、定義されたスコープを網羅し、その他のマネジメントエリアと密接な関連をもって展開される。特に、コストマネジメントとは直接的な相関をもっており、プロジェクトマネジメントの重要な作業である。

1-2. 業務プロセス

　タイムマネジメントの業務プロセスには、下記4つで構成される。
1）　スケジュールの立案

- 初期計画：プロジェクト初期に作成される
- 再計画　：様々な要因により、スケジュールの見直しが必要になった場合に作成される

図表3-6-1 タイムマネジメント概要

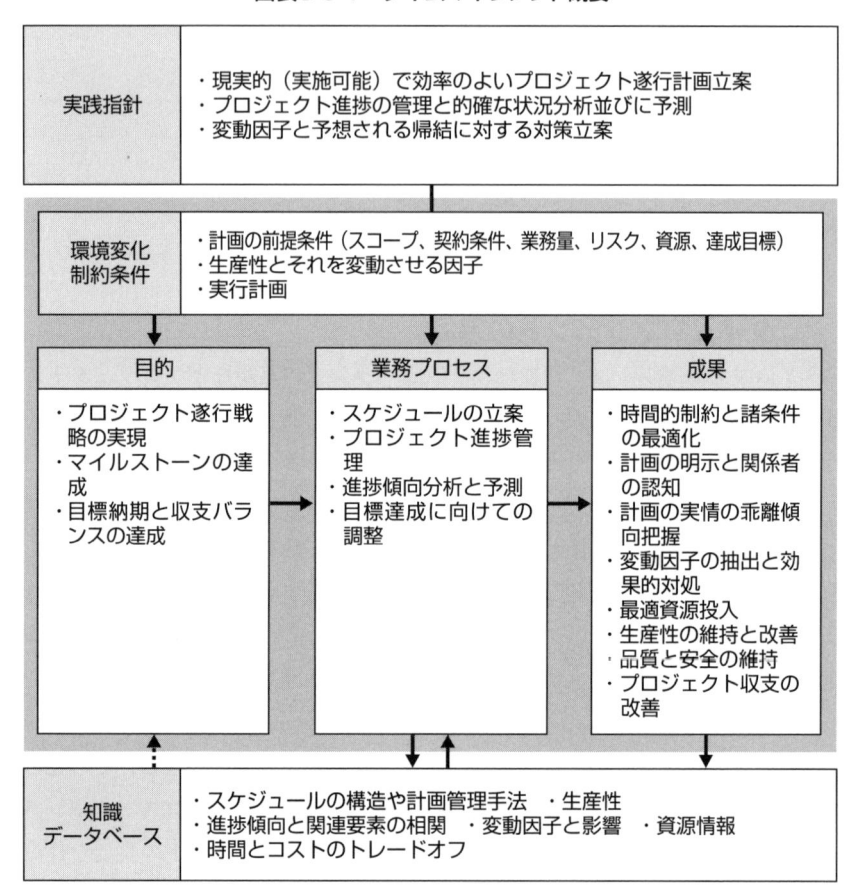

実践指針	・現実的(実施可能)で効率のよいプロジェクト遂行計画立案 ・プロジェクト進捗の管理と的確な状況分析並びに予測 ・変動因子と予想される帰結に対する対策立案
環境変化 制約条件	・計画の前提条件(スコープ、契約条件、業務量、リスク、資源、達成目標) ・生産性とそれを変動させる因子 ・実行計画

目的	業務プロセス	成果
・プロジェクト遂行戦略の実現 ・マイルストーンの達成 ・目標納期と収支バランスの達成	・スケジュールの立案 ・プロジェクト進捗管理 ・進捗傾向分析と予測 ・目標達成に向けての調整	・時間的制約と諸条件の最適化 ・計画の明示と関係者の認知 ・計画の実情の乖離傾向把握 ・変動因子の抽出と効果的対処 ・最適資源投入 ・生産性の維持と改善 ・品質と安全の維持 ・プロジェクト収支の改善

知識 データベース	・スケジュールの構造や計画管理手法　・生産性 ・進捗傾向と関連要素の相関　・変動因子と影響　・資源情報 ・時間とコストのトレードオフ

2) プロジェクト進捗管理
3) 進捗傾向分析と予測
4) 目的達成に向けての調整

1-3. 実践指針

　プロジェクトを成功裡に完成させるためには、プロジェクトの達成目標となる予算、時間、品質、HSE(安全衛生・環境)面から複合的に立案された最適計画が必要となる。

目標を達成するためのプロジェクトの運営方針を示し、実行計画を明らかにすることは、プロジェクト初期におけるプロジェクトマネジメントの重要役務である。計画を立案する際には、以下の事項に注目すべきである。

① プロジェクトを成功に導く遂行方針と合理的な遂行手順
② プロジェクトの進捗を追跡する仕組み・方法
③ 計画に対して実績（進捗）を監視し、評価を行う方法
④ 将来予測と是正策の検討・策定・実施手順
⑤ 実績の集約と分析、将来への改善案の策定手順

プロジェクトの開始から完了までの全ての作業は、網の目のようにつながっている。結び目をつなぐロープをそれぞれの作業と作業期間とみなすなら、どこかの作業が予定より長引くと、それに影響されて、最終的には網全体を長い形に変えてしまう。つまり、プロジェクトが遅延することになる。結果として、スケジュールとコストは密接に関連しているため、プロジェクト収支は、計画した最適値からかけ離れていくことになる。

スケジュールはコストとトレードオフの関係にあることを考慮しながら、プロジェクトの特性に照らして現実的な最適値を追求する。以下に示すような事項に関わって、タイムとコストは密接に関連していることを理解する必要がある。

・最少運営経費を実現する最適スケジュール
・最大生産性を達成する最適スケジュール
・入金と出金の乖離の防止
・目標達成インセンティブ（ボーナス）の確保と遅延ペナルティの防止

設定したスケジュール計画を達成するためには、それぞれの作業に責任をもつプロジェクト関係者全員の、スケジュール遵守への当事者意識が不可欠である。スケジュール管理に関する指示や会議での意思伝達にとどまることなく、プロジェクト関係者への日々の啓発や詳細な作業計画の調整など、組織運営上

の継続的な配慮が重要な意味をもつ。この点については、タイムマネジメントのみならず、あらゆる面でコミュニケーションやチームビルディングへの取り組みが要求される。

2. スケジュールの立案

スケジュール上で表現される作業は、プロジェクトの計画・遂行を通して関係者全員に的確に認識される必要がある。プロジェクトの計画・管理方針の明確化、プロジェクトスコープや個別作業の定義、WBSの体系化などは極めて重要な事前作業となる。

2-1. スケジュール方針の策定

プロジェクトマネジャーはプロジェクトの特性を把握したうえで、プロジェクトを成功裡に完了させるための遂行方針を自らが中心となって策定することが必要である。遂行方針を遂行計画に展開して、具体的にシナリオとして示すものがスケジュールになる。プロジェクトの初期段階（見積り段階も含む）にスケジュール計画方針や管理方針を明らかにする。

2-2. コントロール対象の定義づけ

これは各作業の管理単位を方向づける重要な作業である。スケジュール上における優先順位や時期、遂行組織や責任・所掌範囲からみたインターフェイス、業務分担、管理可能な最適規模など、多面的な検討が必要となる。タイムマネジメントにおける、これらの作業の着眼点は以下のようになる。

① プロジェクトの計画・管理レベルと作業スコープの最適管理規模の整合
② 作業種類の認識と識別可能な定義
③ プロジェクト全フェーズを網羅した、計画・管理における共通定義の確立
④ データの識別・処理のための共通コードの設定（文書化、データ処理用）
⑤ 実績データとの比較や分析のための共通定義
⑥ 作業所掌との整合性（専門部業務、業者業務、プロジェクト固有の管理目的）

2-3. 遂行要領の設定

プロジェクトにおいてタイムマネジメントをいかに運営するかを示すために、以下の遂行要領（プロシージャー）などを取りまとめる必要がある。

- スケジュール計画、管理要領
- 進捗度計算要領
- スケジュール、進捗度報告要領

2-4. スケジュール計画

スケジュール計画は、プロジェクト遂行の基本となるスケジュールを策定することである。そのためには、プロジェクトマネジャーの指揮のもと関係者の英知を集める必要がある。特にスケジュールの骨格は予算の見積りとともに確定されることから実現性や経済性を十分に検証しておくことが不可欠である。

さらに、プロジェクト開始後は、見積り段階において想定された計画と、実行への設定条件や制約などを照合し、速やかに遂行方針の再検証を行って遂行手法・手段を具現化する必要がある。そして、プロジェクトマネジャーは、スケジュールの基本原案が完成した段階で関係者を招集し、以下の意図のもとに工程会議を主催する。

- プロジェクト遂行方針と計画、制約条件などをステークホルダーへ周知する。
- 関連部門ならびに関係者の遂行方針や計画の整合性を確認する。
- クリティカルパスや計画上の問題点を抽出し、対策への意見を集約する。
- プロジェクトマイルストーンの確認と合意を図る。
- プロジェクトに参画する関係者全員の工程遵守の意思を確認する。
- スケジュールレベルと目的について合意を図る。

スケジュールは、活用目的（一般に利用者レベルに対応する）に応じてレベルを設定する場合が多い。基本となる骨格は変わらないが、表現の詳細化や強調すべき事項などがレベルに応じて異なる。

さらに、プロジェクトの規模に応じてどのレベルで管理を行う必要があるか

を適切に判断する。

次の例はエンジニアリング業界の大型プロジェクト用のレベルの一例である。

レベル1＝プロジェクトマスタースケジュール
レベル2＝プロジェクトコントロールスケジュール
レベル3＝プロジェクト作業スケジュール（レベル2の詳細展開）
レベル4＝重点管理用詳細スケジュール

重点管理用詳細スケジュールには、フロントエンドスケジュール（当面のスケジュール）、クリティカルスケジュール（重要スケジュール）、機材納入要求表、設備運転順序、図書リスト、機材手配状況表、短期間管理サイクルスケジュールなどがある。

2-5. 進捗計画

進捗計画は、遂行段階におけるプロジェクトの進捗を把握する方法として、個別作業の重みを時間軸上に配分し、累積して進捗計画を定量的に表現する「Sカーブ」を作成し、その測定基準を設定することである。そのためには計画段階において、プロジェクトのフェーズに対応した進捗度の測定基準を設定する必要がある。

プラントエンジニアリングの例では、計画段階において、以下に示すように設計、調達、建設のそれぞれのフェーズに対して進捗度の測定基準を設定する。

図表3-6-2　プラントエンジニアリングの進捗度測定基準の例

設計	設計所要マンアワー（工数）を重みとし、 ・設計アクティビティ、事象によって測定する。 ・設計の成果物である図書およびその中間達成基準によって測定する。
調達	資機材予算を重みとし、 ・注文書を単位として発注およびその中間達成基準によって測定する。
建設	推定直接労働者時間（＝物量×歩掛）を重みとし、 ・実績作業量および中間マイルストーンによって測定する。

2-6. スケジュールリスクの特定

プロジェクトの円滑な遂行のためには、プロジェクトのスケジュール計画策定上のリスク（不確実な要因）を特定し、発生確率と影響程度を推測しておく必要がある。必要に応じて、モンテカルロ・シミュレーションを実施し、確率数値的にプロジェクトスケジュールへの影響度合を確認することもできる。

2-7. ネットワーク手法（Network Technique）

プロジェクトを目標どおり成功裡に完成するためには、プロジェクトスケジュール（タイム）の的確な計画・管理が重要な要素であることは、先に述べたとおりである。

近年、プロジェクトの大規模化、技術の高度化、作業の複雑化などが急速に進む中で、より効率的なプロジェクト遂行を実現するために、より一層緻密な計画・管理が求められるようになっている。

このような背景の中で、クリティカルパス法（CPM: Critical Path Method）やPERT（Program Evaluation and Review Technique）のようなネットワークを用いた手法が普及してきた。コンピュータによる大量データの高速処理という環境が、これらネットワーク手法の普及と発展を大きく促進した。

CPMやPERTなどのネットワーク手法は、プロジェクトを完成させるための各作業を明確に定義、区分し、これらの論理的相互関係を矢印で結び、有向グラフ形式に表示したものをいう。

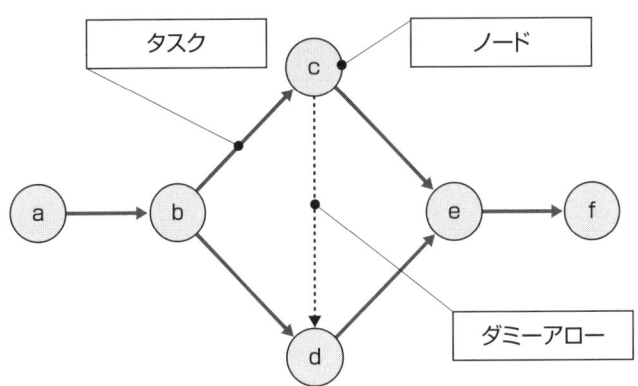

図表3-6-3　ADMネットワークの例

ネットワークの表記方法としては、ADM（Arrow Diagram Method）とPDM（Precedence Diagram Method）の2種類がある。ADMはノードと呼ばれる点2つの間の矢印そのものがタスクを示す。それぞれのノードには記号や番号を付けて、例えば"タスクb – c"と呼ぶ。ADMにはダミーアローと呼ばれる、順序制約を表現するためだけの、実体のない作業（矢印）がある（図表3-6-3参照）。

PDMは箱がタスクを表す。タスクそれぞれに記号や番号がついており、"タスクB"などと呼び、矢印はこのタスク間の順序を表す。この矢印は"コンストレイント"と呼ばれる（図表3-6-4参照）。

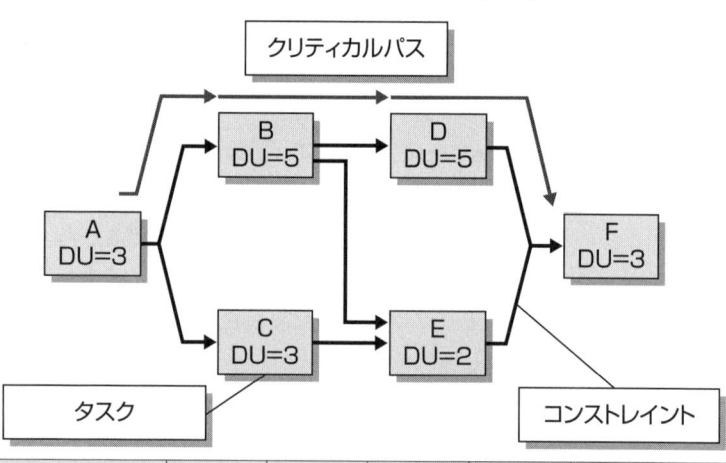

図表3-6-4　PDMネットワークの例

タスク	A	B	C	D	E	F
DU	3	5	3	5	2	3
最早開始日(ES)	1	4	4	9	9	14
最早終了日(EF)	3	8	6	13	10	16
最遅開始日(LS)	1	4	9	9	12	14
最遅終了日(LF)	3	8	11	13	13	16
トータルフロート	0	0	5	0	3	0
フリーフロート	0	0	2	0	3	0

※DUは「Duration」の略で、「期間」のこと。

当初は表示方法が容易なADMが使用されていたが、最近では理解しやすく、扱いやすいPDMが主流となっており、ほとんどの計画・スケジューリングソフトウェアがPDMをベースとしている。

タイムスケジューリングとプロジェクトを成り立たせる各種必要資源（人的資源、物資、予算など）の最適化を図り、時間と資源を考慮したリソーススケジューリングを同時に実行することが、ネットワーク手法の基本となっている。ネットワーク手法による基本的な計画作業手順は、以下のとおりである。

図表3-6-5　ネットワーク手法による基本的な計画作業手順

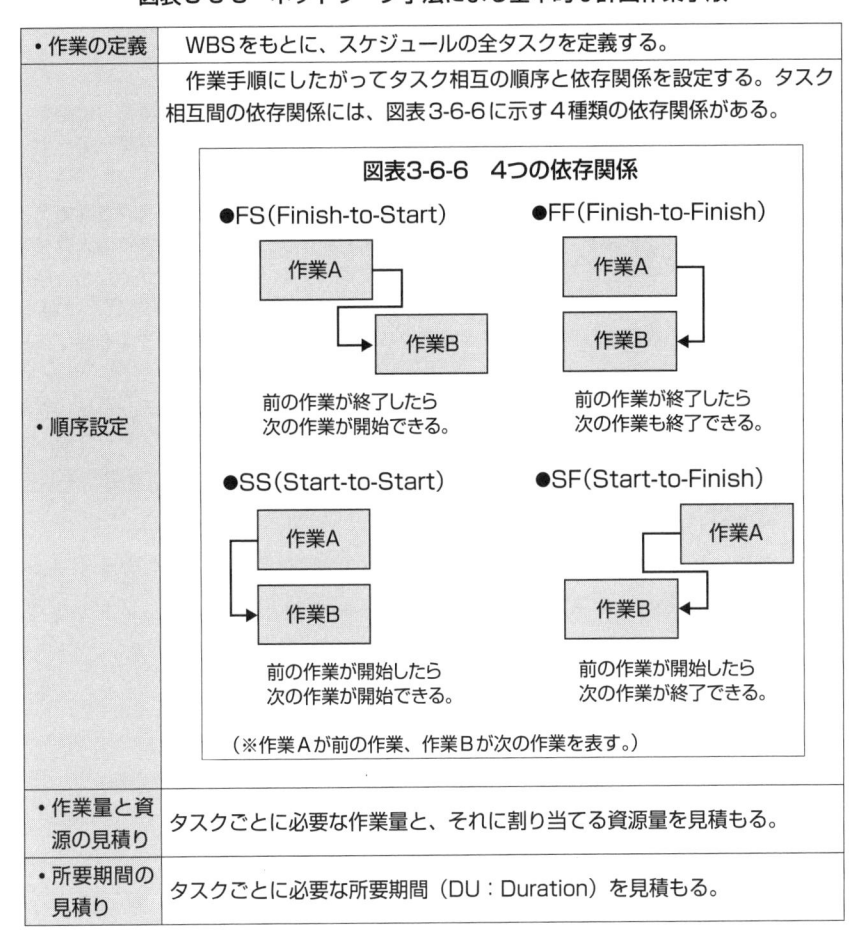

・作業の定義	WBSをもとに、スケジュールの全タスクを定義する。
・順序設定	作業手順にしたがってタスク相互の順序と依存関係を設定する。タスク相互間の依存関係には、図表3-6-6に示す4種類の依存関係がある。 **図表3-6-6　4つの依存関係** ●FS(Finish-to-Start)　作業A → 作業B 前の作業が終了したら次の作業が開始できる。 ●FF(Finish-to-Finish)　作業A → 作業B 前の作業が終了したら次の作業も終了できる。 ●SS(Start-to-Start)　作業A → 作業B 前の作業が開始したら次の作業が開始できる。 ●SF(Start-to-Finish)　作業A → 作業B 前の作業が開始したら次の作業が終了できる。 （※作業Aが前の作業、作業Bが次の作業を表す。）
・作業量と資源の見積り	タスクごとに必要な作業量と、それに割り当てる資源量を見積もる。
・所要期間の見積り	タスクごとに必要な所要期間（DU：Duration）を見積もる。

・クリティカルパスおよび全体の所要期間の算出	A) 最早開始・終了日、最遅開始・終了日、余裕（フロート）などの計算を行う。 まず、フォワードパスを計算し、最早開始日（ES）および最早終了日（EF）を算出する。これにより、全体の所要期間が明らかになる。 次にバックワードパスによって最遅終了日（LF）と最遅開始日（LS）を算出する。 B) スケジュール上の「クリティカルパス」を特定する。 タスクごとに余裕（フロート）を算出し、全くフロートがない経路である「クリティカルパス」を特定する。プロジェクト期間の短縮を検討する場合、このクリティカルパス上のタスクに注目する。（厳密には「フロート」は「トータルフロート」を指し、タスクがパス上で持つ最大の余裕のことを言い、最遅終了日－最早終了日、もしくは、最遅開始日－最早開始日で求められる。） C) 日程および資源の調整 全体工期の制約や全体資源の制約を考慮しながら、手順や期間の調整を図る。クリティカルパスに注意しながら、投入する資源の平準化のためにタスクの手順や期間を調整する。
・期間短縮	期間短縮の手法として、先行タスクが終了する前に後続タスクを開始する「ファストトラッキング」や、コストをかけて予定よりも多くの人員を投入する、あるいは高生産性の設備を導入する「クラッシング」があるが、これらの手法を実施する場合は、先行タスク完了に伴う後続タスクへの手戻りなどのリスクや、投入資源やコストなどへの影響も配慮する必要がある。
・検討結果の配布	スケジュールならびに資源の配分の検討結果を「ガントチャート」や「マイルストーンチャート」、「山積みグラフ」などで表し、ステークホルダーへ配布する。

最近では、ICT技術／情報端末のユビキタス化で、プロジェクトマネジメント手法も急速に発展してきており、スケジュールを軸としてマネジメント支援システムに下記のような多面的な機能が加わりつつある。

・WBS構築支援
・スケジュールおよびコスト統合マネジメント支援
・リスクマネジメント支援
・計画実現度確率分析

このように全体システムの統合をねらった、他システムとの連携機能を装備しているソフトウェアも見受けられるようになってきた。これらを使いこなすことによって、プロジェクト計画、状況把握、将来予測の精度は総合的に向上し、マネジメントの判断支援を強化することが期待できる。

3. プロジェクト進捗管理

計画が策定され、プロジェクトが実際に動き始めると、実際の作業が計画どおり遂行されていることを継続的に監視・測定し把握する必要がある。一般的には以下の状況に焦点を当てる。

- 時間軸上の各作業スケジュールの差異
- Ｓカーブでの進捗の状況
- 作業効率（生産性）
- 資源動員の状況
- リスク要因の状況

これらは最新の実績情報を必要とし、それらを収集するための手順や報告を特定しておく必要がある。

4. 進捗傾向分析と予測

上述の進捗管理・測定において把握された状況から傾向を分析し、プロジェクトの先行きを予測する必要がある。早期に問題を抽出し、対応策を具体化して、計画を変動させる要因を排除することを目的とする。

特に以下の分析は、予測作業への重要な情報を提供する。

4-1. スコープの分析

計画時と現状を比較して、スコープの変動を把握し、今後への影響を把握する必要がある。スコープの分析とは、基本的には計画作業量の変動を原因とともに把握し、実績作業量（今後の予測も含める）との差異を分析する方法である。

4-2. スケジュール分析

スケジュール分析とは、初期に計画したスケジュールと現状との差異を把握することであり、基本的には以下の2点に焦点を当てる。

① クリティカルパスの変動状況や余裕（フロート）の変動確認
② プロジェクトスケジュールの各タスクの計画日と実績日（予測日を含める）との時間軸上の比較と余裕（フロート）の把握

今後の傾向を分析するためには、スコープの分析、進捗の分析、ならびに生産性の分析と併せて判断する必要がある。

4-3. 進捗分析

進捗分析では、計画時と比較してプロジェクトの進捗を所定のパラメータで定量的に確認し、完成時を100%として、現状の達成度を把握する。基本的には、計画時の進捗度を時間軸上に展開したSカーブと実績進捗のSカーブを比較し、さらに、実績の進捗傾向を把握し、今後を予測する。

4-4. 生産性分析

作業効率について、計画時と実績を比較する。必要に応じて実績は履歴でとらえ、効率の傾向を把握することにより、今後のスケジュールや進捗予測の参考情報とする。基本的には、以下のような項目で比較される。

・進捗1%獲得に必要な工数
・作業1単位遂行に必要な工数

これらに著しい差異が見受けられる場合は、個々の要因に焦点を当てて詳細な分析を行い、対策を検討する必要がある。

進捗および生産性分析の手法として、スコープ、スケジュール、コストを統合的に把握し予測する「アーンドバリューマネジメント」がある。詳細はコストマネジメント（第7章）を参照いただきたい。

5. 目的達成に向けての調整

　プロジェクトの進捗につれて、スコープや作業量の詳細が明確になってくる。一方、様々なプロジェクトの内部・外部変動要因の影響を受け、進捗が初期計画から乖離する場合がある。頻繁に計画の見直しを行うことによって、目標を見失う危険性があるが、想定情報に基づいた計画のままでのプロジェクトの継続や、乖離を放置したままでのプロジェクトの遂行は、その後のプロジェクトの展開を見失うことにもなりかねない。

　したがって、所定の状況に至った時点か、もしくは一定期間をおいた時点の状況に照らして初期の計画を見直したうえで、プロジェクト完了までのシナリオを再確認（再計画）することが必要となる。

　スケジュールの変更は、スコープやコストなど他のマネジメント領域と密接に影響しあうため、後述の変更管理システムの統合されたプロセスの一環として機能させる必要がある。

6. 関連知識：クリティカルチェーンマネジメント

　クリティカルチェーンマネジメントとは、エリヤフ・ゴールドラット博士が提唱したTOC（制約理論）の考え方をプロジェクトマネジメントに適用した方法論である。

　PERTやCPMがスケジューリング問題の数理的最適化を指向した手法であるのに対して、クリティカルチェーンマネジメントは不確定要素の高い作業を行う場合の人間心理や行動特性、および社会的・組織的問題に配慮して、全体最適なタイムマネジメントを行う実践的手法と位置付けられる。

　従来の手法との大きな違いは、従来は個々の工程が計画どおりに確実に終了するために、ある程度の予備時間（バッファー）を持つことを暗黙に了承して計画しプロジェクトを遂行するが、クリティカルチェーンマネジメントでは個々の工程にバッファーを持たせず、プロジェクトができる限り早く完了するよう計画を立て、プロジェクト全体のバッファーを一括で管理しながらプロジェクトを遂行する。

　このバッファーを上手く生かしてプロジェクトの期間短縮を行うが、バッファーの小さい現場作業者主体のプロジェクトよりも、バッファーの大きいホ

ワイトカラー主体のプロジェクトにおいて大幅な期間短縮の可能性が大きい。

1990年代中頃に提唱されて以来、期間短縮をねらいとした新たな手法として、その実用性と実績をもとに適用事例が徐々に増えていくようになった。

6-1. 計画段階で含まれるバッファー

作業が完了するために必要な時間を横軸においた確率分布を描いたとき、プロジェクトの各作業は不確実性が高いため、その確率分布は正規分布ではなく、右側に伸びたベータ分布を描く。

従来のプロジェクトマネジメントでは、納期遅延を避けるために実際にはその作業が終わるか終わらないか50％の確率である中央値で見積もりは立てず、さまざまな不確実性を考慮した90％程度の確率で完了できるような期間を見積もってスケジュールを立ててきた。

しかし、その確率分布の特性からこの期間は50％の場合と比べて2〜3倍以上にもなることもある（図表3-6-6）。この50％の完了時間と90％の完了時間の差がバッファーと呼ばれる予備時間となり、計画段階からプロジェクト期間を長期化させる原因と考えられる。

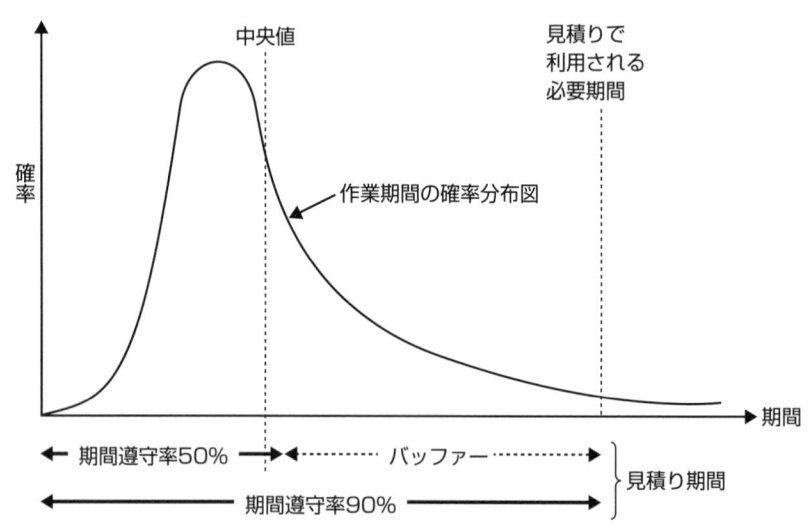

図3-6-6　クリティカルチェーンにおける作業期間見積り

6-2. クリティカルチェーンマネジメントを行うためのステップ

クリティカルチェーンマネジメントを行うことで、クリティカルチェーン上の各作業と、プロジェクト・バッファー、合流バッファーの増減状況にプロジェクトマネジャーの意識を集中させることが可能となり、プロジェクトの納期が遅れる要因の低減につなげられる。

1） クリティカルパスを特定する

プロジェクトの全てのタスクとその期間をネットワーク図などに書き出し、クリティカルパスを特定する。

2） 各タスクのバッファーをプロジェクト・バッファーに集める

クリティカルパス以外のバッファーは、必要最低限を残してカットする（確率50%の期間を残す）。各タスクから収集したバッファーは、クリティカルパスの最後にまとめる。

このバッファーは、「プロジェクト・バッファー」と呼ばれている。各タスクが遅れる確率は50%だが、最後のプロジェクト・バッファーでこれらの遅

図表3-6-7　各タスクのバッファーをプロジェクト・バッファーに集める

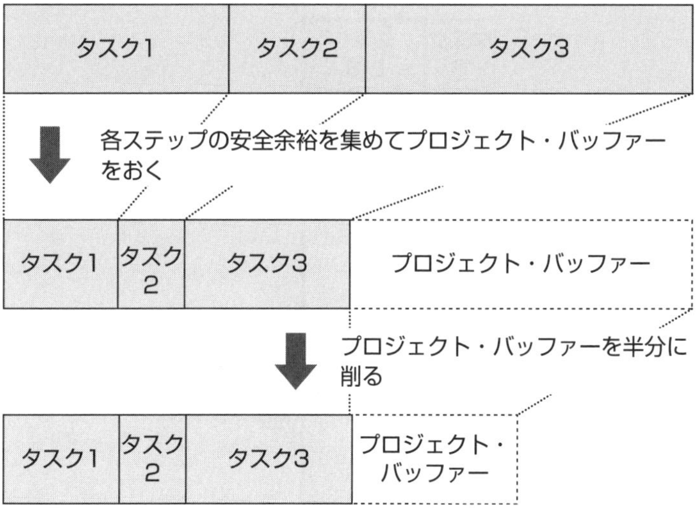

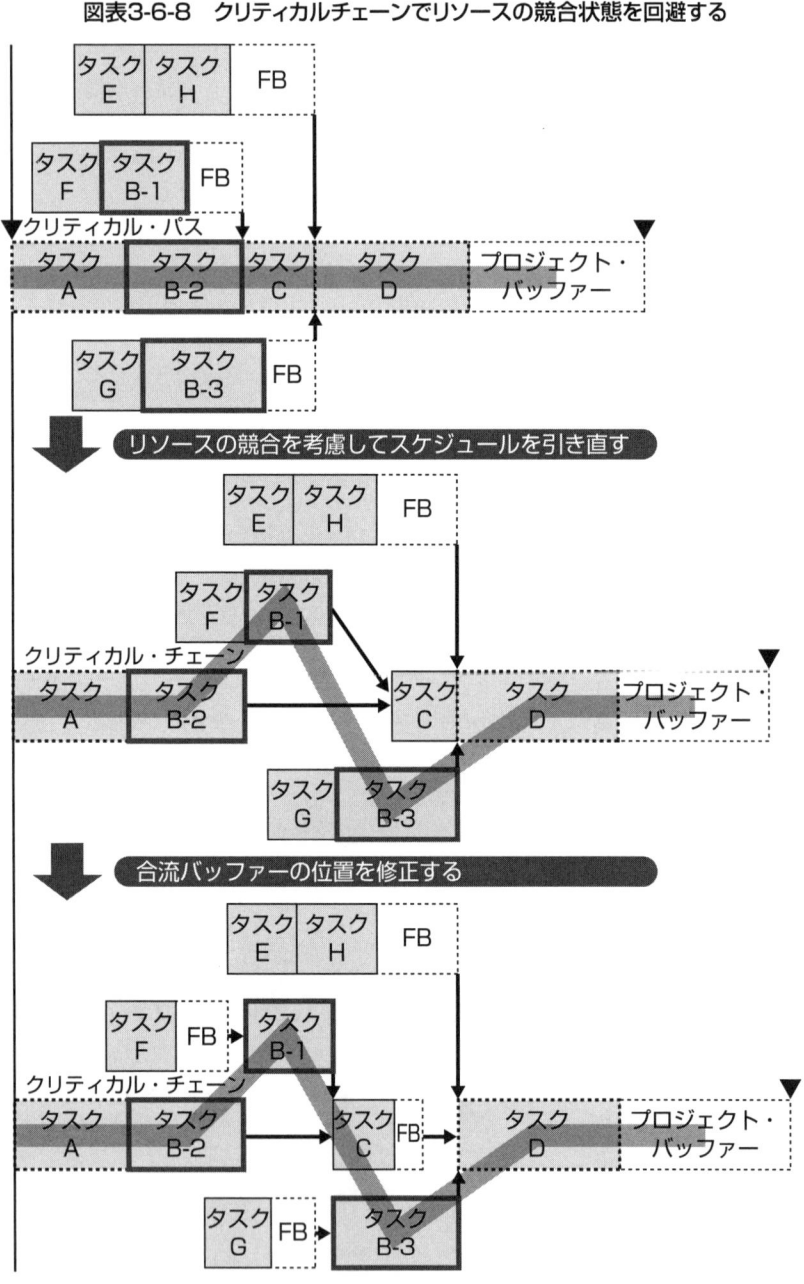

図表3-6-8　クリティカルチェーンでリソースの競合状態を回避する

れを十分にカバーされる。（図表3-6-7）

3）プロジェクト・バッファーを半分にカットする

プロジェクト・バッファーを半分にカットし、プロジェクト期間を短くする。

4）合流バッファーによってクリティカルパスの遅れを防ぐ

クリティカルパスに合流する非クリティカルパスのタスクの遅れに備えて合流バッファーを設け、クリティカルパスが遅れないようにする。

「合流バッファー」は、クリティカルパスに合流する非クリティカルパスの遅れに備えて、クリティカルパスを守るためにタスクの合流地点に設けるバッファーで、「フィーディリングバッファー（FB）」とも呼ばれている。

合流バッファーに残余期間がある間は、クリティカルパスが影響を受けることはない。

5）クリティカルチェーンでリソースの競合状態を回避する

プロジェクト内の複数のタスク間でリソースが競合状態にある場合（同一のリソースが複数の重なるタスクを受け持つ場合）、クリティカルパスのタスクを優先して行わせる。

さらに他のタスクでも遅延が発生するのを避けるため、時間軸上でオーバーラップしないようにスケジュールを引き直す。

このクリティカルパスとボトルネック・リソースを組み合わせたパスをクリティカルチェーンと呼び、プロジェクトにとっての最終的な制約条件であるということができる。その結果、合流バッファーもクリティカルチェーンへの合流点へ移動する必要がある。（図表3-6-8）

【参考文献】

1）エリヤフ ゴールドラット／三本木 亮訳『クリティカルチェーン―なぜ、プロジェクトは予定どおりに進まないのか?』ダイヤモンド社、2003年

第7章 コストマネジメント

1. 概要

1-1. コストマネジメントの目的

コストマネジメントとは、プロジェクトを完遂するために必要な予算を策定

図表3-7-1　コストマネジメント概要

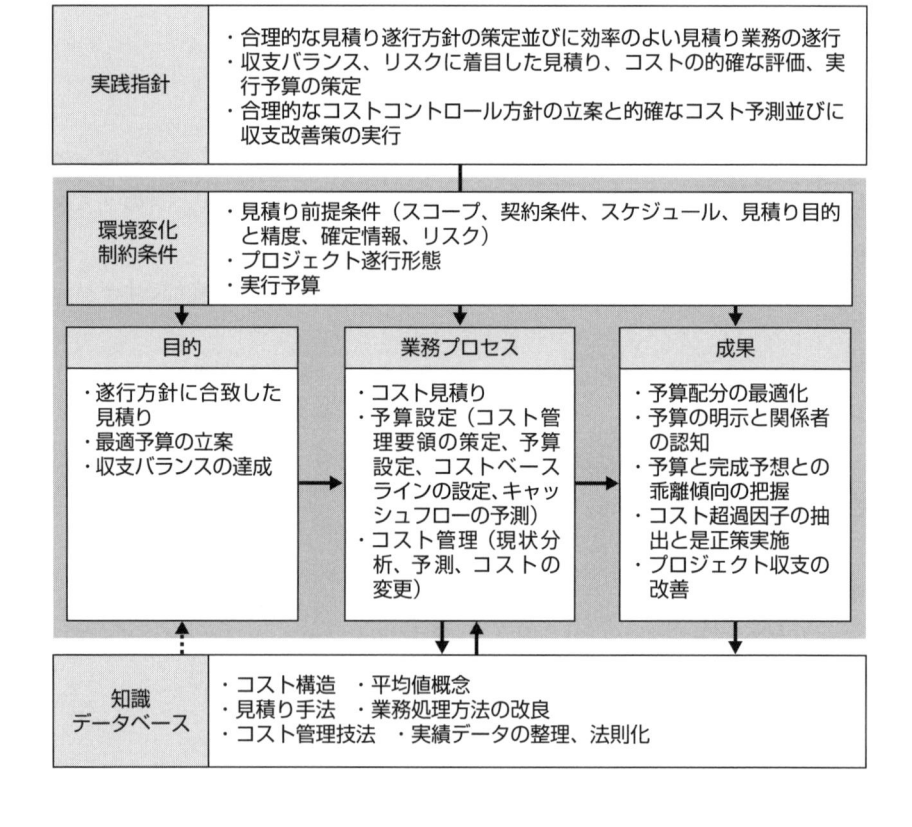

実践指針	・合理的な見積り遂行方針の策定並びに効率のよい見積り業務の遂行 ・収支バランス、リスクに着目した見積り、コストの的確な評価、実行予算の策定 ・合理的なコストコントロール方針の立案と的確なコスト予測並びに収支改善策の実行
環境変化 制約条件	・見積り前提条件(スコープ、契約条件、スケジュール、見積り目的と精度、確定情報、リスク) ・プロジェクト遂行形態 ・実行予算
目的	・遂行方針に合致した見積り ・最適予算の立案 ・収支バランスの達成
業務プロセス	・コスト見積り ・予算設定(コスト管理要領の策定、予算設定、コストベースラインの設定、キャッシュフローの予測) ・コスト管理(現状分析、予測、コストの変更)
成果	・予算配分の最適化 ・予算の明示と関係者の認知 ・予算と完成予想との乖離傾向の把握 ・コスト超過因子の抽出と是正策実施 ・プロジェクト収支の改善
知識 データベース	・コスト構造　・平均値概念 ・見積り手法　・業務処理方法の改良 ・コスト管理技法　・実績データの整理、法則化

することに始まり、予算を目標として、プロジェクト遂行に必要な全ての作業・資源を「コスト」という指標に換算して最適化する一連のプロセスである。

具体的には、プロジェクトに含まれる製品またはサービスに対して、コストという単一指標をもって、積算・予算設定、収支検討、進捗管理等の業務を統制し、プロジェクト遂行上の様々な課題を解決するとともに、予算の変更を引き起こす因子を予見・管理することである。

これらの業務プロセスは、定義されたスコープを網羅し、その他のマネジメントエリアと密接な関連をもって展開する必要がある。特にビジネスにおいては、収益の確保という最大の命題があり、コストという指標が命題に直結していることから、プロジェクトマネジメントの全てのエリアを統制する重要な作業となる。本章では、施設、装置、ITソフト開発等のプロジェクトの創設、計画、実施運営に関わるコストマネジメントを解説する。

コストマネジメントの概要を図表3-7-1に示す。

1-2. 業務プロセス

コストマネジメントの実施手順は、数量、効率、単価という独立したコントロール要素によって定量的にコストを管理することである。このプロセスは、

図表3-7-2　コストマネジメントの3つの業務プロセス

①コスト見積り	1. 概要
	2. コスト見積りの目的
	3. 見積り基礎資料
	4. コスト見積り手法
	5. コスト見積り精度
	6. コスト見積り費目
②予算設定	1. コスト管理要領の策定
	2. 予算設定
	3. コストベースラインの設定
	4. アーンドバリューマネジメント
	5. キャッシュフローの予測
③コスト管理	1. 現状分析
	2. 予測
	3. コストの変更

プロジェクトの収支バランスとリスクを管理するうえで不可欠な作業であり、企業経営にも直結している。

コストマネジメントの業務プロセスは、①コスト見積、②予算設定、③コスト管理の3種からなる。

1-3. 実践指針

コスト見積りはプロジェクトライフサイクルの様々なフェーズにおいて行われるが、それぞれの目的に応じて適切なコスト見積り方針を作成して効率的な見積りを行うことが重要である。

予算設定は、プロジェクトを実行するにあたってコスト管理を行う上で基礎となるコストベースラインやキャッシュフローの策定等を行うことから、プロジェクトのコストを適切に管理するために必要である。

1-4. コストマネジメントとコストエンジニアリング

(1) コストエンジニアリングとは

コストマネジメントは、コストエンジニアリングの概念で実践される。コストエンジニアリングに一般的な定義を与えると以下のようになる。

「コストエンジニアリングとは、コスト積算、コスト管理、損益性検討またはビジネスプランニングの問題に科学的原理や技法を活用してゆく工学的技術の実践分野である」

(2) コストを構成する3変数

コストの構造は次の式で表すことができる。

コスト＝f（数量、単価、効率）

つまり、コストは数量、単価、効率の3変数の関数としてとらえられ、コスト積算、コスト管理の際はこれら3項目の情報が必要になる。数量の例としては物量や作業量、単価の例としては材料の単価や労働者単価、効率の例としては労働者生産性や設備の生産効率などがある。なお、コストとプライスは

異なり、プライスとは売り値、すなわち企業運営に必要な一般管理費と利益（profit）をコストに加えたものである。

コストマネジメントを実践するためには、コストの3変数〔数量、単価、効率〕に関わるコストエンジニアリングの基礎概念を理解しておく必要がある。

図表3-7-3　コストを構成する3変数

・数量 （物量・作業量）	実績データを収集・分析し、物量・作業量の相関関係を見いだし、数量を類推し、検証する。例えば、ある生産設備における生産量と消費動力・人件費との相関や、設計図書量と設計マンアワーとの相関などがある。
・単価	モノやヒトには必ず単価が存在するが、同じモノ・ヒトでも、その量や生産性の違いでそれらの単価も異なってくる。この違いを工学的・統計的に分析して論理的に答えを推算するものである。また、これらの分析の際に考慮すべき事柄としては、コストインデックス、ロットファクター、為替レート、経済環境（たとえばインフレ率）などがある。
・効率	例えば、ある構造物を設計するのにA社は通常5時間かかるが、B社では10時間かかるので、A社はB社に比べて効率がよい、あるいは生産性が高いなどというように、組織や企業により作業効率は異なる。また、プロジェクトの初期と中期でも効率は異なる。これらを検討することが効率管理である。効率管理の例としては、設計技術者のマンアワーの生産性（プロダクティビティー）の推移、ラーニングカーブ（習熟曲線）の検討などがある。

(3) アベレッジコンセプト（平均値概念）

アベレッジコンセプト（Averaging Concept）は、コストエンジニアリングの基本的概念であり、コストマネジメントの実行にあたっては常にこの概念を忘れてはならない。

アベレッジコンセプトとは、過去のプロジェクトデータ（作業量、単価、効率など）から何らかの有意性のある相関・平均値を見つけ出し、それらを法則化し、その法則を将来の積算に使うというものである。この概念の重要なポイントは、以下の3点である。

① データ件数が多い場合、その平均値を検証の比較基準として用いることができる。

② 1品ごとの見積りをする場合は、アベレッジコンセプトの法則は当てはまらない。
③ 積算作業において、時間や労力の効率化が実現する。

見積りにアベレッジコンセプトを適用することによって、積み上げ方式より精度は劣るものの、見積り時間や労力はセーブすることができる。

3-2-5節にて、後述する超概算見積り（OME）や概算見積り（PCE）においては不可欠な
手法である。また、見積り結果が適正かどうかを評価する際の比較基準としても使用される。

(4) 変動因子と補正

コストを考察する際には、コストに影響を与えるいくつかの変動因子に配慮し、必要な補正を加える必要がある。

たとえば、場所による生産性、材料・人員の単価等の差異（ロケーションファクター）を補正したり、時間の推移に応じて変動する価格を反映するためにコストインデックスとして継続的に推移を把握し、補正を加える。また、市場の意欲や動向、プロジェクト受注の競合状況、為替相場の動向も変動因子となるため、配慮が必要である。

2. コスト見積り

2-1. 概要

コスト見積りは、プロジェクトのライフサイクルの中で、様々な段階において実施される。それぞれの見積りは、その目的があり、目的に応じて採用される見積り手法が異なり、その結果として期待される見積り精度も異なる。

図表3-7-4に、生産設備の建設プロジェクトにおけるコスト見積りの代表的な考え方の例を示す。

2-2. コスト見積りの目的

コスト見積りはプロジェクトライフサイクルの中で、プロジェクトの発注者

側または受注者側がそれぞれの目的に応じてコスト見積りを行う。その目的には次のようなものがある。

- 事業計画フェーズにおける、概念計画立案
- 事業計画フェーズにおける企業化調査（Feasibility Study）
- プロジェクト定義フェーズにおける最終投資決定のためのプロジェクト予算策定
- プロジェクト実施フェーズにおけるプロジェクト参加競争入札
- プロジェクト実施フェーズにおける実行予算策定
- プロジェクト実施フェーズにおける最終推定コスト（EAC）見積り

2-3. 見積り基礎資料

プロジェクトは段階的に詳細化されるが、コスト見積りを実施するために必要な基礎資料もプロジェクトの初期段階である構想・計画フェーズではプロジェクト設備の概要程度しか決まっていないが、プロジェクトの進行とともに詳細化され、定義フェーズでは基礎設計データが、実施フェーズでは詳細設計データ、設計図書が利用可能になる。

図表3-7-4　コスト見積りの代表的な考え方（生産設備の例）

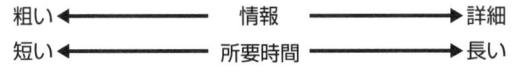

粗い ←―――― 情報 ――――→ 詳細
短い ←―――― 所要時間 ――――→ 長い

プロジェクトフェーズ	構想計画	プロジェクト定義	実施	
技法およびタイプ／精度	キャパシティスライド法	係数積算法	積み上げ積算	コスト見積りの目的
超概算見積り(OME) 精度20%～30%	■■■			概念計画 FS(企業化調査)
概算見積り(PCE) 精度10%～20%		■■■		プロジェクト予算、設備選定
詳細見積り(DCE) 精度5%～10%			■■■	実行予算 最終推定コスト
見積り基礎資料	プロジェクト設備の概要	基礎設計データ	詳細設計データ、設計図書	

2-4. コスト見積り手法

代表的なコスト見積り手法を以下に示す。コスト見積りを行う場合、これらの手法のいずれかを単独で用いたり、いくつかの手法を組み合わせて用いたりする。図表3-7-4内に、見積りに必要な基礎資料に応じた典型的な見積り手法を示しているが、これに限定されるものではない。

(1) キャパシティースライド法（生産設備指数法）

設備全体または単一機器のコストは、その容量のべき指数に比例するという経験則を用いて既知の容量とコストから求めたい容量のコストを算出する手法であり、次の式で表される。

$$C_1 = C_2 \times (S_1 / S_2)^n$$

ここに、C_1：求める設備または機器のコスト
　　　　C_2：既知の設備または機器のコスト
　　　　S_1：求める設備または機器の容量
　　　　S_2：既知の設備または機器の容量
　　　　n　：設備または機器に特有な指数

指数 n の値は、過去の実績から統計的に算出できるが、一般的に0.6～0.8になることが多く、特に0.6という値を用いられることが多く"0.6乗則法"とも呼ばれる。

(2) 比率法

同種類の設備であれば、コスト構成比率は近似するという考え方を用いて、例えば機器コストを算出して、機器コストと他のコスト費目や全体設備費の既知の比率から、他のコスト費目や全体設備費を見積るという手法である。

(3) 複合単価法

複数の要素からなる設備や機器などのコストを、それらを代表する単位当た

り（例えば、機器重量トン当たり、ポンプKW当たりなど）のコストを過去の実績等から算出しておき、それを用いてコストを見積る方法である。

(4) 係数積算法

設備または単一機器のコストを算出する式を、過去の実績データとその他の変数との統計的関係を用いてモデル化し、そのモデルを用いてコストを見積る手法である。

(5) 積み上げ積算法

コストの費目ごとに、それを構成する資機材量、工事量、所要工数、経費内訳などの拾い出しを行い、それぞれの単価を見積り、単価×数量によりコストを求めてそれらを積み上げ設備全体のコストを見積る手法である。

2-5. コスト見積り精度

コスト見積りにおいて期待される精度は、見積りに与えられる期間、コスト見積りを行う担当者の経験等によっても異なるが、主として見積り時に利用可能な基礎資料（上記2-3項参照）の詳細度、すなわちプロジェクトの定義の度合いによって決まる。

プロジェクトがほとんど定義されていなければ低い見積り精度しか期待できないが、プロジェクトの定義度合いが高くなれば、より高い見積り精度が期待できる。

コスト見積りの精度は、プロジェクトの定義度合いによって、次のとおり大きく3つのクラスに分類することができる（図表3-7-5参照）。

1) 超概算見積り（OME）
2) 概算見積り（PCE）
3) 詳細見積り（DCE）

2-6. コスト見積り費目

プロジェクトのコストを構成する費目には大きく直接費と間接費に分類することができる。

図表3-7-5 コスト見積りの精度

(1) 超概算見積り (OME)	超概算見積り（OME：Order of Magnitude Estimate）は、詳細な設計データがない段階で実施される見積りである。 　この超概算見積りの見積り手法としては、見積り対象となる成果物を過去の類似プロジェクトの実績コストに基づき、比較して推定する類推見積り法が使用されることが多い。生産設備系では、例えば原料供給量もしくは製造される製品量の比からコストを推定する「キャパシティースライド法」（生産設備指数法とも呼ばれる0.6乗則など）を使用するが、この手法も類推見積り法に該当する。同様にソフトウェアでは、「アナロジー（Analogy）」と呼ばれる、類似のプロジェクトをもとに概算を見積もる手法がある。超概算見積りの目的は、プロジェクトの経済性分析（企業化調査）、代替案の検討などであり、見積り精度は±20%～30%である。
(2) 概算見積り (PCE)	概算見積り（PCE：Preliminary Cost Estimate）は、対象となる設備の概念設計が進み、基本仕様や設備の概要が確認できるようになった段階で実施される見積りである。 　この概算見積りの見積り手法としては、係数積算法が一般的である。この手法は、ある特徴を導き出し、その特徴を算出式に代入して総額を見積もる手法である。例えば、生産設備系では、生産設備の建設費合計と主要コスト費目である機器費との間には一定の関係が成立するという考え方で算出される。 　概算見積りの主な目的は、発注者予算の承認、設備の選定であり、見積り精度は±10%～20%である。
(3) 詳細見積り (DCE)	詳細見積り（DCE：Definitive Cost Estimate）は、対象となる設備の詳細設計が進み、設備の個別仕様が確定し、基本となる設計図書等が準備された段階で実施される見積りである。 　この詳細見積りの見積り手法としては積上げ積算法が一般的である。この手法は、設計情報から量・効率・単価を積み上げて積算する手法であり、競争入札用として主に実施され、また受注後はプロジェクト実行予算の基礎となるため、±5%～10%の見積り精度が要求される。 なお、DCEは、プロジェクト遂行中に行うチェックエスティメイトでも適用される。 　チェックエスティメイトは、最新のプロジェクトの情報を基に、残るコストの構成要素（特に数量）をすべて一斉に更新し、DCEで完成高を予測する手法である。

図表3-7-6　コスト見積り費目

直接費	その事業に直接結び付くコストであり、当該事業に使用される材料や、直接かかわる作業員の人件費などを指す。
間接費	複数の事業に共通にかかる費用であり、経理などの本社経費や事務所費用などが含まれ、一般的には、合理的な基準で個別の事業に配賦される。

ただし、直接費や間接費に含まれる具体的な費目は業種によってさまざまである。また、直接費と間接費の分類は相対的なものであり、同じ費目であっても組織によっては直接費に分類することも、あるいは間接費に分類することもある。

プラント建設において、直接費とは例えば、機器資材費、工事費、直接労務費など当該プロジェクトの対象となる恒久施設の建設において直接その一部を構成するために消費されるコストである。一方、間接費とは、経費や仮設設備

図表3-7-7　コストに準じる項

・コンティンジェンシー	コンティンジェンシー（contingency）とは、プロジェクト実行中に発生する可能性のある危険（リスク）に対する予備費を指す。
・アローワンス	アローワンス（allowance）は、正確な定義ではコストの項目であるが、ネット数量（Net Bill of Material、またはNet Bill of Quantity）、およびネット金額（Net Cost）に対して、採用された見積り手法の不完全さを補完することを目的として付加される数量または金額をいう。たとえば、見積り資料の不完全さにより生じ得る作業量および材料の増加、材料の紛失や損傷に備えるアローワンスなどがある。
・エスカレーション	エスカレーション（escalation）とは、プロジェクトのコスト見積り時点以降の機材や労務費の単価変動を調整するために、あらかじめその調整額を予測して見積り金額に入れておく予備費を指す。
・ジェネラルオーバーヘッド	ジェネラルオーバーヘッド（General Overhead）は、個々のプロジェクトのコスト項目ではないが、企業を運営するうえで必要とされるコストであり、本社事務所にかかる賃貸料、水道光熱費、通信用機器費、宣伝広告費、管理部門および研究部門などの人件費などであり、全てのプロジェクトが何らかのルールで負担する必要のある費用を指す。

費など当該プロジェクトの対象となる恒久施設の建設のために付随的に発生するコストである。

見積りを実行する際には、以下のようなコストに準じる項目も考慮する必要がある。

> コストの見積りは、その目的に応じて、利用可能な情報を特定して、最適なコスト見積り手法と過去の実績データに基づいて、将来のコストを予測することができる。

3. 予算設定

3-1. コスト管理要領の策定

予算化に入る前に、以下の手順で該当プロジェクトのコスト管理要領を確立する。

① 管理方針、思想を確立する。
② WBSを基本にした最小コントロール単位を確立する。
③ プロジェクトの規模、契約形態、特徴に応じて、コストカテゴリーごとの管理レベルを確定する。
④ スケジュールコントローラー、財務部門とのインターフェースのとり方を確定する。

3-2. 予算の設定

プロジェクトの遂行にあたって、実行予算の設定が必要である。プロジェクトの実行確定後に、以下の手順で予算設定を行う。

① 見積り落とし、過少見積りの有無を確認する。また、詳細な見積りが不可能で、やむなく一括計上したコストがある場合、それらを該当するWBSに振り分ける。

② 海外プロジェクトで自国以外の通貨を使用する場合、プロジェクト遂行中に使用する外国通貨換算レートを設定する。
③ 上記の作業を行った結果を反映して、詳細見積り（DCE）を実行予算に転換する。
④ コストの管理を行うためのWBS階層の適切なレベルに予算（コスト、数量、効率）を配分する。

3-3. コストベースラインの設定

コストベースライン（Cost Baseline）は、管理基準線（Performance Measurement Baseline=PMB）とも呼ばれ、時間軸に配分した予算で、プロジェクト評価を行うために、出来高、予定・実績評価の計画ベースとなる。

コストベースラインは、アーンドバリューマネジメントによってコスト管理を行うための基準となるものである。

3-4. アーンドバリューマネジメント

3-4-1. アーンドバリューマネジメント

プロジェクトの実施において、スケジュール遅れや予算超過などが発生し、当初の計画どおり進まない状態に陥ることはよくみられることであるが、アーンドバリュー（Earned Value：出来高）を用いることにより、スコープ、コスト、スケジュールの進捗を同一の測定基準で統合的にとらえ、プロジェクトの進捗状況やパフォーマンスを評価し、さらに最終推定コストや最終推定期間を算出することができる。このような技法を用いてプロジェクトを最適化する一連のプロセスを「アーンドバリューマネジメント（Earned Value Management=EVM）」と呼ぶ。

アーンドバリューマネジメントは、プロジェクトの発注者側および受注者側の内部管理の両面で用いることができ、次に挙げるような目的に活用することができる。

・プロジェクトの進捗状況およびパフォーマンスを評価し、適正な請求や支払

- コスト超過やスケジュール遅延などの問題を早期に発見し、予防措置を講じる。
- 問題のインパクトを定量的にとらえ、適切な是正策を講じる。
- コミュニケーションレポートの一部として関係者へプロジェクトの現状を定量的にかつわかりやすく伝える。
- 複数のプロジェクト同士の比較評価によって、最適な資源投入を行う。

3-4-2. 計画策定

プロジェクト実施者はスコープ、コスト、スケジュールの進捗を同一の測定基準で統合的に把握するために、プロジェクト情報を収集・統合する枠組みやプロジェクトを評価する枠組みの設定を行う。さらに、プロジェクトを評価する基準を設定する。

アーンドバリューマネジメントは、以下の手順で計画策定を行う。

(1) 全てのスコープを定義する。

まずスコープ全体を、WBSとして定義する。(スコープマネジメント参照)

(2) コントロールアカウントを設定する。

スコープをもとに、スケジュール、コストを統合して管理し評価するために必要なプロジェクト情報を収集・統合する最適な枠組みを設定する。このレベルの枠組みはコントロールアカウント（Control Account）（スコープマネジメント P261参照）と呼ばれ、管理に最も適したWBS上の任意のポイントである。通常、プロジェクトは複数のコントロールアカウントから構成され、一つのコントロールアカウントは複数のワークパッケージで構成される。

コントロールアカウントはアーンドバリューの測定・評価を行う基本的な単位で、コントロールアカウントの集計がプロジェクト全体の価値となる。

各々のコントロールアカウントには、管理可能な以下の要素を含む。

- 作業範囲（スコープ）の記述
- スケジュール（開始日と終了日）
- 期間に配分された予算額
- 責任部門と責任者
- ワークパッケージ（複数）
- 出来高の測定方法

コントロールアカウントの様式例として、建築工事のコントロールアカウント表を、図表3-7-8に示す。

図表3-7-8　コントロールアカウント表の例

	Control Account	測定法	1月	2月	3月	4月	5月	6月	7月	8月	計
1	設計図書	マイルストン法	20%	50%	30%						100%
			400	1,000	600						2,000
2	基礎工事	固定法				50%	50%				100%
						1,000	1,000				2,000
3	躯体工事	パーセント法				25%	25%	25%	25%		100%
						1,000	1,000	1,000	1,000		4,000
4	外溝工事	マイルストン法					20%	20%	40%	20%	100%
							2,000	2,000	4,000	2,000	10,000
5	Total（累計）	-------	400	1,400	3,000	5,000	8,000	11,000	16,000	18,000	18,000

コントロールアカウントごとに含まれる要素は、次に示す方法によって設定する。

a)　出来高の測定方法

出来高の測定にはいくつか方法がある。図表3-7-9に代表的な5つの方法を紹介する。

b)　スケジュール

コントロールアカウントごとに開始予定と終了予定を割り当てる。（タイムマネジメント参照）

図表3-7-9　出来高の測定方法

重み付けマイルストーン法 (Weighted Milestone)	例えば、設計要件書承認で20%、設計図の社内承認で60%など、マイルストーンごとに進捗率の重み付けを設定する方法。 標準化が容易だが、マイルストーン間の進捗率を設定することはできない。
固定法（Fixed Formula）	作業の「開始」、「完了」に進捗率を設定する方法（例：開始で50%、終了で50%）。比較的短期で小規模な作業に適している。
パーセント法 (Percent Complete Estimations)	作業の進捗実績を、実績入力担当者の判断で、「%」で入力する方法。 任意の値を設定できるが、個人による誤差や恣意的になる可能性がある。
パーセント法とマイルストーン法の組み合わせ (Combination of Percent Complete Estimates with Milestone Gates)	出来高をパーセント法で算出するが、値はマイルストーン値以内に抑える方法。マイルストーン法とパーセント法の難点を補完できるが、設定に手間がかかる。
レベルオブエフォート (Level of Effort＝LOE)	作業と関連深い他の作業の出来高、あるいは全作業期間と消費作業期間の比率から出来高とする方法。

c) 責任部門と責任者

組織階層図からコントロールアカウントごとに担当する組織および責任者を割り当てる。一つのコントロールアカウントに複数の責任者を割り当ててはならない。

d) 予算

コントロールアカウントに割り当てられた予算を、採用した出来高測定方法を用いて該当するコントロールアカウントの作業期間に配分する。

(3) コストベースライン（管理基準線：PMB）

図表3-7-10アーンドバリューマネジメントの基本用語の例に見られるように、コストベースラインは通常Sカーブ状になることが多い。

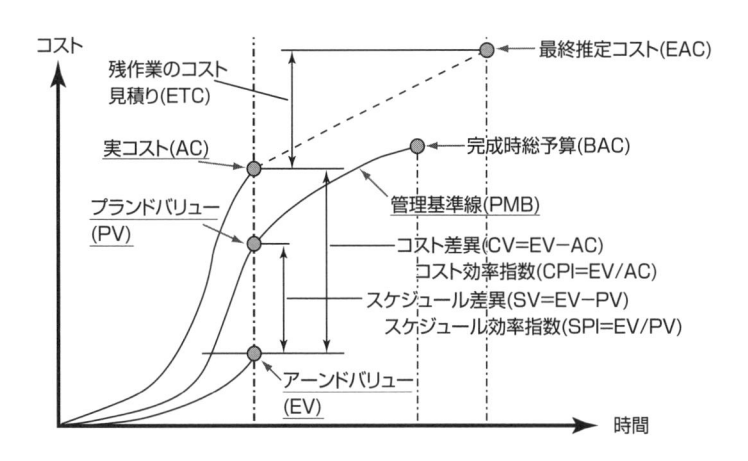

図表3-7-10　アーンドバリューマネジメントの基本用語

（図：縦軸「コスト」、横軸「時間」のグラフ）

- 最終推定コスト(EAC)
- 残作業のコスト見積り(ETC)
- 実コスト(AC)
- 完成時総予算(BAC)
- プランドバリュー(PV)
- 管理基準線(PMB)
- コスト差異(CV=EV−AC)
- コスト効率指数(CPI=EV/AC)
- スケジュール差異(SV=EV−PV)
- スケジュール効率指数(SPI=EV/PV)
- アーンドバリュー(EV)

3-5. キャッシュフローの予測

　キャッシュフローの予測とは、プロジェクトの遂行過程において、その収入と支出の時期および金額を予測することであり、スケジュールと予算を複合して予測を行う。これにより、プロジェクトの運営に必要な資金の不足を起こさないように管理することが目的である。代表的な手法としては、プロジェクト遂行途上における収入と支出のそれぞれの累積をグラフにして対比させ、継続的にバランスを確認する方法がある。

> 予算の編成では、コストの見積りで算出したコストの総額をプロジェクトの実行予算として、時系列に展開してコストベースラインを作成する。

4. コスト管理

コスト管理は、一般的に以下のようなサイクルにしたがって実施される。

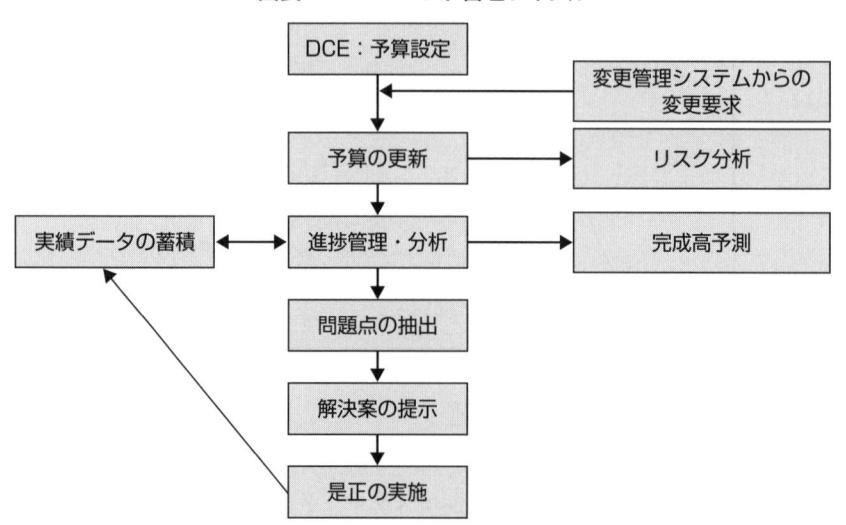

図表3-7-11　コスト管理サイクル

```
         DCE：予算設定
              ↓               ← 変更管理システムからの
                                  変更要求
          予算の更新  ────────→  リスク分析
              ↓
実績データの蓄積 ←→ 進捗管理・分析 ────→ 完成高予測
    ↑         ↓
    │     問題点の抽出
    │         ↓
    │     解決案の提示
    │         ↓
    └──── 是正の実施
```

　コスト管理サイクル（図表3-7-11）における関係者の最大の関心事は、完成時の総コストの予測である。したがって、まず現状分析による完成時の数値予測を行い、その予測から抽出された予算超過（オーバーラン）の傾向に対して原因を調査し、予算超過を最小限に抑え、また予算余剰（アンダーラン）を生み出すための是正（予防）措置案を提示し、実施された対策の効果をモニターする。以上の作業が、コスト管理担当者の最も重要な業務である。

4-1. 現状分析

　アーンドバリューおよび実コストを測定し、分析を行う。プロジェクトの評価は管理基準線と実績の乖離に焦点を当て、アーンドバリューを用いて評価し、プロジェクト終了時のコスト・期間の推定を定期的に行う。
　評価は以下の3要素を元に、差異分析、パフォーマンス分析、トレンド分析の一つもしくは複数と組み合わせて行う。

4-1-1. アーンドバリューマネジメントに用いる3要素

アーンドバリューマネジメントにおいては、以下の3つの数字を使って現状分析を行う。

図表3-7-12　アーンドバリューマネジメントに用いる3要素

プランドバリュー： Planned Value(PV)もしくはBudgeted Cost of Work Scheduled (BCWS)	プロジェクト開始から、ある時点までに計画された作業の予算の累計。 なお、プロジェクト完成時のPVは、完成時総予算：Budget at Completion (BAC) と等しい。
アーンドバリュー： Earned Value (EV)もしくはBudgeted Cost of Work Performed (BCWP)	プロジェクト開始から、ある時点までの作業を完了するために要した予算の累計。
実コスト： Actual Cost (AC) もしくはActual Cost of Work Performed (ACWP)	プロジェクト開始から、ある時点までの作業を完了するために要したコストの累計。

4-1-2. 差異分析

コスト、スケジュールの差異は、アーンドバリュー（EV）を用いて数値化し、コスト差異：Cost Variance（CV）およびスケジュール差異：Schedule Variance（SV）で表し、以下の式で算出する。

- $CV = EV - AC$
- $SV = EV - PV$

CVおよびSVのマイナス値はそれぞれ、コスト超過およびスケジュール遅延を表しており、コストの過不足、またはスケジュールの遅早の程度を通常は金額表示で定量的にとらえることができる。

4-1-3. パフォーマンス分析

コストおよびスケジュールのパフォーマンスは、出来高（EV）を用いて数値化し、コスト効率指数：Cost Performance Index（CPI）とスケジュール効

率指数：Schedule Performance Index（SPI）で表し、以下の式で算出する。

- CPI ＝ EV ／ AC
- SPI ＝ EV ／ PV

　CPIおよびSPIは1.0を境界にコストとスケジュールのパフォーマンスの高低を表している。パフォーマンスを評価し改善する際、SPIの改善とCPIの改善は、同義ではなく、SPIの改善策がコストインパクトを引き起こし、CPIに多大な影響を与えることが多くみられる。
　分析データの活用法として、CPIやSPIなどのパフォーマンス指標にあらかじめアラームの判断基準値を設けておき、基準をオーバーしたら原因を特定し、必要な改善策を講じている例などがある。

4-1-4. トレンド分析

　図3-7-13の例示のように、プロジェクトの3要素を時間軸上に展開したパフォーマンスカーブや、CPI・SPIの効率指標を時間軸上に展開したトレンドレポートなどに図示化して、プロジェクトの進捗や効率が改善しているのか悪化しているのか、過去からの傾向をもとに将来を予測する分析手法である。

図表3-7-13　パフォーマンスカーブ&CPI・SPIトレンドレポートの例

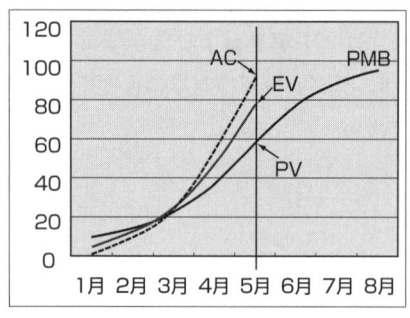

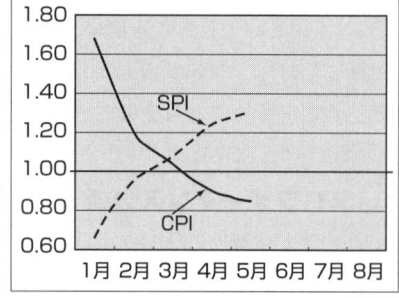

4-2. 予測

4-2-1. 最終推定コスト（EAC）の算出

アーンドバリューマネジメントを活用することで、プロジェクトの早い段階から最終推定コスト（EAC）を予測してプロジェクトのマネジメントを行うことが出来る。

・最終推定コストの算出

プロジェクトの最終推定コスト：Estimate at Completion（EAC）は、以下の算出式によって求められる。

EAC ＝ ETC ＋ AC
※今後完成までの予想額：Estimate to Complete（ETC）

なお、ETCの算出式は下記の3種類あるが、一般的には2）式を用いることが多い。
また、上記の式に2）式のETCを代入すると、EAC ＝ BAC／CPI となる。

① ETC ＝ BAC － EV
「現時点のコスト効率は今後は継続しない」とした場合

② ETC ＝（BAC － EV）／CPI
「現時点のコスト効率は今後も継続する」とした場合

③ ETC ＝（BAC － EV）／（CPI × SPI）
「現時点のコスト効率とスケジュール効率は今後も継続する」とした場合

EACを用いてマネジメントの判断を行う際に注意すべき点は、EACは残作業のコストを機械的・定量的に素早く算出することができるため、問題のインパクトの大きさを把握するには適しているが、精度の高い財務的なコスト把握

には向いていない。

より詳細でかつ高い精度で残コストを算定する必要がある場合には、全ての残作業を洗い出し、積み上げて見積もる「チェックエスティメイト」を用いる。

4-2-2. 最終推定期間の算出

プロジェクトの最終推定期間は、SPIから以下の算出式によって求めることができる。

① プロジェクト期間 ／ SPI
もしくは
② 残存期間 ／ SPI ＋ 消費期間

上記の算定式はEAC同様、プロジェクト期間を素早く容易に求めることができるため、スケジュール上のインパクトを把握するには適しているが、より詳細で精度の高い残期間を必要とする場合には、タイムマネジメントで紹介したネットワーク手法などを用いる。

4-2-3. パフォーマンス結果を関係者へ伝達する

コミュニケーションマネジメントの一環として、プロジェクトの進捗状況や分析結果を必要な関係者へタイムリーに情報伝達する。わかりやすく簡潔に伝えるために、図表3-7-13のようなグラフや表のフォーマットが用いられる。報告はその目的、頻度、対象者などをコミュケーション計画の中で明確化しておくことが重要である。

4-3. コストの変更

4-3-1. コストベースラインの変更

プロジェクトにおける変更は、相互に影響を与え、その結果、管理基準線（PMB）を修正する場合がある。PMBの修正は、変更の規模と全体に及ぼす影響の程度で判断する必要があるが、あらかじめ変更を判断する条件や基準を

明確にしておくことが重要である。PMBの変更を管理するプロセスは、アーンドバリューマネジメント単独ではなく、後述の変更管理システムの統合されたプロセスの一環として機能させる必要がある。

4-3-2. 変更管理

　コストマネジメントにおける代表的なコストの変動要素には、スコープ、業務量、責任掌握、スケジュールなどの変更がある。これらの変動要素は、タイム、品質など他のマネジメント項目と密接に影響しあうため、変更管理システムの統合されたプロセスの一環として機能させる必要がある。したがって、コスト変動要素は変更管理システムのプロセスに沿って変更の承認がされたのち、実行予算の更新を行う。

　変更は、発注者から要求された項目か、受注者が要求した項目なのかを明確にし、コスト化して精算処理を進める。個別の項目を明確に記録し、継続管理していくことが重要である。

　業務が複数の受注者に分散される場合、それぞれの条件や発注環境も異なることから、特に個別の項目に対して原因、影響、因果関係の調査、それらの記録、コスト査定などの作業が重要な意味をもってくる。

> コストの変動要素は、他のマネジメント項目と密接に影響しあうため、統合されたプロセスの一環として機能させる必要がある。

【参考：アーンド・バリュー分析（まとめ）】
① コスト差異（Cost Variance, CV ＝EV - AC）
② スケジュール差異（Schedule Variance, SV ＝ EV - PV）
③ コスト効率指標（Cost Performance Index, CPI ＝ EV ／ AC）
④ スケジュール効率指標（Schedule Performance Index, SPI ＝ EV ／ PV）
⑤ 完成予定予算（BAC：Budget at Completion）
⑥ 完成時総コスト（EAC：Estimate at Completion）：EACの計算は次の3通り

- 現在の差異は一過性、今後は差異は発生しない：
  EAC = AC +（BAC - EV）
- 現在のコスト差異が今後も続くとみなす：
  EAC = AC +（BAC − EV）/ CPI ＝ BAC / CPI
- 現時点のコスト効率とスケジュール効率は今後も継続する：
  EAC = AC +（BAC − EV）/（CPI × SPI）
⑦ 今後必要コスト予測（ETC：Estimate to Completion）：
  ETC = EAC - AC

米国のコストエンジニアリング推進協会

米国のコストエンジニアリング推進協会（AACEI：Association of Advancement Cost Engineering International）では、Recommended Practice No. 18R-97 "Cost Estimating Classification System − As Applied in Engineering, Procurement, and Construction for the Process Industries"（2011年11月29日修正版）にて、プロジェクトの定義度合いと見積り精度の関係を分析した結果を次の表のとおりにまとめている。

Table 1では、見積りクラスをClass 1からClass 5まで5つに分類し、各クラスの見積りの目的、手法、期待精度が"Secondary Characteristic"として示されている。ここでこれらの見積りクラスが何によって決まるのかというのが、"Primary Characteristic"として示されているプロジェクトの定義度合いである。このプロジェクトの定義度合いを具体的に示したものがTable 3である。プロジェクトの定義度合いをパーセントで表示しているが、具体的には一般的プロジェクトデータおよびエンジニアリング成果物がどの程度見積り時に利用可能であるかということを示している。

例えば、Table 3においてClass 3に示されている程度にプロジェクトが定義（各データが見積りに利用可能）されていれば、Table 1においてClass 3の見積り精度が期待できるということである。

Table 1 – Cost Estimate Classification Matrix for Process Industries

ESTIMATE CLASS	Primary Characteristic	Secondary Characteristic		
	DEGREE OF PROJECT DEFINITION Expressed as % of complete definition	END USGE Typical purpose of estimate	METHODOLOGY Typical estimating method	EXPECTED ACCURACY RANGE Typical variation in low and high ranges [a]
Class 5	0% to 2%	Concept screening	Capacity factored, parametric models, judgment,or analogy	L: -20% to -50% H: +30% to +100%
Class 4	1% to 15%	Study or feasibility	Equipment factored or parametric models	L: -15% or -30% H: +20% to +50%
Class 3	10% to 40%	Budget authorization or control	Semi-detailed unit costs with assembly level line items	L: -10% to -20% H: +10% to +30%
Class 2	30% to 70%	Control or bid/tender	Detailed unit cost with forced detailed take-off	L: -5% to -15% H: +5 to +20%
Class 1	70% to 100%	Check estimate or bid/tender	Detailed unit cost with detailed take-off	L: -3% to -10% H: +3% to +15%

Notes: [a] The state of process technology and availability of applicable reference cost data affect the range markedly.
The +/- value represents typical percentage variation of actual costs from the cost estimate after application of contingency (typically at a 50% level of confidence) for given scope.
©2011, AACE International, USA (All Rights Reserved).

Table 3 - Estimate Input Checklist and Maturity Matrix

DERGEE OF PROJECT DEFINITION	ESTIMATE CLASSIFICATION				
	CLASS 5	CLASS 4	CLASS 3	CLASS 2	CLASS 1
	0% to 2%	1% to 15%	10% to 40%	30% to 70%	70% to 100%
General Project Data:					
Project Scope Description	General	Preliminary	Defined	Defined	Defined
Plant Production/Facility Capacity	Assumed	Preliminary	Defined	Defined	Defined
Plant Location	General	Approximate	Specific	Specific	Specific
Soils & Hydrology	None	Preliminary	Defined	Defined	Defined
Integrated Project Plan	None	Preliminary	Defined	Defined	Defined
Project Master Schedule	None	Preliminary	Defined	Defined	Defined
Escalation Strategy	None	Preliminary	Defined	Defined	Defined
Work Breakdown Structure	None	Preliminary	Defined	Defined	Defined
Project Code of Accounts	None	Preliminary	Defined	Defined	Defined
Contracting Strategy	Assumed	Assumed	Preliminary	Defined	Defined
Engineering Deliverables:					
Block Flow Diagrams	S/P	P/C	C	C	
Plot Plans		S/P	C	C	C
Process Flow Diagrams (PFDs)		P	C	C	C
Utility Flow Diagrams (UFDs)		S/P	C	C	C
Piping & Instrument Diagrams (P&IDs)		S/P	C	C	C
Heat & Material Balances		S/P	C	C	C
Process Equipment List		S/P	C	C	C
Utility Equipment List		S/P	C	C	C
Electrical One-Line Drawings		S/P	C	C	C
Specifications & Datasheets		S	P/C	C	C
General Equipment Arrangement Drawings		S	C	C	C
Spare Parts Listings			P	P	C
Mechanical Discipline Drawings			S/P	P/C	C
Electrical Discipline Drawings			S/P	P/C	C
Instrumentation/Control System Discipline Drawings			S/P	P/C	C
Civil/Structural/Site Discipline Drawings			S/P	P/C	C

S:Started、P:Preliminary、C:Complete
©2011, AACE International, USA (All Rights Reserved).

Reprinted with the permission of AACE International, 1265 Suncrest Towne Centre Dr., Morgantown, WV 26505 USA. Phone 800-858-COST/304-296-8444.Fax:304-291-5728.Internet:http://www.aacei.org E-mail:info@aacei.org
Copyright © 2011 by AACE International; all rights reserved.
As AACE International Recommended Practices are continuously being developed and updated, please visit: www.aacei.org/resources/rp for the latest information.

第8章 リスクマネジメント

1. 概要

1-1. リスクマネジメントの目的

プロジェクトには、必ずといってよいほど不確実性とリスクが内在するが、

図表3-8-1 リスクマネジメント概要

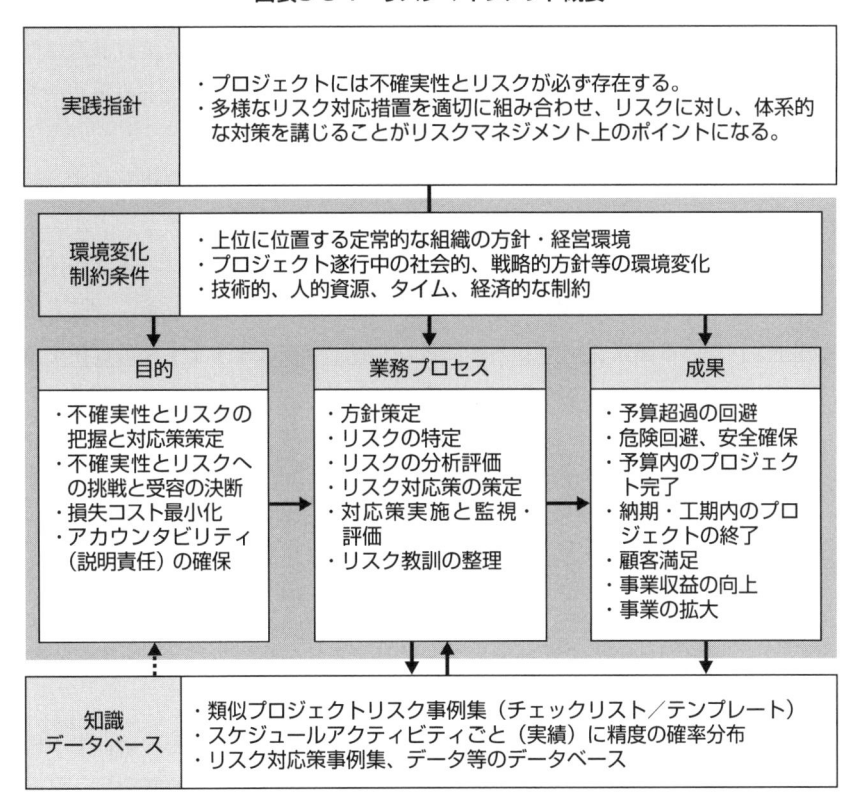

実践指針	・プロジェクトには不確実性とリスクが必ず存在する。 ・多様なリスク対応措置を適切に組み合わせ、リスクに対し、体系的な対策を講じることがリスクマネジメント上のポイントになる。
環境変化 制約条件	・上位に位置する定常的な組織の方針・経営環境 ・プロジェクト遂行中の社会的、戦略的方針等の環境変化 ・技術的、人的資源、タイム、経済的な制約

目的	業務プロセス	成果
・不確実性とリスクの把握と対応策策定 ・不確実性とリスクへの挑戦と受容の決断 ・損失コスト最小化 ・アカウンタビリティ（説明責任）の確保	・方針策定 ・リスクの特定 ・リスクの分析評価 ・リスク対応策の策定 ・対応策実施と監視・評価 ・リスク教訓の整理	・予算超過の回避 ・危険回避、安全確保 ・予算内のプロジェクト完了 ・納期・工期内のプロジェクトの終了 ・顧客満足 ・事業収益の向上 ・事業の拡大

知識 データベース	・類似プロジェクトリスク事例集（チェックリスト／テンプレート） ・スケジュールアクティビティごと（実績）に精度の確率分布 ・リスク対応策事例集、データ等のデータベース

これらへの対応を怠っていてはプロジェクトの成功は望めない。一般にリスクはプロジェクトの目的に影響を与える不確実な事象と定義されるが、リスク事象の発生確率と、発生した場合の影響を分析することによって、リスクはある程度まで管理できることを理解しておくべきである。

わが国は欧米と比較して、歴史的・文化的な背景から危険予知、危機管理対応などにおいて、またプロジェクト管理のリスクマネジメントにおいても、遅れをとっているといわれている。

このことは、国家プロジェクトでは大型開発プロジェクトが単年度ごとの国家予算から組み立てられており、プロジェクトライフサイクルにわたるリスクマネジメントが、それほど必要とされなかったこと、さらには、民間向け設備建設プロジェクトにおいても、定額請負型契約プロジェクトが一般的であるために、リスクマネジメントの手法やステークホルダーに対する成果責任の要請もあまり強くなかったことに起因している。一方、欧米諸国では実費償還型契約や単価契約型プロジェクトが一般的であり、リスクマネジメントの手法や考え方への要請は強い。

このような環境では、企業・遂行組織内でリスク対応策が重要視されず、結果として大きなリスクも甘受されてきた。しかし、技術革新のスピードが速く、プロジェクト期間も短縮され、余裕をもった予算でのプロジェクト運営が困難な今日、競争の激しい民間向けプロジェクトのみならず、財政改革、コスト削減が叫ばれている国家プロジェクトにおいても、今後はますます成果責任を強く要求されるであろう。このためにもリスクマネジメントが不可欠となる。

本章で取り上げるのは、あらゆるプロジェクトの状況に適用可能な実践基礎知識とマネジメント手法である。プロジェクトの実践において、リスクマネジメントを実行することは、多くのリスク事象を管理することになり、さらに好機（opportunity）を得た事象は、よりよい成果と展開を得ることも可能となる。

リスクマネジメントは、プロジェクト方針（計画・契約）などプロジェクトが置かれた環境から、まずプロジェクトに対するリスクマネジメント方針を策定することから始まる。

次にプロジェクト全体の方針・契約書類などの中に存在する制約条件や不確実性を分析し、リスク事象を特定する。それらを定量的に分析・評価し、対応

策を準備する。これを執行し、プロジェクトのライフサイクルを通して、実施状況を評価・監視する。

これは初期計画段階に1回のみ行われるものではなく、繰り返し行われることを基本とする。他のプロジェクトマネジメントの知識エリアと同様に、ここで得たリスクに対する教訓は整理され、データベース化して活用されなければならない。こうして習得したリスクマネジメントに関する知識を包括し、プロジェクト計画・実施段階において活用していく必要がある。

1-2. 業務プロセス

リスクマネジメントの業務プロセスは、「方針策定」、「リスクの特定」、「リスクの分析評価」、「リスク対応策の策定」、「対応策実施と監視・評価」、「リスク教訓の整理」から構成される（図3-8-2）。

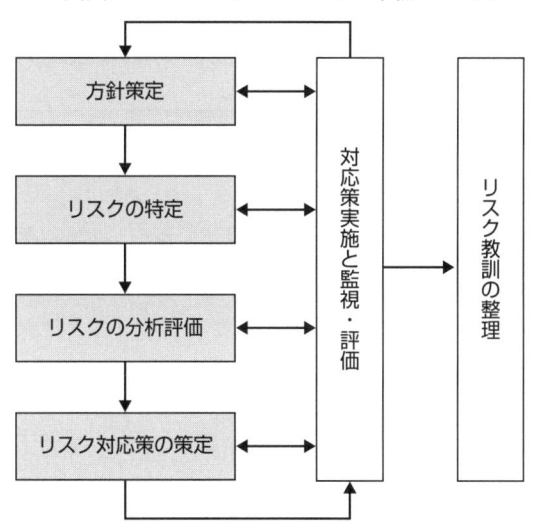

図表3-8-2　リスクマネジメント中核プロセス

```
┌─────────────┐
│  方針策定   │◄──┐
└──────┬──────┘   │
       │          │
       ▼          │
┌─────────────┐   │    ┌──────┐    ┌──────┐
│ リスクの特定│◄──┤    │ 対応 │    │ リス │
└──────┬──────┘   │    │ 策実 │    │ ク教 │
       │          ├───►│ 施と │───►│ 訓の │
       ▼          │    │ 監視 │    │ 整理 │
┌─────────────┐   │    │ ・評 │    │      │
│リスクの分析評価│◄─┤    │ 価   │    │      │
└──────┬──────┘   │    └──────┘    └──────┘
       │          │
       ▼          │
┌─────────────┐   │
│リスク対応策の策定│◄┘
└─────────────┘
```

1-3. 実践指針

リスクとは、これから遂行しようとするプロジェクトの目的に対して影響を与える不確実な出来事であり、それによって引き起こされる結果と影響度である。この結果や影響度には悪い結果や影響だけでなく、好結果をもたらす場合

もある。

さらに、リスクについては、図表3-8-3のように内的リスク・外的リスク、動態リスク・静態リスク、純粋リスク・投機的リスクなど、多角的な観点から分類ができる[*2]。

図表3-8-3 リスクの各種定義例

内的リスク(Internal Risk):プロジェクトチームが統制し影響を及ぼすことのできる範疇のリスク
　　　　　　　(要員の確保、コスト見積りのリスクなど)
外的リスク(External Risk):プロジェクトチームが統制し影響を及ぼすことのできない範疇のリスク
　　　　　　　(市場動向、政府の政策のリスクなど)

静態リスク(Static Risk):変動しない社会や経済においても発生するリスク
　　　　　　　(火災、自然災害、事故、盗難など)
動態リスク(Dynamic Risk):社会や経済が変化、発展するときに発生するリスク
　　　　　　　(生産技術の革新や流行、消費者の嗜好に関するリスク、政治経済状況の変化によるリスクなど)

純粋リスク(Pure Risk):損害が唯一の帰結となりそうなリスク
　　　　　　　(自然災害リスクなど)
投機的リスク(Speculative Risk):最終的な帰結が損失か利得か両方の可能性があり不明確なリスク
　　　　　　　(経済活動に伴うリスクなど)

1-3-1. ペリルとハザード

なお、損失や損害の原因となる偶発的な事故、ないしはかかるリスクにさらされている状況をペリル（Peril）と呼称し、損失を招きうる状況や状態をハザード（Hazard）と呼称する。ペリルとハザードのリスク連鎖が、プロジェクト運営で大きな問題を起こすことを理解していなければならない。

交通事故を例に取れば、「スピードの出し過ぎ（ペリル）」と「道路が凍っていた（ハザード）」の重なりがリスク連鎖であり、大事故が発生する要因となる。

[*2] 純粋リスク、投機的リスクとは、H.Mowbray & Ralph H Blanchard, "Insurance" 6th Edition (1969), New York McGraw Hill Book Company Inc.の中で提唱され、一般化した概念分類である。静態リスク、動態リスクとは、Allan H Willettが "The Economic Theory of Risk Insurance" (1951) University of Pennsylvania Pressで紹介し、一般化した概念となる。

1-3-2. リスクマッピング

プロジェクト遂行に際して、どのような原因から、どのようなリスクが生じ、どのような対応策を検討すべきなのかという観点に立ったリスク分類は、業種別の経験に基づいて分類されるリスク特定化のツールとして、リスクマネジメントに役立つ。

リスクのあり方は業種やプロジェクトの内容しだいでは大きく変わるため、具体のプロジェクトごとにリスクをマッピングし、全体感を把握したうえで、その対応策を考えることが有効である。図表3-8-4は、一つの事例としてプロジェクトを取りまくリスクを整理したものである。リスクの分類や仕分けには様々な考えがあり、異なった角度からその属性を検討することにより、リスクを正確に理解することができる。

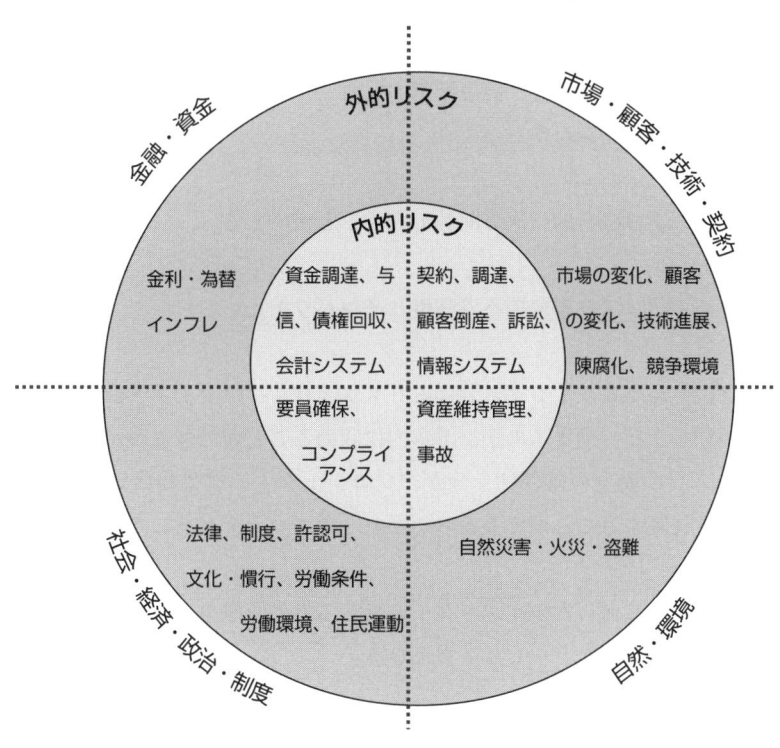

図表3-8-4　リスク・マッピングの事例

外的リスク／内的リスク

- 金融・資金：金利・為替、インフレ
- 市場・顧客・技術・契約：市場の変化、顧客の変化、技術進展、陳腐化、競争環境
- 社会・経済・政治・制度：法律、制度、許認可、文化・慣行、労働条件、労働環境、住民運動
- 自然・環境：自然災害・火災・盗難

内的リスク：
- 資金調達、与信、債権回収、会計システム
- 契約、調達、顧客倒産、訴訟、情報システム
- 要員確保、コンプライアンス
- 資産維持管理、事故

リスクマネジメントとは、プロジェクトにかかわるこのような様々なリスクを認識し、分析・評価することにより、これを管理する戦略をたて、リスクを回避したり、その影響度を軽減したりするマネジメント活動をいう。その目的は、不確実な状況の中で、コントロールできる領域を最大化し、原因と結果の関係が見えない、つまり、コントロールできない領域を最小化し、いかにして好結果をもたらす決定を下すかにある。

1-3-3. リスクの基本概念

リスクは、プロジェクトの最終的な目標を阻害すると予想される結果（損失、事故、不利益などの定性的・定量的な一つの事象もしくは状況で、転じれば好機ともなりえる）と、その起こりえる確率からなるものである。ちなみに、リスクの基本要素は、次の3要素からなる。

① リスク事象
② リスク事象の不確実性、発生確率
③ リスク事象のインパクト

また、リスクは概念的に次の関数で表すことができる。

　　リスク＝f（リスク事象の不確実性、インパクト）

例えば、受注プロジェクトにおけるリスクとは、プロジェクトは顧客との契約上の納期・工期に納まるのか、予算内に収めることができるのか、プロジェクトチーム員の安全の確保は十分か、プロジェクトの成果物は定められた機能・品質を保証することができるのかといったプロジェクトに内在する事象である。

また、これらに何らかのインパクトを与える外的な事象（例えば経済的なインフレや制度の変更など）もリスクとなる。

1-3-4. プロジェクトのライフサイクルにおけるリスクの性格

　リスクの性格や内容は、プロジェクトのライフサイクルのとらえ方によって異なってくるし、プロジェクトの内容しだいでも大きく異なる。

　工事や施設建設などの受注プロジェクトのライフサイクルにおけるリスクは、図表3-8-5に示すような性格をもっている。プロジェクトの開始段階におけるリスク事象と好機をもたらす事象は、プロジェクトの進行にしたがって減少していくが、リスク事象のインパクト（リスクが発生した時の損害額など）は、プロジェクトの終了（完工、引き渡し）に近づくにしたがって大きくなる。計画段階は「リスク事象の多い期間」であり、遂行・引き渡し段階は「インパクトの大きい期間」である。

　リスクマネジメントによるプロジェクト初期でのリスクの特定と定量化を含む評価で、プロジェクト計画・要件設定の未熟部分に対する対応策が不十分だと、プロジェクトの遂行が進捗するに従い、問題が発生した場合の影響が大きいことは容易に理解できる。

　発注プロジェクトの場合、リスクの総量（理論的にはプロジェクトの中断や、予定通りの引き渡しができない場合、必要となる損害賠償費用を含む直接的・間接的な費用の全額）と、好機をもたらす可能性（ボーナスやインセンティブ、

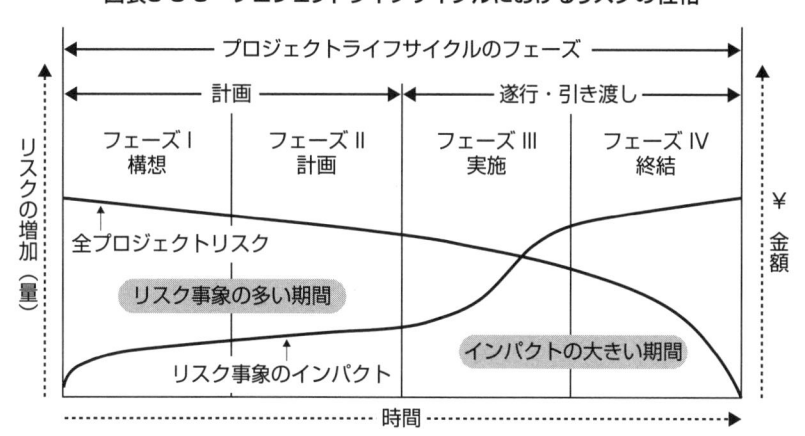

図表3-8-5　プロジェクトライフサイクルにおけるリスクの性格

（注）図表3-8-5は、一つのライフサイクルが異なったフェーズに分けられ、この展開としてRequest for Proposal=RFPでプロジェクトが始まり、引き渡しによって終結するまでリスクのあり方を表示している。

創意工夫による付加価値の向上など）は、あらかじめ契約などによって定められ、リスクは当初の段階で検討されることが特徴的な事象になる。

　製品を開発、製造、販売する開発プロジェクトの場合には、製品の開発、製造、販売というライフサイクルにおけるそれぞれのフェーズごとにリスクの性格と内容は異なる。開発段階ではリスクの理論価値は大きいが、実際のリスクの大半は投入する資源（人的資源、費用など）で構成され、これらが時間の経過とともに増加する。

　一方、開発される製品を製造するための技術開発や施設建設は、製品の開発レベルを考慮して開始されるが、リスク事象の構成要素と内容はかなり異なってくる。製造された製品を販売する段階もフェーズが異なり、市場リスクや原材料の給供遮断など、新たなリスク要素が実現化してくる。このように製品を開発したり、製造したりするプロジェクトでは、投入する資源（人的資源、費用など）の絶対量と蓄積、中断した場合の直接的・間接的費用がリスクの総量である。これがリスク事象のインパクトを構成するが、これを上回る好機が、製品販売による期待利益として得られることを前提とする。

　一方、受注プロジェクトでも顧客の立場からみた場合、プロジェクトよりライフサイクルの長いものとして捉えられ、開発、建設、操業・運営という一連の活動をプロジェクトとして把握することになる（例えば、PFIやBOTなどの事業権契約の場合は、操業期間をも含む契約期間全体が一つのプロジェクトとなる）。この場合、やはりライフサイクルのフェーズごとにリスクの性格と内容、そのインパクトのあり方が変化する。

　図表3-8-6は、プロジェクトのライフサイクルを長く捉える顧客の立場から見たリスクをイメージとして表したものである。顧客にとってのリスクは、複数の異なるフェーズにより構成される。

- 施設を設計・建設する契約の枠組みや資金調達の目処をつけ、案件実現のための契約的な枠組みをつくるまでが一つのフェーズとなり、これが実現できるか否かが開発段階でのリスクになる。
- 契約後は建設段階になり、請負事業者が完工までリスクを担う。顧客にとっては、請負事業者が施設を完工し、運営に利用できる資産が確実に形成され、事業の枠組みが実現するまでがリスクで、これは段階的に減少し、施設の引

き渡しを受ける段階で極小化し、資産のリスクが顧客に転嫁する。
- 施設完工前から操業のための体制づくりが必要となり、新たなフェーズのリスクが生まれる。従業員を訓練し、操業を開始するが、習熟するまではリスクは増え、一定の期間を経て習熟後、運営上のリスクは低減し、安定化する。

図表3-8-6　プロジェクトのライフサイクルをより長く捉えた顧客側から見たリスクの性格

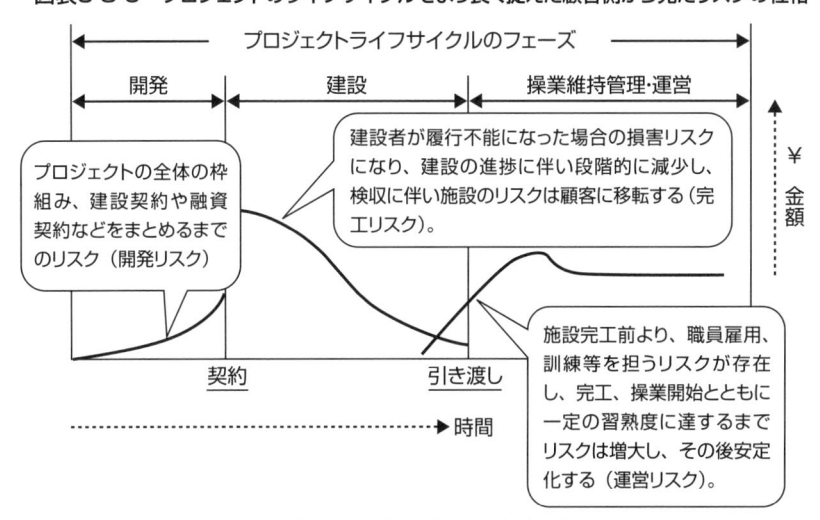

プロジェクトライフサイクルのフェーズ
- 開発
- 建設
- 操業維持管理・運営

建設者が履行不能になった場合の損害リスクになり、建設の進捗に伴い段階的に減少し、検収に伴い施設のリスクは顧客に移転する（完工リスク）。

プロジェクトの全体の枠組み、建設契約や融資契約などをまとめるまでのリスク（開発リスク）

施設完工前より、職員雇用、訓練等を担うリスクが存在し、完工、操業開始とともに一定の習熟度に達するまでリスクは増大し、その後安定化する（運営リスク）。

契約 → 引き渡し → 時間
￥金額

（注）図表3-8-5のフェーズは、同じリスク事象の展開（リスク事象の同質性）を前提としている。図表3-8-6は、フェーズごとに異質のリスクから構成されている（リスク事象の異質性）。このような場合、リスクの総量は全体の積分値となり、また各フェーズは一部層として重複する期間がある。なお、リスク事象の大きさはプロジェクトによっても異なり、図表3-8-6は、イメージ図で表現したに過ぎない。

　図表3-8-7に示すように、一般的に開発プロジェクト（製品を新たに開発したり、プロジェクトファイナンスのように全体の枠組みを構築したりする開発型のプロジェクト）の場合、当初の段階では不確実性が高くリスクの理論価値は確かに大きい。現実的には開発に投入する資源（人的資源、費用など）をコントロールし、段階的にこれをプロジェクトに投入し、プロジェクトの実現の枠組みを構築する考え方をとる。

　この意味ではプロジェクトの開発段階においては、全ての要素が固定しているわけではないために、リスクの特定・定量化とリスク対応策は、試行錯誤の中で検討されることになる。もちろん、この場合でもプロジェクトの初期段階で、リスクへの対応策を整えるという基本に何ら変わりはない。

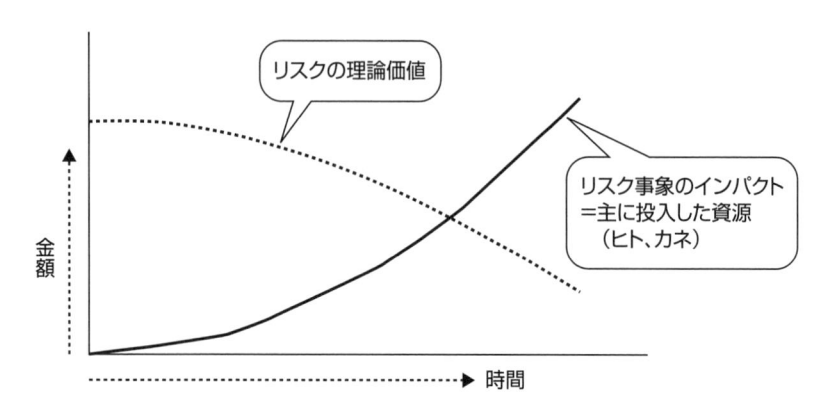

図表3-8-7　プロジェクトにおけるリスクと時間経過の関係

（グラフ：縦軸「金額」、横軸「時間」。点線は「リスクの理論価値」、実線は「リスク事象のインパクト＝主に投入した資源（ヒト、カネ）」）

発電プラントのリスク内容

　発電プラントの場合、請負建設者としての建設リスクは、図表3-8-5の通りである。一方、顧客の立場からプロジェクトを捉える場合のリスクは、図表3-8-6のようになる（契約前は一括建設請負契約を締結するまでの開発リスク、契約後は建設者が履行できないリスク、完工前後より、運営の体制を整え、運営するリスクになる）。

　契約の枠組みや融資契約を取りまとめるまでのリスクは、投入した資源の絶対量に比例する。しかし、枠組みを固定すれば、その時点で以後の展開における論理的なリスク最大値を把握することができ、詳細なリスク対応策が立てられる。

　建設に関するかぎり、基本は図表3-8-5と同じだが、建設期間の半ばから操業に向けた体制の確立（発電燃料の供給体制構築、要員の教育と操業体制準備など）に関わるリスクが発生する。さらに、完工に向けリスクが増大し、完工後もプラントの操業が一定の習熟度に達するまでリスクは継続し、安定操業期間に入るとリスクは一定レベルに低減する。

　操業期間におけるリスク事象は、様々な要素により構成される。市場リスクや発電燃料供給遮断リスク、事故、不可抗力事由など、安定的な操業に支障をもたらす阻害要因すべてがリスクを構成するが、リスクの内容とインパクトのあり方は、建設段階とは大きく異なる。

顧客が、一定期間の操業を含む全体のプロセスをプロジェクトとしてとらえる場合、フェーズごとにリスク事象を把握し、その展開について評価をすることが適切である。なお、この場合、顧客にとってライフサイクルの中で最大のリスクは、定められた期間で物理的な完工を成し遂げられるかどうかにある。なぜなら、施設が稼動しはじめれば、収益活動が開始され投資回収を図ることができるが、施設が完成しなければ収益は得られないからである。また、投資回収が段階的に進めば、プロジェクト全体としてのリスクは低減していくともみることができる。顧客にとって、操業段階における物理的な損傷による最大のリスクは、タービンのローターシャフトの損傷事故である。この場合、その代替に長期間を要するため、仮に予備品や予備機をもたない場合、プロジェクトとなる事業そのものが崩壊しかねないリスクがある。なお、電力会社と長期電力供給契約を締結する民間発電（IPP, Independent Power Producer）の場合には、これら顧客のリスク全てが契約者である民間事業者のリスクとなる。

ソフトウェア業界におけるリスク

最近では電化製品などの新製品開発において、ソフトウェアが絡まないものはないといっても過言ではない。新製品開発においてソフトウェアを利用することはもちろん、実際の製品の中にソフトウェアが組み込まれることが当たり前となっている。これは"組み込みソフトウェア"と呼ばれる。製品開発のサイクルは短くなっており、昨今の世の中の動きの速さに対応するためには、ソフトウェアは最新のものを使わざるをえない。結果、最新のOSやチップを利用することを想定した開発となってしまう。組み込みソフトウェアはハードウェアとの組み合わせになるため、このような開発環境下ではハードウェア先行の開発となる。

ソフトウェア側は開発開始時、ハード依存部分について、ソフトウェアシミュレータを利用して開発するが、ハードウェアが揃い最新版のOSやチップが実装された時には、当初計画していた性能が実現できないことがある。その場合、ハードウェアでの対応は困難であるため、性能改善をソフトウェアでカバーせよとの指示が出され、ソフトウェアの開発ボリュームが当初予定より

膨れあがる。このような現象は常にプロジェクトの後半に発生し、急な要員増加によるコスト増を招くことや、効率、品質への影響が顕著に出たりするため、最終的に市場に出してから回収する事態に陥ることもある。

　最初からこのようなリスクを想定していない場合や、リスクが発現した場合の対処方法を考えていない場合、あるいは楽観的なケースをイメージして計画を立てている場合は、ほとんど、「ある日突然」問題が発生しプロジェクトが極端に混乱する。しかも、そのような経験が組織で教訓やナレッジとして蓄積、利用されないため、毎回のように混乱を繰り返している事例も見られる。

2. 方針策定

　リスクマネジメントの視点では、以下の基本認識が重要である。

- リスクはあるとの前提に立つ。
- リスクはできる限り合理的に特定（予知）、分析、評価して対応を準備する。
- リスクには、好機に転じる可能性も存在する。

　「リスクは不確実なものであり、特定も困難であるから、リスク回避を試みても効果がない」と考えるのは誤りである。プロジェクト遂行は、必ず不確実性を伴うものであり、リスクマネジメントが必須の要素になると考えなければならない。

　方針策定は、プロジェクト遂行に際して、どのような戦略、手法でリスクのマネジメントを実施するという、基本方針を規定するプロセスである。

2-1. 企業・遂行組織の方針策定

　企業・遂行組織の経営者は、リスクマネジメントに対する基本方針とリスクマネジメント仕組みを明確にしなければならない。そのうえで、リスクマネジメントの仕組みを企業・遂行組織の中でだれが（どの部署が）責任をもって管理し、維持していくのかを取り決める。たとえば、計画から実施・運営までのプロジェクトの中で、決められたフェーズでプロジェクト関係者と専門家合同

の「リスク対策委員会」、もしくは「リスク検討会」を開催する。そして、定期的に決められた手法で総リスク量と対応策を検証するなどの管理の基準と仕組みをつくることである。

2-2. 個別プロジェクトの方針策定

　個別プロジェクトにおいては、企業・遂行組織の方針策定で規定されたリスクマネジメント方針にしたがって、プロジェクトに適したリスクマネジメントの戦略と方針を策定し、リスクマネジメント要領書として明確にすることである。プロジェクトマネジャーは、この方針・要領を実効力のあるものとするため、プロジェクト関係者に周知徹底させ、次からのリスクマネジメント中核のプロセスを実施していく。なお、戦略と方針を策定する過程でリスク対応の厳格性、あるいはリスクの許容度（Risk Tolerance）は、プロジェクトの内容・特性によって異なることに留意する。

　例えば、受注プロジェクトでは、前提条件や与件が明示的に定義されるため、リスクマネジメントは厳格になるし、リスクの許容度も小さい。一方、開発型のプロジェクトでは、ミッションや目的の定義のあり方しだいでは、一定のリスクトレランスの範囲内で目的を達成するということもありうる。この場合、柔軟性があり、リスクの許容度も相対的に大きくなる。このように、プロジェクトの定義、与件、要件の設定のあり方しだいで、個別プロジェクトにおける方針の内容は異なることがある。

◇◇◇◇ 大規模プロジェクトのリスク分散 ◇◇◇◇

　海外プラント工事において、昨今、国際共同企業体形式で入札、契約、遂行を行うケースが増えている。一社単独で受注・遂行するのではなく、共同企業体形式を採用する理由は様々であるが、プロジェクトが巨大化してきている昨今の状況から見ると、リスク分散、人的リソースの一点集中の回避、各社それぞれの強み（技術力、営業力等）を持ち寄ることによる競争力の強化等が主たる理由であると思われる。

　プラント業界の場合、共同企業体の形式としては、分担施行型（コンソーシアム）と共同施工型（ジョイント・ベンチャー）に分けることが多いが、両者

の折衷型のようなものもある。コンソーシアムでは、各社の分担業務を決め、担当会社は、自己責任・自己勘定で、分担業務を完遂する義務を負う。つまり、自己の業務から発生する利益・損失、技術的な問題等は担当会社が一切享受あるいは負担することになる。一方で、共同体を構成する他社のミスには責任を負う必要がない。ジョイント・ベンチャーでは各社の担当する業務は決められるが、業務の遂行は各社が行うというより共同企業体のために各社が行うという形をとる。したがって、各社の業務遂行の結果（利益または損失）は、基本的にジョイント・ベンチャーに帰属し、それを、共同企業体参加各社間で、決められた比率に従い、享受あるいは負担することになる。共同体に参加している他社によるミスも、ジョイント・ベンチャーのミスとして、ミスをしていない会社も所定の比率で負担することになる。尚、この2つの方式の責任分担方法は、あくまで共同体参加各社間の内部責任分担を定めたものであって、プラント発注主に対する共同企業体の責任としては、各社それぞれが、あたかも一社で共同企業体の全責任を負っている負担構造となっていることがほとんどである。このことから共同企業体の組織運営も、自ずと上述の内容を反映する形となる。

ジョイント・ベンチャー型の組織であるが、全ての業務は、共同企業体のために各社が実施することから、各社が行う業務を共同企業体として管理する必要がある。このため、例えばJoint Venture Directorate（JVD）と呼ばれるような組織を組成し、各社の業務を管理する。JVDの構成員は、参加各

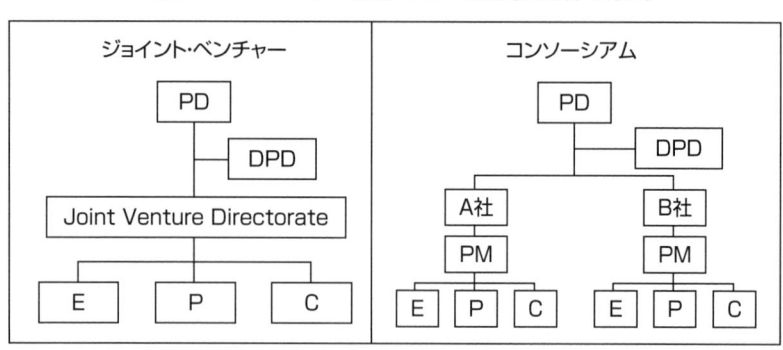

図表3-8-8　プラント業界における共同企業体の形式

図表3-8-9 ジョイント・ベンチャーとコンソーシアム

	ジョイント・ベンチャー	コンソーシアム
プロジェクトマネジメント組織	各社よりアサインされたスタッフによる組織が各社の業務を管理する。	各社の業務間のコーディネーション、あるいは全社に跨る業務のみの管理を行う。
責任範囲	原則、共同企業体全体の責任で、各社の個々の責任を問わない。	各社の担当業務につき、各社が個別責任を負う。
受注比率	各社で合意する比率による。	各社の担当業務に対応する契約金額が各社の受注金額。
プロジェクト要員	各社の人員につき、共同企業体Project Managementの承認が必要。	各社の判断で、人員をアサインする。

社からアサインされる。JVDの管理の下に、各国に存在する共同体参加各社の業務遂行がぶら下がっていると言える。JVDをリードするのが、Project Director（PD）。以前は、Project Manager（PM）がプロジェクト責任者の名称であったと思われが、昨今、プロジェクトの大型化・複雑化、それによるマネジメント業務の多様化・深化に伴い、PD、PMの両方を配し、PDはよりハイレベルなマネジメントに専念する形が多い。

　リーダー会社以外の各参加会社からは、Deputy PD（DPD）の形でJVDに参加する。JVDの運営にあたり、PDとDPDの協議は、基本的に合議制である。合議が成らない場合で、共同企業体として緊急の決定をする必要がある時には、暫定的に、PDに決定権限を認めることもある。また、プロジェクト内容、共同企業体参加会社の顔ぶれ・数、あるいは各社の出資比率の度合いによっては、共同企業体のスムーズな運営のため、リーダー会社が出すPDに、より幅広い権限を与えることもあるである。コンソーシアム型の場合は、各社が自己の業務を責任遂行するのが基本であるため、共同企業体の組織として、同じくPD/DPDを置くが、その業務内容は、各社の業務間のコーディネーションおよび共同企業体全体に関わる事項を管理する内容に限定されるであろう。ジョイント・ベンチャーと違い、各社の業務は参加各社で管理（manage）することになる。

3. リスクの特定

プロジェクトの遂行業務に対して、どのようなリスク要因やリスク事象が影響を及ぼすかを検討し、ブレーンストーミングなどの手法を駆使し、契約・仕様書のレビューなどから、リスクの特性を文書化するプロセスである。

このプロセスは、プロジェクトでマネジメントすべきリスク事象を可能なかぎり多く特定するプロセスである。さらに、「何が起きるか」と「いかにして、なぜ起きるか」を分析することである。なお、プロジェクトが抱える個別のリスクの内容・属性（Risk Profile）はプロジェクトごとに異なる。リスクの内容・属性を正確に理解し、把握することにより、適切な形でリスクを特定できる。

3-1. 基礎情報

リスクを特定する場合は、リスクの概念・基礎知識を理解したうえで、以下にあげるようなプロジェクトの方針・計画、契約に含まれる要件を基礎情報として検討を行うことになる。括弧内は例である。

① 戦略的方針（プロジェクト開始時に戦略的に決められたことは何かなど）
② 一国の法制度や慣習・文化などがもたらす制約（顧客、その他ステークホルダーの国の法制度や政治的背景・文化などから起き得る問題など）
③ 顧客ないしは市場における満足・受容度（プロジェクトの目的は何か、阻害要因は何かなど）
④ 契約的制約（契約事項の履行困難な課題は何かなど）
⑤ 組織の方針（プロジェクト組織、企業組織からくる問題は何かなど）
⑥ 要件上の制約（基本設計条件などの要件上の問題となる可能性のある項目など）
⑦ 技術的な制約（新技術要素は含まれるか、客先要求仕様・品質上の問題点など）
⑧ 時間上の制約（スケジュールを守ることの難しさはどこにあるのかなど）
⑨ 調達方針・計画（ベンダー・設計外注先選定とそのパフォーマンスの見極めなど）

⑩　経済的制約（受注時のコスト積算上の問題点と制約条件など）

　これらに加え、類似プロジェクトからの経験（人知）、フィードバックデータ（データベース）の過去情報も活用し、リスクの特定を行う。

3-2. リスク特定のための手法

　プロジェクトに関わる各種リスク事象の発生までには、何らかの予兆があり、これらの予兆を早期に察知し、対応策を実施することが重要である。これらの予兆を分析するための主なツール・技法を図表3-8-10に示す。

図表3-8-10　リスク特定のためのツール・技法の例

・チェックリスト法	過去の情報を蓄積し、チェックリスト形式にまとめ、簡易的にリスクを特定する。また、公開されているチェックリストを利用する場合もある。全てのリスクを特定できるとは限らないため、注意が必要である。
・６Ｗ１Ｈ法	「いつ(When)」「誰が(Who)」「誰に(Whom)」「何を(What)」「どうして(Why)」「どこで(Where)」「どのように(How)」を問いかけながら、ステークホルダーへのインタビューもしくはブレーンストーミングなどを実施する。
・ブレーンストーミング法	参加者により自由形式によるセッションを実施する。場合によっては、投票やファシリテーションなどの手法を組み合わせる。
・ツリー法	特性要因図、フォールトの木、リスク・ブレークダウン・ストラクチャーなどのツリー構造の図解手法を用いてリスクを特定する。
・識者へのインタビュー	経験豊富な識者、ステークホルダー、専門家に面談し、リスクを特定する。
・レビュー	文書レビュー、集合レビュー、インスペクション・レビューなどの方法を用いて、リスクを特定する。
・デルファイ法	専門家に対して匿名で見解を求め、ファシリテーターが集約し、要約して再配布する。これを繰り返してリスクを特定する。特定のメンバーの影響度を低減させることに有効である。

4. リスクの分析評価

4-1. リスクの分析評価

　リスクの分析評価は、プロジェクトマネジメントにおける意思決定者が不確実な課題に対し、主に確率と統計の基礎的手法を用いて、将来的に生じると思われるプロジェクトにとってのプラスとマイナスの事象を定量化して予測、判断し、適切な方針選択の手段とすることを目的とするものである。

　プロジェクトにおける多くのリスク事象は、高度な（新規の）技術分野、技術開発、エンジニアリング、マーケティング、ファイナンス、プロジェクト組織などの各分野に内在している。これらの各領域に携わる高い能力をもつ専門家が、しばしばプロジェクトマネジメントの基礎知識をもたず、また組織的な影響から、意思決定プロセスが貧弱であるために、選択を誤る場合がある。多くの企業や組織において、意思決定そのものが前例にとらわれ、かつ時代の流れに対応できず、非科学的なやり方に頼っている。こうしたリスク分析評価の良し悪しが、特にコスト、スケジュールおよび品質に多大な影響を与える。

　リスク分析は、リスクと不確実性についての判断を数理的な論理思考に基づいた手法で行うことであり、大きな不確実性を包含しているプロジェクトほど、信頼できるリスク評価が必要となる。

4-2. リスクの定量化手法

　リスクは定量化して評価する必要があるが、ここではその代表的な手法を述べる。リスク定量化の計算は、リスク事象の相対的な金額などを求める目安となるもので、その評価の基本となる。

4-2-1. 簡易的定量化

　これはリスク事象を、発生の可能性とインパクトの大きさから、マトリックス的に指標として判断する方法である。ただし、金額としてのプロジェクトリスク量を求めるわけではなく、リスク事象間の比較、全体リスク量の把握はできない。点数化して、全体の中でいかなるポジションのリスクとなるかを把握し、どのリスク事象を優先してその対応措置を考えるべきかなどの検討には有

用である。

　全体をマッピングし、リスクの全体像を把握し、個別リスクのポジションを明確にする。これにより対応措置の優先度・方針を把握し、対応策のあり方を考える。

　これに類似して発生可能性（確率）とインパクトのマトリックス表（図表3-8-11参照）を作り、ポイント化して、プロジェクトごとのリスク比較をしたり、プロジェクトのリスク評価をしたりする様々な手法がある。例えば、典型的なマトリックス表では、リスクの発生確率とインパクトをそれぞれ、高、中、低の3つに分類し、6つのマトリックスの中で位置づけすることなどを考える。

図表3-8-11　リスクマトリックス

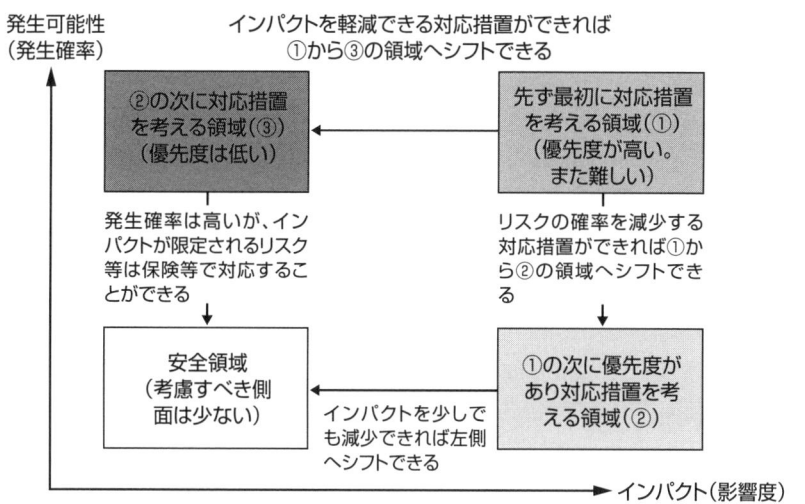

発生可能性（発生確率）	インパクト小	インパクト大
高	②の次に対応措置を考える領域（③）（優先度は低い）	先ず最初に対応措置を考える領域（①）（優先度が高い。また難しい）
	発生確率は高いが、インパクトが限定されるリスク等は保険等で対応することができる	リスクの確率を減少する対応措置ができれば①から②の領域へシフトできる
低	安全領域（考慮すべき側面は少ない）	①の次に優先度があり対応措置を考える領域（②）
		インパクトを少しでも減少できれば左側へシフトできる

インパクトを軽減できる対応措置ができれば①から③の領域へシフトできる

→ インパクト（影響度）

4-2-2. リスクの金額評価

リスクの金額評価は、下記の式から求められる。

全体リスク量＝Σ個別リスク量＝Σ〔不確実性×インパクト〕

- 不確実性：各リスク事象が発生する確率の見積り
- インパクト：各リスク事象の発生影響額（損失もしくは収益）

第3部　プロジェクトマネジメント

　さらに、リスクの金額評価は、不確実性のもとでの意思決定の手法としても有益である。同じ事象について、選択肢がある場合、その起き得る確率の総和は確率論から1.0になる。この基本的な原理を利用し、選択肢のロジックツリー（ディシジョンツリー）から科学的な意思決定を可能とする。ここで確率（可能性）と金額（結果額）を掛け合わせたものを期待額（Expected Monetary Value = EMV）という。

意思決定に導くロジックツリー

　図表3-8-12のロジックツリー（ディシジョンツリー）は、あるシステムを生産したい時、A社では自社でソフトを購入し生産するか、下請けに外注するかという選択肢の例である。この例では、今後、市場が好転する場合と悪化する場合の確率、ソフト購入費と外注費を除いたそれぞれの結果額（利益）を予想し、期待額（EMV）を計算して判断している。

図表3-8-12　ロジックツリー（ディシジョンツリー）

（注）1）結果額は利益を意味する（除くソフト購入費）
　　　2）下請への外注費7,000
　　　3）外注の場合とソフト購入の利益差20,000と見る

- ソフトの購入（40,000）　EMV = 68,000
  - 市場好転　P=0.8　結果額：80,000、EMV=64,000
  - 市場悪化　P=0.2　結果額：20,000、EMV=4,000
- 下請へのソフト外注（7,000）　事象の選択　41,000　EMV = 48,000
  - 市場好転　P=0.8　結果額：60,000、EMV=48,000
  - 市場悪化　P=0.2　結果額：0、EMV=0

（単位：百万円）　　　　　　　　　　　　　　　　　（期待額：EMV）

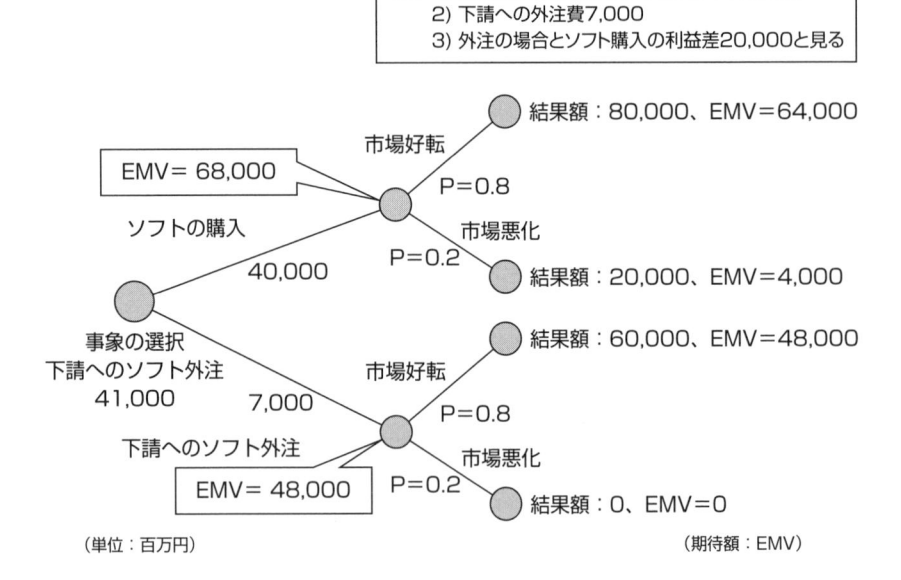

◇◇◇◇ リアルオプションのリスクマネジメントへの適用 ◇◇◇◇

　リアルオプションの考えは、リスクの定量化分析や、投資決定に関連するリスクマネジメントにも用いられている。

　これは将来のキャッシュフローの現在価値を増加させたり、減少させたりするリスクを現在価値として定量的に識別、評価することにより、経営対象とすべきリスクを優先して選択する考えで、主に、投資価値評価への適用となる。

　これ以外にも天候デリバテイプ等のオプションなどもオプションのリスクマネジメントへの応用になる。これは、将来の天候不順という不確実性リスクに対し、オプション料を支払うことにより、ダウンサイドリスクの発生への財務的補填を考慮するという考えになる。

　将来にわたり不確実性の高い商品やサービスに関する契約条件の決定モデルに、リスクがもたらす選択肢を現在価値で定量的に把握し、オプションの考えを用いてリスクを評価し、経営的な意思決定に利用していることになる。

4-2-3. 統計とシミュレーションによる手法

　プロジェクトの総コストを積算する場合には、個々の積算の予想コストをベースにして統計で使う計算を用いて、プロジェクトの総コストの予測幅を求めることができる。この場合は確率分布の計算手法が使われる。

　シミュレーションによる解析は、リスク事象を選定して、事象ごとの発生確率を推定してモデル化していく。モデル化に際しては、過去の実績データ、リスク事象の性格による確率分布（一様分布：事象に関する情報が得られない場合、正規分布：自然現象、製品の誤差など、三角分布：最大値と最小値の間である値が最も発生する確率が高い場合など）を活用する。

　リスクが発生した場合のインパクト（金額・スケジュールなど）に対して、分布型に応じた最大・最小値などのパラメータと合わせて推定し、モンテカルロ法などを利用したシミュレーションソフトウェア等により実行する。その結果を解析して決定する。

5. リスク対応策の策定

5-1. リスク対応策の策定

リスクへの対応とは、プロジェクトにおいて、分析・評価されたリスクを低減・除去するために、優先順位にしたがって必要な対応策を実施することである。リスクへの対応は、リスクの回避、軽減、分散、移転を行うリスクコントロールプランと、このような処理手段を講じても、完全に除去することが難しいリスクに対して、資金的に対応を図ろうとするリスクファイナンスに区分される。

5-2. リスク対応策の構成

リスク対応策は、図3-8-13のとおり、リスクコントロールプランとリスクファイナンスに大別される。

5-2-1. リスクコントロールプラン

リスクコントロールプランとは最小の費用で効果的にリスクがもたらす損失

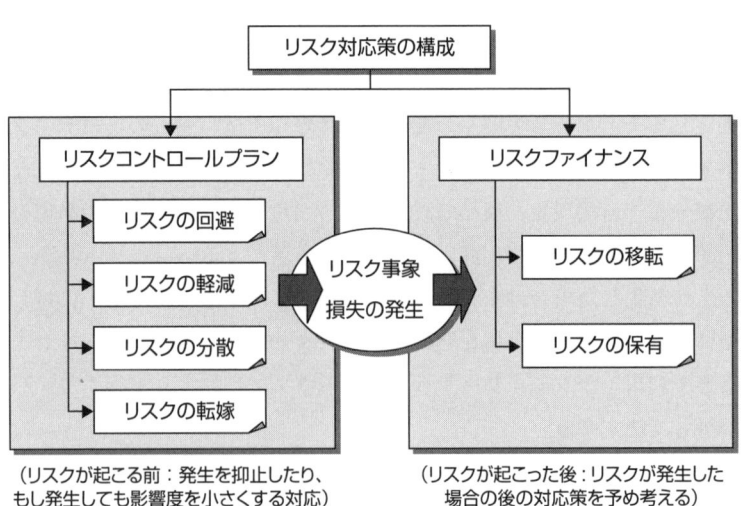

図表3-8-13　リスク対応策の構成

```
                    リスク対応策の構成
                    ┌─────┴─────┐
         リスクコントロールプラン        リスクファイナンス
           ├─ リスクの回避              ├─ リスクの移転
           ├─ リスクの軽減              └─ リスクの保有
           ├─ リスクの分散
           └─ リスクの転嫁
                     → リスク事象 損失の発生 →

   （リスクが起こる前：発生を抑止したり、      （リスクが起こった後：リスクが発生した
    もし発生しても影響度を小さくする対応）        場合の後の対応策を予め考える）
```

を回避する、もしくは低減を図るプロセスであり、リスクの回避、軽減、分散、転嫁などの考えをいう[*3]（図表3-8-14参照）。

図表3-8-14　リスクコントロールプランの例

回避	リスクの原因を取り除くことをいう。例えば、スコープを変更して、脅威となりうる部分を外してしまうこと、活動自体を行わないことなどがある。
軽減	リスクが起こりうる確率や起こった場合の帰結や影響度をあらかじめできる限り軽減することをいう。 例えば、あらかじめ管理体制をとり、訓練等によりこれを強化し、積極的に予防する、たとえリスクが実現化しても被害や損害を極小化することなどがある。
分散	リスクの担い手を増やし、リスクが実現化した場合の帰結や影響度の負担を分散することをいう。 例えば、企業間でのコンソーシアムやジョイントベンチャーの形成などがある。
転嫁	リスクがもたらす帰結と責任を第三者に転嫁することをいう。 例えば、契約行為により、特定のリスクの責任、リスクが実現化した場合の影響度の軽減義務やその帰結などを第三者に転嫁することなどがある。

5-2-2. リスクファイナンス

リスクファイナンスとは、実際にリスクが現実化した場合の損害に対する金銭的負担を考慮するメカニズムをあらかじめ準備しておくことをいい、リスクの移転、保有などの考えをいう（図表3-8-15参照）。

[*3] リスク対応策の定義のあり方にはこの他にもさまざまな考えや定義が存在する。例えばリスクコントロールプランを回避、除去（軽減）と二分して除去の概念を防止、分散、結合、制限などに細分化する考え方もある（George L Head, 1976 "The Risk Management Process"）。あるいは対応策を一つの考え方として、回避、低減（最適化）、移転、保有とする考え方もある（ISO/IEC Guide 73:2002, Risk Management Vocabulary Guideline for use in standards.）また米国国防省調達大学（US Department of Defense Acquisition University）ではACAT（Accept保有, Control管理, Avoid回避, Transfer移転）としてこれを捉える。これらは考えの類型化の差異にすぎず、あまり固定的に考える必要性はない。

図表3-8-15　リスクファイナンスの例

移転	転嫁と類似的な概念となるが、費用を支払うことにより特定のリスクの財政的帰結を第三者に移転することをいう。 　例えば、保険、共済、ヘッジ取引などで通常金銭の支払いを伴うリスクの移転をいう。但し、この場合、財政的帰結以外の責任が移転するわけではない。
保有	リスクを認識したうえで保有することをいう。一定の対応措置を前提として、自らリスクを保有することになり、例えば、自家保険、キャプテイブ保険、コンティンジェンシー、貸し倒れ引当金などがある。

5-2-3. リスクの受容

　リスクコントロールプランによって回避，軽減，分散，転嫁ができず、また、リスクファイナンスでも対処できないリスクについては、リスクとしてプロジェクトに受容される。リスクがプロジェクトに保有される場合、保険付保により損害が現実化した場合の備えとすることが基本となる。もちろん、その帰結を自ら内部的に対処することも可能である。

　例えば、リスクマネーとして、プロジェクトの見積り金額の中にリスク対処費用を計上する考えであり、エスカレーション、コンティンジェンシー、見積りアローワンスなどがある。自家保険として、保険の機能とアカウントを自らの組織内に保持して対応するなどという手法もある。

　一般的に市場における投資家や消費者の不確実性に対する行動はリスクを嫌悪する（Risk Aversion）、リスクに中立的（Risk Neutral）、リスクをとる（Risk Taking）の三つの類型に分類されるといわれている。市場には多ようなリスクを選好する主体、リスクの担い手が存在するということであり、各々の主体のリスクの選好度を評価しながら、適切な主体を選定し、回避、軽減、分散、転嫁などの手法を考え、実践していくことになる。多ような主体、多ような手法の中でリスク対応策を考えることが基本でもある（図表3-8-17参照）。

図表3-8-16　リスク対処費用の例

エスカレーション	当初の見積り後、制御し得ない市場要因で履行コストに変動をきたし、完工時コストとの間に差異が生じることが予測される場合に備え、あらかじめ、それを調整するために見積り額に入れておく予備費をいう。
見積りアローワンス	原価見積もりに際し、仕様上もしくは数量上明確に把握することが難しいが、必ずコストとして発生することが予測されるため、設計、製作、施工といった各項目に一定のファクターを乗じて見積り金額に算入しておく予備費または予備数量をいう。
コンティンジェンシー	一般に発生の可能性はあるが、不確定であるため現時点では定量化することが困難な潜在的コストに備えるために、プロジェクト予算上に設けられた危険予備費である。

6. 対応策実施と監視・評価

　計画された対応策を実施していくプロセスである。リスクマネジメントにおいては、リスクの特定から対応策実施までの実施状況の監視・評価を繰り返し行うことが必要である。

7. リスク教訓の整理

　プロジェクトは有期性をもち、かつ独自性を保持することにより、リスクマネジメントは多様で困難であり、それゆえに必須のマネジメント要素となる。
　したがって、効果的なリスクマネジメントを進めるうえでは、過去の実績データを活用し、識者・経験者の知を駆使して進めることが大切である。
　このため、個別プロジェクトのリスクマネジメントに関する一連の過程・結果は、教訓・事例集・データベースとして整理し、保存されなければならない。その前提として、企業における知識データベースのシステムづくりが必要である。

7-1. 類似プロジェクトリスク事例集

　プロジェクト終了時点では、改訂が常に行われている最終版のプロジェクトリスクチェックリスト（特定されたリスク事象）で、リスクマネジメントの成果を評価し、実績データベースとして、後続のプロジェクトが使いやすい形で

保管される必要がある。

7-2. スケジュールアクティビティーごとの精度の確率分布データ

　スケジュールリスク解析の精度を上げるためには、計画スケジュールと実績スケジュールの差異、振れ幅を作業の種類ごとに統計的に整理し、確率分布のデータを保持する必要がある。同様にスケジュールに限らず、プロジェクトコストに対する統計解析など、シミュレーション解析を進めるうえで、基礎データをもつことも重要である。

7-3. リスク対応策事例集

　プロジェクトのリスク事例集とともに、対応策とその結果・成果に関する教訓を整理した事例集の作成も重要である。

第9章 品質マネジメント

1. 概要

1-1. 品質マネジメントの目的

品質マネジメントとは、顧客の要求にあった品質の製品やサービス等を経済

図表3-9-1 品質マネジメント概要

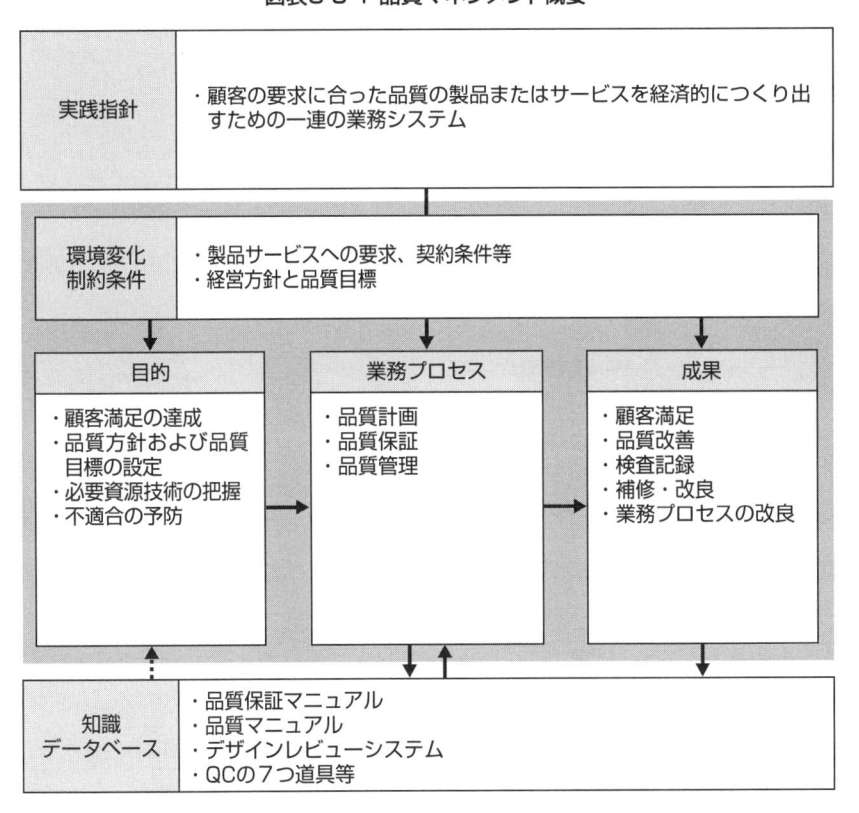

実践指針	・顧客の要求に合った品質の製品またはサービスを経済的につくり出すための一連の業務システム
環境変化 制約条件	・製品サービスへの要求、契約条件等 ・経営方針と品質目標

目的	業務プロセス	成果
・顧客満足の達成 ・品質方針および品質目標の設定 ・必要資源技術の把握 ・不適合の予防	・品質計画 ・品質保証 ・品質管理	・顧客満足 ・品質改善 ・検査記録 ・補修・改良 ・業務プロセスの改良

知識 データベース	・品質保証マニュアル ・品質マニュアル ・デザインレビューシステム ・QCの7つ道具等

的に作り出すための一連の業務プロセスである。すなわち、顧客の要求する品質の製品やサービスを経済的、効率的に調査し、設計、生産、販売して、顧客に安心かつ満足して使用してもらうことが重要である。

また、プロジェクト内部に対しては品質マネジメントを徹底し、欠陥を早期に見つけることによって対策の選択肢を広げるとともに、コストとスケジュールへの悪影響を最小限にすることが可能となる。

品質マネジメントは、経営方針やプロジェクトの方針（計画・契約）などに基づき、あらかじめ決められた品質システムのもとで品質計画、品質保証、品質監査、品質改善などを通じて、計画された品質の製品やサービスを提供するためのマネジメント機能である。

1-2. 業務プロセス

品質マネジメントの業務プロセスは、「品質計画」、「品質保証」、「品質管理」から構成される（図表3-9-2参照）。

図表3-9-2　品質マネジメントの業務プロセス

・品質計画	1. 品質計画とは 2. プロジェクトの品質システム
・品質保証	1. 品質マネジメントの原則 2. 品質マネジメントシステムの基本 3. 品質マネジメントシステムのアプローチ 4. 品質監査 5. 品質の変更
・品質管理	1. 品質管理とPDCAサイクル 2. QC7つ道具 3. その他の手法

1-3. 実践指針

プロジェクトマネジメントから見た品質マネジメントは、ISO9000ファミリーを基本とするが、重要なキーワードを以下に挙げる。

- 要求事項への適合（P. B. Crosby, Conformance to requirements）
- 使用適合性（J. M. Juran, Fitness for use）

- 検査より予防（Prevention over inspection）
- 経営者の責任
- 継続的改善

　1970年代に多くの欧米諸国で、品質保証に関連する規格が制定された。その背景には、高品質を武器にした日本の工業製品の国際競争力が強まり、経済の繁栄に大きく寄与したのに対し、欧米の経済発展の伸びが思わしくないことから、欧米においても品質重視の風潮が高まってきたことがある。

　この品質保証に関する規格は、それぞれバラバラに制定されており、国際的な通商活動の障害になるおそれが懸念された。そこで、これらの規格を統合して品質保証に関する国際規格を作る動きが起こり、1987年に制定された規格がISO 9000ファミリー規格である。その後、継続的に規格改正が行われ、主要規格は以下のとおりである。またこれらの規格は翻訳され、日本工業規格として採用されている。

- ISO 9000:2005（品質マネジメントシステム―基本および用語）
- ISO 9001:2008（品質マネジメントシステム―要求事項）
- ISO 9004:2009（品質マネジメントシステム―組織の持続的成功のための運営管理―品質マネジメントアプローチ）

1-3-1.品質と等級

　品質とは、備わっている特性の集まりが、要求事項を満たす程度のことを意味する。

　備わっている特性には、製品やサービスがもっている物質的特性（機械強度、化学物質、電気伝導度等）、感覚的特性（色、匂い、音等）、行動的特性（誠実、正直等）、時間的特性（時間の正確さ、信頼性等）、人間工学的特性（安全等）、機能的特性（自動車速度等）などがある。

　要求事項は、契約などで明示されている場合と通常、暗黙のうちに了解されている場合があり、また義務として要求されているニーズや期待なども要求事項である。

一方、グレード（等級）とは、同一の用途をもつ製品やサービスについて、異なる品質要求事項に対して与えられる区分もしくはランクである。したがって、品質がよいこととグレードが高いことは別の事象である。

よく例にあげられるものに、飛行機のファーストクラス、エコノミークラス、また、乗用車における同一車名でのクラスの違いなどの区分がある。必要となる品質とグレードのレベルを決定することは、顧客要求事項を明確にするうえで極めて重要である。

1-3-2. プロジェクトマネジメントの品質

プロジェクトにおけるマネジメントの品質についても、そのプロジェクトの最終製品（ハードウェア、ソフトウェア、サービス、またはこれらの組み合わせ）の品質確保のみならず、プロジェクトのやり方、マネジメント手順を先に明示して、品質を保証することが重要である。プロジェクトマネジメントは、プロジェクトの目標を達成するために、設計、計画、実行、調整、成果の連続的手順を適用することである。

1-3-3. 経営の方針

プロジェクトの開始にあたり重要なことは、経営者がプロジェクト（プログラム）の品質達成を目指した経営の方針を設定することである。

経営の方針策定にあたり、経営者が考慮すべきことは、以下の項目である。

- 顧客のニーズを明確に理解する。
- 最終製品の目標品質とプロジェクトマネジメント手順の品質を設定する。
- 設定された製品の品質と手順の品質を達成するための環境を整える。
- プロジェクトのライフサイクル全体および各プロジェクトにわたり継続的な改善を実施する。

この経営の方針は、企業としての全社的方針、プログラムマネジメント上の方針として経営が設定するレベルをいうが、個別プロジェクトのプロジェクトマネジャーは同様の方針を組織の方針にも照らして設定する必要がある。

2. 品質計画

2-1. 品質計画とは

　品質計画とは、プロジェクトの契約や基本要件設定に基づいて、その製品またはサービスのもつ品質特性について、最も適切な品質水準を設定し、それを満足する方法を決定することである。品質計画は単独で実施されるのでなく、スケジュールやコストなど他のプロセスの計画と並行して進められ、それらと相互に調整しながら実施される。品質管理の重要なポイントは、品質は検査で達成するのではなく、きちんとした品質計画で達成するものであるということである。

2-2. プロジェクトの品質システム

　プロジェクトの品質システムは、品質マネジメントを実施するための組織、責任、遂行手順、業務プロセスおよび必要な資源を記述するものであり、品質計画に含まれる。

3. 品質保証

　品質保証とは、顧客の要求する品質が十分満たされていることを保証するために実施する一連の仕組みと、その活動のことである。

　品質マネジメントの成果として、最近では顧客の要求だけでなく、社会や環境から要求される品質も重要視されてきている。

　その製品またはサービスのもつ「製造責任」「環境破壊性」など、製品やサービスを使用する面だけでなく、その製品やサービスが使用されることによって、周辺社会にも迷惑がかからないよう配慮しなければならない。

　品質保証の基本は、こうした要求をプロジェクト初期に確認し合意したうえで、適用される標準・規格、法規などに合致させるため、どのようにプロジェクトを遂行し成果を出すかを品質マネジメントの面から明確にし、顧客（ステークホルダーを含め）に対して信頼感と満足を与えることである。

　その内容に対してプロジェクトマネジャーやプロジェクトチーム員は説明責任（accountability）を有する。その詳細は以下に述べるとおりである。

3-1. 品質マネジメントの原則

　ISOでは品質マネジメントシステムに関して、トップマネジメントの参画を重要視し、効率的な組織運営のためには、体系的かつ透明性のある方法によって指揮・管理することが必要であるとし、8つの品質マネジメントの原則を明確にしている（図表3-9-3参照）。

図表3-9-3　8つの品質マネジメントの原則

・顧客重視	組織は、その顧客に依存しており、そのために現在ならびに将来の顧客ニーズを理解し、顧客要求事項を満たし、顧客の期待を超えるように努力すべきである。
・リーダーシップ	リーダーは組織の目的と方針を一致させ、従業員が組織目標を達成するように全面的に参画できる内部環境を整備し維持する。
・全ての階層の人々の参画	全ての階層の従業員は、組織の要であり、従業員の全面的な参画によって、その有する能力を組織が利益を得るために活かすことができる。
・プロセスアプローチ	活動および関連する資源が一つのプロセスとして運営・管理される時、望まれる結果がより効率よく達成される。
・マネジメントへのシステムズアプローチ	相互の関連するプロセスを一つのシステムとして明確にし、理解し、運営管理することが組織の目標を効果的で、効率よく達成することに寄与する。
・継続的改善	組織の総合的パフォーマンスの継続的改善は、組織の半永久的な目標とする。
・意思決定への事実に基づくアプローチ	効果的な意思決定は、データおよび情報の分析に基づいている。
・供給者と互恵関係	組織および供給者は独立しており、両者の互恵関係は両者の価値創造力を高める。

3-2. 品質マネジメントシステムの基本

　顧客は、ニーズと期待を満たす特性をもつ製品やサービスを要求する。そのニーズと期待は製品仕様書や購入仕様書に表され、顧客要求事項と総称される。顧客要求事項は、顧客との契約によって規定されることもあり、組織自体がこれを決定することもある。いずれの場合も、顧客が最終的に製品やサービスが受け入れ可能かどうか決定する。顧客のニーズと期待は変化し、かつ競争と技術進歩があるため、組織には製品とプロセスを継続的に改善することが要求さ

れる。

品質マネジメントシステムのアプローチでは、組織が顧客要求事項を分析し、顧客に受け入れられる製品やサービスを作ることに大きく影響するプロセスを管理し続けることを要求する。品質マネジメントシステムは、顧客とその他の利害関係者の満足を向上させる可能性を高めるために、継続的改善の枠組みを提供することができる。

3-3. 品質マネジメントシステムのアプローチ

品質マネジメントシステムを構築し、実施するアプローチは、以下の事項を含むいくつかのステップからなる。

- 顧客とその他の利害関係者のニーズ、期待を明確にする。
- 組織の方針と品質目標を設定する。
- 品質目標の達成に必要なプロセスと責任を明確にする。
- 品質目標の達成に必要な資源を明確にし、提供する。
- 各プロセスの有効性と効率を測定する方法を設定する。
- 各プロセスの有効性と効率を判定するための指標を設定する。
- 不適合を予防し、その原因を除去するための手段を決定する。
- 品質マネジメントシステムの継続的改善のためのプロセスを確立し、適用する。

3-4. 品質監査

品質監査とは、企業の品質システムそのものの審査と品質マネジメント活動が、品質システムにしたがって実施されているかを体系的に審査・評価することである。監査の基準には、

- 法律で定められている場合
- 取引契約で定められている場合
- 資格を与える基準として定められている場合

などがある。さらに、品質監査には定期的に行うものと、抜き打ちで行うものとがあり、正規の訓練を受けた内部監査員が実施するものと、品質システムの認証機関など第三者が実施するものがある。

3-5. 品質の変更

プロジェクトスコープの変更のような場合も含めて、製品やサービスの品質への影響は直接的もしくは間接的な変更要求によってもたらされる。また、変更は品質保証のプロセスにも影響を与える。これら品質に関する変更の対処は、変更管理システムの一環として処理される。

4. 品質管理

4-1. 品質管理とPDCAサイクル

品質管理とは、製品やサービスが定められた品質基準に適合しているか否かを検査し、不満足な結果が得られた場合は、その原因を調査し、取り除くための手段を講じることである。

検査には、製品やサービスが要求事項を満たしているか否かを検証するために行われる測定、試験、テストなどがある。

ソフトウェア開発の品質管理においては、各フェーズや作業ごとの成果物に対するレビューが重要である。特に初期段階でのレビューを確実に実施することが、高品質、低コストの製品を作る要点である。

なぜなら、要求定義段階のエラーを発見・修正するためのコストは比較的少なくて済むが、システム設計段階、システム開発段階とプロジェクトが進むにつれて、エラーを発見・修正するためのコストは指数関数的に上昇するからである。

このことは、建設・エンジニアリングプロジェクトの設計段階で実施されるデザインレビューが重要であるのと同じである。調達・製作段階でエラーを修正するコストは、設計段階で発見されたエラーを修正するコストと比較すると、はるかに大きくなる。これは、コストに対する影響だけでなく、スケジュールに与える影響も同様である。

品質管理の基本的な進め方は、PDCAサイクル（図表3-9-4）に沿って継続的な改善を積み重ねることにある。

図表3-9-4　PDCAサイクル

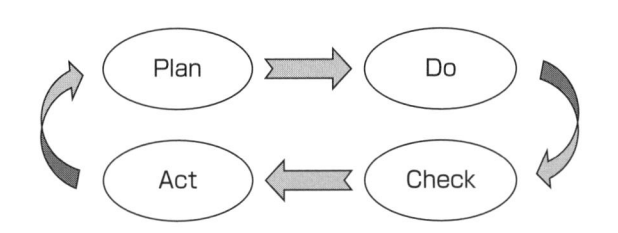

Plan → Do → Check → Act →（繰り返し）

具体的なプロセスは、以下の通りとなる。

① 管理要素を選定して明確にする。
② どのような基準・要領でプロジェクトを遂行するか、製品とサービスに関して明確にする。
③ その基準・要領が、計画どおりに進んでいるのか測定方法を定める。
④ それらを実績と照らし合わせて評価し、満足できる状態でない場合には、対応策・迂回策を決定する。
⑤ 不適合に関して根本的な問題の是正策を決定し、フィードバックする。

4-2. QC七つ道具

代表的な品質管理手法として、「QC七つ道具」がある（図表3-9-5参照）。

図表3-9-5　QC7つ道具

ヒストグラム	ヒストグラムとは、データの分布状態をグラフ化したもので、度数分布図または、その形状から柱状図とも呼ばれている。測定値の範囲を限定してx軸とし、測定値の度数をy軸で表示する。
特性要因図	特性要因図とは、ある事柄の結果と要因の関係を一目でわかるようにした図で、別名「魚骨図」とも呼ばれている。この図の特徴としては、大きな原因を大枝にして、それぞれ小さな原因である小枝をつけることである。
パレート図	パレート図とは、不良、欠点、故障などの発生件数や損失金額を、原因や事象別に分類して、大きさの順に柱状グラフを書き、それらの累

	積占有率を上方に折れ線グラフで示した図である。パレート図を作ることによって、どの項目から対策を講じれば効果的か、どの項目は無視できるかが一目で判断できる。また、特性値や不良率などの推移（時間的変化）をみて、変化や傾向などを判断することができる。
管理図	管理図は判断の基準となる線を加えた図である。これを管理限界(Upper or Lower Control Limit)といい、検査値がこの限界線を越えたら異常とみなし、その原因究明、対策実施行動の指標とする。
チェックシート	チェックシートは、不良数や欠陥数など数えられるデータ（計数値）が、分類項目別のどこに集中しているか見やすく表にしたものである。
散布図	散布図とは、横軸に要因、縦軸に結果として打点したものを表したグラフで、その因果関係を検証するために用いられる。要因と結果の相関関係が一目でわかる。
グラフ	データを図に表すことによって、データ全体の姿を見たり、その量を比較したりし、変化の状態を明確にする。前述のパレート図、ヒストグラム、管理図、散布図以外で、棒グラフ、折れ線グラフ、円グラフなどを総称して「グラフ」と呼んでいる。

4-3. その他の手法

●新QC七つ道具

前述の「QC七つ道具」が主に定量的な数値解析の手法であるのに対して、定性的な解析方法として新QC七つ道具がある。新QC七つ道具は、連関図法、親和図法、系統図法、アローダイアグラム法、マトリックス図法、マトリックスデータ解析法、PDPC法で構成される。

●ベンチマーキング

他社と対比することで、自社のパフォーマンスを把握する方法。

●統計的設計法

構成要素のばらつきに発生確率をあてはめて設計する方法。

●改善提案活動

表彰制度などを導入し、社員が改善提案を行いやすい環境を整えること。日本のTQCの基本的な活動（コラム参照）。

第9章　品質マネジメント

◇◇◇◇ **品質にまつわる歴史** ◇◇◇◇◇◇◇◇◇◇◇◇◇◇◇◇◇◇◇◇◇◇◇◇◇◇◇◇◇◇◇◇

　1950年の始め、アメリカの統計学者であるデミング博士が、日本の国勢調査の計画立案への協力のために来日した。日本では日本科学技術連盟の招待もあり、統計的品質管理（SQC: Statistical Quality Control）の講演を日本の経営者、技術者、学者などに対して行った。また有名なPDCA（Plan Do Check Act）サイクルの概念を導入した。デミング博士の講演の代金をデミング博士が寄付し、デミング賞が創設されたことも有名である。デミング博士の著書の邦訳の印税の一部がデミング賞の基金に加えられ、大きく発展していった。

　1960年代は、日本においてはSQCからTQCへ発展していくことになる。日本の品質管理の父といわれる石川馨博士が、QCサークル活動を提唱し、TQC活動の先駆的指導者として活躍する。また同氏は特性要因図（Cause and effect diagram、別名Fishbone diagram, 石川ダイアグラム）を創案した。

　1970年代後半から、日本製品が世界的に評価を受けるなかで、その原動力を徹底的に研究する活動が始まった。社会学者エズラ・ヴォーゲルによる「ジャパン・アズ・ナンバーワン」がベストセラーとなり、日本から何を学びとるべきか、あるいは何を学ぶべきではないかを明らかにした本である。日本のTQC（全社的品質管理、Total Quality Control）が、米国においてTQM（全社的品質マネジメント、Total Quality Management）として発展していく。日本のQC活動が現場の改善活動からスタートし、ボトムアップのアプローチであったのに比べ、TQMはマネジメントのレベルから品質に取り組むといったトップダウンの考え方を取り入れたところが根本的に異なる。

　1970年代に多くの欧米諸国で、品質保証に関連する規格が制定された。その背景には、高品質を武器にした日本の工業製品の国際競争力が強まり、経済の繁栄に大きく寄与したのに対し、欧米の経済発展の伸びが思わしくないことから、欧米においても品質重視の風潮が高まってきたことがある。この品質保証に関する規格は、それぞれバラバラに制定されており、国際的な通商活動の障害になるおそれが懸念された。そこで、これらの規格を統合して品質保証に関する国際規格を作る動きが起こり、1987年に制定された規格がISO 9000

ファミリー規格である。その後、継続的に規格改正が行われ、主要規格は以下のとおりである。またこれらの規格は翻訳され、日本工業規格として採用されている。

　また米国においては、1987年に当時のレーガン大統領のもとで、マルコム・ボルドリッジ賞（米国国家経営品質賞）が創設された。米国の国家的競争力の向上を目的として、当時の商務長官の名前を関した賞である。これを範として、日本においても1995年に日本経営品質賞が創設されている。

◇◇

【参考文献】

1) ISO 9000ファミリー、ISO 10006、ISO
    ISO 9000:2005 Quality management systems -- Fundamentals and vocabulary
    ISO 9001:2008 Quality management systems -- Requirements
    ISO 9004:2009 Managing for the sustained success of an organization -- A quality management approach
    ISO 10006:2003 Quality management systems -- Guidelines for quality management in projects
2) JIS Q 9000シリーズ、JIS Q 10006、日本規格協会
    JIS Q 9000:2006 品質マネジメントシステム―基本および用語
    JIS Q 9001:2008 品質マネジメントシステム―要求事項
    JIS Q 9004:2010 組織の持続的成功のための運営管理‐品質マネジメントアプローチ
    JIS Q 10006:2004 品質マネジメントシステム‐プロジェクトにおける品質マネジメントの指針
3) 藤田薫、片山善三郎ほか『QC七つ道具で問題解決　すぐに使えるQC手法』日科技連、1988年
4) 小林元一・高橋暁監修『これは使えるプロジェクトマネジメント――ISO9000 2000年版対応』オーム社、2000年
5) 細谷克也『QC七つ道具』日科技連出版社、1982年
6) 新QC七つ道具研究会『やさしい新QC七つ道具』日科技連出版社、1984年

第10章 調達マネジメント

1. 概要

1-1. 調達マネジメントの目的

プロジェクトにおける調達とは、プロジェクトを完成するために必要な物的

図表3-10-1　プロジェクト調達マネジメント概要

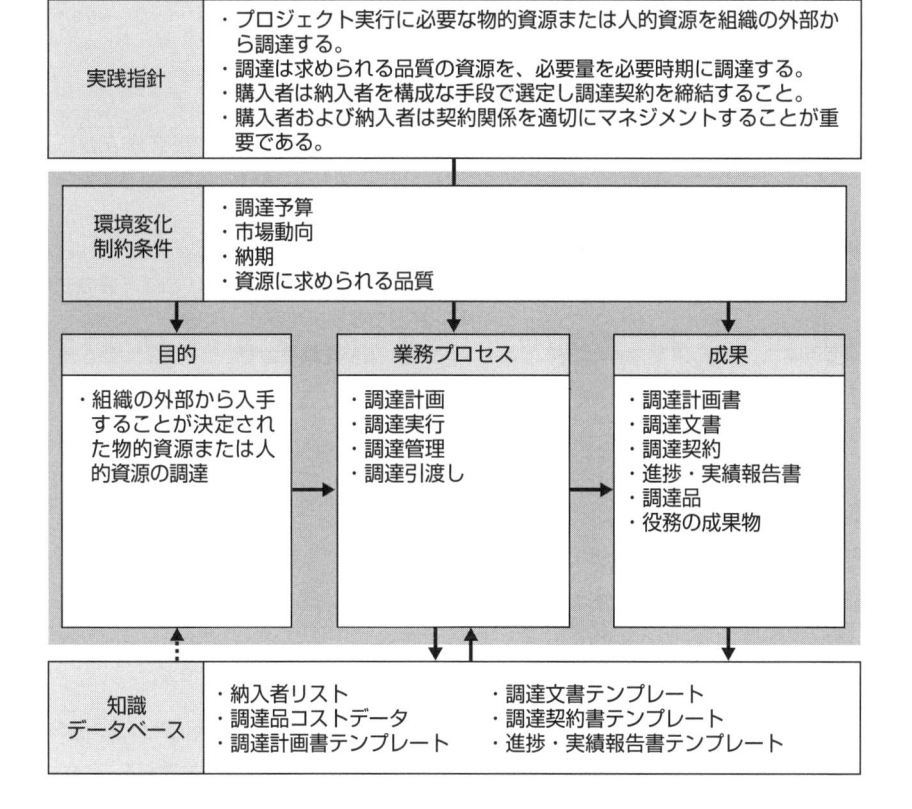

実践指針	・プロジェクト実行に必要な物的資源または人的資源を組織の外部から調達する。 ・調達は求められる品質の資源を、必要量を必要時期に調達する。 ・購入者は納入者を構成な手段で選定し調達契約を締結すること。 ・購入者および納入者は契約関係を適切にマネジメントすることが重要である。
環境変化 制約条件	・調達予算 ・市場動向 ・納期 ・資源に求められる品質

目的	業務プロセス	成果
・組織の外部から入手することが決定された物的資源または人的資源の調達	・調達計画 ・調達実行 ・調達管理 ・調達引渡し	・調達計画書 ・調達文書 ・調達契約 ・進捗・実績報告書 ・調達品 ・役務の成果物

知識 データベース	・納入者リスト ・調達品コストデータ ・調達計画書テンプレート	・調達文書テンプレート ・調達契約書テンプレート ・進捗・実績報告書テンプレート

資源または人的資源のうち、組織の外部から調達することをいう。調達には、購入だけでなく、レンタルやリースを含む。調達マネジメントとは、組織外部から調達するための契約関係をマネジメントすることである。

調達マネジメントでは、資源マネジメントプロセスにおいて組織の外部から調達することが決定された物的資源または人的資源の調達に係わる契約関係および契約から成果物の取得に至るまでのプロセスのマネジメントを行う。換言すれば、調達マネジメントを通して組織内部に調達された物的資源、人的資源、または人的資源の成果物のマネジメントは、資源マネジメントにて取り扱われる。

1-2. 業務プロセス

調達マネジメントのプロセスは、次のとおり調達計画、調達実行、調達管理、調達引渡しという4つのプロセスからなる。

図表3-10-2　調達マネジメントのプロセス

調達計画プロセス	資源マネジメントにおいて特定された資源のうち、組織の外部から調達することが決定された資源について、その調達方針や方法等を調達計画書としてまとめる。
調達実行プロセス	調達計画書に基づき、資源の調達先と契約を締結する。
調達管理プロセス	調達先との契約関係に基づき、進捗、品質、リスク、コスト等のモニタリングを行い、必要に応じて是正策を行う。
調達引渡しプロセス	調達先との契約関係に基づき、最終成果物の妥当性を確認し引き渡しを行い契約関係を終結させる。

1-3. 実践指針

資源マネジメントにおいてプロジェクト実行に必要な物的資源や人的資源の内、組織の外部から入手することが決定された資源を、調達マネジメントにおいて調達する。資源に求められる要求事項を満足する品質の資源を、必要な時期に必要な量を調達することが重要である。

購入者は、納入者を選定するプロセスにおいて、プロジェクト遂行上の全体最適を図る観点から調達戦略を検討し、公正な手段で納入者を決定する。

調達契約締結後は、購入者および納入者は契約にしたがって業務を遂行することを適切にマネジメントし、引渡しを完了させなければならない。

2. 調達計画

2-1. 調達計画における基礎情報

調達計画を策定する上で必要な基礎情報は、以下のとおりである。

① 資源リスト

資源マネジメントにおいて組織の外部から入手することを決定した資源のリストである。このリストには、資源量、資源を必要とする時期、資源に対する要求事項等が含まれている。

② 納入者リスト

組織として保有する各資源に対する納入者のリストが、当該プロジェクトの納入者の候補として利用できる。

③ 契約形態

契約形態は個々の機材や役務に応じて異なることがあるので、それぞれの利点・欠点を考慮して最適の契約形態を採用する必要がある。

(a) 価格設定方式による分類

図表3-10-3 価格設定方式による分類

定額請負型 (Lump-sum Contract)	プロジェクト請負価格を契約時点で定める方式で、経済指標の変動にかかわらず価格を固定する方式（Firm Fixed Price）や、エスカレーションなどによる価格調整条件をつける方式など、いくつかの変化型がある。契約時点でプロジェクト仕様が特定できるならば、購入者は一般的にプロジェクトの予算面のリスクが固定される定額契約を望む。一方、コスト変動のリスクは、原則として納入者がとることになるため、納入者にとってはリスク対応費（contingency）を見込むとか、例外事項（特定の変動事由に対する免責）を契約上明記するなどの留意が必要となる。
実費償還型 (Cost Reimbursement Contract, Cost-plus Fee Contract)	プロジェクト費用を実費ベースで償還するとともに、何らかの方法で決定される報酬（フィー）を支払う方式で、報酬の決定方式やコストの上限の設定など、いくつかの変化型がある。プロジェクトの仕様が決まっていない段階から、プロジェクトを立ち上げることができるという利点があるが、仕上がりコストが予想と大きく外れる可能性があるため、納入者側に予算のリスク対応費を見込む必要がある。
単価契約型 (Unit Price Contract)	契約上合意されている単価に、実際の完成物量を掛けることによって、プロジェクト費用を決定する方式で、コストの変動要因のうち、単価変動のリスクを納入者がとり、物量変動のリスクは購入者がとる。土木建築工事のように、作業内容が確定し、物量のみが不確定であるようなプロジェクトに適している。
その他の方式	契約における価格設定方法は、コスト変動のリスクのあり方に応じて、一つのプロジェクト内でも、上記の方式を組み合わせた様々な変化型が考えられる（たとえば定額請負をベースとしつつ、指導員の派遣は実費償還とするなど）。また、プロジェクトの成果（納期や性能）に応じたボーナス（成功報酬）を設定したり、さらに納入者にインセンティブをもたせるような成果物（プラントなど）の運用による利益をシェアしたりすることも可能である。プロジェクトコストを回収する機会は多様であり、契約における価格設定方法についても類型にとらわれない新しい発想が重要である。

(b) 契約責任範囲による分類

大規模なプラント建設などのプロジェクトでは、プロジェクトのフェーズをエンジニアリング、設備の製造・調達、据付工事などに分割し、それらのどの範囲までを請け負うかで契約を分類する考え方がある。典型的な分類を以下に示す。

- エンジニアリング契約
- エンジニアリング＋機材供給（危険負担の移転時期に応じて Free on Board：FOB、Cost, Insurance and Freight：CIF などの種別がある。）
- 同上＋据付指導
- エンジニアリング＋機材供給＋据付工事（Engineering, Procurement & Construction：EPC 契約、ターンキー契約など）

④ 標準化された調達関連ドキュメントの必要性

調達業務には標準化されたドキュメントが必要である。標準化されたドキュメントを利用することにより、資材・役務の質を上げることができる。

⑤ 実行予算

調達の予算がプロジェクト全体の予算に占める割合が大きい場合は、必然的に調達マネジメントの善し悪しがプロジェクトの成否に影響を及ぼす。したがって、発注金額を管理するうえで実行予算の策定が必要である。

⑥ 調達組織

プロジェクトマネジメントの観点からは、プロジェクト内もしくは遂行組織内に調達機能をもたせて責任を明確にする必要がある。調達業務には、全社的に継続して行う市場調査、ベンダー・外注先の調査、コストデータの整備、プロジェクト相互間の納期の調整、複数プロジェクトでの一括購入によるコスト低減など、共通的・総合的に管理することで業務の効率が上がるものが多い。そのため、これらの観点から企業内に調達機能組織をもつところが多い。

一方、コストのみならず、特殊な技術を必要とするなど個別のプロジェクトの要件を十分に考慮に入れて調達先を選定する必要がある場合は、プロジェク

ト実施側と調達組織とが密接にコミュニケーションをとり、必要な機能・性能・品質などを備えたものを計画どおりに調達できるよう留意する必要がある。

さらに、納期とコストとがトレードオフとなる場合には、どちらを優先するかなどを明確にする必要がある。

また、知的財産のライセンス等により知的資産を外部から入手する場合は、利用条件などの契約内容について法務などの専門部門の支援を仰ぐ。

⑦ インターネット等を利用した調達

連絡コストの低減および調達期間の短縮などを目的として、インターネット等を利用した調達が可能である。この場合、プロジェクト遂行組織内およびその調達先に、そのための情報基盤が整備されていることを確認する必要がある。

2-2. 調達の計画

① 調達の計画では、資源計画において組織の外部から入手することにした資源をどのように調達するか、その方針や取り組み方を調達計画書にまとめる。
② 組織が保有する納入者リストから、当該プロジェクトにおいて見積りの引合いを行う納入者候補の選定も行う必要がある。選定にあたっては、プロジェクトチームだけでなく、組織の調達部門の方針、さらには顧客の方針の影響を受けることもあるので、注意する必要がある。
③ 各資源の調達においては、購入者と納入者のリスクの度合い、調達予算、当該プロジェクトの特性、組織の方針等を考慮して最適な契約タイプ(2.1.3節参照)を選定する。
④ また全体プロジェクトスケジュールから、各資源が必要とされている時期を確認し、それらを満足するように資源を調達する。物的資源の調達スケジュールを検討する際には、物的資源の納期だけでなく、見積引合書の作成、納入候補者のプロポーザル作成、見積り評価などに要する期間も考慮する。
⑤ 納入候補者から提出されるプロポーザルの評価方法についても事前に検討する必要がある。複数の納入候補者から提出されたオファー金額を単に比較するだけでなく、独自見積りを行い購入者としての金額の基準を持つべきか

どうか、評価基準は金額のみか、あるいは商務・技術的項目も評価するのであれば、具体的な項目を挙げ、それらに重み付けを行うことにより得点で評価できるようにする。

2-3. 調達計画における成果物

調達計画で策定する成果物は、以下のとおりである。

① 調達計画書

調達計画で検討した内容は調達計画書としてまとめる。調達計画書に含まれる内容には例えば次のようなものがある。

- 調達組織、役割と責任
- 調達予算
- 契約タイプ
- 独自見積り
- 納入候補者リスト
- 納入者評価基準

② 調達文書

調達文書は、購入者が作成する文書で、納入候補者からプロポーザルを提出してもらうために、その要求事項を記した文書である。調達文書は、情報提供依頼書（RFI：Request for Information）、入札招請書（ITB：Invitation to Bidder、またはIFB：Invitation for Bidder）、提案依頼書（RFP：Request for Proposal）、あるいは見積り依頼書（RFQ：Request for Quotation）などと呼ばれることもある。

調達文書は、納入候補者に配布されるが、購入者と納入候補者の間で誤解を生じないように、原則として、商務条件や技術的条件を明確に、かつ必要なレベルまで詳細に規定することが望ましい。

> プロジェクトの調達方針、契約タイプの選定、納入候補者リストなどを調達計画書としてまとめる。また、納入候補者からプロポーザルを徴収するための調達文書を作成する。

3. 調達の実施

3-1. 調達の実施における基礎情報

調達の実施において利用する基礎情報は、以下のとおりである。

① 調達計画書

納入候補者の選定に関わる情報として、主たるものは調達予算、契約タイプの選定、納入候補者リスト、納入者選定基準などである。

② 調達文書

調達文書に盛り込む項目は、調達する資源により異なるが、必要最低限のことは確実に規定されていることが重要である（上記、2-3-2項参照）。

3-2. 調達の実施

納入候補者に調達文書を配布し、納入候補者からプロポーザルの提出を受け、納入者を選定し契約に至るまでが調達の実施である。

(1) 調達文書の配布

購入者は、納入候補者からのプロポーザルを入手するために、調達文書を配布する。

納入候補者の数が多い場合は、プロポーザルを入手するための調達文書を配布する前に、事前資格審査を行い納入候補者の数を絞り込むこともある。この場合は事前資格審査を通過した納入候補者だけが調達文書を受け取ることができる。納入候補者は受領した調達文書をレビューしてプロポーザルを作成するが、その内容について疑義があれば発注者に質問することができる。この場合、

その質問と回答は、入札条件の公平性を保つために他の納入候補者にも通知することが多い。

(2) プロポーザルの受領

納入候補者は、調達文書で要求されている事項を漏れなくプロポーザルに記載する必要がある。要求事項を全て順守できるのか、もし順守できない項目があればどのように対応するのか、様々なリスクにどのように対応するのか、競争力のある見積りにするにはどのようにすれば良いか、など様々な観点からの戦略的な検討が求められる。

納入候補者は、調達文書に規定された日時までにプロポーザルを提出しなければならない。プロポーザルの書式や提出方法についても調達文書に規定することが一般的である。例えば、テクニカルプロポーザルとコマーシャルプロポーザルを別々に分けて提出するように規定することもある。

(3) プロポーザルの評価

購入者は納入候補者から受領したプロポーザルの評価を行う。事前に準備した評価基準があれば、それにしたがって評価を行っていく。評価を行っている中で、納入候補者に質問があれば、問い合わせをして回答を得る必要がある。納入候補者には、この質問への回答の内容によってプロポーザルで提出したコストやスケジュールに影響を及ぼす場合は、併せてそれを回答書に含め、要請をする。

購入者は、公平に評価を行った結果として、納入者を選定する。

(4) 調達契約

購入者は、選定された納入者ごとに調達に関わる契約を締結する。

3-3. 調達の実施における成果物

●調達契約

契約とは、納入者は契約にしたがって資源を納入する義務があり、購入者はその対価を支払う義務を有するという法的な合意である。

契約は、通常、契約文書として文書化され、保管される。

第3部　プロジェクトマネジメント

契約文書にも様々な形態があるが、一般的には以下の内容が含まれる。

- 成果物および作業のスコープ記述書
- スケジュール、納期および引渡し場所
- 契約金額と支払い条件
- 検査と受入れ基準
- 進捗・実績報告の頻度と内容
- その他一般的な契約書条件

> 発注者が作成する調達文書に基づき、納入候補者は要求事項を満たし競争力のあるプロポーザルを作成し、発注者はそれを公正に評価して納入者を選定することが重要である。

4. 調達管理

4-1. 調達管理における基礎情報

調達管理で参照する基礎情報は、以下のとおりである。

① 調達契約

調達契約は、契約締結以降の納入者の人的資源や物的資源の提供に関わる業務を規定し、また購入者に対しては対価の支払いを規定しているので、両者ともに契約内容を十分に理解してスムーズなプロジェクト遂行にお互いに協力して進めていく必要がある。

② 進捗・実績報告書

納入者は、契約締結以降、契約条件にしたがってその業務の進捗や実績を定期的に発注者に報告する必要がある。報告の頻度、形式、書式については契約書に基づいて行われるが、契約書に記載のない場合は両者の合意に基づいて実施する。

報告書において、スケジュールや品質などの契約条件が満たされないような

第10章　調達マネジメント

状況が予見される場合は、購入者と納入者は真摯に向き合って改善策や是正策の検討を行うことが重要である。

納入者の業務の品質によっては、報告書を受け取るだけでは不十分で、購入者が直接納入者の業務遂行場所を訪問して状況を確認するという手段を選択することもある。

4-2. 調達の管理

プロジェクトにおける調達は、次の3つに分類することができるが、機材および役務調達における業務プロセスを、図表3-10-4に示す。外部資源を恒常的に利用する場合は、内部資源の利用と対比してアウトソーシングともいう。

① 機器・資材（以下「機材」）調達

設計段階で決定した仕様に基づいて、プロジェクト遂行に必要な機材（ソフトウエアを含む）などを調達するものである。調達業務とは購入業務に始まって、検査に合格した納品物が納入場所（最終的に納品物を必要とする場所）に

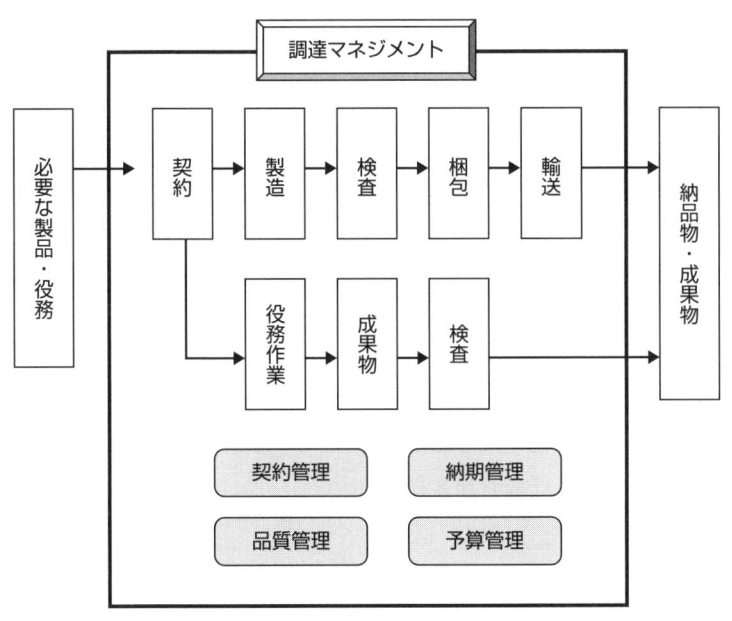

図表3-10-4 調達業務のプロセス

納入されるまでの一連の業務をいう。

② 役務の調達

プロジェクトのあらゆる段階において、プロジェクト遂行に必要な役務を社外から調達するものである。役務の調達は役務を委託する業務から始まり、契約に基づく役務の完了までの業務をいう。

③ ライセンス

プロジェクト遂行に必要な技術について、権利者に対価を支払って使用許諾を受けるものである。

調達業務に関わるマネジメントは、プロジェクト全体のマネジメントと同様のプロセス構成となる。

(1) 契約管理

調達における契約管理とは、納入者が契約に基づいて業務を遂行していることを監視し、その成果物が契約上の要求事項を満たすよう管理するとともに、納入者の成果に対しては契約に基づいて適正な対価を支払うことである。

契約管理には法的な側面や経理的な側面が伴うため、必要に応じて機能組織としての法務部門や経理部門の協力が不可欠である。契約管理は契約に至る前のプロセス、すなわち入札書類の作成段階から始まり、成果物の引き渡し後もその保証期間が満了するまで継続する。また、ソフトウェアの場合は契約上の権利関係により著作権の帰属先が決まる。

契約後における契約条件の変更、機器・材料の仕様変更や役務内容の変更は、契約上それらがプロジェクトのスケジュール、契約金額、品質にどのような影響を与えるのかを常に管理しておく必要がある。契約管理は、広義では下記の品質管理、納期管理、予算管理を含む。

(2) 品質管理

発注した機材や役務の成果物が契約で定めた要求事項を満たしているかどう

かを確認し、購入者側の理由（曖昧な仕様、突然の変更、許容範囲を超えた短期間の納期など）により品質上の問題が生じないように、購入者が管理を行うこと、および納入者の品質管理状況を監督することである。

(3) 納期管理

購買業務の段階から機材や役務など成果物の納入に至るまでの全体スケジュールに基づいて、個々の調達業務のスケジュールを監視する。さらに、納期に影響する情報の収集、納期の遅延要因についての納入者・顧客との調整作業なども含まれる。一つの納入者による納期遅れが全体スケジュールやコストに影響を及ぼす恐れがあるので、納期遅れが生じないよう管理するとともに、スケジュールに重大な影響を及ぼす成果物について十分に把握しておく。納期遅れは購入者側に起因する場合と、納入者側に起因する場合があり、納期管理を行ううえでは両者に等しく十分な意識を向ける必要がある。

(4) 予算管理

経済環境の変化、スコープの変更、仕様や数量の変更に対するコスト変動について、プロジェクト遂行期間を通じて管理する。また、納入者へ支払う対価を管理する。

4-3. 調達管理における成果物

●調達管理文書

調達管理文書は、購入者が作成する文書で、納入者が契約に基づく業務の履行状況を監視し、必要に応じて改善策や是正策を取るなど、納入者の一連のパフォーマンスを記録するものである。

調達管理文書は、納入者のパフォーマンス情報として将来のプロジェクトにも利用可能である。

5. 調達引渡し

5-1. プロジェクト引渡しのプロセス

プロジェクトの完了と引き渡し方法は、常に定まっているものではなく、契

約によってプロジェクトごとに定められる。

建設・エンジニアリングプロジェクトにおけるプラントの引き渡しは、契約に定められたコントラクターの責務範囲の完了をコントラクターと顧客の双方が確認するかたちで行われる。プラントの管理責任を顧客に移行することで、引き渡す側の立場からはターンオーバー、引き渡される立場からはテークオーバーと呼ばれる。通常フルターンキー（完全一括請負）契約の場合を除いて、メカニカルコンプリション（プラントの機械的な完成）から試運転が終了するまでのいずれかの時点で行われる。

一方、顧客の立場に立ち、顧客がプロジェクトファイナンスに基づく融資契約を金融機関と締結する場合、コントラクターとの物理的なプラントの引き渡しが実現しても、融資契約上プラントは完成していないと見なすことがある。これはプラントの物理的完工と平行して、プロジェクトが確実かつ安定的にキャッシュフローを生み出す前提条件を顧客が満たすことを、金融機関が融資契約上の誓約条項に基づき、要求する場合に生じやすい。

このような考え方を物理的なコンプリションと対比して、ファイナンシャルコンプリションという。顧客にとって金融機関の誓約条項を満たし、彼らとプラントの完工を確認しないかぎり、プラントの完工に関わる金融機関との義務履行が解除されないことになる。

ソフトウェア開発プロジェクトのプロジェクトの引き渡しは、プロジェクトの種類や顧客との作業範囲、役割分担などによって異なり、顧客側と供給者側の二者間で合意された確認書内容によって、プロジェクトごとに定められる。ソフトウェア開発における引き渡しは、合意された確認書で定められた責務範囲の完了を顧客側と供給者側が双方で確認したうえで行われる。

ソフトウェア開発の構築段階での責務範囲の重要なポイントは、ソフトウェア開発で構築されたシステムが実稼働環境および実データを使用した運用テストフェーズに移行することが引き渡し点になり、管理責任と以降の作業主体を顧客側に移行することになる。ソフトウェア開発の構築段階からプロジェクト完了までの手順を示すと、図表3-10-5のようになる。

ソフトウェア開発の契約は、基本として3つのステージに分けて行われる。

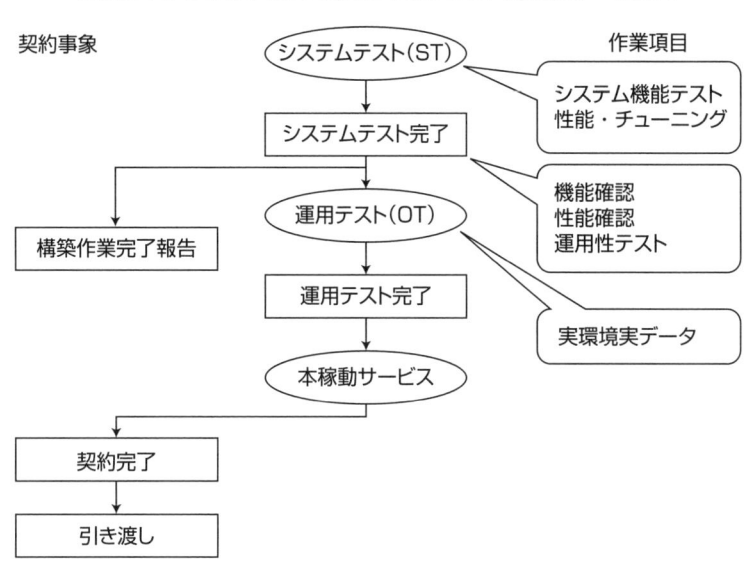

図表3-10-5 ソフトウェア開発のプロジェクト引き渡しへの流れ

契約事象／作業項目

- システムテスト(ST) ← システム機能テスト／性能・チューニング
- システムテスト完了
- 構築作業完了報告
- 運用テスト(OT) ← 機能確認／性能確認／運用性テスト
- 運用テスト完了 ← 実環境実データ
- 本稼動サービス
- 契約完了
- 引き渡し

　それは、要件定義設計段階、構築段階、運用準備移行段階の３つのステージである。納品としての受け渡しは各契約段階で行われるが、プロジェクトの成果物、すなわちシステム全体の引き渡しは、通常構築段階が完了した時点（システムテスト完了）で行われる。プロジェクトとしての完了は運用テストフェーズを終了し、本稼働（サービスイン）の時点で行われる。３つのステージを一つ、もしくは複数を組み合わせて契約する場合も多い（図表3-10-5）。

5-2. 運転と性能保証

　いかなるプロジェクトにおいても、当初の目標が達成されたかどうかの確認が必要である。例えば、建設・エンジニアリングプロジェクトにおける性能保証の確認は、最重要項目の一つであり、その詳細について契約時に詳しく規定される。建設完了したプラントが、その製品、副製品の品質や生産量などを含め、生産される過程についてのプロセス性能と、生産するために必要なユーティリティー消費性能が、契約仕様書に合致しているかどうかを確認する必要がある。つまり、プラントの性能を証明する項目として、機械的性能、プロセ

ス性能、ユーティリティー消費性能などがある。

一方、契約には、たとえば融資契約のように必ずしも物理的な要素を含まないこともあるが、これは概念的には目標達成の確認が契約上の義務履行がなされたか否かの確認行為になることを意味している。

ソフトウェア開発における性能保証は、システム機能・品質と同様に重要項目の一つである。保証の詳細は、契約時や供給者側と顧客側での合意した確認書などで規定される。機械性能とソフト処理性能を合わせた統合的性能を疑似本運用環境下でシステムテスト作業で点検し、運用テストの際、本運用環境で業務サイクルを試験運用し、最終的な性能確認を行い、契約仕様書などと合致しているかを確認する。

5-3. プロジェクトの引渡し・検収

プロジェクトの引き渡し・検収は契約が定める目的と内容によっては、内容と形態が異なることがある。その本質は契約上の義務の解除になる。たとえば、建設・エンジニアリングプロジェクトにおいては、通常、試運転などによる当初目的とした性能が確認された時点で行われることが多い。ただし、顧客の契約的な要求が性能の発揮のみではない場合、引き渡しは契約上の義務履行に伴い行われることになる。

一方、ソフトウェア開発プロジェクトの引き渡しは、通常、構築段階が完了し、疑似本稼働環境下でのシステム機能と性能保証が得られたシステムテスト完了時に行われる。この引き渡しによって作業主体が顧客側に移行するが、運用テスト段階でも供給者側は本稼働に向け、契約書や確認書の規定にしたがって、運用テストにおける初期不都合点への対応の必要性などから、関係を継続していることが多い。運用テストが完了し、サービスインへの移行も終わり、サービスイン（本稼働）が開始された時点でプロジェクトの完了となる。

> コストの見積りは、その目的に応じて、利用可能な情報を特定して、最適なコスト見積り手法と過去の実績データに基づいて、将来のコストを予測することである。

第11章 コミュニケーションマネジメント

1. 概要

1-1. コミュニケーションマネジメントの目的

21世紀を迎え、急速にグローバル化が進み、多様性（ダイバーシティ）の

図表3-11-1　コミュニケーションマネジメントの概要

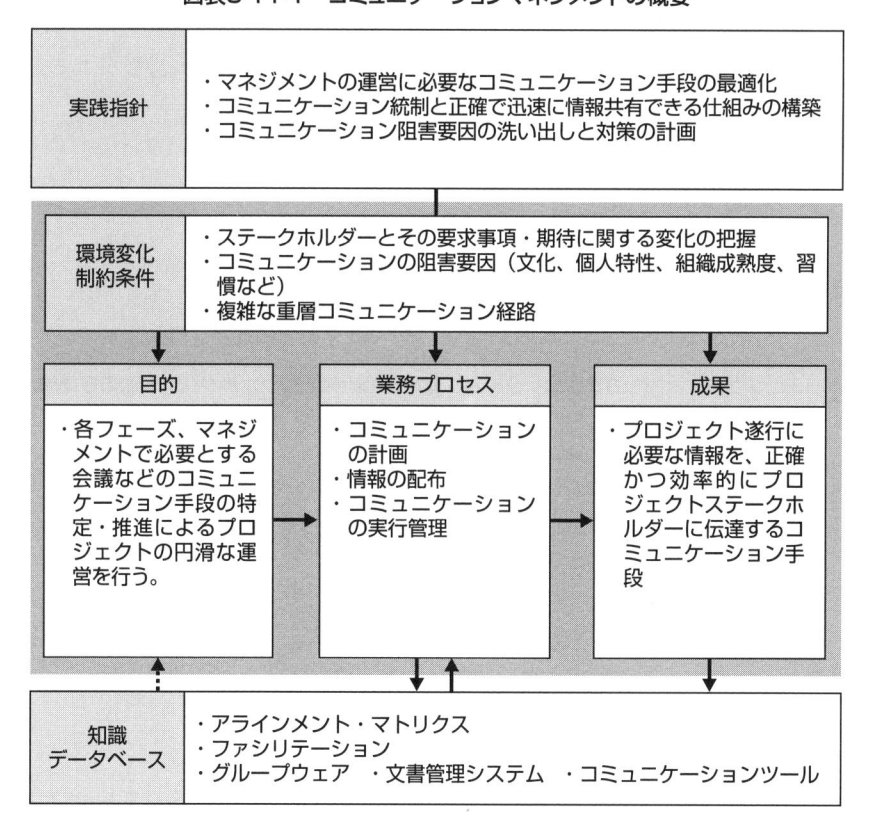

実践指針	・マネジメントの運営に必要なコミュニケーション手段の最適化 ・コミュニケーション統制と正確で迅速に情報共有できる仕組みの構築 ・コミュニケーション阻害要因の洗い出しと対策の計画
環境変化 制約条件	・ステークホルダーとその要求事項・期待に関する変化の把握 ・コミュニケーションの阻害要因（文化、個人特性、組織成熟度、習慣など） ・複雑な重層コミュニケーション経路

目的	業務プロセス	成果
・各フェーズ、マネジメントで必要とする会議などのコミュニケーション手段の特定・推進によるプロジェクトの円滑な運営を行う。	・コミュニケーションの計画 ・情報の配布 ・コミュニケーションの実行管理	・プロジェクト遂行に必要な情報を、正確かつ効率的にプロジェクトステークホルダーに伝達するコミュニケーション手段

知識 データベース	・アラインメント・マトリクス ・ファシリテーション ・グループウェア　・文書管理システム　・コミュニケーションツール

時代となっている。国境や年代を越えて、様々な考え方や価値観、文化的背景をもつ人々がともに働くプロジェクトが日常化している。プロジェクトを成功に導く重要な要因の一つに、プロジェクトに参加する多ような人々の意思疎通を図るコミュニケーションマネジメントをあげることができる。プロジェクトの遂行にあたっては、コミュニケーションを通して迅速に実態を把握し、ステークホルダーに正確に伝え、プロジェクトで発生する様々な問題を解決するかが大切である。また、プロジェクトは問題を発生させる以前に予見先行管理を行う必要があり、この実現のためには、ステークホルダー相互のコミュニケーションにより事前に情報が集まる仕組みをつくることも重要である。

コミュニケーションマネジメントの目的は、プロジェクト遂行に必要な情報を、正確かつ効率的に、ステークホルダーに伝達するコミュニケーション手段を特定し、プロジェクトマネジメントのプロセスの円滑な運営に必要なコミュニケーションを計画・推進することである。

1-2. 業務プロセス

コミュニケーションマネジメントの業務プロセスは下記3つのプロセスより構成される。

図表3-11-2　コミュニケーションマネジメントの業務プロセス

・コミュニケーションの計画	コミュニケーション対象となるステークホルダー、情報の収集単位、配布方法、コミュニケーション手段などのコミュニケーションニーズを分析する計画プロセス
・情報の配布	情報を対象者に正確かつ効率的に伝達する実行プロセス
・コミュニケーションの実行管理	コミュニケーションに問題が発した場合に解決するコントロールプロセス

特に、コミュニケーション計画プロセスは、定期的に見直し、必要に応じて改訂し、プロジェクト全体で継続的な有効性を確保することが望ましい。

1-3. 実践指針

「コミュニケーションの計画」では、ステークホルダーのコミュニケーショ

ンニーズの特定とそのニーズ対するコミュニケーション手段の最適化が重要となる、プロジェクト推進ではコミュニケーション手段の中心的役割を果たすのが、各種会議を含めたミーティングである。プロジェクトの各プロセスの目的に対応してミーティングを設置運営することが重要となる。特に、意思決定のための会議とチーム間の横断的な会議・ミーティングは重要である。また、この会議・ミーティング運営では、問題解決や合意形成を促進する技術として、ファシリテーション技術の適用は有効である。

「情報の配布」では、プロジェクト状況に関する進捗情報、問題情報など計画と実績の差異のレベルに応じた報告方法、ルールに従ったコミュニケーションが必要となる。特に、ステークホルダー間の利害調整などでのコミュニケーションの活動が重要となる。品質向上、リスク対応および変更・課題対応など、ステークホルダー間でタイムリーかつ正確に情報の共有化が必要となるため、グループウェアなどの情報システムの活用も視野に入れた推進が必要である。

「コミュニケーションの実行管理」では、阻害要因を早期に洗い出し、解決活動を迅速に行うことが重要である。プロジェクトの実行段階では、コミュニケーションを阻害する要因は様々に存在する。阻害要因として、複雑な重層コミュニケーション経路、問題を隠す組織・チームの文化、グローバルプロジェクトにおける異なる文化圏のメンバーとのコミュニケーションに起因する要因などがある。これらの阻害要因はプロジェクトの遂行に伴い発生する。その阻害要因を計画段階で洗い出し、実行段階では継続して監視し、問題が発生した場合には解決活動を迅速に行うことが重要である。

2. コミュニケーションの計画

コミュニケーションの計画の目的は、「プロジェクトチャーター」、「ステークホルダー登録簿」、「役割記述書」などから、以下の作業を実施し、コミュニケーション計画書を作成することである。

- コミュニケーションの目的およびテーマの特定
- 目的およびテーマ別にコミュニケーションが必要となる対象の特定
- コミュニケーション手段の設定

第3部　プロジェクトマネジメント

・グループェアによるコミュニケーションの効率化方法の検討

　これらの結果に基づき、コミュニケーションの目的、テーマ、テーマごとの関係するステークホルダー、頻度、コミュニケーション手段、方法、手順、ルールなどを明確にし、コミュニケーション計画書としてまとめる。

　コミュニケーション計画書は、コミュニケーションの方法、手順、ルールなどコミュニケーション管理要領とそれ以外の計画項目をコミュニケーション一覧として整理・構成するのが一般的である。コミュニケーション一覧の例を図3-11-3に示す。

　コミュニケーション計画の改訂は、プロジェクトにて承認された変更要求の内容に応じて、変更管理ルールおよび文書管理ルールに準じて行う必要がある。

図表3-11-3　コミュニケーション一覧の例

ステークホルダー	目的	テーマ	頻度	コミュニケーション手段	情報の保管・共有方法	提出物
プロジェクトオーナーと各責任者、プロジェクトマネージャ	上位のマネジメントへの現状報告	・会議の場でプロジェクト概況をチェックし、是正処置を協議する。	月次	会議、書面によるコミュニケーション	WEB上共有フォルダ	プロジェクトマネージャによる状況報告
プロジェクトマネージャ、プロジェクトチームメンバー	プロジェクトチームの進捗報告	・会議の場でプロジェクト進捗をチェックし、是正処置を協議する。	週次	会議、書面によるコミュニケーション	WEB上共有フォルダ	各チームメンバーによる進捗報告
関係メンバー	連絡	依頼事項などの連絡	適宜	電子メール	WEB上共有フォルダ	連絡票
変更協議ボードメンバー	変更要求と承認	変更要請の共有と変更の承認	適宜	書面にて、会議でレビュー	WEB上共有フォルダ	変更ログ
…	…	…	…	…	…	…

　計画検討で活用される「役割記述書」は、プロジェクト組織とステークホルダー間の役割と責任に関する情報を提供する。一般的には、プロジェクトスコープによるWBSのそれぞれの役務に対する各ステークホルダーの責任分担（Responsibility Matrix：RM）として提供される。図表3-11-4に責任分担マトリックス例を示す。誰が何を行うかという役割と、誰が何を決定するかという責任を示している。提供されるプロジェクト体制での役割と責任の観点から伝達する必要がある情報、情報伝達の責任者などを明確にする。

図表3-11-4 責任分担（Responsibility Matrix：RM）の例

要員 作業内容	A	B	C	D	E	F	…
要件・基本仕様作成	S	K	P	A		P	
基本設計	S	K	P	A	P	P	
詳細設計	S	K	A	I	P	P	
製作（開発）	S	P	P	I	P	K	A
試験検査	S				K		A
S：承認　K：決定　A：実施（立案）　P：支援者　I：情報提供者							

コミュニケーション計画での下記、4つの主要検討項目について個々に示す。

2-1. コミュニケーションの目的およびテーマの設定

　コミュニケーションの目的およびテーマとしては、意思決定、報告、連絡、依頼、情報提供などがある。目的およびテーマ別にコミュニケーションの必要項目を整理し特定する必要がある。

　プロジェクト遂行ではプロジェクト組織内で情報を迅速に共有する必要があり、「報告」が重要な役割を果たす。

　「報告」は、特定の受け手に対して、プロジェクトの運営に関する有用な情報をタイムリーに提供することである。定期的なものと非定期的なものがあり、また、多ような報告手段がある。プロジェクトが「今どこにいるか」「今後どうなるか（どうするか）」を明らかにし、関係者の共通理解を促進するためにあるといえる。

　上位のプログラムマネジメント側（顧客、プロジェクトオーナー、プログラムオーナーなど）へのプロジェクトの進捗状況を「報告」する必要があり、「スケジュール進捗」、「リソース投下状況」、「追加リソースの有無」などに関する最新状況を把握し、プログラム全体の最適化の観点からの検討結果を、プロジェクトにフィードバックする必要がある。コミュニケーションを行うタイミングは、プロジェクトフェーズの開始・終了、マネジメントマイルストーンなどのタイミングで行う必要がある。

　計画段階における「報告」は、プロジェクト運営方針を関係者に徹底させる

ことを目的とするものであり、遂行段階における報告は、プロジェクトのパフォーマンスと優れたアクションや問題点・課題の所在をステークホルダー間で共有化するためのものである。また、完了段階における「報告」は、成果物の最終仕様の記録や成果物が正式に検収されたことを公式に記録する目的と、プロジェクトの運営で得られた有用な実績データや教訓などを、将来のプロジェクトに利用する目的で作成される。

「報告」の計画には、報告の種類、種類別の報告手段、報告先・伝達先、頻度、内容、詳細度レベルの確定などを含む。

2-2. 目的およびテーマ別にコミュニケーションが必要となる対象の特定

目的およびテーマ別にコミュニケーションが必要となる対象の特定は、プロジェクト組織図および第4章「スコープマネジメント」にて特定されるWBSに基づいて決定する。

プロジェクト組織図からは、体制を構成するチーム間、メンバー間で必要となるコミュニケーションの対象を洗い出す。一方、WBSやプロジェクトの成果物から必要となるコミュニケーションの対象を洗い出す。

体制の構成および成果物の構成の両視点から洗い出されたコミュニケーションの対象を合わせ、指示・命令・意思決定・レビュー・報告を主とする垂直方向のコミュニケーションおよび、情報共有・展開を主とする水平方向のコミュニケーションの対象を特定する。コミュニケーションが必要となる対象を特定する技法として後述のコラムに示す「アラインメント・マトリクス」[7]などを活用する。

2-3. コミュニケーション手段の設定

コミュニケーション手段には、一般的に次の3つが挙げらる。
① 相互型コミュニケーション：会議やミーティングなど
② プッシュ型コミュニケーション：報告、メール配信など
③ プル型コミュニケーション：掲示板など

コミュニケーション手段の設定においては、コミュニケーションの目的に照

らし合わせて最適な手段を特定する必要がある。

　一般的に、プロジェクト遂行中のコミュニケーション手段は、会議やミーティング（以下、会議と総称する。）の形式で行われ、次のような様々な形式で実施される。

- 計画作成、レビューなどの協働作業で成果を出すワークショップ型の会議
- 課題解決のための意見を出し合うブレーンストーミング型の会議
- 進捗報告、課題報告などの報告型の会議
- ステアリングコミッティなどの意思決定のための会議
- 契約ミーティングなどの利害調整を行うための会議

　また、定期的に実施する会議と、プロジェクトの状況に応じて必要となる非定期的な会議がある。プロジェクトの各プロセスで必要となる定期的および非定期的な会議を特定し、参加メンバーに対して事前に周知徹底し、必要な参加者が確実に参加し、目的を達成していくことがプロジェクトを成功裏に進める上で、非常に重要である。

2-4. 文書管理

　プロジェクト活動においては、その開始から終了に至るまでの間、数多くの情報の交換が行われる。

　n人のステークホルダーのプロジェクトにおけるコミュニケーションチャネルの数は、以下の計算式にて計算される。

コミュニケーションチャネルの数＝n（n-1）/2
（n＝ステークホルダーの数）

　この式から分かるように、コミュニケーションチャネルの数は、ステークホルダーの増加に伴い級数的に増加し、情報の創出、収集、伝達（配布）、蓄積（保管）の処理が多くなるため、効率化するためのコミュニケーション計画が必要となる。

コミュニケーションを効率的に促進するためには、グループウェアなどの情報システムを活用し、情報や文書などを一元的に管理保管することが重要である。

情報の蓄積（保管）には、計画的かつ組織的な文書管理が必要である。交換される情報の種類と量によって、保管を単一場所で集中管理する場合と、定められた分類にしたがって複数の場所に分散保管する場合がある。保管の基本は紙と電子に媒体による、2種があり、天変地異、事故、火災、情報ネットワークトラブル等不測の事態に備えて、企業としていのBCP（Business Process Continue）ルールに基づいた保管が必要である。

いずれの場合も、プロジェクトの初期に分類方法、管理場所、管理コード、管理者、最新版への差し替え手順・旧版の破棄基準などを定めた文書管理システムを構築し、全ての関係者に周知徹底することが重要である。

情報の共有・伝達は、今までは発信元から組織的・地理的な制約を受けていたが、現在では、電子メール、グループウェア、SNSなどのIT技術を活用することにより、時間や地理的な制約を受けないコミュニケーションが簡単に実現できるようになった。プロジェクト業務は様々なステークホルダー間の非定型業務が数多く存在するため、業務の効率化、意思決定の迅速化などには、情報システムを活用していくことが有効であると考えられる。

ただし、Face to Faceでの会議や、電話などのダイレクトのコミュニケーションは、明示的な情報の入手だけではなく、全体的な雰囲気、メンバーの心情、環境の状況などを得られる手段でもあり、目的やプロジェクトの状況に応じて、効果的に使い分ける必要がある。

3. 情報の配布

情報の配布の目的は、プロジェクトのステークホルダーに対し、要求された情報を要求されたタイミングで提供するため、コミュニケーション計画で定義された方法に基づき、コミュニケーションを実施していくことである。また、当初、想定していなかった情報の要求に対し、その是非を判断し、的確に対応することも必要となる。

このプロセスでの作業は、業務遂行に必要な情報を入手し、これを必要な

人々に配布し、業務を進めてもらい、結果としての成果物を社内関係者、顧客、協力会社等のステークホルダーに配布、回収する作業など、様々な情報を様々なステークホルダーに迅速かつ的確に配布する必要がある。そのため、情報システムの効果的な活用が必須である。

情報配布に利用される情報システムの例としては以下のようなものがある。

図表3-11-5　情報配布に利用される例

文書管理システム	プロジェクトの文書を保管し、変更を管理し、必要なステークホルダーに配信するシステム
グループウェア	ステークホルダーのスケジュールや必要情報を共有するシステム
連絡文書管理システム	ステークホルダー同士の作業依頼や残作業アイテムを共有し、作業の抜けやコミュニケーションの不達を防止するシステム
電子メール	一般的な情報や依頼事項の連絡に利用するシステム

プロジェクトには、想定外を引き起こす事象あり、そのひとつのファクターがステークホルダーとの関係性である。公共事業や企業誘致など、ステークホルダーからの反対運動でプロジェクトが暗礁に乗り上げた事例の多くは、ステークホルダーとのコミュニケーション不足によるものも多い。プロジェクトマネジャーは、ステークホルダーと頻繁に必要かつ十分にコミュニケーションを取り、コミュニケーションの中から把握した情報を複合的に分析し、今後、発生する事象について可能性を把握し、対応策を準備することが大事である。

配布する情報の主な項目を下記に示す。

- プロジェクト成果物
- 各種計画書・管理要領
- 進捗報告書、プロジェクト完了報告書、プロジェクト終結報告書
- 意思決定、承認済み変更、解決済み課題、変更要求などの通知情報
- 会議議事録などのプロジェクト記録
- 課題の原因、是正処置の選定理由などの説明文書
- 情報の配布に関するフィードバック情報

これらの情報は、コミュニケーション計画に準じて配布することになるが、

プロジェクトを確実に効率的に遂行するためには、情報の一元化が必要である。

4. コミュニケーションの実行管理

コミュニケーションの実行管理の目的は、プロジェクトステークホルダーのコミュニケーションニーズを満足させることである。その中心はコミュニケーション計画で設定された、以下の会議の運営管理である。

- チームビルディングのためのキックオフミーティング
- ステアリングコミッティ、完了報告、稼働判定などの意思決定・合意形成のためのミーティング
- ステークホルダー間の問題・課題検討会議などの不定期のミーティング
- 進捗管理などの状況共有のための定期的なミーティング
- 品質確保・向上のための成果物プロセスの組み込まれた各種計画、レビュー、仕様・要件確認会などのミーティング

会議・ミーティングにて決定した事項、共有した事項、新たに発生した問題・課題事項を議事録などで共有・展開し管理を行う。会議・ミーティングを円滑に推進するための技術として「ファシリテーション」は有効である。

コミュニケーション計画通り、正確でタイムリーな情報をステークホルダーに提供するには、プロジェクト関係者は立場によって発想や業務の優先順位が異なるため、プロジェクト運用上、常に調整・推進する必要がある。

円滑なコミュニケーションを阻害する要因としては、以下のものがあげられる。

- プロジェクトメンバーのコミュニケーションの目的、手段などへの理解不足
- 複雑な重層コミュニケーション経路
- 問題を隠す風土
- 多文化コミュニケーション（第6部第5章参照）

発生したコミュニケーションの問題に対して、解決のための是正処置を実施

し、実施した是正処置の効果を監視する必要がある。

アラインメント・マトリクス

コミュニケーションでステークホルダー間の意思疎通を円滑に行うためには、コミュニケーションが必要となる対象を特定することは重要である。特定ツールとして、引用文献[7]に示されている「アラインメント・マトリックス」は有効と考えられる。以下にその概要として、文献記事を抜粋して紹介する。

「システム・アーキテクトに、コンポーネント間における技術面での「接点」（インターフェース）を特定させ、それらを「デザイン・インターフェース・マトリクス」（DIM）に記入する。

次に、コンポーネントとサブ・システムの設計チームのメンバーたちに、他のチームとの技術に関する「対話」（インタラクション）―すでに行っているものも今後予想されるもの―を特定させ、それを「チーム・インタラクション・マトリクス」（TIM）に記入する。

そして、これら2つのマトリクスを統合させた「アライメント・マトリクス」を作成すれば、接点と対話が一致する部分と食い違っている部分を明らかにする。」

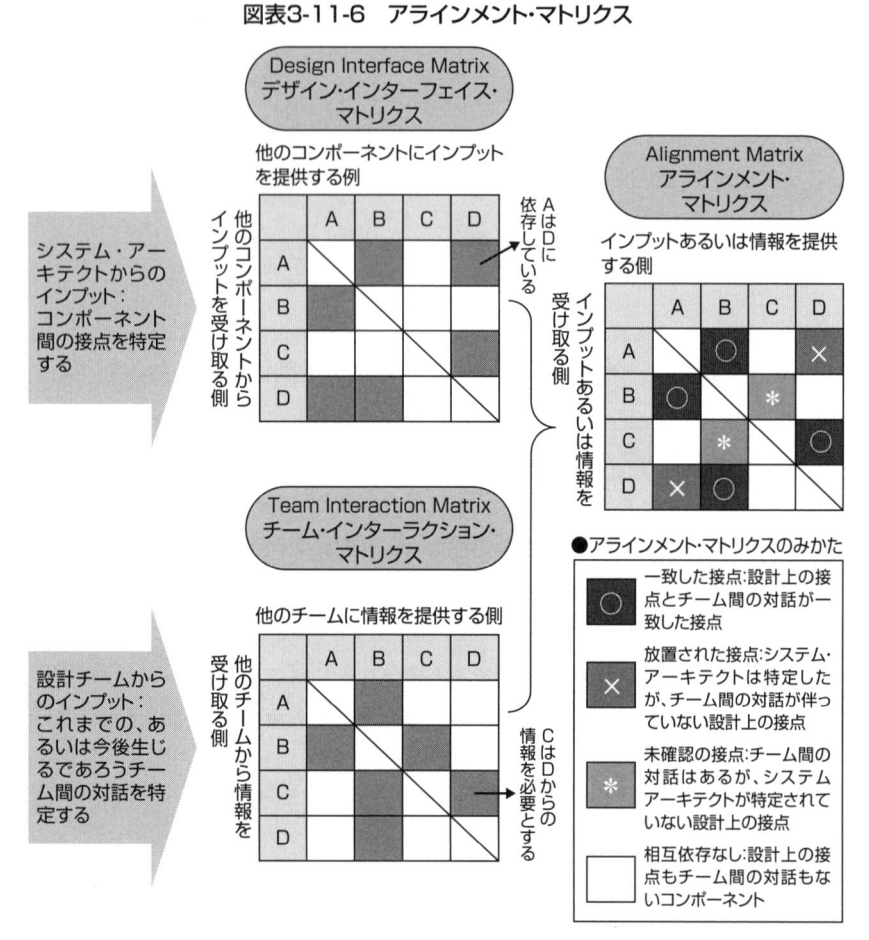

第3部　プロジェクトマネジメント

図表3-11-6　アラインメント・マトリクス

出典：マニュエル E. ソーサ、スティーブン D. アペンジャー、クレイグ M. ロールズ『「アラインメント・マトリクス」による意思疎通の改善 プロジェクト・チームの対話不足を防ぐ法』August 2008 Harvard Business Review、p.132-143

第11章　コミュニケーションマネジメント

【参考文献】

1）清水基夫『実践プロジェクト＆プログラムマネジメント』日本能率協会マネジメントセンター、2010年
2）ラリー・リーチ『リーンプロジェクトマネジメント』ラッセル社、2007年
3）ハロルド・カーズナー『カーズナーの実践プロジェクトマネジメント』生産性出版、2003年
4）岸良裕司『全体最適の問題解決入門　－「木を見て森を見る」最強の思考プロセス』ダイヤモンド社、2008年
5）堀 公俊『日経文庫 ファシリテーション入門』日本経済新聞社、2004年
6）デイヴィット・ストラウス『チームが絶対うまくいく方法　－コラボレーション、リーダシップ、意思決定のコツ－』日本経済新聞社、2004年
7）マニュエル E．ソーサ、スティーブン D．アペンジャー、クレイグ M．ロールズ『「アラインメント・マトリクス」による意思疎通の改善プロジェクト・チームの対話不足を防ぐ法』August 2008 Harvard Business Review 、p.132-143
8）ドラガン・ミロセビッチ『プロジェクトマネジメント・ツールボックス』PMI東京支部（編集．翻訳）、2007年

第3部　プロジェクトマネジメント

【参考文献】

1) 芝尾芳昭『プロジェクトマネジメント革新』生産性出版、1999年
2) 芝安曇、小西喜明『プロジェクトマネジメント実践講座』日刊工業新聞社、1999年
3) 浅江季光『IT時代の『課題達成型』目標管理』産能大学出版部、2000年
4) 中垣昇、近藤龍司、友杉芳正編著『最新経営会計辞典』八千代出版、1995年
5) 志賀雅人『プロジェクトマネジメントの時代──いまこそ企業改革』工業調査会、1993年
6) 増倉洋『未来をビジュアル化するプロジェクト管理』エスシーシー、1999年
7) 小林元一、高橋暁共編『これは使えるプロジェクトマネジメント』オーム社、2000年
8) 奥出達都摩『図解プロジェクトマネジメント実務マニュアル』日刊工業新聞社、2000年
9) 伊丹敬之『場のマネジメント──経営の新パラダイム』NTT出版、1999年
10) David I.Cleland,Ph.D.,& William R.King『Project Management Handbook, Second Edition』Van Nostrand Reinhold、1988年
11) Harold Kerzner, Ph.D『Project Management, A Systems Approach to Planning, Scheduling, and Controlling, Seventh Edition』John Wiley & Sons, Inc. 2001年
12) Quentin W.Fleming and Joel M.Koppelman『Earned Value Project Management─Second Edition』Project Management Institute、2000年
13) 加登豊『原価企画戦略的コストマネジメント』日本経済新聞社、1993年
14) 浅田孝幸、頼誠、鈴木研一、中川優『管理会計・入門』有斐閣、1998年
15) 『エンジニアリング技術振興のためのマネジメント手法等の研究開発に関する報告書──プロジェクトマネジメントへのWBS適用実態に関する調査研究ならびにWBS作成に関するコンピューター活用の概念設計』エンジニアリング振興協会、1981年
16) 『プロジェクトマネジメント技術啓蒙・普及のための調査研究報告書──プロジェクトマネジメントの基礎テキスト（英文）』建設業・エンジニアリング業版、エンジニアリング振興協会、1999年

17) W・H・ローツハイム『構造化プロジェクト管理』（深沢士郎訳）、近代科学社、1992年
18) Avarham Shtub, Jonathan F. Bard『PROJECT MANAGEMENT Engineering, Technology and Implementation』Shiomo Globerson Prentice-Hall, Inc. 1994年
19) Robert L.Kimmons『PROJECT MANAGEMENT BASIC A Step by Step Approach』Marcel Dekker Inc. 1990年
20) 田中弘監訳『Pmbok guide 和訳版 プロジェクトマネジメントの基礎知識体系』エンジニアリング振興協会、1997年（米国『A Guide to the Project Management Body of Knowledge』Project Management Institute Standards committee、1996年）
21) Harold Kerzner『Project Management a Systems Approach to Planning Scheduling and Controlling, Fifth Edition』Van Nostrand Reinhold Company、1995年
22) K・ロキャー、J・ゴードン『プロジェクトマネジメントとプロジェクトネットワーク技法』（中村翰太郎監訳）、日本規格協会、1997年
23) James A.Bent,『APPLIED COST and SCHEDULE CONTROL』Marcel Dekker, Inc. 1982年
24) 稲垣公夫『TOCクリティカルチェーン革命、画期的なプロジェクト期間短縮法』日本能率協会マネジメントセンター、1998年
25) 『Skills & Knowledge of Cost Engineering 4th Edition』AACE International、1999年
26) Forrest D. Clark, A.B. Lorenzoni『Applied Cost Engineering, 3rd edition』Marcel Dekker, 1996年
27) 『AACE International's Certification Study Guide, 2nd Edition』AACE International、1999年
28) Robert L. Kimmons, J.H.Loweree『Project Management: A Reference for Professionals』Marcl Dekker、1989年
29) Kenneth K. Humphreys『Editor; Jelen's Cost and Optimization Engineering, 3rd Edition』McGraw-Hill、1991年
30) 小林哲夫『現代原価計算論――戦略的コスト・マネジメントへのアプローチ』

中央経済社、1993年
31) 溝口一雄『最新 例解原価計算』中央経済社、1985年
32) 櫻井通晴『間接費管理——ABC／ABMによる効果性重視の経営』中央経済社、1995年
33) 門田安弘『価格競争力をつける原価企画と原価改善の技法』東洋経済新報社、1994年
34) 門田安弘『原価計算』税務経理協会、1999年
35) ISO 9000

    ISO 9000（JIS Q 9000）品質マネジメントシステム——基本及び用語 日本規格協会発行 2000年12月20日制定

    ISO 9001（JIS Q 9001）品質マネジメントシステム——要求事項 日本規格協会発行 2000年12月20日制定

    ISO 9004（JIS Q 9004）品質マネジメントシステム——パフォーマンス改善の指針 日本規格協会発行 2000年12月20日制定

    ISO 10006（JIS Q 10006）品質管理——プロジェクト管理における品質の指針 日本規格協会発行 1998年11月20日制定

36) 菅野孝男『ソフトウェア開発のマネジメント』新紀元社、2001年
37) 森口繁一編『ソフトウェア品質管理ガイドブック』日本規格協会、1990年
38) 藤田薫、片山善三郎ほか『QC七つ道具で問題解決 すぐに使えるQC手法』日科技連、1988年
39) 小林元一・高橋暁監修『これは使えるプロジェクトマネジメント——ISO9000 2000年版対応』オーム社、2000年
40) Quentin W.Fleming and Joel M.Koppelman『Earned Value Project Management—Second Edition』Project Management Institute、2000年
41) エリヤフ ゴールドラット『クリティカルチェーン—なぜ、プロジェクトは予定どおりに進まないのか？』（三本木 亮訳）、ダイヤモンド社、2003年
42) フレデリック・P・Jr.ブルックス『人月の神話』アジソン・ウェスレイ・パブリッシャーズ・ジャパン、1996年
43) 伊藤邦雄『コーポレート・ブランドの評価と戦略モデル』DIAMONDハーバード・ビジネス・レビュー、第27巻、3号、pp38-53

第11章　コミュニケーションマネジメント

44) ミッシュ・バージェセン『ブランドエコノミクス:EVAとBAVの融合モデル』DIAMONDハーバード・ビジネス・レビュー、第27巻、3号、pp54-67
45) 『Australian／New Zealand Standard Risk Management』AS/NZS 4360、1995年
46) 武井勲『リスク・マネジメント総論』中央経済社、1987年
47) 武井勲『リスク・マネジメント危険管理』中央経済社、1998年
48) ハロルド・D・スキッパー・ジュニア編著『国際的リスク・マネジメントと保険』(武井勲監訳)、生命保険文化研究所、1999年
49) 武井勲『リスク・マネジメト・プロジェクト——日本海ガスのあゆみ』日本海ガス危機管理委員会、2000年
50) デビッド・ウオレン、ロズ・マッキントッシュ共著『実践リスク・マネジメント講座Ⅰ』『同Ⅱ』(武井勲訳)　ダイヤモンド社、1994年
51) Harold Kerzner, Ph.D.,『Project Management A Systems Approach to Planning, Scheduling, and Controlling (17. Risk Management) Sixth Edition』John Wiley & Sons, Inc. 1998年
52) 『ENAA平成11年度エンジニアリング能力の強化に関する調査研究報告書』第2章プロジェクトリスクマネジメントの現状と将来、第3章管理手法
53) 奥出達都摩『図解プロジェクトマネジメント実務マニュアル』日刊工業新聞社、2000年
54) 『リスクの経営学』Diamond Harvard Business 3 February-March 2000 ハーバードビジネス
55) ISO/ICE Guideline 73:002 "Risk Management Vocabulary Guidelines for use in Standard"［TRQ 0008:2003 日本規格協会 "リスクマネジメント用語—規格において使用するための指針］
56) JIS Q 2001:2001『リスクマネジメントシステム構築のための指針』日本規格協会
57) 竹内弘高『ベスト・プラクティス革命』ダイヤモンド社、1994年
58) ゲイリー・ハメル、イブ・L・ドーズ『競争優位のアライアンス戦略』(志太勤一監訳)、ダイヤモンド社、2001年
59) 水尾順一、田中宏司『CSRマネジメント』生産性出版、2004年
60) 白鳥わか子、萩原美穂『最新CSR(企業の社会的責任)がよ〜くわかる本』秀

和システム、2005年
61) コーエイ総合研究所『国際開発コンサルタントのプロジェクトマネジメント』国際開発ジャーナル社、2003年
62) 岡本享二『CSR入門』日本経済新聞社、2004年
63) 『日本のODA「環境・人権・平和」JICAの環境社会配慮を考える』特定非営利活動法人「環境・持続社会」研究センター、2004年
64) 『プログラムマネジメント』独立行政法人国際協力機構、2006年
65) 小野桂之介『ミッション経営のすすめ』東洋経済新報社、2005年
66) 遠藤功『企業経営入門』日本経済新聞社、2005年
67) 原科幸彦『環境アセスメント』日本放送出版会、2000年
68) 環境アセスメント研究会『わかりやすい戦略的環境アセスメント』中央法規出版、2000年
69) 長尾清一『先制型プロジェクトマネジメント』ダイヤモンド社、2003年
70) 原裕視『国際プロジェクトの人間関係――異文化間マネジメントの基礎』エンジニアリング振興協会、1990年
71) 林吉郎『異文化インターフェイス経営――国際化と日本的経営』日本経済新聞社、1994年
72) 本名信行ほか編『異文化理解とコミュニケーション』三修社、1994年
73) 賀川洋『アメリカ人と働くための三つの価値と七つの法則――新世代を活きるグローバル・マネージメント』スパイク社、1997年
74) 古田暁監修『異文化コミュニケーション』有斐閣、1996年
75) 馬場敬三『無意識のマネジメント―日本の経営 強さの根源』中央経済社、1989年
76) 竹内弘高・石倉洋子『異質のマネジメント――日本的同質経営を超えて マネジャー431人現場からの提言』ダイヤモンド社、1994年
77) 伊丹敬之・西口敏広・野中郁次郎編著『場のダイナミズムと企業』東洋経済新報社、2000年
78) 八代京子・町恵理子・小池浩子・磯貝友子『異文化トレーニング――ボーダレス社会を生きる』三修社、1998年

第4部 事業経営基盤

序　章　戦略とその策定	406
第1章　事業とプログラム	413
第2章　プログラム戦略手法	431
第3章　プロジェクト組織マネジメント	459
第4章　会計とファイナンス	502
第5章　情報マネジメントと情報インフラストラクチャー	537

序章 | 戦略とその策定
==

1. 戦略とは

(1) 戦略の定義

　戦略とは、長期的な成功を最大化する事を目的とする組織の最も基本的な計画である。

　「戦略」の語は経営学の研究者により様々に定義されているが、P2Mでは学術的な見解よりも、マネジメントの実務者の視点を重視して上記のように定義する。ここで、営利企業の場合は、「長期的な成功」とは「長期的な収益」を意味している。また、「長期的」とは、ゴーイングコンサーン（継続企業の前提）の上に立つ企業経営に対応して、目先の得失より長期的な成果に視点を向けるという意味である。その他の組織の場合は、それぞれの目的に応じて「成功」が定義されよう。

図表4-0-1　戦略の対象分野

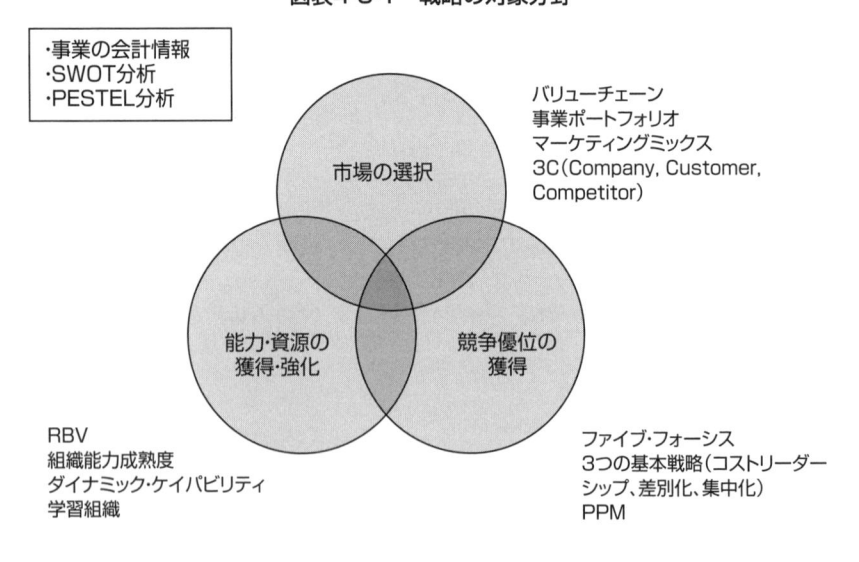

- ・事業の会計情報
- ・SWOT分析
- ・PESTEL分析

市場の選択

バリューチェーン
事業ポートフォリオ
マーケティングミックス
3C(Company, Customer, Competitor)

能力・資源の獲得・強化

競争優位の獲得

RBV
組織能力成熟度
ダイナミック・ケイパビリティ
学習組織

ファイブ・フォーシス
3つの基本戦略(コストリーダーシップ、差別化、集中化)
PPM

序章　戦略とその策定

(2) 戦略の対象

　長期的な成功の最大化を目的として、戦略は様々な分野を対象として策定される。企業の場合、もっとも主要な対象分野は図表4-0-1に示す①市場の選択、②競争優位の獲得、③能力・資源の獲得・強化の3点である。

① 市場の選択

　第1の市場の選択とは、企業がどの市場で事業を行うのかの選択である。市場を選ぶ事は、必然的にそこで何を売るのかという商品の選択も意味する。平たく言えば、「どこで」戦うかと「何で」戦うかを対象としている。一般に、商品は最上流の原材料・素材から、部品、組立、販売など様々なバリューチェーン（付加価値連鎖）の過程を経て、最終顧客に引き渡される。企業はそのバリューチェーンのどの部分に位置を占めれば長期的収益の最大化が可能なのか、市場環境と自らの能力により選択する必要がある。日本の多くの成熟産業のように、各企業の位置付けが固定化した業界では重要性は低く感じるかも知れない。しかし、今後成長が予測されている電気自動車（EV）の産業を例にとれば、駆動系に関する市場、操縦系に関する市場、電池系に関する市場、サービスに関する市場などのどの市場に位置を占めるかは、関係企業にとって最も重大な戦略課題であろう。成熟産業の企業であっても、意識するか否かは別にして、新しい製品系列を開発することは有利な市場の選択を意図した戦略行動である。

② 競争優位の獲得

　第2の競争優位の獲得はしばしば競争戦略と言われる分野で、市場における他社との顧客獲得競争をいかに優位に戦うかという分野である。これには、小型乗用車、液晶テレビ、ハンバーガーなどの同一の商品やサービスを販売する複数の企業間の競合だけでは無く、量販店の顧客層に浸透する通販業者のような異業種の市場参入など、多様な形態がある。ポーターのファイブ・フォーシス（five forces、5F）は、こうした多様な競争形態を5つのカテゴリーに分類して、それぞれの内容を分析したものである。ポーターは、また、競争戦略上の最も基本的な対応策として、①コストリーダーシップ、②差別化、③集中

戦略の3種について説明している。大量生産・大量サービスの市場での強い企業の基本はコストリーダーシップであり、規模の経済、経験曲線、範囲の経済、リーン生産など、様々な経営理論や実践的知識の多くは、この分野に関係している。差別化は、競争商品にない新たな機能・性能を付加すること、特別なサービスを行うこと、他社と異なる外観・操作性などのデザインを行うことなどにより、顧客獲得を目指す戦略である。集中戦略は、市場の中の特定のセグメント（地域、顧客層など）にフォーカスする戦略で、対象のセグメント内でのコストリーダーシップをとるか差別化を行うことで、他社との競争優位を獲得する。

③ 能力・資源の獲得の強化

　第3はこうした事業を遂行する能力・資源の獲得と強化に関するものである。長期的な競争では、他社より優れていて、かつ他社に容易に模倣されない能力や資源をもつという組織についてのリソース・ベースト・ビュー（RBV）の視点が重要である。外部から模倣しにくい能力には、マネジャーや従業員の能力とその継続的改善の意思、効率よく作業を進める組織の仕組み、TQMなど品質改善への組織的取り組み、大規模な販売のネットワーク、ソフトウェア開発やプロジェクトマネジメントなどにおける組織能力の成熟度等がある。また、不足する能力を技術導入、他社とのアライアンス、M&Aなどにより獲得することも、戦略的施策ということができる。

　なお、図表4-0-1にも示すように、これらの対象分野は互いに独立しているわけではなく、相互に関連する場合も多い。例えば、シニア顧客層に集中するという競争戦略は、それ自身が市場選択の戦略でもある。リーン生産方式は不良在庫、仕損、手待ち時間などのムダを無くすことを基本として競争優位を目指す競争戦略の手法だが、これに適した人的組織が構築できれば、それは容易に模倣できない高効率の生産ネットワークとなる。

(3) 戦略の明示

　組織として、その戦略を立案するだけではなく、組織の内外に適切に明示す

る事も重要である。近年は定型的な業務プロセスから外れる非定型業務の比重が高まる傾向が著しい。こうした事業環境では、事業戦略を明示する事で、組織活動のベクトルの整合性を高めることができる。また、マネジャーが直面する実務では、要求される全てを満たそうとすれば膨大な時間とコストが必要となる。時間と資源の制約の中で、全てを行うのではなく、"何かをやらない"決断が常に要求される。こうした場合、戦略の明示は日々のマネジメントに関わる意思決定における判断基準を与え、業務効率の改善に非常に有効である。

2. 戦略の策定

(1) 戦略策定の基本プロセス

戦略の策定の基本は、組織のあるべき姿（To-Be）を明らかにして、現状（As-Is）から、いかにしてあるべき姿に至るかのシナリオを明らかにすることである。しかし、戦略策定におけるAs-Is/To-Beモデルと、生産プロセスや品質の改善活動のような、実施環境が明らかで、あるべき姿も描きやすい場合におけるAs-Is／To-Beモデルとは、かなり異なる。

最大の違いは、

①何を実現すれば価値ある結果と考えればよいのかが一義的には決められない「あるべき姿の定義の困難さ」

②市場環境や競合他社等の把握しにくい環境を前提としたシナリオ作り

の2点である。

従って、必然的に戦略におけるあるべき姿は、まずは抽象的で多義的な概念の形態をとるが、それが実行可能であるためには、内容が本質的かつ具体的な成果に展開できる必要がある。また、具体化の過程では、現状との比較ができる評価尺度を備えることも必要となる。このため、現状やあるべき姿を明らかにし、また周囲環境を把握するために、（2）項に示す様々な分析ツールが開発されており、利用されている。

(2) 各種の分析ツール

図表4-0-2に、戦略策定に利用される様々な分析のためのツールやフレームワークの代表的な例を示す。戦略分野など用途に応じて、これらの中からあるいはその他の適切なツールの幾つかを選んで、適切に組み合わせて分析することが重要である。

図表4-0-2 戦略策定に関係する主要な分析ツール

名称等	概要
会計情報分析	事業経営の基礎的な情報である財務会計情報や管理会計情報から、組織パフォーマンスの適切な数値指標に関して分析する。
SWOT分析	組織の能力と事業環境について、自社の強味（Strength）、弱味（Weakness）、環境に関する好機（Opportunity）と環境からの脅威（Threat）を分析する。
PESTEL分析	事業環境に関する政治的(P)、経済的(E)、社会的(S)、技術的(T)、環境保護的(E)および法的(L)な状況を分析する。
3C	PESTELよりさらに直接的に自社の事業を取り巻く環境である顧客（Customer）、自社（Company）、競合先（Competitor）に関する分析のフレームワークで、経営実績、経営資源、戦略などが主要な分析対象となる。
マーケティングミックス（4P）	市場での事業活動で組み合わせる必要がある主要な要素を製品（Product）、価格（Price）、流通（Place）、プロモーション（Promotion）の4Pで代表させる。近年は買い手の視点から、Consumer、Cost、Convenience、Communicationの4Cが重要であるともいう。
ファイブ・フォーシス	M.ポーターが示した競争市場における5種類の脅威で、新規参入の脅威、既存競合者間の敵対、代替品の脅威、売り手の交渉力、買い手の交渉力をいう。
3つの基本戦略	M.ポーターが示した競争優位を築く上での3つの基本戦略で、コストリーダーシップ戦略、差別化戦略、集中戦略をいう。
PPM	Product Portfolio Managementの略。横軸に製品の相対市場シェア、縦軸に市場成長率をとり、自社製品が4つの象限（金のなる木、花形、問題児、負け犬）のどこにあるかにより、経営資源の配分の指針とする。
VRIO	注目する経営資源の競争環境における有効性を、経済的価値（Value）、稀少性（Rarity）、模倣困難性（Inimitability）、そして組織（Organization）が有効活用に適合するかという4つの視点から分析する。
能力成熟度モデル	組織の業務プロセスが、適切に管理されているか否かを、初期状態（混沌、レベル1）から最適化された状態（レベル5）まで5段階で評価する。ソフトウェア開発プロセスのために開発されたCMM(Capability Maturity Model)から多様な用途に発展した。組織能力のベンチマーク等に用いられる。
ビジネスモデル・キャンバス	企業の事業戦略策定に関し、顧客セグメント、提供する価値、顧客との関係、チャネル、主要な資源、主要な活動、パートナー、コスト構造、収入の流れという主要な9つの要素の分析により事業のビジネスモデルを策定する。

3. 戦略策定の形態

　現実の組織での戦略の策定には、何種類かのアプローチがある。一般には、戦略とは組織の上層部での検討と判断で、事業遂行上の基本計画として策定するものであり、下位階層はそれに基づいて行動するものと考えられることが多い。一方、長期にわたり事業を進める中で、繰り返しとったある行動が成功に結びついた体験から、その行動パターンを組織の基本方針とする事が少なからずある。戦略とは、こうした成功した企業に結果として見られる行動パターンであるという見方もある。日本企業における品質重視の戦略の成立過程は、その一例であろう。当初、品質の低い日本製品を輸出する上で、必要に迫られて製品の品質向上に努力したが、結果的にこれが低コスト生産と顧客満足という多大な成果に結びつくことが判明して、基本的な戦略となったと考えられる。

　前者は「当初に意図した戦略」で、これがその通りに実現した場合を「熟考型戦略（deliberative strategy）」[*1]とよび、後者のように個々の活動を経てある種の一貫した行動パターンとして実現した戦略を「創発型戦略（emergent strategy）」と呼ぶ。現実にはいずれか純粋な形式ではなく、両者の混合型となるケースが多い。例えば企業は大きな枠組み（アンブレラ）を熟考して定め、その範囲内では自然発生や試行錯誤的な行動を許容する創発型戦略をとるアンブレラ戦略がその主要な例である。

　さらに、実務的な企業戦略の成り立ちを考えたものにサイクル型戦略策定モデルがある。このモデルは図表4-0-3（a）に示すように戦略を「策定」と「実行」にリニアに分けるのではなく、最初に「この戦略を採るべき」という確信が存在し、次にそれを実行し、結果を得て反省し、見直した新たな確信を構築するという図表4-0-3（b）に示す学習サイクルを繰り返した結果として戦略が確立するとしている。

[*1] ミンツバーグ（Mintzberg, H,）は、戦略を大きく「意図したもの」と、「パターン（一貫した行動）として実現したもの」に分け、意図した戦略が実現した場合を「熟考型（deliberate）」戦略とよび、実現しなかった場合を「非実現型」戦略とよんだ。当初に意図しなかった戦略が実現したものを「創発（emergent）」戦略とよんでいる

図表4-0-3 サイクル型戦略策定モデル

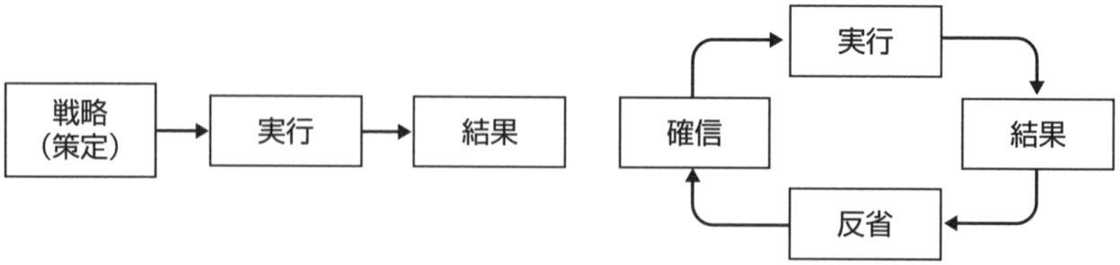

(a)リニアな戦略プロセスのモデル　　(b)サイクル型戦略プロセスのモデル

出典：三品和広「戦略不全の論理」東洋経済、2004年、pp166

　変化が激しく見通しの困難な今日の環境では、熟考型戦略と創発型あるいはサイクル型の戦略策定手法の使い分けが重要である。

4. プログラムと戦略

　事業戦略の「成功」の形は一つではなく、そこへ至る方策にも様々なものがある。P2Mでは、事業戦略が目指す成功の形を定義するプロセスがミッション・プロファイリングである。提示されたプログラムミッション（概念）はミッション・プロファイリングにより、詳細化・構造化して実現可能な戦略目標（群）として定義される。多くの場合、これらの戦略目標は現実世界の具体的行動であるプロジェクトとして実行される。したがって、プログラムは詳細化された事業戦略そのものであり、個々のプロジェクトは、事業戦略の一部分であって、これらは局所的な実行技術である「戦術」ではない。このようにプログラムは事業戦略の一形態といえるが、一方でプログラムはそれ自身を実行する上で必要な基本的な方針としてのプログラムの実行戦略を持つことに注意が必要である。

　組織としては様々な戦略プロセスを繰り返すことがあるので、創発型戦略プロセスによる組織の戦略策定はあるが、単一のプログラムとしては、繰り返しを前提とする創発型やサイクル型のプロセスはとり難い。基本は計画を熟考する熟考型で、現実にはミッション・プロファイリングの過程で、様々なケースを想定してミッション定義とシナリオ展開を繰り返す仮想的なサイクル型のプロセスをとることが多いであろう。

第1章 事業とプログラム

　事業とは生産・営利・社会貢献など一定の目的を持って継続的な活動を行う営みである。事業の存在意義は事業に関係するステークホルダーに対して何らかの価値を提供できているのかどうかにあり、その価値を提供できない場合は事業の存在価値も失われる。本章では事業を運営していくために必要な経営基盤を理解するとともに、事業そのものの存在意義の原点となる価値提供を効果的に実践するための重要な視点として、プログラム＆プロジェクトマネジメントの概念の事業への適用について述べる。

　また、継続的に事業を運営するために、価値提供とあわせてもう一つ、事業の存在意義を問う社会的責任（CSR）についても述べる。

1. 事業経営基盤

　事業を経営するための経営基盤は大きく「事業戦略と活動」「組織・プロセス」「経営資源」の3つの要素で捉えることができ、そのあり方の良しあしは事業経営に大きく影響を与えることになる。事業経営基盤の3つの要素はそれぞれが密接にかかわり合っており、それぞれが正しく機能することによって事

図表4-1-1　事業経営基盤の構成要素

業は期待する成果を獲得できる。本章においては3つの要素のそれぞれの全体概要を説明する。(図表4-1-1参照)

1-1. 事業戦略と活動

事業を経営していく際にまず重要となるのが事業戦略である。

事業における戦略とは、事業経営において長期的な成功を最大化するための基本計画として位置づけられる。また、事業が成果を出すためには事業にかかわる人の活動は不可欠である。活動は組織の様々なレベルで様々な人によって行われ、それが事業の成果として形作られることになる。事業を成功に導くためにはその事業にかかわる人がその戦略と実行方針を理解し、方針に基づいて自律的に活動できるような状況を作りだしていくことが重要であることは自明である。しかし、戦略と活動が正しくつながっておらず、両者の間に様々な障害やギャップが存在していることが多い。戦略と活動を正しく結び付け、事業の成果を最大化するためには戦略そのものを可視化し、大きなミッション・目標から具体的な活動に変換していく仕組みが必要となる。戦略を可視化する手法については第3章を参照されたい。

1-2. 組織・プロセス

組織とは共通の使命・目的・目標を持ち、協働の意識のもとでコミュニケーションを円滑に行い、ミッション・目標に向けて行動する人の集合体といえる。小さい組織であれば互いが協力を意識するだけで自然発生的な協働が生まれるかもしれないが、協働すべき人が増えた場合には分業範囲とその業務間の調整方法の大枠を決めておかなければ分業は非効率になるばかりか混乱を招く。

ある管理者はどの範囲の人々に指示をするのか、誰がどのように仕事をするのか、誰が誰に連絡するのかを決めておくことは事業経営基盤として重要な要素となる。

特にミッション・目標達成のためには、必ずしも既存の組織で進めていくことが効率的ではないことがあり、組織構造と機能配置を能動的に決定していく必要があることを認識せねばならない。第4章にて詳述されるが、機能(営業、開発、製造、物流)を中心とした組織構造を取るのか、プロジェクトを中心と

した組織構造を取るのか、その折衷型を取るのか、それぞれの長所・短所を理解し、定義していく必要がある。

近年ではフォーマルな組織体制ではなく、各機能の目的達成のために個人のつながりや企業間の連携を活用するインフォーマルなネットワークを構成することで、新製品開発や技術獲得を実現する取り組みが行われるようになってきている[1]。フォーマルな機能組織だけでなく、インフォーマルなコミュニティの人々が自主的に動きやすい環境を整備することが重要となってきている。

また、組織構造と機能配置の再検討に加え、どのような事業プロセスでミッション・目標を達成していくかも明示していく必要がある。

プロセスはその組織で活動する人たちの型[*2]を決めるものであり、洗練された型は洗練された結果を生みやすくする。型そのものが見えることで、さらに改善が可能となり、事業の継続的な成果への貢献を可能とする。

プロセスは、大きく業務プロセスとマネジメントプロセスに分けることができるが、両者は密接に関係しており、切り離して取り扱うことは難しい。具体的に何を実現していくかにより業務プロセスを明確にした上で、その業務プロセスによるミッション・目標達成状況を可視化し、あわせて問題発生時に必要な意思決定を行っていくためにマネジメントプロセスも整備する必要がある。

∞∞ ネットワーク型組織について ∞∞

ネットワーク型組織とは分権、階層化された従来の組織構造とは異なり、その構成員が共通の目的のもとに自律的に行動し、階層的な指揮命令系統に捕われることなく相互に影響・連携が行われる組織形態であり、一種のコミュニティである。

この形態は社内においてフォーマルな組織の壁を越えて連携する際や、資本関係や業種の枠を越えた提携関係に適用されうる考え方であり、互いが自律的に連携していくという点において従来の指示命令系統の考え方とは大きく異な

[*2] 組織における人の動き方を意味しており、業務の進め方や意思決定の手順などを定めたプロセスは人の動き方に大きな影響を与える。柔道や空手において"型"の成熟度の高い人は技も洗練され成果を出しやすいように、組織においても洗練された動きは成果を上げやすくする。

る。このネットワーク型組織においては自律的に動き、異質な文化を許容・活用していく人材が求められる。

図表4-1-2　階層組織とネットワーク組織

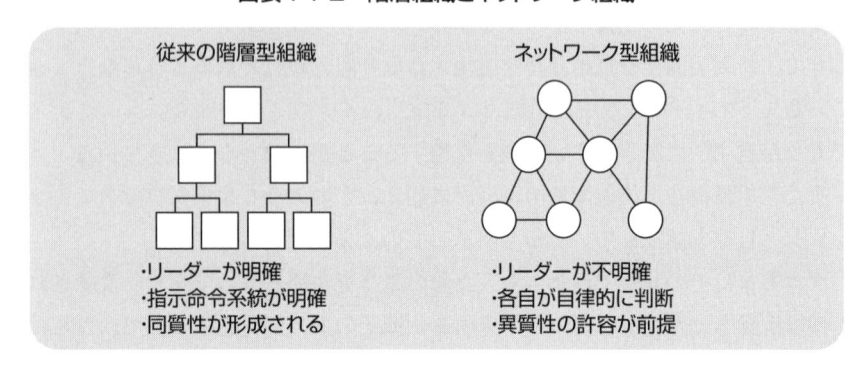

従来の階層型組織
・リーダーが明確
・指示命令系統が明確
・同質性が形成される

ネットワーク型組織
・リーダーが不明確
・各自が自律的に判断
・異質性の許容が前提

　ネットワークの形成は企業内部にとどまるケースや、アライアンスを提携した企業まで広げるケース、さらには企業や業界の枠を超えて作られるケースと様々存在する。こうしたネットワークは、イノベーションが自社内だけで実現しようとするクローズド・イノベーションから、外部の力を借りて実現しようとするオープン・イノベーションへとシフトする中で、企業内部から外部へと広がりを見せている。

図表4-1-3　医薬品上位50品目の起源

タイプ	売上げ上位50の医薬品（2011）	50品目の開発時期別の内訳	
		古い医薬品 25品目	新しい医薬品 25品目
自社起源の開発	34%	50%	17%
M&Aによる購入	36%	35%	37%
パートナーシップ*	30%	15%	46%

＊ライセンス、ジョイントベンチャー、共同開発等、自社以外との連携による開発品
（Evaluate Pharma 2010より抜粋）

　実際に製薬業界において、外部とのネットワークの重要性がデータとして示されている。売上上位50品目で見ると、まだ自社起源のものも約1/3を占めている状態ではあるが、比較的新しい製品25品目に絞ると、46％と約半分近

くが他社との連携による開発品となりつつあり、ネットワークを活用していくことの重要性がうかがえる。

1-3. 経営資源

　事業として経営を進めていく上では、その実現に向けてプログラムやプロジェクトに投下する経営資源が必要となる。その経営資源とは資金だけではなく、人的資源、物的資源（資材、装置等）および情報資源・知的資源・基盤資源などが含まれる。こうした経営資源をいかに獲得していくか、それをどのように活用していくかが事業基盤を構築する上で重要な要素となる。

　しかし事業環境の変化が早くなっている今日では、全ての経営資源を自前で用意していくのは現実的ではない。何を自分たちの事業の中核として内部に獲得していくかを見極め、それ以外は前述のインフォーマルなネットワークなどを活用して外部資源から獲得していくことが求められはじめている。

　自分たちで獲得すべき経営資源を見極めるためには、その事業の競争上の優位性につながるものとそうでないものを見極める必要がある。資金を出しても買えず、作るとしても時間がかかり、複数の製品や分野で多重利用できるものが、優位性の源泉になりえる[2]。事業の中核となる技術や人材、外部からの信頼・ブランドがそれに当たる。

　人材においては、企画、営業、開発、特殊な専門技術を持った人材だけでなく、事業としての価値創造活動であるプログラムやプロジェクトを成功に導く力を持ったリーダーも中核の人材として位置付ける必要がある。また、同時にそれらのリーダーをどのように育成するかも経営資源管理の重要な課題となってくる。

　一方で獲得した資源は、流動性を意識した活用も重要となってくる。本来、事業全体の使命達成が目的であるはずが、プロジェクトとして特定の責任範囲を切り出されることで予算や人材、設備に対してプロジェクトによる抱え込みがおこり、それが使命達成のための資源最適配分への阻害要因となり、同一プログラム内の他のプロジェクトへ悪影響を及ぼすことがある。

　こうした状況を発生させないためにも、プログラムとして全体最適の観点からプロジェクトを統治できる基盤を構築しておく必要がある。

2. 事業戦略とプログラム

事業経営の基本計画となる事業戦略を具体的な活動に分解していく方法についてプログラムの観点から詳述し、どのように事業戦略をプログラムとして構成してプロジェクトを創発し展開していくかを示す。

2-1. 事業戦略のプログラム化

まず事業戦略においては"事業がどのように長期的に成功を収めていくか"の基本計画が描かれている必要があり、それらを実現すべき大枠として特定のミッション・目標が認識される。

このときミッション・目標を達成する行動主体は必ずしも具体的な実施事項が明確となった有期的なプロジェクトである必要はなく、ミッション・目標を達成するためのプロジェクトを作り出す使命を持たせた実行体（プログラム）であれば良い。

例えばグローバルで新規事業を展開し、5年以内に黒字化を目指すなどの大きなミッション・目標があるとすれば、まずはそのミッション・目標に対しどのようにアプローチすることで達成するかの道筋を示す必要がある。次にグローバルでの物流体制を整える、適切な営業体制を整える、原価低減を実現する製造・購買連携を実現するなど、具体的にやるべきことを分解し、プログラ

図表4-1-4　事業戦略のプログラム化例

事業戦略のプログラム化例

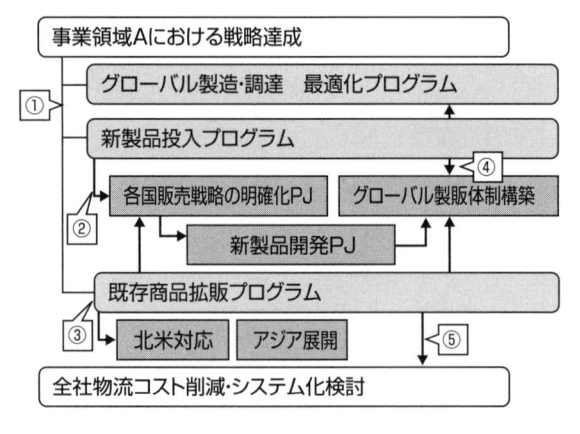

- 事業領域Aにおける戦略達成
  - ① グローバル製造・調達　最適化プログラム
  - 新製品投入プログラム
    - ② 各国販売戦略の明確化PJ　グローバル製販体制構築 ④
    - 新製品開発PJ
  - 既存商品拡販プログラム
    - ③ 北米対応　アジア展開　⑤
- 全社物流コスト削減・システム化検討

① 戦略達成に向けた大活動項目の実行プログラム化

② プログラム実現に必要な達成項目のプロジェクト化

③ 定常化した業務やその改善活動

④ 各プラグラム間の整合性の確保、連携強化

⑤ プログラム外の全社活動との定期的な調整

ム・プロジェクトを構成する必要がある。

　重要なことはプログラムという上位のレベルにおいても明確な責任・権限を持たせた行動主体をはっきりさせ、その主体が責任を持って必要となるプロジェクトを作り出していくことである。
　このときその主体はミッション・目標を達成するために、考えられる事を全て洗い出し、検討し、対策を検討する必要がある。一方、プロジェクトに対しては、成果達成へとまい進させながらも、達成できなかった場合に備え代替プロジェクトを準備しておくなど、リスクや事業環境の変化等への対応を考えておく必要がある。
　また、組織における業務改革など、既存のやり方（As-Is）を変え、あるべき姿（To-Be）への変革へは"プログラム"として取り組むことによって、意思決定ができやすく、取り組みが実施しやすいと認識する必要がある。
　既存のやり方の多くは過去から現在までの事業環境を通して出来上がったもので、それなりの実績があり、慣れ親しんでいるものである（As-Is）。現在から将来を見通して定める、"あるべき姿（To-Be）"の多くはこれまでの慣れ親しんだやり方とは異なるので、人々に新たな変化を要求するため、抵抗にあいやすく、排除されやすい。
　プログラムにおいて新たな成果を創出するためには、様々な抵抗を排除でき、動ける環境を作り上げることも必要である。このような環境を持つことで、より成果を出しやすくできる。
　事業戦略が意図するミッション・目標を達成するためのプログラムは、より具体的なプロジェクトとしての形に分解されていく。この状況はロードマップ手法（第4部第2章参照）によって可視化することが可能となる。

2-2. プログラムの階層構造
　図表4-1-5にプログラムの階層構造の例を示す。

第4部　事業経営基盤

図表4-1-5　プログラムの階層性

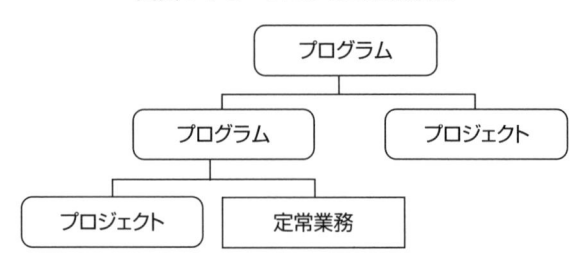

```
            プログラム
           /        \
      プログラム    プロジェクト
       /     \
  プロジェクト  定常業務
```

　大きなミッションを持ったプログラムは、この構造図のように、必ずしも戦略 - プログラム - プロジェクトの3階層にとどまらない。さらに複数のミッションに分けてプログラム化するなど、プログラムそのものが重層構造を持つこともある。

　またプログラムの目標実現は長期に渡ることも多く、まだ複数のプロジェクトが活動している一方で、初期のプロジェクトの結果として導入された業務プロセスがすでに定常的なオペレーションとなっているケースも考えられる。しかし、これを有期的なプロジェクトの集合体であると考えてプログラムの対象から外すよりは、定常的なオペレーションもプログラム目標を達成するためのプログラムの一部であると考えた方がオペレーションの目的や目標が明確になり、よりプログラムの成果が出やすくなると考えられる。

◇◇◇◇ 事例：ロレアルにおけるプログラム軸 ◇◇◇◇

　化粧品業界のロレアル社は数多くのブランドを抱えているが、メイベリンなどのコンシューマ向けブランド群や、ヘレナ・ルビンシュタインなどのラグジュアリーブランド群、ケラスターゼなどのプロフェッショナルブランド群など、ターゲット顧客別に分けて事業部として運営している。その事業を構成する各ブランドにブランドマネジャーを付け、ブランドごとに市場展開の施策や製品開発プロジェクトを推進させている。そういったブランド内の活動の予算はコントローラーが一元的に管理しており、価値の獲得を基準とした意思決定が行われるようにすることで、事業部軸がプログラム軸として動いている。

　一方で新技術が開発された場合でも、まずはその効果を得やすい製品群を得

意とするブランド内で発売し、その後他のブランドに展開していくなどのブランド横断的なコントロールがなされている。これは、技術軸によるプログラムであり事業部（ブランド）軸のプログラムとマトリクス的に関係させながら、ロレアルとして成果を最大化できるようにしている。さらには、地域軸による地域特性の差や人種や文化の差による価値感の差についても商品開発に反映しており、ロレアルにおいては複数のプログラムが相互に関連しながら運営されているといえる。

図表4-1-6　ロレアルにおける異なるプログラム軸

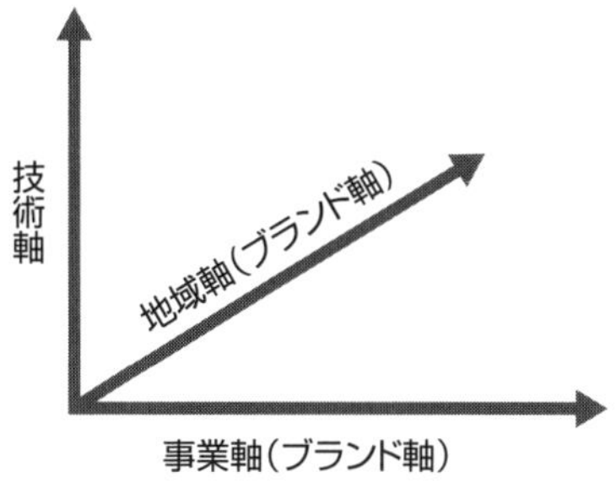

2-3. 事業経営サイクルとプログラムマネジメントプロセス

本項では、事業において具体的にプログラムを運営するにはどのようにすればよいのか、ゴーイングコンサーンとして継続性を持つ事業におけるプログラムの具体的な適用方法についての実践的な考え方を示す。

事業をプログラム中心に運営していくためには、事業経営のマネジメントサイクルとプログラムマネジメントプロセスを考慮し、その二つを同期させ、連携させる必要がある。

プログラムマネジメントプロセスは、プログラムの成果を最大化するために設計されるものであり、プログラムの持つリスクや投資意思決定のタイミングなどをもとに定義される。一方、事業経営のマネジメントはプログラム横断的に実施されるプロセスであり、組織としての戦略的意思決定や戦略の見直しのサイクルで定期的に発生する性格を持つ。

通常、事業には事業戦略を実現するため3年～5年先を見通して中期経営計

画が立てられ、その中で具体的な活動を定義し、該当年度の活動に対して予算を与え具体化させるために事業計画が策定される。中期経営計画は、年度単位の事業計画との整合性を取りながら毎年改定（ローリング）されることになる。図表4-1-7に示すように、戦略をプログラムで実現するのであれば、中期経営計画の方針に従ってプログラムは生みだされ、そのプログラムの活動は年度単位の事業計画に反映されなくてはならない。

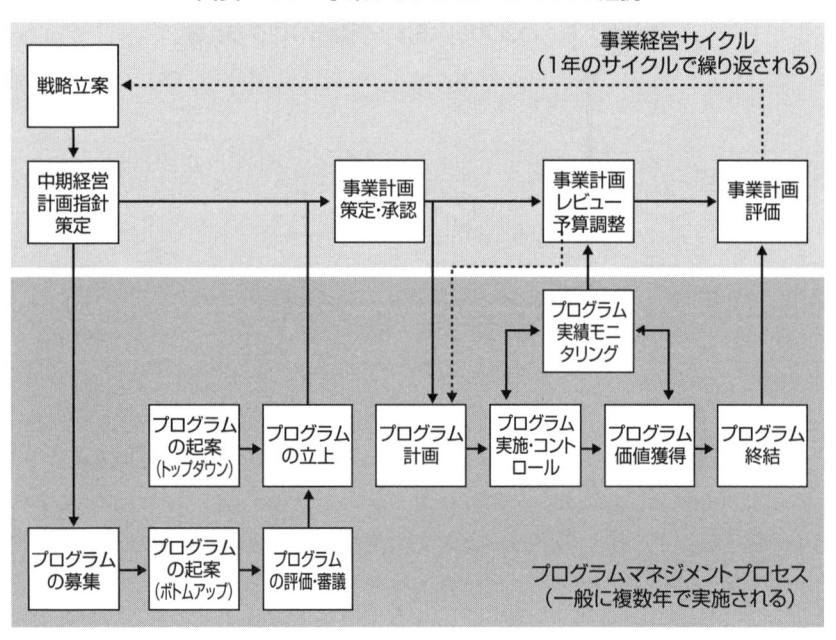

図表4-1-7　事業サイクルとプログラムの連携

プログラムにはトップダウン的に発生するプログラムやボトムアップ的に提案されるプログラムが存在し、どのプログラムも事業計画の中で承認され予算を持つことで具体化する。

承認されたプログラムは具体的な実施計画に落とし込まれ推進され、プログラムの進捗や価値獲得の状況は、定期的にITツール等を用いてモニタリングされる。事業経営における戦略調整のタイミングで、それまでの成果や外部環境の変化を考慮して実行の修正が求められる。特に、予算面の再配分が重要であり、プログラムの実績とビジネス環境の変化はそれぞれのプログラムの戦略

的優先順位にも変化を与える可能性があり、それはプログラム間の予算調整という形になってプログラム運営に影響を及ぼすことになる。このように、事業経営の戦略調整のタイミングで複数プログラムに対して戦略面の調整が行われ、戦略とプログラムの連携が健全に担保されることになる。

3. プログラム・プロジェクトガバナンス

ガバナンスとは統治を意味し、ここではプログラムの成果を最大化するためにプロジェクトをどう統治していくかをプロジェクトガバナンスと呼び、プログラムも同様にプログラム自体の成立条件そのものに働きかける活動をプログラムガバナンスと呼ぶ。

3-1. プログラムガバナンス

プログラムに関するガバナンスとしては、さらにそのプログラムの上位意思決定者との間で合意されたミッション・目標に対する達成度合いを確認し、必要に応じプログラム実行主体者では及ばない調整を実施していく必要がある。プログラムガバナンスはプログラムの所有者であるプログラムオーナーの責任のもと、経営的な視点で実施される必要がある。

主に下記のような対応が考えられる。

- プログラム間で発生したコンフリクトの解消
- プログラムがその全体使命の達成が難しくなってきた場合の事業全体戦略の修正
- 事業環境の変化などによる全体戦略の修正に伴うミッションの調整

3-2. プロジェクトガバナンス

プロジェクトに対するガバナンスとしては、プロジェクトはプログラムの全体使命を果たすための一構成要素でもあるため、プログラム側はそのプロジェクトの実施状況に応じ様々な統治を行う必要がある。

具体的にはそのプロジェクトに対する補強や軌道修正のみならず、必要に応じ中止や統廃合、リーダーを含めた体制変更など、プログラムとしての目的達

成に主眼を置いた対応を行う必要がある。

　このためプロジェクトの状況を適時把握できる仕組みを構築することが重要であり、プロジェクトの成果指標を定め、定期的に可視化していく必要がある。具体的には次章にて記載されるポートフォリオマネジメントなどの手法が役に立つ。

　プロジェクトガバナンスを適切に効かせていくためには、プロジェクトが成果を出すための環境を整え、プログラムを構成するその他のプロジェクトとの関係性など、特にプロジェクト側からではコントロールができない部分においてプログラム側で状況を把握して対策を取っていく必要がある。自律的に活動させ成果が出るように環境構築のみにとどめるか、より中央集権的にプログラム側でプロジェクトに介入していくのかは状況に応じ判断する必要がある。プログラム配下のプロジェクトに対するガバナンスはプログラムマネジャーの責任によって行われるが、複数のプログラムを含めたプロジェクトのガバナンスを組織全体で行う場合は、プログラムマネジャーだけでなくプログラムオーナーも参加して行うこともある。

　プロジェクトへの介入としては下記のような対応が考えられる。

- 予定していた期限ないし成果に達しない可能性が出てきた際の資源補強および再計画対応
- 事業環境が変わり、求められる成果とプロジェクトが目指していた成果に乖離が生じたときの中止・軌道修正
- リーダー選択のミスマッチ等による問題点を解決するための体制変更
- プロジェクト間で発生したコンフリクトの調整や、状況に合わせた全体スケジュール修正
- 予算が予定通り消化されていない場合の他のプロジェクトへの再配分

　これらは、前述の経営基盤を構成する各要素に関し、方向性を与え状況に応じ軌道修正していることに他ならない。

4. CSRとプログラム・プロジェクト

　CSR（Corporate Social Responsibility）とは企業の社会的責任を意味する。持続可能な社会を目指すためには、行政、民間企業などの営利組織、非営利団体を問わず、あらゆる主体が経済だけでなく社会や環境などの要素にも責任をもつべきであるという考えのもとに成立した概念である。

4-1. プロジェクトにおけるCSRの位置づけ

　これまでは、CSRは明確に決められたものがあるわけではなく、企業ごとにさまざまなガイドラインが定められていたが、2010年11月1日にISOがCSRについて新しい規格を発表した。先進国から途上国まで含めた国際的な場で複数の主要なステークホルダー（消費者、政府、産業界、労働、ＮＧＯ、学術研究機関他）によって議論され、国際的な規格としてISO26000が発行された。この規格は認証を必要とするマネジメント規格の位置づけでなく、手引き（ガイダンス）としての位置づけとなっているが[3]、今後、世界中の様々な組織が社会的責任を実践していく上でのグローバルな共通テキストとして機能することが期待されている[4]。

　ここでは、組織が取り組むべき社会的責任として、次の7つの中核課題が掲げられている。

① 組織統治
② 人権
③ 労働慣行
④ 環境
⑤ 公正な事業慣行
⑥ 消費者課題
⑦ コミュニティ参画および開発

　また、同時に社会的責任の原則を果たすために7つの原則が定められている[5]。

① 説明責任
② 透明性
③ 倫理的な行動
④ ステークホルダーの利害の尊重
⑤ 法の支配の尊重
⑥ 国際行動規範の尊重
⑦ 人権の尊重

　企業は社会の継続性に貢献することが求められており、企業活動の一つがプロジェクト活動であると考えればCSRを尊重したプロジェクトであることが企業に求められていることになる。
　このため企業のミッションとしてCSRを捉え、プログラムにおいて、CSRが守られるようにガバナンスを効かせていく必要がある。

4-2. CSRのプロジェクトに与える影響

　CSRはプロジェクト活動に対しても影響を強く与えるようになっているが、その影響の与え方は企業の置かれた環境で異なり、定型的なものは存在しない。その影響を理解するために、プロジェクトスポンサー企業とプロジェクト遂行企業における事例を通して概観する。

事例：プロジェクトスポンサー側（シェルグループ）

　シェルはビジネス原則を、More Efficiently（より効率よく）、More Effectively（より目的に的確に）、More Responsibility（より高い倫理観をもって）、More Profitability（より高い収益を目指して）に置いており、この枠組みの中で、グローバル企業として各国の権益に配慮し、技術移転を進めている。シェルは名声（Reputation）を一番大切にしており、プロジェクト開発と遂行は以下の基準に照らして行われる。

- プロジェクトの経済性
- 関連する全ての法律・規則の遵守

第1章 事業とプログラム

- 公正競争への明確なコンプライアンス
- ビジネス倫理
- 政治への不関与
- HSE（Health, Safety and Environment）への最大の配慮
- ローカルコミュニティとの協調
- オープンコミュニケーション

　シェルにはShell Project Academyがあり、これらのポリシーの教育はカリキュラムの重要な一環である。

事例：コントラクター/サプライヤー側（Emerson Process Management）

　エマーソンがプロセス制御・計装システムの大手企業として高い評価を受けているのは、技術力やプロジェクトマネジメント力だけではなく、CSRの一環をなす公正な事業と公正な取引を担保する次のビジネス倫理プログラムにある。本プログラムを誠実に実行するために社員に対する集合教育を義務づけるほか、Ethics Online（企業倫理オンライン）を開設しており、同社の代理店に対しても倫理講習を課している。また、このビジネス倫理プログラムの実行で顕著な功績があった社員には、表彰制度を設けている。

- 当社と取引する（顧客を含めて）全ての企業に利益が生まれる機会を作るよう努める。
- 受注の可能性のない入札を協力会社に要求してはならない。
- 顧客要求を満たしていないと考えられる入札を提出してはならない。
- 守れない納期を約束してはならない。
- 発注先選定の基準を公表し、それを遵守すること。
- いったん入札を提出したら、当該案件の営業活動を終える。
- 顧客に影響を与えることができるといい寄るブローカー（エージェント）を締め出す。
- 入札資料提出後の約定事項があればそれを遵守する。

- 公平な契約条件を追求する。
- 問題解決には取引先と力を合わせる。
- 高い倫理順守行為を行った社員に報いる。
- 以上のポリシーにはZero Tolerance（例外なし）で臨む。

4-3. CSVによる新たな価値創造

　ハーバート大学のM.ポーターとその朋友であるM.クラマーは、2006年にCSR活動をさらに活かす戦略的コンセプトとしてCSV（Creating Shared Value）を提唱した[6)][7)]。CSRが、企業活動の重要な理念として定着するなか、それを更に積極的かつ戦略的にビジネスに取り入れることで、企業の利益と競争力の向上とともに、社会のもつ様々な課題を解決し社会の利益につながるというコンセプトである。これを"戦略的CSR"と呼ぶ。現在でも、CSRはコストであるという考え方が抜けないが、それは企業の先行投資であり、企業のベネフィットになるとした。

　例として、社会的課題を解決する製品やサービスでは、トヨタのプリウスやゼネラルエレクトリック（GE）のエコマジネーションを挙げている[8)]。ガソリンエンジンと電動モーターのハイブリットカーを実現させたことで、プリウスは2013年に日本で最も売れた車種の1つとなった。一方で、ガソリンエンジンではできなかった燃費を実現することで、炭酸ガス排出量を減らし、かつ、燃料消費の削減により、社会的規模での費用逓減を実現した。GEの「エコマジネーション」は、エコとイマジネーションの造語である。"よりクリーンで、効率的、かつ経済的妥当性のあるスマートグリッドの創造と、スマートグリッド技術の適用を加速させる"ために、世界規模でのオープン環境で画期的アイデアを募り、21世紀型の次世代スマートグリッドの構築実現を目指す取り組みである。

　これらは製品やサービスに依る企業と社会との関係の例であるが、それに留まらず、複数企業から構成するバリューチェーンを最適化しつつ、競争力向上と社会課題の解決により社会に貢献する例なども存在する。更には、事業を展開する地域を対象とし、その地域内の人材の育成、企業の競争力強化、社会イ

ンフラの向上などによる地域社会の社会経済的な向上を図る提唱も含まれる。

4-4. ESGによる価値評価

　プログラム・プロジェクトの遂行が目指す主たる目的は、その事業活動の集合体である企業価値の向上である。上場企業では、金融商品取引法により財務情報が主体の「有価証券報告書」の定期的な公開が義務付けられ、財務的視点からの企業価値は把握される。近年はそれだけに留まらず広範囲な社会的活動も「環境・CSR報告書」等の名称で非財務情報を公開している企業が多い。これは、企業活動が取り巻くステークホルダー（顧客、最終消費者、従業員、地域社会など）に対し社会的責任ある行動を取るという考え方が浸透し、社会的公正や倫理、環境への配慮などがなければ企業の持続可能性も危うくなってきているからである。従って、企業内で実施されるプログラム・プロジェクトにおいても、常に"外部の企業を見る目"を意識する必要がある。

　日本においても欧米行われているような間接金融から直接金融へ傾斜する中で、企業価値を正当に評価されるための投資家向けの広報活動が欠かせない。企業価値の評価は財務情報のみならず、近年とみに非財務情報にも向けられている。

　ここでいう非財務情報とは、それぞれの企業を取り巻く、ESG（環境：Environment、社会：Society、企業統治：Governance）リスク情報の他に、自然災害や国際的紛争に巻き込まれるマイナス面のリスク情報、画期的な発明や知的財産権評価などのプラス面の情報も含まれる。財務情報は、過去から現在までの企業活動による企業価値を表す。一方で、非財務情報は、その企業活動の将来の企業価値を示すといえる。企業がこれらの財務情報・非財務情報に記載の各課題にそれぞれ適確に対応していることが企業価値を評価する上で重要となる。投資家は、このような広範囲にわたる企業活動に関する情報を評価した上で投資するので、結果として、投資行為は、地球環境・社会的問題の解決や持続可能な社会の形成への寄与に貢献すると考えられている。

　企業価値の評価は、「利益」視点だけではなく、「環境や社会との調和」等を重視した"社会的責任投資"や企業の持続的成長といった点で"サステナビリティ"といった視点が重要視されつつある。

【参考文献】

1) 伊丹敬之／加護野忠男『ゼミナール経営学入門』日本経済新聞社、1989年
2) ラリー・ヒューストン／ナビル・サッカブ『P&G：コネクト・アンド・ディベロップ戦略』ダイヤモンド社、2006年
3) 熊谷謙一『動き出すISO26000』 公益財団法人日本生産性本部　生産性労働情報センター発行
4) 『やさしい社会的責任　－ISO26000と中小企業の事例―（解説編）』ISO/SR国内委員会ホームページ（http://iso26000.jsa.or.jp/contents/）、2013年
5) M.E.ポーター『Strategy and Society』ハーバードビジネスレビュー、ダイヤモンド社、2008年
6) Michael E. Porter and Mark R. Kramer, 2006, Strategy and Society；The Link Between Competitive Advantage and Corporate Social Responsibility, HBR
7) Michael E. Porter and Mark R. Kramer、2011,Creating Shared Value, HBR
8) エコマジネーション：http://www.ge.com/jp/eco_challenge/、2014年
9) http://www.saa.or.jp/account/account/esg.html　公益社団法人証券アナリスト協会　"企業価値分析におけるESG（環境、社会、ガバナンス）要因の研究"、2014年
10) http://www3.keizaireport.com/sp/socialinvestment.html　"社会的責任投資:SRI"（Social Responsibility Investment）、2013年

第2章 プログラム戦略手法

1. プログラム戦略手法の必要性

1-1. 戦略実践の課題

　組織において策定された戦略は確実に実践されることが理想ではあるが、策定された戦略が実践されるとは限らない。つまり、戦略と実践の間に溝が存在しており、その溝を埋めない限り戦略は実践されないと考える方が適切である。戦略を実践するためには、誰もがその戦略を理解し自分の業務とのつながりを把握した上で、戦略の示す方向に向かって正しく活動できるような工夫が必要となる。

1-2. 戦略実践におけるツールの必要性

　戦略を実践させるためには、戦略自体を「見える化」し、それを基に関係者がコミュニケーションを推進し、組織全体に戦略の意味を浸透させることが重要となる。戦略についてのコミュニケーションが不足すると、組織の多くの関係者は戦略を理解しないまま、あるいは自分なりの知識の中での範囲で戦略を独自に解釈し行動をとることになる。戦略を確実に実践するためには、組織のあらゆる階層の人々が戦略を正しく理解することが不可欠であり、そのためには戦略といういわゆる抽象的で漠然としたものを関係者で議論できるレベルまで見える化し共有する必要がある。同じものを見ることで、認識の違い、思いの違いなどが明らかになり、その違いを解消する努力が行われ、組織としてのベクトル合わせが可能となる。戦略とは見えにくいものであるからこそ、見える化が必要であり、そのためには戦略立案のツールを上手く活用し見える化を行い、戦略を議論することが効果的である[1]。

2. 戦略手法について

2-1. ロードマップを使った戦略立案

戦略とは、事業目的を達成するための基本計画であり、組織を長期的な成功に導くための方向性を示すものである。組織として、戦略を実現するためには具体的な活動に落とし込む必要がある。手順としてまずは成功するための将来的なシナリオを描き、そのシナリオに沿って具体的な活動に落とし込むことが必要である。今日をもとに将来を描くのではなく、将来を見通した上で将来のあるべき姿を描き、その中で今何をすべきかを定義することが重要である。ロードマップ手法は戦略を時系列的にシナリオ化し、将来のあるべき姿に至るまでの道筋を見通すには適切な手法である。

2-1-1. ロードマップの定義

ロードマップとは戦略目標を達成するために必要な複数の施策をそれぞれの

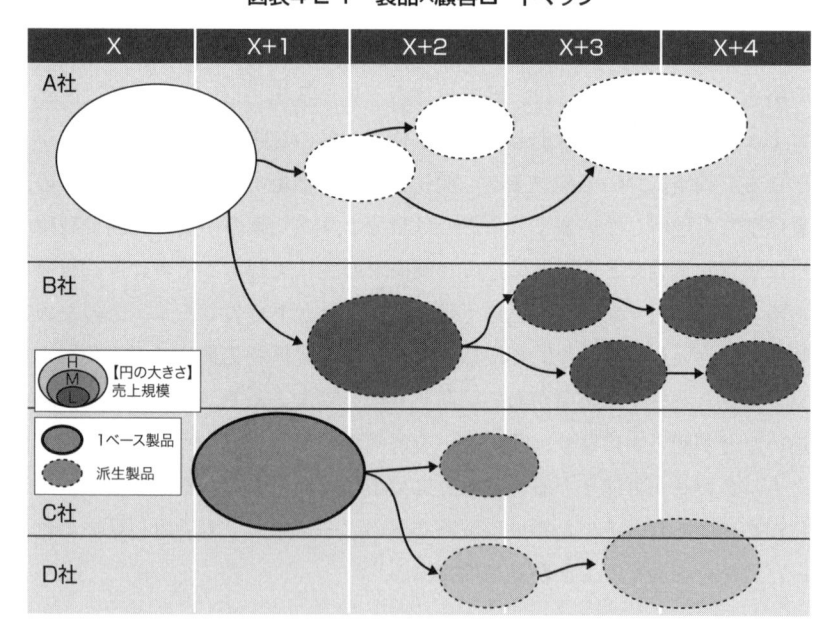

図表4-2-1　製品×顧客ロードマップ

施策の関係性を含めて、その実現過程を時間軸上で示したプランニングおよびコミュニケーションツールである。事業戦略を策定する上で、主に以下の3つのロードマップを利用することによって効果的な戦略立案が可能となる。

① 顧客ロードマップ：自社における既存顧客や、事業推進上の将来のターゲットとなる顧客に対して、時間軸でアプローチをかけるタイミングや、想定する目標収益（売上、利益）を明確に記載したもの。

② 製品ロードマップ：自社製品群を将来どのタイミングで市場にリリースするか、また開発費は各々どれくらいかを記載し時間軸上に表現したもの。

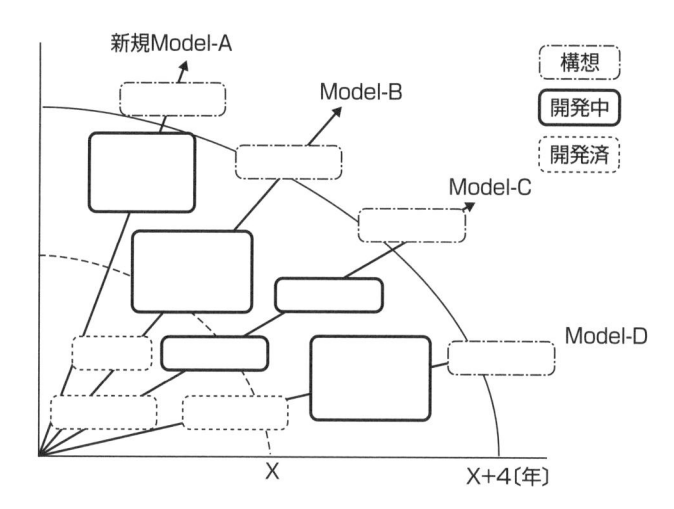

図表4-2-2　製品ロードマップ

③ 技術ロードマップ：自社開発技術をどのタイミングでリリース（社内・社外）またはバージョンアップするのか、開発費は各々どれくらいかを記載し時間軸上に表現したもの。

　ロードマップを活用し戦略を見える化することで、製品開発と要素系の技術開発間の不整合や、製品を売り込む営業側と製品開発側の不整合などを防ぎ、全体のベクトルを合わせた上で目標とする戦略の実現に向けた実行が可能となる。

第4部　事業経営基盤

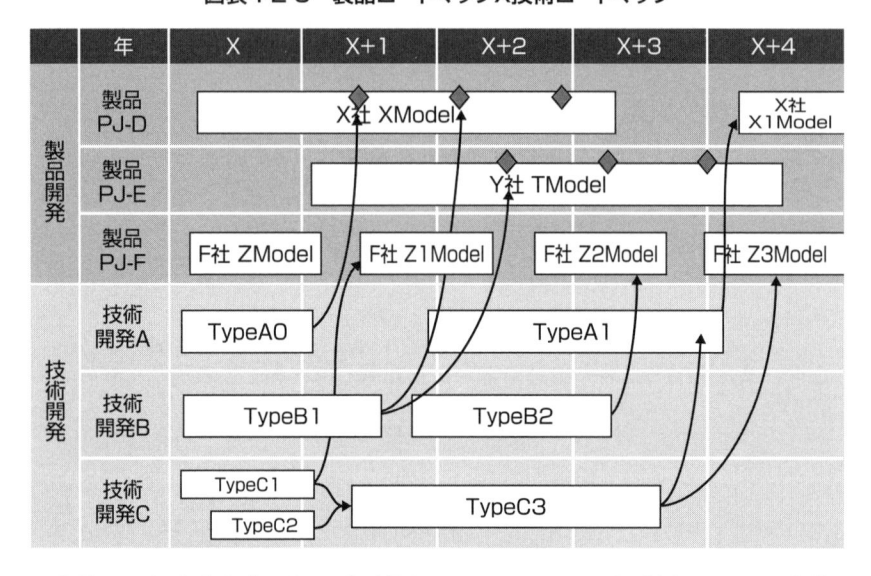

図表4-2-3　製品ロードマップ×技術ロードマップ

	年	X	X+1	X+2	X+3	X+4
製品開発	製品PJ-D		X社 XModel			X社 X1Model
	製品PJ-E			Y社 TModel		
	製品PJ-F	F社 ZModel	F社 Z1Model	F社 Z2Model		F社 Z3Model
技術開発	技術開発A	TypeA0		TypeA1		
	技術開発B	TypeB1		TypeB2		
	技術開発C	TypeC1 / TypeC2	TypeC3			

　企業により戦略立案の際に重要視されるロードマップは異なるので、自社で扱っている製品、ビジネスの特徴を考慮した上で適したロードマップを活用して戦略立案する必要がある。以下に自動車業界およびハイテク産業における事例と医薬品業界における事例を示す。

◇◇◇◇**事例：自動車産業およびハイテク産業**　◇◇◇◇◇◇◇◇◇◇◇◇◇◇◇◇◇◇◇◇◇◇

　製品ラインナップも豊富で、企業間の競争も激しい環境においては、高い開発効率性とともに、市場のニーズを加味した付加価値の高い製品開発が求められるようになっている。このような要求に対しても、製品ロードマップと技術ロードマップによる整合性を取ることで、二つの要素を加味した開発の実施を行うことができるようになる。

　① 開発効率性への適用

　企業が使える研究開発費や開発リソースは有限であり、戦略的に効率的な資源配分が必要となる。一方、各企業が様々な顧客ニーズを満足させるために、多品種少量生産に移行している中では、製品ごとの固有の開発を極力抑え競争力を維持しないと生き残りが図れない世界になっている。単に製品開発の効果

だけでなく高い開発効率性が競争力の源泉となる。このような環境において、製品種別ごとにプロジェクト体制をとって開発することは非効率であり、コストも時間もかかるためビジネスの成果を出せる可能性は低い。事業における成果を最大化するためには、開発効率性と収益性を常に考えたビジネスシナリオが重要であり、そのためにはベースとなるものを決めて、そこからうまく開発を展開させていくための製品ロードマップと、その製品を他社と差別化して顧客に売り込んでいく顧客ロードマップが重要となる。両者の整合性を図りながら複数プロジェクトの開発プランを効果的に立案することが求められる。また、このような手法を可能にするには、製品構成要素をモジュール化して共通化する必要がある。もし、共通化しすぎると製品としての顧客要望への対応ができなくなるし、カスタマイゼーションを多く発生させると、結局似て非なる製品の開発となり、共通化・モジュール化の効果が得られなくなる。共通化・モジュール化を検討する際には、自社の強み・弱み、市場のトレンドなども考慮し、どこに注力して自社内で開発すべきか、どこは差別化できずに汎用化させるかなどの検討も十分に行い実施に移すことが望ましい。製品モジュール構成の良しあしは、ビジネス成果に大きく関係する。

② 付加価値の高い製品開発への適用

新規技術の台頭が目まぐるしい昨今では、開発途中でも新規技術が確立され、製品として採用する必要性が出てくる状況にある。製品の付加価値を上げるには、注目されるような新規技術の導入をタイムリーに行わないと時代にマッチした魅力ある製品の開発展開が実現できない。製品ラインナップに対して、どのタイミングでどのような新規技術（時代進化への対応）を盛り込むかを製品ロードマップ、技術ロードマップ上でうまく組み合わせないと製品のリリースのタイミングと新規技術の開発のタイミングが合わないちぐはぐな開発となってしまう。新規技術をどの製品で試して、またその結果をどの製品から本格的に展開していくかなどを戦略的に行っていかなければ、市場に対して魅力ある製品が投入できず競争相手との争いに勝ち残ることが困難になる。競争力のある製品をリリースするためには、世の中の技術の動向をしっかり押さえ、自社内で計画的に新規技術を開発するためのロードマップを策定する必要がある。

技術ロードマップがあると、商品企画側も自社新規技術がいつ活用できるようになるか、どの製品から採用するかを計画的に実践することができる。

◇◇◇ **事例：医薬品業界** ◇◇◇

医薬品業界のように、製品のライフサイクルマネジメントにより製品価値を最大化し、製品の寿命を長くすることで売上を維持するような業界では、製品ロードマップを活用することが有効である。どのようなターゲット疾患を狙って上市[*3]し、その後どのタイミングで製品の価値を伸ばしていくか（価値最大化＝製品寿命の延長）を製品ロードマップ上に表し、それの実現に向けて活動を実施する。効果を追加して治療する対象を拡大したり、粉からカプセルへの形状変更をしたり、薬の一日あたりの飲む量や回数の変更を計画的に実施したりすることにより、1つの製品で稼ぐ売上を最大化するとともに、競合他社への対策としても有効に機能する。また製品ロードマップをビジネスドメイン（医薬品産業においてはがん、糖尿病、など疾患領域）ごとに策定することで、自社の製品群が一望でき、適切な製品構成が維持できているかを確認することも可能となる。今の開発状況からどのビジネスドメインでいつのタイミングで製品を上市できるかを把握することで、適切な製品構成を把握し、その維持のため、他社品の買収などの判断をしていくことが可能となる。

2-2. ポートフォリオマネジメント

ポートフォリオマネジメントは戦略立案及びコントロールのツールとして、様々な業界において利用されている。ボストン・コンサルティング・グループが開発したPPM（プロダクト・ポートフォリオマネジメント）は事業や製品の戦略立案に利用され、それぞれ事業ポートフォリオマネジメント、製品ポートフォリオマネジメントと呼ばれている。プロダクト・ポートフォリオマネジメントは、複数の事業や製品を持つ企業において、製品・市場のライフサイク

[*3] 製品やサービスを市場に投入することを意味する

ルを考慮したキャッシュフローの観点から、資金を生み出す事業・製品と資金を投資すべき事業・製品を区別し、限られた資金をバランスよく投資することで、長期的な成長を実現することを目的としている。

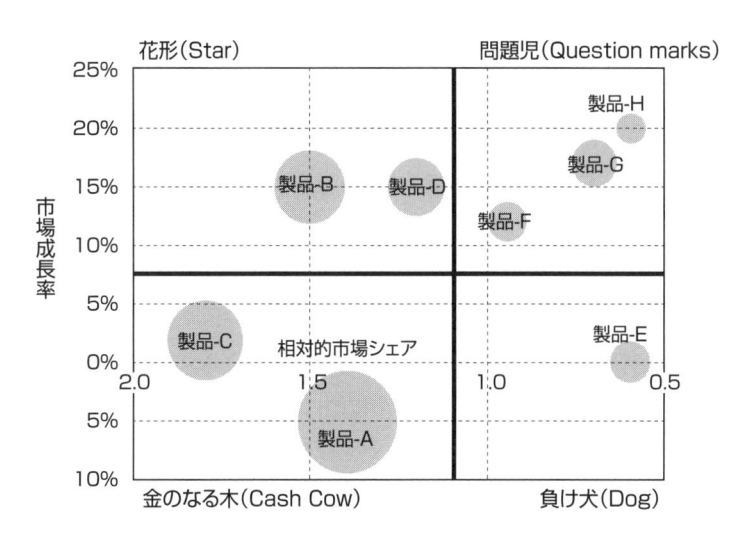

図表4-2-4　製品ポートフォリオ（例）

```
                花形(Star)              問題児(Question marks)
     25%                                    
                                         製品-H
     20%                                
                                         製品-G
     15%   製品-B    製品-D             
                                  製品-F
     10%                                
市
場   5%                                 
成        製品-C   相対的市場シェア      製品-E
長   0%  ├──────┼──────┼──────┤
率     2.0      1.5     1.0    0.5
     5%         製品-A                   
                                        
    10%                                 
              金のなる木(Cash Cow)        負け犬(Dog)
```

　プロダクト・ポートフォリオは縦軸を「市場成長率」、横軸を「相対的市場シェア」として、4象限のマトリクスを構成し、その中に各事業の規模を円の大きさで表してプロットし表現する。

　ポートフォリオマネジメントの本質はリスク最小化と価値最大化にあり、投資すべき対象の組み合わせとバランスの中で、ポートフォリオ全体としてのリスク最小化と価値最大化を実現することを狙っている。

　プログラム・プロジェクトポートフォリオマネジメントとは事業戦略を実現するために、事業におけるプログラム及びプロジェクトの価値の総和を最大化し、リスクの総和を最小化することを目的として、事業で行うプログラム及びプロジェクトの取捨選択、優先順位付け、資源配分、実施時期の調整などのマネジメントを行うことである。プログラム・プロジェクトポートフォリオは、戦略実現のツールとして業界においてそれぞれ独自の評価軸を持ちながら、様々な視点で戦略立案及びコントロールのツールとして活用されている。本章

では、プロジェクトおよびプログラムを対象としたポートフォリオの活用の方法について説明する。

2-2-1. ポートフォリオの活用

立案された戦略に対して、企業が有しているリソース（人、モノ、カネ）は有限であり、適切に資源を配分する必要がある。戦略立案時点を一つのスナップショットとしてポートフォリオ分析を行い各種評価指標により戦略の状況を検証し、企業として何をすべきか（どのプロジェクト又はプログラムに注力すべきか）を明確にし、最適な資源配分を実現するのにポートフォリオは有効である。

ただし、ポートフォリオ分析も適した業種とそうでない業種が存在する。医薬品業界などは事業領域と開発品、開発品状況（フェーズ）、投資効率などの組合せによりポートフォリオ分析に適した業界といえる。一方、製品と技術、顧客などが絡む自動車、ハイテク業界などはポートフォリオ以上に、ロードマップにより、それぞれのプロジェクトやプログラムの関係性を明確にして時間軸上で戦略を立案し判断する方が効果的な業界と言える。

2-2-2. ポートフォリオの評価項目

ポートフォリオ分析は各プログラム、プロジェクトの相対的な価値とリスクを映し出す。ポートフォリオには画一的な評価指標は存在せず、各業界・企業に適した評価項目を選択し客観的な尺度を構築することが重要である。

評価指標例
- 戦略との適合度、貢献度（プロジェクトと戦略との整合度合い）
- 市場規模（製品の販売規模と市場へのインパクトの大きさ）
- 市場競争力（製品の市場における競争力）
- 財務的な報酬（プロジェクトにより創出されるキャッシュフロー）
- 技術的な革新性（技術的な新しさと企業に対する貢献度）
- 成功確率（プロジェクトが成功する確率）
- 開発投資コスト（製品開発を行うまでの投資コスト）
- 完了までの期間（完了までに要する期間）

- マーケティングなどを含めた事業展開費用
- 環境・社会における受容性（環境問題や社会的な悪影響を発生させないかどうか）
- 社内ビジネスプロセス改善に対する貢献度
- 人材育成から見た貢献度
- 企業ブランドの向上に対する貢献度　など

2-2-3.ポートフォリオの実践

　ポートフォリオ分析において、様々な評価軸で評価を行っても、それだけでは要不要の評価には直結しない。どんなに予想収益が高くても、ロードマップ上ではどこにも当てはまらない、自社戦略との適合性が薄いようなものには投資しない決断をしたり（またその逆で今のキャッシュを稼ぐためにあえて投資を行う）、予想収益は低く、リスクは高くても実現した際の他プロジェクトへの波及効果が大きいものなどは積極的に投資したりするなど、ある時点のスナップショットとしてポートフォリオを見ながら議論を重ね意思決定を行うことが望ましい。

図表4-2-5　プロジェクトポートフォリオ（フェーズ別パイプライン）

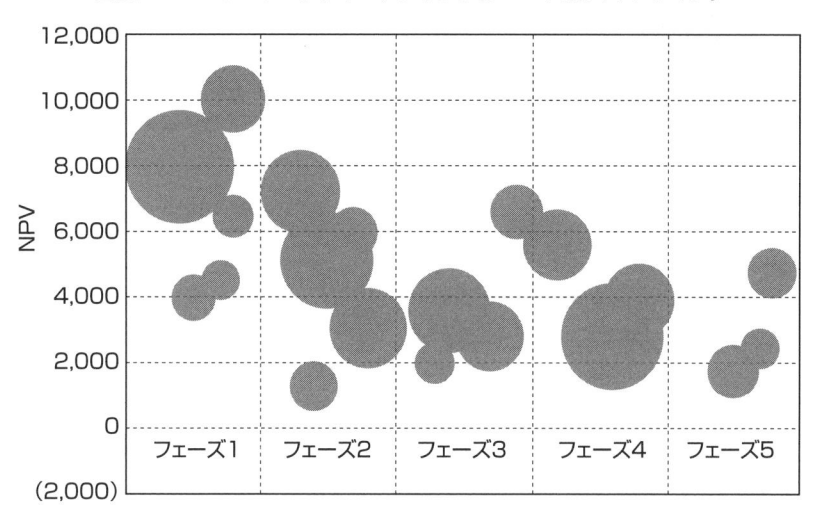

2-2-4. ポートフォリオの実践における企業の課題

　ポートフォリオを実践しようとしている企業は多いが、共通している課題は判断につながる情報をいかに集めるかということにある。新規・既存のプロジェクトの情報を集める場合に、外部パートナー企業、マーケティング部門、現場などからの情報提供が不可欠になる。集めるべき情報を特定し、容易に情報を収集できるような情報フローを構築する必要がある。現場の情報収集負荷を低くし、かつ最新の情報を収集するために、日々のプロジェクト活動の延長線上で負荷が高くならないように情報を取得できる仕組み構築が必要になる。

2-2-5. ポートフォリオ実践サイクル

　組織として、ポートフォリオを遂行するタイミングを明確化しておく必要があり、「四半期、半期、年度などの定期開催」、「新規プロジェクト受注時（立上時）」、「既存プロジェクトの大きな状況変化時」などが一般的である。環境が大きく変化した際に、戦略への影響分析を行い、当初立案した戦略からの変化点を明確にした上で、その時点のスナップショットとして、ポートフォリオの見直しを行い、状況の影響度を可視化する。環境はあくまで変化するものであることを認識して、変化が発生した際の状況を可視化するツールとして位置付けることがポートフォリオの有効活用につながる。

2-3. その他の戦略立案ツール

　BSCフレームワーク（4部第4章参照）における戦略マップは、ストーリーを1枚の図にまとめたものである。戦略の全体を4つの視点（財務、顧客、業務プロセス、学習と成長）で整理し、特に非財務の視点をいれていることが特徴であり、全体像を把握するのに適しており、戦略策定・コミュニケーションツールとして有効である。従業員にとっても「会社の方向性」「全体の中での自身の位置付けや役割、求められる貢献度」が理解しやすいメリットがある。結果として戦略実行時の"意思統一ツール"、従業員の"モチベーションアップツール"としても役立つなど、今回紹介したロードマップと同じ効果が期待できる。だが、ロードマップとの違いとして、戦略マップの場合には時間軸が表現されていないため、戦略シナリオを時間軸で見る場合には直接的には表現

できないというデメリットが発生する[2]。

　戦略キャンバス（第2部第2章）も戦略立案・コミュニケーションツールの一つとして活用することができる。戦略キャンバスとは、横軸に顧客に提供する価値、縦軸に顧客が享受するメリットの大小を示すグラフのことである。戦略キャンバス上に、協業他社の事業と自社事業の価値曲線を描くことで自社事業の差別化のポイントを明確に表すことができる。他社との差別化を図るためには顧客に提供する価値のどの部分に強みを持たせるかなど、戦略を誰もが理解できるように、わかりやすく表現することができる[3]。

　その他にも戦略立案の手法・ツールは各種存在するので、それぞれの状況に即した手法・ツールを使って戦略を立案することが望ましい。

3. 顧客関係性戦略

3-1. 顧客関係性戦略の必要性

　顧客関係性戦略とは、顧客との関係性を良好に築くことで、顧客のビジネス課題を知り顧客が必要とする課題解決を積極的に提案し、その実施とともにビジネスを獲得し、事業の成果を高める手法である。

　製造業のように製品で差別化を図り事業展開している企業ではなく、IT企業やコンサルティング企業などのようにサービスを提供することがビジネス基盤の中核となっている業界は、顧客との関係性を構築し強化することが事業の成功に直結する。組織として意図的にかつ積極的に顧客との関係構築を実践している企業と、そうでない企業とではビジネス獲得において大きな差が出てくることになる。顧客との深い関係を意図的に築いていく中で、顧客自身が気づいていない問題に気づき、それを整理して顧客企業への価値提案を行いビジネスを受注につなげていく。顧客自身が気づいていない課題の提示やそれに対する提案のため、受注時に他社との提案競争や、価格競争に巻き込まれることなく、安定的にビジネス獲得につなげることが可能となる。顧客企業にとっても、自身が気づいていない問題に対する解決策の提案を行ってくれる企業の存在は貴重であり、内部のことまで理解してくれることにより、事業背景や状況説明など問題解決に必要な顧客業務への理解と状況把握に対する時間が少なくなる

ことで、初期の導入コストも抑えることが出来る。顧客から信頼を獲得し、継続的なビジネスの受注が実施できることは、営業コストを下げるだけでなく、価格のディスカウントも無理に行うことなくビジネスを獲得できる。このよう良好な関係を意識的に構築することで、顧客とWin-Winの関係を構築・維持することができる。

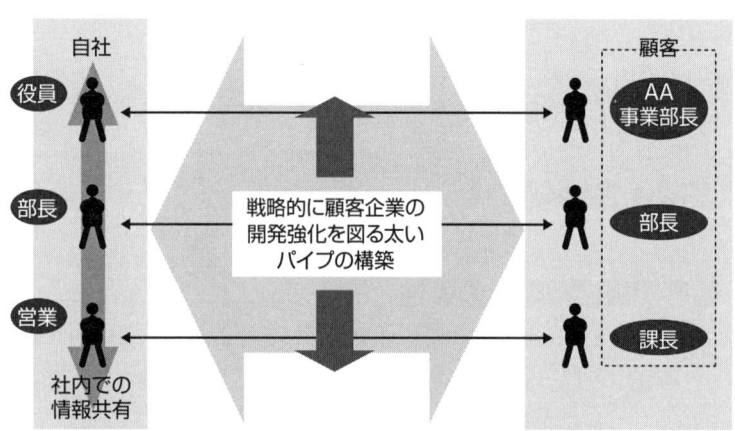

図表4-2-6　顧客関係性構築のステップ

顧客ステークホルダーに対して社内のカウンターパートを決定し、戦略的に関係構築を行い深い信頼関係を組織的に構築する

3-1-1. 顧客プロファイルの策定

顧客のことを深く理解するために、顧客単位でプロファイルを構築していく。顧客の事業環境、顧客の目指している方向性や、今の顧客が抱えている問題、顧客はまだ把握していないが、接する中で自社として見えている顧客の課題などを整理する。顧客に関する様々な情報を棚卸しして一覧化し、関係者で共有できる形にまとめる。

3-1-2. 顧客対応の役割定義

顧客内のステークホルダーを明確にし、個人プロファイルを作成する。キーとなるステークホルダーが自社に対してポジティブな印象を持っているのか、ネガティブなのか、競合他社に対してどのような印象を持っているのかなどを

明確にする。社内のステークホルダー間の関係性、力関係、自社ビジネスにおける最終意思決定者が誰なのかなどを整理した一覧を作成し、各ステークホルダーに対して、自社では誰がメインで対応するのか、その頻度はどれくらいかなどを決め、関係者は積極的に顧客へアプローチを行う。

3-1-3.活動計画の策定

本年度の顧客に対する目標、次年度、次々年度など複数年度で顧客に対する目標を明確にする。本年度何をどこまで達成するか、そのためにはどのような活動を実施していくかを時系列的にプランニングし共有する。このような活動プランは営業担当者、顧客担当一人で実施するのではなく、関係するメンバーが集まり、様々な情報を持ち寄りプランを策定する。

3-1-4.活動の実施と見直し

活動計画は、実施する中で定期的に見直しを行う必要がある。顧客との接触から得られた情報を基に活動プランの修正を行う。さらに自社のプランに大きな影響を与える情報などを得た場合には、活動プラン自体を見直し、再度立案する必要がある。また社内で整合性が取れた活動を実施していくためには、各自が得た情報を共有する場を持ち、常に最新の共有された情報を基に活動を実施する必要がある。このように計画的に、組織として整合性を持って活動することで、顧客からの信頼を獲得し、継続的なビジネスの受注に結び付けることが可能となる。

3-2. プロジェクト活動への適用

このような顧客関係性の中でのビジネス展開は、組織的な活動だけでなく、プロジェクト活動の中でも実施することができる。プロジェクト活動を通して、プロジェクトマネジャーや各リーダー、担当者が顧客からの信頼を獲得強化し、顧客から新たなプロジェクトを受注する。またはプロジェクトを通して顧客の課題を継続的に見つつ、顧客に新たな提案を行い、新規プロジェクトを創出することも可能となる。プロジェクト活動で顧客の中に深く入り込み、顧客の業務を間近で見ることで、問題点や課題が発見しやすくなるためプロジェクト

チームとして次の提案に結びつけやすくなる。このように、日々のプロジェクト活動の中でも顧客との関係性を活用したビジネス創造のチャンスを作り上げることができる。

また、このような関係性の構築は顧客だけにとどまらず、製品やサービスを提供してくれるベンダーに対しても構築することは重要である。ベンダーとの関係性の強化により、安定的に競争力の高い製品やサービスの提供が可能となることで、他社以上の競争力を獲得することができる。

4. 意思決定の手法

4-1. 意思決定の局面とパターン

プログラムやプロジェクトを計画し遂行する際は、さまざまな局面で意思決定が必要となる。本節ではまず、意思決定のパターンを分析し、ついで意思決定に関する主要な理論を概説した後、決められない組織の特徴を考え、翻って適切な戦略的決断のための手法と効果を説明する。

図表4-2-7 意思決定のパターン

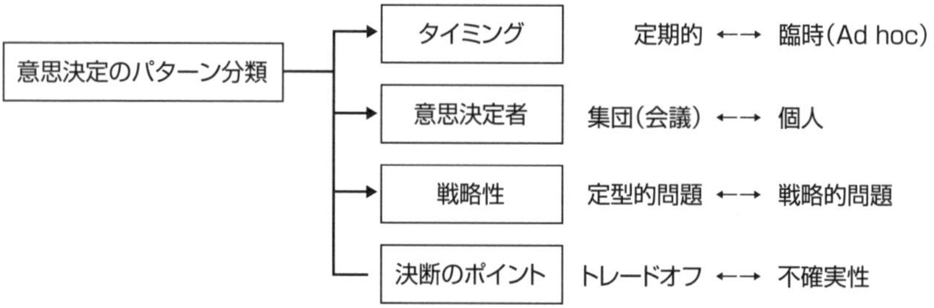

意思決定のパターン分類		
タイミング	定期的 ←→ 臨時(Ad hoc)
意思決定者	集団(会議) ←→ 個人
戦略性	定型的問題 ←→ 戦略的問題
決断のポイント	トレードオフ ←→ 不確実性

4-1-1. 定期的な意思決定とアドホック（Ad hoc；場当たり的）な意思決定

組織では通常、定期的な意思決定が主体となる。役員会・部長会などの会議体により、定期的に事業計画と運営上の公式な意思決定が行われる。能動的な課題設定型の意思決定といってもよい。

他方、アドホックな意思決定が求められる場合もある。急を要する問題に対応する場合で、いわば臨時の受動的な意思決定である。ただ、しばしばこちら

の方は劇的な決断の場面が生まれる。アドホックな意思決定をめぐる条件には複数案の存在、得られる情報の不確実性、専門知識の要請、失敗時の大きな影響、そして期限の存在等があげられる。

4-1-2. 個人による決断と集団的意思決定

定期的な意思決定の多くは合議による集団的決定であり、株主総会決議などもこの一種である。最終責任は通常、会議の主宰者すなわち最上位の職位者にある。これに対して臨時的な意思決定では、時間的な制約から、問題となる業務スコープに責任を持つマネジャー個人が決断を下すケースが多い。

4-1-3. 意思決定の権限レベルと戦略性

意思決定の権限範囲と内容は通常、職位と職域によって定められる。上級職ほど重要事項の決断が求められる。たとえばプロジェクト運営上の決定権はプロジェクトマネジャーにあるが、プロジェクト自体の選定や中止の決断はプログラムマネジャーのレベルとなる。

意思決定の多くは運営上の定型的問題であるが、時には大きな決断力を要求される。たとえば事案取組みのために組織改編が必要となるケース、資源の選択と集中のために手持ちの何かを捨てるケース、リターンが大きいが投資額も大きいケースなどで、共通点は簡単に後戻りができない戦略性にある。意思決定の重大さは職位のみならず、事案の戦略性に応じて定まる。

4-1-4. 決断のポイント：トレードオフと不確実性

意思決定では必ず複数の選択肢が問題となる。たとえ案が一つだけの場合でも、実行するか、しないか、二つの選択肢の比較評価となる。そして比較においては普通、複数の評価尺度が関与する。ちょうど車を買う時に、価格・性能・デザイン・燃費などを多角的に吟味し総合的に決めるように、意思決定では多次元の評価尺度を選び、総合して評価することが重要である。

決断が必要となる理由は大きく二つに分類できる。第一は、複数尺度の間にトレードオフが存在する場合である。たとえばA案ではコストは安いが納期が長くなり、B案では高価だが納期が短い、といった場合である。

第4部　事業経営基盤

　第二の理由は、選択肢に不確実性が存在する場合である。なぜこの障害が生じたのか、装置内部で何が起きているのか、この国の為替はどう動くか、など、不確実性はいろいろな局面で生じる。不確実性が生じる理由は、我々の知識や予測に限界があるためであるが、その限界があるがゆえに決断が必要となる。

4-2. 意思決定の仕組みと手法

4-2-1. 意思決定の権限と責任主体

　プログラムやプロジェクトでは通常、組織の中の職位（役割）に応じて意思決定の範囲を定める。権限をどれだけ下位に委譲するかは、業務の性質や組織文化で異なる。欧米企業ではトップダウン型が中心であまり権限委譲されず、伝統的な日本企業はボトムアップ型で現場側に強い権限があるといわれる。トップダウン型は大きな戦略的決断を迅速に下せる長所がある一方、細かな問題も上にあがるため、トップには高度な情報処理能力が必要となる。ボトムアップ型は現場での問題解決は早いが、環境変化に対応した戦略的転換が遅くなる。近年の日本的経営は、中間管理職が中心となるミドル・アップ＆ダウンと呼ばれるが、上手に運用すれば両者のメリットを兼ねることができる。

　意思決定を個人が担うか、会議体等での合議とすべきかは、状況による。個

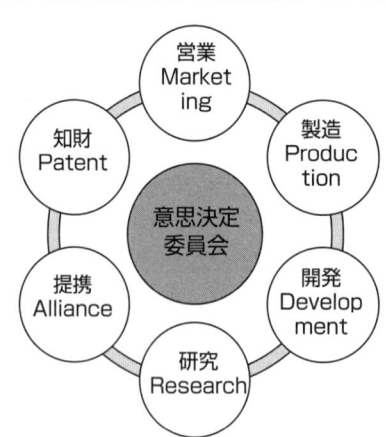

図表4-2-8　大手製薬企業における製品開発プロジェクトの意思決定体制

人が決める方が一般に迅速だが、非定型的な問題については、衆知を集める方がいい結果を得られると考えられる。

◇◇◇ **事例：大手製薬会社** ◇◇◇

ある大手製薬企業においては、営業・製造・開発・研究・提携・知財の6部門の代表が集まる会議体で、各部門の持つ情報を集約し総合的観点から多面的に製品戦略を議論し製品開発の方向性を打ち出している。このクロスファンクショナルな問題解決型の意思決定の仕組みは、製薬業界における意思決定の成功例といわれている。

4-2-2. 意思決定のタイミング

通常は定期的・能動的な意思決定をベースとし、これにアドホックな決定を組み合わせる。プロジェクトスケジュール計画の中で、あらかじめゲートを数カ所設けてGo/Stopの決断タイミングを定めることも行われる。アドホックな意思決定についても、どのレベルで報告・協議・決定を下す、決着できない場合は何日以内に上位判断にエスカレートする、と定めておくべきである。

4-2-3. 意思決定の基準

前述のとおり、意思決定における評価の尺度は複数ある。多くの場合は金銭的尺度を中心として、そこに性能・品質など技術的尺度、納期など時間的尺度、人材・将来性など非金銭的尺度、安全性・不確実性などリスク的尺度、等々を加味することになる。

評価尺度間にトレードオフがある場合は優先順位づけが必要だが、それはプログラムの達成目標と連動することが原則である。「10年以内に有人月面着陸」を目標としたアポロ計画の場合、安全性＞納期＞費用、の優先順となることは明らかであろう。なお、評価尺度の優先順位を都度きめ、選択肢を半定量的に計算評価するAHP（階層的意思決定法）、不確実環境下で主観確率を用いて評価するベイズ意思決定などの技法も存在する。

4-2-4. 意思決定のプロセス

　能動的な意思決定と問題対応型の意思決定のステップを図表4-2-9に示す。前者は多くの場合、必要な時間とコストをかけて行われる。後者はしばしば、決断までの時間もコストも限られている。

　いずれのケースでも「実現手段の設計」や「解決策の探索」が意思決定の最大のポイントであり、そこでの創造的議論に限られた時間と資源を集中すべきである。各選択肢を選んだ結果のシミュレーション予測、シナリオ作成、そして価格やリスク等重要因子に対する感度分析なども必要である。その決定を行ったら何が起きるのかを、その場で見られるようなDSS（意思決定支援システム）も構想されている。無論、最後に決めるのは当然ながら人間である。

図表4-2-9　意思決定のプロセス

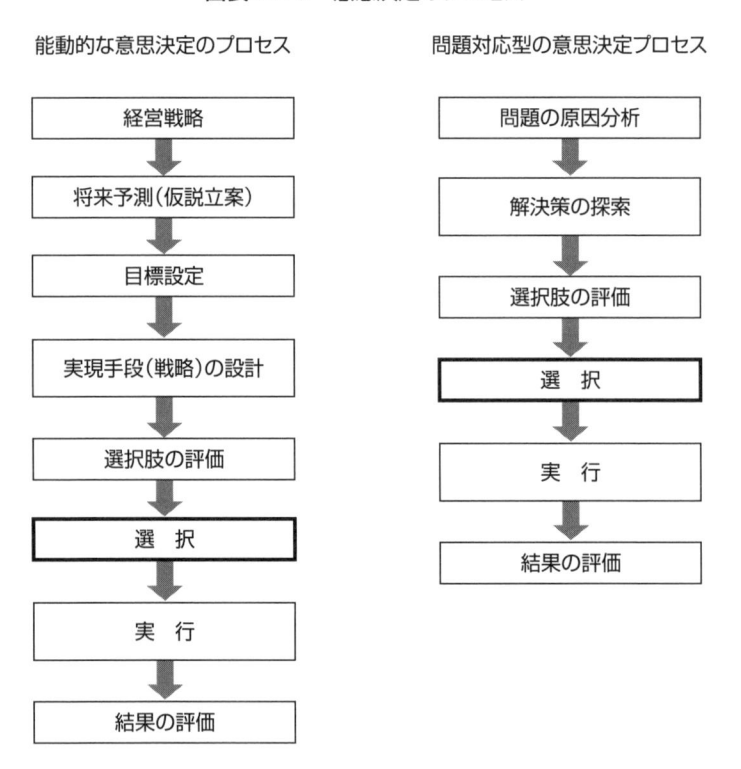

能動的な意思決定のプロセス

経営戦略
↓
将来予測（仮説立案）
↓
目標設定
↓
実現手段（戦略）の設計
↓
選択肢の評価
↓
選　択
↓
実　行
↓
結果の評価

問題対応型の意思決定プロセス

問題の原因分析
↓
解決策の探索
↓
選択肢の評価
↓
選　択
↓
実　行
↓
結果の評価

◇◇◇◇ **賢い決断のために** ◇◇◇◇◇◇◇◇◇◇◇◇◇◇◇◇◇◇◇◇◇◇◇◇◇◇◇◇◇◇◇◇◇◇◇◇

「決めないリスクより決めるリスクをとれ」という格言がプロジェクトにはある。また「良い上司とは決めてくれる上司である」という言葉もある。逆に言えばそれほど、必要なタイミングでの意思決定は難しいことを表している。

意思決定の手法を定める目的は、適切な意思決定を、繰り返しぶれなく行える能力を構築するためである。それは個人に勇気や英明を求めることではない。集団として賢さを生み出すことである。

5. オープン・イノベーション

　企業の競争力の源泉がイノベーションへとシフトする中、プログラムやプロジェクトによるイノベーション実現への要求が高まってきている。プログラムによるイノベーションを実現するには、イノベーションの本質を正しく理解しプログラムの活動にイノベーションを実現するための活動を組み込む必要がある。その中で、オープン・イノベーションはイノベーションの実現において新たなパラダイムであり、その考え方を理解し、うまくプログラム活動に取り入れることによってイノベーションの新たな可能性を広げることにつながる。

5-1. イノベーションモデル

　イノベーションはシュンペーターにより提唱されたものであり、これまでにない新しいものを世に生み出すことを意味するが、その内容によってイノベーションを3つのタイプに大きく分類することができる。

図表4-2-10　イノベーションのタイプ

・プロダクト・イノベーション	新技術や新製品によって差別化を実現し競争優位を達成する
・プロセス・イノベーション	プロセスの変革によって、生産性を向上させ競争優位を達成する
・ビジネスモデル・イノベーション	顧客への価値提供の方法を刷新することで従来の方法と差別化を行い競争優位を達成する

プログラムがどのイノベーションの実現を目的とするかは、それぞれのプログラムの目的により変わってくる。ビジネスモデル・イノベーションでは、プロダクト・イノベーションやプロセス・イノベーションを包含する取り組みになり複雑性は増すことになるが、価値の提供の観点からは様々なオプションを取れる可能性も高くなり、よりイノベーション的な価値を獲得できるチャンスも広がる[4]。

5-2. オープン・イノベーションの定義

ハーバード・ビジネススクールのヘンリー・チェスブロウ助教授が2003年に提唱した"オープン・イノベーション"とは、「企業内部と外部のアイデアを有機的に結合させ、価値を創造すること」である[5]。これは全て企業内で研究開発を行う"クローズド・イノベーション"との対義語となっており、イノベーションを実現するための新たなパラダイムである。クローズド・イノベーションは徐々に減少傾向にあり、イノベーションの主流はオープン・イノベーションへとシフトしており、プログラム活動においてもオープン・イノベーションの考え方を積極的に取り入れイノベーションの実現に取り組む必要がある。

図表4-2-11 クローズド・イノベーションとオープン・イノベーション

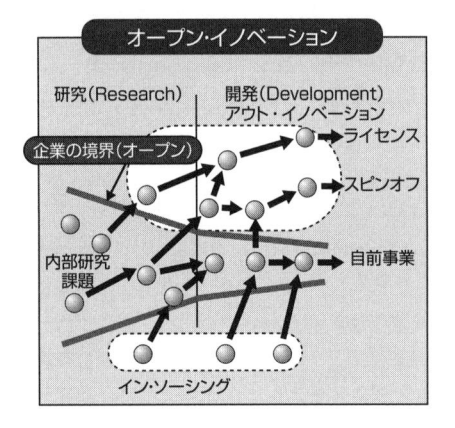

オープン・イノベーションには大きく、イン・ソーシングと言われる外部か

ら内部への流れと、アウト・イノベーションと言われる内部から外部への流れが存在する。

- イン・ソーシング（In Sourcing）

外部のアイデアと技術を積極的に活用し、革新の源泉を多様化することで、内部の革新を加速化する「内部に開かれた技術革新」である。具体的には外部のアイデアと技術を活用し新製品を開発するインライセンシング、大学との包括的な協力関係の構築、ベンチャー企業への投資による技術獲得などがある。

- アウト・イノベーション

「外部に開かれた技術革新」で、内部で開発された技術を意図的に外部に送り出し、新たな市場を創出し、技術の価値を向上させる取り組みである。具体的には、社内に埋もれた技術を他社にライセンスの形で提供して収益を創出したり、有望技術の事業化の促進と市場の検証に向けた関連組織の分社などが挙げられる。また、内部のプロジェクトを一般に公開し、市場の形成を促進し、消費者の反応を検証する場合もある。

5-3. オープン・イノベーションとコラボレーション

イノベーションの実現において最大の課題は、市場までの距離である。市場化への時間を要すれば要するほどイノベーションの成功確率が低くなってくる。製品開発においては、先端技術ほど市場が見えにくく、必要な補完技術も分かりにくく市場までの距離は遠い。製品を市場に投入するまでの時間短縮を可能にする枠組みを構築することが、イノベーション実現の鍵を握ることになる。

「市場が見えない」状況とは、当該開発技術を何に用いればよいのかの見当がつかない場合である。次に「必要な補完技術が見えない」とは、仮に市場らしきものが見えたとしても、製品・サービスの形で市場投入するには、どのような課題を克服していかなければならないかを漫然としか把握できない状況において出現する。それらの技術的課題が判明したとしても、それを単独で開発することは容易ではない。ここで必要となるのは、自分たちにない能力を外部から補完することであり、コラボレーションを意識したオープン・イノベーションの枠組みである。Gawer & Cusumano（2002）によれば、製品開発において次の4つの要素をコラボレーションにおいて考慮することが提唱されて

いる[6]。

図表4-2-12　製品開発の4つのコラボレーション要素

◆企業の範囲	・何を自社内で行い、何を他社に任せるべきか
◆製品化技術	・モジュール化をどの程度進めるべきか ・プラットフォームを何に定め、補完製品とのインターフェースはどのように設定すべきか
◆外部補完業者との関係	・協調と競争の枠組をどのように構築するか ・合意形成をどのようにもっていくか ・利害対立をどのようにハンドルするか
◆内部組織との関係	・上記3つの要素を実施するための組織設計をどのように構築するか

5-4. オープン・イノベーションにおけるプラットフォーム戦略

　製品開発におけるイノベーションの形態は、従来の主役であった垂直統合・すり合わせ（インテグラル）型のイノベーションから、国際水平分業・組み合わせ（モジュラー）型のイノベーションに急速に付加価値創造の重心がシフトしている。その流れの中で、オープン・イノベーションにおいては、イノベーションを構築するインフラストラクチャーを戦略的に考える必要が強くなってきている。

　オープン・イノベーションにおける重要な戦略課題として、自社内外のイノベーション要素を最適に組み合わせる（mix & match）の重要性が増している。新規技術開発に伴う不確実性を最小化しつつ新たに必要となる技術開発を加速し、最先端の進化を柔軟に取り込みつつ、製品開発までに要する時間（Time to market）を最大限節約して最短時間で最大の成果を得ると同時に、自社の持つ未利用資源を積極的に外部に切り出し、全体のイノベーション効率を最大化する手法が求められている。

　多様な製品の相互依存性と、多くの企業に拡散したイノベーション能力のため、どの組織も互いに連動する分野から構成されるネットワーク内の他企業の動向を無視して基本的な意思決定を行えない。

　Gawer & Cusumano（2002）は、あらゆるプレーヤーがよって立つプラットフォームの形成の重要性を指摘している。プラットフォームとは、下位シス

テムが相互にイノベーションを創発し合う進化するシステムのことであり、具体的には、規格、製品アーキテクチャ、サービスシステム、プロジェクトコンソーシアム等々、インフラ的なものから協働の枠組みの制度的なものまでが含まれる。そのプラットフォームを意図的に構築することでコラボレーションを可能にし、イノベーションの成功確率を押し上げることになる。

事例：ASML

　オランダの半導体装置メーカーASMLの売上ランキングは1996年に10位、2002年に3位となり米Applied Materials（AMAT）のシェアの1/3まで伸び、2011年にはそのAMATを抜き売上1位となった。その競争力の源泉には、ASMLのプラットフォーム戦略が大きく貢献している。半導体製造装置の中核製品である露光装置における戦い方にASMLの成長の鍵が見て取れる。半導体の露光装置は日本のキヤノンとニコンそれにASMLの3社でほぼ100%のシェアを占めるが、2007年の段階でキヤノンとニコンがそれぞれ45%、ASMLはわずか10%のシュエアにとどまっていた。それが、わずか4年後の2011年にシェアは逆転し、ASMLが77%のシェアを占めるまでになった。明らかにASMLはこのビジネスでイノベーションを起こしたのである。このシェア逆転の原因は幾つかあるが、製品プラットフォームの考えに大きく起因している。露光装置はムーアの法則に支配され、およそ2年で2倍の速さで性能向上ができないと市場から脱落する。キヤノンとニコンは、露光装置は高性能を引き出すために全てインテグレーションされた一体設計方式を採用し開発を行った。そのため、日本製品は機械ごとに調整ができ高精度の精密度を出すことができたが、同時に精密度に機械ごとの調整による個体差が発生したため、半導体工場ではそれぞれの工程に合った専用機としてしか使えず、機械の稼働率は低かった。一方、ASMLは長期的な戦略を立て製品をモジュール化し開発する方式を採用した。ASMLの製品はモジュール化した上で、機械の個体差がほとんどなくどれも同じ精度を出すことが可能であったため、半導体生産工場は、ASMLの装置は同じ装置でも複数の工程で利用が可能となり、装置の稼働率が日本製品の倍近くを稼ぐことができた。また、各モジュールはそれぞれの分野ごとに複数の外部専門企業に開発・生産を委託しASMLは組み立

て工程にフォーカスした。こうしてモジュールレベルのイノベーションは外注先に任せたため、開発・生産スピードも速く、生産工数も大幅に少なく、結果として低価格の製品を顧客に提供することが可能となりコスト競争力を持つことができた。このように、製品プラットフォームの戦略を立て、外部のメーカーとアライアンスを組みモジュールの開発・生産を分業することでシェアトップに昇りつめた。オープン・イノベーションにおけるプラットフォーム戦略の典型的な成功事例である。

5-5. プログラムとイノベーション

　プログラムは価値創造の活動であり、その活動を通してイノベーションを実現しステークホルダーに新たな価値を提供することが期待される。しかし、期待される新たな価値を生み出せるかどうかは、プログラムの活動の良しあしに大きく依存するものであり、プログラム活動を行ったからと言って保証されるものではない。プログラム活動によりイノベーションを実現するためには、イノベーション実現のメカニズムを理解することが重要である[7)] [8)]。

　事業活動においては、プログラムを通してイノベーションを実現しようとするが、事業全体におけるイノベーションの確率を上げるためには、それぞれのプログラム活動においてイノベーションのステップを理解した活動を行うことが求められる。イノベーションを実現するための基本的なステップを図表4-2-13に示す。

図表4-2-13　イノベーション実現のためのステップ

ステップ	実施内容
1	イノベーションを求める事業領域を絞り込む
2	イノベーションの可能性があるニーズを把握する
3	アイデアを集め、評価し、醸成する
4	アイデアを試行・検証し、戦略を定める
5	イノベーションの実現のための投資判断を行い実行する

　第1ステップでは、事業としてやみくもにイノベーションを求めるのではなく、自ら得意とするビジネス領域や自分たちの持つ技術・サービスが生かせる

可能性の高いビジネス領域を定め、イノベーションに求めるテーマを明確にする必要がある。散弾銃を撃つようなやり方では、あまりにもイノベーションを実現するための効率が悪すぎる。狙って銃を撃つように、事業もその可能性があるビジネス領域を特定することがイノベーションの可能性を上げることにつながる。　事業戦略の方向性が重要となり、どのように事業として戦っていく領域を選択するかという、戦略的意思決定のマネジメントが重要となる。

　第2ステップにおいて重要な視点は顧客の視点であり、プログラムを通して出来上がる物やサービスがどのように潜在的な顧客に貢献するかが問われる。製品やサービスの価値を決めるのは顧客であり、作る側が価値を決めることはできない。そのためには、顧客は何に価値を求めるのかを正しく理解しなければ、どんなに技術的に素晴らしい製品であっても価値ある製品として認められない。顧客はどこに価値を見出すのかを正しく理解することが必要であり、何に困っているのか、顧客の顕在的・潜在的なニーズを正しく把握する必要がある。それぞれの顧客には都合があり、それぞれが"片付けたい用事（ニーズ）"を抱えている。その用事を片付けられるものには顧客は価値を感じ、対価を払うこともいとわない。イノベーションで重要な視点は顧客が"片付けたい用事"が何であるのかを知ることと、それを"いくらであれば払うのか"を知ることである[9)][10)][11)]。しかし、その用事は顕在化しているものばかりではなく、顧客が潜在的に感じているものも多い。イノベーションへの第一歩は、その顕在的な課題だけでなく、潜在的な課題を見つけ出し、その問題を解決してくれる製品やサービスを受け入れられる価格で提供することである。

　その実現には、単なる既存顧客からの要望収集やアンケート調査のような表面的なニーズを知るためのマーケティングではなく、顧客の行動の観察、顧客との対話、顧客同士の議論など顧客を知るための様々な活動を通して、潜在的なニーズを見出すマーケティングを行う必要がある[12)]。

　第3ステップとしては、実現のためのアイデアや技術を集め、活用することである。ニーズが分かったとしてそれを実現できなければイノベーションに結びつかないが、アイデアや技術は出せと言ってすぐに出てくるものでもない。

アイデアは最初は取るに足らないものでも、そのアイデアがきっかけで様々なアイデアが呼び起こされ、素晴らしいアイデアに変わっていく可能性がある。アイデアを出すのは人であるが、人の持つアイデアを出す力をどれだけ活用できるかによってその成果は大きく違ってくる[13]。

また、アイデアは何かのきっかけで出てくることが多く、人と人を結びつける"意味あるコネクション"は非常に重要である。専門性、文化、価値感、立場、など違う人が異なる視点で議論をすることで、新しいアイデアが創りだされる可能性が高くなる[14][15]。

アイデアを集めるための仕組みや、アイデアを集めるベースとなる社内、社外の組織やコミュニティとの関係性をどのように構築できるかが重要であり、人のアイデアを最大限に引き出し、醸成するプロセスを構築する必要がある。

第4ステップはアイデアを試行・検証することであるが、新しいアイデアはあくまでもアイデアであり、仮説の中ででてきたものにすぎない。そのアイデアを信じてそのまま大きな投資をするリスクは高く、アイデアは検証される必要がある。そのためには、大きな投資を行う前に早くアイデアを実験し検証し、必要に応じてアイデアに修正を加えることが必要である。実験を通してアイデアの実現性はより確実となり、実施する側も実験を通し学習することができ、より大きな投資に対するリスクを大きく下げることが可能となる。PoC（Proof of Concept）と呼ばれる成功への確認作業をこのステップで実現することがイノベーションの成功確率を上げることにつながっていく。

また、PoCのステージではイノベーション実現のための戦略の検証も同時に行わなくてはならない。単に製品やサービスが顧客に受け入れられるかどうかだけでなく、競合相手に対してどのような差別化を行い顧客に価値を提供しイノベーションを実現するのか、ビジネスモデルの観点からの戦い方の検証が重要となる。自社で全て製品・サービスを提供するのか、製品は自社で販売はアライアンスを組むのか、製品・サービスについても他社とジョイントベンチャー的に開発し実施するのか、モジュール的な機能分担を行い各機能分担ごとにアライアンスパートナーを決めて実施するのか等、様々な戦い方が考えられる。どの戦い方が最も有力で競争力を持つかを顧客視点で考え抜いたうえで方針決定を行わなければ、たとえ高い機能性を持った製品やサービスを提供で

きたとしても勝てる見込みは薄い。イノベーション実現の戦略を練るステージである。

このステップは仮説と検証、そして学習のサイクルであり、いかに早く簡単に検証し学習するかが鍵となる。そのためには、仮説から検証に移るためにハードルは軽くする必要があり、組織として実証実験を決断する意思決定を重くすることは避け、できるだけ自由に検証ができる環境が重要となる[16]。

第5ステップは検討されたアイデアを世に出す段階であるが、その実現には、それまでのステップに比べて大きな投資が必要となるケースが多い。このステップでは確実な成功が求められ、失敗が許されない段階でもある。そのため、プロジェクトの実現性とスピードが求められ、統制的なマネジメントが重要性を増す段階でもある。

このステップでの投資意思決定は様々なリスクを加味して慎重に行い、実施が決まれば強いリーダーシップによってプロジェクトを最後まで完遂するマネジメントが求められる。

これまでのプロジェクトマネジメントの多くの議論は第5ステップを中心に行われてきたが、イノベーションを実現するには第1ステップから第4ステップも重要であり、それぞれ必要とするマネジメントの関心事も異なる。イノベーションの実現には各ステップに適したマネジメントを行うことが求められる。

【参考文献】

1) 清水勝彦『戦略と実行−組織的コミュニケーションとは何か』日経BP社、2011年
2) 吉川武男『バランス・スコアカード入門−導入から運用まで』生産性出版、2001年
3) W・チャン・キム、レネ・モボルニュ、有賀裕子（翻訳）『ブルーオーシャン戦略』ランダムハウス講談社、2005年
4) ランドン・モリス『イノベーションを生み続ける組織』日本経済新聞出版社、2009年
5) ヘンリー・チェスブロウ『オープンイノベーション』英治出版社、2008年

6) アナベル・ガワー、マイケル・A・クスマノ『プラットフォームリーダーシップ』有斐閣、2005年
7) Robert G. Cooper『Winning at New product』Basic Books、2001年
8) Robert G. Cooper Scott J. Edgett,『Generating Breakthrough New product Ideas』Prodcut Development Institute Inc.、2007年
9) クレイトン・クリステンセン『イノベーションのジレンマ』Harvard Business School Press、2001年
10) クレイトン・クリステンセン『イノベーションの解』Harvard Business School Press、2003年
11) クレイトン・クリステンセン『イノベーションの解・実践編』Harvard Business School Press、2008年
12) Anthony W. Ulwick『What customers want』McGraw Hill、2005年
13) ジェイミー・ナスト『アイデアマップ』株式会社阪急コミュニケーションズ、2008年
14) Douglas Graham, Thomas T. Bachmann,『Ideation』John Wiley & Sons, Inc.、2004年
15) James Hornitzky『Idea Creation, capture and Management for innovation』VDM Verlag Dr. Muller、2010年
16) クレイトン・クリステンセン、ジェフリー・ダイアー、ハル・グレガーセン『イノベーションのDNA』Harvard Business School Press、2012年

第3章 プロジェクト組織マネジメント

1. 概要

　プロジェクト組織は、プロジェクトの目標達成のため、直接的に参加するメンバーによって有期的に組成される点で、企業や公共的団体などの定常的組織と異なる性格をもつ。プロジェクト組織を設計する上で、プロジェクト組織と定常的組織との関係性を整理し、それぞれの特徴を理解することは極めて重要である。

　プロジェクトは、個人の貢献の集積によって価値創造が営まれる。プロジェクト組織に参加する個人の一体感、達成感、および満足度が、プロジェクト運営における効率性や成功に大きな影響を及ぼす。個人の当事者意識を醸成するためには、プロジェクト組織における自己認識および自己成長を促進するリーダーシップや共通の目的意識や一体感の醸成を促進するチームビルディングは重要な要素であり、これが効果的に機能するようなプロジェクト組織マネジメントが行われなくてはならない。

　プロジェクトを所有する母体組織は、競争力を維持するためプロジェクトマネジメントの遂行能力を組織的に向上する必要がある。そのために、継続的にプロジェクトマネジメント組織成熟度を測定し、レベルアップを図るべく対策を講じていくことは有効である。

2. 組織とプロジェクト

2-1. プロジェクト組織の特徴

　プロジェクトが有期性であることから、プロジェクト組織は、定常的組織と異なり、プロジェクトごとにプロジェクト組織を設計し、円滑な組織運営を求められる。プロジェクト組織の設計と運営においては、刻々と変化していく作

業工程(計画・実行・調整・成果・保守)の中で限られた資源(ヒト・モノ・技術・ツールとシステム)を有機的に結び付け、プロジェクトの納期、コスト、品質などの目標を効果的に達成できるような仕組みが組み込まれなくてはならない。

　プロジェクト組織は、事業戦略の達成に向けて設計されるものであり、事業における長期的な目標達成と、短期的な目標達成のバランスを考慮しながらプロジェクト組織の設計が行われる必要がある。この場合、継続的に存在する定常組織との関係や事業の置かれた経営環境の変化を見通しながら最適なプロジェクト組織のあり方を考えなくてはならない。

　特にプロジェクト組織設計の要点として以下の仕組みを作り上げ、実践していくことが必要である。

① 指示・命令が実務担当者まで迅速かつ正確に伝わる仕組み
② 適切な権限・責任を下位の階層に委譲することによりコミュニケーションを生み連帯感を助長させる仕組み
③ 意思決定が迅速に行われる仕組み
④ 調整役をできるだけ少なくするために、意思疎通をよくする仕組み
⑤ 自分の役務を遂行するために、上流・下流の状況を容易に把握できる仕組み
⑥ 役務遂行上の弱点を指導し、品質を維持・向上させる仕組み
⑦ プロジェクト目標に向かって努力していくための動機づけの仕組み

　定常的組織には、すでに醸成された組織文化、意思決定のルール、コミュニケーションの方法、組織的慣行、組織構成の相互認識、組織構成の政治的位置づけなどによって、行動規範が確立されている。しかしながら、プロジェクト組織では、プロジェクト開始時にそれらをすべて新たに構築することになる。文書(プロジェクト遂行要領、プロジェクト実施計画書など)で明示し、プロジェクト組織内で確認、理解する必要がある。

2-2. プロジェクト組織と定常的組織との関係性

　企業のような定常的組織の中でプロジェクトが位置づけられる場合、プロジェクト組織の設計と運営を考える上で重要な要素は、プロジェクト組織とその上位に位置する定常的組織との関係性である。定常的組織のルール、制約などのコンテキストを十分理解した上で、適切なプロジェクト組織を設計、運営することが望まれる。
　プロジェクト組織は
　①機能型組織モデル、②プロジェクト型組織モデル、③マトリクス型組織モデルに大別できる。

2-2-1. 機能型組織モデル

　機能型組織モデルのプロジェクト組織では、定常的組織と同様に必要な機能別部門に分解され、それぞれの機能の効率性が強く求められる。部門内では通常通りの階層的な序列となりコミュニケーションは円滑に行われるが、部門間では、部門文化の違いや部門間境界が強い影響を及ぼす。プロジェクトマネジャーが選任されない場合もあり、その場合のプロジェクトのコーディネーションは部門の長が行うこともある。（図表4-3-1参照）

図表4-3-1　機能型組織

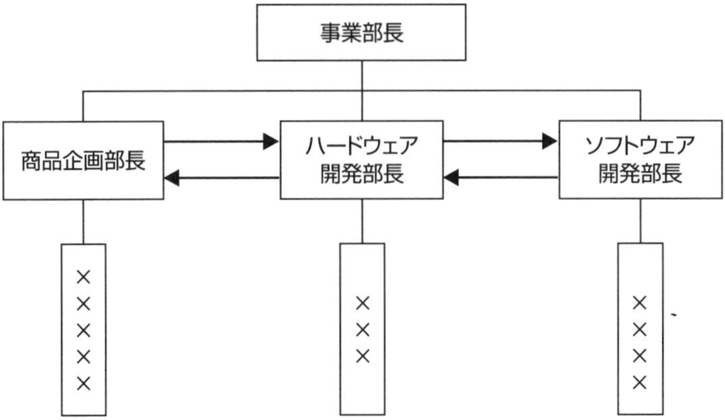

2-2-2. プロジェクト型組織モデル

プロジェクト型組織モデルのプロジェクト組織では、プロジェクトマネジャーは独立性と強い権限をもっている。資源に関する選択権、拒否権および調整権を有する。プロジェクト型組織モデルでは、プロジェクトに対するモチベーションが高くなる。間接部門は、プロジェクトに対する支援サービスを行う。（図表4-3-2参照）

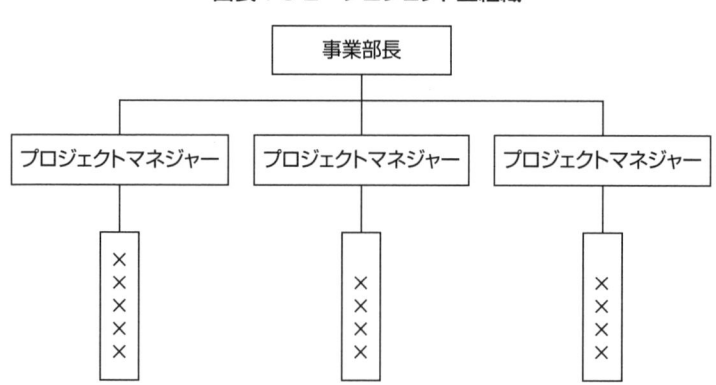

図表4-3-2　プロジェクト型組織

2-2-3. マトリクス型組織モデル

マトリクス型組織モデルのプロジェクト組織は、前述した機能型組織モデルとプロジェクト型組織モデルの折衷型であり、それぞれの特徴をもつ。マトリクス型組織型モデルには、プロジェクトマネジャーと機能別部門長の権限・調整方法によって、さらに3つの形態に分類される。（図表4-3-3参照）

(1) 部門調整型

部門調整型は、機能型組織モデルにおける部門長がプロジェクトの調整を行う代わりに、プロジェクトに参画しているプロジェクトメンバーが、プロジェクト間のリソース調整などの調整役を担う。プロジェクトメンバーがコーディネーターの役割を果たすことで、機能型組織モデルと比較して、発生する問題に対して迅速に対応することが可能である。しかし、コーディネーターの役割をラインマネジャーが尊重して協力しないと調整はうまくいかずプロジェクト

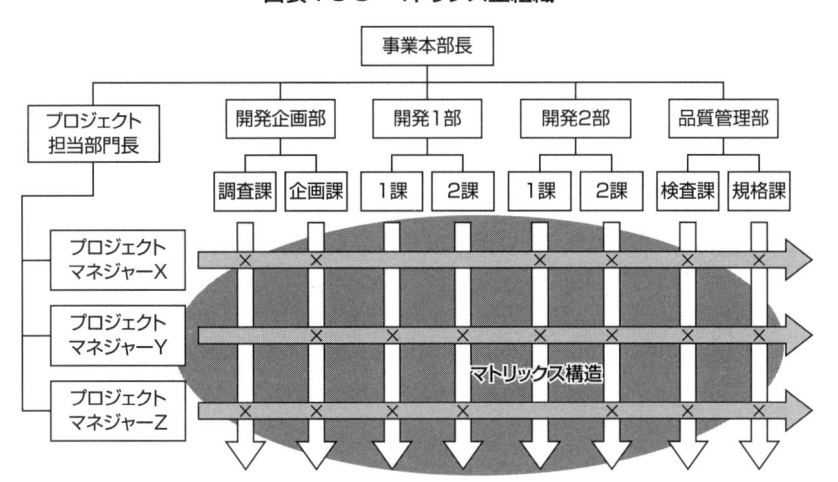

図表4-3-3　マトリクス型組織

は混乱する。

(2) 作業分担型

　作業分担型は、特定の業務を単位としたプロジェクトチームを組成し、プロジェクトマネジャーが選任されるプロジェクト組織モデルである。プロジェクトには専任メンバーと複数のプロジェクトを兼任するメンバーが存在し、その構成はプロジェクトによって変化する。指示命令系統が部門長とプロジェクトマネジャーという2方向に存在するため、プロジェクトの意思決定においてプロジェクトマネジャーとラインマネジャーの役割を明確にしないと混乱を招きやすい。

(3) リソースプール型

　リソースプール型は、プロジェクトマネジャーにプロジェクトの執行権限を持たせ遂行する組織モデルで、ラインマネジャーはプロジェクトにリソースをアサインした後はプロジェクトから要請がない限りプロジェクトに対して関与を行わない。プロジェクトマネジャーを専門組織として独立させるケースや既存組織の中におくケースともに存在する。[1]

> **参考：ネットワーク型組織モデル**
>
> 　ネットワーク型組織モデルのリーダーシップは、プロジェクトメンバーの中で自然発生するもので、組織として設計し強制的に発揮させるものではない。その場合のプロジェクトマネジメントは、統制的なマネジメントは不要となり、参加したプロジェクトメンバーのやる気を引き出し自発的にリーダーシップを発揮させるようなメンタリングやコーチングが重要となる。ただ、目標達成に対しては常に意識を置き、その達成度についてはモニタリングをしていく必要がある。
>
> 　たとえば、米Google社の社員は、「勤務時間の20％は、通常の職務を離れて自分の自由なアイデアを追究してよい」という有名なイノベーションの仕掛けが存在する。同社の重要企業文化の一つとなっていて、数多くのサービスがこのルールから生まれている。この20％ルールは、ネットワーク型組織モデルの具体的な例といえる。[2]

2-3. プロジェクト組織モデルの設計

　プロジェクト組織は、それぞれ長所・短所をもっている。したがって、プロジェクトの特徴・性質などを考慮しながら、もっとも適したプロジェクト組織を設計することが望ましい。それぞれの組織モデルの長所と短所を図表4-3-4に示す。

3. マトリクス型組織モデルのマネジメント

3-1. マトリクス型組織モデルの留意点

　マトリクス型組織モデルは、指示命令系統が2方向に存在するため責任の所在があいまいとなりやすく、マネジメントの難易度は高まる。そのためマトリクス型組織モデルを設計・運営する上では、以下の点を考慮しなければならない。（図表4-3-5参照）

第3章 プロジェクト組織マネジメント

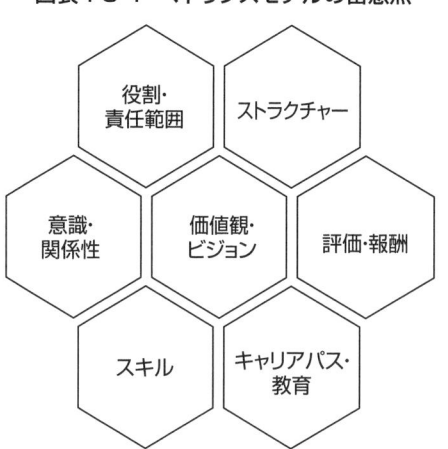

図表4-3-4　マトリクスモデルの留意点

- 役割・責任範囲
- ストラクチャー
- 意識・関係性
- 価値観・ビジョン
- 評価・報酬
- スキル
- キャリアパス・教育

図表4-3-5　組織モデルの長所と短所

	長所	短所
プロジェクト型組織モデル	1) 指示命令系統が単純で明確である 2) 情報の流れが単純で明確である 3) 問題など事象に対して迅速な対応・処理が可能である 4) 課題の優先度をプロジェクト単独で決定しやすい 5) プロジェクトチームと機能別組織での対立・調整の必要が少ない	1) 組織として持っている技術をプロジェクトに入れ込みにくい 2) 組織として技術の交流が行いにくい 3) プロジェクトごとにリソースの抱え込みが起きる 4) 他のプロジェクトの情報が活用しにくい 5) エキスパートは育成しにくい
マトリクス型組織モデル	1) プロジェクトに各ライン組織の持つ技術が効果的に集めやすい 2) 組織として人的資源の有効利用が可能である 3) 情報が他のプロジェクトに活用されやすい 4) エキスパートの養成・確保が効果的に進められる 5) プロジェクト終了段階で、要員の機能別組織への復帰が効率よく行われる	1) 指揮命令系統が複雑で混乱しやすい 2) 意思決定のスピードが遅い 3) プロジェクトとライン組織の間で対立が起きやすい 4) プロジェクト内での意思統一が行いにくい

(1) ビジョンを明確にし、共有化を図る

組織モデルの設計・運営を行う上で、まず必要なことはビジョンを明確にし、それを組織内に浸透させることである。たとえば「インターネットを通じて消費者の生活を便利にすることを目指し、新しい商品・サービスを迅速に提案する」といったビジョンを具現化するために、どのような形態のマトリクスの組織を目指すのかを関連付けて示し理解させる必要がある。

(2) プロジェクトマネジャー及びラインマネジャーの役割・権限を定義する

マトリクス組織において、プロジェクトマネジャーとラインマネジャーの関わりは重要であり、その運用が混乱してはいけない。組織として成果を出すためには、プロジェクトマネジャーとラインマネジャーのそれぞれの役割・権限をプロジェクトのライフサイクルを通して明確に定義し、徹底する必要がある。

(3) 意思決定プロセスを設計する

マトリクス組織型モデルでは、指示命令系統が分散しているために意思決定にコンフリクトが起こりやすい。したがって、組織として意思決定にコンフリクトが起こった場合にでも対応できるための明確な意思決定プロセスを設計しておく必要がある。意思決定の手順、意思決定の際の判断基準、および意思決定者とその承認者を明確にする必要がある。

(4) コミュニケーションパスを設計する

定常型組織とプロジェクト組織において、またプロジェクト組織内においてのコミュニケーションパスを設計する必要がある。意思決定プロセスと同様に、マトリクス組織型モデルにおいては、コミュニケーションが錯綜、重複するおそれがあるので、情報の流れが明確になるよう設計する必要がある。

(5) プロジェクトに必要な技術やスキルを定義する

プロジェクトに必要な技術やスキルを定義し、その人数を把握する必要がある。その人材の数によって、プロジェクト組織モデルの設計を変更する必要が出てくる可能性もある。

(6) プロジェクト組織内において健全な関係性を構築する

マトリクス型組織モデルは複雑であるがゆえにプロジェクトチームの健全な関係性を維持するための仕組み作りは重要である。母体組織との関係性も含めたプロジェクトチームが動きやすいプロジェクト組織環境を整備し、自己成長、自己認識できるプロジェクトチームメンバーの健全な関係性をチームビルディングで継続的に構築する必要がある。

(7) スキル開発計画を立案する

プロジェクトはスキル向上の場であることを理解し、プロジェクトメンバーがプロジェクトを通して計画的に成長できる仕組みを作ることは重要である。キャリアパスやスキル開発計画を立案し、プロジェクトを通して獲得すべきスキルを明確にすることでプロジェクトメンバーは意識的にスキル獲得の行動をとることができ、より確実にスキル向上が可能となる。

(8) プロジェクトチームメンバーの評価制度を設計する

プロジェクト組織が継続的に機能するためには公平かつ公正な評価制度は必要不可欠である。評価基準を明確に定義し、経過、結果をオープンにする評価制度を設計・導入することは、組織の健全性を維持する上でも望ましい。

4. プロジェクトマネジメントオフィス

4-1. プロジェクトマネジメントオフィスの目的

プロジェクトマネジメントオフィスの目的は、組織内で同時並行的に遂行される複数のプロジェクトを円滑に進めることによって、組織の全体最適を実現することにある。プロジェクトマネジメントオフィスの概念そのものは新しいものではなく、1950年代の前半には米国空軍における大規模なプロジェクトを直接統括するためのプロジェクトに特化したオフィスが存在していた。

しかし、現在のプロジェクトマネジメントオフィスはビジネスニーズに応じて多様化してきており、プロジェクトに特化したプロジェクトマネジメントオフィスだけではなく、組織に定常的に存在するプロジェクトマネジメントオ

フィスも増えてきている。

　また、プロジェクトマネジメントオフィスの適用の仕方もさまざまであり、取扱うプロジェクトの特性、組織の規模、企業戦略の内容などによってプロジェクトマネジメントオフィスの位置付けも異なってきており、多くのバリエーションをもつ。

4-2. プロジェクトマネジメントオフィスの形態

　プロジェクトマネジメントオフィスの目的に応じた形態の具体例を分類すると、次のようなプロジェクトマネジメントオフィスが存在する。

(1) SPO (Strategic Project Office)

　組織レベルの戦略を実現するために作られるプロジェクトマネジメントオフィスであり、戦略実現のためにプロジェクトの取捨選択、優先順位づけ、予算配分など複数のプロジェクトに戦略実現の観点から影響を及ぼしコントロールする役割を担う。

(2) PMCoE (Project Management Center of Excellence)

　組織全体のプロジェクトマネジメント能力を向上させるために存在するプロジェクトマネジメントオフィスである。プロジェクトマネジメントの方法論の開発や普及、プロジェクトマネジメントプロセスの標準化や周知徹底、プロジェクトマネジメントツールの開発・サポートなど、間接的にプロジェクトを支援する役割を担う。

(3) PMO (Project Management Office)

　戦略的ビジネスユニットや部門単位で作られる組織である。その組織が所有するプロジェクトを直接的かつ間接的に支援する役割を担う。プロジェクトマネジメントオフィスのプロジェクトへの関与形態は以下の3つに大別される。
① 支援型PMO
② 管理型PMO
③ ライン型PMO

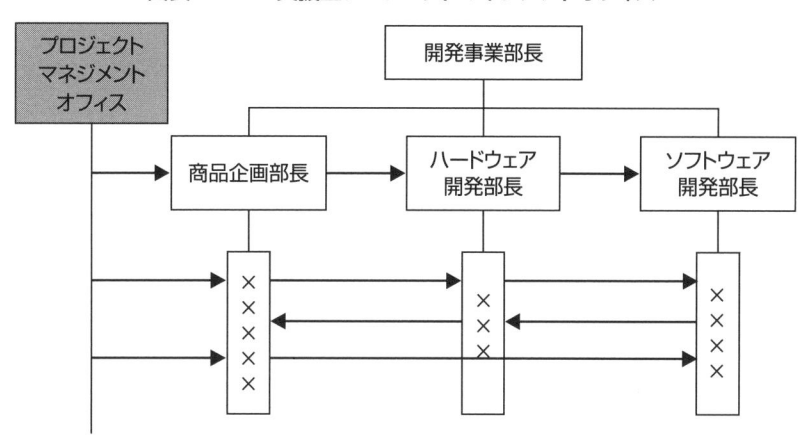

第3章　プロジェクト組織マネジメント

図表4-3-6　支援型プロジェクトマネジメントオフィス

図表4-3-7　管理型プロジェクトマネジメントオフィス

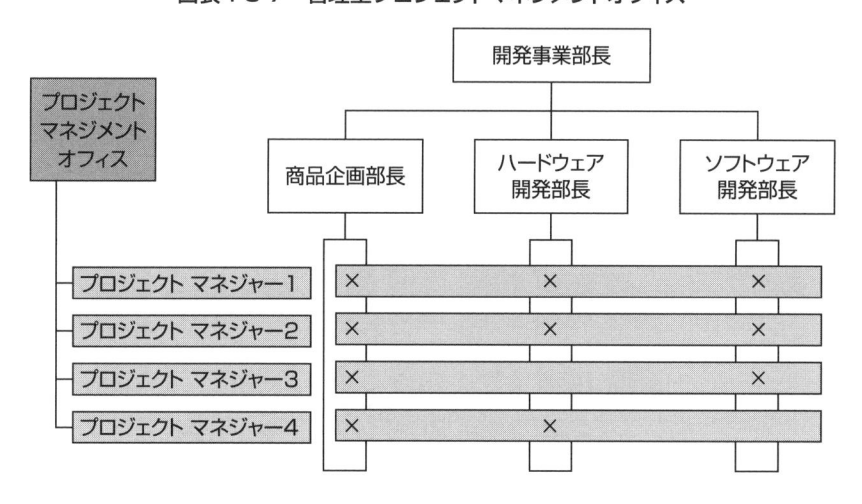

　支援型のプロジェクトマネジメントオフィスは、各組織へのサポート的な役割を果たす。プロジェクトマネジメントオフィスには、スタッフとして経験のある人材が配属され、プロジェクトマネジャーや部門の長に対して、プロジェクトが円滑に運営されるためのさまざまな助言活動を行う。プロジェクト間の調整は、プロジェクトマネジメントオフィスの進言で事業部長が行うことが多

い。(図表4-3-6参照)

　管理型プロジェクトマネジメントオフィスは、管理機能を持ち、すべてのプロジェクトに対してモニタリング活動を行う。プロジェクトマネジメントオフィスでは、プロジェクトに関する情報を収集し、客観的データに基づいて分析を行う。プロジェクト遂行上で問題が発生した場合は、警告を与え、改善を促し、調整を行う。プロジェクトの可視化が重要となる。(図表4-3-7参照)

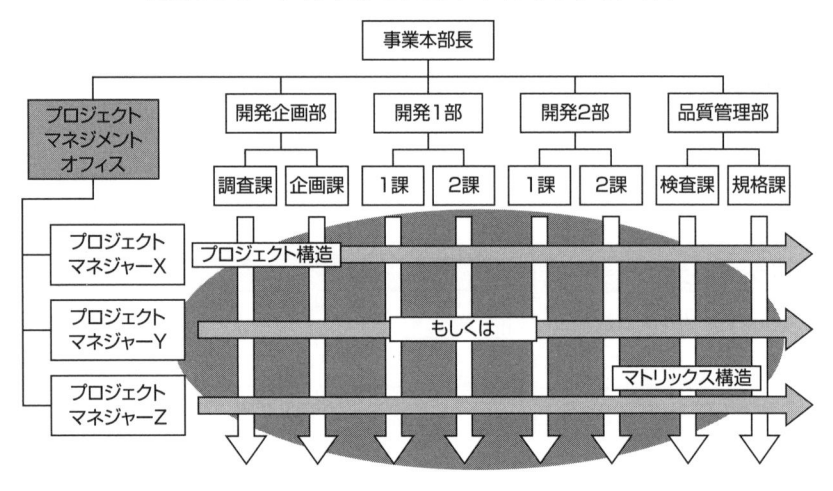

　ライン型プロジェクトマネジメントオフィスでは、プロジェクトマネジャーの専門集団としての機能をもち、組織内にプロジェクトマネジャーをプールすることになる。組織内でプロジェクトマネジャーの育成を行い、すべてのプロジェクトはプロジェクトマネジメントオフィスに属するプロジェクトマネジャーによって実施される。プロジェクト間の調整は、プロジェクトマネジメントオフィスの責任者に委ねられている。(図表4-3-8参照)

図表4-3-8　ライン型プロジェクトマネジメントオフィス

(4)　PCO（Project Control Office）

　特定のプロジェクトをマネジメントし、コントロールするためのプロジェクトマネジメントオフィスである。プロジェクトマネジャーを支援するための専属的なスタッフ機能としての役割を担う。

　これらのプロジェクトマネジメントオフィスの形態は、機能型組織でプロ

ジェクトを実施していた企業が、その限界を認識して、プロジェクト運営において自律性と機動性をもたせることを意図した場合、当面はプロジェクト事業部を設けずに、過渡的な組織ユニットとして設ける場合にも有効である[3]。

(5) PgMO（Program Management Office）

プログラムマネジメントオフィス（PgMO）は通常、プログラム単位で作られる。複数のプロジェクトを同時進行する場合、プロジェクト間の整合性やプロジェクトをまたがる問題解決など、単独プロジェクトでは解決できない問題が多く発生する。その解決を迅速に行いプログラムの成果を確実にするには、プロジェクトガバナンス体制の整備が不可欠となる。プログラムマネジメントオフィスは、プログラムマネジャー支援する組織として、各プロジェクトの進捗状況の確認や、プロジェクト間の調整、プロジェクトで解決できない問題への対応など、プログラムレベルでの様々なマネジメント支援活動を行う。

5. プロジェクトチーム

プロジェクト遂行の中心は、共通の目的をもって組織化された人の集団、

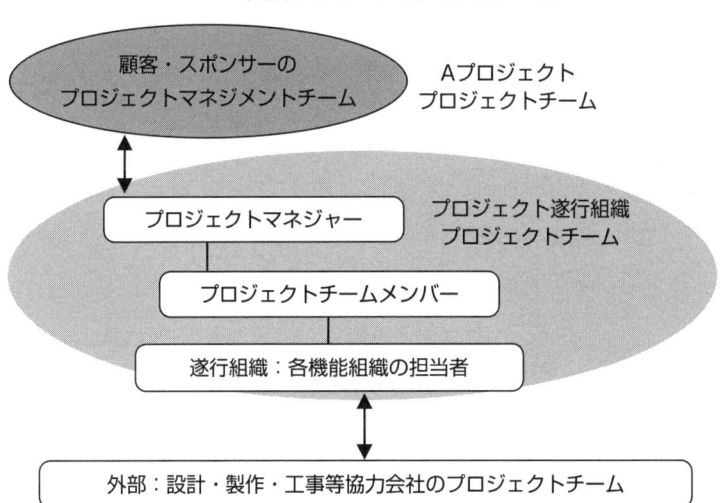

図表4-3-9　プロジェクトチーム

チームであり一時的な組織として編成されプロジェクトの完了とともに解散される。プロジェクトチームは、プロジェクトをリードするプロジェクトマネジャー、プロジェクトチームメンバーおよび各機能の遂行担当者から構成される。(図表4-3-9参照)

プロジェクトは人で構成されているため、リーダーとしてのプロジェクトマネジャーの資質、経験、技量、態度および所作が大きくプロジェクトチームに影響を及ぼすことになる。プロジェクトマネジャーがプロジェクトチームメンバーに対して、効果的な動機づけを行い、個人と個人との関係性を健全化することで、チームとして最大限の成果を発揮させることができる。

プロジェクトマネジャーおよびプロジェクトチームメンバーの役割・責任範囲を定義し、チームビルディングの成功要因(CSF: Critical Success Factor)を解説する。

5-1. プロジェクトチームの役割・責任範囲

(1) プロジェクトマネジャー

プロジェクトマネジャーは、プロジェクト開始前にプロジェクトスポンサーから選任される。プロジェクトマネジャーの選任基準は、一般的に顧客関係性、コミュニケーション能力、折衝力、問題発見・解決能力、ストレス耐性、決断力、リーダーシップなどがあげられる。プロジェクトマネジャー資格取得者をプロジェクトマネジャー選任時の必要条件としている組織もある。

プロジェクトマネジャーには、プロジェクト運営に必要な予算や指揮命令などの権限が十分に与えられる必要がある。その権限下において、プロジェクト成果に責任を持ち、顧客満足を実現するため、プロジェクトのタイム、コストおよび品質をバランスよくとることが求められる。プロジェクト内外は人によって構成されているため、プロジェクトマネジャーの大半の仕事はコミュニケーションであるとも言われている。

プロジェクトを運営する上で、プロジェクトマネジャーの役割を正しく機能させることが必要不可欠である。[4)][5)]

第3章　プロジェクト組織マネジメント

事例：プロジェクトマネジャーの役割

あるプロジェクトで、経験年数の長いシステムエンジニアがプロジェクトマネジャーに選任された。しかし、このエンジニアは自らもある部分の設計を担当しなければならなかった。そのため、自分の設計業務に追われて、プロジェクトマネジャーとしての全体を統制する責任がおろそかになり、徐々にプロジェクト運営は崩壊していった。

(2) プロジェクトチームメンバー

プロジェクトチームメンバーは通常、プロジェクトマネジャーから選任される。プロジェクトマネジャーはプロジェクト運営上の人事権限が与えられ、プロジェクトのスコープ、タイム、コスト、技術的な難易度もしくは契約形態によって、プロジェクトの組織構造およびプロジェクトチームメンバーを決定する。しかし、マトリクス型組織モデルや機能型組織モデルにおいては、プロジェクトメンバーの選定権がプロジェクトマネジャーになく、ラインマネジャーがプロジェクトの状況や人材育成の観点からプロジェクトメンバーを選定することが多い。ただ、プロジェクトマネジャーの権限を強く持たせている組織では、プロジェクトに選定されたメンバーに対してプロジェクトマネジャーが拒否できる権限を与える場合もある。

プロジェクト遂行にあたって、プロジェクトチームメンバーは、プロジェクトスコープによるＷＢＳ（Work Breakdown Structure）に対応した責任分担表（Responsibility Assignment Matrix: RAM）を作成する。この責任分担表を使用することで、誰が何を行い、誰が何を決めるのかがプロジェクトチーム内で共有化される。（図表4-3-10参照）

図表4-3-10　Responsibility Assignment Matrix

作業内容＼要員	A	B	C	D	E	F	G
要件・基本仕様作成	S	K	P	A		P	
基本設計	S	K	P	A	P	P	
詳細設計	S	K	A	I	P	P	
製作（開発）	S	P	P	I	P	K	A
試験検査	S				K		A

S：承認　K：決定　A：実施者（立案）　P：支援者　I：情報提供者

5-2. プロジェクトチームビルディング

　チームビルディングは、プロジェクト業務を効果的に進め、遂行能力を向上させるために必要不可欠な活動である。プロジェクト開始時点では、異なった部門からプロジェクトメンバーが選任されるため、プロジェクトの目標やゴールの共通理解を促進したり、建設的な意見交換ができるような安全・安心感のある環境づくりなどを推進したりすることが求められる。

　また、プロジェクトチームビルディングは、プロジェクト開始時のみならず、プロジェクト遂行時および終結時においても効果的である。

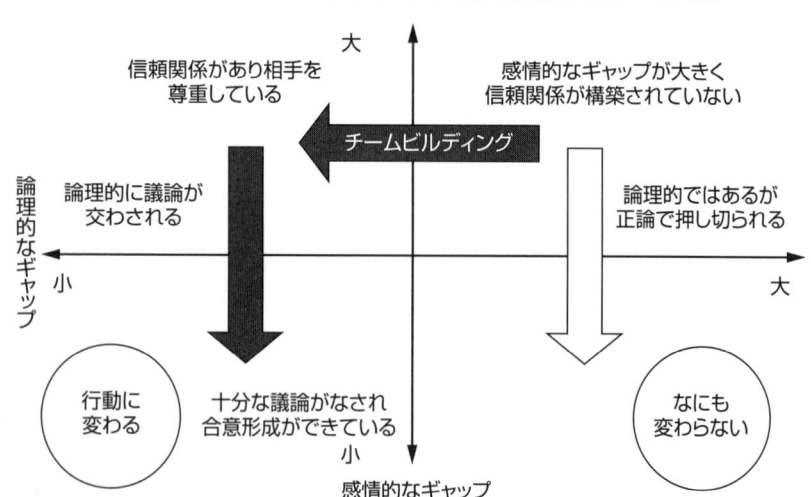

図表4-3-11　チームビルディングにおける意識ギャップへの対応

(1) チームビルディングの目的

チームビルディングの最大の目的は、プロジェクトチームメンバー同士の感情的ギャップを解消することである。感情的なギャップが解消できていないときでは、予定調和（平行的）な議論に終始し、論理的ではあるが正論で結論づけることが多い。この状況では、建設的な意見交換など望めず、行動に結び付けることができない。感情的なギャップが解消できている場合は、相手を尊重し合い、議論を重ねて、行動に結びつく合意形成がなされる。（図表4-3-11参照）[6]

チームビルディングの主な目的は以下の通り。
① プロジェクトチームメンバー同士の感情的なギャップの解消
② プロジェクト実施経緯およびプロジェクトの目的の共有化
③ プロジェクトゴールの共有化（スコープ、タイム、コストなど）
④ プロジェクトの課題、リスクおよびその対応策の認識
⑤ 顧客・協力会社などステークホルダーとの関係構築
⑥ プロジェクトチームメンバーの士気の維持と向上
⑦ プロジェクトチームメンバーとの成功体験の共有化と発信
　など

(2) チームビルディングの成功要因

プロジェクトにおけるチームビルディングは、以下の点に留意しながら進めなければならない。
① 自分の殻を破る
② 目標を共有化する
③ 目標を実現するための役割・責任範囲を理解する
④ 成功体験を共感する

チームビルディングにおいて最大の阻害要因は、個人の肩書きやメンバー内の上下関係である。組織内の不健全な関係が、技術的な課題を解決する際の議論を予定調和にしたり、プロジェクト業務の遂行においてやらされ感を強めたりと大きな影響を及ぼす。

この阻害要因を排除するために、まずプロジェクト環境が安心・安全であることを理解してもらうことが必要である。具体的には、プロジェクトメンバー同士が理解しあうために自分自身の殻を破り、自分自身を相手に知ってもらうことから始めることになる。

　キックオフミーティング（KOM）や合宿形式の集中討議で、もしくは毎日行われる5分程度の状況確認ミーティングにおいて、プロジェクトの目的やゴール、プロジェクト役務、技術的内容、時間的な制約など重要事項を共有化していく。

事例：キックオフミーティング（KOM）の進め方

① プロジェクトの全体の目的およびゴールをプロジェクトマネジャーが与え、重要事項をプロジェクトチームメンバーで討議・理解する（ホワイトボードに記述し、整理する）。
② プロジェクトチームメンバーで、その目標をさらに管理しやすいレベルまで掘り下げる（WBSまたはKJ法などで整理する）。
③ これらの結果を文書にまとめる（参加者全員で確認するために、サインをして書類に残す）。
④ 懇親会などにより、プロジェクトチームメンバー同士の友好を図る。

　プロジェクト終結時では、プロジェクトを振り返り、知識や技術の組織的な蓄積を促進するとともに、プロジェクトチームメンバー内で成功体験の共感を行い、その成功体験を組織内外に発信する仕掛けをつくることも必要である。

5-3. グローバルプロジェクトチームの留意点

　プロジェクトチームが多国籍メンバーチームになるとますますチーム作りの難易度が高まる。各人が異なる価値観、文化、言語の中で、成果の出るチーム作りをしなければならない。日本の場合は、「言わなくても、理解してくれているはず」が通用する場合もあるが、グローバルチームでは決して通用しない。

　グローバルチームでは、すべてを明文化することが求められる。プロジェクトメンバーへの業務の指示、メンバー間の作業進捗など、後日齟齬が発生した

ときに振り返ることのできる文書（議事録やメールの履歴など）に残すことが重要である。経緯を論理的に説明できなければならない。

5-4. バーチャルプロジェクトチームの留意点

バーチャルプロジェクトチームとは、頻繁に顔をあわせることがなくプロジェクト業務を遂行するチームである。そのため、チーム作りには通常のチーム以上に気をつかわなければならない。普段一緒に仕事をしていれば何の問題も起きないことでも地理的に離れているだけでチームビルディングに必要な関係性を失うことがある。最近は、ITの技術も進歩し、物理的に離れていても、ITツールを駆使することである程度代用できるようになった。ただし、費用や時間にも影響するが、定期的に顔を合わせられるような機会をつくることが望ましい。

6. プロジェクトマネジメント組織成熟度

6-1. プロジェクトマネジメント組織成熟度の特徴

個人のスキルが成長とともに向上するように、プロジェクトマネジメントにおける組織能力も向上させることができる。プロジェクトマネジメント組織成熟度とは、組織におけるプロジェクトマネジメントの遂行能力の過程をプロセスの観点から段階的に表現したものである。

プロジェクトマネジメントのプロセスを標準化したり、PMO組織を恒常的に組成し、プロジェクトマネジャーの教育や精神面をサポートしたりすることで、プロジェクトマネジメント組織成熟度のレベルを向上させることができる。1年に1度程度プロジェクトマネジメント組織成熟度を測定し、同業他社とのベンチマーキングを通じて比較、時系列的な成長度を通じて、現時点における組織的なプロジェクトマネジメント力のレベルを分析することが必要である。分析した中からプロジェクトマネジメントにおける組織的課題を抽出し、解決策を講じることが大事である。

プロジェクトマネジメント組織成熟度の低い組織では、プロジェクトが属人的に進められることが多く、本来優先度が高く急ぐ必要がある作業が遅れて、

あとでもよいものが先に行われていることもある。また、必要な作業が抜け落ちる一方で、不要な作業が当然のように行われることもある。このような状況下では、プロジェクトは失敗する確率が高い。

プロジェクトマネジメント成熟度の高い組織で遂行されるプロジェクトは、必要な作業が整然と行われるため、プロジェクトが成功する確率は高い。

プロジェクトマネジメントの成熟度モデルには、ハロルド・カーズナーが提唱するPMMM（Project Management Maturity Model）など様々観点からのモデルが存在するが、ここでは、企業戦略とプロジェクトへの連携を重視するモデルを論じる。このモデルの特徴は、企業の目的を達成するための戦略から、戦略を実現するための具体的なプログラム、プログラムに組み込まれたプロジェクト、そしてプロジェクトの作業レベルの活動であるタスクへとブレイクダウンし、それぞれのレベルでプロセスの有効度を評価したところにある。つまり、図表4-3-11に示すとおり、企業が全体の戦略をプログラム、プロジェクト、そしてタスクレベルへ歯車のようにかみ合わせていくことで、企業全体の活動が有機的に働くと考えた組織レベルでのプロセスの観点から評価したプロジェクトマネジメント組織成熟度モデルである。[7]

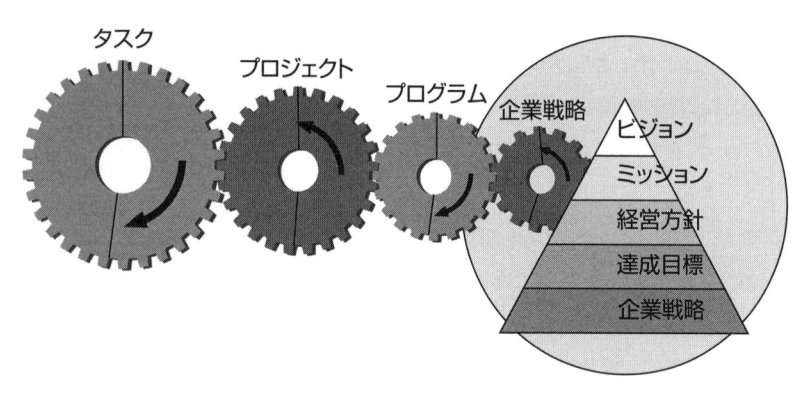

図表4-3-12　プロジェクトマネジメント成熟度モデル

6-2. プロジェクトマネジメント組織成熟度モデルのレベル定義

プロジェクトマネジメント組織成熟度モデルは、レベル1から5までの5段階に分けて組織成熟度を定義する。

(1)：レベル1：場当たり的

組織としてプロジェクトの認識が低く、場当たり的なプロジェクトマネジメントが実践されている。多大な労力が問題解決のための活動（問題が起きた後始末、いわゆる消火活動）に費やされ、プロジェクトの多くが失敗している。プロジェクトは決まって、コストやタイムをオーバーし、プロジェクトの成否は個人の能力に依存する。

(2)：レベル2：計画的

プロジェクトの成否は個人よりもチームの能力に依存するようになる。問題発生予防の重要性が認識され、計画に力を入れ始めるようになる。経験値のある類似のプロジェクトでは十分マネジメントできるものの、新規のプロジェクトではまだ混乱しやすい。

(3)：レベル3：科学的

科学的なプロジェクトマネジメントが行われ、プロジェクトの状況は、システムによって可視化される。プロジェクト関係者は、可視化されたデータの分析に基づいて意思決定や行動をするようになる。

(4)：レベル4：統合的

複数のプロジェクトが組織の中で整然と実施され、混乱がなくなる。企業で標準化されたプロジェクトマネジメントプロセスに従って、組織をまたがるプロジェクトがうまく運営される。つまり、プロジェクト組織と定常的組織の調和が達成されている。

(5)：レベル5：最適化

プロジェクトのほとんどが成功し、タイム、コスト、品質のすべてに関して、業界においてトップクラスの競争力を保有するようになる。企業戦略とプログラム・プロジェクトが有機的に結び付き、戦略的なプロジェクトが効果的に運営されている。権限委譲も十分に行われ、プロジェクトメンバーは、明確な目的に向かって高い士気を維持し、プロジェクト活動に従事している。

6-3. 各レベルの詳細

各プロジェクトマネジメント組織成熟度の状況を各レベルにおける戦略／プログラム／プロジェクト／タスクの階層で定義する。

(1) レベル1組織：場当たり的

(a) 戦略

組織にプロジェクト文化が存在していない。また、企業戦略とプロジェクトを結びつける意識も欠如している。組織は戦略を掲げているものの、組織内に共有化されておらず、その戦略を実現する具体的な活動に落とし込まれていない。多くの資金と資源は戦略的なプロジェクトよりも、組織を維持するためのオペレーションに費やされている。

(b) プログラム

プログラムの概念が組織内に浸透しておらず、プログラム実施に責任を持つ体制が存在していない。プロジェクトの取捨選択や優先順位づけは主観的であり、組織として透明な意思決定プロセスは存在していない。

(c) プロジェクト

組織としてプロジェクトマネジメントのプロセスを整備する活動は存在してしない。プロジェクトマネジメントのスキルを向上させるための組織的な活動も存在していない。プロジェクトマネジメントの実施方法は、場当たり的であり、プロジェクトごとに異なる。プロジェクトの成否は個人の能力に大きく依存している。

(d) タスク

WBSなどを利用したタスクの洗い出しは行われていない。タスクの管理粒度はバラバラであり、責任も不明なところが多い。タスクに対して質を確認するプロセスは存在しない。タスクの品質管理は担当者任せとなっており、品質で大きな問題を起こし、後からリワークを発生させている。

(2) レベル2組織：計画的

(a) 戦略

戦略の共有化はトップダウンで行われる。戦略の内容は、組織の中で正しく

第3章　プロジェクト組織マネジメント

伝えられ、誰もが理解できるようになる。プロジェクトは戦略実現のための具体的な活動であると、戦略とプロジェクトとの結び付きが明確にされる。プロジェクトの取捨選択に戦略的な要素の必要性をめぐり議論が行われる。

(b) プログラム

プログラムの概念が認識され、プログラムのスコープや実施すべきプロジェクトを取捨選択するためのプロセスが整備されている。プログラムに責任を持つプログラムマネジャーが選任され、プログラムマネジャーが管理下のプロジェクトに対して関与できる環境が整備されている。

プロジェクトの結果を求める風土は企業組織内に醸成され、組織におけるプロジェクトの優先順位づけのルールが整備される。しかしながら、進捗など状況に応じた優先順位などの見直しは十分に行われず、複数の優先順位の高いプロジェクト間の調整は満足にできない状況である。

◇◇◇◇ **事例：医薬産業におけるプログラムマネジャー** ◇◇◇◇

医薬産業において、プロジェクトは疾患の申請単位に定義される。医薬品のもとでとなる化合物は複数の疾患に効果があることが多く、一つの化合物から複数の申請が行われ化合物のライフサイクルを通して複数のプロジェクトが発生することになる。したがって、プロジェクトマネジャーは疾患ごとにアサインされるが、プログラムマネジャーはライフサイクルマネジャーとして化合物のライフサイクルを通して複数のプロジェクトに関わることになり、化合物からの利益最大化のミッションを持って活動することになる。

さらに、製薬企業にはビジネス領域としてがん、感染症、中枢神経、循環器など複数の疾患領域が存在し、その中で化合物をベースとした開発が行われている。

領域の責任者は領域リーダーと呼ばれ、担当領域の開発全体の責任を持ちプロジェクトの推進に関与する。この関係は化合物プログラムの上位に領域プログラムが存在し、領域プログラムは事業戦略に密接な関係をもつ構造となっていることがわかる。

(c) プロジェクト

　プロジェクトの成否は個人ではなくチームの能力に依存する。チームが過去に経験した類似のプロジェクトは十分マネジメントできる水準ではあるが、経験のない新規のプロジェクトでは混乱しやすい。プロジェクトマネジメントの運用プロセスは組織に存在するが、一部のプロジェクトや組織だけにしか利用されていない状況である。プロジェクトマネジメントツールを活用したプロジェクト情報の可視化が始まる。しかしながら、まだタイムマネジメントが主体であり、資源やコストまでの可視化が充分できていない。

(d) タスク

　過去の経験をもとにしたタスクの洗い出しおよび見積りが行われている。組織としてタスクをコントロールするプロセスは存在しているが、一部のプロジェクトにしか利用されていない。経験のないタスクに対しては、十分なマネジメントが行われずトラブルが起こりやすい。タスクに関するデータは経験した個人に蓄積されている場合もあるが、組織のデータとして蓄積されていない。

(3) レベル3組織：科学的

(a) 戦略

　企業の戦略立案プロセスにプロジェクトの成果が反映されるようになる。プロジェクトが生み出した新しいビジネスからのフィードバックが定期的に戦略に反映されるプロセスが存在する。戦略からプロジェクト、プロジェクトからオペレーション、そして再び戦略というサイクルが確立する。

　プロジェクトを成功に導くために必要な企業風土や文化の改善が見られ、戦略を達成するための鍵となる成功要因が特定される。成功要因を実現するための具体的なアクションとして、プログラムやプロジェクトとしてブレイクダウンされる。

(b) プログラム

　プログラムレベル、または組織全体のレベルでキャパシティプランニングが行われる。組織内のプロジェクトに対する長期的な負荷が、粗いレベルではあるが可視化できる。プロジェクトの取捨選択、規模、実施内容の決定、投入、完了のタイミングなどが、現実的な組織要員能力に対してチェックできる。し

たがって、複数プロジェクトが混在することによる混乱は減少する。また、長期的な要員配置計画も可能となる。プロジェクトの成功評価基準も整備され、基準に従った客観的なプロジェクト成功評価の判断が可能となる。

(c) プロジェクト

システマティックなプロジェクトマネジメントが行われ、プロジェクトデータが関係者から定期的に提供され、プロジェクトが可視化される。データ分析に基づいたプロジェクトマネジメントが実践される。プロジェクトマネジメントオフィスが恒常的な組織として設置され、複数のプロジェクトを支援する体制と環境が整備される。

(d) タスク

過去の組織内で実行されたタスクのデータが蓄積され、タスクの標準化が行われる。標準的なWBSや標準作業手順書が組織的に整備され、誰もが利用できるようになる。タスクの進捗状況、品質状況、生産性などが可視化され、誰でも認識できる。

(4) レベル4組織：統合的

(a) 戦略

組織のビジョンが組織内に浸透し、共有化されたビジョンをもとに、戦略からプロジェクトまでが統合的にマネジメントできる。組織の部門間の壁が解消され、部門間の異なる知識・技術の融合が促進され、新たなビジネスの創出が可能となる。下流から戦略へのフィードバックだけでなく、事業部・部門間の横断的な融合を通した戦略へのフィードバックが発生する。

(b) プログラム

プログラムマネジメントに必要な各プロジェクトの利益、生産性などに関するデータはすべて一元化され、いつでも可視化できる。プロジェクトの実績、進捗データによってプロジェクトポートフォリオの情報が更新され、プロジェクトの優先順位づけ、スコープの見直しなど信頼性の高い情報によって、意思決定することができる。戦略の実現をコントロールする仕組みとして、バランスドスコアカード（BSC）などの手法が導入される。

(c) プロジェクト

マルチプロジェクトマネジメントと統合マネジメント達成レベルである。組織内で標準化されたプロジェクトマネジメントプロセスに従って、組織をまたぐ複数のプロジェクトが整然と運営される。プロジェクト組織と定常的組織の調和が実現され、全体最適が達成される。組織的なプロジェクトマネジメントの教育が徹底され、プロジェクトマネジメントのスキルマップが整備される。プロジェクトマネジャーのキャリアパスも提示される。

(d) タスク

タスクのデータが定期的に分析され、組織としてのタスクのムダの排除など合理化が特定できる。改善対象となるタスクが定量的に把握されるようになり、組織レベルで標準タスクの内容の合理化と共有化が促進される。タスクの合理化と共有化により、生産性は向上し、品質レベルも向上する。

(5) レベル5組織：最適化

(a) 戦略

経験のある各個人のアイデアや提案が、戦略立案プロセスに積極的に取り入れられるようになる。組織として存在した公式な戦略立案プロセスが個人にまで広がり、誰にも戦略立案のプロセスに参加できるチャンスが与えられている。組織にはプロジェクトマネジメントを実施するために不可欠なオープンで自由な風土が出来上がる。組織は常に変化し、改善され続けることを受け入れ、新しい試みを積極的に進める文化が醸成される。

(b) プログラム

企業戦略の達成度はさまざまな指標で可視化される。戦略の実現度を計測する指標値は定期的にデータとして収集され、達成度がチェックされる。目標値の達成レベルによって将来の達成予測も可能となる。必要な改善アクションがデータの予測値を基に実施できる。また、プロジェクトの予測情報を基に、プロジェクトポートフォリオの将来的な予測も可能である。新規のプロジェクトがどのような影響を与えるかは、ポートフォリオで時系列的に分析できる。プログラムの指標値は戦略の変更に対して柔軟に対応でき、データも指標に合わせて収集できる。

(c) プロジェクト

組織の置かれた環境に応じた最適なプロジェクトマネジメントプロセスが存在し、いつでも作り出せる。組織はダイナミックであり、環境に合わせて変化できる自由度と柔軟性を持つ。プロジェクトマネジメントのデータは収集され、定期的に分析される。問題のプロセスがあれば、直ちに改善される。

(d) タスク

タスクの改善が組織だけでなく、各個人レベルでも提案され、実践される。各個人ごとに工夫され、改善された提案内容は、組織として共有化され、誰もが利用できる。さらに、必要に応じて提案された改善は、組織として標準化される。

◇◇◇◇ **事例：プロジェクトマネジメント組織成熟度調査** ◇◇◇◇◇◇◇◇◇◇◇◇◇◇◇◇

プロジェクトマネジメントの向上を計画的に実施するために、1年に1度プロジェクトマネジメント組織成熟度調査を全社的に行う企業もある。プロジェクトマネジメントの成熟度を定期的に測ることにより、改善すべきプロセスを特定し具体的な改善施策を実行し、組織としてプロジェクトマネジメントの実行レベルを向上させている。それにより、組織としてのプロジェクトマネジメントの成熟度は向上し、結果的に組織の実行するプロジェクトの成果が改善されていく。他社とのベンチマーキング、また、時系列的、部門機能別、地域別および階層別分析を行い、組織成熟度を向上させるための課題を洗い出し、解決策を講じているケースもある。

6-4. プロジェクトマネジメント組織成熟度モデルのドライバー

プロジェクトマネジメント組織成熟度モデルを利用した調査・研究によってプロジェクトマネジメント組織成熟度モデルレベルの向上が企業業績に影響することが示唆されている。また、プロジェクトマネジメント組織成熟度レベルを向上させるための施策として以下の点が影響を与えることも報告されている[8) 9)]。

① 組織としてプロジェクトマネジメントを戦略的な重要課題として取り組むこと

② トップマネジメントが積極的に支援し、取り組むこと
③ プロジェクトマネジメントの方法論を適用して取り組むこと
④ 組織のプロジェクトマネジメントの理解度を教育などによって向上させること
⑤ プロジェクトマネジャーにメンバーの評価権限を部分的にでも持たせること

7. 戦略的アライアンス

7-1. アライアンスの種類とパターン

　アライアンスとは本来、「同盟」を意味する言葉である。マネジメントの分野では、複数の企業が共通目的のために協力関係を取り結ぶことを指す。企業間の協力関係には、合併・買収、出資、継続的な提携、有期的な提携などがあり、協力の緊密度はこの順でゆるやかになる。プログラムとプロジェクトはいずれも有期性の活動であるから、本節では主に有期的な提携関係の構築と運営に焦点を当てて説明する。なお通常の契約による外注先等との取引関係も協力の一種だが、アライアンスの文脈からは外れる。また、製品開発における企業間協力については「オープン・イノベーション」の節を参照されたい。

　企業間提携の共通目的は様々だが、アライアンスの意図としては以下が挙げられる。

- 経営資源の相互補完
- 事業化スピードの獲得
- 規模の経済の追求
- 新市場の開拓
- 競争環境の改善
- リスクのシェア

　とはいえ50%のアライアンスが失敗に終わっているとの研究もあり[*4]、成功する企業提携の構築は決して簡単ではない。本節ではまずアライアンス関係の

第3章　プロジェクト組織マネジメント

パターンと用語を整理した後に、契約のあり方、スコープの分担とプロジェクト・フォーメーション、そして留意点とリスクについて説明する。

　企業間のアライアンスは、顧客／サプライヤー間、同業者間の二種類に大別できる。WalmartとP&GによるQR（Quick Response）プログラムのための製販同盟は、前者の代表例である。PFI（4部4章6参照）のように公共と私企業の協業もこの一種と見てよいだろう。また英仏海峡トンネル建設におけるCTG/F-M企業グループなどは後者に属する。

◇◇◇◇事例：英仏海峡トンネル建設プロジェクト◇◇◇◇

　20世紀最後のビッグプロジェクトといわれた英仏海峡トンネルプロジェクトは、1986年2月に英仏両政府による事業認可がなされ、同年5月に工事着工、1994年5月に開業した。着工からわずか8年で欧州200年の夢を実現させたことになる。日本からも多くの企業が参加し、国際プロジェクトの困難を乗り越えて完成させた。（P2M事例集より）

　協業形態は、参加企業数が少数で限定されたものと、オープンで多数となるものに分かれる（後者は「コンソーシアム」と呼ばれることが多い）。さらに共同出資で組合あるいは特定事業目的会社（SPC）を組成する場合と、当事者間の契約のみで対応する場合がある。目的に応じてパターンを選択すべきである。

　ちなみに日本の建設業界では受注のための共同企業体をJV（Joint Venture）と呼ぶが、JV・コンソーシアム・アライアンス・合弁などの用語は、国や分野・業界によって異なった使い方をされるので注意が必要である。（図表4-3-13参照）

[*4]　Keasler & Denning "A Re-examination of Corporate Strategic Alliances: New Market Responses", Quarterly Journal of Finance & Accounting, University of Nebraska, 2009

図4-3-13 協業のパターン

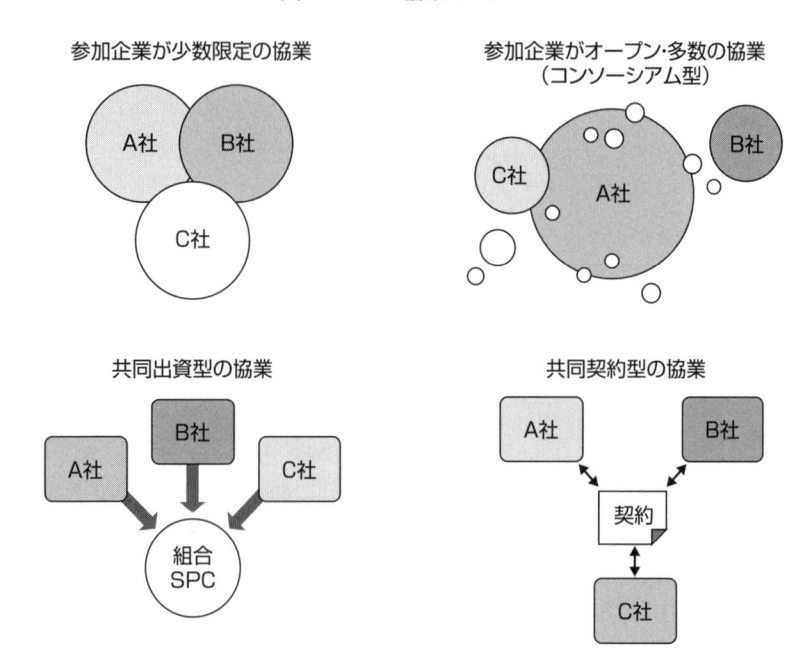

参加企業が少数限定の協業

参加企業がオープン・多数の協業
（コンソーシアム型）

共同出資型の協業

共同契約型の協業

図4-3-14 アライアンス契約の留意点

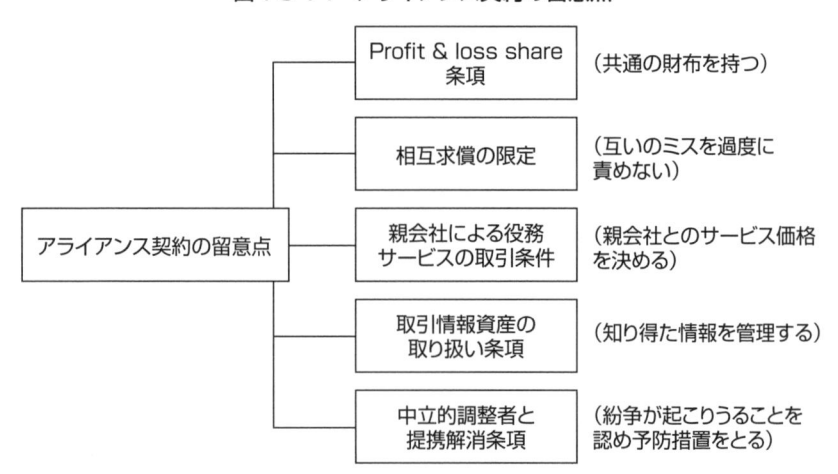

アライアンス契約の留意点	内容	備考
	Profit & loss share 条項	（共通の財布を持つ）
	相互求償の限定	（互いのミスを過度に責めない）
	親会社による役務サービスの取引条件	（親会社とのサービス価格を決める）
	取引情報資産の取り扱い条項	（知り得た情報を管理する）
	中立的調整者と提携解消条項	（紛争が起こりうることを認め予防措置をとる）

7-2. アライアンスにおける契約

　企業間の責任あるアライアンス関係構築のためには、契約が必要である。異なる経営主体をもつ企業同士が、アライアンス事業でフェアなWin-Win関係を実現できるよう、以下のような条項をケースバイケースで設けることが望ましい。(図表4-3-14参照)

① Profit & loss share（利益と損失の分担）

　プロジェクトで生じる利益も損失も一定割合で参加者同士が負担し、いわば「一つの財布」で事業を行う取り決めである。これは、各社がベストの努力をつくすよう促し、たとえば一社のみが手を抜いて自己利益を上げ、他社がその分をカバーして損失を出す、といった状況の発生を防ぐ機能がある。

② 相互求償の限定

　各社がその責任範囲に応じて個別の財布を持つ場合に、相互求償を限定する取り決めである。他社のミスの結果生じたコスト超過を、一定範囲内では互いに賠償請求しないと定める。同一会社内では、設計ミスを製造部門が求償したりしないのと同じ精神である。

③ 親会社による役務サービスの取引条件

　プロジェクトのために共同出資会社を設立するが、実業務のほとんどを親会社が分担する場合、各役務サービスに対しても単価精算方式や一括請負方式などの取引諸条件を定めておく。

④ 取引情報資産の取り扱い

　プロジェクトの遂行で生じる知的財産権や、顧客リストなど取引情報資産の取り扱いについて、共有化する、フェンスを設けて隔離する、あるいは向こう何年間かは類似分野での競争を禁止する、などの規定が必要である。

⑤ 中立的な調整者と提携解消

　提携関係の紛争防止のため中間に中立的な調整者（mediator）を置く、ある

いは提携解消の具体的手順を定める、などの条項も必須である。「アライアンスは成功する」ということを無意識に前提にしないことが大切である。

7-3. スコープの分担とプロジェクト・フォーメーション

複数企業がアライアンスをするプロジェクトにおいては、責任分担をどう決めるかがきわめて重要である。アライアンス体制の組成は立上げ段階に行われ、各社のスコープと責任範囲が決まる。これを「フォーメーションデザイン」と呼ぶ。スコープ分担のパターンは図4-3-15に示すとおり、「垂直分業型」「水平分業型」「混成型」等に分類することができる[*5]。

「垂直分業型」は開発・設計・製造といった遂行機能単位でスコープ分担する。機能別WBS体系に応じた分担方法である。上流側から下流側に対し企業間で多くの情報や資材等の受け渡しが生じるため、精密なプロジェクト・コーディネーションが要求される。「水平分業型」はプロジェクト成果物の構成単位でスコープを区分する。成果物中心のWBS体系に応じた分担方法である。各構成要素内での開発・設計等の機能は各社が責任を持って遂行する。要素間のインターフェースはなるべく少なくなるよう区分する。責任範囲が明確となりアライアンスリスクが比較的少ない反面、遂行機能面での互いの強みを生かしたシナジー効果は出にくい。「混成型」は水平分業型と垂直分業型がある程度入りまじった分担方式で、相互調整も複雑になる。実際にはよく見られるタイプである。

多様なデザインの中からどれを選ぶかは、リスク最小化とアライアンスによるシナジー効果創出の観点を加味して評価する必要がある。

フォーメーションデザインにおいては各社のアライアンス動機が大きく影響する。企業同士が異なるアライアンス意図をもって参加する場合も少なくない。経営資源の相互補完、とくに欠落機能・技術力の補完が主眼であれば、シナジー効果の期待のもと、補完しあう機能をはめ込み総合力の向上を意図す

[*5] 佐藤知一・秋山聡: 海外企業との共同プロジェクト遂行におけるリスク要因, プロジェクトマネジメント学会誌, Vol.9, No.1 (2007)

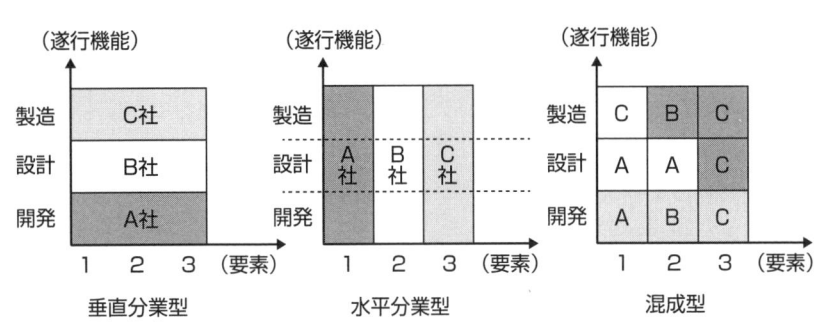

図表4-3-15　フォーメーションデザインの分類（佐藤・秋山 2007 より引用）

垂直分業型／水平分業型／混成型

る。フォーメーションデザインにおける力関係は機能・技術力の特殊性が大きい側にシフトする。他方、リスク分散がアライアンスの主眼の場合、フォーメーションデザインは、リスクの懸念される構成要素と、それに対する互いの知見・対応能力の程度で決定される。この場合の力関係はリスク負担能力に勝る側にシフトする。こうした結果、複雑な混成型フォーメーションデザインが生まれがちとなる。

7-4. アライアンスにおける留意点とリスク

アライアンスを成功させるために、留意すべき点を以下に挙げる。

① **背反行動**

通常、私企業は利益の最大化を目指して行動する。プロジェクトのアライアンスでは、これがときに問題を引き起こす。よくある背反行動としては、

(1) 他社依存・負荷回避（自己保全のためプロジェクトに投入するリソースの質・量を落とす行為）

(2) 単独利益の拡大（逆に計画以上に社内リソースを消費し、協業組織からの受託量を拡大する現象）

(3) 独占下請（協業組織から発注される役務に市場原理が働きにくい場合に、下請け経由で利益確保に走る行為）

などがあげられる。

② 文化的ギャップ

国境を越えたアライアンスの場合、他国との文化的ギャップには当然注意すべきである。ただし、これを過剰に心配する例も見受けられるが、「文化」という漠然とした言葉でステークホルダーの潜在的問題を説明してみても、リスク分析は深まらない。この場合のリスク要因の中心となるのは、個人レベルの生活習慣の違いよりも、会社レベルでの行動ベクトルや仕事の進め方等の違いであることに注意する。

③ 業務遂行基盤の差異

企業の業務遂行基盤には業態・規模とこれまでの歴史や企業文化による差異がある。マネジメント・スタイルをとってみても、トップダウン型とボトムアップ型、マニュアル型と裁量型、WBS体系や適用システムの違い、権限委譲度の違いなどがある。とくにベンチャー企業と大企業では相違が大きく、共同の意思決定にそごをきたしがちである。プロジェクトマネジャーの権限について事前に合意形成を行い、共同監査などを通じてこれを遵守するべきである。

④ パートナーの選定とプロファイリング

パートナーの選定はリスク対策の第一歩であり、相手企業に関する「プロファイリング能力の強化」が求められる。さらに遂行段階でより優位な地位を望むのであれば、力関係において相手に勝る必要がある。すなわち、相手企業が連携をより強く望むような継続的な「業務遂行基盤の強化」が普遍的対策となるのである。

◇◇◇ 事例：パートナリング方式 ◇◇◇

通常、発注者と受注者の関係は、コストに関しては利害関係が対立する構造にあり、特に競争が厳しく受注額が低い金額で受注した場合は、受注側は追加費用を請求することが重要な使命となり、発注者と受注者が費用追加、減額で相当な時間を使い、信頼関係さえ損ねる場合もある。しかし、受注プロジェクトの目的は高い品質の成果物を発注者に引き渡すことであり、発注者の目的も同様なはずであり、対立の構造を協力の構造に変えてプロジェクトを成功に導

く手法としてパートナリングの考えが広まってきている。

　プロジェクトの目的は双方同じはずであるから、お互いが同じ目標に向かって意思を統一すればプロジェクト実施中に起きる様々な困難な問題は解決できるはずであるという観点から、各当事者の間に信頼、尊敬、正直さに基づいたオープンな協調関係を築き、問題の原因の発生自体を極力抑え、紛争などの発生を未然に防止しようとする手法が「パートナリング」と呼ばれるものである。

　特にパートナリングにおいて最も重要な成功の鍵はトップ同士の信頼関係であり、この信頼関係が健全であれば多少の問題が発生してもパートナリングが崩れることはない。実際、現場の当事者の間ではいろいろな問題や対立が起こるが、トップ同士に固い信頼関係があれば現場の問題やコンフリクトもトップ間の判断でほとんど解決できる。

8. コミュニティのデザインと活用

　プログラムおよびプロジェクト活動においてコミュニティの重要性はますます高まってきている。クローズド・イノベーションのパラダイムにおいては、プロジェクトはフォーマルな組織の中で実施されることを前提とし、その中で成果を出すことが求められた。そのため成果を出すためのプロジェクト体制や組織のガバナンスのあり方が求められ、フォーマルな組織でのプログラム・プロジェクト体制、チーム理論、組織ガバナンスなどが議論の中心となってきた。

　しかし、今日のイノベーションのパラダイムはクローズド・イノベーションからオープン・イノベーションへ（第4部第2章5参照）とシフトしてきており、クローズド・イノベーションの想定するフォーマルな組織論を超えたインフォーマルな組織の中での成果の出し方を知る必要性が高まってきた。インフォーマルな組織であるコミュニティは世の中には多く存在し、人は様々なコミュニティにかかわって生きている。このコミュニティにかかわる人々をうまく活用することは、プロジェクトにおいて新たな資源を獲得することに等しくなる。コミュニティの重要性やそのコミュニティとのかかわり方を知ることは、新たなパラダイムであるオープン・イノベーションを想定したプログラム・プロジェクト活動を通してさらなる価値創造の可能性を広げることにつながる。

本章では、組織の枠を超えてコミュニティを意識し、そのコミュニティをどのようにデザインしプログラム・プロジェクトの価値創造に関与させるかという、事業の立場から外部コミュニティの活用のあり方を中心に述べる。

8-1. コミュニティの意義

　コミュニティには自分の意思にかかわらず参加が義務付けられる受動的なコミュニティと、自ら意思を持って積極的に参加する能動的なコミュニティが存在する。受動的なコミュニティとしては地域住民のコミュニティや学校や会社などのコミュニティが存在し、人の生活と密接な関係を持っており、人はそのコミュニティの一員として存在し生活を営む。能動的なコミュニティとしては学会、NPO、運動クラブなどが存在し、お互いの専門性、趣味や利害が一致する人が集まることで、その活動にシナジーが生まれコミュニティの存在感が高まり、そこに所属する人々に様々なベネフィットが生じる。これまでコミュニティは人と人との関係を持って成立してきたため、コミュニティの存在は地域的なものに根ざすものが多く、コミュニティを拡大する場合には支部などの組織を作り地域的なコミュニティのネットワークによって拡大させてきたが、インターネットが発展するにつれ人と人とが直接会わなくてもインターネットを通してバーチャルなコミュニティが作れるようになってきた。このバーチャルなコミュニティは地域や国を超えて構築することができる時代になっており、事業においてこのバーチャルなコミュニティをいかに活用するかは価値創造において重要なテーマとなってきている。

◇◇◇◇ **事例：技術者によるコミュニティ　Hack For Japan** ◇◇◇◇

　Hack For JapanはIT技術者を中心に企業、団体、組織の垣根を越えてネットを通じて集まった、東日本大震災復興の支援活動を行うコミュニティである。
　ここで使われているHackはHackerの略語であり、もともとは「コンピュータ技術に精通した人」という意味で、自由と自発的な助け合いを信条としてものを創り出す人という敬称として使われてきた。東日本大震災による災害からの復興において、このHackerという言葉をアイデンティティに自分たちの技術を使って何か貢献したいという思いを持った個人同士がこのコミュニ

ティを作り上げた。

　そこでは、今まで会ったことのない技術者同士がPC片手に集まり、アイデアを出し合い、試行錯誤しながら支援のためのプログラムを仕上げ、その活動成果としては放射線量のチェックが出来るAndroidアプリケーションや、ガイガーカウンター制作技術、被災した写真の復元サービス等の作成と無償提供等、IT技術をベースに様々な活動を展開している。

　このコミュニティのコンセプトは「コードで繋ぐ、想いと想い」である。それは「開発者と被災地の方の想い」、「開発者同士や開発者とデザイナーの想い」、「被災地の方同士の想い」などの様々な「想い」をプログラムコードでつなぐ、という技術者としての意思を表している。

8-2. コミュニティにおける原則

　これまで、事業の観点からコミュニティを意識する必要性は少なかった。例外的に建設プロジェクトなどにおいては、ステークホルダーとなる地域住民などのコミュニティとのかかわりの重要性が認識され、そのステークホルダーへの対応をプロジェクト活動の重要な業務として組み込むことはあったが、そのコミュニティを活用してプログラムやプロジェクトの成果を最大化しようと考えることは少なかった。どちらからと言えばリスクマネジメント的な視点でコミュニティを捉え、対応を考えることが多かった。しかし、価値創造の観点でコミュニティを捉えるとコミュニティには多くの可能性があることに気づく。それと同時に、事業の所有するプログラムの成果を最大化するためのコミュニティの活用の方向性も見えてくる。

　コミュニティの関係者に対して課せられる唯一のルールは「win-winの関係」である。つまり、お互いのベネフィットを享受するコラボレーションが絶対的なルールであり、この「win-winの関係」の基本ルールを守れないものはコミュニティから退去させられ、そのルールが崩れたコミュニティは崩壊する。このルールを守っている以上は、コミュニティのメンバーに認められコミュニティの一員であり続けることが可能であり、さらにコミュニティに貢献することが多ければ多いほどそのコミュニティの関係者から高く評価されプレゼンス

も上がる。事業においてコミュニティを活用するには、このルールは絶対であり、このルールを守りながら、いかに多くのベネフィットをコミュニティから得るかを考えなくてはならない。コミュニティに貢献し何も得られないのであれば、コミュニティへの貢献する労力や費用は無駄な投資となってしまう。コミュニティを活用しベネフィットを得るためには、このコラボレーションの原則を常に行動の起点におきコミュニティに働きかける必要がある。

事例：OSS（Open Source Software）開発コミュニティ

OSS開発コミュニティは、一般的に開発コミュニティとユーザーコミュニティに分けられる。前者は開発という目的をもった専門家や技術者が集まり、ソースコードの作成やテストなどの技術面で貢献している。後者はOSSの普及やノウハウの提供などを行っている。開発コミュニティは多様で、少数のコアメンバーと多数の技術者という構造になっていることが多い。これまでに「Ruby」や「Seasar2」など多くの実用的な成果があり、現在も新しい成果が創出されている。コミュニティメンバーはコミュニティ内部で得た知識や技術をもとに、コミュニティ外部（自身が関与しているプロジェクトなど）で応用するなど、その価値を享受している。

8-3. コミュニティの活用

コミュニティの活用方法は様々であり、そのコミュニティから得られるベネフィットの大きさもそれぞれである。しかし、そのコミュニティの存在価値は参加する人達のベネフィットに結び付いていなくてはならず、そのコミュニティからベネフィットが得られないコミュニティは衰退することになる。コミュニティの活用は、コミュニティへの貢献と一緒に考えていく必要がある。いくつかの例を示しながら、コミュニティ活用の方法を示す。

事例：ハーレーダビッドソンにおける顧客価値創造

コミュニティに参加している人達の動きやニーズを情報として吸い上げ、価値創造につなげる事例を紹介する。ハーレーダビッドソンでは、開発者は様々

な地域でのハーレークラブに参加し、ハーレーの愛好者と共にツーリングを楽しんでいる。コミュニティの一員として自らクラブに参加しながら、クラブの他の愛好者とハーレーダビッドソンについて語り合い、その中で様々な意見を聞き新しい開発のシーズとして取り上げているのである。このようにして、ハーレーはユーザーに密着したコミュニティを作り上げ、コミュニティの望むバイクを開発することでコミュニティに貢献し、クラブの愛好家は買い替える時は必ずハーレーに買い替えることでハーレーの売上に貢献している。

事例：スターバックスクラブによる改善プロジェクト創出

　バーチャルなネットワークを活用した例としてスターバックスの共創（Co-Creation）の取り組みが挙げられる。スターバックスでは、スターバックスのコーヒーが好きな顧客と共にスターバックスが今後提供すべきサービスや製品のアイデアを出して議論したり、スターバックスの現在行っている業務のやり方を顧客視点で改善アイデアを出したりするなど、スターバックスを愛する人達がどうやってスターバックスを盛り上げていくかを顧客とスターバックスが一緒になって真剣に議論している。

　出されたアイデアは公開され、また採用されたアイデアの状況も公開され、スターバックス社とファンが一緒に知恵を絞ってスターバックスを盛り上げている。スターバックスは自らユーザーをコミュニティに引き込み、一緒にどうやって盛り上げていくべきかを考えさせてその成果を獲得している。

　ユーザーはすべてボランティアであるが、自らスターバックスの経営に参加し貢献できることを喜んでいる。スターバックスは自社以外のファンという資源を活用し、多くのアイデアをもらい会社の成長に役立てているのである。

　スターバックスはコミュニティを自ら作り出しコミュニティに経営への参加を促すことで、ファンは多くのアイデアを惜しげもなく提供し、そのアイデアによりスターバックスは新たな付加価値を作り出し収益につなげ発展していっている。コミュニティをうまく活用することで新たな付加価値を生み出す典型的な例であると言える。

事例：P&Gにおける組織的コミュニティ活用の事例

　コミュニティの別な活用の方法として技術の獲得がある。プロジェクトにおいて自分たちが持っている技術であれば問題はないが、新しい技術を必要としたとき自分にその技術の持ち合わせが無ければ、不十分でも自分たちでできる既存技術で対応するか、新技術を一から開発するか選択しなくてはならない。

　しかし、どちらもビジネスの観点から考えると適切な選択でない場合もある。不十分な技術では質が劣り競争力が無くなるし、一から開発すると費用も時間もかかりビジネスとして成立しなくなることにもなりかねない。

　そこで第三の方法として、技術を外部から導入する選択肢が浮上してくる。自分たちにその技術が無いからと言って、世界中探しても無いとは限らない。全く同じ技術でなくても非常に近い技術があれば応用によって対応できる可能性も出てくる。問題は、必要とする技術がどこに存在するのかを知らないことである。その存在さえ知ることができれば、その技術を持っているところにアプローチを行い自分たちの技術的な課題を一気に解決できる可能性が開けてくる。近年では、技術の獲得を主眼に置いたコミュニティの形成を行う事例が増えてきている。

　P&Gでは、取引会社やP&Gと今後取引をしたい会社を募ってP&Gを中心とした閉じたコミュニティを形成している。そのコミュニティに参加するにはP&Gと守秘義務を結ぶ必要があるが、守秘義務契約を結ぶことでP&Gが開発したい製品が必要とする技術が公開されることになる。各社、それぞれの技術に対してP&Gへ提案を積極的に行い、それが認められればP&Gと契約を結びビジネスが必要とする技術を提供し収益を上げている。

　P&Gもコミュニティに参加している企業からいち早く提案を受け技術を獲得することで、短期に製品を市場に出し収益を拡大させている。また、P&Gは提案された技術を評価するだけでなく、自分達が必要でない技術でも他のコミュニティメンバーが欲しがるであろう技術と認識した場合は、P&Gがわざわざ仲介して提案された技術を他のコミュニティ企業に紹介している。したがって、参加企業はP&Gが欲しい技術を提供してビジネスを獲得するだけでなく、コミュニティメンバー同士でビジネスが成立する機会も増え、P&Gのクローズドなコミュニティに参加することでビジネスチャンスが広がるという具体的なベネフィットを得ているのである。これにより、P&Gはコミュニ

ティメンバー企業を増加させ、新しい価値の獲得に有利な立場を築いている。コラボレーションによるコミュニティの活用を実践している良い例だと言える。

　上述のコミュニティを活用したいくつかの事例は、どれも企業として組織的に取り組んで行ったものである。それぞれの企業は、コミュニティの重要性を理解した上でコミュニティに働きかけ、投資を行い、貢献し、その結果としてベネフィットを獲得している。

　例えば3Mで有名な15%ルールもその一つとして解釈できる。3Mは自ら従業員に対して15%の時間を投資し、従業員が自由に時間を使うことを奨励している。従業員はその時間を有効活用し、自発的に動き、様々なコミュニティを必要に応じて作り上げ、そのコミュニティを通して新たな新製品の種を生み出している。ここで重要なことは、イノベーションが様々なコミュニティを通して生み出されていることと、企業としてもそのコミュニティに対して積極的に関与し投資を行う必要性があるということである。企業の戦略的なコミュニティへの投資は、企業に大きなベネフィットをもたらす可能性がある。

8-4. コミュニティの価値

　コミュニティに対する価値は徐々に見直され、コミュニティに所属することでビジネスにつなげるケースも増えてきている。自分達が獲得したい技術がどこに存在するのか分からない企業は、様々な会社、人、大学などとネットワークを持った企業に費用を払って、技術の紹介を依頼するケースが増えてきた。これはマッチングビジネスであり、様々な人とのコミュニティを長い期間をかけて形成し、そのコミュニティを活用することで報酬を獲得するのである。

　その技術ネットワークのコミュニティに参加する個人または企業は、このコミュニティに参加すれば技術提供のビジネスチャンスが増えるという具体的なベネフィットを理解し、積極的にマッチングビジネスを行う企業のネットワークに参加するようになる。

　コミュニティを主催する企業はコーディネーターの役割であり、多くの研究者、技術者、企業に参加を呼び掛け、ネットワークを広げることでさらに付加

価値を増している。コミュニティにおける仲介的な役割を行い、コミュニティメンバーにビジネスチャンスを広げることで、自ら収益というベネフィットを獲得している。コミュニティの価値をそのままビジネスにしている良い例である。

8-5. 事業体の評判とブランディング

コミュニティにおいて評判は重要な差別化指標となる。これまで、企業の競争力を考える場合、その企業の業界コミュニティでの評判というのはそれほど気にする必要はなかった。企業は、業界コミュニティをそれほど気にすることもなく、あるいは無視してもビジネスを行うことができ、自ら開発した製品で収益を上げることが可能であった。

しかし、クローズド・イノベーションからオープン・イノベーションへとパラダイムがシフトしている中、企業はよりコミュニティを意識した行動に気を配らなくてはならなくなってきている。なぜなら、コミュニティにおける評判がプロジェクト獲得のチャンスを生み出す可能を広げるからである。その顕著な例が製薬業界で見られる。

オープン・イノベーションが進んだ製薬業界では新薬の多くがオープン・イノベーションを通して生まれてきており、その数は増える一方である。新しい新薬の多くはベンチャー企業を通して生まれ、その新薬が大手の製薬企業に買い取られ、臨床試験を通して上市されるケースが増えてきている。

しかし、新薬のベースとなる化合物やバイオ製品は不足する状況であり、大手製薬企業は争ってベンチャー企業が持つ新薬を探し、大金を払って買いあさっている。しかし、IBMのレポートによれば、[10] 製薬業界というコミュニティにおいてベンチャーから好感を持たれている企業と持たれていない企業に大きな収益格差が生まれていることが報告されている。ベンチャーに好感を持たれている企業は好感を持たれていない企業に比べて利益率が高いのである。

これは、製薬業界というコミュニティにおいて、ベンチャー企業は自分たちを理解し同じ目線で協業してくれる大企業を好んで選択する傾向にあり、新薬の種が見つかるとベンチャー企業を正しく扱ってくれる評判の良い企業に優先してアクセスするためである。最初にアクセスされた大企業にビジネスチャンスが大きく広がり、結果として新たな収益として跳ね返ってきているのである。

これまで、あまり意識をすることが無かった業界というコミュニティの中で、いかに良い評判を得るかが重要な競争力の源泉になりつつあるが、この評判はその企業で働く人々の行動や態度そのものが影響を与えるものであり、容易に変えることが難しいものでもある。つまり、業界というコミュニティにおいて、コラボレーションしやすいカルチャーを持つ企業がより競争力を増すという、これまでに考えられないものが価値創造の原点になりつつある。

【参考文献】

1）芝尾芳昭『プロジェクトマネジメント革新』生産性出版、1999年
2）スティーブン・レヴィ著/仲達志・池村千秋訳『グーグル　ネット覇者の真実』阪急コミュニケーションズ、2011年
3）Thomas R. Block & J. Davidson『The Project Office / Best Management Practice』Frame Crisp Management Library（Crisp Publications, 1200 Hamilton Court Menlo Park, CA 94025　＜仲村薫訳『プロジェクトマネジメントオフィス』生産性出版、2002年）
4）Vijay K. Verma『Managing The Project Team』Project Management Institute、1997年
5）Vijay K. Verma『Human Resource Skills for The Project Manager』Project Management Institute、1996年
6）松山雅樹監修『戦略キャンプ—2泊3日で最強の戦略と実行チームをつくる』ダイヤモンド社、2009年
7）Harold Kerzner『Strategic Planning for Project Management Using a Project Management Maturity Model』John Wiley & Sons, INC、2001年
8）Yoshiaki Shibao and Masashi Ochi（2005）, Study of Project Management Maturity Assessment, Journal of the Society of Project Management, Vol.7, No.6（20051215）pp. 34-46
9）Yoshiaki Shibao（2008）, Study of Project Management Maturity in Pharmaceutical Industry, ProMAC 2008
10）IBM institute for Business Value, Collaborative innovation-Partnering for success in Life Sciences、2010年

第4章 会計とファイナンス

1. 概要

本章は組織における一般的な会計の目的・役割についてまず次節で述べる。次に事業モデルごとに異なる予算管理のやり方を述べ、その上で本論として企業における組織全体の予算管理とプログラム・プロジェクト中心に行う会計制度のあり方を説明し、最後に特定のプログラム・プロジェクトの資金を市場から調達するプロジェクトファイナンスの仕組みの構築方法を説明する。

組織において会計の目的がどのようなものであり、どのような役割を果たすことを期待されているのかを理解することは、本章で述べるプログラム・プロジェクトを中心とした会計との違いを理解するためにも、必要不可欠であると考える。

また、プロジェクトファイナンスの仕組みを知ることは、幅広い資金調達の方法を理解し、プログラム・プロジェクトによる価値創造の実現の可能性を広げることにもつながる。

2. 組織における一般的な会計

本節では、Horngren, et al.（2000）[1] を参考に、組織における一般的な会計を説明する。

2-1. 会計の目的・役割

会計は情報であり、意思決定に役立てることが会計の目的・役割である。会計情報は、業績計画の立案、業績評価、実績と計画の比較および乖離がある際の原因究明から是正策の立案など一連の行動における意思決定に役立つことが求められる。

会計情報の利用者は組織の内部・外部にそれぞれ存在する。内部のステーク

ホルダーには経営者から現場のマネジャーまで含まれ、会計情報は組織の中長期的な計画の策定や非日常的な意思決定に用いられたり、短期計画の策定や日常業務におけるコントロールに用いられたりする。外部のステークホルダーには投資家、銀行、取引先、行政機関等が存在する。その組織から会計情報を得て、株の売買を行ったり、会計基準にそった適正な会計処理が実施されているかどうかを判断したり、利益に対しての課税額を算定して請求したり、様々な目的で会計情報を利用している。

2-2. 管理会計と財務会計

会計には「管理会計」と「財務会計」が存在し、前者は組織内の関係者のために提供される情報を扱い、後者は組織外の関係者に提供される情報を扱う。そのため管理会計は内部報告会計、財務会計は外部報告会計と呼ばれることもある。

図表4-4-1は、管理会計と財務会計のそれぞれの違いをまとめたものである。

図表4-4-1　管理会計と財務会計

ポイント	管理会計	財務会計
主な利用者	組織内部の経営者・マネジャー	外部関係者
会計情報利用の目的	動機付け	経営成績と財政状況の報告
会計情報作成の制約	なし	一般に認められた会計原則
時間志向	未来志向	過去志向（歴史的評価）
期間志向	柔軟	通常、四半期、半期、1年
報告書	詳細（部門別，製品別，地域別など）	要約（主に企業全体。財務諸表（貸借対照表、損益計算書、キャッシュフロー計算書）など)）

2-2-1. 管理会計

管理会計の情報は、利用者である経営者やマネジャーが、業務の成果をどのように最大化するかという目的に対して役立つものでなくてはならない。そのため業務と密接な関連を持って情報は提供される必要があり、業務目的に応じて必要な情報を、認識、測定、収集、分析、作成、説明、伝達できるようにす

第4部　事業経営基盤

る必要がある。また、管理会計には組織内の人々への動機付けという目的も併せ持つ。

　動機付けというのは、組織の経営者やマネジャーが組織の目的を実現しようと、組織内の人々に個々人の役割を果たさせようとすることである。動機付けられて活動する組織内のステークホルダーは、その結果について業績評価を受けることになる。

2-2-2.財務会計

　財務会計の情報は、利用者である投資家、取引先、銀行、行政機関など組織外部関係者に提供される会計情報である。提供すべき情報は経営成績と財政状況であり、その中でも財務3表といわれる貸借対照表・損益計算書・キャッシュフロー計算書は、最も重要なものである。外部の関係者はこの3つを中心に、会計情報を当該組織から得て意思決定を行うことになる。

2-2-3.管理会計と財務会計の特徴

　会計情報作成時の制約については、管理会計は特に制約はなく組織独自の判断により作成されるが財務会計は会計原則に沿って作成される必要がある。

　両者を比較すると、財務会計が様々な立場の外部の関係者に対し、組織外部で決定されて運用されている公式のルールに沿って、会計情報を作成し、外部に公開する内容であるのに対し、管理会計およびその会計情報は、組織がその独自の判断・裁量により、組織目的の実現に向かって組織の経営者・マネジャーの意思決定に役立つ内容が求められる。提供される会計情報により、組織の経営者・マネジャーは計画に対する実績を評価し、課題の特定と優先度付け、課題解決、計画変更等の意思決定、つまりマネジメント・コントロール[*6]

[*6] マネジメント・コントロールは、例えばAnthony&Govindarajan(2007, p.6)においては「組織の管理者達が他のメンバーに、組織としての戦略を実行するように影響を与えるプロセス」と定義され[2]、鈴木(2006)によれば、組織としての戦略の実行を促すアプローチのひとつと特徴付けられ、計画立案、結果評価、計画是正の3つのプロセスからなるとされる[3]。

を行う。マネジメント・コントロールは、組織においてその管理者が下位のメンバーに戦略を実行するように影響を与える管理のプロセスであり、管理会計はこのマネジメント・コントロールを組織において機能させるためにも不可欠である。

2-2-4. プログラム・プロジェクトにおける会計情報

プログラムとプロジェクトの計画立案・実行においては、管理会計としての会計情報が必要不可欠である。プログラム・プロジェクトを実行する組織の経営者・マネジャーは、計画の立案と実行において、常に意思決定を行うに足る情報で意思決定を行い、与えられた目的を確実に実現する必要がある。その役目を管理会計は担っている。

次節以降では、ここまで述べてきた組織における一般的な会計の内容を踏まえ、プログラム・プロジェクトを中心に組織としての予算管理を行う場合の会計、およびプロジェクトファイナンス（PFI）の内容・特徴と、正しい意思決定を行うための情報提供の役割を解説していく。

3. 事業モデルと予算管理

3-1. 事業モデルと予算管理

予算制度は事業のビジネスモデルによって大きく異なり、その考え方も異なる。この予算制度についての考え方の違いはプログラム・プロジェクトにおける役割や権限にも大きな影響を及ぼし、結果としてプログラム・プロジェクトの運用の仕方にも大きな影響を与えることになる。ここでは、業界ごとに異なる予算管理モデルを説明し、それぞれの特徴と違いを理解する。

（1） 受注モデル

プロジェクトを受注することによってビジネスを行っている建設業界、エンジニアリング業界、受託ソフトやコンサルティングなどの業界においてはプロジェクトごとに予算を管理することは当たり前の世界である。　受注モデルはプロジェクトを受注し、そのプロジェクトから直接的に利益を創出することで

図表4-4-2　事業モデルとプロジェクト

事業モデル	業界	対象プロジェクト（例）
受注モデル	建設・エンジニアリング IT/システム 他、	受注プロジェクト
単体投資モデル	不動産 PFI事業、他	土地開発プロジェクト PFI事業プロジェクト
量産投資モデル	自動車・ハイテク 製薬・医療用機器・化学 消費財、他	技術開発プロジェクト 製品開発プロジェクト

事業を運営するビジネスモデルである。そのため、プロジェクトの予算を管理することは利益を管理することに等しく、プロジェクトごとの個別原価管理が通常行われる。

利益は受注金額からプロジェクト原価を差し引いたものであり、プロジェクト原価には、設備費、材料費、交通費、人件費などが含まれる。事業運営に関わる間接部門の費用や受注活動のための営業経費などは工数単価に含まれ、工数単価を見積もり原価として管理することによって、間接部門を含めた間接費もプロジェクトの原価の中で管理されることになる。プロジェクトにおける予算権限は、プロジェクトに責任を持つプロジェクトマネジャーが有していることが多い。しかし、受注モデルにおいては、基本的に追加変更がなければ受注金額は増えないため、決められたプロジェクト予算をどう守るかと利益の出せるプロジェクトをどう獲得するかが、事業利益を確保するうえで重要な要素となる。前者は、プロジェクトごとに個別原価管理を行い、プロジェクト予算を遵守することで達成することができるが、後者は事業としての様々な戦略的な要素が入りこむため、プロジェクト的な視点だけでなく戦略やプログラムの視点も入れた上で受注金額の設定を行う必要がある。たとえば、プロジェクトの予備予算（コンティンジェンシー）一つとっても、どのようにコンティンジェンシーを積み増すかは受注企業にとって大きな悩みである。コンティンジェンシーを積めばプロジェクトリスクにも対応でき、利益を確保できる可能性は増すが、一方で競合相手が存在する中では失注するリスクも高まる。たとえ対象プロジェクトが赤字でも、そのプロジェクトを取ることで新規顧客に参入で

き、その後のビジネス（プロジェクト）を獲得できる可能性が増えるのであれば、長期的な視点で見れば対象プロジェクトが赤字受注となったとしても事業的には価値も出てくる。受注モデルにおいては、事業の戦略的な観点から受注金額や受注意思決定を行う必要があり、単純にプロジェクトだけの採算を考えるのではなく、長期的な視点も含めた柔軟な意思決定も余地として残しておくことも重要となる。

　受注モデルにおける会計制度との関係を見てみると、事業におけるプロジェクト費用の占める割合は非常に大きく、プロジェクトのコストを把握することで原価が明らかになるため、プロジェクトごとの個別原価管理の考え方が適用しやすい。また、受注プロジェクトの利益計上は成果物を納品した段階で計上する完成基準、プロジェクトの進行に伴ってあるルールのもとに仮想の売上計上を行い、その時点での原価を算定し年度内の利益を算出する工事進行基準が存在するが、プロジェクトごとの個別原価を把握することで対応できるので、個別原価管理と事業の財務会計が密接に関係していることが多い。

(2)　単体投資モデル

　この投資モデルは、ある特定の個別投資をプロジェクト的に行い、そのプロジェクトの中で確実に投資回収することで利益を獲得するモデルである。不動産などの新築マンション販売、土地事業開発やPFI事業などがこれに相当する。これらの投資は、プロジェクトを一つの単体事業とみなし、プロジェクトから生まれるキャッシュを見越して投資判断するプロジェクト主体的な投資活動である。このような単体投資モデルにおいては、プロジェクト原価が大部分を占め、原価をコントロールすることが収益に直結しているため、受注モデルにおけるプロジェクトの個別原価管理が適用しやすい。事業の売り上げについては、売価の変動や収益見込みの変動などのリスクはあるが、少なくとも投資側としてプロジェクト原価（発注コスト）を抑えることはプロジェクト利益に直結することは誰にも容易に理解できる。事業としての間接費は、プロジェクト投資によって出来上がる完成物の販売価格や利用価格の中に組み込まれ回収されることになる。

(3) 量産投資モデル

　自動車・ハイテク業界、製薬・化学業界、消費財業界など多くの製品開発型企業においては、製品（含むサービス）を市場に投入することで収益を稼ぎ出す。しかし、これらの業界における利益はあくまでも想定の利益であり、プログラム・プロジェクト投資により開発された製品が売れる保証はどこにもなく、常に他社との競争にさらされ、非常に不確実性の高い利益を相手にしなくてはならない[*7]。一方で、製品が市場に受け入れられた場合は、想定以上の大きな利益を生む可能性もあり、プロジェクトの開発コストは簡単に吸収され無視できることさえある。このような業界においてもプロジェクトごとに投資金額と期待利益を算出し、投資意思決定は行われるが、成功確率の低い単体プロジェクトだけで収益採算を完結させることは難しく、事業の抱える複数の製品開発プロジェクトのバランスをポートフォリオ的な視点で眺めながら利益最大化とリスク最小化を追求することが重要となる。プロジェクトを個別に管理するよりも、複数プロジェクトを塊として管理する重要性が高いビジネスモデルでもあり、プログラムマネジメントの適用がより効果を発揮できる事業モデルである。

　また、この業界のもう一つの特徴として、事業における製品開発などのプロジェクト的コストの比率が、受注モデルの業界や単体投資モデルの業界に比べて極めて低いことが挙げられる。図表4-4-3に製品開発による利益創出のイメージを示すが、この図表に示されるようにプロジェクトが利益を生むかどうかは、製品販売数量が損益分岐点を超えるかどうかにかかっている。しかし、多くの業界においてプロジェクト費用以上に変動費やその他の固定費の占める割合が大きい[*8]。そのため、収益にインパクトのある変動費やその他の固定費

[*7] 製品の成功確率についてこれまで多くの研究がなされているが、生産財で27％（Mansfield and Wanger,1975 [4]），消費財で26％（Elrod and Kelman, 1987 [5]）、医薬品においてはさらに低く人に薬を投与する開発臨床試験からの成功確率は10％程度であり、その前の動物実験段階まで入れると限りなく小さい数字となってくる。

[*8] これらの業界における研究開発コストはせいぜい5％程度（例外的に医薬品業界では20％程度ある）に過ぎず、大部分は変動費である製造コスト、調達コスト、流通コスト、および固定費用である販売管理費などが占めている

をどのようにコントロールするかに予算の視点が置かれ、原価の大部分を占める変動費や固定費を抑える仕組みとして、部門にそれぞれ予算責任を持たせ総コストを抑制する部門予算制度が多くの企業で採用されている。しかも、部門予算制度の仕組みの中でプロジェクトに関わる予算も部門に割り振られ、プロジェクトに予算責任はなく各部門の責任の下でプロジェクト予算が管理されることが多い。

事業の財務会計においては、部門ごとに3年～5年程度の中・長期の利益計画と予算計画、短期の単年度の利益計画と予算計画を立て、それを事業部として合算することで中期経営計画及び単年度予算計画として、定期的（年度、半期、四半期）に実績と進捗をみながら予算管理を行っている。予算責任は各部門長が持つ部門予算制度が採用されており、プログラム・プロジェクト予算は部門予算の一部として扱われ、その他のプログラム・プロジェクト以外の予算と混在して管理されている。

プログラム・プロジェクト予算を部門予算から切り離し、プログラム・プロジェクトに予算責任を持たせて管理するという受注モデルや単体投資モデルで

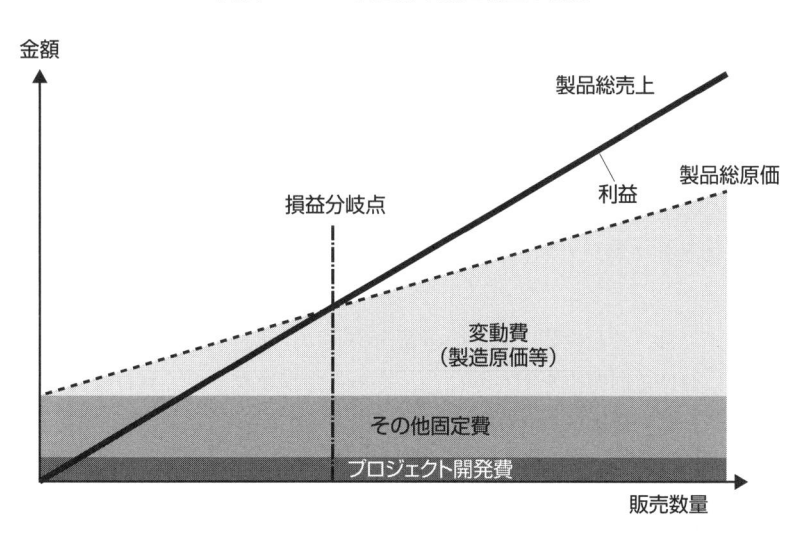

図表 4-4-3　損益分岐点と利益の関係

はごく当たり前の予算管理手法は、これまで必要性も重要性も認識されず採用されてこなかった。しかし、グローバル競争の時代において、限られたプログラム・プロジェクト予算の範囲で、いかに競争力のある製品をスピーディに市場に投入するかという視点がより重要性を増す中で、部門予算制度が強いこの事業モデルにおいても、P2Mで提唱するプログラム・プロジェクトを中心とした予算の仕組みの重要性が次第に認識され、徐々に受け入れられるようになってきている。

3-2. 量産投資モデルにおけるプログラム・プロジェクト予算管理の適用

　量産投資モデルにおいては、プロジェクトの予算を正しく管理することだけで事業の収益を保証することにはならないことは述べた。それ以上に、複数する存在する製品のライフサイクルや刻々と変化する製品競合状態、顧客の嗜好やニーズの変化などをいち早くとらえ、それに対応するプロジェクトに予算を与え、早く市場に投入することがより重要となってくる。当然、不要なプロジェクトは廃止し、より成果の見込めるプロジェクトに投資し、状況に応じてプロジェクト予算さえも変動させ、長期・短期的に利益を創出するマネジメントが求められる。

　この事業モデルでは、単純にプロジェクト開発費だけの理論で利益管理を行うことは難しく、製造原価を含めた製品総原価を下げ、収益を押し上げるためのマネジメントができるように、プロジェクトに対してある程度柔軟な予算再配分を可能とする仕組みを整備する必要がある。年度、半期、四半期、月次で事業としての全体の予算状況を見据えながら複数のプログラム・プロジェクトへの予算状況をマネジメントする、投資マネジメント的な仕組みの重要性が高くなる。

　次節以降では、量産投資モデルの事業を中心に、現在主流となっている部門予算制度における問題点を明らかにし、その上でプログラム・プロジェクトを中心とした予算管理の適用方法について解説する。

4. 戦略実現のための予算管理の考え方

4-1. 部門予算制度の問題点

部門予算制度においては組織の予算はまず部門ごとに編成され、プログラム・プロジェクトの実行においては部門が関係するプログラム・プロジェクトの作業に対して、部門長の予算管理権限の下で予算が執行される形をとる。

部門予算制度を支える仕組みと、プロジェクト予算制度が必要とする考え方の違いを図4-4-4に示す。

図表4-4-4　部門予算制度とプロジェクト予算制度

	部門予算制度	プロジェクト予算制度
予算賦課単位	部門	プロジェクト
予算責任者	部門長	プロジェクトマネジャー
予算期間	単年度	複数年度
予算コントロール単位	費目	活動（アクティビティ）

部門予算制度はプログラム・プロジェクトの目的達成の観点から次の問題点を生じさせる可能性が高い。

(1)　単年度予算の問題
(2)　費目管理による問題

(1)　単年度予算の問題

単年度の問題は、部門予算制度において企業の会計年度一年間分の単年度予算目標の達成を主眼とした管理が行われることにある。年度開始前に部門単位で予算計画が立案され、月次で達成状況が確認されながら、年度末に年初予算の達成状況が評価される。そのため予算管理権限をもつ部門長は、年度での期間評価に関心を強く持ちながらプロジェクトに関わることになる。しかし、もともとプロジェクトは複数年度にわたるケースも多く、その作業計画は、年度や月といった一定の期間を前提に立案、実行されるものではない。したがって作業計画に応じた達成状況の評価が重要であり、期間評価はそれを補うという程度の意味しか持たないが、単年度の予算合わせを中心に動き始めると、本来

複数年度で目標達成をする予定であったプログラム・プロジェクトの成果に悪影響がでる可能性もあり注意が必要である。

(2) 費目管理の問題

費目管理の問題は、部門予算制度の下では、プロジェクトごとの個別活動（アクティビティ）を意識しない費目が予算コントロールの手段として、費目単位の単年度予算目標の達成を主眼とした予算管理が行われることにある。一方、プロジェクトの予算管理においては、プロジェクトにおける活動（アクティビティ）がコントロールの中心であり、活動に対して予算を計画し進捗や実績を管理するため、費目の重要性は薄れる。

部門予算制度では旅費・交通費のような費目単位での管理が実施されるが、プロジェクトにおいては、どのような活動のために旅費・交通費を使ったのか、その旅費・交通費を使った結果として、活動にどのような成果が上がったのかが管理される必要がある。

例えば、研究開発プロジェクトにおいては、本来そのプロジェクトを実行するために必要な全ての費用は、プロジェクトの予算として管理される必要があるが、社内人件費は組織として管理する費用であるとの理由から、プロジェクトの予算には含まず、外注費や材料費のみがプロジェクトの予算として管理されることがある。これは、プロジェクトとして活動が行われているにもかかわらずその分の費用がプロジェクトの予算に含まれないことを意味する。

もし、その企業がその活動を社内人員でも社外人員でも実施可能である場合、社内人員で実施すればプロジェクト費用は発生せず、社外人員で実施するとプロジェクト費用が発生するという、おかしな状況が発生することになる。さらに、費目を部門との関連で見たとき、外部業者への外注費や材料費は開発部門、作業にかかわる社内人員についての人件費は人事部門が管理権限を持った場合、開発部門は社外費や材料費について、人事部門は社内人件費について、それぞれ予算をいかに年度予算内におさめるかを管理することになる。そうなると、それぞれの部門で担当の予算費目を遵守する管理に固執することになり、プロジェクト内での柔軟な予算配分は極めて困難となる。

プログラムでの価値目標実現に向けて、活動としてのプロジェクトを行う上

では、その活動の実態に応じた予算管理が重要であり、費目は財務の要求として副次的に活動に合わせて管理を行うことが望ましい。

4-2. プログラム・プロジェクト活動予算と部門活動予算

多くの事業が継続してビジネスを推進していくためには、大きく2種類の予算が必要となる。1つは、組織を運営・維持していくために必要となる予算（組織運営予算）であり、固定費的な予算である。もう1つは、価値創造のための予算であり、戦略に直結し、成果を出すために状況に応じて予算を変動させる変動費的な予算である。

前者は、組織の競争力である資源を運営・維持する役割を担うため、組織の資源を管理する部門側に予算権限を持たせて運営することが望ましい。部門長は組織の競争力を向上させるためにその予算を用いて、人材の採用、育成、技術の獲得・蓄積、業務効率の改善などに利用する。

後者は、戦略の具体的な実践であるプログラム・プロジェクトに関わる予算（プログラム・プロジェクト予算）であり、部門長ではなくプログラム、プロジェクトの達成責任を持ったプログラムマネジャーやプロジェクトマネジャーが予算責任を持ち遂行することが望ましい。プログラムマネジャーやプロジェクトマネジャーは与えられた予算をもとに、プログラム・プロジェクト活動を通して最大限の価値を創出することをミッションとして活動することになる。

組織運営予算は通常年度予算として立案され、一度計画されれば各部門の予算は大きく変わることはなく、当該年度はその予算で遂行させることが容易であるが、プログラム・プロジェクト予算はプログラム・プロジェクトの成果が全てに優先するので、プログラムやプロジェクトの状況に応じて、それぞれの予算が大きく変動する。

事業性の観点から当初のプログラム・プロジェクトの計画予算を守ることは重要であるが、事業としての最終的な長期・短期の収益を最大化するために事業の投資予算の範囲内でプログラム間、プロジェクト間、プロジェクト内において予算の再配分に自由度を持たせる必要がでてくる。プロジェクトから見ればプロジェクト予算は部門に紐つかず必要に応じて柔軟に部門間を移動できなくてはならない。

もし、あるプログラム・プロジェクトに価値が無いと判断されれば、それらを中止させ他のプログラムやプロジェクトに予算を振り分けることも必要となる。

前述の部門予算制度においては、固定費的な組織運営予算と柔軟性が求められるプログラム・プロジェクト予算が部門に配分されて管理されているが、本来2つの性格や目的が違っているため、特に予算の部門間の再配分さえ求めるプログラム・プロジェクト予算を部門側で管理することは、与えられた予算を守ることが求められる部門の動きに反しており、結果として予算の再配分は行われずプログラム・プロジェクト予算の柔軟性が阻害され、プログラム・プロジェクトの成果を落とす要因となるので充分注意が必要である。

4-3. プログラム・プロジェクトとマネジメント・コントロール

事業において、不確実性の高いプロジェクトの予算を管理しながら、プログラムの価値創造を実現するためには、組織として予算計画の立案から執行を通じたマネジメント・コントロールが必要である。

プログラムおよびプロジェクトの責任者と組織におけるさらに上位の責任者との間で予算を含めた計画が立案される中で、プログラムおよびプロジェクトの責任者は何を期待されどんな責任を負うのかを明確にし、上位の責任者との間で合意が形成される。このような合意形成は、個別のプロジェクト内でもプロジェクトの責任者と参画メンバー間でなされることで、個々のメンバーの責任が明確にされる。続いて実行において、結果の評価を繰り返し行うことで、プログラムおよびプロジェクトの責任者に、自己の果たす責任についての理解を深めさせることになる。

プロジェクト内での評価においても同様である。さらに必要に応じて計画の是正を行うことで、戦略の実現可能性を高める計画が再度策定されることになる。

リスクや不確実性の高い環境でプロジェクト成果を達成するためには、プロジェクトにおけるPDCAのマネジメントサイクルの頻度を上げ、柔軟に対応するマネジメントが必要となってくる。量産投資モデルの自動車や製薬業界などにおいても、プロジェクト予算の管理サイクルを半年から四半期、四半期か

ら月次へと管理サイクルを上げ、変動する環境に対応できるマネジメントを行う企業が増えてきている。

プロジェクトにおいては、プロジェクトメンバーは、プロジェクトの目的を理解した上で、作業と品質の達成状況や予算に対する意識を常に持ち、作業の進め方と予算の使い方について創意工夫しながら、自ら状況判断を行い臨機応変[*9]に対応して不測の事態へ対処することが求められる。

組織としては、プロジェクトライフサイクルの重要なポイントで組織のトップマネジメントがプロジェクトの意思決定に深く関与する仕組みが必要となる。プロジェクト計画の策定段階や、プロジェクトの中間評価などプロジェクトの方向性を決めるタイミングで、組織のトップマネジメントがかかわり意思決定できる組織としてのマネジメント・コントロールを発揮できる具体的な仕組みを整備・運営していくことが重要である[*10]。

5. プログラムとプロジェクトの予算管理

5-1. プログラムの予算管理

組織としての戦略をプログラム・プロジェクトで実施するためには、その具体化のための予算は不可欠であり、プログラム・プロジェクトのライフサイクルと組織としての予算管理は整合性を持って存在することが求められる。

組織としてプログラムを遂行するにおいて、戦略実現のためのミッションが定義され、その実現のためのプログラムが定義されるが、プログラムの定義を行うタイミングで、プログラムを通じて実現すべきプログラムとしての財務目標も同時に設定される必要がある。

[*9] プロジェクト体制のガバナンスの範囲内で、自らリーダーシップをもっても問題を切り分け対応することが求められる。しかし、問題の影響が大きいと判断した場合はプロジェクトマネジャーを含めた関係者を集め、プロジェクトチームとしての意思決定の場を率先して持つことも必要である。

[*10] フェーズゲートの手法を用い製品ごとにライフサイクルのフェーズを定義し、次フェーズに移行するには必ず組織としての承認を必要とするプロセスを定義している企業も多く存在する。このようなプロセスを組織として定義し運用することによってプロジェクトに対して組織の意思を適切なタイミングで入れ込むことが可能となる。

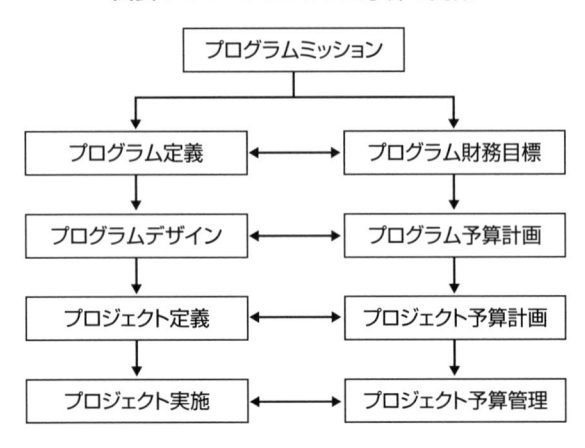

図表4-4-5　プログラムと予算の関係

```
                    プログラムミッション
                    ↙           ↘
           プログラム定義 ←→ プログラム財務目標
                ↓                   ↓
           プログラムデザイン ←→ プログラム予算計画
                ↓                   ↓
           プロジェクト定義 ←→ プロジェクト予算計画
                ↓                   ↓
           プロジェクト実施 ←→ プロジェクト予算管理
```

次に戦略を実行・実現するという観点からプログラムはデザインされるが、そのプログラムを通じてどのような価値を創出するのかを明確にした上で、プログラムとして妥当な予算を計画し資金調達を行うこととなる。

また、プログラムには成果達成の責任者としてプログラムマネジャーが任命され、予算管理を含めた遂行責任と予算権限を持ち、プログラムの遂行に当たることとなる。

5-2. プロジェクトの予算管理

プログラムデザインにより定義されたプロジェクトに対して、その具体的な遂行のための予算計画が行われ、その実行とともにプロジェクトの予算管理も実施されることになる。

プロジェクトの予算管理は、プロジェクトの特性である個別性、有期性、不確実性の影響を受けたものとなる。

個別性はプロジェクト予算の立て方に影響を与える。プロジェクト固有のスコープをもとに、実施すべき活動や必要とする資源を特定し、個別に見積もり予算を立て、プロジェクトの進行とともに実績と対比させギャップを管理する。

有期性は予算のコントロールのやり方に影響を与える。プロジェクトの管理

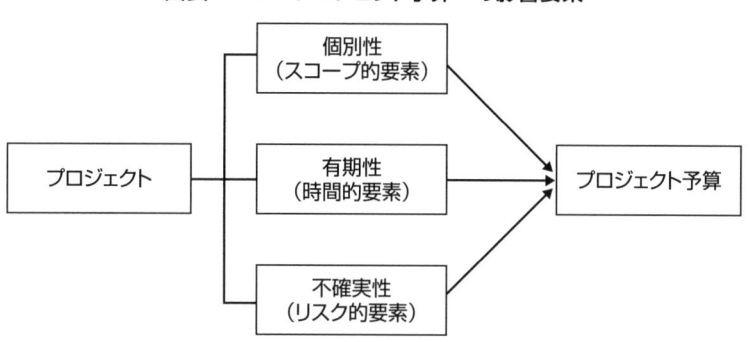

図表4-4-6　プロジェクト予算への影響要素

```
                    ┌─ 個別性
                    │  (スコープ的要素)
                    │
     プロジェクト ──┼─ 有期性           ──→ プロジェクト予算
                    │  (時間的要素)
                    │
                    └─ 不確実性
                       (リスク的要素)
```

要素である時間は管理面の重要な要素であり、予算も時間的概念の中で管理される必要性を持つ。プロジェクトの実施には、プロジェクトの特性に合致したPDCAのサイクルと予算の管理サイクルが決められ運営されることとなる。

不確実性はリスクへの対応に影響を与える。この特性は予算管理をより一層困難にしているが、プロジェクト予算にはある程度の柔軟性が必要であることを認識し、定期的にリスクとともに予算も見直されることを理解する。

5-3. プログラムでの結果評価と計画の是正

プログラムの評価、再計画には大きく2つの流れが存在する。

一つは、プログラムライフサイクルを通してプログラムの成果が期待通り出せるかどうかを確認する流れである。プログラムは成果実現への具体的活動であるプロジェクトの成果評価を行うことでプログラムについての評価も行われ、必要に応じてプログラムの計画も見直されることになる。この評価はプログラム自体で実施する内部評価であり、プロジェクトから得られるある時点までの成果をもとにプログラムの将来的な評価を推測し、その結果によっては新たなプロジェクトの追加や、プロジェクトの中止・統廃合等を行うこともあり、評価後にプログラム内での予算の再編成が必要になる。

もう一つは、組織としての戦略立案サイクルから来る流れであり、通常は中期経営計画立案や年度予算立案、さらには半期年度予算立案のタイミングで実施される。

これは、組織として複数存在するプログラムへの予算の再配分を戦略の観点

図表4-4-7　プログラム評価サイクル

【プログラムライフサイクル評価】

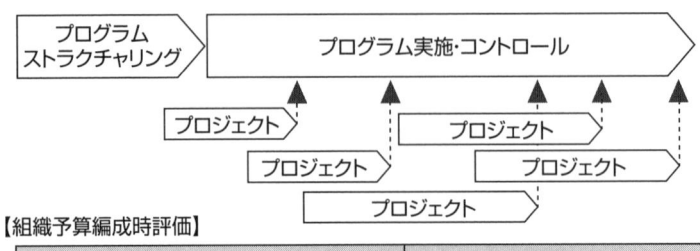

【組織予算編成時評価】

から見直すサイクルであり、プログラム成果の状況や外部環境の変化など様々な要素を加味し、プログラムへ予算の再配分を行い戦略の修正を行うプロセスである。

これにより、プログラム予算の変更が発生すればプログラムは再計画を迫られることになる。

この評価は組織として行う評価であるため、プログラムにかかわるプロジェクト全てが対象となり、プロジェクトの進捗や予算実績、さらには今後の予算見込みの情報提供が求められ、既存のプログラムおよびプロジェクトの予算状況を把握した上で今後組織として投入すべきプログラムの予算を考慮し、プログラムへの年度単位の実行予算の再配分が行われる。

これは、プログラムにとっては外部評価にあたり、戦略の見直しがプログラムに対して行われる評価プロセスでもある。（図表4-4-7参照）

6. PBSC & PBGT

6-1. 概要

　前節でプログラムおよびプロジェクトの予算管理のフレームワークを解説したが、当節ではその具体例としてPBSC & PBGT[*11]、について解説する。

　これまで述べてきたように、量産投資モデルの事業体において、戦略実現のためにプログラムが策定され、その実行計画としてプロジェクトが編成されたとしても、プロジェクトでなく組織を構成する部門を中心に予算が管理されるケースが多い。したがって、部門の存在を前提としつつ、プロジェクトで予算が管理され、プログラムでの目標と戦略実現を目指す、財務および予算管理のためのフレームワークが必要である。

　PBSCは、P2Mに管理会計としてのマネジメント・コントロールを取り込む試みから誕生した。

　P2Mは、プロジェクトの実施を通じて実現を目指すプログラム価値の評価指標として、財務的なコントロールに関する指標に加え、非財務的なコントロールに関する指標も想定する。その指標をいかにマネジメントしてプログラムとしての価値を実現するかが求められる。その実践的な具体例が、いわゆるバランス・スコアカードで想定されているような視点、およびその他の視点から評価指標を設定してマネジメントを行おうとするPBSCであり、そのための予算管理のフレームワークがPBGTである。

　PBGTは、部門を中心とした管理の下で起こりがちな予算管理の硬直化を打破することを目的とする。プログラムおよびプロジェクトは、戦略を実行するための部門横断的な活動であり、プログラム・プロジェクト予算は、部門横断的な戦略予算と位置付けられる。

　一方、部門は部門の持つ機能を維持し、機能をさらに改善・効率化するため

[*11] 財務および予算管理での計画立案から実行、結果評価、計画是正を通じては、マネジメント・コントロールが必要であり、そのためにP2Mをベースに考案されたフレームワークが、プログラム・プロジェクト・バランス・スコアカード(以下、PBSC)であり、PBSCに対応する予算管理のフレームワークであるPBudgeting(以下、PBGT)と共に、小原・浅田・鈴木(2004)により提唱された[6)]。

の活動を担う。したがって、部門予算は機能維持と業務効率化に向けた予算である。

しかし、量産投資モデルの多くの企業においてはプログラム・プロジェクト予算と部門予算は、上記のように予算の性格の違いがありながら、組織における予算管理が部門中心に行われることの結果として、戦略予算であるプログラム・プロジェクト予算が部門の管理下に置かれている。そのため、プログラム・プロジェクト予算と部門予算が各部門の中で混在し部門の統制下で管理されることで、プログラム・プロジェクト予算の部門横断的な予算再配分の流れが阻害され予算管理が硬直化してしまう。硬直化の要因として、部門のもつ組織慣性[*12]の作用が挙げられる。慣性の強い組織ほど、その組織責任者は自分の権限の維持と拡大のために行動してしまう。そのため、自部門を優先する傾向が強まり、部門横断的なプログラムおよびプロジェクトに対する柔軟な予算提供ができなくなる。財務的にも部分最適を助長して、組織変革を阻害してしまう。

特に、部門がプロフィットセンターもしくは投資センターである場合には、組織において部門としての影響力を維持するために、一定の利益を成果として上げる必要があり、部門の都合を最優先に行動する結果として部分最適を起こしやすい。

PBGTは、組織の予算編成として、プログラム・プロジェクト予算を編成することを最初に行い、資源を優先的にプログラムおよびプロジェクトに配分するいわばプロジェクトドリブン型予算である。

6-2. PBSCのフレームワーク

図表4-4-8は、P2Mにおけるプログラムマネジメントとり PBSCのフレームワークである。このフレームワークを解説する。

[*12] 環境に対して組織が現在の状況を継続し、維持しようとするようとする性質と定義され、ルーティン化によって組織運営を安定化させる力を持つ一方で、変革に対しての抵抗力ともなりえる[7]。

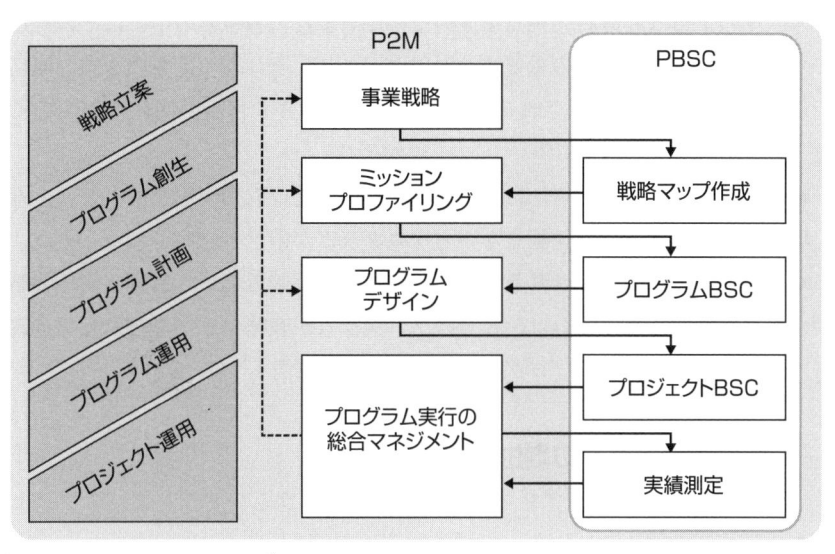

図表4-4-8　PBSCのフレームワーク

```
P2M                                    PBSC
戦略立案 ----→ 事業戦略
                  ↓         ┌─────────────┐
プログラム創生 ---→ ミッション ←── 戦略マップ作成
              プロファイリング
                  ↓
プログラム計画 ---→ プログラム   ←── プログラムBSC
              デザイン
                  ↓
プログラム運用 ---→ プログラム実行の ←── プロジェクトBSC
              総合マネジメント
プロジェクト運用              ←── 実績測定
```

出典：小原・浅田・鈴木（P.18）の図表[6]をP2Mの定義に合わせ作成

6-2-1. プログラム創生

　プログラム創生は、事業戦略～戦略マップ作成～ミッション・プロファイリングによるプログラム定義までのプロセスが対象となる。事業戦略により、組織の直面する課題を明らかにし、事業の将来における「あるべき姿」を追求するシナリオが作成された上で、シナリオは戦略マップ[*13]に展開される。

　戦略マップは、戦略を展開するための視点を設定したうえで、設定した視点で達成する目標を決め、目標達成のための重要成功要因を抽出し、最後に目標および重要成功要因（CSF）を相互に関係づけたものである。戦略マップの作成により、戦略実現に必要な視点、その視点での目標、目標ごとの重要成功要因の相互の関係が明らかになり、シナリオの整合性やポイントの確認、コンセンサス形成に役立つ。

[*13] 戦略マップとは、ロバート・S・キャプランとデビット・P・ノートンによって提唱された戦略を記述するための論理的で包括的なフレームワークであり、バランス・スコアカードを記述するためのツールである。バランス・スコアカード上の複数の無形資産がいかに有形資産に変換するかという因果関係を示す[8]。

図表4-4-9に戦略マップの例を示すが、左側カラムのトップに財務の視点を置き、その下には非財務の視点を置いている。また、各視点の中にはその視点での目標を達成するための重要成功要因が示され、それらの重要成要因の関係性が戦略マップの中で示されることで、非財務から財務への関係性が明確になっている。

戦略マップによって明らかになった戦略目標と重要成功要因をベースに、外部環境および内部環境を見据えながらプログラムが創生・立案される。また、戦略マップにおいて創生されるプログラム一つとは限らない。対象とする戦略が事業の広範囲に及ぶ場合は、複数のプログラムが戦略マップをとおして定義される場合もあり、またプログラムが階層を持つ場合もある。

6-2-2. プロジェクトの創生

プロジェクトの創生はプログラムBSC～プログラムデザインまでのプロセスであり、このプロセスによってプロジェクトが切り出される。

立案された複数プログラムの一つ一つについてプログラムBSCを作成する。

戦略マップ作成時に設定された視点ごとに、プログラムが達成すべき目標と重要成功要因を踏まえて、測定可能な価値指標と、価値指標における目標値が設定されて、目標値達成のための施策であるプロジェクトが立案される。

(図表4-4-10参照)

続いて、プログラムデザインにおいてプログラムBSCで立案されたプロジェクトが具体化され、全体としてプログラムの遂行に貢献するように複数のプロジェクトの相互関係性が構造化され、構築される。

戦略マップの作成、ミッション・プロファイリング、プログラムBSCという手順を経ることによって、プロジェクト間の論理的な相互関係性は担保されている。したがって、プログラムデザインは、この論理的な相互関係性を実際のプロジェクトに結び付ける作業である

図4-4-11にプログラムBSCの例を示す。プログラムの達成目的に対してBSCの各視点をもとに重要成功要因が洗い出され、さらにそれぞれの重要成功要因を実現するための施策が洗い出されている。

第4章　会計とファイナンス

図表4-4-9　戦略マップ例

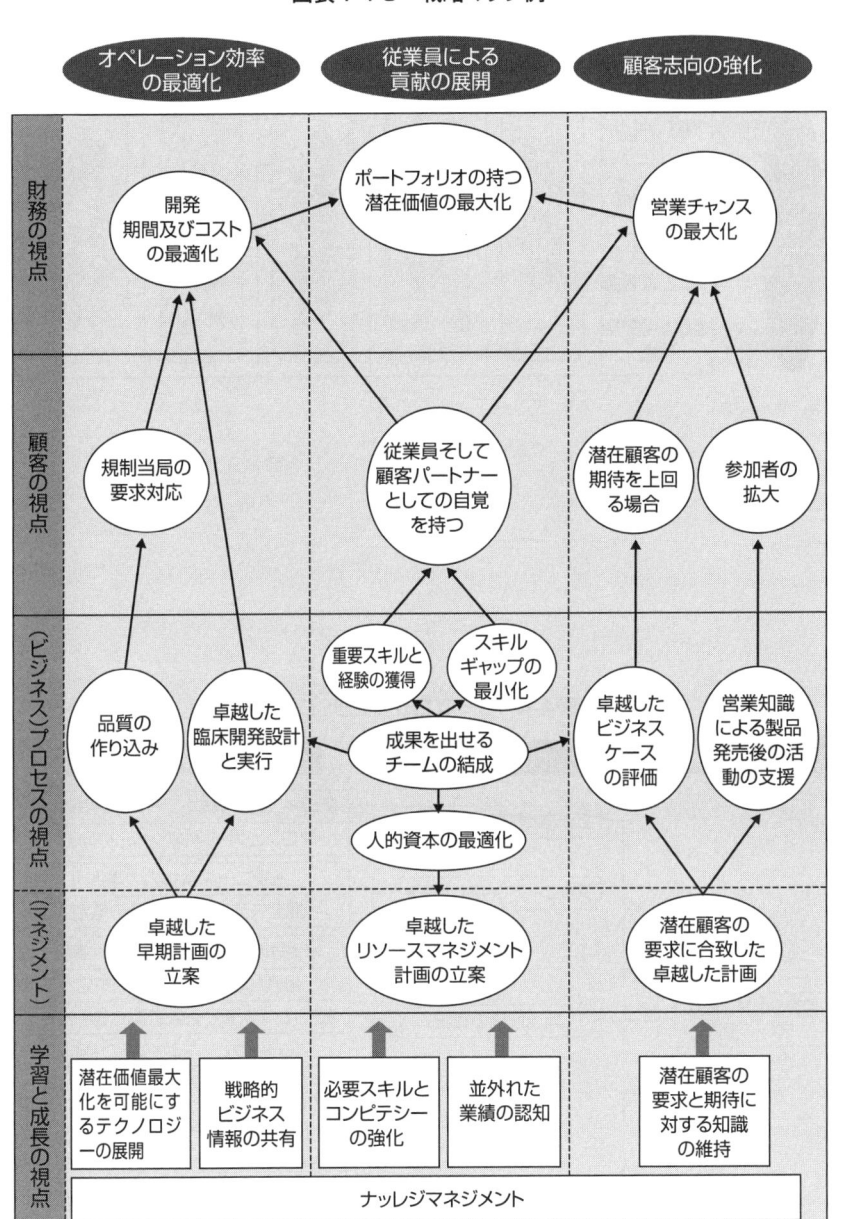

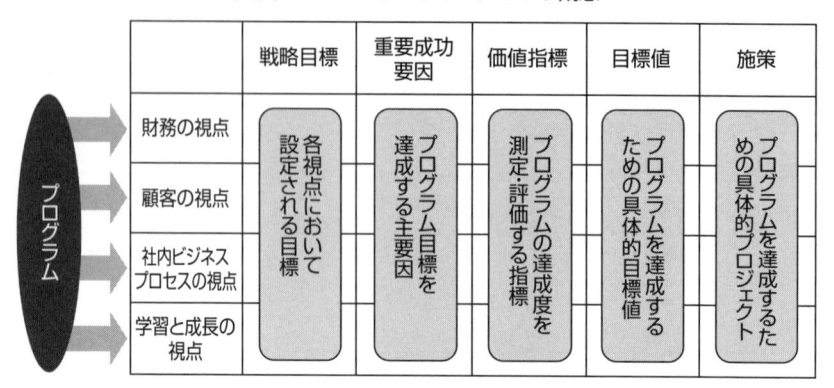

図表4-4-10 プログラムBSCの概念

	戦略目標	重要成功要因	価値指標	目標値	施策
財務の視点	各視点において設定される目標	プログラム目標を達成する主要因	プログラムの達成度を測定・評価する指標	プログラムを達成するための具体的目標値	プログラムを達成するための具体的プロジェクト
顧客の視点					
社内ビジネスプロセスの視点					
学習と成長の視点					

出典：鈴木（p.345）9)

図4-4-11 プログラムBSC例

プログラム達成目的	重要成功要因	施策
医薬品開発期間及びコストの最適化	臨床試験費用の最小化	アライアンス・アウトソーシングの活用
		プロジェクト成熟度レベルの向上
	医療ニーズに合致した開発	医療ニーズ解析力の強化
		開発ステージ移行基準の策定
	開発期間の短縮	厚生労働省への申請業務の効率化
		最適な臨床プロトコルの策定
		臨床インフラ(施設・医師・患者)の確保・維持
		プロジェクトマネジメントの整備
		レギュレーションへの対応
		海外拠点のITインフラ整備
		3極での開発インフラの構築
	臨床に精通した人材の育成と技術・ナレッジの蓄積	中途社員の採用
		海外拠点の人員体制増強

6-2-3. プログラムの実行

プログラム実行の統合マネジメントにおけるプロセスでは、生成されたプロジェクトに対してプロジェクトBSCが作成され、それぞれのプロジェクトの円滑な推進を可能とするプログラム実施体制が構築される。

まず、プログラムBSCを見据えてプロジェクトBSCの視点を設定する。プロジェクトBSCの視点は、プログラムBSCの視点をすべて引き継ぐとは限らない。また、プログラムBSCから引き継いだ視点を展開した新たな視点を設定してもよい。

次に、プロジェクトの戦略目標を明確にする。この戦略目標は、プログラムBSCにおける目標値の達成に貢献するものであり、戦略目標を達成するための重要成功要因と、それを測定する価値指標と目標値が設定される。最後に、その目標値を達成するための活動が記載される。

プロジェクトBSCは、プログラムBSCとは性格が異なる。プログラムBSCではプログラム価値を高めるために、プロジェクトの生成、変更、統廃合に力点が置かれているのに対し、プロジェクトBSCでは、プロジェクトの確実な遂行を目指してプロジェクトの進捗状況を測定し、成果が要求水準を満たしているかどうかを評価することが主目的とされる。

活動が記載されたプロジェクトBSCには、その活動実施に必要な資源までが記載される。

測定された実績値は目標値との比較がなされる。業績評価では、目標値と実績値の差異が把握され、差異の発生原因と責任を明確にし、差異の問題を解消するための施策が実施され、必要に応じてプロジェクトの改編、統廃合等が実施される。

6-3. PBSCとPBGT

6-3-1. PBGTの特徴

PBSCによりプログラムの価値を実現する上で必要な予算管理のフレームワークがPBGTである。PBGTは組織の予算を戦略実現に向けたプログラムへ配分し、さらにプログラム予算をプロジェクトに配分した上で、年度部門予算

第4部　事業経営基盤

にも反映させていく。これにより、戦略予算であるプログラム・プロジェクト予算を組織の各部門の運営・維持・改善予算に上乗せさせることで、各部門の活動を予算面から戦略と連携させ戦略と部門活動の整合性を確実にすることを狙っている。

6-3-2. PBGTの手順

PBGT を PBSC と関連づけて示したのが図表4-4-12である。

PBGT はおおむね次の6つの手順を踏む。
〔ステップ1〕
　ミッション・プロファイリングにより描かれたあるべき姿と実現へむけてのシナリオを受けて、事業として達成すべき財務目標を設定する。財務目標は戦略マップにおける財務目標と整合性[*14]を保ちながらより詳細に設定される。
〔ステップ2〕
　財務目標達成のためのプログラムの予算を編成する。プログラム予算は、プ

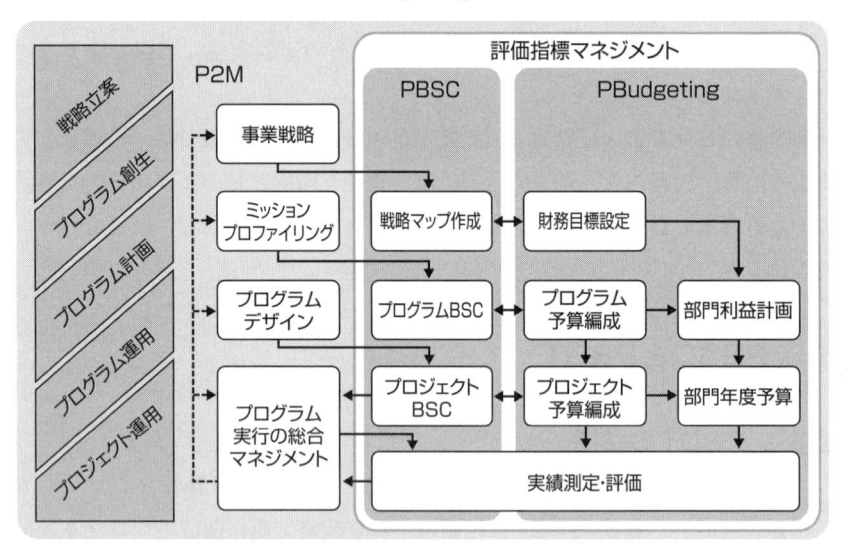

図表4-4-12　PBSCとPBudgetingによる価値指標マネジメント

出典：小原・浅田・鈴木（P.27）の図表[6]をP2Mの定義に合わせ作成

526

ログラムBSCに記載された目標値とその目標達成のためのプロジェクトに必要となる資源および成果についての複数年度にわたるキャッシュフロー計画[*15]である。

〔ステップ3〕

部門利益計画を編成する。部門利益計画は2つの部分からなる。一つは、プログラム予算から部門利益計画への割当部分である。キャッシュフローベースのプログラム予算を利益計画期間（3～5年）ごとに各部門に割り当てることで作成する。もう一つは、プログラム予算を反映しない部分である。プログラムに影響されない部門の運営・維持さらには改善業務などを見越して概算的な目標値として作成される。この予算は財務目標から直接落とし込まれる。なお、先に説明したプログラム予算および部門利益計画の2つが中長期利益計画に該当する。

〔ステップ4〕

プログラム予算を踏まえてプロジェクト予算を編成する。プロジェクト予算は、プロジェクトの計画期間を単位としたキャッシュフローに基づく予算である。プロジェクト予算は、複数年度にまたがることもあれば、単年度内に収まることもある。プロジェクト予算は、プロジェクトBSCの目標を達成するための活動の遂行に必要となる資源、およびプロジェクトから得られる成果についての計画である。

〔ステップ5〕

年度部門予算が編成される。この年度部門予算は、先に説明した部門利益計画を踏まえて作成される。年度部門予算は2つの部分からなる。1つは、プロ

[*14] 事業として達成すべき財務目標は通常、業界平均成長率や競合他社の売上成長率、利益率など、競争環境の中で勝ち残るための数値としてトップダウンで設定される。戦略マップでの財務目標は戦略を実現できた場合の財務目標の達成度を意味しており、それがトップダウンで求められる事業として要求する財務目標をクリアできるのかどうかの確認が必要となる。

[*15] 複数年度のキャッシュフロー計画は一般には中期経営計画（通常3年～5年程度）を意味している。プログラムの中には中期経営計画の期間以上のものも存在するが、事業としての投資予算は中期経営計画で想定される期間のキャッシュフローをベースに検討されることが多い。

ジェクト予算から部門予算への割当部分である。キャッシュフローベースのプロジェクト予算を各部門に割り当てることによって作成される。プロジェクトの活動は実際には部門で実施されるので、プロジェクト予算は関連部門に割り当てられる。もう1つは、プロジェクト予算を反映しない部分である。プロジェクト予算とは別に、部門の維持・運営や部門内の改善活動を見越してボトムアップ的に詳細に見積もりが行われ作成される。

〔ステップ6〕

プロジェクトおよび部門の実績を測定し、計画と実績および進捗を加味した、予実差異分析結果をプログラム実行の統合マネジメントに引き継ぐ。プロジェクト予算は、プロジェクト遂行に必要となる資源への支出、およびプロジェクトと直接関連する部門での支出の合計額について、予算と実績が比較される。一方、年度部門予算は、部門内においてプロジェクトに直接関連する部分、および部門の維持・運営や部門改善活動の部分それぞれの予算と実績が比較される。

7. プログラム・プロジェクトにおけるファイナンス

プログラム・プロジェクトの本質は"投資"であり、価値創造の実現には何らかの投資が必要となる。投資するものには、人、設備、資金などがあるが、本節では、その資金を自ら賄うのではなく市場から調達する際に必要な、ファイナンスの仕組みの構築方法を説明する。なお、本節の説明は横井（1985）を参考とする[10]。

7-1. コーポレートファイナンスとプロジェクトファイナンス

資金調達のためファイナンスの構築を検討する場合、基本的な考え方には大きく二つがある。それは、コーポレートファイナンスとプロジェクトファイナンス*16であり、本項ではそれぞれの概要を説明する。

7-1-1. コーポレートファイナンスとは

プログラム・プロジェクトを実現しようとする企業が資金調達を金融機関から行う場合、債務の返済責任は借入する企業にあるため、プログラム・プロ

ジェクトが生み出す収益を含む当該企業全体の収益が債務返済の原資となる。当該企業全体の収益力と財務力を評価し、この企業に対して金融機関が信用を与えている（与信）このような仕組みをコーポレートファイナンスと呼称する。

あくまでも当該企業全体が評価されることにより信用が与えられているといった状況であり、プログラム・プロジェクトに信用が与えられたわけではないということである。企業全体の収益力と財務力の評価に当たっては、貸借対照表、損益計算書、キャッシュフロー計算書を中心とした財務情報からROA、ROI、NPV等の数値を算出し、様々な角度から企業の経営分析が行われる。

コーポレートファイナンスは金融機関が直接的にプログラム・プロジェクトの収益性を評価し貸し出す仕組みではないが、収益の源泉となるプログラム・プロジェクトへの投資に対しては、その収益性を金融機関に代わって、プログラム・プロジェクトを所有する組織ができるだけ客観的に評価し投資を行うことを金融機関から暗に求められていることを忘れてはならない。

7-1-2.プロジェクトファイナンスとは

金融機関による与信行為の対象を、特定のプログラム・プロジェクトにかかる収益・資産に限定した場合は、この仕組みをプロジェクトファイナンス（PFI）と呼称する。

スポンサー（出資者）がプログラム・プロジェクトを実施するためだけの特別目的会社を創り、特別目的会社（SPC）が借入人となり金融機関から融資を受けた場合、プロジェクトファイナンスの基本的な考え方では、そのスポンサーは債務返済保証を行う必要はなくなる（ただし、一般にはスポンサーがある程度の債務返済保証を行うのが通例）。つまり、スポンサーに信用が与えられているのではなくプログラム・プロジェクトに信用が与えられている点が、コーポレートファイナンスと異なる点である。

プロジェクトファイナンスのメリットおよびデメリットとしては以下の点が挙げられる。

[*16] ここでは一般的に使用されている用語として「プロジェクトファイナンス」を用いるが、プロジェクトファイナンスにはプログラムも当然ながら含まれる。

第4部　事業経営基盤

図表4-4-13　コーポレートファイナンスとプロジェクトファイナンスの差異

コーポレートファイナンス
事業を計画する主体、スポンサー(出資者)への融資

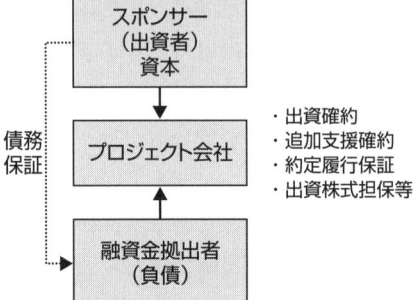

```
スポンサー(出資者)
資本
    ↓
プロジェクト会社　←――― ・出資確約
    ↑　　　　　　　　　　・追加支援確約
融資金拠出者(負債)　　　・約定履行保証
　　　　　　　　　　　　・出資株式担保等
```
(債務保証)

プロジェクトファイナンス
プロジェクトを遂行するプロジェクト会社、プロジェクトへの融資

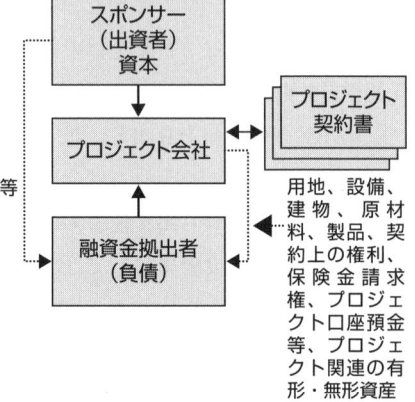

```
スポンサー(出資者)
資本
    ↓
プロジェクト会社 ←→ プロジェクト契約書
    ↑
融資金拠出者(負債)
```

用地、設備、建物、原材料、製品、契約上の権利、保険金請求権、プロジェクト口座預金等、プロジェクト関連の有形・無形資産

● 借入金の返済原資……
当該スポンサー(出資者)の(プロジェクトを含む)すべての企業収益

● 借入金の返済原資……
当該プロジェクト自体が生み出すキャッシュフロー(出資者に対する債務返済遡及の限定)

● 担保……
当該スポンサー(出資者)の信用力および一般財産の一部(土地・株式等)

● 担保……
プロジェクトのキャッシュフロー、全有形無形資産、契約上の権利、スポンサー(出資者)のプロジェクト会社株式持分等

● 融資適格性審査の対象……
当該スポンサー(出資者)の過去の財務状況、業績予測等

● 融資適格性審査の対象……
プロジェクトの事業性、プロジェクトの円滑な遂行を妨げるリスク要因とその適切な軽減、またリスクの顕在化を防ぐ管理の仕組み

(1) 借り手側のメリット

借り手側のメリットは、ここではまずプロジェクト失敗のリスクの切り離しを考えることができる点がある。特定のプログラム・プロジェクト以外に返済財源を求めないため、既存の他の資産には影響が及ぶことがないということである(ただし、前提として相応の金額をプログラム・プロジェクトに投下することが借り手側にも求められる)。

さらに、返済財源を既存の資産に求めないということは、言い換えれば既存

の資産がファイナンスの仕組みの構築に影響を与えるわけではないため、借り手の資産規模にとらわれずに借入ができるというメリットが挙げられる。つまり小規模な企業や現状は収益力がない企業であってもプログラム・プロジェクトにより高い収益を上げることができると評価されれば、プロジェクトファイナンスの仕組みにより資金を調達することができるということである。

最後に、債務のオフ・バランス化（貸借対照表において債務認識を避けること）の利点が挙げられる。プロジェクトファイナンスを採用した場合、返済義務が特定の資産の範囲に限定されるため、必ずしも企業全体としての負債と見なされず財務制限条項や社債格付けの計算において特別の配慮を与えられることがある。そして、オフ・バランス化の効果により企業には資金調達余力が残る。

(2) 貸し手側のメリット

次に、貸し手側のメリットであるが、ここでもまずは借り手側のメリットと同様、リスクの切り離しを考えることができる点がある。例えば、借り手側が他のプロジェクト＆プログラムで大きな損失を出していた場合、当該プログラム・プロジェクトへの融資に大きな魅力を感じていても、そこでの利益が他の損失の穴埋めに使われてしまっては融資の回収ができなくなる恐れがあるだろう。しかし、プロジェクトファイナンスの仕組みで資金を融資すれば、当該プログラム・プロジェクトでの収益を他に回すことはできなくなるため（ただし、前提として借り手側が収益をコントロールできるような条件を整えておく必要がある）、収益の流用により融資が回収できないことはなくなる。

また、企業の再活性化を図ることができる点もメリットとして挙げられる。他の損失の穴埋めに使えなくなるということは、企業の活性化部分を引き出し育てることができるメリットが貸し手側にあるものと考えることができる。つまり、財務体質は脆弱であるが一方で有望な事業のポテンシャルを持った企業に対して、融資の健全性を保ちながら資金を供給する仕組みをプロジェクトファイナンスは提供するとういことである。

(3) デメリット

プロジェクトファイナンスでは借り手側や貸し手側にも、前述のような多くのメリットがあるが、同時に次のようなデメリットも存在する。そのため、プロジェクトファイナンスを活用するかどうかの判断において、メリットだけでなくこれらのデメリットも併せて考慮し、なおプロジェクトファイナンスのメリットが大きいか否かをここで客観的に判断することが重要である。

① ファイナンス・コストが高い
② 仕組みの構築に長い期間と多大な労力を要する
③ 多数の協調融資参加銀行に情報をすべて開示する必要がある（ただし秘密保持協定はある）

7-2. プロジェクトファイナンスの構築

本項ではプロジェクトファイナンスの仕組み構築について説明する。

7-2-1. プロジェクト評価

初めに、プロジェクトファイナンスの仕組みの構築に向けプロジェクトの評価を行う必要がある。まずプロジェクトファイナンス利用の適、不適を判断する。

不適の理由としては規模が小さくコストに引き合わない、性格上ほかに有利な、あるいは適当な資金調達方法があるといったことが挙げられる。

次に、リスクの見極めを行う。プログラム・プロジェクトには様々なリスクが潜在するため、プロジェクトファイナンスの仕組みの構築のためにはここでの見極めすなわちリスク分析が最も重要な要素の一つとなる。一般にはこのリスク分析は下記の3つの観点からキャッシュフロー分析を用いて行われる。

a）プログラム・プロジェクトが十分なキャッシュフローを生み出すこと
b）生み出されたキャッシュフローから借り手が返済できること
c）現実に送金がなされて貸し手が回収できること

具体的には、

① 全収支項目についてプロジェクト期間中の毎年の金額を予測し、年次別予想キャッシュフローを算出

② 予想キャッシュフローを予想利率で割引いて、予想割引現在価値を算出
③ 年次別予想キャッシュフローを年次別元利返済予定額と比較
④ 予想割引現在価値を融資元金額と比較

　これら①〜④の手順にて評価を行う。なお、③と④の比較については年次別元利返済カバーレシオおよびプロジェクトライフカバーレシオの2つの比率が用いられるのが一般的であり、前者はプログラム・プロジェクトにおける債務返済能力を、後者はプログラム・プロジェクトの担保価値を示すものである。各カバーレシオは、融資の安全度を示す指標としてプロジェクトファイナンスの適否判定の際の重要な判断材料となる。

7-2-2. 仕組み作り

　次に、プロジェクト評価の結果に基づき、プロジェクトファイナンスの仕組み作りに取り掛かる。具体的には、関連するステークホルダー間の責任と役割を明確化にすることであり、このことは最適なリスク分担のあり方を決めることを意味する。

　プログラム・プロジェクトのリスク分担については「誰が」、「どこまで」分担するかを決めることであり、プロジェクトファイナンスの仕組みの構築に向けた作業のほとんどは、リスク分担を決めるためにあるといっても過言ではない。以下ではリスク分担の考え方を中心にプロジェクトファイナンスの仕組み作りについて説明する。

(1) リスク分担者の明確化

　リスクを「誰が」担うかについては、リスクの分担者を明確にするということであり、プログラム・プロジェクトの種類によって多種多様となり、すべてのプログラム・プロジェクトに当てはまるものはないが、ここでは想定されるリスク分担者の一例を説明する。

　リスクの分担者として第一に想定できるのは、プロジェクトの実施主体および金融機関である。資金の借り手である特別目的会社や特別目的会社を創設したスポンサー、資金の貸し手である銀行等の金融機関が該当する。

　次に、プログラム・プロジェクトの受益者が想定できる。例としては、プロ

グラム・プロジェクトの成果の購入者がそれらに該当するものであり、石炭開発プロジェクトにおいては、その石炭を長期の購入契約にも基づいて購入する電力会社がそれに該当する。このことはすなわち鉱山の開発・操業が順調にいかないと自社の発電所も稼働できないので、プロジェクトのリスクを電力会社も実質的に負担していると考える。

その他にもプログラム・プロジェクトの性格に応じて多種多様なステークホルダーがかかわると考えられる。プログラム・プロジェクトごとに都度明確にされる必要がある。

(2) 諸条件の決定

リスクを「どこまで」担うかである。これは各分担者がリスクをどこまで保証することができるかを諸条件の設定により明確化することである。諸条件の設定は分担者の明確化と同様にプログラム・プロジェクトの種類によって多種多様となるため、慎重に検討して、プログラム・プロジェクトごとに決める必要がある。ここでは想定される諸条件の一例を説明する。

諸条件はまずプログラム・プロジェクト自体のキャッシュフローを確実にするものと貸し手に部分的な元利返済を保証するものの2種類に大別できる。前者には一定レベルの出資の誓約、工事完成約諾、種々の引取保証等（テイク・オア・ペイ契約等）があり、後者にはカバーレシオを一定水準に引き上げるためローンの一部を保証付きとする方法等がある。また、それらの中間的なものとしては、ディフィシェンシー契約、リキャプチャー契約等があり、これらの中には実質的な元利全額保証に関するものもある。

7-2-3. 契約書の作成

最後に、リスク分担について「誰が」「どこまで」分担するかを決めたら、これらを契約という形で確定する。先に設定した諸条件は全て契約化されることにより担保される必要があり、契約書の作成に当たっては、まず内容を条件概要書にまとめ関係者間で理解に誤りがないことを確認しドラフティングに入る。次に、ドラフトができるとそれをベースに関係者間でワーディングの検討やさらに条件細部の詰めを行い、このことを何回か繰り返すことにより最終的

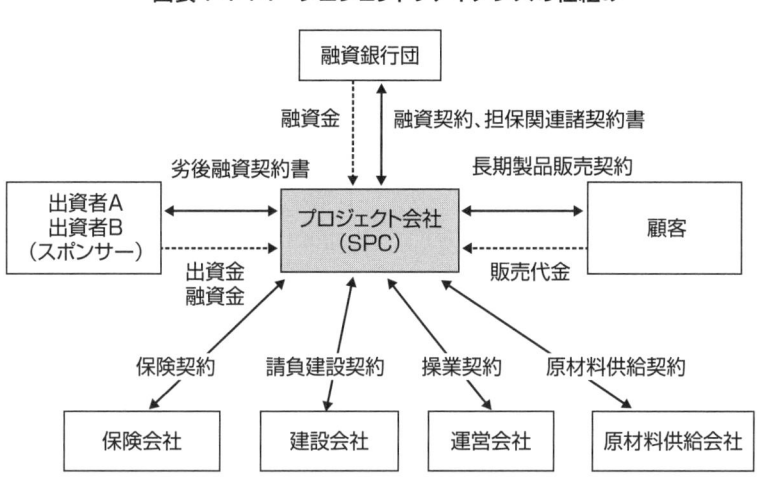

図表4-4-14　プロジェクトファイナンスの仕組み

なテキスト（契約書）を完成させる。最終契約書の作成と締結が終了することにより、プロジェクトファイナンスの仕組みの構築は完了する。

ここまでの説明を踏まえプロジェクトファイナンスの仕組みの構築例を図表4-4-14に示す。本表は製造プロジェクトの例である。

事例：プロジェクトファイナンスの具体的な活用事例

プロジェクトファイナンスの具体的な活用事例として、PFIやPPPにおける活用が増えている。

PFI（Private Finance Initiative）とは、公共サービスの提供に際して公共施設が必要な場合に、従来のように公共が直接施設を整備せずに民間資金を利用して民間に施設整備と公共サービスの提供をゆだねる手法である。民間の資金、経営能力、技術的能力を活用することにより、国や地方公共団体の事業コストの削減、より質の高い公共サービスの提供を行う。

PPP（Public-Private Partnership）とは官民間の適切なリスク・リターン配分を前提とする公共サービス手法である。官にとっては民間の優れた技術・サービスやコスト・リスク負担に依存することにより、伝統的手法（公共サービスの直接供給）に比べて少ない負担で公共サービスを調達・供給できるメ

リットがある。一方、民間企業にとっては公共サービスへの参入障壁の緩和により事業開拓の可能性が広がるメリットがある。

◇◇

【参考文献】

1) Horngren,C.T., Sundem,G.L., and Stratton,W.O. 1999. Introduction To Management Accounting (11th ed.): Prentice Hall, (渡邊俊輔監訳『マネジメント・アカウンティング』ＴＡＣ出版、2000年)

2) Anthony, R. N. & Govindarajan, V. 2007. Management Control Systems (12th ed.): McGraw-Hill/Irwin、2007年

3) 鈴木研一「第8章　マネジメント・コントロール」根本孝編『経営入門』学文社, pp.99-126、2006年

4) Mansfield, Edwin and Wanger, Samuel, "Organizational and Strategic Factos Associated with Probaliliteis of Success in Industrial R&D", The Journal of Business 48, pp.179-198、1975年

5) Elrod, T., and A. P. Kelman, 1987. Reliability of New Product 734 Evaluation as of 1968 and 1981. Working paper, Owen Graduate School of Management, Vanderbilt University.

6) 鈴木研一・松岡孝介「第1章　PBSCのフレームワーク」小原・浅田・鈴木編『プロジェクト・バランス・スコアカード』生産性出版, pp.3-32、2004年

7) 小沢和彦『組織変革における組織慣性の意義―組織ルーティングの観点から―』早稲田大学大学院商業研究家紀要　第73号, PP.15-27、2011年

8) ロバート・S・カプラン/デビッド・P・ノートン『戦略バランスト・スコアカード』東洋経済新報社、2001年

9) 鈴木研一「第11章　プロジェクトマネジメントの管理会計」谷・小林・小倉編『業績管理会計』中央経済社, pp.305-349、2010年

10) 横井士郎編『プロジェクト・ファイナンス』有斐閣ビジネス、1985年

第5章 情報マネジメントと情報インフラストラクチャー

1. 概要

　今日の事業環境においては、情報とその取扱いの優劣が事業の競争力に直結する。事業戦略を遂行するプログラムやプロジェクトにおいても、その目的を達成するための情報活用は不可欠であり、より高度な情報活用を行える組織の競争優位性は増す傾向にある。時代と事業の要請に即した最適な情報インフラストラクチャーを構築し、適切な情報マネジメントを運用し、さらに時代の変化とともに改善し続けることが事業競争力の源泉となってくる。

　本章では、こうした認識の下に、
① 情報マネジメントの基本的考え方
② 情報インフラストラクチャーの基本的考え方
③ 最新の情報ネットワーク技術をベースとした現代的システムの考え方
について説明する。

2. 情報マネジメント

2-1. 組織における情報

　事業は非定常なプログラム・プロジェクト活動、定常なオペレーション活動から成り立っているが、すべての活動において情報が必要とされ、活動がまた新たな情報を作り出している。言いかえれば、事業活動は活動と情報の連鎖そのものである。

　IT技術が発達する以前は、人が情報を収集し、処理し、作り出し、（紙などの媒体を通して）流通させていた。しかし、今日では、情報の取得、伝達、処理および蓄積についての多くは、コンピュータと情報ネットワークからなる情報インフラストラクチャーが担っており、その重要性も増している。

情報インフラストラクチャーとして、これまではコンピュータでの処理が容易な定型情報を中心とした整備が行われてきたが、最近はコンピュータでは扱いにくいと言われてきた非定型情報に対しても、IT技術の進化により可能な領域が増え、今後は非定型情報や人が中心として行ってきた予測の情報などを広い範囲でIT技術がカバーすることが現実的となってきている。

2-2. 情報マネジメント

2-2-1. 情報マネジメント

　情報マネジメントとは、情報の知的資産化と戦略的活用を目的として、情報を組織的に適切に取り扱うことである。情報の内容にかかわる事柄、すなわち情報（内容）をいかに扱うのか、それに基づいてどのような価値判断や意思決定をするのかは、事業マネジメント、プログラムマネジメントそのものの領域であり、情報マネジメントの役割は、情報の内容ではなく、その情報を適切に伝達し処理することにある。

　事業活動において、情報は必要な箇所で取得され、それを必要とする相手（人々、コンピュータなど）に伝達される。伝達とは「送る」と「引き渡す」という2つの機能を併せて意味している。伝達された情報を基に、演算や分析等の処理による新たな情報の発生や蓄積が行われる。新たな情報はそれを必要とする相手に伝達され、その相手は伝達された情報に対応した活動を実行する。したがって、図表4-5-1に示すように、情報マネジメントとは、「情報の取得、伝達、処理、蓄積を適切に行う」ことで、情報に何らかの新たな価値を与える機能であると言うことができる。ここで、情報の処理とは、様々な分野があるが、一般的には取得した情報を対象として、検索、統合、分類、選択、演算、分析、加工などを行い、より有効性の高い情報を得ることである。

　なお、情報伝達は2つのプロセスがあり、情報の取得と伝達を合わせて収集といい、情報処理の結果として発生した情報を伝達することを配布ということがある。

　一方、不十分な取扱や外部からの攻撃により、情報の価値が損なわれる場合がある。これを防止し、情報の価値を守る機能が情報セキュリティである。

第5章　情報マネジメントと情報インフラストラクチャー

図表4-5-1　情報マネジメントの機能

情報マネジメント
- 取得 ┐
- 伝達 │ 情報に価値を与える
- 処理 │
- 蓄積 ┘
- セキュリティ — 情報の価値を守る

2-2-2. 情報マネジメントの要件

　情報マネジメントで情報の取得、伝達、処理、蓄積を適切に行うには、図表4-5-2に示す様に確実性、効率性、効果性、堅牢性が求められる。図中の括弧内はそれぞれの要件について、特に重視される情報マネジメントの機能である。

図表4-5-2　情報マネジメントの要件

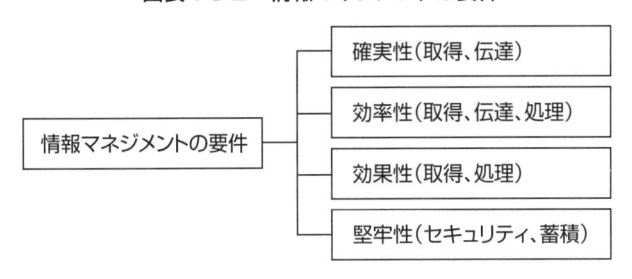

情報マネジメントの要件
- 確実性（取得、伝達）
- 効率性（取得、伝達、処理）
- 効果性（取得、処理）
- 堅牢性（セキュリティ、蓄積）

◇◇◇◇ **情報の定義** ◇◇◇◇

　「情報」に関しては、「データ」「知識」と合わせて、第5部第2章で解説しているので詳細はそちらを参照願いたい。

【データ：Data】

　既知のあるいは計測または観測された数値あるいは定性的な値。物事の推論の基礎となる事実である。

図表4-5-3 情報マネジメントの要件内容

要件	内容
確実性	情報の取得、伝達においては必要な情報の入手機会を失わず、必要な人または組織に間違いなく情報が伝わらなければならない。 情報の特徴や性質に応じて、適切な取得手段、伝達手段（媒体）を選択すること、また、情報取得・伝達が確実に行える仕組み、ルール、リテラシーを具備しなければならない。
効率性	情報の取得に関しては、非常に多くの情報の中から自らの必要とする情報を効率的に取得することが求められる。 ①優良な情報源を選定・獲得する。 ②不必要な情報を排除する有効な手段を備える。 ③必要とされる鮮度（瞬時・随時・時間ごと・日次・週次・月次・年次・改定時・不変など）を満足させる情報入手手段を備える。 ④適切な分析方法を選択し利用する。 情報の処理に関しては、検索、統合、分類、選択、演算、分析、加工などにおいて、適切な精度で効率的な手段が準備されていることが求められる。 　情報やデータの蓄積に関しては、蓄積するために多くの労力を要することがないように、本来成すべき業務を遂行すると、有用なデータや情報ができる限り自動的に蓄積される仕組みとなるように工夫すべきである。
効果性	効果性とは、当該情報が利用される際の効果の大きさ、価値の高さの度合いである。 情報の取得は、効果が高い処理に必要な情報の取得、つまり、適切な鮮度（瞬時・随時・時間ごと・日次・週次・月次・年次・改定時・不変など）が確保されており、正確であること、必要な詳細度であることが求められる。 　情報の処理は、取得した情報の価値を高めることが期待され、情報の特性によって適切な処理が求められる。
堅牢性	情報マネジメントにおけるセキュリティと情報の蓄積における安全性を意図している。 セキュリティに関しては、情報マネジメント全般（取得、伝達、処理、蓄積）に必要な要件であり、下記の3点が求められる。[17] ①機密性：情報へのアクセス許可のある人だけが情報を利用することができ、許可の無い者は情報の使用、閲覧をできなくすること ②完全性：情報資産に正確性があり改ざんされていないこと。 ③可用性：情報へのアクセス許可のある人が必要な時点で情報にアクセスできること[1]。

[17] 情報セキュリティの3要素：ISO/IEC 27001(JIS Q 27001)

第5章　情報マネジメントと情報インフラストラクチャー

【情報（インフォメーション）：Information】
　広義には様々な「知らせ」や判断や行動を行うために必要な知識と理解されているが、厳密には人間を離れて客観的に伝達または処理が可能な状態となった知識、事実、知覚あるいは認識などをいう。

【知識（ナレッジ）：Knowledge】
　一般には知られている内容、認識により得られた成果をいう。ただし、それは客観的すなわち誰にも認められる確実で理論的妥当性をもつ必要がある。また、単なるデータのような断片的なものではなく、組織や個人の活動を支援し、技術上あるいは政策上の問題解決に役立つものである。

　データには、そのもの単体では利用できないようなもの、例えば、ある海域で計測した年間水温のデータ、あるプロジェクトにおける機器調達のコストデータ、POS管理における一店舗の売上データなども含まれる。
　下図にCRMにおけるPOS管理の例を使って「データ」「情報」「知識」の関係を示す。

図表4-5-4　データ、情報、知識の関係

```
データ
・一店舗における売上の品目、単価、個数、顧客の
　性別・年齢層など
        ↓
情報
・一店舗における売上の品目、単価、個数、顧客の
　性別・年齢層などの月間推移・年間推移など
・地域別・国別の売上の品目、単価、個数、顧客の
　性別・年齢層などの集計や傾向など
        ↓
知識
・商品ごとの購買分析、季節動向分析など
・気候の売上傾向影響分析など
・地域特性分析、他店舗影響分析など
・景気の影響分析など
```

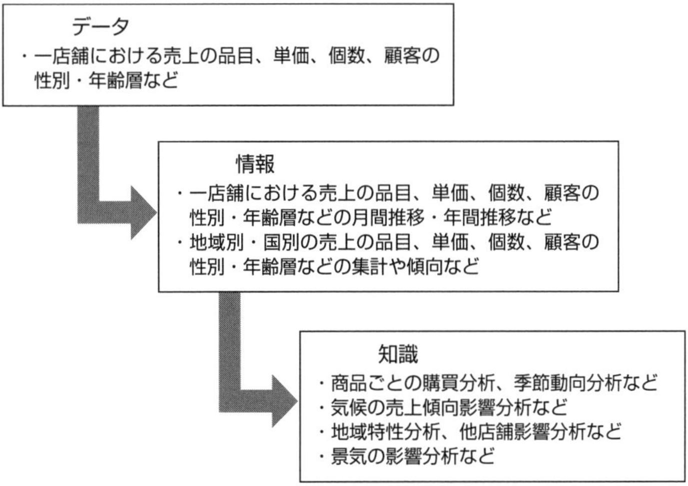

3. 情報インフラストラクチャー

3-1. 情報インフラストラクチャーとは

　情報インフラストラクチャーとは、企業を動かす情報を取得、伝達、処理、蓄積するIT技術を用いた基盤的なもので、事業を遂行する上で必要不可欠なものであり、前節の情報マネジメントの要件を実現する上で非常に重要である。

　経営層、マネジメント層といった企業経営の中核的な人々は、IT技術を用いた情報インフラストラクチャーの戦略的重要性を意識し、情報漏えいやサイバー攻撃などの経営を根幹から揺るがしかねない課題を直視して、ITの担当部門任せにすることなく、事業に適した情報インフラストラクチャーを構築する責任がある。

3-2. 情報インフラストラクチャーの概要

　プログラムやプロジェクトを遂行する組織における情報インフラストラク

図表4-5-5　情報インフラストラクチャーの例

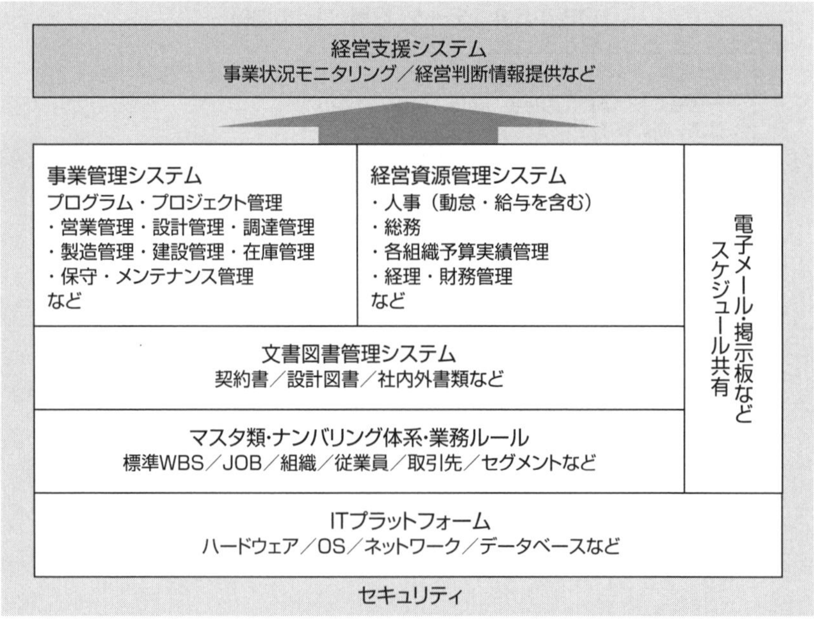

```
┌─────────────────────────────────────────────────┬──────┐
│            経営支援システム                      │      │
│  事業状況モニタリング／経営判断情報提供など      │      │
├──────────────────────┬──────────────────────────┤      │
│  事業管理システム     │  経営資源管理システム     │      │
│ プログラム・プロジェクト管理 │ ・人事（動怠・給与を含む）│電子メール・│
│ ・営業管理・設計管理・調達管理 │ ・総務               │掲示板など │
│ ・製造管理・建設管理・在庫管理 │ ・各組織予算実績管理  │スケジュール│
│ ・保守・メンテナンス管理     │ ・経理・財務管理      │共有     │
│  など                   │  など                    │      │
├──────────────────────┴──────────────────────────┤      │
│            文書図書管理システム                  │      │
│      契約書／設計図書／社内外書類など            │      │
├─────────────────────────────────────────────────┤      │
│        マスタ類・ナンバリング体系・業務ルール      │      │
│ 標準WBS／JOB／組織／従業員／取引先／セグメントなど │      │
├─────────────────────────────────────────────────┴──────┤
│                   ITプラットフォーム                    │
│        ハードウェア／OS／ネットワーク／データベースなど  │
├─────────────────────────────────────────────────────────┤
│                       セキュリティ                      │
└─────────────────────────────────────────────────────────┘
```

第5章　情報マネジメントと情報インフラストラクチャー

チャーの例を図表4-5-5に示す。この図は、非常に簡略化しているが情報インフラストラクチャーの全体を俯瞰している。

　情報はITシステム上のものだけではないが、ここではITを中心とした情報インフラストラクチャーについて説明する。

• ITプラットフォーム

　「ITプラットフォーム」は、企業や組織において業務を遂行するために必要となるハード的な（一部に基本的なソフトウェアを含む）設備であり、企業や組織の規模や形態によって、その規模や複雑さの度合い、性能の高低に差がある。

　たとえば、地域の顧客に限定した小売りを営む企業とグローバルに拠点を展開してB to BおよびB to Cビジネスを展開している企業において必要となるデータベースの容量やネットワークの仕組みの範囲、必要とされる反応スピードの速さの程度は、自ずと要件が異なってくる。

• マスタ類・ナンバリング体系・業務ルール

　「マスタ類・ナンバリング体系・業務ルール」は、「ITプラットフォーム」において具備されている設備を効率的、効果的かつ安全に利用するための仕組みである。

　「マスタ類・ナンバリング体系」は、作業・プロセス・設計項目など、抽象度の高い事項を確実に識別し、関係者の間で誤りのない共通認識を提供する。その上で、情報を合理的に分類・整理して、流通・蓄積・再利用の利便性・確実性・迅速性を確保するために構築する識別記号体系である。

　従業員番号、製品番号、部門コード、顧客コード、契約番号、プログラムやプロジェクトの遂行に必須となるWBS、文書番号・設計図書番号や仕様書番号、発注番号など各種のナンバリング体系である。

　「業務ルール」とは、定期・不定期の報告ルールや、決裁権限、社内書類や情報の持出し制限、特定情報への閲覧・改変（アクセス・リード・ライト）権限などである。

- 文書図書管理システム

「文書図書管理システム」は、上記で説明した仕組みを利用して実際の業務を遂行する際に必要となる最も基本的な機能である。

実際の業務遂行では、過去や現在の情報を迅速に取得・伝達（提供）し、間違いがないこと、情報のセキュリティが確保されていることが要求される。

文書やコンテンツは常に最新版の状態に更新され、必要に応じて最新な情報または最適な履歴情報を提供できなければならない。

なお、トラブル事例集、過去実績、ノウハウ集、人脈データベースなどの仕組みもこの範囲に包含される。

- 経営資源管理システム

「経営資源管理システム」は、人事（勤怠・給与を含む）・総務・経理・財務（固定資産管理などを含む）など、いわゆるバックオフィスと呼ばれる管理を行うための機能である。

ERPパッケージとして非常に多くのアプリケーションが世に出され、多くの企業がこれらのアプリケーションソフトを導入している。

- 事業管理システム

「事業管理システム」は、各企業・組織が自らの利益の源泉である事業そのものを戦略的・効果的・円滑に遂行するための定常業務やプログラム・プロジェクトモニタリング＆コントロールの主要部分の情報を確実に流通させるための仕組みである。

前述の「ITプラットフォーム」、「マスタ類・ナンバリング体系・業務ルール」、「文書図書管理システム」、「経営資源管理システム」は、どの企業・組織も、その機能や設備が意図する機能に大きな違いはないが、「事業管理システム」は、業種業態によって具備すべき機能が大きく異なってくる。

図表4-5-6に、製造業・建設業・サービス業における事業管理システムの例を示す。

第5章　情報マネジメントと情報インフラストラクチャー

図表4-5-6　事業管理システム例

	製造業	建設業	サービス業
事業管理システム	研究開発支援・管理	研究開発支援・管理	顧客管理
	製造技術管理	設計技術支援・管理	営業管理
	アライアンス管理	建設技術支援・管理	見積管理
	顧客管理	営業管理	契約管理
	営業管理	積算見積管理	売掛管理
	チャネル管理	設計管理	制作計画
	マーケティング管理	調達管理	進捗管理
	調達管理	建設管理	買掛管理
	製造管理	品質管理	原価管理
	品質管理	コスト管理	品質管理
	コスト管理	引渡し管理	納品管理
	物流管理	保守メンテナンス管理	など
	在庫管理	など	
	アフターサービス管理		
	など		

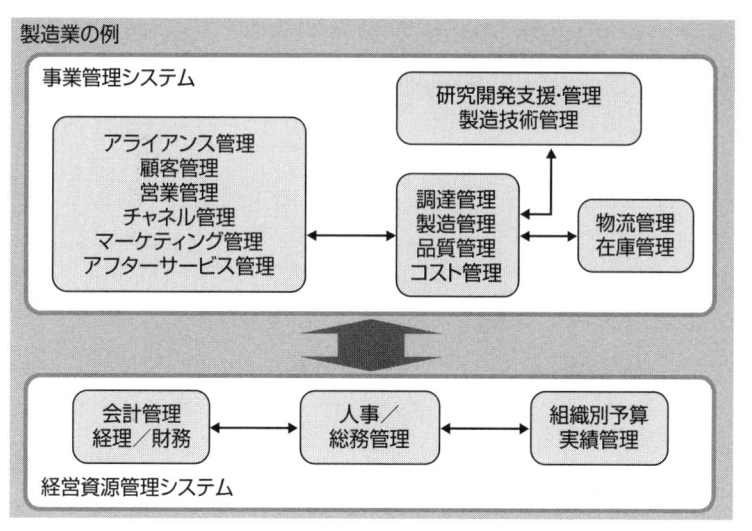

図表4-5-7　製造業における「経営資源管理システム」と「事業管理システム」概念図

製造業の例

事業管理システム
- アライアンス管理
- 顧客管理
- 営業管理
- チャネル管理
- マーケティング管理
- アフターサービス管理

- 調達管理
- 製造管理
- 品質管理
- コスト管理

- 研究開発支援・管理
- 製造技術管理

- 物流管理
- 在庫管理

経営資源管理システム
- 会計管理 経理／財務
- 人事／総務管理
- 組織別予算実績管理

545

第4部 事業経営基盤

図表4-5-8　建設業における「経営資源管理システム」と「事業管理システム」概念図

建設業の例

事業管理システム

- 営業管理／積算見積管理
- 研究開発支援・管理／設計技術支援・管理／建設技術支援・管理
- 設計管理／調達管理／建設管理／品質管理／コスト管理
- 引渡し管理／保守・メンテナンス管理

経営資源管理システム

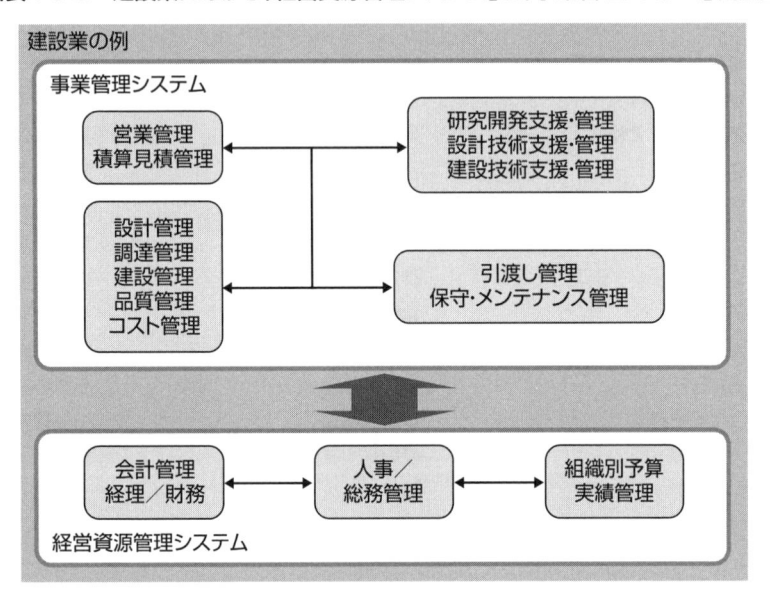

- 会計管理／経理／財務
- 人事／総務管理
- 組織別予算実績管理

図表4-5-9　サービス業における「経営資源管理システム」と「事業管理システム」概念図

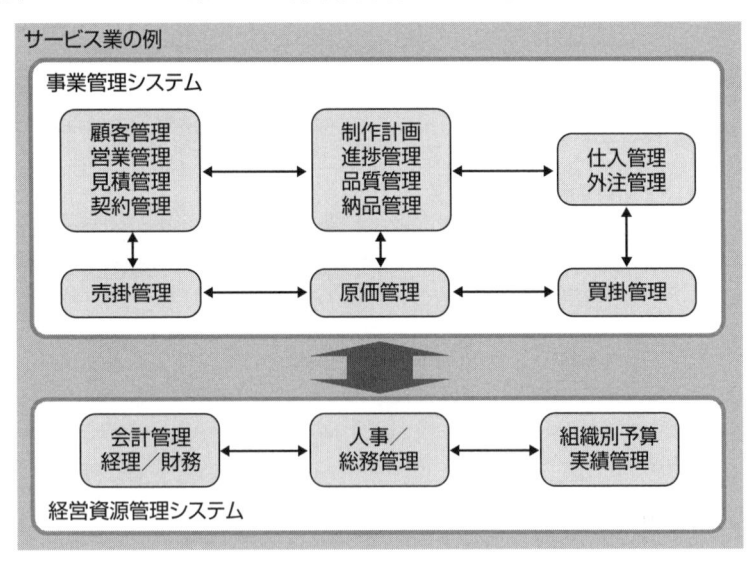

サービス業の例

事業管理システム

- 顧客管理／営業管理／見積管理／契約管理
- 制作計画／進捗管理／品質管理／納品管理
- 仕入管理／外注管理
- 売掛管理
- 原価管理
- 買掛管理

経営資源管理システム

- 会計管理／経理／財務
- 人事／総務管理
- 組織別予算実績管理

第5章　情報マネジメントと情報インフラストラクチャー

　図表4-5-7、図表4-5-8、図表4-5-9に、「経営資源管理システム」と「事業管理システム」の概念の理解を補完する目的で上記の業種に関して概念図を示す。
　「経営支援システム」は、上述のシステム機能を用いて、経営判断や経営戦略に必要で効果的な情報を提供する仕組みである。

・セキュリティー

　「セキュリティ」に関しては、上述のいずの分野においても必要とされる。近年特に情報セキュリティの重要度が増しており、情報漏えいやサイバー攻撃対策など、人為的な事故も視野に入れた対策（設備やルール）が必要である。

3-3. 情報インフラストラクチャーの目的と要件

(1)　目的

　情報インフラストラクチャーの目的は、情報マネジメントの要件である下記（図表4-5-2 情報マネジメントの要件）を充足することである。
① 　確実性
② 　効率性
③ 　効果性
④ 　堅牢性

(2)　要件

　下記図表4-5-10に情報インフラストラクチャーに求められる基本的要件を示す。

　情報インフラストラクチャーの構築には、EA（Enterprise Architecture）[18]を取り入れることが効果的であるが、EAには様々な手法があり、自企業また

---

[18] Enterprise Architectureは、企業や組織体において、組織の目的を効率よく実現するために、組織構造や業務手順、情報システムなどを最適化する手法。

図表4-5-10　情報インフラストラクチャーの基本要件

	基本的要件	確実性	効率性	効果性	堅牢性
1	適切な情報を、適切なタイミングで必要な組織や人に確実に伝達する手段が確保されていること。情報伝達のためのネットワークが整備されており、常に異変に対する監視と不測の事態のためのバックアップ手段が確保できていること。	○	○		
2	情報の伝達範囲（対象者・非対象者）があらかじめ明確になっており、遅滞なく情報の伝達が可能であるとともに、対象者の変更に関して迅速に対応できる仕組みが具備されていること。	○	○		
3	閲覧（入手）権限がある組織や人が、検索および取得が円滑に行える仕組みを備えていること。	○	○		
4	事業（プログラムやプロジェクトを含む）を遂行した結果は、情報提供者に大きな負荷がかかることなく蓄積される仕組みが具備されていること。		○		
5	求められる情報要求スピードに耐えられるリソース（人・設備など）および、必要なスペックの設備が備えられていること。		○		
6	必要とする情報があらかじめ整理されており、提供するための仕組みが具備されていること。データや情報の一元化が成され、誤情報（類似情報の混入や未更新情報）が混入しない仕組みが整備されていること。			○	
7	事業の方針転換や、ビジネス環境の変化による情報インフラストラクチャーの機能要件変化に柔軟かつ迅速に対応できること。			○	
8	組織内外の要求や制約、組織内部の業務ルール、内部統制（J-SOX法：金融商品取引法が規定する内部統制報告制度）や国際会計基準などへの対応が成されていること。			○	
9	閲覧（入手）権限を持たない人物や組織が、情報を得ることがないよう、外部者の入場範囲規制、サーバー室などへの入室権限、パスワード管理などのセキュリティの仕組みが適切に具備されていること。				○
10	持ち運び可能な記憶媒体（ノートパソコン、ハードディスク、磁気テープ・USBメモリ・CD・DVDなどの記憶媒体）すべてに関しての取り扱いルールが適切に規定されており、確実に運用されていること。				○

は組織の業種・業態や特徴などによって、最も適した方法を選択することが必要である。

また、事業内容や内外の環境は常に変化するため、それに応じて情報インフラストラクチャーも継続的な改善が必要である。

情報インフラストラクチャー構築のアプローチ

モデリング手法やEAフレームワークを利用して、情報インフラストラクチャーを構築することは、効果的なアプローチである。

例えば、下記のようなものがある。

- IDEF0、IDEF1XはFIPS（Federal Information Processing Standards：連邦情報処理標準）
- ザックマン・フレームワーク：1987：ジョン・ザックマン制定
- TAFIM（Technical Architecture Framework for Information Management）：1994：米国国防省制定
- TOGAF（The Open Group Architecture Framework）：1995：オープン・グループ（The Open Group）制定
- The C4ISR Architecture Framework／DODAF（Department of Defense Architecture Framework：TAFIMの後継、2003年にDODAFに名称変更）：1996：米国国防省制定
- FEAF（The Federal Enterprise Architecture Framework）：1999：連邦CIO協議会制定

4. 現代的な情報関連技術とトレンド

本節では、現代の情報関連技術に関して、現時点での技術発達状況およびビジネス利用における実用可能性と留意点について解説する。

最新技術の動向を知ることは新たな情報マネジメントの活用の可能性を広げ、その結果プログラム・プロジェクトの成果を高める可能性も広げることになる。

4-1. クラウドコンピューティング

　クラウドコンピューティングとは、サービスを提供する事業者がハードウェア・ソフトウェアの主要部分を保有管理しており、ユーザーは最低限の接続環境を準備して、事業者が保有管理するITC資源にアクセスして利用し、利用料金を支払う形態である。

　クラウドコンピューティングは、その接続方法によって、①パブリッククラウド、②プライベートクラウド、③ハイブリッドクラウドといった形態がある。

　また、どのレベル（ハードウェア・ネットワーク・ソフトウェア・それらを組み合わせたサービスまでといったレベル）を提供するかによって、それぞれIaaSまたはHaaS（Infrastructure as a Service：イアース or Hardware as a Service:ハース）、SaaS（Software as a Service:サーズ）、PaaS（Platform as a Service:パーズ）、またこれらを総称して、XaaS（X as a Service:ザース）と呼ぶこともある。これらの切り分けは必ずしも明確にされていないため、これらのサービス選定の際は、どのスコープまでが提供されるのか、またその機能と費用対効果を確実に評価する必要がある。

　一般にIT設備とその運用・維持には、初期の設備投資や技術の進歩やビジネス環境の変化に対応するための設備の刷新などに多大な費用を要する。

　しかし今日では、クラウドサービスを利用して、自企業の大部分または全てのIT設備を置き換える企業も現れている。これまでは、自社で大容量でハイスペックのハードウェアを導入・保守・更新を繰り返していたが、近年では、インターネットから必要なスペックと容量のサーバーを設定するだけで、20-30分後には世界中の自社拠点から当該サーバーを利用することができ、非常に高度なセキュリティを備えた環境を利用できるサービスが存在する。このようなサービスを利用することにより、初期の投資を最小限に抑え、業務の拡大縮小に柔軟に対応したIT関連資源の増減が可能となり、自社での運用費用も含めて、大幅なコスト削減を実現できる場合がある。

　ただし、クラウドサービスを利用することは、自社の情報を他組織（サービス提供者）に委ねることとなるため、情報セキュリティやサービスの信頼性の観点からの検証、自企業への適応性に関して十分な検討が必要である。

第5章　情報マネジメントと情報インフラストラクチャー

◇◇◇ 事例：クラウドコンピューティング ◇◇◇◇◇◇◇◇◇◇◇◇◇◇◇◇◇◇◇◇◇◇◇◇
【陣屋コネクト】
　鶴巻温泉の元湯である陣屋はクラウドコンピューティングを活用し、事業の再生に成功している。リーマンショック時に経営危機に陥ったが、情報システムを活用した合理的な経営に方針転換を行い、それを行動に移した。クラウドコンピューティングサービスを提供しているセールスフォース・ドットコムを利用し、経営の見える化、PDCAサイクルの高速化、情報の活用、業務効率化による顧客との会話接点の増加を目指し、その実践とともに業績の大幅な改善を実現した。

　具体的にクラウドコンピューティングの利点を生かし、外部の様々なWEBエージェントやソーシャルメディアとも連携し、顧客情報や予約情報を更新し連携によるシナジーを実現している。現在ではスタッフ全員がシステムにアクセスし、顧客情報を活用し、これまで受身的だった顧客へのアプローチは積極的なアプローチへと変化してきている。事業収益や、様々な管理情報もクラウドシステム上で共有され、だれもが経営情報を意識しながら活動できるようになっている。現在では、自ら構築したシステムを「陣屋コネクト」と名付け外販し、新たなビジネスも手掛けている。

4-2. ソーシャルメディアとSNS（ソーシャルネットワークサービス）

　ソーシャルメディアとは、インターネット上で、利用者同士が情報交換することによって成り立っているメディアの総称である。

　現時点での代表的なソーシャルメディアの例として、ブログやYouTube、各種電子掲示板などがある。

　SNSは、ソーシャルメディアの中でも、情報を交換または受発信する相手を限定する仕組みのもの、例えばFacebookなどである。

　近年では、企業内において電子メールや電話でのコミュニケーションを補完する目的で、SNSの仕組みを企業内部に限定して利用するサービスが提供されている。電話や電子メールの枠を超え、全社・部門間・プロジェクトチーム内、

プログラムメンバー内などフレキシブルな組織単位での情報共有や情報交換を、より迅速に簡単に気軽に行えるようにすることで、業務の効率や質の向上を図るものである。しかし、ビジネスでの活用を想定した場合、一定以上のセキュリティレベルが要求される。用途によっては非常に高度なセキュリティレベルが必要になるケースも多いため、導入に際しては十分な調査検討が必要である。

4-3. ビッグデータ

ICT技術やセンサー・カメラ技術のめざましい進歩により、近年では以前には考えられないような膨大なデータの収集や分析が可能になった。

今日においてビッグデータとして扱われるものは、情報通信、とりわけインターネットの発達に伴なって様々な局面で発生した巨大データの集まり、または前述した、様々なセンサー類やカメラ類また衛星からのデータを作為的に集積した、膨大な量のデータ等である。

それらを分析することで事業やプログラム・プロジェクトに役立てることが非常に注目されつつある。例えば地球規模の気象データや海水温データから、農作物や海産物の収穫の予測分析をし、流通や販売に役立てるケースなどがある。

その利用範囲は、気象学、医学、生物学、複雑な物理シミュレーション、環境生物学、経済学、経営情報学、社会傾向分析、社会現象分析、ビジネス傾向の特定、病気の予防、犯罪の対策など非常に多岐にわたる利活用に期待が寄せられている。

4-4. BYOD(Bring Your Own Device)

BYODとは、個人所有のデバイス(パソコンや携帯電話・その他の携帯デバイス)を業務に使用することである。

携帯電話(特にスマートフォン)に代表される、携帯用デバイス(軽量化されたノートパソコンやタブレットなどを含む)の進化、通信環境やクラウドサービス、ソーシャルメディアなどの仕組みの発達は、個人や組織の情報交換の環境を大きく変化させた。

携帯電話を個人用のものと企業から配備された業務用のものの2台を使い分

ける、また、個人のパソコンを業務に利用することも多くなっている。利便性の面から近年では、ほとんどの人が携帯用デバイスを所有し、家庭においてもパソコンを所有することが一般化している。

近年では、セキュリティの観点から、個人所有のデバイスを業務に使用することを厳しく禁止または制限する企業も多いが、適切な運用ルールを設けて使用を許可する企業も増えている。今後も利便性や経済性の観点から個人所有デバイスの業務利用許可の増加傾向は続くであろう。

しかし、個人所有のデバイスを業務目的で使用している場合、企業から配備されたパソコンのように、企業が要求する一定レベルのウィルス対策が成されているか定かではない。また、インターネットの利用やアプリケーションソフトのインストールなども含め、その利用方法に何らかの規制をかけることが困難であるなど、セキュリティ面での脆弱性に課題がある。

したがって、BYODを組織として許容または導入する場合は、セキュリティや事故対応に関する十分な検討と運用対策が必要である。

5. ガバナンス

コーポレート・ガバナンス（Corporate Governance: 企業統治）とは、企業における上位経営層の適正な経営方針が、下位組織まで周知され、適正に業務が執行されることである。適正な経営方針とは、継続企業（ゴーイング・コンサーン）として、長期的な企業価値の増大を目指すものであるが、とりわけ経営者・従業員が自らの利益のために、株主等のステークホルダーや社会一般に対する不正や不適切な行為を行うことを防止する内部統制活動が主要なものとして含まれる。

ITガバナンスも情報技術（IT）に関して、同様の役割を意味する用語であり、多様な解釈があるが、本ガイドブックでは次の2つの側面が重要と考える。第1は今日の企業内の情報の取り扱いは、デジタル技術なしには成り立たなくなっており、情報通信の効率性、確実性、安全性について企業の経営者レベルが責任を持つ必要があることである。大手銀行、証券会社、携帯電話会社などで発生したシステム障害の事例に見るように、ITシステムへの経営層の責任は非常に重要である。第2の側面は、情報の流通・加工はITシステムに依存

しているが、その内部で意図的にあるいは過誤により不正や誤った情報が流通することを防止することである。これには組織内部のものの他に外部的なものへの対策がある。

5-1. コーポレートガバナンス

コーポレートガバナンス（Corporate Governance）とは、企業統治と訳される場合が多く、企業の経営がいかに指揮されるべきか、特に企業の首脳部にあたる取締役会の枠組みをいかに構築していくべきかを論じるものである。

一方、首脳部で決定された事項をどのように遂行するかは経営管理（運営）、またその運営状況をいかに管理・監督するかは内部管理・監督（Internal Control）、さらに企業のシステムが健全に機能している否かを審査するのが監査（内部監査、外部監査）とされる。

5-2. ITガバナンス

ITガバナンスとして組織が行うべきことは、企業（組織）の経営者やCIOが、情報システムにかかわる方針や指針を明確に表明し、ITを担当する部門がその方針や指針に基づいてポリシーやルールを整備して、それらが確実に守られるような運用体制を確保することである。

5-3. 情報セキュリティ

情報セキュリティの確保には、組織としてのガバナンスが不可欠である。情報セキュリティを維持するためには、ルールを定めることと同等にルールを順守することが不可欠だからである。

図表4-5-11に「JIS Q 27002」および「JIS用語DB（V14）」の用語の定義を紹介する。

図表4-5-11　情報セキュリティマネジメント用語 [1], [2]

情報セキュリティ (information security)	情報の機密性、完全性および可用性を維持すること。さらに、真正性、責任追跡性、否認防止および信頼性のような特性を維持することを含めてもよい。
機密性 (confidentiality)	情報へのアクセスを認められた者だけが、その情報にアクセスできる状態を確保すること。
完全性 (integrity)	情報が破壊、改ざんまたは消去されていない状態を確保すること。
可用性 (availability)	情報へのアクセスを認められた者が、必要時に中断することなく、情報および関連資産にアクセスできる状態を確保すること。

　近年、情報セキュリティに関しては、情報漏出をはじめサーバーテロなどの事件や事故が頻繁に発生している。ともすれば企業や組織の存続が危機にさらされる事態に発展することもある。

　そうした観点からも、情報インフラストラクチャーの構築、その運用を管理する情報マネジメントの仕組みを考える上で、情報セキュリティに対して堅牢で持続的な対応を可能にする仕組みを構築することは、非常に重要である。

　また、高度にネットワークが発達し、自組織内部だけでなく他組織との情報流通が非常に活発な現代においては、情報セキュリティに関する組織対応能力には関係性を含めたトータルでの高いレベルが要求されている。なぜならば、自らの組織がいかに情報セキュリティに関して高い対応能力を維持していても、情報の共有先である外部組織の対応能力が低ければ、情報の安全性は、対応能力の低い組織に準じてしまうからである。

【引用文献】

1）JIS Q27002：2006（ISO/IEC 17799：2005）情報技術−セキュリティ技術−情報セキュリティマネジメントの実践のための規範[P.2]
2）JIS用語DB（V14）日本規格協会

【参考文献】

3）リアルコム株式会社著、吉田健一監修『この情報共有が利益につながる』―経営課題に適した4つの実践アプローチ―：2章-3章、ダイヤモンド社、2004年
4）NTTデータ『実例情報セキュリティマネジメントシステムの本質化・効率化』：第1章、日本規格協会、2012年
5）税所哲郎『現代組織の情報セキュリティ・マネジメント』：第1章、白桃書房、2012年
6）甲斐荘正晃、桐谷恵介『プロフェッショナル CIO の教科書』1章-3章、中央経済社、2010年
7）株式会社データ総研監訳『データ管理知識体系ガイド』：1章・2章・7章、2010年

第5部 知識基盤

序　章	知識基盤とは	558
第1章	システムズアプローチ	563
第2章	知識・情報資産	595
第3章	価値と価値評価	618

序章 知識基盤とは

　改訂にあたって第3版においては、P2Mの諸活動を支える基盤的資源として事業経営基盤、知識基盤ならびに人的能力基盤の3つの領域が用意する方針が示された。このため、第5部知識基盤では、P2Mの諸活動の根幹にある仕組みを理解するうえで必要となる知識を、
① 工学的基盤となる「システムズアプローチ」
② 諸活動の成果を次に繋げるための「知識・情報資産」
③ 諸活動の成果を了解し互いに連携するための「価値と評価」
に分けて解説する。

1. システムズアプローチ

　プロジェクトエンジニアリング手法の多くは、1950～1960年代にかけて開

図表5-0-1　プロジェクトエンジニアリング手法とその関連

（注）
- Performance Requirements：性能要件
- PIDS：主要開発仕様（Prime Item Development Specification）
- WBS：作業分解構成図
- CBS：コスト分解構成図
- OBS：組織分解構成図
- Linear Responsibility Chart：職務責任図

発されている（図表5-0-1）。

これは、当時米国で行われていた大規模プロジェクト[*1]の成功とも関連しており、1960年代末にはシステム工学（Systems Engineering）にかかわるH. A. Simon[1]やA. D. Hall[2]等の先導的著書が出版されている。

本章では、P2Mをシステムとしてとらえ、システム工学を援用することで本書の第2部から第4部に記載された内容を工学的に読み取ることを助けることを目的としてシステム工学に触れ、システム工学的視点に立って問題解決を図るシステムシンキングを概説する。

さらに、ライフサイクル全体を統一的にとらえるフェーズと論理的ステップから成る形態的フレームワーク[3]を中心に、P2Mにおけるシステムズエンジニアリングのあり方、問題解決へのアプローチを概説する。

なお、システム工学にかかわる書籍は大変多く出版されていることから、本章を越えてさらに知識を得るには市販の書籍を参照願いたい。なお、それらの書籍は、著者の専門に合わせて様々なシステムが説明の対象として取り上げられていることから、読者の専門に合わせて選択されたい。

2. 知識・情報資産

現在の生産システムを製造量と製造にかかわる工程数で見た場合、マス・プロダクト（Mass Product）システム[*2]とマス・プロセス（Mass Process）システム[*3]ならびにこれら2つが重なったクロスオーバー・システム（Crossover System）に大別される（図5-0-2参照）。この分類で見ると、プロ

[*1] 例えば、米海軍ポラリスミサイル開発（1956-1960）、アメリカ航空宇宙局のアポロ計画（1961-1972）、アメリカ合衆国原子力規制委員会の原子力開発10年計画（1960）等
[*2] 家電品の生産に代表され、小品種を多量に生産するシステムである。製品個々の製造に要する工程数は限られ固定的であるが、製造量が多量なシステムである。したがって、製造空間を単一生産ラインに固定すると共に規模の拡大ならびにロボット等の自動化機器の導入によって製造コスト削減を図ってきた。
[*3] 建築物の生産に代表され、多品種を少量ないしは注文生産するシステムである。最終製品数は非常に限定されるが、製造にかかわる工程数が膨大である。したがって、製品ごとに工程を変更せざるを得ず、人手に頼った生産が主体のシステムであり、資材費、人件費の削減を柱として製造コストを引き下げてきた。

グラムは確かにその配下に複数のプロジェクトを配し、複数の最終成果物（製造物）を製造してはいるが、ここで言う自動車製造の大量生産と同意ではなく、プログラムもプロジェクトを含んだマス・プロセスシステムであると位置づけることができる。

図表5-0-2　生産システム

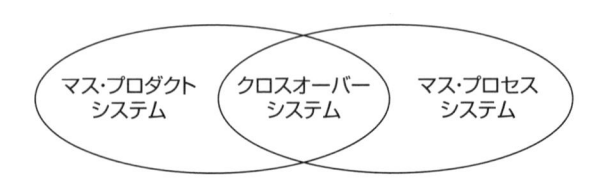

マス・プロダクトシステム　　クロスオーバーシステム　　マス・プロセスシステム

　このことは、プロジェクトにおける記録情報[*4]は非常に多いが、知識として共有できる情報は非常に少ないことを意味している。これは、エンジニアリングは作業プロセスが主体であって、担当者の特有知識に基づく基盤知識から基盤知識への変換作業であることに起因すると考えられる。この特有知識と変換プロセスにかかわる知識は属人的であり、重要なプロジェクトでは開始に当たりTBM（Team Building Meeting）を行うことが、その現れである。

　近年の情報技術の進歩は急速であり、プロジェクトにおいても情報技術（3D-CAD、エンジニアリングデータベース、プロジェクトマネジメントシステム等）の活用が行われている。しかしながら、これらの情報技術がカバーしているのは、詳細設計過程における情報の蓄積・共有ならびに情報の一貫性維持であって、属人化している特有知識と変換プロセス知識ではない。

　このため、本章では知識・情報をかけがえのない「見えざる資産」ととらえ、次の3つの特徴[4]からP2Mが目指している競争優位性を支えるために不可欠であると考えて取りまとめている。

(1)　カネを出しても容易には買えず、自分で作るしかない
(2)　作るには時間がかかる

[*4] 海外グラスルーツプロジェクトでは、完成図書は40ftコンテナ10本分であったと言われている。

(3) いったん作ると、同時多重利用が可能となる

3. 価値と価値評価

　P2Mは、かかわる全てのステークホルダーにとって価値あるものでなければならない。この価値の源泉は、プログラムの最終成果物である事業にある。このため、事業の価値を以下の3つの視点で評価する必要がある。

(1)　事業投資の視点
　投資に見合う事業か否かの視点であり、プログラムのミッションを左右する。

(2)　事業継続の視点
　プログラムを担うプロジェクトの継続、破棄、代替を評価する上では、実施された事業の結果得られた成果、これから実施する事業で得られるであろう成果を経時的に分析する必要がある。

(3)　事業関係者（ステークホルダー）の視点
　多様なステークホルダーから評価を受け、説明責任を果たすには、様々な視点から価値を評価する必要がある。

　したがって本章では、

- 事業投資に必要となる評価手法として、事業価値評価手法を中心として概説する。
- 長期にわたる事業の経年的推移を把握する手法として、会計情報（管理会計，）を用いた経営分析手法を示すこととする。
- 各ステークホルダーが評価する価値の多様性、事業活動そのものの持つ複雑性や不確実性を取り扱うために、多元的な分析評価手法を提示する。

　さらに、上述の定量評価しやすい有形資産の評価ばかりでなく、イノベーションを起こすために必要な無形資産（知的財産などの物質的実体がない金融

資産以外の資産）の価値評価に関しても説明する。

【参考文献】
1) ハーバート・A. サイモン『システムの科学』ダイヤモンド社、1969年
2) A.D.ホール『システム工学方法論』共立出版、1969年
3) A. D. Hall『Three-Dimensional Morphology of Systems Engineering』IEEE Transactions on Systems Science and Cybernetics, Vol. SSC-5, No. 2, pp. 156–160, April 1969
4) 伊丹 敬之、軽部 大『目ざる資産の戦略と論理』日本経営新聞社、2004年

第1章 システムズアプローチ

1. システム概論

1-1. システムとは

　システムとは、JIS Z812（オペレーションズリサーチ用語）によると、「多種の構成要素が有機的な秩序を保ち，同一目的に向かって行動するもの。」と定義されている。さらに、システムの構成要素は属性と呼ばれる固有の性質を持ち、それらの性質を連結することでシステムの目的が達成される。すなわちシステムは、以下のようにとらえることができる。

- 構成要素から成り立つ
- 構成要素は連結されている
- 全体としての秩序を保ち一定の目的を達成する

　対象とするシステムの内部と外部を分けるシステム境界を設けることで、システム境界の内側を"内部システム"、外側を"環境"と呼び、環境にあるシステムは"外部システム"と呼ばれる。システム内部と環境との関係は、システム境界を通した"交換"（インターフェース）によって作られている（図表5-1-1）。

　ここに示したシステムの定義は、以下に例示したように様々な対象を、①対象を取り巻く環境、②構成要素とそれらの関係から、認識・理解することに役立つ。

- 自然システム

　自然界は、粒子と原子との関係、原子と分子の関係、生物の器官と個体との関係、生物種同士の関係、太陽と惑星の関係、など、要素とその関係でとらえ

ることで、「自然システム」として認識することができる。

・人工システム
　自動車、建造物、プロセスプラント、コンピュータのプログラム、法律、数学などの人工物も、人間が特定の目的を実現するために様々な機能を持つ要素とそれらの関係を設計した「人工システム」として認識することができる。

・人間活動システム
　人間が活動を行うために作ってきた組織（企業、社会など）も、人間の持つ機能を構成要素とする「人間活動システム」として認識することができる。

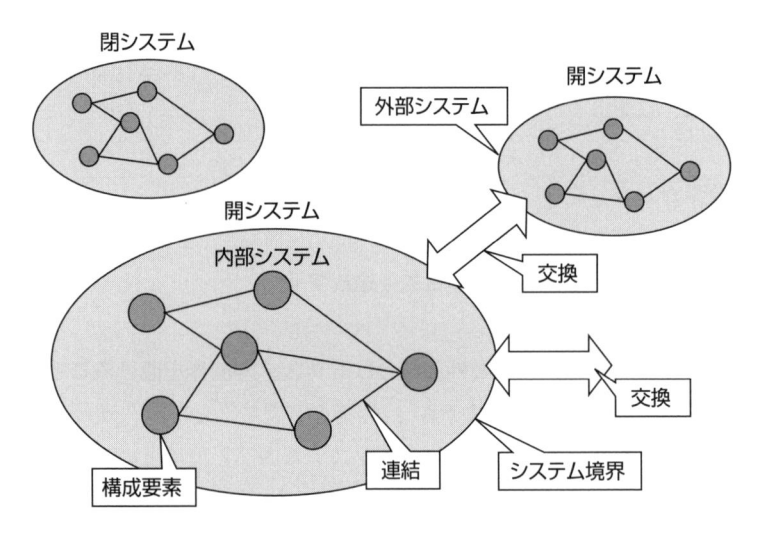

図表5-1-1　システム環境図式

1-2. システムズアプローチにおけるシステムのとらえ方

　問題解決にシステムズアプローチを適用する際には、下記にまとめたシステムが有する特徴を理解する必要がある。

(1)　システムとは認識されるものである
　システムは、その境界の外から認識される。つまり、どのように認識するか

は、個人によって異なる。人間が特定の目的を実現するために設計した人工システムは、誰もが同様の認識を持つことが比較的容易であるが、自然システム、人間活動システムでは、人により認識が異なる場合が多い。したがって、システムは客観的に存在するのではなく、主観的に認識されるものといえる。

(2) システムは階層性と創発性を持つ

システムは、複数の部分システムが有機的な結合を持つことから、階層的に組み合わせて表現することができる。このとき、システム全体の性質は、部分システムが作り出すアウトプットの総和以上のものである。この「全体の性質」と「部分の性質の和」との差のことを、「創発性」と呼ぶ。

(3) システムはコントロールとコミュニケーションを持つ

システムが目的を達成するには、システムを構成する要素（サブシステム）の挙動をコントロールする必要がある。このコントロールのためには、各要素の状態や挙動に関する要素間のコミュニケーションが必要である。この意味で、コントロールとコミュニケーションは、システムを維持するのに必要な概念である。特に、人間活動システムを理解するには、コントロールとコミュニケーションが重要となる。

(4) システムは自己組織性を持つ

自己組織性とは、外部環境との相互作用を図るなかで、外部環境の変化に合わせて自らの内部構造を変化させることである。システムはこの自己組織性を持ち、システムの存在を維持するために外部環境の変化に応じて自らを変化させる性質を持つ。

1-3. システムズアプローチによる問題解決

システムズアプローチとは、問題を解決するにあたり問題をシステムとしてとらえ、システム概念を用いた思考を行う方法である。

すなわち、システムズアプローチでは、

- 問題を特定・定義し境界を設定
- 目的達成に必要な機能を持つ要素に分解
- 要素が持つ特性とそれらの間の連結のあり方を検討
- 総体として最適な問題解決

を目指している。

したがって、問題の個別の要素に注目するだけでなく、要素間の関係とその関係から生じるシステム全体の性質に注目する必要がある。例えば、システム全体の性能、信頼性や品質は、個々の要素ではなく、全体の性質としてとらえなければならない。

プロジェクトマネジメントでは、以下1．から4．の手順でシステムズアプローチを適用したプロジェクト遂行計画を立てることで、プロジェクト全体を俯瞰した最適な時間管理を行うことを可能としている。

- **特定・定義：** SOW（Statement Of Work）として、プロジェクトで解決すべき問題（＝目的）を特定・定義し境界を設定
- **要素分解：** WBSとして、プロジェクトの目的を達成するための具体的な業務に分解
- **特性・連結把握：** 業務における入出力、相互依存関係、業務特性をワークパッケージとして記述
- **問題解決：** 例えば時間マネジメントでは、業務が持つ時間特性（＝作業時間）と業務間の時間軸に沿った連結（＝先行関係）から、最適なスケジューリング手法としてPERTを適用

2. システムモデリングとシステムシンキング

2-1. モデリングにおける数学的基盤

システムモデリングでは、モデルの作成、シミュレーション、さらに、システムの特性、挙動、性能の分析・評価などを行うが、その際に様々な数学的手法を使用することで複雑な問題の理解を可能としている。ここでは、特に重要

な基盤である数理的手法(微分方程式／差分方程式／待ち行列理論)、統計的手法、最適化手法について簡単に触れる。システムモデリングでは、他にも推計学、ゲーム理論、グラフ理論、ベイジアンネットワークなどの数学的手法が用いられている。

(1) 数理的手法

微分方程式／差分方程式は、図表5-1-2(a)に示すように、時間経過とともにシステム状態を示す変数が連続的に変位する連続型モデルの作成に用いられる。物理現象、経済現象、制御システムなど、システムモデリングの多くの場面で使用される。

これに対し、図表5-1-2(b)に示すように、時間経過とともにシステムの状態を示す従属変数が、何らかの事象により離散的に値を変える場合は、離散系モデルが用いられる。

例えば、銀行窓口での顧客の待ち人数の解析は離散系モデルの代表的な例である。これは待ち行列と呼ばれ、待ち行列理論として様々な分野の解析に用いられている。

図表5-1-2　連続系モデルと離散系モデルの挙動

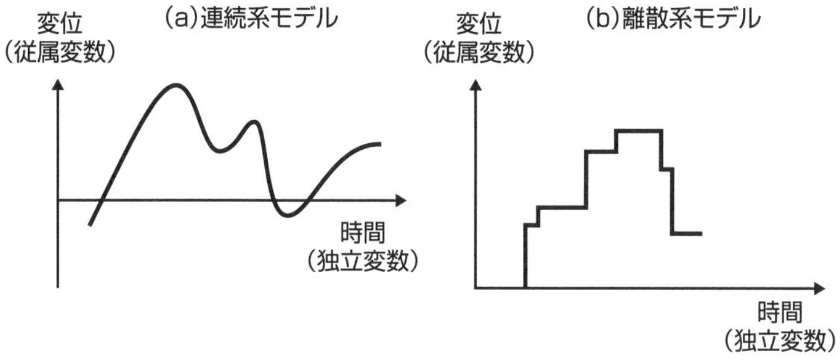

(2) 統計的手法

統計的手法[1]は、モデルを使用したシミュレーション結果の評価、データの整理、解析などに利用されている。例えば、問題の特性を基に選定した確率分布に従う乱数を使用してシミュレーションを行うモンテカルロ法は、科学、工

学、経済学など多くの分野で広く利用されている。一例としてプロジェクトコストの積算では、過去データを統計的に整理したコストの確率分布から、モンテカルロ法により、プロジェクト総コストの変動幅を統計的に予測することに利用されている。

システムモデリングでは、モデルを用いた実験により様々な観点から解析を行うが、その際、実験計画法[1]を活用することが有効である。実験計画法は統計学の応用分野であり、合理的な実験の設計と、その結果を適切に解析することを目的としている。

(3) 最適化手法

システムモデリングでは、ある制約条件の範囲内で目的を最大（最小）限達成する条件を求める最適化問題がしばしば生じる。例えば、業務の実行順序や各種資源制約の下で最短で終了するプロジェクトスケジュールを作成する問題は、最適化問題である。最適化の一般的な方法には、数理計画法と呼ばれる最適性の保証された解（厳密解）を求める方法と、ヒューリスティクス法と呼ばれる近似解を求める方法がある。

・数理計画法

数式で表す目的関数を最小化または最大化する答えを、等式、または、不等式で表現する制約条件の中から探し出す方法のことであり、式の特性により、線形計画法、整数計画法などと呼ばれる。

・ヒューリスティクス法

数理計画法と同様に、制約条件の中から目的関数を最小化または最大化する解を探すものであり、種々の場面で利用されている。数理計画法と異なるのは、厳密な答えを導き出すことを前提とはしていない点である。汎用的に用いられることの多いヒューリスティクス法は、組合せ最適化問題[*5]に用いられるGA

[*5] 順序等の組合せが解に影響する最適化問題で、決められた複数の拠点を最短で巡回する「巡回セールスマン問題」が有名である。

(Genetic Algorithm：遺伝アルゴリズム)、SA (Simulated Annealing：アニーリング法)、Tabu Search（タブー探索）などである。これらは、メタヒューリスティクスと呼ばれることがある。

現実には、数理計画法で厳密解を求めようとすると、適用する対象、事象への制約が大きく、また、実務で必要な大規模なモデルの場合、現在のコンピュータをもってしても答えを出すのに長時間がかかることがある。例えば、線形計画法は、「$y=a_1 x_1+a_2 x_2+\cdots$」のように、目的関数、制約条件のすべてが一次の不等式または等式として定式化されないと利用できない。現実の世界を一次方程式で表すにはかなりの簡略化が必要であり、厳密解が得られても簡略化された近似モデルでは、得られる解の精度はヒューリスティクス法と大差がない場合もある。

実際に最適化を行うには、数理モデルを作成した上で、一般にソルバーと呼ばれるソフトウェアを利用することが多い。現在では様々なソルバーが利用可能であり、市販の表計算ソフトウェア[*6]の中にもソルバー機能を提供しているものがある。

(4) ソフトシステム方法論

工学全般の強みは、「目的」が与えられたときに、「これをどう実現すべきか」について解答を与えることにあり、上述した数理的な手法は、「何をすべきか（What）」が与えられているときにこれを「どう実現すべきか（How）」という問いに答えるのに非常に有効である。

その一方で、工学では解決しにくいあいまいな性格の問題も存在する。例えば、人間活動や社会システムのように多数のステークホルダーが存在し、問題自体が多面性を有することによって、利害・損得が対立して前述した数理的手法では調停が難しい場合がある。そこで、価値観の異なる関係者間の合意形成や目的設定、関係性が明らかでない状況の中で関係を見出す、あるいは関係をつくり出すための緩やかなアプローチで処理する方法は、「ソフトシステムズアプローチ」と称されている。

[*6] Microsoft Excel など

ソフトシステムズアプローチは、各種手法が1970年代以降に開発されてきた。ここでは、チェックランド（Peter Checkland）のソフトシステム方法論（Soft Systems Methodology: SSM）[2]を紹介する。SSMでは、立場や価値観の統一を求めず、違いは違いのまま、お互いに自分を相手に合わせて調整しあって折り合える点を探すプロセスを「アコモデーション」[*7]と称している。

あらゆるプロジェクトでは、現在および将来にわたって生じる全ての事象を事前に把握することはできないことから、プロジェクトの過程と結果は本質的に不確実であると言わざるを得ない。この、あらかじめ全てを確定できない状態において、プロジェクトの当事者間の「アコモデーションを得ること」は、プロジェクトの成否を決する重要な要素である。なお、SSMの詳細は文献[3]を参照されたい。

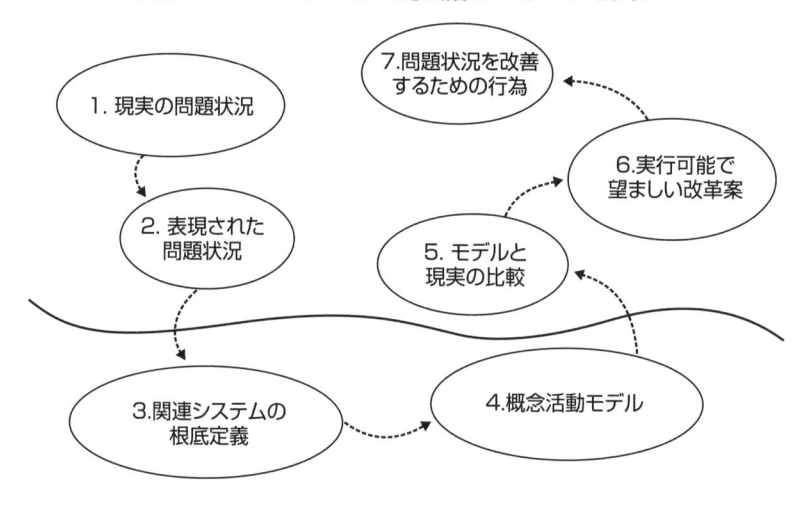

図表5-1-3　ソフトシステム方法論の7ステージモデル[4]

1. 現実の問題状況
2. 表現された問題状況
3. 関連システムの根底定義
4. 概念活動モデル
5. モデルと現実の比較
6. 実行可能で望ましい改革案
7. 問題状況を改善するための行為

2-2. モデリングによる問題解決アプローチ

(1) モデリングとシステムズエンジニアリング

モデルとは対象システムから本質的に重要な部分を抜き出し、記述・表現

[*7] accommodation: 折り合い

したものである(図表5-1-4)。このモデルを作成する作業のことをモデリング(modeling:モデル化)と呼ぶ。モデリングを通じて、その対象についての理解を深めることができ、また他の人とのコミュニケーションも可能になる。

モデルはシステムの模型であり、実験装置ともいえる。図表5-1-4に示すように、モデリングを行うことで、実際のシステムを使用することなく様々な稼働条件を設定して実験を行い、システムの特性、挙動、性能などを評価することができる。このようにモデルを用いてシステムの特性、挙動、性能などを検討する問題解決の手法をシミュレーション(simulation:模擬実験)と呼ぶ[5]。

図表5-1-4　モデルを用いた問題解決

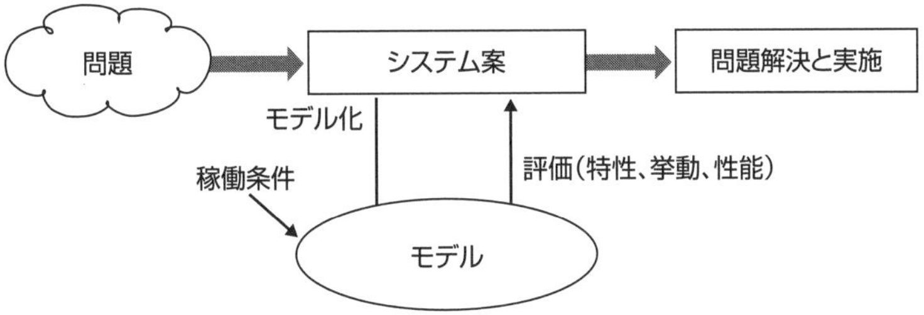

モデルには、概念モデル、分析型モデル(論理・数式モデル、数理モデル)、アイコン型モデル(ミニチュア模型or拡大模型)などがある。それぞれのモデルに対応して、コンピュータシミュレーション、プロトタイピング、テストマーケティングなどが可能になり、複雑・大規模なシステムの現象の解明、ケーススタディによる最適案の選択を支援する。近年では、コンピュータの処理能力の向上とシミュレーション用ソフトウェア、シミュレーション言語の普及により、コンピュータを使用した分析型モデルが多くの分野で用いられている。

システムズエンジニアリング(詳細は第3章を参照)では、図表5-1-5に示すように、7つのフェーズ、7つのステップが示されている。モデリングを用いた評価は、その中のステップ3(システム合成)およびステップ4(システム解析)において、システム案の特性の分析と評価を定量的に行うために利用される。例えば、システム合成の中心である設計やシステム解析の中心である特性把握では、モデリングとシミュレーションを活用することで、実際にシステ

ムを作成する時間と費用をかけることなく、様々な稼働条件で実験を行い、システムの特性、挙動、性能などを評価することが可能である。

図表5-1-5　システムエンジニアリングのフェザーとステップ

〔文献12）の図を参考に作成〕

フェーズ＼ステップ	1 課題設定ステップ	2 価値体系設計ステップ	3 システム合成ステップ	4 システム解析ステップ	5 最適化ステップ	6 意思決定ステップ	7 実施案策定ステップ
1 プログラム計画							
2 プロジェクト計画							
3 システム展開		各フェーズにおいて実施される各ステップの作業内容を示す。					
4 製造（構築・建設）フェーズ		なお、各フェーズでは全てのステップが実施されるわけではない。					
5 提供（導入）フェーズ							
6 運用フェーズ							
7 退去（廃止）フェーズ							

(2) モデリングで考慮すべき事項

モデリング技法には、例えば、オブジェクト指向技術標準化コンソーシアム（OMG: Object Management Group）が管理するUML（Unified Modeling Language）[8]や米国国防省（DOD: Department of Defense）が定めているIDEF（Integrated DEFinition）など、いくつかの技法がある。主要なモデリング技法は、下記の観点から分類することができる。

・実体と関連

対象世界を構成する複数の「実体（entity）」とそれらの間の「関連（relationship）」をとらえる。要素の時間的な変化過程を含まない場合は「静的モデル」と呼ばれる。

静的モデルが正確に記述されていると、システムの構成要素や働きを文章表現することや、機能モデル[9]に書き換えることは容易である。

・事象と状態遷移

実体の性質をとらえるために、実体の状態を変化させる「事象（event）」の

---

[8] 近年、UMLから派生して、システム工学向けのモデリング言語としてSysMLが開発されている。
[9] Functional Model: 機能を構造的に表現したモデルで、ビジネス・プロセスモデル、アクティビティモデルとも呼ばれ、代表例としてIDEF0がある。

連鎖、あるいは順序規則を記述する。これは実体の動的性質をとらえるアプローチである。対象世界の現象が時間的に変化する状況を記述したモデルは、「動的モデル」と呼ばれる。

一方、順序関係に着目して、実体の状態変化のみをモデル化する方法がある。このようなモデルは「状態遷移モデル」と呼ばれる。

• 機能と変換

機能と変換は、要素の働きを表現する方法として投入、プロセス、産出、制約および外乱を用いるものである。このようなモデルは、「入出力モデル」[10]と呼ばれる。この表現方法では、1つの活動やでき事によって複数の実体の状態が変化する様子を表現できる。この方法はシステムの働き、作用を表現するために役立つ。

• 相互作用

実体がある状態に達したとき、またはあるでき事が発生したとき、他の活動を起動させたい場合がある。そのような場合は、実体間の相互作用の様子を記述する方法がある。ただし、相互作用の記述方法は現在のところ貧弱であり、推奨できるものは少ない。

• 手続き

ある目的を達成するために行う一連の活動の順序と、活動や活動順序の選択規則を記述するものである。ワークフロー、ビジネスプロセスは手続きの一種である。実際のプロジェクトは複雑であり、手続きとしては記述しきれない課題が少なくない。

このような問題を回避、軽減するには、いくつかの順序を伴う活動をまとめてサブシステムを構成し、システム全体の構成をブロックの結合として表現する。モデリングの際には、採用する技法の特徴をこれらの観点から検討することが必要である。

---

[10] I-P-Oモデル (Input - Process - Output Model) と呼ぶ場合がある。

2-3. システムズシンキング

システムズシンキングとは、分析対象をシステムとしてとらえ、これを要素に分解することでシステムを要素間の因果関係として表し、その因果関係からシステムの特性を分析する思考方法である。すなわちシステムズシンキングでは、因果関係により原因と結果の関連性、および、変化の過程を分析し、複雑なシステムの根底にある構造をとらえる。その代表的な方法として、システムダイナミックスとシナリオプランニングを概説する。

2-3-1. システムダイナミックス

システムダイナミックスは、社会、国家、企業、などの複雑なシステムの動的特性をシミュレーションにより解明しようとする方法論である。ローマクラブ[*11]が、資源の有限性に着目して1972年に発表した未来予測「成長の限界」[6]においてシステムダイナミックスを適用することで複雑な経済構造を分析し、注目を集めるようになった。

システムダイナミックスは、シミュレーションを用いた分析手法の1つで、人口予測、経済成長予測、インフルエンザ流行予測、製品の市場浸透予測など、経済、社会の様々な分野で幅広く利用されている。複雑システムである、プログラム、プロジェクトにおいても、原因と結果への影響を、システムダイナミックスにより分析することができる。例えばPERT/CPMは、スケジュール、コストなど因果関係をネットワーク手法で示したものであり、システムダイナミックスの手法により分析をすることができる。

システムダイナミックスでは、予測対象の変数に時間による変化、および、変数間の変化の関係をストックとフローによって構造的に表現することで、常微分方程式としてモデルを作成する。

ストック	システムの中で蓄積され数量的に表される量
フロー	ストックが変化していく速さ、ストックの単位時間当たりの変化率

[*11] Club of Roma: 全地球的な問題（人口、環境、資源問題等）に対処するために、1970年に設立したシンクタンク。

第1章　システムズアプローチ

例えば、距離Lと速度vとの関係は、数式として$L=\int_{t=0}^{T}vdt$または$v=\frac{dL}{dt}$と記述されるが、システムダイナミックスでは距離をストック、速度をフローとして構造化される。したがって、力学を例とすれば、ストックとフローの関係は図表5-1-6となる。

図表5-1-6　システムダイナミックスの基本要素 ストックとフローの例

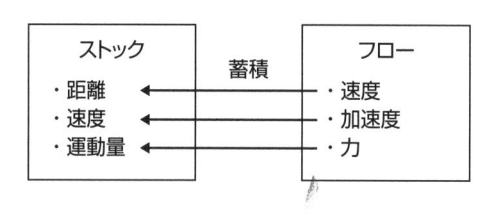

```
┌──────────┐        ┌──────────┐
│ ストック  │  蓄積  │ フロー    │
│ ・距離    │←───── │ ・速度    │
│ ・速度    │←───── │ ・加速度  │
│ ・運動量  │←───── │ ・力      │
└──────────┘        └──────────┘
```

モデルを利用し、様々な条件でそれぞれの変数の時間による変化の様子をシミュレーションすることにより、関連データが予測変数に与える影響を検討することができる。例えば、あるタスクのスケジュール遅延を条件として与え、それがプロジェクトにどのような影響を及ぼすかをシミュレーションで検証することができる。

変数間の構造関係としては、フィードバック、連鎖反応がある。フィードバックは、あるシステムの出力値が入力値に影響することを指す。図表5-1-7に示す人口モデルのように、現在の人口（ストック）と出生率（一定とする）が出生（フロー）に作用し、同様に人口（ストック）と死亡率（一定とする）が死亡（フロー）に作用することで、将来の人口に影響を与えるような関係である。ここで、出生率が死亡率を上回れば人口は増加し、下回れば減少するこ

図表5-1-7　フィードバックの例（人口モデル）

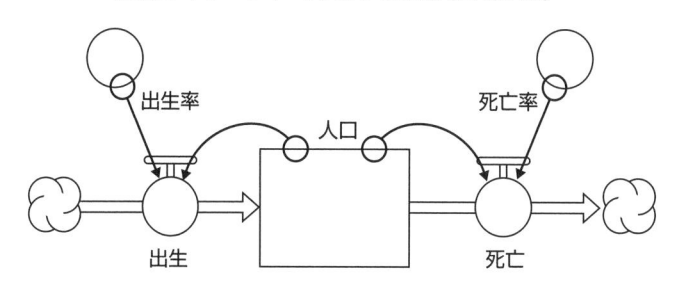

とが分かる。

また連鎖反応とは、変数が連鎖的に影響することを指す。例えば、工場の増加が排煙の増加を引き起こし、健康被害が増大するような関係である。多くの場合、連鎖は時間的な遅れを伴って伝わる（図表5-1-8参照）。

図表5-1-8 連鎖反応の例

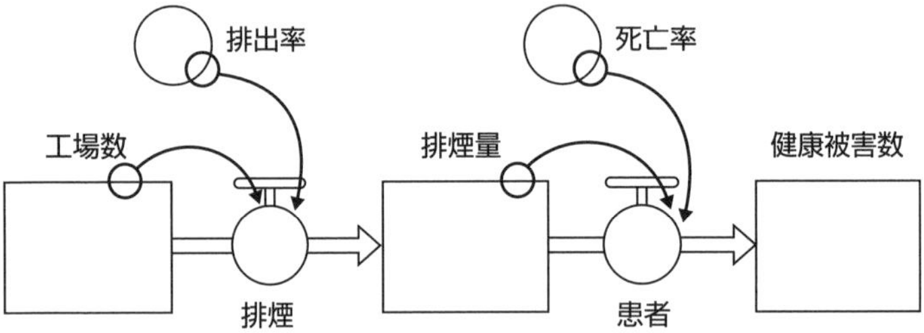

システムダイナミックスにおけるモデル化は、微分方程式、差分方程式からなる数理モデルの作成であり、以前は専門家でないと困難であった。現在では、汎用のソフトウェアが市販されており、図表5-1-7や5-1-8に示すようにグラフィカルなインターフェースを用いて、数式を意識することなくモデルを作成し、シミュレーションを行うことができる[7]。

2-3-2. シナリオプランニング

シナリオ（scenario）とは、未来の様々な変化により発生する事態、構造変化を予測することである。そしてシナリオプランニングは、シナリオの策定を通じて、不確実な構造変化に対応できる能力を組織が身につけるためのものである。不確実性の高い環境下において適切な意思決定を行うには、起こりうる可能性のある未来を想定する必要がある。未来を完全に予測することは不可能といえるが、未来にも図表5-1-9に示すパターンが考えられる。このため、予測可能なことと不可能なことを区別し、将来生じる可能性のある未来に対するシナリオとして策定することで、構造変化に素早く適応することが可能となる。

図表5-1-9　不確実性の分類

分類	概要
完全に不確実な未来	将来の状況をまったく予測できない状態を指す。類似の事象から、類推ができない構造的不確実性などがこれに当たる。たとえば、これまでにまったく経験のない新機軸製品の需要予測、多くの自然災害も、「完全に不完全な未来」といえる。
一定の範囲で予測できる未来	将来の状況は予測できないが、変化の範囲は決められる状態を指す。従来技術がベースとなる新技術を採用した設備の生産性などがこれに当たる。
いくつかの選択肢のある未来	将来の状況を選択的に予測できる状態を指す。需要変化の増減に対応した設備投資などがこれに当たる。

　従来行われたプランニングでは、業界や市場の成長は現状の延長にあるとして将来を想定して自社の実行シナリオを設定し、シナリオ遂行上で発生する障害とその発生確率を導くことに主眼があった。しかし、経営環境の不確実性が増す中でビジネスを遂行しなければならない現代の企業は、構造的不確実性から生じる「完全に不確実な未来」に対応する手法を必要としている。

　このため、近年のシナリオプランニングでは、自社の実行シナリオと経営環境シナリオを区別する。すなわちシナリオ作成の過程で、自社の能力ばかりでなく、自社が置かれたビジネス環境の構造やその構造内の因果関係について深く考察することとなる。

　このシナリオプランニングを実施することで、組織として不確実な構造変化に対応できる能力が身につき、その結果として意思決定の質の向上が期待できる。例えば、石油大手のロイヤル・ダッチ・シェルが、経営戦略の策定にシナリオプランニングを利用し、石油危機による経営環境変化への対応を競合他社に先駆けて実施することで、石油危機以降の競争優位を得たといわれている[8]。

　シナリオプランニングではいくつかのプロセス[8]が考えられ、基本的に図表5-1-10に示すフローとなる。まず、未来に対する重要課題を明確にし、自社の戦略にかかわるシナリオテーマを設定することから始まる。シナリオテーマ設定には、ブレーンストーミング、インタビュー、SWOT分析など、要求分析、戦略立案などで使用するツールが有効である。

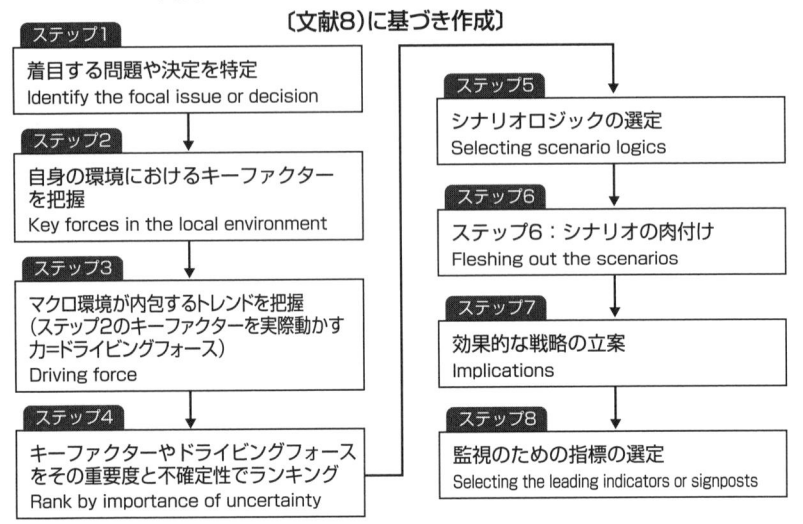

図表5-1-10 シナリオプランニングのプロセス例
〔文献8）に基づき作成〕

ステップ1 着目する問題や決定を特定 Identify the focal issue or decision

ステップ2 自身の環境におけるキーファクターを把握 Key forces in the local environment

ステップ3 マクロ環境が内包するトレンドを把握（ステップ2のキーファクターを実際動かす力＝ドライビングフォース）Driving force

ステップ4 キーファクターやドライビングフォースをその重要度と不確定性でランキング Rank by importance of uncertainty

ステップ5 シナリオロジックの選定 Selecting scenario logics

ステップ6 ステップ6：シナリオの肉付け Fleshing out the scenarios

ステップ7 効果的な戦略の立案 Implications

ステップ8 監視のための指標の選定 Selecting the leading indicators or signposts

　次に、自社の特性、独自性、優位性、および社会の変化と動向にかかわる情報を収集し、自社の戦略に影響を与える内部および外部要因を「キーファクター」として抽出する。そして、このように集めた情報から、キーファクターを実際に動かす事象、トレンド、パターン、構造を「ドライビングフォース」として見出す。

　キーファクターやドライビングフォースは、そのインパクトの大きさと発生の不確実性の2軸でランク分けすることで、インパクトが大きく、不確定性が高いキーファクターやドライビングフォースが関係する状況に対して、複数の環境シナリオを用意する。それぞれの環境シナリオに対応した戦略を立て、実行シナリオを策定する。

　最後に、内部および外部要因として抽出した事柄の変化を監視し、環境シナリオおよび実行シナリオに対応した戦略を迅速に実施する。このため、シナリオプランニングを導入した組織は、学習の能力が向上することで、組織として環境変化に対応する能力を伸ばすことができる[9]。

　プログラムマネジメントにおいては、プログラムの初期過程で現状の複雑な現象から洞察力（insight）で見抜いた問題をミッションとして明確にするミッ

ションプロファイリング（mission profiling）により、「ありのままの姿: As-Is」から洞察した全体使命の意図を多元的に解釈し、幅広い価値体系に表現し、「あるべき姿: To-Be」を追求してミッションを実現可能なシナリオ形式にまで展開する実践活動が求められる。

さらに、プログラムを達成するためのプロジェクトにおいても、不確実な構造変化に対応できる能力をプロジェクトチームが身に着けることは、プロジェクトの成功に欠かせない。したがって、シナリオプランニングは、プログラム、プロジェクトにおいて欠くことのできない重要なシステムズアプローチの1つといえる。

3. システムズエンジニアリング

3-1. システムズエンジニアリングとは

システムズエンジニアリングとは、システムの各構成要素がひとつの目的に向かって確実かつ経済的に作動するよう各構成要素を分析し、それらの最適な相互関係を設計すること、あるいはそのための科学および技術と定義される。従来の工学はそれぞれの専門分野に分化した要素の設計に重点を置く傾向があるが、システムズエンジニアリングでは、システムへの要求の調査から始まり、目標設定、開発計画立案、設計、生産・製造・建設、運用、廃棄までのシステムライフサイクルの各フェーズで生じる問題を扱うことが可能である[10]。

なお、システムズエンジニアリングにおけるシステムのとらえかたは、対象分野それぞれのバックグラウンドにより異なる。実際、多くの定義、方法論が、エンジニアリング、ソフトウェア開発、ロジスティクスなどの分野で展開されている。システムズエンジニアリングを適用するには、分野の特徴を踏まえたカスタマイズと補足的活動を考慮することが重要である。その際、

① トップダウンアプローチでシステム全体をとらえる。
② ライフサイクル指向で考える。
② 初期段階により多くの力を注ぐ。
④ 多くの専門分野からなるチームで取り組む。

第5部　知識基盤

これらが、分野を超えて留意すべき共通事項である[11]。第2部で示されているP2Mフレームワークを、システムズエンジニアリングを援用して解釈すると図表5-1-11となる。

図表5-1-11　P2Mにおけるシステムズエンジニアリング

①トップダウンアプローチでシステム全体をとらえる。
企業ボードメンバー
②ライフサイクル指向で考える。
③初期段階により多くの力を注ぐ。
プログラムマネジャー
スキーム　システム　サービス
プロジェクトマネジャー　プロジェクトマネジャー　プロジェクトマネジャー
専門家　専門家　専門家

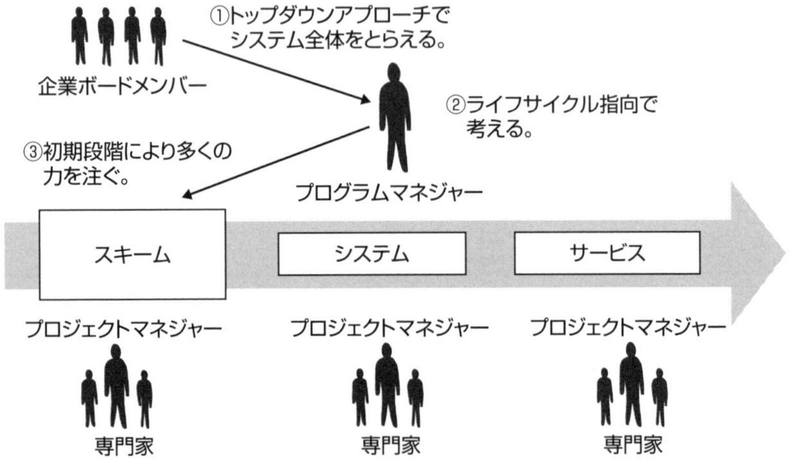

3-2. システムズエンジニアリングのフェーズとプロジェクトライフサイクル

A. D. Hall [12] は、システムズエンジニアリングを7つのフェーズ（時間軸）とそれぞれのフェーズで実行される7つの論理的ステップ（問題解決のための手順）を示している（図表5-1-12参照）。

この形態学的フレームワークをプラントにおけるエンジニアリングプロジェクトを念頭においてP2Mに適用[13]すると、

▶フェーズ1、2
　開発ならびに概念設計を当ててスキームプロジェクトモデルを適用
▶フェーズ3、4、5
　詳細設計、機器調達・製作、建設を当ててシステムプロジェクトモデルを適用

第1章　システムズアプローチ

図表5-1-12　システムエンジニアリングの7つのフェーズと7つのステップ
〔文献12）の図を参考に作成〕

フェーズ ＼ ステップ	1 課題設定ステップ	2 価値体系設計ステップ	3 システム合成ステップ	4 システム解析ステップ	5 最適化ステップ	6 意思決定ステップ	7 実施案策定ステップ
1 プログラム計画							
2 プロジェクト計画							
3 システム展開		各フェーズにおいて実施される各ステップの作業内容を示す。					
4 製造（構築・建設）フェーズ		なお、各フェーズでは全てのステップが実施されるわけではない。					
5 提供（導入）フェーズ							
6 運用フェーズ							
7 退去（廃止）フェーズ							

・7つのフェーズ

フェーズ	内　容
1．プログラム計画	組織がさらに詳細な計画を訴求すべき活動やプロジェクトを発見（ポートフォリオデザイン）する
2．プロジェクト計画	プログラム中の特定の関心に焦点を当てて、プロジェクトとして計画する
3．システム展開	プロジェクト計画を実行可能とする
4．製造（構築・建設）	システム展開によって用意された詳細な仕様書や図面、部品表等に従って製造する
5．提供（導入）	製造物を最終消費者（使用者）に提供する
6．運用	多かれ少なかれ、フェーズ5とオーバーラップする、提供された製造物を使用する
7．退去（廃止）	新たなシステムが取って代わるまでの期間を経て使用が停止される

第5部 知識基盤

▶**フェーズ6、7**

運転・管理を当ててサービスプロジェクトモデルを適用することが相応しい。

これに対して論理的ステップでは、

▷**課題設定**

プログラムから与えられたミッションからプロファイリングを経てシナリオ作成に至る。

▷**価値体系設計**

プロジェクトの価値連鎖活動を前提とした評価項目の体系化が行われる。

▷**システム合成・解析・最適化**

先に設定したシナリオに従って合成が実施される。

▷**意思決定**

多目的評価によって取るべき代替案が選択される。

▷**実施案策定**

代替案が成立する前提条件であるシナリオに合わせてプロジェクト実行計画が作成され、プログラムに委ねられる。

3-3. システムズエンジニアリングによる問題解決

3-3-1. 問題解決のモデル

問題とは「望ましい状況またはあるべき姿と現状の間のギャップ」であり、問題解決とは、「無問題にすること、あるいは、不確定状態から確定状態にすること」と定義できる[14]。そして、一般的な問題解決のモデルは、図表5-1-13

図表5-1-13 問題解決の一般モデル

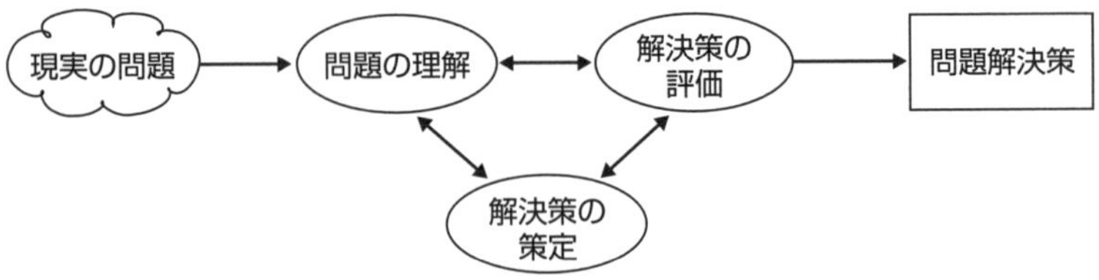

第1章　システムズアプローチ

・それぞれのフェーズにおける7つの論理的ステップ

論理ステップ	内　容
1 課題設定	要求とその環境の研究と問題設定に使用するデータの収集と分析を行うステップである。 問題を問題として認識する。その際、問題解決の必要性をステークホルダー（場合により社会）が認めることが重要である。ここでは問題の原因追及、解決策提案などは行わず、純粋に問題は何かを整理し認識する。
2 価値体系設計	収集されたデータを使用して、満たすべき目標と代替案を評価するための判定基準を規定するステップである。認識した問題に基づいて解決すべきシステムの目的を考え、プロジェクトが達成すべき目的を定義する。
3 システム合成	様々な手段を使って競合する代替案を構成するステップである。入手可能な資源を組み立て、具体的にシステム案を作成することで、実現可能性を判断することができる。システム合成には、全体から部分に向かうトップダウン設計、部分から全体に展開するボトムアップ設計、あるいはその組み合わせがある。トップダウンでは実装に必要な手段にたどり着かない恐れがあり、ボトムアップでは目的に合致しないシステム案となる恐れがある。アプローチは問題の性質に応じ、最適な方法を選ぶことが望まれる。
4 システム解析	システマティックに代替案を解析するステップである。システム合成で仮説として出されたシステム案の特性を調べ、目的に合致するかを検討するプロセスである。 システムの特性を把握するには、測定方法と尺度を適切に定める必要がある。また、問題解決を成功に導くには、システム合成を担当したチームとは別のチームが、システム解析を担当することが望ましい。 OR(Operations Research)、構造解析、シミュレーションなど、近年では、多数のツールがシステム解析に利用されている。これらを適切に使い分けてシステムの特性を把握することが重要である。
5 最適化	意思決定するために、価値体系に合わせて目標関数を定め、それぞれの代替案を最適化するステップである。複数のシステム案がある場合、それらのどの案が最も優れているかを評価するプロセスである。
6 意思決定	代替案を評価し、実施案を選択するステップである。最良システムの選択は、できるだけ客観的なデータに基づいて行うことが望ましい。またシステム案の評価にあたっては、あらかじめ、目的達成にかかわる評価尺度を明らかにしておく必要がある。
7 実施案策定	コミュニケーションシステム、スケジューリング、経営資源の配分、進捗測定法の設定、確実な実行管理のためのフィードバックシステムの設計を含んだ実行計画を策定するステップである。これまでの結果をまとめ、行動計画を作成する。この計画が問題解決へのインプットとなり、システムズエンジニアリングの最終成果物へとつながる。

として記述できる。

　まず、問題をもつ当事者は、問題を理解することから始まる。すなわち、設定されている目標、処理すべき要求事項などの調査・確認を行い、望ましい状況またはあるべき姿と現状とのギャップを認識し、現在の問題を理解する。その上で問題解決策を策定し、その問題解決策を評価し、採用する解決策を選定する。なお、問題解決の状態は一つではなく、例えば、次の5つの状態が考えられる[14]。

①解決（最適化）	一番良い解決策を出す
②妥決（満足化）	ほど良い解決策を出す
③解消（消去する）	目標や条件を変えて問題をなくす
④回避（待つ、忘れる）	解決策を出そうとしない
⑤逃避（逃げる）	積極的に、時には敵対的に、問題を避ける

　問題解決策の策定、評価にあたっては、問題の特徴、解決の困難度、経済性などの観点から多くの解決策を策定し、多面的に検討することが必要である。

3-3-2. 問題解決のプロセス

　システムズエンジニアリングの各フェーズでは様々な問題が生じ、その解決が求められた場合、図表5-1-12に示したように課題設定から実施案策定に至る論理的ステップによって問題解決に当たることとなる。すなわちこの問題解決プロセスは、システムズエンジニアリングの各フェーズで繰返し、適用されることになる。

　なおシステムズエンジニアリングでは、ここに示すモデル以外に米国国防総省が体系化したMIL-STD-499（Systems Engineering Management）[12]に始まり、IEEE STD1220（Application and Management of the Systems Engineering Process）[13]、ISO/IEC 15288（Systems Engineering - System Life Cycle Processes）[14]など、多くのモデルが規定されており、プロジェクト

---

[12] 米国防衛省が設定した規格
[13] 米国IEEE（電気・電子技術の学会）が設定した規格
[14] 国際標準規格

によってはいずれかのモデルを適用した業務遂行が顧客より求められることがある。

3-4. システムインテグレーション

システムインテグレーションとは、システムへの要求を満足するために要求を分解して各要素に割り当て、その各要素をシステムとして適切に統合化するために、システムズエンジニアリングの初期段階から継続的に行われる活動である。したがって、システムインテグレーションの目的は、各要素が互いにインターフェースを確保し機能するだけでなく、最終的にシステムとして要求を満足することを確実に行うことである。そのためには、システムズエンジニアリングの最終段階の評価に重点を置くのではなく、プロジェクト計画にシステムインテグレーションプロセスを示し、初期段階から計画的に課題の抽出、対応を行い、各要素の設計、製造、あるいは、調達に反映する必要がある。

図表5-1-14に示す例では、大別すると2種のシステムインテグレーションが行われている[15]。

図表5-1-14　トップダウン／ボトムアップシステム開発プロセスにおけるシステムインテグレーション例[15]

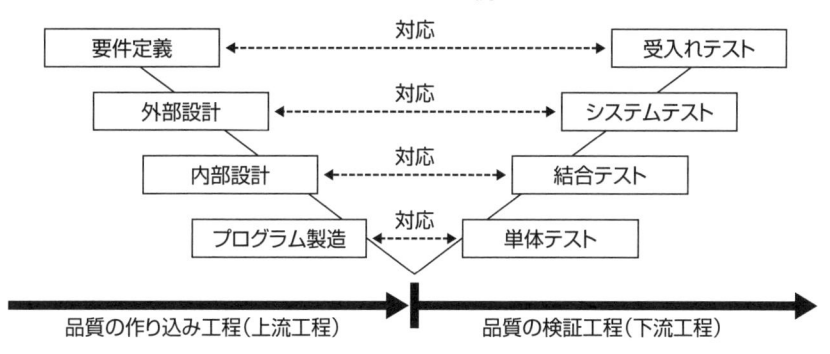

出典：佐藤 創『システム開発現場のプロジェクトマネジメント教科書』テレコムリサーチ、2008年、p.224

- **設計・構築によるインテグレーション**

前半フェーズはトップダウンで、必要とされる機能を分析し、その機能に要求を割り付けた後で、要求は設計によってインテグレーションされる。設計に

よって必要とされたコンポーネントが調達・試験・評価され、システムとして構築（インテグレーション）される。

- **運用・利用のためのインテグレーション**

後半フェーズはボトムアップで、運用に必要な経営資源が集められ（インテグレーション）、システムはスタートアップ、初期生産による評価を経て本格的に利用され、補修やサポートを集約（インテグレーション）する必要がでてくる。

本来、システムズエンジニアリングは、要素の組み合わせによる新たな効果の実現が目的であるが、従来は、対象を要素に分解し解析することに重点があった。実際、システムインテグレーションでは、システムの各要素、あるいは、モジュールの性能向上、品質向上などに重点があった。例えば機械システムでは、部品の性能と品質がシステムとしての機械の性能、品質の要になっており、これらの向上がシステムインテグレーションの主要な課題であった。

しかし、現代社会におけるシステムへの要求は、大規模化、複雑化、そして、広域化している。また、システムを構成するそれぞれの要素の価値ではなく、要素をつなげることで生じる価値も考慮するため、システムを俯瞰的に考えることが重要となっている。機械システムにおいても、部品の性能、品質ではなく、部品が連携してシステム全体として発揮する価値に重点が移っている。

すなわち、これからのシステムズエンジニアリングには、広域的、多面的、そして、俯瞰的にシステムをとらえる本来の視点が、改めて必要となっている。特に、システムの要求を最終的に満足させる役割を持つシステムインテグレーションでは、そのプロセスに俯瞰的な視点を組み込むことが重要である。

4. システムと管理プロセス

4-1. 意思決定システムと管理プロセス

意思決定は、目標を達成するための解を求める行為といえる。そして意思決定システムは、図表5-1-15に示すように、目標を与えられた"意思決定者"が

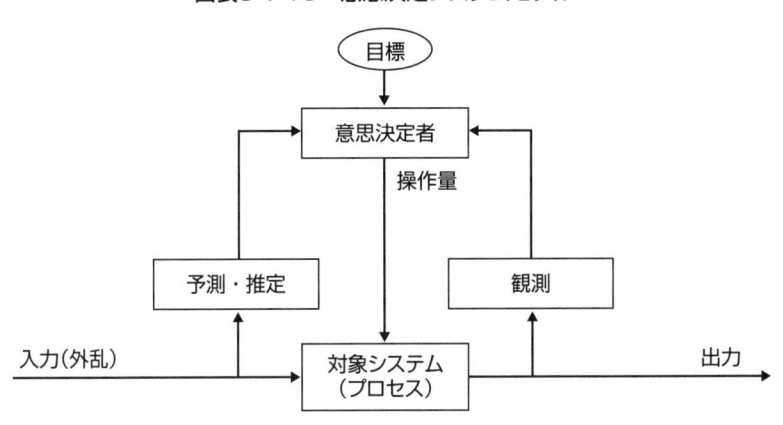

図表5-1-15　意思決定システムモデル

"対象システム"を操作する仕組みとしてモデル化できる。すなわち意思決定システムの基本要素は、意思決定を行う意思決定者と意思決定の対象システムであり、対象システムは、入力（外乱）、操作量から出力を生じるプロセスととらえることができる。なお、意思決定者は単一とは限らず、集団であってもよい。意思決定者は、入力（外乱を含む）、または、出力を予測、あるいは観測し、それらに基づいた意思決定を行い、より上位の階層から示される目標を達成するように操作量の値を決め、それをシステムに伝える。システムからの出力の観測による意思決定をフィードバックと呼び、システムへの入力の予測に基づく意思決定をフィードフォワードと呼ぶ。

複雑化する現代企業において、意思決定システムを管理し、効果的に機能させるためには、情報収集から意思決定の成果検証までのプロセス（意思決定プロセス）を組織として整備する必要がある。この意思決定プロセスを定義することで、管理対象や関係者が果たすべき役割が明らかとなり、意思決定にかかわるスケジュール、品質などを管理することが可能となる。

意思決定プロセスとして様々なモデルが提示されている。ここでは、その中から、準備フェーズ、判断フェーズ、実行フェーズからなるTickyらのモデルを示す。このモデルの特徴は、「リーダーの下す判断が人材、戦略、危機のいずれかのテーマに分類できると結論づけた上でモデルが定義されていること」

図表5-1-16　Tichy and Bennisの意思決定プロセスモデル [16]

	Preparation Phase 準備フェーズ			Call Phase 判断フェーズ		Execution Phase 実行フェーズ	
優れたリーダー	●問題の兆候をつかむ。 ●将来を切り拓こうという熱意を抱く。	●混沌のなかから本質だけを見抜く。 ●条件を明確に決める。 ●文脈を定め、周囲の理解を促す。	●だれが大切なステークホルダーかを見極める。 ●ステークホルダーを巻き込み、熱意を引き出す。 ●優れたアイデアを集める。	●明快な判断を下す。 ●判断の中身や理由をていねいに説明する。		●実行にみずから関わる。 ●実行へのサポートを惜しまない。 ●わかりやすいマイルストーンを設ける。	●たゆみなくフィードバックを求める。 ●フィードバックに耳を傾ける。 ●調整する。

兆候に気づき、明らかにする → 問題の大枠をつかむ → 周囲の協力を取りつける → 判断する → 実行する → 学習し、調整する
（軌道修正／軌道修正／軌道修正）

	Preparation Phase 準備フェーズ			Call Phase 判断フェーズ		Execution Phase 実行フェーズ	
さえないリーダー	●環境の変化を読み取れていない。 ●現実をありのままに受け止めていない。 ●直感に従っていない。	●問題を正確にとらえていない。 ●最終目標を決めていない。 ●古い発想から抜け出せていない。	●期待する内容をはっきりさせていない。 ●適材を集められていない。 ●初期の誤りを放置している。	●判断が煮え切らない。 ●問題相互の関係や判断の影響をつかみかねている。		●実行には関与していない。 ●重要な情報を集めようとしていない。 ●優れた実行の条件を理解していない。	●成果の測定を怠っている。 ●社内の反発を見過ごしている。 ●変革のための仕組みを設けていない。

ならびに「軌道修正のステップを設けていること」にある[16]。

Tickyらがこのモデルに従って意思決定を行う上で必要となる知識を、図表5-1-17に示すように4つ（個人、社会ネットワーク、組織、利害関係）に分け、3つのドメイン（人材、戦略、危機）ごとに挙げている通り、意思決定は多次元で状況に応じた対応を求められる。

4-2. コントロールシステムと管理プロセス

コントロールとは、あらかじめ定めた目標を達成するため計画と実行の差異を評価し、必要な予防措置、是正措置、あるいは、計画変更要求を行う活動である。またコントロールシステムとは、計画と実行の差異評価を入力とし、目標達成へ必要な措置を出力する機能を備えたものである。

品質の維持・向上および継続的な業務改善活動のためのマネジメント手法として、ウォルター・シューハート（Walter A. Shewhart）、エドワーズ・デミ

図表5-1-17　意思決定に要する知識例 [16]

	PEOPLE 人材	STRATEGY 戦略	CRISIS 危機
Self 自分 新しい事柄をどのように学ぶか。現実とどのように向き合うか。見聞を広めようという意識があるか。自分を高めたいと望んでいるか。	自分には、どのような野心、役割、力量があるのか。	自分のキャリアや人生設計をどのように描くのか。	危機のさなかに置かれた時、どのように自分を見つめるのか。
Social Network チーム 強いチームづくりの秘訣を心得ているか。どうすればチーム・メンバーから学べるか。チーム・メンバーによりよい判断の仕方をどのように教えるか。	だれがチーム・メンバーにふさわしいか。	どうすればチーム全体の力を伸ばし、ミッションを果たせるか。	危機に瀕した時、だれと、どのように協力するか。
Organizational 組織 他の組織やチームの強みをどのように生かすべきか、わかっているか。効果的な判断方法を周囲にも伝授して、組織全体の判断力を高められるか。	人材の質や能力を高めるには、どのような体制が求められるか。	実行フェーズにおいて、どのように組織全体を巻き込み、その熱意を引き出せるか。	危機的な状況のなかで、どのように組織を動かすか。
Contextual 利害関係 顧客、サプライヤー、政府、株主、利害団体など、多数のステークホルダーと、どうすれば円滑な意思疎通を図れるか。	どのステークホルダーが重要か。彼ら彼女らから、どのように協力を引き出すべきか。	戦略プランニングとその実行に、ステークホルダーをどのように巻き込むべきか。	危機の打開に向けて、社内外のステークホルダーをどのように連携させるべきか。

ング（W. Edwards Deming）らが提唱したPDCAサイクル（図表5-1-17）に当てはめると、コントロールは、Actプロセスに当たるといえる。

またコントロールは、4-1に述べた意思決定システムの1要素ともいえる。すなわち、意思決定システムにおいてコントロールは、意思決定システムが目的を達成するために立案した計画と実行に関する入力（外乱）、および出力を

図表5-1-17　PDCAサイクル

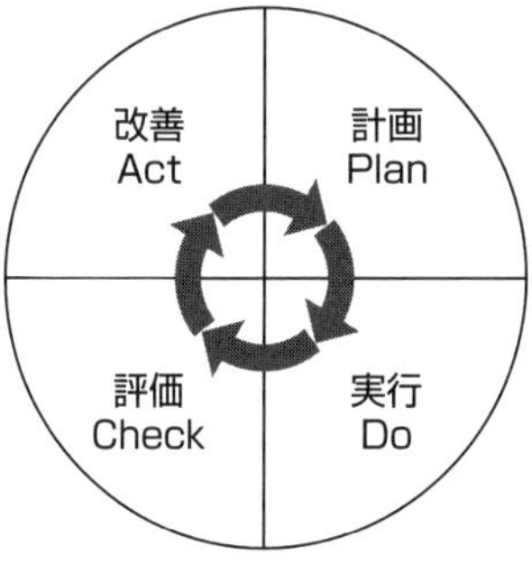

改善 Act ／ 計画 Plan ／ 評価 Check ／ 実行 Do

測定した結果に基づき、次の実行への操作量の値を決める役割を担っている。

コントロールを適切に行うには、目標設定、計画立案、実行評価に一貫した指標とその設定方法、計画方法、計測方法が必要である。意思決定が対象としたシステムにより、それらの具体的な内容は異なるが、基本的なコントロールのプロセスは変わらない。例えば、プログラム、プロジェクトにおいては、時間、コストなどがコントロールの代表的な指標であり、ガントチャート、PERT（Program Evaluation and Review Technique）、EVM（Earned Value Management）など、様々な計画立案、実行評価方法からの情報に基づき、是正措置の選択、計画の変更要求などのコントロールを行う。

従来からコントロールの主な対象分野である、機械システム、化学プロセス、交通システムなどの分野では、システムの状態を把握するために各種センサーを用いて集めたデータと計画値の比較により、計画との差異を是正する指示を繰り返し出すことがコントロールの基本である。例えば化学プロセスでは、温度、圧力、流量、レベルがコントロールの指標となり、これらの入力値と目標値との偏差をフィードバックする制御[*15]が、古くから導入されている。

4-3. 資源配分システムと管理プロセス

資源配分とは、複数のシステムが必要とする有限の資源について、配分の優先順位付けを行うことである。複数のシステムに効果的に資源を配分するためには、資源配分システムのモデル化とモデルを利用した配分プロセスが有効である。ここで、組織を企業とすると、システムの観点から図表5-1-18のようにモデル化することができる。すなわち、組織は経営資源を複数のプロジェクトからなるプログラムに投入し、産出された製品あるいはサービスを市場に提供することで、売上、利益、ブランド力などを得る。市場から得た利益などは、人、物、資金などの経営資源として蓄積され、プログラムの継続、あるいは、新たなプログラムに再度投入される。

[*15] 偏差とその積分値、および微分値の3つの要素によって行うPID（Proportional Integral Derivative）が有名

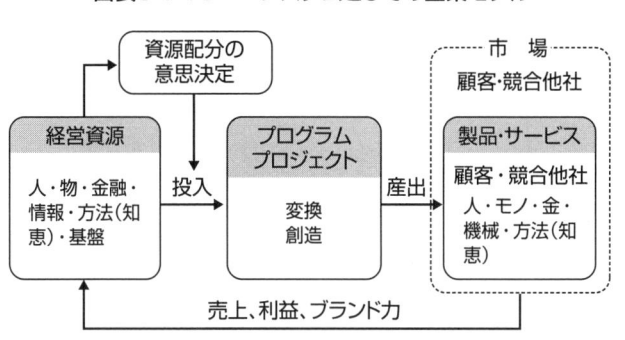

図表5-1-18　システムとしての企業モデル

プログラムにとって利用可能な経営資源には限りがあるため、プログラム配下のプロジェクト同士は経営資源に関して競合関係にある。そのためプログラムでは、組織戦略から要求される使命の実現を最大限確実に行うため、資源の適切な配分ばかりでなく、プロジェクトの創出・継続・中止を識別するためにも、意思決定システムと意思決定プロセスが必要である。

P2Mでは、プログラムを、「組織戦略から要求される使命により構想された価値創造を目的として、複数のプロジェクトが有機的に結合された事業」と定義している。すなわち、組織には戦略があり、その戦略の要求を実現するのがプログラムであり、それは複数のプロジェクトからなっている。P2Mにおける経営資源の配分は、通常、調整・コントロールを行う一連のマネジメントサイクルの中で行われ、近年ではプロジェクトマネジメントオフィス（PMO: Project Management Office）がその任を負っている。

4-4. コミュニケーションシステムと管理プロセス

1-2で示したように、システムはコントロールとコミュニケーションを持つ。システム全体が正しく機能し存在を続けるためには、コミュニケーションシステムを通して、各システム要素の挙動をコントロールする必要がある。

プロジェクトの場合、プロジェクトチームのメンバー、顧客、ベンダー、行政など様々なステークホルダーが存在する。ステークホルダーは、それぞれ異なる利害を持つため、プロジェクトにける目標設定、アクティビティの優先順

位、資源配分などにおいて対立が生じやすい。対立を認識し、交渉し、解消するには、ステークホルダー間のコミュニケーションシステムとその管理プロセスが必要となる。

コミュニケーションシステムは、「コミュニケータA」、「コミュニケータB」、「メッセージ」、「コンテキスト」の4つの要素から構成される。「コミュニケータA」は「コミュニケータB」に伝えたいメッセージを、言葉、手振り身振り、表情など様々な方法により記号化し発信する。「コミュニケータB」は、受け取ったメッセージを解読し、解釈を加えて新たなメッセージとして「コミュニケータA」に返す。その際、メッセージを理解する前提となるのが、「コミュニケータA」と「コミュニケータB」がもつ共有情報、すなわち「コンテキスト」である。コンテキストは、文化的な背景、物理的な環境、関係する人数などにより影響を受け、コンテキストにより、メッセージに含むべき情報、発信方法が異なる。

プロジェクトにおける、コミュニケーション管理プロセスも、このようなコミュニケーションシステムの構造を理解した上で構築をされる。通常、プロジェクトにおけるコミュニケーション管理プロセスは、次の4つの要素から構成されている。

- コミュニケーションの管理の4つの要素

①コミュニケーション計画の立案	プロジェクトに関する様々な情報のうち、「誰が、何を、いつ、誰に、どのように」創出、収集、伝達、蓄積するかを定める。
②情報配布	ステークホルダーが求める情報を、正確に、正しい方法で伝達する。
③実績報告	業績、進捗、予測などに関する情報を収集し、配布する。
④完了手続き	フェーズ、あるいは、プロジェクト完了時点で成果物の検収を行い、完了を公式なものにするための情報を生成、収集、配布する。

コミュニケーション管理プロセスを円滑に進めるためには、プロジェクトメンバーのコミュニケーションスキルの向上、適切な伝達方法の選択、IT技術の活用などが求められる。

【参考文献】

1) 栗原 伸一『入門 統計学 −検定から多変量解析・実験計画法まで−』オーム社、2011年
2) ピーター・チェックランド（高原康彦、中野文平監訳）『新しいシステムアプローチ - システム思考とシステム実践 -』オーム社、1985年
3) ピーター・チェックランド、ジム・スクールズ（妹尾堅一郎監訳）『ソフト・システムズ方法』有斐閣、2003年
4) ピーター・チェックランド、内山研一『異なった世界観の同居を可能にする「アコモデーション」がシナジーを生成する』『人材教育』日本能率協会マネジメントセンター刊、Vol.16, No1、2004年
5) 森戸晋、相澤りえ子、貝原俊也『VisualSLAMによるシステムシミュレーション』構造計画研究所、2001年
6) ドネラ H.メドウズ『成長の限界—ローマクラブ『人類の危機』レポート』ダイヤモンド社、1972年
7) 土金達男『シミュレーションによるシステムダイナミックス入門』東京電機大学出版局、2005年
8) ピーター・シュワルツ『シナリオ・プランニングの技法』東洋経済新報社、2006年
9) キース・ヴァン・デルハイデン『シナリオ・プランニング 戦略的思考と意思決定』ダイヤモンド社、1998年
10) 室津 義定、大場 史憲、米澤 政昭、藤井 進、小木曽 望、『システム工学第2版』森北出版、2006年
11) Benjamin S. Blanchard『Logistics engineering and management』Pearson Education、2004年
12) A. D. Hall『Three-Dimensional Morphology of Systems Engineering』IEEE Transactions on Systems Science and Cybernetics、Vol. SSC-5, No. 2, pp. 156–160, April 1969
13) 梅田富雄『プロジェクトにかかわるシステムエンジニアリング方法論の展開』国際プロジェクト・プログラムマネジメント学会誌、Vol.3、No.2、pp.125-134、2009年

14) 川瀬武志『IE問題の基礎』日刊工業新聞社、2007年
15) 佐藤創『システム開発現場のプロジェクトマネジメント教科書』テレコムリサーチ、p224、2008年
16) N. M. Tichy、W. G. Bennis『Making judgment calls』Harvard Business Review, pp.94-102, October, 2007（有賀裕子訳、決断と実行のリーダーシップ DIAMOND ハーバード・ビジネス・レビュー 2008年3月号、pp.122-134、2008年）

第2章 知識・情報資産

　企業がその活動から価値を生み出すプロセスをモデル化したこのバリューチェーンと価値システムは、ポーター（M.E. Porter）が提唱したものであり、プログラムやプロジェクトもまた価値を生み出すバリューチェーン（価値連鎖）としてとらえることができる。図表5-2-1の上層はプログラムとしてのモデルプロジェクト間の価値連鎖、下層はシステムモデルプロジェクトを例としてプロジェクト内の価値連鎖を図示している。

図表5-2-1　P2Mにおける価値システム構造

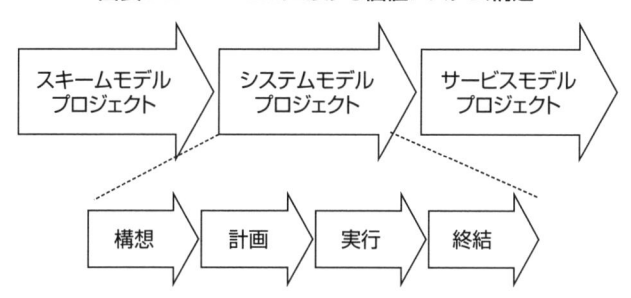

スキームモデルプロジェクト → システムモデルプロジェクト → サービスモデルプロジェクト

構想 → 計画 → 実行 → 終結

　このバリューチェーン・価値システムに流れるのが"データ"や"情報"であり、本システムに蓄積されるモノが"知識"と考えられる[1]。これらのデータ・情報・知識の多くは属人的であるため、実際のプログラム運用では、終了したプロジェクトのメンバーを新たなプロジェクトへと移動させることで、データ・情報・知識を利用する方法等が取られている。

　プロジェクトは決められた期限とリソースの中で、価値を創造しなければならず、迅速な意思決定とリソースの機動的運用が必要とされる。野中は、「知的機動経営」として「機動戦」の必要性を提唱し、「機動戦」では以下が必要であると述べている[2]。

- 特定の能力を持つリーダーが組織に広く自律分散して存在すること
- 重層的な相似構造を持つフラクタルな組織であること
- 組織の基本単位は、組織を横断し一体化するプロジェクトなどであること

また、リーダーが持つべき特定の能力として、下記を例示している。[2]

① 善い目的をつくる能力
② 場をタイムリーにつくる能力
③ ありのままの現実を直観する能力
④ 直観の本質を物語る能力
⑤ 物語を実現する能力
⑥ 実践知を組織化する能力

この特定の能力を持つリーダーこそが、図表5-2-2のダブル・ループ学習[3]をもたらし、既存のものの見方を主体的に乗り越え、新たな価値を創造するプログラムマネージャーやプロジェクトマネージャーであり、日本型経営組織の特徴であるミドル・アップ・ダウンを実現可能としている。

図表5-2-2　シングル・ループ学習とダブル・ループ学習

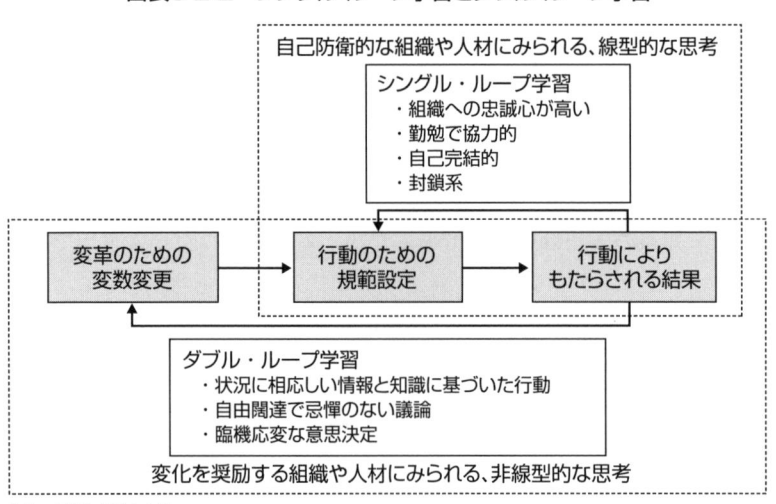

出典：文献3）をもとに加筆

第 2 章　知識・情報資産

　プロジェクトの遂行はコミュニケーション無しでは成り立たない。プロジェクトで働くプロジェクトマネージャーおよびプロジェクトメンバーは、その多くの時間をコミュニケーションに使っている。[4)] このコミュニケーションでは、上述のように、データや情報が流れ、知識に基づいた議論がなされ、新たな価値が創造される。

　また、彼ら・彼女らは専門的な知識を用いてプロジェクトに貢献している。その意味で、データ、情報、知識はプロジェクト遂行の基本的要素であり資産である。 この章では、データ・知識・情報とはどのようなものか特定し、それをプロジェクト・プログラムの中で生かしてゆく方法について、様々な視点から規範を提供する。

1. 情報と知識

　アラン バートン＝ジョーンズは、以下の定義にしたがって、データ⇒情報⇒知識の順に、意味と価値が高まるとしている[5)]（図表5-2-3参照）。

- データ：人間や機械が交換する信号など全てを包括したもの
- 情報：データの受け手が理解できたもの
- 知識：情報を利用して別の情報を得たり、技能を身につけたりするが、この二次的に得た情報や技能の集合体

図表5-2-3　データ、情報、知識の相関図

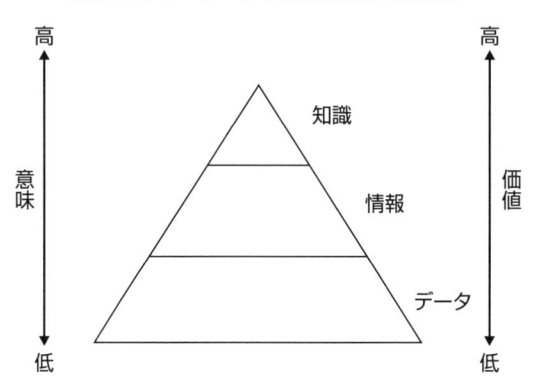

ただし、ディクソン[6]が示した次の例にあるように、「知識」は置かれた状況・環境によって「情報」へと変容する（その逆もあり得る）。

- セントルイスのトラック製造チームは、トラックにフロント・バンパーを15秒で取り付けるやり方についての「知識」を持っている。その「知識」を書き出してディアボーンの姉妹工場に送る。
- しかし、ディアボーンのチームは、自分たちの特有の状況にその「知識」を結びつけることができるか否か判定できないため、「情報」として取り扱うことになる。

このような変容は、他のプロジェクトがうまくいった時に得られた「知識」であっても、別のプロジェクトでは単なる参考「情報」にしかならないことから、プロジェクトにおいても同じだと考えられる。

1-1. 知識の特徴と分類

野中ら[7]は知識について、「知識は財として使っても減らないという特性を持っている。あるいは売ってもなくならずに手元に残っている。ノウハウや特許などは逆に使わないと陳腐化する。使うと財としての価値が増す」と述べている。プログラムやプロジェクトにおいても、知識は形ある資産とは異なり複数のプロジェクトで同時に使用するなど、うまく運用することで無限に膨らませて活用することができる。

知識を価値システム・バリューチェーンの中で、競争優位の源泉とするには、自らの持つ知識を分類・整理し、その中からコアコンピタンス（他に比べて優位性がある能力や技能）の基となる知識を特定しなければならない。知識資産を、構造的分類（知識のありか）と機能的分類（知識の形態）[7]に整理して、プロジェクトに当てはめると以下のようになる。

- **経験的知識資産**

プログラム・プロジェクトの過去の経緯、市場での活動を通じて経験的に生み出され、蓄積された知識資産。具体的にはプロジェクトメンバーがプロジェ

クト遂行を通じて蓄積した知識資産で、暗黙知的な知識資産、プロジェクト・プログラムを遂行する組織の文化、プロジェクトチームの文化などに埋め込まれた知識資産。

- 概念的知識資産

プログラム・プロジェクトを遂行する組織のブランドは、顧客の知覚に依存して成立する概念的知識資産。

- 定型的知識資産

明文化された技術や仕様、マニュアル、ドキュメントなどの形式知主体の知識資産。

登録された顧客の情報内容など、特定のフォーマットに還元され、構造化された知識資産。

- 常設的知識資産

プログラム・プロジェクト組織制度、プログラム・プロジェクト資格。

1-2. 形式知と暗黙知

移転される知識は2つのタイプ（形式知と暗黙知）に分類され、次のように定義されている。[6]

- 形式知：手続き、手順、標準などに表すことのできる知識
- 暗黙知：主に人々の頭の中に存在する知識

ただ、形式知と暗黙知をまったく異なるものとしてとらえるのではなく、例えば同じ知識であっても、その一部は形式知として表現できるが、残りの部分の詳細は暗黙知として文字等に表現できないものもあることから、ひとつの連続体としてとらえることが妥当であろう。

ここで、形式知は価値システム・バリューチェーンの中を流すことが容易であるが、暗黙知は人に固定化されているためその人が所属する組織にとどまっ

ている。したがって、プロジェクトにおける価値システム・バリューチェーンの中では、プロジェクトメンバーが所有する暗黙知を有効に活用する仕組みを持たなければならない。

個人・グループにおけるコミュニケーションや相互作用によって、形式知と暗黙知が相互変換される知識創造プロセスとして、図表5-2-4の「SECIプロセス」[*16] [7)]が提案されている。このSECIプロセスを螺旋的に繰り返し行うことで、知識は体系化されて個人から組織へと浸透していく。

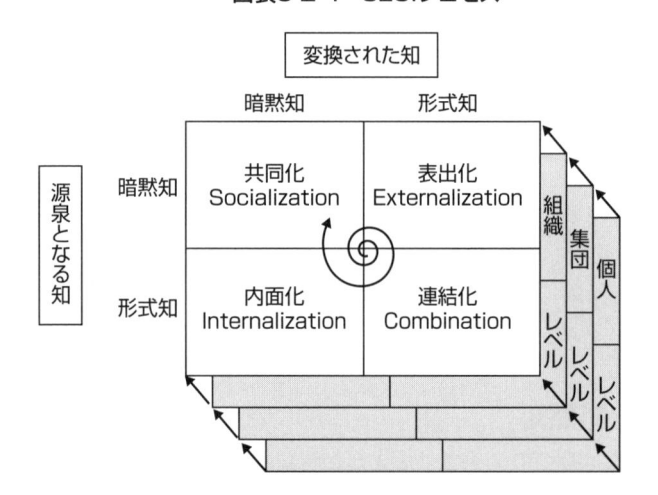

図表5-2-4　SECIプロセス[7)]

	変換された知	
	暗黙知	形式知
暗黙知	共同化 Socialization	表出化 Externalization
形式知	内面化 Internalization	連結化 Combination

源泉となる知／組織レベル・集団レベル・個人レベル

プロジェクトに、SECIの各プロセスを当てはめると以下となる。

共同化	プロジェクトメンバー同士やプロジェクトメンバーと顧客とのフェース・トゥ・フェースによるコミュニケーションや現場を巡ることにより交流が進み、「暗黙知の蓄積」「暗黙知の伝授や移転」が行われる[7)]。この作業は、知識創造においてきわめて重要な「原体験」の獲得でもある。
表出化	共同化により獲得された暗黙知を形式知に変換することを意味する。プロジェクトにおいては、プロジェクト遂行中に個人が得た暗黙知を形式知に置き換える作業である。プロジェクトの現場から得られた新たな発想を計画に落とすことなどが該当する。

[*16] 図表5-2-4にあるように、Socialization（共同化）→Externalization（表出化）→Combination（連結化）→Internalization（内面化）の頭文字をとって命名。

連結化	様々な専門的バックグラウンドを持つプロジェクトメンバーが形式知に落とした知識を、プロジェクトの目的に沿って統合し何らかの創造的な計画を作り上げたり、解決策を作り上げたりすることを意味する。
内面化	結合化によって創造された知識を、プロジェクトの現場で働くプロジェクトメンバーが自分の暗黙知として身につけることを意味する。これによって創造された知識が、現場で実施可能な、こなれた技術になる。

 また、形式知と暗黙知の関係は、個人レベルだけで見るのではなく、集団レベル、組織レベルで見なければならない。個人に帰属する知識は、個人レベルで再利用・活用されるが共有されにくい。一方、組織の保有する知識も簡便に利用できる状態でなければ、個人が有効に活用することはできない。したがって、ナレッジ・マネジメント[7]は、個人の暗黙知的な知識を形式化し共有する行為と、組織的に有効に知識を共有するシステムを構築する行為の両面性を持つ。また、情報共有を促進するためには、企業内の風土変革に加えて、情報を提供する個人への報酬などの動機付けを考慮することも必要である。

1-3. 知識とコンピタンス

 プロジェクト実施の価値システムの中で、自組織がプロジェクトに参加できているのは、コンピタンス（能力や技能）を有するからにあり、その中心となるコアコンピタンス（他に比べて優位性がある能力や技能）を認識あるいは創り出すことは、その組織にとって大変重要なことである。

 上述したナレッジ・マネジメントの前提は、「知識から価値が生み出される」ことであり、組織内に埋もれている暗黙的な知識がコンピタンスの源泉となる。プロジェクトの遂行は、まさに知識から価値を生み出す作業と言ってよい。プロジェクトを遂行するための知識や技術は、自組織において有効であるばかりでなく、競争相手にとっても有効に機能する。自組織が生み出した技術資産として登録されなければ、競争相手が使用することによって自組織の利益が損なわれる可能性があり、他者が権利化してしまうと、自由に使用することができず、利用する場合に使用料を支払わなければならない事態となる。したがって、プロジェクトから生まれた知識を知的財産として、特許法・実用新案法・著作権法などによって権利化することは大変重要である。

プロジェクトの遂行によって新しい技術が生まれる可能性がある場合、特に自組織と顧客やアウトソーシング先が共同で技術開発を行う場合は、プロジェクト遂行開始前に自組織が既に保有する知的資産を明らかにし、遂行の過程で創出された知的資産の帰属先を契約によって定めておく必要がある。また、顧客の有する知的資産については、遂行するプロジェクトにて無償で利用できる契約を結ぶことで、プロジェクト遂行の円滑化を図らなければならない。

2. 知識の創造

知識の「組織的」創造と称しても、その源泉は組織の成員に帰するのであり、決して組織という集合体が創造する能力を有するわけではない[7]。知識とは、組織の構成要員である個人が主体となって創り出すものであり、組織は個人の知識創造を支援する状況ないし文脈（コンテキスト）を創出する場として機能する。組織的な知識創造にとって重要なことは、個人レベルで行われる暗黙知の創造・蓄積を、「組織的に」ひとつの知識体系へと組み上げていくことである。

組織をプログラム／プロジェクトに置き換えて考えれば、知識はプロジェクトメンバーが作り、それをプロジェクトチームが拾い上げ、プログラムを統括する者がそれを組織的な知識体系に結び付けて行く必要がある。また、プログラムを統括する者は各プロジェクトメンバーが知識を創造しやすい状況を作り、どのような知識創造が求められているかというヒントを継続的に伝えてゆく努力が求められることとなる。

プロジェクトチームが経験を知識に翻訳するプロセスとして、ディクソン[6]が示した図表5-2-5を紹介する。図表中のプロセスを以下のように一巡することによって、プロジェクト遂行経験が知識に翻訳されることになる。

ステップ	内　容
第1ステップ	プロジェクトチームはプロジェクトを遂行する。
第2ステップ	そのチームは何らかの結果を得る。
第3ステップ	チームの遂行内容とその結果を調査し、それらを関係付けるための議論に時間を取る。この議論がチームの経験をコモン・ナレッジに変える。
第4ステップ	コモン・ナレッジを獲得し、それに基づいて次回の行為を修正する。

なお、この4つのステップは、まったく経験のない成果物を要求されるプロジェクトや経験のないメンバーによるプロジェクトでは、試行・試作や予行演習として第1ステップを位置付け、プロジェクトの中で上述したステップを複数回ループさせることで、最終的に目標を達成するよう図る必要がある。

図表5-2-5　コモン・ナレッジの創造[5]

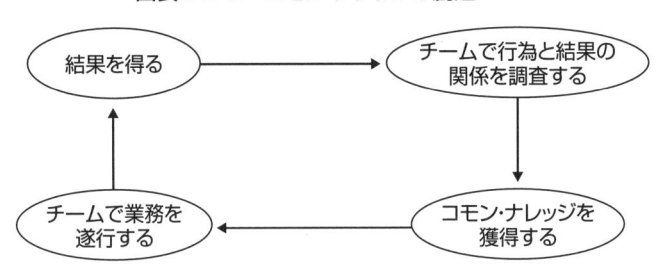

結果を得る → チームで行為と結果の関係を調査する → コモン・ナレッジを獲得する → チームで業務を遂行する → 結果を得る

「レトロスペクト（振り返り見る）」[*17]はプロジェクト、プロジェクトの一段階、あるいはサブ・プロジェクトの最後で教訓を捕捉するための強力なアプローチであり、レトロスペクトはプロジェクトの各段階で行うのがよい[11]。ここで、"教訓"を"知識"に置き換えると、プロジェクトの各段階で捕捉される知識は、図表5-2-6の通りである。

図表5-2-6　知識の捕捉

各段階	捕捉される知識
スコーピング・評価	プロジェクトの範囲設定と評価に関する知識
コンセプト選択	コンセプトのランキングと選択に関する知識
設計・定義	設計とプロジェクト定義に関する知識
建設・実行	業務の実行と引き渡されるものの建設に関する知識
これらの各段階	プロジェクトの経営と調整についての知識

2-1. 相互作用による知識創発

バリューチェーンおよび価値システムとしてのプロジェクトでは、そこに流

[*17] 文献[7]では、レトロスペクトするミーティングを、レトロスペクティブと呼び、「仕事が一段落したあとにチームメンバーが集まり、チームのやり方やチームワークを点検し、改善する特別なミーティング」としている。

第5部 知識基盤

れる情報も、人に固着した知識も、プロジェクトを遂行する際の密接なコミュニケーションによる相互作用に供される。その相互作用によって新たな知識が創発され、一部は形式知になって流通し、一部は暗黙知になって人の所属する組織へと持ち帰られる。相互作用に関連して、ここでは以下の4つのトピックスを取り上げる。

(1) 知識の生産と使用の非分離による知識創発

プロジェクトにおいて、成果を上げるためには「顧客との協働生産」が不可欠であることから、役割分担として知識を創造した人と使う人を完全に切り分けることはできない。つまり相互作用があってこそ、有用な知識が生まれるといえる。

アイデア創出の段階で必要な知識は、その時点で利用可能な技術に関する知識である[11]。例えば、情報システムを作るプロジェクトでは、顧客とシステム受注者が協同して知識を持ち寄り、システム要件を決めることが往々にして行われる。プロジェクトでも新たな知識創出には、プロジェクトチームの専門家と要求を持つ顧客の情報共有から創出されると考えられる。

(2) 相互に相手の思いの感知による知識創発

プロジェクトでは、多くの異なったバックグラウンドを持ったプロジェクトメンバーが、プロジェクトで発生した問題に立ち向かい、お互いの領域とすりあわせをしながらプロジェクトを進めてゆく中で「思いを感知する」[7]状況を作り上げることが、知識創造につながると考えられる。

(3) コミュニティーによる知識創発

ディクソン[5]が知識について、

・知識を個人的現象ととらえるのではなく、グループやコミュニティーの現象とみなすべきである。
・高い目標の達成には、複数の人間の頭脳とそこから生じるアイデアの相乗作用を必要とする。

としているように、革新的なアイデアの多くは、一人の手で創造されるわけではない。プロジェクトチーム内の多様な専門的なバックグラウンドを持つメンバーの参加による相互作用によって多くの知識が生み出されてきたことは容易に想像できる。

(4) 共鳴現象としての知識創発

石川は著書[10]の中で、

・データ・情報・知識の共有によって人と人、人と組織、組織と組織の間で共鳴現象が現れ、自己組織化が起こり、その結果としてデータ・情報・知識の有効活用が促進され、知の創発に結びついた時、コミュニケーションは最終段階に到達したことになる。

と述べている。プログラムマネジメントは複数のプロジェクトを経営することに当たる。石川の言う「組織と組織」を二つのプロジェクトとしてとらえてみると、いかに有用なデータ・情報・知識であっても、ひとつのプロジェクト内で死蔵されてしまえば、共鳴現象は忽ち減衰してしまうこととなる。逆に、そのプロジェクト限りの知識であっても、複数のプロジェクトとその知識を共有することによって何らかの共鳴現象が生じ、他のプロジェクトで役立つだけでなく、さらに新たな知識が作られることが期待できる。

2-2. 知識創造の"場"としての組織

「場」の概念の提唱者である野中は、「場」は知識と情報の間にある（図表5-2-7参照）として、「暗黙知の共有を促進するためには、まず、個人間の相互作用の場」を設定し、知識は「組織的にはまず行為の「磁場」である集団の中で」、情報が場にまつわる文脈情報（簡単にいえば5W1H情報）によって知識が創造されるとしている[11]。この説を採れば、「場」は経験が誕生する所として、知識の成り立ちと深く関わることとなる。

この「場」は、プログラム、プロジェクトについて、もう少し具体的な表現を用いれば、「コミュニティー」といえる。「コミュニティー」とは、プログラ

図表5-2-7　場の位置づけ[7]

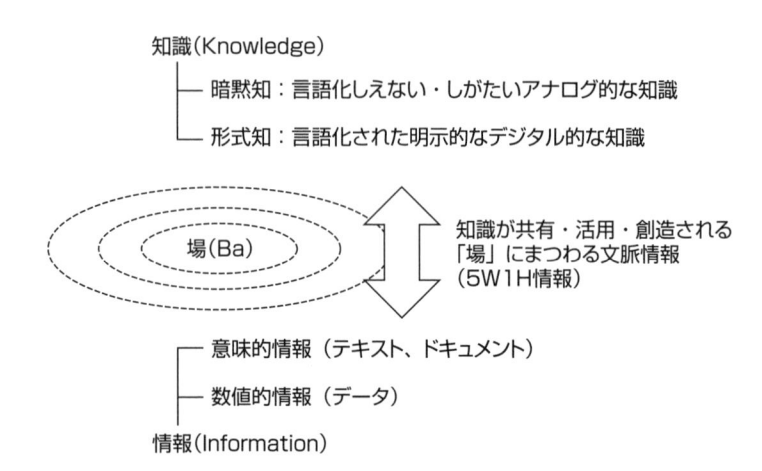

知識(Knowledge)
├─ 暗黙知：言語化しえない・しがたいアナログ的な知識
└─ 形式知：言語化された明示的なデジタル的な知識

場(Ba) ⇕ 知識が共有・活用・創造される「場」にまつわる文脈情報（5W1H情報）

├─ 意味的情報（テキスト、ドキュメント）
├─ 数値的情報（データ）
情報(Information)

ム、プロジェクトのステークホルダーが共通のテーマや目的・目標に向けて交流し、協働して、新たな価値を創造するものと考えてよい。

　暗黙知は身体的・感覚的な環境との交わりから生まれ、身体的経験を介して他者へと伝達される。したがって、暗黙知は本質的に「場」と切り離すことはできない。バリューチェーンおよび価値システムの中にとどまる知識を共有するためには、暗黙知を持つ人を他のプロジェクトメンバーと接触させることが重要になる。特定のミーティングではなく、常に共にいる場所で、互いの仕事の様子を見ながら暗黙知を移転するようにすることはプロジェクトの遂行にとって有効なことである。

　バリューチェーンにおいてはそのフェーズをまたがるメンバーを同じ場所に集め、価値システムにおいては異なる出身母体の組織から人を呼び寄せて「場」を作ることが考えられる。例えば、プロジェクトチームにプロジェクト専用のプロジェクトルームを与えたタスクフォース型のプロジェクト運営は、「場」を積極的に作り出しているといえる。また、プロジェクトをいくつも抱えた一部の企業では、チームを離れた所に「場」を作り、その「場」に異なるチームに所属する人員が集まることで、コミュニケーションをできるだけ活発化してプロジェクト遂行にかかわる知識の共有を図っている。

そのほかに、情報システム開発プロジェクトで、顧客事務所と同じ建物内にプロジェクトルームを構え、プロジェクトチームと顧客が協働（コラボレーション）する場合も、「場」の生成を狙っていると考えられる。

多くのプロジェクトでは、最終成果物を主眼としてQCD（品質、コスト、スケジュール）には気を配るが、プロジェクトの最後段階でチームメンバーから知識を収集することにあまり時間を割いているとは言いがたい。しかし「場」の重要性に気が付けば、時間をかけて作られた「場」（＝チームとそのメンバー）が有する「なぜプロジェクトがそれほどうまくいったのか」についての知識の収集に時間を使うことは、ナレッジ・マネジメントとしてかけた時間に見合うことであると評価できる。

ただし、メンバーを集めただけでは上述した「場」は機能しがたい。多種多様なメンバーが集まる組織において知識の総和を上げるには、「ケア」[12]の概念が不可欠である。「ケア」とは、

- 人が学ぶのを助けること
- 重要なでき事や結果に気付くように支援すること
- 人の洞察を共有すると同時に個人的知識を培うこと

を指している。高次元で「ケア」のある組織では、「感情や曖昧な論理」、「具体的になっていないアイデア」などを表出することに対する心理的な敷居が低い。このため、メンバーは自ら進んで他者の暗黙知を共有しようと務めると共に自分の形式知を他のメンバーに分け与えながら新しい知識を創造することが可能となる。

この点から、「ケア」と密接にかかわる企業文化の影響は大きい。企業文化の醸成には経営者の資質、長期的で安定した経営ビジョンが必要である。「ケア」を欠いた企業では、往々にして次のような負の連鎖から職場は硬直的で受動的な好ましくない状況に陥ってしまうことが報告されている。[11]

▶他組織との競争状態を組織内部にも反映⇒
　▶組織内部にも厳しい競争状態を生成⇒
　　▶人は他人と助け合うことを忌避⇒
　　　▶その場しのぎで業務遂行⇒
　　　　▶新しい価値を持ったアイデアを必要以上に非難⇒
　　　　　▶学習中の従業員に価値あるフィードバックを与えない

(1) 知識と経営者

　経営者は自らの組織が組み込まれたバリューチェーンの中で、何が強みで何が弱みかを常に認識する必要がある。強みであるコアコンピタンスを形成する知識をさらに増強し、弱みを補強する必要がある。そのためには、自らが情報と知識に対する取り組みを行わなければならない。

　プロジェクトにおけるナレッジ・マネジメントに関して、ミルトンは経営陣に下記のようにアドバイスしている。[9]

- 組織にはナレッジ・マネジメントの枠組みが重要である。
- ナレッジ・マネジメント標準を作る必要がある。
- プロジェクトごとにナレッジ・マネジメント計画を導入しなければならない。
- 何らかの形でナレッジ・マネジメント能力の測定や評価が必要である。
- ナレッジ・マネジメント活動の監視、支援、調整が必要である。それには業績マネジメントやトレーニングも含まれる。

　また、クローらは、マネジャーの責任について次のように述べている。[12]

- 組織内の潜在的な知識を顕在化させて、価値創造の活動へと進化させること
- 暗黙知の入手や利用を可能にすること

　経営者は、情報・知識資産の収集・蓄積・共有の重要性を組織内に周知し、その仕事に対して人・物・金のリソースを配分する必要がある。ともすると、経営者の交代により、その重要性の周知とリソースの配分が滞りがちとなる。

また、情報・知識資源の収集・蓄積・共有の仕組み作り、管理・運営を行う部門は間接部門であるがゆえに、組織の経営状態の悪化によりリソースの配分が見送られることもある。情報・知識の収集・蓄積・共有のための仕組みを整備し、有効に働くように資産化してゆくことは地味で根気がいる、目立たないが重要な業務である。しかしながら、現場管理者は直接的にプロジェクトを遂行する者を評価しがちである。

経営の効率化に対して、情報・知識資源の持つ重要性は無視できない。長期的な視点に立って経営の効率化を目指すのなら、情報・知識資源の収集・蓄積・共有のためのリソースを削るのではなく、プログラム・プロジェクトを実施する組織の経営者が以下の経営的な配慮を行うことが望まれる。

- 最新のIT技術による収集・蓄積・共有の効率化・有効化
- 情報・知識資産の収集・蓄積・共有の仕組みを構築・維持・運営する要員のモラルの維持・向上
- プロジェクト遂行終了後、一定期間をプロジェクト要員に与え、プロジェクトから得られた情報・知識の収集・蓄積

(2) 知識とプロジェクトメンバー

プロジェクト・プログラムに直接関わるメンバーは、日ごろはプロジェクトを動かす直接的な業務に忙殺されている。プログラム・プロジェクトの遂行から得られる情報や新たに生み出された知識を省みる時間が不足している。ともすると、それらの情報・知識を自組織の情報・知識資源の収集・蓄積・共有の仕組みに組み込むことなく放置することもある。

プロジェクト・プログラムに直接関わるメンバーは、トップマネジメントの方針に従い、新たに得られた情報・知識を収集・蓄積・共有の仕組みに載せなければ、自組織の同僚だけでなく、将来の自分にとってもマイナスの影響を及ぼす。自らのために、情報・知識を重視する姿勢が必要である。

自組織外に多くのステークホルダーをもつ場合は、プロジェクトの影響がそれらステークホルダーの組織や個人に大きく関わることがある。例えば、地域開発のプロジェクトであれば、そのプロジェクトのスケジュール遅延は、それ

らステークホルダーの事業等に影響を与える。トップマネジメントと協議の上、ステークホルダーに影響のある情報は、適切な方法とタイミングで公開してゆく必要がある。

(3) 知識とプロジェクトオフィス

プログラム・プロジェクトを統括するプロジェクトオフィスは、経営者と同じく、バリューチェーンの全体を見渡せる位置にいる。プロジェクトオフィスは、情報・知識を資産として扱う取り組みに対して、下記のような振る舞いをする必要がある。

- 各プロジェクトの情報を一様な形式で収集する。
- 各プロジェクトの情報を利用（検索）しやすい形式で蓄積する。
- 各プロジェクトの情報を比較分析する。
- 各プロジェクトの情報の比較分析から傾向などの知識を抽出する。
- 情報・知識を収集・蓄積・共有する仕組みを作る部門と、効率的な仕組み作りについて常に協議する。
- プロジェクト要員・トップマネジメント・その他のステークホルダーに対して、集めた情報・知識の利用に対する説明会を定期的に実施する。

(4) 知識と実践コミュニティー

通常、企業では定期的な人事異動を通して、人材が経験から得る専門的知識の取得、蓄積とその拡散を図っている。これに対して、プロジェクトは、

- 専門性を持つプロジェクトメンバーやアウトソーシング先等、様々な要求を持つステークホルダーが期間を限って参加することで遂行
- 特定の問題解決（プロジェクトの特殊性）のために、その専門性を最大限活用する仕組みである。このため、通常の人事異動による知識の共有は、過去・現在のプロジェクトに由来する暗黙知全体にアクセスする有効な仕組みとは成り得ず、プロジェクト特有の仕組みが必要となる。

人と人の接触が新たな知的創造を促進することを考えると、ステークホルダーの間に情報・知識共有の基盤として、ミルトン[9]が主張する「仲間同士の助け合い」と「実践コミュニティー」を形成することは重要である。

2-3. 知識の収集と蓄積
(1) 情報・知識の標準化
　様々な情報・知識資源のうち、特にプロジェクトで得られた情報、知的財産を含む技術にかかわる知識には、他のプロジェクトで再利用できるものが多く含まれている。これらの情報・知識を蓄積し、企業としてデータベース化することによって、将来のプロジェクトに貢献できるようにしなければならない。これが、いわゆる情報のストック化である。しかし、情報が無秩序に蓄積されていては検索に多大の労力が必要となり、利用されないままに終わってしまう。

　また、明確な意図をもって情報・知識を扱わなければ重要なものが抜け落ち、ストック化する効果も薄れてしまう。情報を蓄積し効果的に再利用するためには、情報は秩序をもって整理され蓄積されなくてはならない。情報をストックするためのシステム的な枠組みは非常に重要であり、組織としての資源蓄積のための情報システムを構築し、情報の再利用を考え、意図的に情報・知識を扱う必要がある。

　そのためにも、情報・知識の蓄積と利用に対する標準化は効果的である。過去のプロジェクトにおける情報・知識を標準化することにより、はじめてその情報・知識を共通ベースとすることができ、効果的な活用を図ることができる。標準化すべきものとしては、プロセス、ドキュメント、ツール、利用技術、品質基準など多くのものが存在する。ソフトウェアによる計算のルーチン化やシミュレーターによる計算などは標準化の一例であり、これによってだれが計算しても同じ結果が得られるとともに、効率化が図れるようになる。

　なお、標準化（標準方法）はそれ自体が資産となるから、標準化を妥当なものとするためには、十分な経験に基づいて設定する必要がある。また、常に利用者の視点から見直しを図ることが必要であり、標準化は安定的であるべきという特性と相反する困難な作業であるが、標準化にあたって留意しなければならない事項である。

(2) 情報・知識の共有

情報・知識の蓄積は、短期的に見れば同じプロジェクト内での情報・知識の共有を意味し、長期的にはプログラムやマルチプロジェクトでの情報・知識の共有となる。このため、次の観点から、情報・知識の共有は大変重要である。

- 関係するステークホルダーが進むべき方向のベクトルをそろえ、ひとつの方向に向かってプロジェクトを推進することができる。
- プロジェクトの遂行方針や設計変更の情報をタイムリーに共有することは、プロジェクトの機動性を高める。
- 情報・知識の共有をすれば、万一プロジェクトの連絡網が途絶えたとしても、一時的にプロジェクト要員が自律分散的な活動することができる。
- プロジェクトを遂行する要員がバラバラに情報・知識を集めるよりも、スケジュール・コストを圧縮し、その内容の質も高まる。
- 情報・知識の共有によって、その誤りを見つけることもできるし、新たなアイデアが創出される確率が高まる。

ただし、意味解釈法[*18][13)]によれば、どのような情報もそれが取得された際に主観的意味付与(解釈)が行われている。したがって、情報・知識を共有する前に、できる限り主観の排除による客観化を心掛ける必要がある。

なお情報・知識の蓄積は、共有以外に次の意味を持つことも意識する必要がある。

- 品質に関するトラブルがあった場合、その原因をさかのぼって調べることができるトレーサビリティーが確保できる。
- プロジェクトの成果物に対する改造・増設などが将来発生した場合に、参考資料として役立つ。
- 同様の仕様をスコープオブワークとするプロジェクトが将来発生した場合、

[*18] 社会学の手法の一つで、研究者が事例に主体的にかかわり、その経験に照らして事例の意味を理解し、本質的解釈を与える手法。その他に、統計帰納法、数理演繹法がある。

その見積もり(コストやスケジュール)に利用できる。
- 類似のプロジェクトが将来発生した場合に、リスクの洗い出しの参考となる。

(3) 知識の活用

知識の再利用サイクルを、図表5-2-8に示す[9]。このサイクルでは、プロジェクト活動を通して学んだ教訓が、反省・学習・質問を通して捕捉される。次のステップはプロジェクトチームを離れ、「プロジェクト横断組織」によってベストプラクティスの抽出・検証が行われる。抽出・検証では、教訓を比較して頻出するものが抽出され、将来応用の機会がないものが見定められ、重複するものが除かれ、矛盾を解決することでベスト・プラクティスとして検証され、最後に普遍性を持つベスト・プラクティスが企業標準として採用される。

このサイクルを常に回し続けなければ、ベスト・プラクティスの内容も陳腐化してしまうことから、プロジェクト・プログラムで使われる情報・知識が活用されるためには、少なくとも以下の要求が満たされる必要がある。

- 最新のものであること。
- 必要な程度に詳細であること。
- 正確であること。
- 必要な時に利用できること。

表5-2-8　知識の再利用サイクル

- 許された者だけがアクセスできること。
- 分からない場合は分からないという事実を示していること。

(4) 知識の移転

　プロジェクト遂行におけるバリューチェーンや価値システム内での知識の移転は重要である。先に述べたようにプロジェクトはある期限をもって終了する。そこで得られた知識は新たなプロジェクトで生かされるために移転されなければならない。ディクソンは、知識の移転について、5つのカテゴリーを提案している[6]。プロジェクトチームが知識を移転する場合、どの移転に関わるかによって、移転の方法を設計しなければならない。

▶**連続移転**：チームがある業務を行ってから、同じチームが新しいコンテクストで業務を繰り返すもの。
▶**近接移転**：ある業務と同じようなコンテキストで、しかし異なった場所で行われている業務に知識を移転する。
▶**遠隔移転**：非定型的な業務に関する暗黙知を、チームから別のチームに移転させる。
▶**戦略的移転**：いかに製品を立ち上げるか、あるいは買収を行うかといった、非常に複雑な知識を、時空間で隔てられた二つのチームの間で移転させること。
▶**専門知移転**：頻繁に行わない業務についての形式知を移転すること。

　図表5-2-9はディクソンが提案している知識の移転プロセスである。図表中の"チーム"を"プロジェクト"に置き換えれば下記のように解釈できる。

- 知識を再利用できるプロジェクトへどうやって移転するか、その方法を選ぶ。
- 学んだことを他の人たちも使えるような形に翻訳する。
- 受け取る側のプロジェクトチームやプロジェクトメンバーが、自分たちの業務状況で使えるように、知識を作り変える。
- このプロセスは、受け取りチームが新しい業務に取り組むたびに繰り返される。

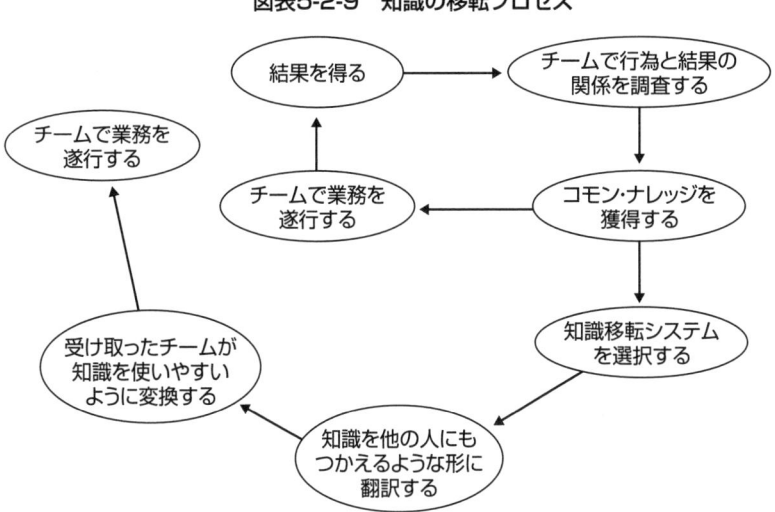

図表5-2-9 知識の移転プロセス

```
チームで業務を遂行する ← 結果を得る → チームで行為と結果の関係を調査する
         ↑                                    ↓
  チームで業務を遂行する ← コモン・ナレッジを獲得する
         ↑                                    ↓
受け取ったチームが知識を使いやすいように変換する ← 知識を他の人にもつかえるような形に翻訳する ← 知識移転システムを選択する
```

(5) ナレッジ・マネジメント

　プロジェクトを遂行することによって情報・知識資産の幅が広がり、質が高まっても、そのプロジェクトにのみ活用されたのでは組織の効率は上がらない。そこで得られた情報・知識の役に立つ部分を次のプロジェクト、次の世代へと引き継がなければならない。プロジェクト組織では、そのプロジェクトが成功すればそれでよしとする気風が強く、将来や次のプロジェクトに情報や知識を引き継ぐことをあまり考えない。しかし、組織として生産性と品質を高め、競争力を向上させていくには、プロジェクト遂行によって得られた知識資産を組織として蓄積し、将来のプロジェクトに活用する意識を高めることが重要である。

　知識をプロジェクトの運営に使ってゆくためには、知識マネジメント（ナレッジ・マネジメント）が必要である。ナレッジ・マネジメントは図表5-2-10に示す4つのタイプに分類されている[7]。

図表5-2-10 ナレッジ・マネジメントのタイプ

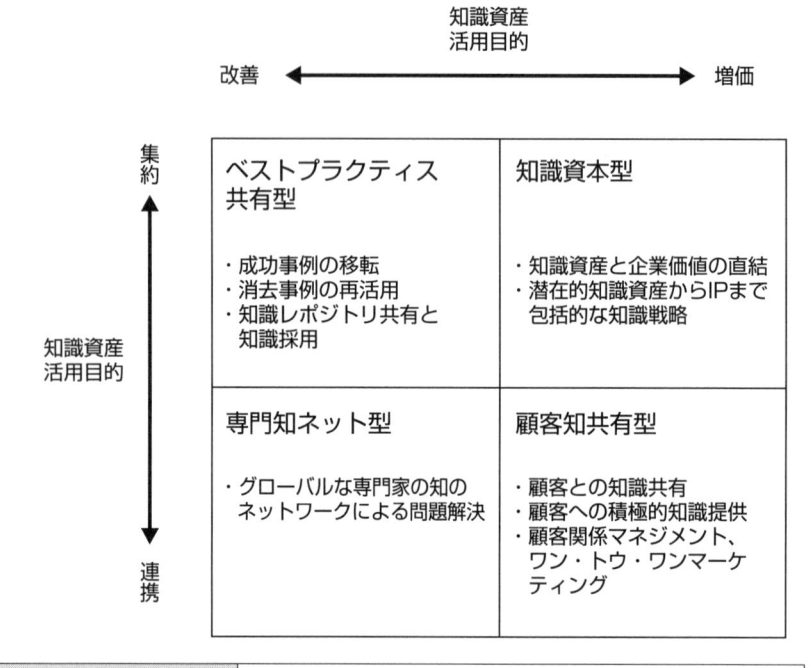

	改善 ← 知識資産活用目的 → 増価	
集約 ↑ 知識資産 活用目的 ↓ 連携	**ベストプラクティス共有型** ・成功事例の移転 ・消去事例の再活用 ・知識レポジトリ共有と知識採用	**知識資本型** ・知識資産と企業価値の直結 ・潜在的知識資産からIPまで包括的な知識戦略
	専門知ネット型 ・グローバルな専門家の知のネットワークによる問題解決	**顧客知共有型** ・顧客との知識共有 ・顧客への積極的知識提供 ・顧客関係マネジメント、ワン・トゥ・ワンマーケティング

ベストプラクティス共有型	プロジェクトにおいては、成功したプロジェクトの経験を知識資産として他のプロジェクト関係者と共有し、他のプロジェクトの成功を推進するもの。
専門知ネット型	プロジェクトにおいては、組織内に在籍する様々な専門知識を持った専門家に意見を聞くこと。
知的資本型	プロジェクトでいえば、組織内の知識資産である知的財産権を駆使して、コンペティターに対して有利な状況を作り出すこと。
顧客知共有型	プロジェクトであれば、顧客の過去のプロジェクトの資産を使ったり、顧客の知的財産権を使ったりしてプロジェクトを進めること。また、顧客と受注企業が、プロジェクトのスコープや仕様を決める際に知識や情報を共有することが当てはまる。

第2章 知識・情報資産

【参考文献】

1）松行康夫/松行彬子『価値創造経営論 知識イノベーションと知識コミュニティ』税務経理協会、2004年
2）野中郁次郎『知的機動力を生かす経営を』日本経済新聞8月12日朝刊、2013年
3）クリス・アージリス『ダブル・ループ学習とは何か』ハーバードビジネスレビュー、p101-113、April、2007年
4）渡部雅男『プロジェクトマネジメントにおけるコミュニケーション効率の研究』東京工業大学博士論文、2009年
5）アラン バートン＝ジョーンズ『知識資本主義―ビジネス、就労、学習の意味が根本から変わる』日本経済新聞社、2001年
6）ナンシー・M・ディクソン著、梅本勝博/遠藤温/末永聡訳『ナレッジ・マネジメント 5つの方法 課題解決のための知の共有』生産性出版、2003年
7）野中郁次郎/紺野登『知識経営のすすめ ナレッジマネジメントとその時代』ちくま書房、1999年
8）E. Derby, D. Larsen、角征典訳『アジャイルレトロスペクティブ 強いチームを育てる「ふりかえり」の手引き』オーム社、2007年
9）ニック・ミルトン『プロジェクト・ナレッジ・マネジメント 知識共有の実践手法』生産性出版、2009年
10）石川弘道『経営情報の共有と活用』中央経済社、2003年
11）野中郁次郎『知識創造の経営 日本企業のエピスモテロジー』日本経済新聞社、1990年
12）ゲオルク・クロー/一條和生/野中郁次郎『ナレッジ・イネーブリング 知識創造企業への五つの実践』東洋経済新報社、2001年
13）今田高俊『社会学研究法リアリティの捉え方』有斐閣、2000年

第3章 価値と価値評価

　プログラムの企画や実行の過程で行う様々な判断や決定は、その場に対応した適切な価値判断を根拠としている。プログラムマネジャーや各レベルのマネジャーが行うそれらの価値判断は、組織が目指す価値に照らして整合している必要がある。

　本章では、プログラム等で目指す「価値」とは何か、そしてその価値をどのような手法によって評価するのかについて、基礎的な考え方を説明する。今日の貨幣経済社会では、事業活動における価値の主要な部分は経済的価値であり、その評価は財務的（貨幣的）尺度によるものが中心となる。一方、プログラムなどの組織行動は数値指標をもとに管理可能となるが、価値の中には数値化になじまないものもある。プログラムをより効果的・効率的な組織行動へと導くために、目指す価値を代表するあるいはその一部を代替する数値指標を活用することも価値評価の一部である。

　一般的には、「価値」には組織や個人そしてその立場により多様な視点があるが、ここでは組織発展の実務に責任を持つプログラムマネジャーやその他のマネジャーが施策について下す意思決定[*19]の視点で述べている。

1. 価値とその評価

1-1. 価値とは

(1)　価値と資産

　価値とは、人々の欲求の対象となるものの性質である。これは人々が「所有

[*19] マネジメントにおける意思決定とは、与えられた状況において複数の代替案から最適な一つを選択する過程である。

したい」とする対象が持つ性質と、「そうなりたい」あるいは「そうあって欲しい」と考える状態の2種類に分けられるだろう。

「所有したいもの」は、交換行為を介して価格が形成され得るので、価値を貨幣単位で評価することが可能となり、経済活動の対象となる。逆に言えば、所有したいという人々の欲求が価値の源泉であって、価値は対象物そのものの中に存在するわけではない。

「そうなりたい状態」とは、「豊かに」、「健康に」、「便利に」、「美しく」、「平和で安全に」、「科学的知識を持ちたい（知的興味が満たされた状態に）」など様々で、それ自身は交換が不可能であり、貨幣で売買はできないので経済的価値を持つことは無い。しかし、人々がそれを望むため、その実現を目的として様々なモノの生産やサービスの提供という経済活動が行われる場合も多い。

財産とは個人や組織が所有し経済的価値のあるものをいう。一方、資産とは資本として利用される財産、すなわち将来利益をもたらす可能性のある財産を資産という。財務会計では、資産とは個人や組織に帰属する独立した経済的価値で、用益潜在力[20]がある物財および請求権で貨幣価値のあるものをいう。つまり資産は価値の主要な一形態であり、一般に所有者がおり、貨幣を代価として売買が可能である。[21]企業活動の成果は、特定時点での資産の保有量を測り、一定期間での増減に注目して分析・評価が行われる。

図表5-3-1にさまざまな価値を分類整理して示している。このうち財務会計的価値に分類されている価値とその評価については本章第2節で、無形資産とその評価については第3節で述べる。

(2) 商業的事業における価値

事業の目的は顧客の創造である。[1] その顧客は商品やサービスなどの事業の成果物に何らかの価値を見いだすことで顧客となる。この一般に顧客価値といわれるものには、顧客にとって使って役に立つ使用価値（効用）や宝飾品や高

---

[20] 用益潜在力：将来に収益をもたらしうる性質
[21] 資産：会計学的定義に拘わらず、財産と同じ意味に使用される場合がある。無形資産の多くは、独立した経済価値として売買可能と言う属性を欠き、貸借対照表上の資産ではないが、無形資産と呼ばれることが多い。

図表5-3-1　価値の分類

分類			代表例
経済的価値	財務会計的価値	金融資産	現預金、受け取り手形・売掛金、有価証券、貸付金
		有形固定資産	土地、建物、機械設備、器具・備品
		その他有形資産	棚卸し資産（製品、仕掛品・原材料等）
		無形固定資産	知的財産権（特許権、著作権、商標権、など）、ソフトウェア、利用権（借地権・鉱業権など）、のれんなど
	非財務会計的価値（無形資産）		無形の事業インフラ（ビジネス・モデルなど）、効率的な業務遂行能力、ブランド・評判・顧客関係性、蓄積された知識・情報
非経済的価値	無形価値		豊かさ、健康、美しさ、安全・安心、学問的知識、道徳的価値等のように、個人やグループの主観に基づく価値で、それ自身は直接的には経済的価値を持たない。ただし、健康が医薬品や医療サービスに結びつく、基礎物理学の知識が商業目的に利用されるなど、経済的価値に結びつくケースも多い。

級車のように持っていること自体がステータスとなる保有価値などがある。顧客は商品やサービスを一定額の貨幣（通貨）との交換の形で入手するが、これはその商品やサービスが貨幣の額（対価）に相当する交換価値を持つことを意味する。

　商業的事業では、交換価値の低い資源（材料・部品、労働力など）を集めて、顧客価値の高い商品やサービスを作り出し、その交換価値としての代価を顧客から得る。資源の交換価値の総和と商品等の交換価値の差が事業の利益である。商業的事業におけるプログラムは直接的には新たな仕組みを作ることを目指している。その仕組みの中では、必要な資源をより低い交換価値のものとすること、資源の使用量を減らすこと、より高い交換価値のある商品を作り出すことのいずれかおよびこれらを組み合わせて、「事業利益を大きくする仕組みを作り出す」こと（システムモデルプロジェクトが担当）と「その仕組みを使って事業利益を獲得する」こと（サービスモデルプロジェクトが担当）を目的としている。最終的には、この獲得される事業利益が商業的プログラムにとっての主要な価値である。

(3) 非商業的事業における価値

　道路建設や社会保障など公的事業やNPOなど非商業的事業が目的とするのは経済的利益ではない。利用者や納税者という顧客にとっての効用がプログラムの価値である。公的事業の場合は、こうした効用が十分にあって税金の支出の正当性が保ち得るのだが、多くの場合に効用と支出の関係を明らかにすることが困難で、市民的（あるいは国民的）な社会的合意形成が必要である。一般的には、この市民的合意は議会での予算承認で確認されたこととなる。

　企業内でも、たとえば基礎研究やCSR活動のように、直接的な営利を目的としない事業がある。

(4) 顧客価値

　顧客価値とは、商品やサービスについて顧客の立場から見た価値であり、顧客が得る顧客価値の総額と顧客が支出する顧客コストの総額との差である顧客の受取価値として定義される。顧客が得る価値には、製品価値、サービス価値、従業員価値（接客など）とイメージ価値が含まれる。[2)]

　企業としていかに洗練された製品を開発したつもりでも、市場で顧客が魅力を感じなければ、それは顧客価値がなく、商品としては意味が無い。素晴らしい商品でも、多くの顧客が買える価格でなければ、これも意味が無いことは言うまでもない。顧客側のコストには、支払う金額、その商品の使用コスト（たとえば自動車の燃費など）、購入に要する時間、購入後に必要な学習時間などが含まれる。

　顧客価値にはその商品が備えていることが当然の「基本価値」と、他の同等商品との差別化要因となる「差別化価値」がある。それまでに市場に無かった新商品の場合、顧客自身はこうした顧客価値を具体的に認識しているわけではない。企業（供給）側が、顧客（需要）側に新しい商品により新規の顧客価値の提案を行い、関連する価値観の普及を図る必要がある。

　一般に経済活動の最終顧客は一般消費者あるいは市民であり、全ての事業活動は、この最終顧客の満足を目的とする。現実には、個々の企業は最終顧客に至る長いバリューチェーンの途中で活動しており、直接的な顧客は別の企業であることが多い。この場合、直接的な顧客にとっての顧客価値が重要だが、最

終顧客にとっての顧客価値への配慮も必要となる場合もある。

1-2. 価値評価の目的

　価値の評価は、目的と状況に応じて適切な指標を用いて行う必要がある。何のために、どのような価値を評価するのか？　あるいは直接的に指標化が困難な価値は、価値そのものに代えてどのような指標で代表させて評価するのか？　適切なマネジメントのためには、評価する目的に応じた適切な指標により、適切な手法で価値を評価する必要がある。

　プログラムマネジメントで価値評価を行う目的は、主に以下の3つのいずれかである。

① **事業の目標設定および成果の確認と修正**：事業の最終および中間の達成目標を設定し、定期的あるいは適切な機会に成果実績を確認する。その成果を評価して、必要があれば目標と方針の修正を行う。

② **意思決定の判断根拠**：マネジメントの過程で要求される様々な意思決定を適切に行うための判断の根拠や材料を得る。これは検討している施策案で実現しうる価値あるいはそれに相関性のある指標の予測に基づく。この種の意思決定は各レベルのマネジャーによる幅広い多様な内容があるが、最も重要なものは、①項の事業目標設定の根拠となる価値評価であって、そのプログラムやプロジェクトを遂行するのか、言い換えればその施策実行という投資を行うのか否かの投資意思決定のための価値評価である。

③ **組織や個人の実践力の評価**：組織や個人について、目標とする能力向上の指標などを設定し、また学習よる能力向上の達成度や業務成熟度等を評価する。これは、事業継続体としての企業における価値である。もし、当該プログラムの終了後、組織が解散するのであれば、この評価は重要ではない場合もある。

　プログラムマネジメントのすべての階層のマネジャーにとって、これらの価値評価の能力は必須であり、その実行のために適切な指標を選択する能力が要求される。

1-3. ステークホルダーと価値

図表5-3-2にプログラムにおける主要なステークホルダーの関係を示す。

(1) 商業的プログラム

商業的プログラムでは、事業者が自社の、または他社を含むプログラム組織を動かして新たな仕組みを作る。商業的プログラムの価値とは、その仕組みを活用して自社の顧客に商品（財・サービス）を提供する事業から得る財務的な利益である。ただし、安定的な事業であるためには、突きつめると、一般消費者など最終顧客というステークホルダーの満足が必要である。

現実の市場では、多くの企業は最終顧客に至る前の中間段階の"B to B"の市場で活動しているが、最終顧客の満足が得られないバリューチェーンでの事業は、持続的な価値を得ることはできない。図表5-3-2ではこの点は簡略化して示している。

一方、プログラムを遂行し、継続的な事業運営を行う上では、図中の事業者の下にプログラム関係者〜出資者（株主）として示す様々なステークホルダーの参画が必要だが、全ての参画者の満足がなければ事業は成り立たない。外注先に利益が分け与えられなければ事業は成り立たないし、銀行への借入金返済と利息支払いが滞れば倒産に至る。事業者としては、こうした全てのステークホルダーに対し利益（事業者の立場ではコスト）を配分した上で、自らが得るべき利益が無ければ、事業遂行の意味がない。

これらは言うまでもないことなのだが、このプロセスの全ての付加価値（＝コスト＋利益）を最終顧客から支出してもらえるだけの顧客価値を創造することが、プログラムには課されている。このようにして顧客から得た利益の一部は税として支払われ、これは社会への貢献となる。

(2) 非商業的プログラム

代表的な非商業的プログラムとして、道路・橋・防災施設・公共的ITシステムなどの社会インフラの建設・整備事業と、大学・研究機関や企業内で行われる基礎研究の分野がある。

社会インフラの場合、事業者である公的機関は、プログラムの中で最も技術

第5部　知識基盤

力と労働力（したがって費用）を要するシステムの建設や開発の部分は専門の請負事業者に発注することが一般的である。この場合、最終顧客と事業者の関係は非商業的であるが、事業者と請負事業者の関係は基本的に商業的な関係となる。請負事業者は直接顧客である事業者（発注者）に満足を与えつつ、商業的プログラムの場合と同様にステークホルダーに利益を分け与える必要がある。

こうした社会インフラ事業の場合も、本来のプログラムの価値は最終顧客（市民）の満足で支えられるべきであるが、税金の支出は議会の予算審議によりその支出が正当化されるため、時としてプログラムの成果が顧客満足に一致しないケースも発生する。プログラムの遂行の過程では、こうした不一致は最小限とする努力が求められる。

基礎研究型プログラムは、直接的に財務的利益を目的とせず、基礎的知識の拡大が組織にとっての利益である。この場合も、企業内研究は別として、大規模な国や大学の研究の場合、これらの組織はプログラム遂行に要する労働力やシステム構築に関する専門的技術を十分には備えていないので、図5-3-2（B）と同じ図式となる。宇宙開発、核物理学、海洋、遺伝子・ゲノムなどがその例である。ただし、この場合には納税者（市民）はプロジェクトの直接的な受益者ではない。専門性が著しく高いため、公的な事業者自身が実質的に最終顧客

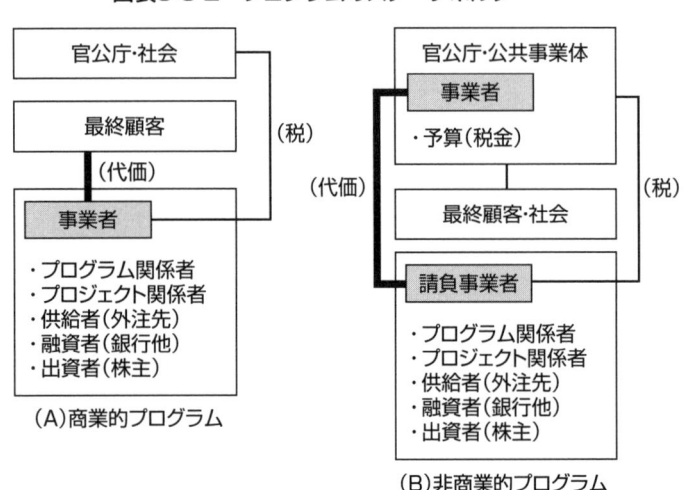

図表5-3-2　プログラムのステークホルダー

(A) 商業的プログラム
- 官公庁・社会
- 最終顧客
- （代価）
- 事業者
  - ・プログラム関係者
  - ・プロジェクト関係者
  - ・供給者（外注先）
  - ・融資者（銀行他）
  - ・出資者（株主）
- （税）

(B) 非商業的プログラム
- 官公庁・公共事業体
  - 事業者
    - ・予算（税金）
  - 最終顧客・社会
  - （代価）
  - 請負事業者
    - ・プログラム関係者
    - ・プロジェクト関係者
    - ・供給者（外注先）
    - ・融資者（銀行他）
    - ・出資者（株主）
- （税）

でもあり、その能力が研究成果という価値を大きく左右する。請負事業者の立場は、研究成果への貢献と、プログラム請負による財務的利益獲得とを両立させることが必要となる。

2. 商業的事業における価値と価値評価

上に述べたように、価値そしてその評価は商業的事業におけるものと、公共的あるいは非商業的な事業におけるそれらとは、かなりの隔たりがある。

本章では原則として商業的事業に関する内容について説明する。

2-1. 価値評価の分類

商業的事業における第一に注目される価値は、事業による利益である。企業は利益の最大化を目指して活動する。

価値評価の考え方は、評価の目的や用途により大きく二つに分けられる。それは、プログラムや企業の全体という単位で、投資価値判断や財務的成果の評価を行うための全体的価値評価と、プログラム全体ではなく特定の部分や活動要素に着目して行う要素的価値評価である。これらはそれぞれ2-2および2-3項で詳しく説明する。また、このほかに無形資産に関する価値評価も重要であるが、これは第3節で扱っている。

(1) 全体的価値評価

商業的プログラム（あるいはプロジェクト）は、そのプログラムによりどれだけの利益を上げられるかにより評価される。この評価はプログラムの企画段階、計画段階、初期投資すなわちシステムモデルプロジェクトの中間段階や終了段階、さらにサービスプロジェクトの進行中と終了段階などで、予測や実績として評価される。通常、実績はプロジェクト会計の報告から得られる。

これに対しゴーイングコンサーンとしての企業は、一般に多数の事業を並行して継続的に運営している。その価値については、全体として現在どれだけの資産を保有しているか、そして将来どれだけの利益を生み出すことができるかの両面からの評価が必要となる。

また、プログラムやプロジェクトは、その始まりから終わりまでのライフサ

イクル全体を対象として評価するが、企業あるいは定常業務に基づく一般の事業では、年度単位など一定に区切った期間を対象に評価するという違いがある。

多数のプロジェクトを受注して事業を営む企業の場合は、個々のプロジェクトあるいはプログラムの単体としての価値（収益性）を評価するとともに、それらのプロジェクト等の年度ごとの事業への貢献を集計して、企業全体としての年度ごとの経営状況の評価を行う。

株式を公開している企業の場合、経営状況は貸借対照表、損益計算書、キャッシュフロー計算書の財務三表を定期的に公表することが義務付けられており、利益の客観的な数値評価はこうした財務会計的な視点からの議論が出発点となる。ただし、財務三表は一定の期日あるいは期間における経営の実績、すなわち過去のデータについて述べたものであるから、将来に向かって構想や計画から始めるプログラムやプロジェクトの意思決定の材料としては不十分であり、それに適したさまざまな手法を含めた考察が必要となる。

(2) 要素的価値評価

全体的価値評価はプログラム自体やそれを実行する企業組織全体が得る総合的な価値あるいは業績について評価をする。他方、プログラム遂行に関する計画の立案や業務の成果実績の判断、そして業務遂行上の意思決定には、より具体的な尺度を適宜選択して用いる必要がある。本書ではこれらを要素的価値評価と呼び、2-3項で説明する。

(3) 無形資産の価値評価

経済的価値は円やドルなどの通貨を単位とした財務的（貨幣的）価値をもつ「資産」として評価されることが一般的である。財務的価値評価によれば、企業内部の多様な種類の価値も一元的に表現することが可能となる。ただし、明らかに大きな経済的価値を持つが、財務的価値としては表現が極めて困難な非財務的価値も存在する。

例えば、同じような組立ラインを持つ2つの会社があり、一方のラインでは1時間当たり60台の生産量であるのに対し、他方のラインは作業プロセスの工夫や組立工の教育により毎時90台の生産能力があるとする。会計的に両者の

設備の固定資産価値が同等だとしても、事業上の経済的価値は大幅に異なる。この種の組織内部の仕組みやスキルは形もなく客観的な財務的価値はないが明らかに経済的な価値がある。

こうした財務的に計上されない無形資産には、生産やサービスのプロセスや要員のスキル・ノウハウ、優れた商品のデザイン、ブランドや会社の評判・信用など様々なものが含まれるが、特定のケースを除いて企業の貸借対照表上の価値には含まれない。

無形資産の価値評価は第3節で扱う。

2-2. 全体的価値評価

企業や事業が全体として利益を生み出しているのか、今後その能力が成長するのか、事業の遂行においては、企業・事業の全体についてその現在の価値を評価しあるいは将来の価値を予測する必要がある。企業や事業の単位で経営を移転するM&A（Mergers & Acquisitions）、MBO[22]（Management Buyout）等では、売買の対価を定めるために、企業あるいは事業の全体の価値を評価する必要がある。M&AやMBOは日本でも過去10年ほどで増大しているが、今後は中小企業の事業承継から、大企業の国際的M&Aに至るまで、さらに多様な形で増大すると予測される。

2-2-1. 企業価値と事業価値

企業の価値には継続価値と清算価値の概念がある。継続価値は企業がゴーイングコンサーンである、すなわち永続的な事業活動による価値を生み出し続けるとした場合の価値である。清算価値は、企業の活動を終結し、現在ある資産を売却処分することで得られる価値をいう。プログラムマネジメントは事業の遂行を目的とするもので、通常は継続価値が前提である。ただし、プログラムを終結し事業体を解散する場合には清算価値の評価が必要な場合がある。

図表5-3-3に企業価値と事業価値の関係を示す。企業価値とは利益を生み出す器としての企業の能力を意味し、企業価値評価は事業継続体としての実績と

---

[22] M&Aの一種で、経営陣や従業員が自身の事業部門や子会社などを買収する行為

その将来を評価する。評価手法により実績に重みがある場合と、将来を重視する場合がある。事業価値評価も同様であるが、利益を生み出す活動の能力を分析し、主に未来の実現力に興味があるケースが多いだろう。

今日のほとんどの企業はいくつかの事業を並行して運営しているので、企業価値は複数の事業価値の合算であり、より高い企業価値の目的のために、一部の事業を切り出して売却したり、逆に他社の事業を買い取り、自社の関連事業との統合・連携により企業価値を高めることが行われる。事業価値評価は個別の事業、SBU、プログラム、プロジェクトなどの単位での評価を意味する。

なお、図中の非事業用資産とは、本来の事業目的に使用していない資産で、売却しても事業に影響がない資産を指し、遊休地や非事業用の有価証券等がこれにあたる。

図表5-3-3　企業価値と事業価値[3]

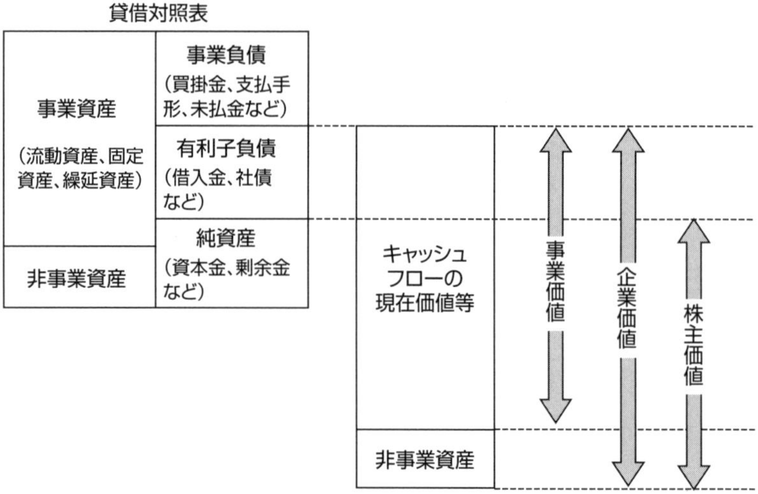

2-2-2.企業価値評価の3種のアプローチ[4]

企業価値の評価には多様な手法が用いられるが、大きく分けて図表5-3-4の3種類のアプローチに分けられる。インカム・アプローチは、企業活動や事業活動から将来期待できる利益またはキャッシュフローの評価に基づく方法である。

マーケット・アプローチは類似の企業の取引事例や株価に基づいて評価する方法である。株価には当該企業の将来の収益性予測が織り込まれており、継続価値が反映されると考えられている。コスト・アプローチはネットアセット・アプローチとも呼ばれ、貸借対照表の純資産またはその時価修正値により評価する。

企業活動は極めて複雑であり、また常に変化しているので、評価手法の過度の精緻化は意味がない。各評価手法は何らかの仮定や近似を前提として様々な特徴を持つので、個別の評価目的に応じて、適切な手法を採用する必要がある。図表5-3-4の右端の欄には、これらのアプローチの一般的な特徴を示しているが、個別の評価案件では必ずしも対応しないケースもある。

図表5-3-4　企業評価アプローチとその特徴[4]

評価アプローチ	評価法	一般的な特徴
インカム・アプローチ	主に将来の事業上の収益を予測計算して評価する。	
	・フリー・キャッシュ・フロー法 ・調整現在価値法 ・残余利益法 ・配当還元法 ・利益還元法（収益還元法）	・将来の収益力を反映できる。 ・事業の固有の性質を反映できる。 ・客観性が問題となる場合がある（評価者の主観が影響しやすい）。
マーケット・アプローチ	市場での取引の実績または類似資産の市場取引価格を基に評価する。	
	・市場株価法 ・類似上場会社法（倍率法、乗数法） ・類似取引法 ・取引事例法（取引事例価格法）	・客観性に優れる。 ・市場での取引環境が反映される。 ・事業の固有の性質が反映しにくい。
コスト・アプローチ（ネットアセット・アプローチ）	保有している資産価値に基づいて評価する。将来の全ての用益力を再調達する金額。	
	・簿価純資産法 ・時価純資産法（修正簿価純資産法） ・その他	・客観性に優れる。 ・将来の収益力の反映がない。 ・市場での取引環境の反映が困難。

2-2-3. 経済付加価値（EVA®）[5]

様々な企業価値評価手法の中で、近年重視されているものにインカムアプローチの一種である経済付加価値（EVA®）がある。

損益計算書上は1円でも営業利益が出れば「営業黒字」ということになるが、資金を投じる株主の立場では、こうした評価基準は意味がない。企業は本来の営業活動から営業利益を得るが、それには使用資本のコスト（後述）が必要なので、営業利益から資本コストを差し引いたものがプラスであるか否かが

問題となる。さらに、現実には税金の効果を差し引いて評価をする必要がある。EVAはこれらを勘案した経営の評価法である。

EVA®（Economic Value Added）[23]は、次の式であらわされる。

EVA® ＝ 税引後営業利益 ― 総使用資本コスト
総使用資本コスト[24] ＝ 総使用資本×加重平均総使用資本コスト（率）
　　　　　　　　　　 ＝ 税引後有利子負債コスト＋株主資本コスト

ここで、EVA®では税引後営業利益として、NOPAT（net operating profit after tax）を用いる。これは会計上の税引後営業利益から支払利息を残してそれ以外の営業外損益等を除いた修正税引後営業利益で、当期純利益＋税引後支払利息に相当する。

(1) 資本コスト

全ての事業活動を行うには資本が必要で、その資本は有利子負債と株主資本からなるが、全ての資本の使用にはコストが伴う。有利子負債のコストとは支払利息であるが、株主にも拠出資本に見合うリターンが必要でこれが株主資本コストである。株主資本コストは負債における約定金利のように定まっているわけではなく、株主にとっての期待値（比率）であるから、業界や個別の企業ごとに異なるものである。

(2) 加重平均総使用資本コスト（WACC）

加重平均総使用資本コスト（WACC：Weighted Average Cost of Capital）は、その企業の資本Eに期待される株主資本コスト（配当など：比率）と負債Dの負債コスト（利率）の加重平均である。

---

[23] "EVA"は、これを考案したスターン・スチュワート社（米国の経営コンサルタント会社）の登録商標である。
[24] 株主資本コストとの混同を避けるため、負債を含む総資本に関するコストを総使用資本コストという。

$$\text{WACC} = \text{Re} \times (E/(E+D)) + \text{Rd} \times (1-T)(D/(E+D))$$

ここで、

E：株主資本（時価総額）

D：有利子負債総額

Re：資本コスト（率）

Rd：負債コスト（利率）

T：税率

　負債コストは負債の利率であるが、利息分は課税されないため相当分が負債コストから割り引かれる。株主資本とは貸借対照表上の総資産から負債を差し引いたもので、詳しくは資本金、資本剰余金、利益剰余金および自己株式からなる。株式投資を前提とすると、資本コストとは株主が投資のリスクと引き替えに期待するリターンであり、株主にとって、それは配当と株式価格の上昇である。株主資本コストの計算は負債コストのように簡単ではないが、次のCAPM（Capital Asset Pricing Model、キャップエム）により算出される。

$$\text{Re} = リスクフリーレート + \beta \times リスクプレミアム$$

ここで、

リスクフリーレート：長期国債など極めて確実性が高い債券などの金利

リスクプレミアム：市場全体の投資利回り／リスクフリーレート

β（ベータ）：個別企業の株式の変動／株式市場全体の変動　（企業毎に異なる。）

(3)　株主価値経営

　株主価値経営が強調される場合、優先すべきステークホルダーは、株主か、従業員か、という議論になることが少なくない。従業員組織の中に蓄積された経験・ノウハウ、彼らの連携による生産効率そして顧客満足優先などに競争優位の基盤をおく日本企業では、従業員が安心して長期に働けない経営は持続性がないだろう。企業は、従業員、顧客、取引先がそれぞれ満足しなければ事業遂行に支障を来すし、負債に対する返済と約定金利や税金は配当金に優先して

支払う必要がある。

　他方、株式（投資）に対するリターンが不十分な場合、株主は株式を手放すことになり、これが株価の低落を招き、さらに株式の売却が進んで株価低落の悪循環に陥る。投資利回りが市場の利回りを下回れば、投資はその価値を失う。株主価値経営とは、他の全てのステークホルダーの要求を満たした上で、株主が満足するレベルの株主価値を継続的に提供することを意味している。

2-2-4. 投資収益性の評価

　前項までは、企業または事業部門を単位とした全体的な価値評価の考え方である。プログラムは企業や事業の内部における投資事業であるので、企業（全体）の株価や配当などに基づく評価は適切でなく、個々のプログラムの投資に対する直接的なキャッシュフローの創出で評価する投資収益性での評価が行われる。図表5-3-5に投資収益性の代表的な評価法について示す。これらのうち、回収期間法、内部収益率法、投下資本利益率法の概要は巻末の「用語解説」に記載する。DCF（割引現在価値）とNPV（正味現在価値）、デシジョンツリー、リアルオプションおよびモンテカルロ法については、次項以下で概要を説明する。

図表5-3-5　代表的投資収益性の評価法

	投資収益率評価の手法	英文標記、略称
1	回収期間法	Payback Period、Simple Payback
2	内部収益率法	Internal Rate of Return (IRR)
3	投下資本利益率法	Return on Investment (ROI)
4	割引現在価値法、正味現在価値法	Discount Cash Flow (DCF)；Net Present Value (NPV)
5	デシジョンツリー	Decision Tree
6	リアルオプション	Real Option
7	モンテカルロ法	Monte Carlo

2-2-5. 割引現在価値（DCF）と正味現在価値（NPV）

(1)　価値の割引

　もし、100万円の現金を受け取るなら、今日受け取るのと1年後に受け取る

のとではどちらがよいか。主に2つの理由から、普通は今日もらうことを選ぶだろう。第一に今日受け取れば、それを投資して1年間で新たな利益を得る可能性が高いからである。もう一つの理由は、1年後には事情が変わって（例えば相手の倒産など）受け取れなくなるリスクがあることである。つまり、時間的な要因とリスクの要因により、1年後の100万円が持つ価値は100万円よりも価値を割り引いて考える必要がある。

　一般に、有形であれ、無形であれ、資産の価値は、時間の経過、不確実性（リスク）、購買力の低下（インフレ）、流動性（現金化の容易性）の4種類の要素により変化する。ただし、近年の日本ではインフレ率が極めて低く、上記の購買力の低下に関しては外貨が関係しない限りリスクは低い。また、現金の場合は流動性の問題は無い。

　プログラムやプロジェクトでは、一定時点で一定規模の投資を行い、その後の一定期間に収益を得て結果として投資額を回収すると同時に相当程度の利益を獲得することを予定する。将来の収益額を見積もりその累計に基づいて投資の妥当性を評価するのであれば、様々な時点での投資額や収益額を特定の一時点（通常は「現在」）の価値に換算したうえで、評価をすることが必要である。このように将来のある時点の金額を現在の価値に換算することを「割引」（discount）という。

　現在の100万円は金利 r で1年間運用すれば、1年後には $100 \times (1+r)$ 万円となる。逆に、1年後の100万円の現在の価値は $100/(1+r)$ 万円であるといえる。これがDCF（discounted cash flow）法の考え方の基本である。ここで便宜上金利と記した r がDCFにおける割引率に他ならない。

　t年後のキャッシュフロー C_n は、割引の期間（n年）と割引率（discount rate）r により現在価値（present value）PVとして計算される。

$$PV = C_t / (1+r)^t$$

(2) NPV

　現在価値に基づく正味現在価値法（NPV）は、プログラムやプロジェクトの評価に関するインカム・アプローチの主要な手法である。

いまC_0円の投資をして、1年後にC_1円、2年後にC_2円というようにt年後まで毎年Ctのキャッシュフローを得ることが予測できるプロジェクトの正味現在価値（NPV）は次式で表される。[6]

$$NPV = 予測キャッシュフローの現在額 - 投資額$$
$$= C_0 + C_1 / (1+r) + C_2 / (1+r)^2 + \cdots + C_t / (1+r)_t$$
$$= C_0 + \sum_{i=1}^{t} (C_i / (1+r)^i)$$

※ここで、C_0は投資額でありマイナスの数値である。

2-2-6. 不確実性（リスク）と価値評価

(1) 期待値

ある投資を行い、例えば100を得る可能性が70%、60を得る可能性が30%という不確実な成果が予想されるとき、その価値は成果を可能性で重みづけした期待値で表される。この場合は、$100 \times 0.7 + 60 \times 0.3 = 88$ と計算される。

一般的にn種類の結果の可能性があり、そのi番目の可能性（キャッシュフロー）をC_i、その確率をp_iとすれば、期待値は次式で表させる。

$$期待値 = \sum_{i=1}^{n} (C_i \times p_i)$$

期待値を利用した意思決定手法としてペイオフ表（payoff table）がある。事業の方針について選択肢（たとえば商品の生産量について数種類のケース）がある場合、それぞれの選択をしたときにコントロールできない外部条件（例えば需要量）に基づく結果（例えば売上高）の期待値をExcelなどで計算して、最適な選択を行う簡便な手法である。

(2) デシジョンツリー

戦略方針や事業の実施内容などの課題達成について、可能性の高い複数の選択肢から、いずれをとるかの意思決定を行う手法の一つである。デシジョンツリーでは、それぞれの案ごとに多段階の意思決定とそれぞれ起こりうる事象を

第3章　価値と価値評価

ツリー（樹枝）状の体系図に表現する。次に各意思決定の結果として起こりうる最終成果について、その成果の発生確率を予測する。これに基づいて、各案についての獲得成果の期待値を算出し、成果が最大と計算される案を実行案として採用する。

デシジョンツリーでは、1つの不確実性要素に関するいくつかの可能性が、それぞれ分枝として明示されるので、直感的な理解に優れている。他方、図示するうえでのスペース的な制約から評価対象の複雑性は制限されるが、専門のコンピュータソフトウェアを活用すれば、より複雑な分析が可能である。

◇◇◇ **デシジョンツリー（計算例）** ◇◇◇

図表5-3-6はある製品について、新製品を開発するか既存品をマイナーチェンジするかに関する比較評価である。この例では、新製品開発には400万円の投資が必要で、マイナーチェンジであれば投資は50万円でよい。新製品を開発すれば利益は1個当たり5,000円が見込め、60％の確率で1,500個、40％の確率で750個が売れると見込まれる。マイナーチェンジの場合は、商品の魅力が低いので販売価格を下げる必要があり、1個当たりの利益は2,000円と見込まれ、販売数量も1,000個売れる確率が50％、500個しか売れない確率も50％あると見込まれる。この条件で各ケースの期待値を計算すれば、

図表5-3-6　デシジョンツリーの例

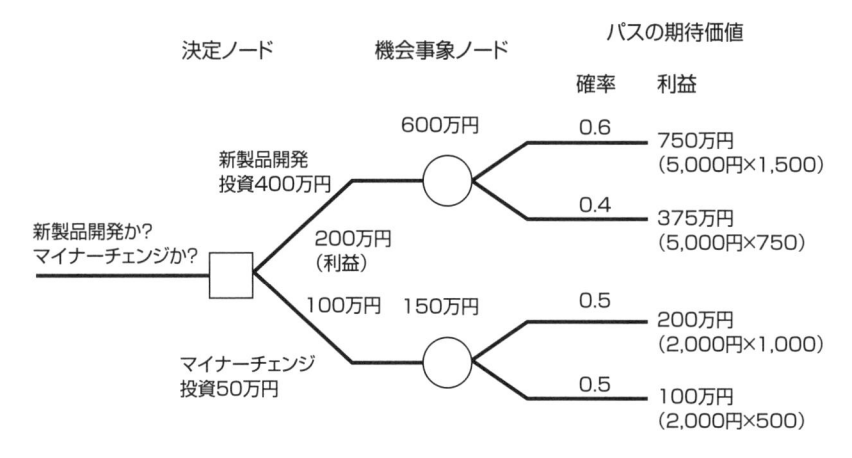

決定ノード	機会事象ノード	パスの期待価値	
		確率	利益
新製品開発か？マイナーチェンジか？	新製品開発 投資400万円　600万円	0.6	750万円 (5,000円×1,500)
		0.4	375万円 (5,000円×750)
	200万円（利益）		
	100万円　150万円 マイナーチェンジ 投資50万円	0.5	200万円 (2,000円×1,000)
		0.5	100万円 (2,000円×500)

新製品開発の場合は販売による利益は600万円と見込まれ、初期投資が400万円なので差額の200万円がこのケースの利益の期待値となる。同様にして、マイナーチェンジの場合は利益の期待値は100万円となるから、新製品の開発を行うべきと結論される。

(3) リアルオプション

　NPVやデシジョンツリーでは、事業着手前の時点で、割引率や成果の期待値で事業成果を予測計算し、その結果により事業への投資の可否の意思決定を行う。この場合、事業の不確実性はあらかじめ確率値として確定されており、実行段階での状況の変化を考慮することはない。

　現実の事業では、そのような判断を行わないことが多い。投資後に市場が広がれば追加投資をし、見込み外れが分かれば事業からの撤退することなども一般的である。リアルオプションとは、こうした施策の途中段階での変更を、当初の計画段階から計算に入れる手法である。

　途中段階での変更を事前に織り込んで計算するため、リアルオプションの手法で得られる事業価値予測は、原理的に通常のNPV法による事業価値予測より必ず改善されたものとなる。その理由は、事業の進捗に伴い新たに得られる情報を意思決定に利用することが可能なことで、固定的な戦略による事業遂行の場合に比較して得られる差額が、「戦略の自由度の価値」である。このことから、通常のNPV法では実施不可と判断されるプロジェクトも、適切なオプション（選択肢）の設定を行うことで、実行可能となる場合がある。[7]

◇◇◇ リアルオプションの概念例 ◇◇◇

　あるプロジェクトが2年後に、1,000または300のキャッシュフローを生むと予想され、それぞれの確率が60％と40％であるとする。これに必要な投資額は600で資本コストは12％であり、1年後には市場の見通し（よく売れるか否か）が明らかになるとする。

　図中に示すように、NPV法では獲得キャッシュフローの期待値はマイナス26.0となり、プロジェクトは実行できない。これに対し、最終的な投資判断

を1年後に決定すればよいのであれば、12%の資本コスト（割引率）を支払った上で、プラスの獲得キャッシュフロー64.0が期待でき、プロジェクトは遂行すべきと判断できる。この例では総投資額の1/3を初期に投資し、1年後に成功の見通しがなければ、それ以上の投資をせずに事業を中止することで、獲得キャッシュフローの期待値を高めることができる。

図表5-3-7　リアルオプションの概念

あるプロジェクトが2年後に、市場で1,000または300のキャッシュフローを生むと予測され、それぞれの確率は60%、40%であるとする。これに必要な投資額は600で、資本コストは12%であるとする。市場の見通しは1年後に明らかになるものとする。

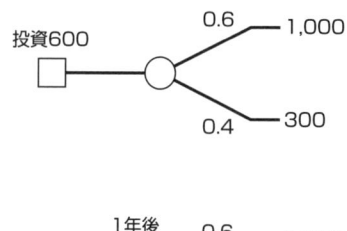

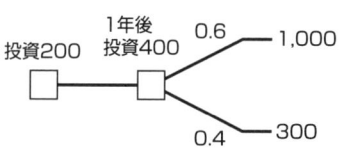

通常のNPVによる評価
この投資の可否を、今決めるとすれば、
$$NPV = (1,000 \times 0.6 + 300 \times 0.4) / 1.12^2 - 600$$
$$= 574.0 - 600 = -26.0$$
　　NPV<0だから実行しない。

リアルオプションによる評価
まず200だけ投資して、1年後に見通しが明るければさらに400を投資し、見通しが悪ければ投資しない。
$$NPV = (1,000 \times 0.6 + 0 \times 0.4) / 1.12^2$$
$$- 400 \times 0.6 / 1.12 - 200$$
$$= 478.3 - 214.3 - 200 = 64.0$$
判断延期で、価値評価（期待値）がプラス

（4） モンテカルロ法 （シミュレーション）[8]

例えば、a、b、cという3種の条件がそれぞれある発生確率をもち、その確率は互いに独立であるとする。a、b、cは大規模新商品開発における開発設計費、部品・資材費および加工・組立費の関係や、大規模なICTシステムにおけるシステムソフトウェア開発費、ネットワーク構築費および運用組織整備・訓練費用に相当するなどの場合である。経験からそれぞれの費用はある確率分布で見積もることが可能として、全体の予算をいくらとすべきだろうか？　この場合、a、b、cの発生確率は互いに独立なので、組合せの数は無限にあるが、a、b、cそれぞれの特定の確率の組合せで計算して得られた結果は、あくまでもその組合せの場合を代表する一サンプルに過ぎない。

第5部　知識基盤

　モンテカルロ法では、システムの計算モデルにおける各要素の状態をそれぞれに適切な確率密度関数に従う乱数で代表させる。1回の試行ごとに各要素にその状態を代表する乱数をそれぞれ個別に発生させて、それらを用いてシステムの成果（出力）を計算する。これが1回の試行サンプル値である。これを十万回〜百万回などの多数回繰り返し、結果を積分すれば、システムの成果（ここではa、b、cの総コスト）は統計値である期待分布のシミュレーションとして得ることができる。要素の数が多数であっても、近年はPCソフトウェアが安価に入手可能で、それぞれの要素にそれぞれのタイプの乱数を容易に割り当てることができる。

モンテカルロ法の概念

　図表5-3-8はモンテカルロ法の概念を示す。様々な確率分布を持つコスト要素a、b、cがあるとき、各要素につき、それぞれの確率分布に基づいて、それぞれ独立の1個のランダム値（コスト）を発生させ、合計のコストを計算する。この操作を多数回繰り返せば、その結果の統計データはシステムの全体コストの確率分布を模擬することになる。

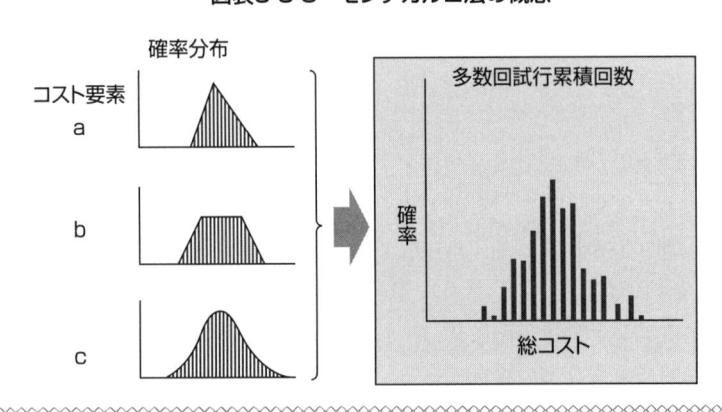

図表5-3-8　モンテカルロ法の概念

2-3. 要素的価値評価

　要素的価値評価とは、プログラム全体ではなく特定の部分や活動要素を対象

として価値評価を行うことをいう。前節では、企業、事業あるいはプログラムについて、それらの全体としての価値の評価について説明した。これらは株価や企業業績などに関する結果の評価や、それらの将来に対する予測の分析である。しかし、プログラムの実行は多段階に業務を分割して、多数のマネジャーが細部の業務を計画し、コントロールする。こうした具体的業務に関するマネジメント活動の指針や基準となる判断は、プログラムの全体ではなく、それぞれの業務に直接関係した要素的価値の基準に基づいて行う必要がある。

2-3-1. 経営分析と管理会計

会計情報を用いた経営分析は、経営上の基本的な評価手法である。通常は、経年的推移の評価として、あるいは他社との比較評価の目的で、比率の形で評価することが多い。図表5-3-9はこうした財務情報を用いた経営分析手法の例

図表5-3-9　財務情報を用いた経営分析（参考）[9]

分野		概要
①安全性分析	●短期支払い能力 ●長期支払い能力 ●インタレスト・カバレッジ	・流動比率、当座比率 ・自己資本比率、負債比率など ・インタレスト・カバレッジ・レシオ
②効率性・生産性分析	●資産活用の効率性 ●生産性	・総資本回転率、有形固定資産回転率、棚卸回転率、売上債権回転率など ・労働生産性、設備生産性、労働装備率
③収益性分析	●売上高利益率（ROS） ●総資本利益率（ROIまたはROA） ●株主資本利益率（ROE）	・売上高と総利益、営業利益、経常利益、税前利益、税引き後利益などの比率 ・総資本に対する利益の比率。多くは、利益として事業利益（営業利益＋受取利息・配当金）を用いる。 ・株主の視点から見た利益率であり、自己資本と税引当期純利益の比率。
④成長性分析	●売上高成長性 ●経常損益成長性 ●使用総資本成長性 ●自己資本成長性 ●従業員数成長性	・基準年に対してそれぞれの項目の成長性（比率）を測定する。各項目あるいはそれらの間の比率の変化により、経営の時系列変化を分析・評価する。（例：売上高成長性より利益成長性が大きければ経営は改善している。など）
⑤総合評価	●さまざまな方法が考えられているが、一例としてA.ウォールの指数法がある。この場合、流動比率、負債比率、売上債権回転率など7項目の数値に、全体が満たされた場合に100となるように重み付けをして合算して指標とする。	

である。実際はその組織の市場環境や経営の状況により、適切ないくつかの項目を選択し、それに着目して経営判断を行う。

会計情報中心の評価でも、対外報告に主眼がある財務会計ではなく、内部のマネジメント上の意思決定に資することを目的とする各種の管理会計手法[10]は、マネジメントの立場でより具体的で詳しい情報について分析するものである。これは組織活動成果の現在そして目指す将来への視点を持つので、プログラム・プロジェクトマネジメントのための情報として有用である。

2-3-2. CSFとKPI

(1) CSF

CSF（Critical Success factors）とは、組織経営の目的あるいはプログラムという事業の成功に死活的に重要な影響をもつ具体的な要因を意味する。通常は、CSFは数個に絞り込まれて設定され、その達成に向けてマネジメントが行われる。それは組織メンバーの意識をそこにフォーカスして、効果を高めるためである。

財務指標による評価は重要ではあるが、基本的に過去の実績に基づく遅行指標であり、また金額などに抽象化されているため、現実の業務遂行判断の指標として必ずしも十分ではない。

これに対しマネジメント上の意思決定には、事業価値や市場での競争優位性等の戦略目標に重要な影響を与え、かつ実務遂行に直結した指標としてのCSFを適切に取り扱うことが重要である。CSFは、プログラムとしてどのような価値を重視するのかを関係者に明らかにすること、どこに優先的に資源や要員を優先配分するかを決定すること等に効果がある。

なお、CSFは意思決定の基盤として、広義には常に価値に関係するが、必ずしも狭い意味での価値に限らないケースもある。これに対しバリュードライバーとは、組織活動の対象の価値に強く影響を与える具体的な要素[11]を意味する。

CSFもバリュードライバーも特定の標準的な指標はなく、例えば、製品単位当たりの原価、市場シェア、新商品の開発サイクルなど、事業分野や業務の内容に応じて適宜定める必要がある。CSFは定性的あるいは抽象的なもので

も良いが、バリュードライバーは、具体的・定量的で目指す価値に対して感度が高いもの、あるいは投資の影響が明瞭なものであるべきである。

(2) KPI

PI（Performance Indicators）とは、CSFより具体的に日々の業務遂行の指針となる活動の評価指標である。日々の組織活動のパフォーマンスを向上する上では、具体的行動特性を数値尺度で表し、目標および結果を数値として第一線の管理者・要員にも「見える化」することが効果を上げる。

製造業でいえば、様々な部品や装置の組立時間や、良品率、失敗工数、ライン稼働時間などがその例で、それらを組織的に計測することで、トータルの事業業績の評価につなげることができる。

こうしたKPIは製造業やサービス業をはじめ、産業や業態に応じて非常に多様なものがあるだろう。KPI（Key Performance Indicators）は、それらを代表する10～20個程度の中核的な指標で、一部はプログラム／プロジェクトの成否の判定条件となる。KPIは一般に以下の性質や機能が必要である。[12]

- 直接的な財務的指標ではないこと。
- 頻繁に計測されること（常時、毎日、毎週など）。
- CEOや上級マネジメントの判断に直結している。
- 必要な具体的行動とその責任部門が明らかである。

～～～ KPIへのヒント ～～～

(1) 米国大リーグでは、NYヤンキースなどの富裕球団は超高給のプレーヤーを集めてファンに夢を売るが、資金力のない地方球団は経営に苦労している。その中で、オークランド・アスレチックスは選手年俸総額が最下位に近いにも関わらず、度々プレーオフ進出を果たしている。アスレチックスでは、過去の試合のデータを徹底分析し、9イニングにおける投球の一球ごとにその結果が勝利にどのような確率で結びつくか研究している。

その結果、例えば攻撃で最も重要な特性は四球を含めた出塁率であって打率そのものではないとか、勝敗で見た場合、選手の守備面での能力の差異は攻撃面での能力の差異ほど重要ではないなど独自の様々な指標を確立した。

これにより、一般には大きな欠点（足が遅いなど）を持つと見られて評価が低いが同球団独自の尺度で有利な特徴（例えば選球眼がよい）をもつ選手を見つけて低い年俸で雇うことで大きな成果を上げている。[13] つまり、このチームは独自の研究により、業界の常識にこだわらず、試合での勝利という目標に最も役立つ指標（KPIに相当）を探し出し、実践的に多大な成果を上げている。このように優れたKPIの設定には、「常識」や業界の慣習にとらわれずに、独自に考えることが重要である。

(2) トヨタ自動車が米国で最初のパワートレインの組み立て工場を立ち上たとき、そのラインの責任者（バイス・プレジデント）となったのはGMで何十年も働いたベテランで、有能な人物であった。彼は大変な努力をして、1ヶ月間ラインを一度も止めることなく運用した。しかし、彼は直ぐに「何故ラインを止めないのか」と質問されて驚くことになる。

全ての工場には問題が隠れている。ラインを止めれば自動車の組み立て工場にも影響は出るが、同時に隠れた問題を解決して、結果的に製品の品質や生産性が大きく上がることになるというのがトヨタ式の考え方である。この場合、「ラインを止めない」という評価指標は表面的には効率指標として分かりやすいが、より本質的な視点からは必ずしも適切ではないといえる。[14]

2-3-3. 市場の分析と予測

プログラムは、組織活動の未来の枠組みを構築する。未来の市場の価値をいかに評価するかは、前項までの説明とは別の意味で極めて重要である。ただし、これらは業界や技術の分野ごと、そして個別の組織ごとに極めて多様であるので、ここでは最も基本的な市場の分析と予測に関する概要を述べる。

商業的プログラム／プロジェクトは投資活動であるから、それによって獲得できる潜在的市場規模の予測は最重要事項である。受注型プログラム／プロジェクトでは、当面の契約金額は確定しているが、その場合でも事業の持続と発展のためには対象市場に関する予測は重要である。

市場予測にまず重要となるのは、対象市場の定義である。これには、技術的

分野、地理的区分（国内、世界、アジア等）、顧客特性別（大衆向け、高所得層向け、性別、年齢層別など）等、商品分野により様々な区別がある。また、真に新しい商品の場合は、既存の市場分類ではなく、新たな市場概念の構築が必要となる。

市場定義の後、その市場についての商品の現状と将来の可能性について分析を行う。これには、以下の内容が含まれる。
① 市場規模とその成長性
② 市場の構造（バリューチェーン）、競争と収益性
③ 技術変化（トレンド）と市場動向（例：スマートフォンの「世代」、自動車の燃費動向、デジタルカメラの画素数など）
④ ビジネスモデル

分析には各種の基礎データが必要となるが、これには以下が含まれる。
① 公的な統計・予測（国、地方自治体、国際機関等）
② 産業別協会・団体等の統計・予測
③ 業界の主要企業や競争企業の財務諸表などからの情報
④ 企業内販売統計やその他の情報（POSデータ、クレーム情報、ビッグデータなど）
⑤ 個別の市場調査

2-3-4. 多元的分析

プログラムあるいは一般に事業活動は複雑である。事業活動において戦略施策のコントロールをサポートするには、個々の指標を個別的に評価するのでは不十分で、目的に応じて複数の評価指標を組み合わせた多元的な分析評価が要求される。こうした多元的手法は目的に応じて様々なものがあるが、本項ではいくつかの代表的な手法を示す。

(1) 損益分岐点（Break Even Point: BEP）分析

大量生産品の場合、売上高は商品の生産数量に比例して増大し、その費用（コスト）は固定費（売上高に関係しない費用）と変動費（部材費や外注費な

ど売上高に比例する費用）からなる。固定費は工場や設備などに関する費用と従業員の人件費などからなる。

　一般に、売上高が少ない段階では費用をまかなうことができず事業は赤字であるが、売上高が増加していくと費用を超えて利益を出せるようになる。売上高が費用に一致する売上高あるいは生産高を損益分岐点と呼ぶ。売上高にしたがって工場の稼働率が損益分岐点売上高より高まれば利益は増し、これより下がれば損失が増大する。

　売上高に対する損益分岐点売上高の割合を損益分岐点比率という。このように損益分岐点分析では、売上高、固定費、変動費の3種の指標を組み合わせて工場の収益性を評価し、受発注のコントロール、設備投資、コストダウン施策、人員の増減など、各種の施策の判断基準とする。

　ここでは説明の都合上、大量生産工場を例としたが、売上高（生産高）、固定費、変動費の3指標と収益性の関係は、製造工場に限らず、販売やサービスの分野でも、また個別受注生産の場合でも同様に応用できるので、損益分岐点分析は様々な産業分野で幅広く適用されている。

　なお、この手法はCVP（Cost-Volume-Profit）分析とも呼ばれる。

(2)　プロダクト・ポートフォリオ・マネジメント（PPM）

　多くの企業は複数の事業を営んでいる。企業が持続的な繁栄を目指す上では、個々の事業の競争力はもちろんのこと、事業の集合体としての競争力を身につけなければならない。限られた資金を効率的に運用し事業間の相乗効果を図るために、事業ポートフォリオの効果的マネジメントが必要になる。プロダクト・ポートフォリオ・マネジメント（PPM）は、各事業の市場での位置付けを明らかにし、どの事業分野に投資をするのか、資源配分の最適化を目的とするもので、「選択と集中」という戦略課題に基準を与えるものである。

　PPMは縦軸に市場の成長率をとり、横軸に競争上の地位を最も反映し、かつ測定可能な指標として相対的マーケット・シェアをとる。これを4象限のマトリックス状の領域に見立て、事業群を特徴的な名前を持つ4つのカテゴリーに分類する。

　金のなる木の事業から得られるキャッシュフローを、次世代の金のなる木候

補である花形や、さらにその次の可能性がある問題児の分野などに、戦略的に投資配分をする。

図表5-3-10　プロダクト・ポートフォリオ・マネジメント（PPM）

金のなる木 (Cash Cow)	相対的マーケットシェアが高く成長率の低い成熟した事業で、シェアの維持に必要な再投資分をはるかに超える現金流入がある。
花形 (Star)	高成長分野で相対的に高いマーケットシェアを占めている。現金流入量も多いが、成長のための資金需要も大きい。将来の「金のなる木」候補である。
問題児 (Question Mark)	高成長期の事業ではあるが相対的マーケット・シェアが低い事業で、多大な投資を必要とする。
負け犬 (Do g)	成長率も低く相対的マーケットシェアも低い。現金の流入量が少なく、外部要因によって利益率が大きく左右される。

(3) バランスト・スコアカード（Balanced Score Card）

　バランスト・スコアカード（BSC）は、短期的な財務指標中心の業績評価の欠点を補い、より長期的な成果を目指す戦略的な評価手法で、財務の視点、顧客の視点、業務プロセスの視点、学習と成長の視点という4つの視点から、事業を総合的に評価する。BSC自体は、元来は一つの評価手法であるが、戦略立案の各種のツールやフレームワークと連携あるいは組み込まれて活用される。逆に言えば、BSCは、単独で導入するのではなく、戦略立案と連動して各組織の目的や置かれた状況に応じて個別の評価指標（項目と尺度）を戦略的視点から考えて決定する必要がある。また戦略プロセス（プログラム遂行）の適切なタイミングで評価を行い、その結果をフィードバックすることが重要である。

　その意味で、個々の評価指標は、活動の結果を示す成果指標と活動の推進指標（パフォーマンス・ドライバー）に分けることができる。これらの指標はプログラム／プロジェクトにおけるKPIであって、成果指標は遅行指標であり、推進指標は先行指標である。

　（→BSCについては第2部第4章および第4部第4章参照。）

3. 無形価値とその評価

3-1. 無形資産の価値

3-1-1. 無形資産の価値

　無形資産（Intangibles, intangible assets）とは、一般的には物質的実体がない金融資産以外の資産と定義される。

　現代では、目指すイノベーションの実現は無形資産への投資が鍵となる。今日の市場環境では、外部から購入できる有形資産の組み合わせだけでは、競争優位性を獲得することは困難である。

　ウルリッチ等によれば、米国では企業価値（株式時価総額）における無形資産の割合は、1982年には38%であったものが、1992年には62%に、2000年には85%へと急増している。[15] こうした無形資産の重要性が急増する要因として、コンピュータ技術による産業の情報化の進展と、グローバルな市場競争の激化、そしてモノ作り産業における著しい生産効率化競争が大きく関わっているであろう。

3-1-2. 無形固定資産

　企業会計では、たとえば外部に委託して整備したコンピュータソフトウェア[*25]や特許権のように、他と切り離して識別可能であり、公正な価値評価が可能であることものは会計上の無形固定資産として貸借対照表に計上される。これらの例を図表5-3-11の無形固定資産の部分に示す。

　一方、表の下半分に示す非財務会計的無形資産は、会計上の資産として扱われないが、企業はこれらの貸借対照表では認識できない資産を含めて事業を遂行し、企業価値を実現している。企業や事業単位での買収や事業統合（M&A）の過程では、こうしたものを含めた全体としての企業価値や事業価値が算定される。M&Aでは、買収された企業や事業の買収額から純資産（時価）を差し

[*25] 例えば、購入したパッケージソフトは無形固定資産であるが、自社内で開発したソフトウエアは、その費用は研究開発費として費用計上され、資産としては扱われないなど、会計上の取扱は取得条件により異なる。

引いた超過部分に相当する価値を、「のれん（goodwill）」と称して一括して計上し、会計上の無形固定資産として扱う。なお、会計上の無形固定資産の取り扱いは、統一化への努力はされているものの、国家間で差異が存在する。

図表5-3-11　無形資産の例

区　分	例	記　事
無形固定資産（貸借対照表）		
知的財産権	産業財産権（特許権、実用新案権、意匠権、商標権）、著作権、回路配置利用権	法律で権利が保護される
ソフトウェア	外注開発、パッケージソフト	コスト明確
利用権	借地権、地上権、施設利用権	
のれん	M&Aに際して評価された企業価値と貸借対照表上の純資産との差額。営業権ともいう。	
非財務会計的無形資産		
事業インフラ（各種仕組み）	ビジネスモデル、生産プロセス、販売プロセス、経営管理プロセス、マニュアル　（内容の優越性）	ハードな施設・設備と連携している
効率的な遂行能力	組織的および個人的な業務遂行能力（生産・販売等）、人的情報ネットワーク、企業文化など	スキル、マネジメント能力など含む
ブランド・評判・関係性	ブランド、コーポレート・レピュテーション（企業の評判）、信用、関係性	顧客などとの間に構築した関係性
知識・情報	研究開発成果、ノウハウ、営業情報（顧客データベースなど）、外部資源の活用	社内に蓄積された有用な知識・情報

3-1-3. 非財務会計的無形資産

研究開発成果、訓練による組織力、自社が培ったブランド資産などは、どこからどこまでと範囲を区切るなど、その価値を個別に識別可能とはいえず、また実際の価値を正確に測ることは殆ど不可能なので、会計上の無形固定資産としては扱われない。

例えば特徴的なビジネスモデルや効率的な生産プロセスなどは、その為のハードな施設・設備などが存在しているとしても、それを使いこなす人的組織や関係者の習熟などが必須である。会計制度上、コンピュータシステムは企業の資産（有形固定資産）と認識されるが、それを活用する要員は資産ではなくコスト要因（人件費）として認識されている。しかし、コンピュータシステムを、端末で自在に使いこなせる多数の従業員こそが利益を生み出す資産であり、

企業の競争力の源泉である。

他方、各種のWEBマーケティングは、従来の販売システムにおける販売員や店頭在庫などを削減したもので、ビジネスモデル自体が新たな超過利潤の源泉という無形価値となっている。図表5-3-11に、非財務会計的無形資産として、こうした種類のものの代表例を示している。

20世紀後半から、企業価値が会計上の純資産を大きく上回り、ますます増大する傾向が認識されている。それは、知識社会化とグローバルな競争の中で、競争優位のためにこの種の無形資産の強化が必須であることの表れである。

(1) 事業インフラストラクチャー

事業インフラストラクチャーとは、事業を効果的に遂行していくための土台となるさまざまな仕組みである。各種の施設、設備やエネルギー供給源のようなハードなインフラと、人々がそれらを動かしていくソフトな仕組みがあり、無形資産としての事業インフラとはその後者を指す。

たとえば生産工場の場合、設備があり、作業員が揃っていても、設備をどのように動かすのか具体的な生産プロセスが定まっていなければ効率的な生産はできない。また、そうしたプロセスは経験とイノベーションによって、より効果的・効率的なプロセスに改善される。それが市場の中でより優れていることが無形資産となる。古くからの流れ作業型の生産システム、ジャストインタイム（JIT）方式、マニュアル化したファストフード店のサービスなどは代表例である。

（→第2部、第3部、第4部序章、第2章および第5章を参照。）

(2) 効率的な遂行能力

上記の仕組みを動かして、効率的に事業を遂行する能力も、組織の重要な無形資産である。同じ仕組みを用いても、作業を進める個人や組織の能力により成果は異なったものとなる。個人の能力、チームとしての能力そして、情報を活用して組織活動を適切に展開する能力などは、学習により個人や個人間の関係性の中に蓄積され、事業を効率的に推進する原動力となる。

組織活動の蓄積の中で、価値観や行動慣行を共有することで育まれる優れた

企業文化も無形価値の一つである。
（→組織については第4部第3章、個人の能力に関しては第6部を参照。）

(3) ブランド・レピュテーション（評判）・関係性

これらのものは、顧客などとの良い関係であって、長期的な利益創出を目指すものである。かつては特定企業に限られていた技術的知識が広く業界に浸透し、情報流通も発達したこと、またグローバル化によりマスマーケットでの競争が著しく激化したことなどから、商品の同質化が進展した。こうした中で、高い競争優位を築くためには、単なる技術だけではなく顧客との良好な関係性の構築が、無形の大きな資産となる。

一方で、市場での優位性を得るためには、競争力あるサプライチェーンの構築・維持も重要であり、優れた供給者との関係性という無形資産も非常に重要である。

これらは他の部章で記述がないので、本項で若干詳しく説明をする。

ブランド[16]（brand）：元来は自分の牛を識別するための焼き印からきた「印」の意味であるが、今日では単なる印を超えて、顧客からの定評と信頼を得ることで絶対的な競争優位を目指す手段の意味がある。

ブランドには、商品ブランドとコーポレートブランドがある。例えば、味の素、シャープ、パナソニックなどは、元来は商品ブランドであったが、現在はコーポレートブランドとしての意味が大きい。ソニーは音響・映像家電の商品ブランドであったものが、今日ではエンタテイメント・保険・銀行などの別種の事業の信用をも支えるコーポレートブランドに成長している。

ブランド価値の意味は、同質化による低価格化を回避する目的で、他との差別性を打ち出すために、「機能価値」、「サービス価値」、「イメージ価値」の何れかを選択して、競争優位を確立することである。ブランドはこうした他と差別化した価値の顧客に対する品質保証の印と言うことができる。

機能価値とは、商品の機能・性能に関するものであり、自動車であれば低燃費や安全性、テレビであれば画面の美しさや薄さ、衣料品では暖かさや軽さなどが例である。サービス価値とは、「おもてなし」「ホスピタリティ」の差

別化である。サービス業では、各地の有名旅館のサービス、東京ディズニーリゾートや旭山動物園などの演出、販売業では老舗百貨店の外商部の顧客対応、AmazonやASKULの翌日配達などがその例である。

　イメージ価値はファッション化した産業などで顕著な分野で、欧州の貴族や有名な俳優など上流階級や著名人の愛用品であるとか、長い伝統がある等の、物語性と稀少性が醸し出す価値に基づいている。ルイ・ヴィトン、プラダ、グッチ、またサンローラン、アルマーニなどがすぐに思い浮かぶであろう。さまざまなスイスの機械式腕時計などは、時計としての基本機能そのものは安いクォーツ時計の方が優れているのに、デザインとイメージで桁違いの高価なものとなる。日本車の場合、世界中で高品質なのに割安な車という顧客イメージが定着している。この顧客イメージを超えるため、トヨタ自動車は新たなレクサスブランドを立ち上げ、「品質のトヨタ」ではなく、「高性能かつ高級なレクサス」というイメージ価値を創り上げて成功を収めた。

　商品のブランド価値とは、AとBを比べた場合、他が同じならAはBより幾らまでなら高く買うかと言うことであるが、その評価は難しい。それでも、機能価値やサービス価値の場合、個別商品であれば特定の性能やサービスに対しある程度の数値評価が可能である。このため、日本企業はその部分での競争に陥りがちで、結果として安値競争かガラパゴスと言われる過剰品質競争に巻き込まれやすい。これに対し、イメージ価値は数値評価や比較評価が極めて困難であるゆえに、相対的な競争ではなく、顧客にとっての絶対的な価値イメージを構築できる可能性があり、価格維持が可能となる。

　ブランド価値評価の技法については、国内外のコンサルタント会社などにより各種の提案がなされている。[17]

コーポレート・レピュテーション（corporate reputation、企業の評判）：企業が顧客や社会全般からうける良否の程度の共通的認識である。略して、単にレピュテーションと言うことも多い。

　商品やサービスの購入あるいは投資について、ほとんどの人はその細部までを検討をして意思決定をする訳ではない。経済学や経営論では、意思決定は完全な情報と冷静な分析に基づくことが前提になっているが、現実にはしばしば、

世間の評判や口コミ情報あるいは雑誌や新聞などの一寸した記事などに基づいて判断する。競争優位性は、その商品やサービス自体の性能や品質以外のこれらの要素、すなわち世間の評判により、大きく影響を受ける。企業にとって、良い評判は競争優位に大きく貢献する。

レピュテーションはブランドと似た効果を持つが、ブランド価値は基本的に商品の品質その他の属性に基づいて構築されるのに対し、レピュテーションは企業全体の行動履歴すなわち経営者や従業員が積み重ねた行動に対して、顧客などの直接的・間接的なステークホルダー、報道メディア、さらにはそれらの背後の社会全般の評価から導かれる。商品の品質やサービスだけではなく、CSRや地球環境問題への取り組み、謙虚で公正であることなども評価される。

レピュテーション価値は以下の分野に大きく影響する。[18]
① 顧客の購買意思決定
② 優秀な人材の採用、従業員の勤労意欲
③ 報道メディアによる好意的な扱い、あるいは反発・批判
④ 個人投資家、機関投資家の投資判断

レピュテーション価値の評価についてはFortune誌とコンサルタント会社のHeyグループによる、"World's Most Admired Companies"が有名である。この評価は、有能な人材を引きつける、経営の品質、社会的責任と環境への配慮、革新性、商品やサービスの品質、企業資産の有効活用、財務健全性、長期の投資価値そしてグローバル事業の有効性という9項目により行われている。[19] この他にも、ウォール・ストリート・ジャーナル紙によるランキングなどもある。ただし、プログラムレベルでこうした評価を行うことは困難の割には有効性が少ないだろう。現実には、自らの組織や市場の状況に即して、レピュテーションの経済的価値、社会的価値、組織価値などについて、独自の指標を定めて評価すべきであろう。[20]

レピュテーションにはプラスだけではなく、マイナスの場合がある。[*26] 自動

[*26] マイナスの評価を「レピュテーション負債」「無形負債」と説明する場合がある。これはマイナスの無形資産という概念である。当然だが「負債」といっても貸借対照表に含まれるものではない。

車のリコール隠し、食品偽装や大規模な食中毒事件、工事談合やヤミカルテル事件、セクハラ事件など、多くはさまざまな社会的問題やコーポレート・ガバナンス上の問題の発覚が引き金となる。そこで対応を誤れば大幅なマイナスのレピュテーションを抱えることになる。この場合、問題自体の的確な処理と共に、社会に対する、直接的にはマスコミに対する適切な対応が必須である。

　トヨタ自動車は、米国での急加速事故と大量リコールで大きな打撃を受けた。様々な意見があるが、見方によっては問題の規模の割には、社会的に事案を長引かせずに収束できたとも見られる。これはNASAを含む米国政府機関による原因調査など客観性の担保と共に、トヨタ自身の米国内での高いレピュテーションすなわち顧客の品質に対する信頼の蓄積が、大きく影響したと言えよう。

関係性[21]：取引先などとの関係性である。代表的なものに顧客関係性がある。マーケティングでは自社商品に対する顧客のロイヤリティー（loyalty, 愛着心）の維持向上のために、顧客に高い満足度を与える関係性の構築、すなわちCRM（Customer relationship management）が重要である。無形資産の観点では、消費財市場などでの一般顧客を対象とした場合だけではなく、企業間（B to B）の個別取引関係でも顧客関係性は重要で、さらに供給者との良好な関係性も非常に重要である。

　企業は新規顧客獲得にマーケティング予算の70％を費やすが、収益の90％は既存顧客からもたらされるという。マーケティングは、1回の取引からの利益の最大化から、一つのリレーションシップからの利益の最大化へと発想が転換してきている。[22]（→顧客関係性は第4部第2章3節参照。）

　経済理論や経営理論では、企業は独立の主体として、直接的な経済合理性に基づいて意思決定するとの想定が一般的で、こうした合理的判断の集積として、市場が運営されると仮定している。これは経済事象や企業行動の本質を理論化するために複雑性を減ずる基本的な前提といえよう。

　しかし、現実の企業行動は、必ずしも常に「最も安い供給者から買う」などの単純な経済合理性で動くわけではない。企業としては、資源の購入先や商品の販売先などのさまざまな関係取引先、さらには直接取引が無くても補完商品（例：ゲーム機とゲームソフトの関係）の事業者などとの関係性が重要な無

形資産となる。

関係性は非常に幅広い概念であり、簡単に要約することは困難であるが、無形資産として重要ないくつかの視点の例を以下に示す。

① 相互依存性：相手先の特別なニーズにあわせて供給するという関係性の蓄積により、相手先事業の主要プロセスに組み込まれる。ただし、自社にとって価値ある相手先を選択することが重要であり、裏返せば相手にとって「価値ある相手先」でなければ相手にされない。

② 総合的な価値：問題となる価値は、価格・品質だけではない。競合企業に対する差別化要因は多岐にわたる。供給能力・納入条件・技術ノウハウの提供などが代表的であり、また市場動向に合わせた継続的なイノベーション能力も重要である。

③ ネットワーク、エコシステム：顧客にとって重要なネットワークやエコシステムの内部にあり、その動向に整合している必要がある。

④ 資源の拡大：供給先は、自社の事業資源の一部として安心して利用でき、また必要があれば拡大できると言う関係性をもつことが重要である。これは、自社の経営資源のほとんど無コストの拡大に相当する。

⑤ 時間軸とwin-winの関係：効果的な無形資産としての関係性の構築には、相互の学習や経験の蓄積の時間が必要である。その初期投資の期間の後に、双方とって長い利益獲得の期間がある。

(4) 知識[*27]・情報

今日のイノベーションは体系化された理論的知識に依存する。知識は情報に基づいて生成され、知識を入力として事業が遂行されて、新たな知識をその成果としてあるいは副産物として産出し、新たな事業資源とする。

知識は個人の内部に蓄積されることが多く、その利用も個人の能力に依存することが一般的である。しかし、近年はデータベースのように企業として知識を体系的にまとめて保存し、標準的な手続きで容易に活用できる仕組みを持

[*27]「知識資産」の語は広義には、ほとんど無形資産と同等に使われる場合があるが、ここでは「知っていること」という狭義の知識を指している。

つことも多い。さらに企業外部の私的あるいは公的な機関により蓄積された知識・情報の活用も重要である。

　知識は基本的に人の内部に蓄積されるが、情報は伝達可能な形態であることが本質である。情報が組織の内部や組織間で伝達されることにより、プログラムが遂行される。

3-2. 無形資産の価値評価

　無形資産の価値評価でも、企業価値の全体的評価を目的とする場合と、企業の戦略や競争力強化の観点から、技術力、ブランド、組織力などのより具体的な要素的価値に注目する場合がある。プログラム・プロジェクトマネジメントの究極の目的は企業価値（全体）の向上にあるとしても、実務における無形資産の評価は主に後者の立場であり、さらにこれらの価値の将来に向けたプラスの変化に関心がある。

　無形資産についても、その価値評価には図表5-3-4に示すインカム・アプローチ、マーケット・アプローチとコスト・アプローチの3種のアプローチを考えることができる。ただしマーケット・アプローチは、類似資産の取引を行う市場が存在し、比較可能な資産の取引実績があるということが必要条件であるから、無形資産の場合はソフトウェアなどを除いて、適用は必ずしも容易ではない[23]。

　コスト・アプローチはその無形資産がもたらす将来のすべての効用量の再調達に必要な金額を評価し、それがその無形資産の価値に等しいとする。もし無形資産の価格が将来得られる効用量の合計より高ければその無形資産は市場で売れないだろうし、逆に価格以上の効用量が得られれば、その無形資産は市場で受け入れられるだろう。しかし現実には、コスト・アプローチは、資産から得られる経済的便益に直接の関心がなく、経済的便益の増減などの動向や享受できる期間などにも関心がない。このため、価値創造を目指すプログラム・プロジェクトにおける無形資産評価の一般的な方法とは言い難い。[24]

　インカム・アプローチは無形資産を保有することで得られる経済的便益の現在価値を算定する。当該資産の価値について、その資産が提供する経済的便益（獲得利益）とその持続期間および予測されるリスク（割引率）を推定し、現

在価値として評価する。[25] インカム・アプローチは、前述のマーケット・アプローチやコスト・アプローチの問題点を持たないから、将来の便益実現の最大化を目指すプログラム／プロジェクトにとっては最も適切なアプローチである。

3-3. 無形資産の要素的価値評価 [26]

プログラム・プロジェクトの遂行過程では、マネジャーはより高い価値のある無形資産の獲得を目指して様々な意思決定を行う。例えば、それまでにない革新的商品の事業化プログラムでは、商品の価値をうまく顧客に伝える仕組み作りが重要である。また、販売ネットワークの構築や生産ラインの能力向上のプロジェクトなどでは、ハードな仕組みの成果への貢献はごく一部であって、それを従業員がどのように動かしていくのかという組織の運用能力を意識した判断が重要となる。

たとえば自社組織のどのような能力に関してどれだけの価値があると見るかは、多分に個々のマネジャーの主観が含まれることになる。一方、その評価の形態としては、数値的な尺度を用いた定量的評価（数値的評価）と、「良い／悪い」など定性的評価（非数値的評価）の2種類がある。ここで、定量的評価は評価者個人ごとの主観の差を極力排して客観性を目指す手法であるのに対し、主観中心の評価は定性的評価の性格が強い。

3-3-1. 定量的評価

数値的尺度による定量的評価では、少なくとも定義された範囲では、評価に客観的な基準が与えられる。定量的評価はプログラム活動のコントロールやステークホルダーの間で認識の共有を行う上で効率的である。ただし、ほとんどの場合、組織の能力が高いとか、競争力がある知的資産を有しているなどという無形資産の定量的評価を直接的に行うことは不可能である。評価や目標の設定は様々な数値化手法を介して、間接的だが定量的な指標を設定して評価を行うのが一般的である。

しばしばこうした指標に基づいて目標管理が行われ、マネジメント上の各種の改善に大きな効果を発揮する。ただし、これらの指標はマネジメントの最終目標ではなく、間接的あるいは代替的な指標である。そのため、無形資産の目

標管理では、真の目的につながる適切な目標の設定と、関係者の認識を適切にコントロールすることが極めて重要である。これを怠ると、直接の目標数値の達成のみが重要視され、背後にある真の目的は無視されることが少なくない。例えば、生産効率（時間当たりの生産台数）のみを強調すれば、品質が無視されるなどという種類の問題で、これを目的置換（goal displacement）と呼ぶ。

図表5-3-12　数値化指標の例

指　標	概　　要	例
間接指標	対象の属性を総合的にまたは部分的に代表すると考えうる指標により間接的に評価する。	業務の処理速度、VE提案件数、不具合件数の推移、顧客満足度
代替指標	本来は成果（アウトプット）で評価すべきだが、測定できないので投入（インプット）で代替して評価する。	研究費、広告宣伝費、顧客訪問回数など
比較による数値化	市場動向あるいは他社との相対比較による数値化や、前回より「向上した／悪化した」という時間的差分データに基づく。	市場シェア順位、他社ベンチマーキング
統計指標	サービスに対する「良い／悪い」という顧客の意見は、個々には大きな意味をもたないが、十分なサンプル数の統計値が得られれば、その良しあしを数値化できる。	顧客満足度、各種アンケート調査など。間接指標や代替指標の多くは統計指標である。

3-3-2. 主観的評価

　無形の価値の本質は、しばしば個々人が世界をどう認識するのかという主観に依存している。プログラムに関わる無形の価値には、重要だが数値化になじまないものも少なからずあり、そのような価値観を、ステークホルダーの間で共有し、日々の活動を方向付ける仕組みは、プログラムにより価値を創造する上で重要な課題である。

　組織活動では前項の客観的な数値指標での評価が重要であるが、より本質的には、主観的定性的な価値観が重要な意味を持つ。マネジメントの場では、マネジャーの価値観や信念などであり、さらに組織のあるべき姿などとしての願望や理想像などである。これらはマネジャーが信じる「あるべき姿」に向けて組織の活動を方向付けるうえで、大きな役割を果たす。

　こうしたケースでは、その価値の重要性についてリーダーが繰り返しメッ

セージを示すことが必要となる。図表5-3-13に、主観的評価を組織活動のコントロールに使う場合の要件と具体的な手法の例を示す。

図表5-3-13　組織コントロールのための主観的評価の要件と手法

	項　目	概要／例
主観的評価の要件	明確性	評価要素を絞りこむ。
	安定性	評価基準が揺るがない。
	公平性	評価プロセスや結果が恣意的でない。
	理念	評価の背後に納得性のある理念を持つ。
主観的評価の手法	賞罰による	誉める／叱る、昇進・昇格、賞与、表彰など
	言語による	理念の浸透、標語・警句など
	行動による	率先垂範、背中で語るなど

【参考文献】

1) P.F. ドラッカー『マネジメント：基本と原則』ダイヤモンド社、2001年、p74
2) P. コトラー『コトラーのマーケティング・マネジメント基本編』（恩蔵監訳）ピアソン・エデュケーション、2002年、p26
3) 日本公認会計士協会『企業価値評価ガイドライン（H19.5.16)』p23の図に説明を追加
4) 日本公認会計士協会『企業価値評価ガイドライン（H19.5.16)』p25
5) 津森信也『EVA®価値創造経営』中央経済社、2001年、p42
6) 土井秀生『DCF　企業分析と価値評価』東洋経済新報社、2001年、p120
7) たとえば、T. コープランド他『企業価値評価』ダイヤモンド社、2002年、p429
8) たとえば、J. エバンス & D. オルソン『リスク分析・シミュレーション入門』共立出版、1999年
9) 伊藤邦雄『現代会計入門』日本経済新聞社、1994年、p568を参考に作成
10) たとえば、岡本清他『管理会計』中央経済社、2008年など
11) マッキンゼー社他『企業価値評価』ダイヤモンド社、2002年、p113
12) D. Parmenter "Key Performance Indictors" Wiley, 2010, p6
13) M. ルイス『マネーボール』（中山訳）武田ランダムハウス・ジャパン、2006年、p186
14) J. K. ライカー『ザ・トヨタウェイ』（稲垣訳）日経BP社、2004年、p242

第 5 部　知識基盤

15) D. ウルリッチ& N. スモールウッド『インタンジブル経営』(伊藤邦雄監訳) ランダムハウス講談社、2004年、p32
16) 河合拓『ブランドで競争する技術』ダイヤモンド社、2012年、p16
17) 刈屋武昭『ブランド評価と価値創造』日経広告研究所、2005年
18) C. J. フォンブラン、C. B. M. ファン・リール『コーポレート・レピュテーション』東洋経済新報社、2005年、p16
19) http://www.haygroup.com/ww/best_companies/index.aspx?id=155 (2014.02.15)
20) 櫻井通晴『コーポレート・レピュテーション』中央経済社、2005年、p28
21) D. フォード他『リレーションシップ・マネジメント』(小宮路訳) 白桃書房、2001
22) P. コトラー『コトラーのマーケティング・コンセプト』(恩蔵監訳)、東洋経済新報社、2003年、p60
23) G. V. Smith & R. L. Parr『知的財産と無形資産の価値評価』(菊池監訳) 中央経済社、1995年、p130
24) 同上、p194
25) 同上、p147
26) 清水基夫『実践プロジェクト＆プログラムマネジメント』日本能率協会マネジメントセンター、2010年、pp298

第6部 人材能力基盤

序　章	人材能力基盤とは何か	660
第1章	P2Mを実践するマネジャーの実践力	661
第2章	プログラム・プロジェクトにおける人材能力基盤	679
第3章	リーダーシップ	690
第4章	コミュニケーション能力とコミュニティの創造	702
第5章	多文化対応	718

序章 人材能力基盤とは何か

　プログラム・プロジェクトを生み出し実行するのは人である。プログラム・プロジェクトでは目的の達成に向けて、多様な専門知識を持った人が集結し、その能力を最大限に発揮することが求められる。そのためには、プログラム・プロジェクトマネジャーは人や組織について理解する必要がある。

　第6部では、プログラムやプロジェクトを支える人材と組織に焦点をあてて、大きく以下の3つについて解説する。

① プログラム・プロジェクトを実践するマネジャーとしての実践力
② プログラム・プロジェクトを構成する人材能力基盤としての人材および組織の能力
③ 実践力の中で特徴的な要素であるリーダーシップとコミュニケーション力（コミュニティ創造を含む）、多文化対応力

　ここで扱う人材能力基盤とは、プログラム・プロジェクトマネジャーとしての実践力の発揮をとおして、専門知識を持つ人を一体化し方向づけした集合体のことであり、目的達成のための活動の基盤となるものを指す。

図表6-0-1　人材能力基盤

| 専門知識を保持した人の集合体 | × | プログラム・プロジェクトマネジャーの実践力 | = | プログラム・プロジェクトの目的達成 |

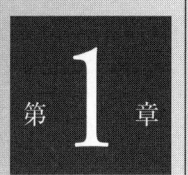

第1章 P2Mを実践するマネジャーの実践力

1. マネジャーに必要な実践力とは

　プログラムおよびプロジェクトの実施においてマネジャーとして必要な能力が実践力（capability）である。これは、マニュアル的な知識を基にした静的な能力ではなく、実践知（practical knowledge, practical wisdom）に基づく実現能力（capability to achieve）である。

　この実践能力は、思考能力、体系的知識、マネジメント行動スキルそして基本姿勢からなる総合能力である。

図表6-1-1　P2Mにおける実践力の概念

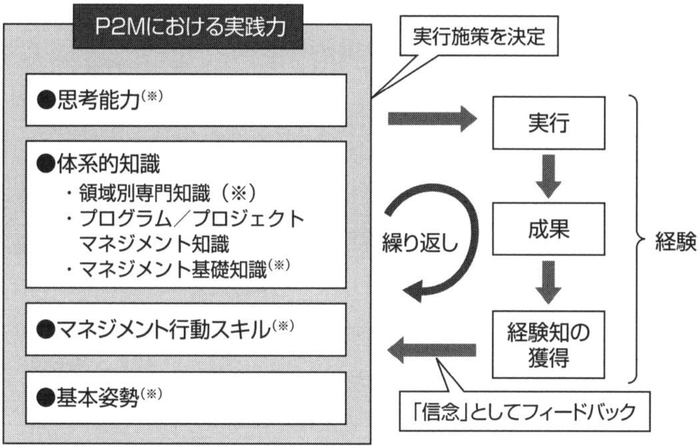

P2Mにおける実践力
- ●思考能力(※)
- ●体系的知識
  ・領域別専門知識(※)
  ・プログラム／プロジェクトマネジメント知識
  ・マネジメント基礎知識(※)
- ●マネジメント行動スキル(※)
- ●基本姿勢(※)

実行施策を決定 → 実行 → 成果 → 経験知の獲得 →「信念」としてフィードバック（繰り返し）＝経験

注：（※）印の項目は、P2M実践力の構成項目だが、本ガイドブックの説明対象外の事項を含む。（本文参照）

　その基本姿勢として、個人の思いや目的意識、強い決意、行動によって物事を成し遂げようとする態度、立場の異なる意見に耳を傾ける柔軟性といった特質が存在する。

　プログラムもプロジェクトもひとりでは実施できない。多くの人を巻き込

み、さらに大きな力として発展させていく必要がある。そのためには基本姿勢を軸に、体系的知識、思考能力、行動スキルに裏打ちされた総合的な実現能力（capability to achieve）が求められる。この能力は、目的を実現するために現状を冷静に把握し、いかにあるべきか、何をなすべきかを問いかけ、実行する能力である。

1-1. 実践力の能力要素

P2Mにおける実践力とは、マネジャー個人が体現する一体不可分の能力である。しかし、一体不可分では個人の能力の評価は不可能であり、また能力向上のためにもその構成要素をできるかぎり可視化することが望ましい。P2Mでは、その実践力を図表6-1-2に示す10個の特徴的な要素に分類している。これらは大枠として互いに補完的であると同時に、部分的にはオーバーラップする能力要素である。本ガイドブックの各部は、それぞれの能力区分と対応しており、その対応関係についても併せて記載する。

図表6-1-2　実践力の能力要素

	能力要素区分	主要な実践力の分野		対応する部
Ⅰ	統合思考	思考能力	体系的知識	第2部、第4部、第5部
Ⅱ	戦略思考			第2部
Ⅲ	価値判断			第2部、第5部
Ⅳ	計画行動	体系的知識	マネジメント行動スキル	第3部
Ⅴ	実行行動			第3部
Ⅵ	統制・調整			第3部
Ⅶ	リーダーシップ	マネジメント行動スキル	体系的知識 基本姿勢	第6部
Ⅷ	人間関係		基本姿勢	第6部
Ⅸ	成果追求	基本姿勢	マネジメント行動スキル	第6部
Ⅹ	個人姿勢	基本姿勢		※必須能力だが本ガイドの記述には含めない

1-2. 実践力と能力の関係

　実践力とは、思考能力、体系的知識、マネジメント行動スキル、基本姿勢からなる。知識や姿勢、スキル等の能力については、様々な考え方があるが、図6-1-3はそれらの能力を体系的に整理した能力モデルの一例である。

　「体系的知識」としての「知識」は、それが何か知っていることであり、個人の中に蓄積した言語化できる情報の集合体として位置づけられる。具体的には、必須のプログラム・プロジェクトマネジメント知識、それぞれの領域別の専門知識、マネジメント一般に関する基礎知識である。

　「マネジメント行動スキル」における「スキル」とは、実践を通じて体得した能力である。その特性上、「スキル」は言語化や形式化することが難しく、経験的知識や暗黙知として捉えられる。

　「思考能力」は、能力を発揮し行動に結びつける際の基本となる「基礎能力」である。

　「基本姿勢」は、個人の態度として現れる「意欲や価値観」である。個人が時間をかけ経験を積み重ねて獲得した固有の「特性」といえるものである。

　これらの個々の能力要素が全体の能力を構成し、プログラム・プロジェクトマネジャーの「行動」として現れる。行動の背景にはこれらの顕在化しない様々な能力要素が存在しており、それらが「行動」を左右する[1]。

図表6-1-3　個人の能力モデル

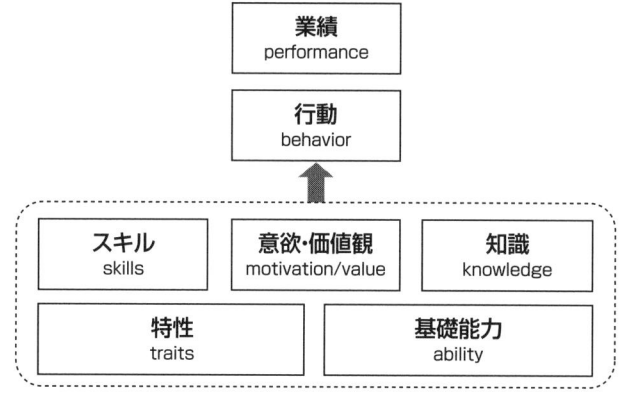

業績 performance
↑
行動 behavior
↑
- スキル skills
- 意欲・価値観 motivation/value
- 知識 knowledge
- 特性 traits
- 基礎能力 ability

出典：日本能率協会マネジメントセンター編『図解でわかる部門の仕事人材開発部』日本能率協会マネジメントセンター、2007年、p241

1-3. 「経験」の役割

　P2Mの実践力には、「経験」が極めて重要である。経験の重要性は主に二つの観点から捉えられる。

　第一に、個人にとって、知識とは単に「知っている何か」ではなく、その「何か」が正しいと信じているときにその知識に意味がある。プログラム・プロジェクトマネジャーにとっては、ある知識に基づく施策を実施して所期の成果を得たという経験を経て、はじめて知識は「有効と信じられる経験知」すなわち信念（belief）に転化し、それは以後のマネジメント行動における意思決定の基盤的知識の一部となる。プログラム・プロジェクトマネジャーは、より高度な実践経験を繰り返す過程で、この職業的信念の拡大や精緻化あるいは修正を行うことにより、実践力を向上することができる。その意味で、P2Mの実践力とは、固定したものではなく、またこれで十分というものではない。さまざまな実践経験を繰り返す過程でプログラム・プロジェクトマネジャー個人の中で絶えず成長させていくべきものである。

　第二に、プログラム・プロジェクトマネジャーは複雑な事象について、複雑性の中に隠れた本質を抽出・把握して戦略や対応策を立案することが要求される。プログラム・プロジェクトは現実の環境条件や事情の無限の複雑性の中に存在する。知識や理論は問題解決あるいは問題解釈の基盤として必須ではあるが、様々な環境や事情を考慮せず、著しく単純化された条件の下で構築されている。逆に言えば、その極度に単純化されたものこそが事象の本質を示し、そこに理論の価値があるといえる。理論を実践で活用するためには、極度の複雑性の中から、本質以外のものを削ぎ落し、問題の本質を把握する必要がある。そのためには、多様な実践経験に基づく、経験知の蓄積が重要である。

1-4. 多面的な知識とスキルと個人の基本姿勢

　もちろん、実践経験だけで個人の能力が向上するわけではない。実践経験から得た知識と様々な体系的知識とを組み合わせ、論理的思考により適切な推論を行う能力が不可欠である。また、時とともに対象の課題は内容が変化し複雑性が増す。プログラム・プロジェクトマネジャーには、体系的知識の学習と実践による不断の能力向上の努力が要求される。

（1） 思考能力

プログラム・プロジェクトマネジャーには、保有する体系的知識を活用して、現状についての情報から、自らあるいは組織が次になすべき行動を判断する能力が要求される。思考能力には、論理思考力、分析力、統合的思考力、価値評価力、仮説・推論能力などの一般的な視点や、「疑問を持つ」や「疑問を解決する」あるいは「選択肢を設定する」、「比較評価する」や「意思決定する」といった特定の局面に関する能力など、様々な視点がある。

（2） 体系的知識

P2Mの実践に必要となる体系的知識には、領域別専門知識、プログラム・プロジェクトマネジメント知識およびマネジメント基礎知識の、主要3分野がある。

領域別専門知識とは、プログラムやプロジェクトが対象とする事業分野に関連する専門知識で、技術的領域に関するもの、市場や顧客に関するもの、生産、調達、経理など職能分野に関するものなどがある[*1]。特定の市場や事業分野でプログラムやプロジェクトを遂行する上では、その分野ごとにこれらの専門知識が必須だが、事業分野間での共通性が無く、一般的なプロジェクトマネジメントでは扱われない。[*2]

プログラム・プロジェクトマネジメント知識は、定常的事業活動とは性格が異なるプログラムおよびプロジェクトとそのマネジメントに関する特有の体系的知識である。プロジェクトは、事業活動の内容自体は個別的であり非反復的であるが、プロジェクトマネジメントの知識体系は、そのマネジメントプロセスを定型パターン化して説明することで、マネジメント能力の向上を目指すものである。P2Mでは、プログラムは組織の事業戦略との関係を重視する。プ

[*1] 領域別専門知識とは、例えばプラント建設、ITソリューションサービス、創薬などの事業領域別の専門知識、あるいは設計、建設、財務・経理など業務領域別の詳しい専門知識である。マネジメント基礎知識とは、例えば生産管理、労務管理、知的財産管理、企業倫理などに関する、マネジャーは誰でも承知しているべき基礎的な知識である。

[*2] ITや宇宙開発などのような特定の産業内や個々の企業内では、分野別専門知識の一部をプロジェクトマネジメントの体系内に含めて扱う場合もある。

ログラムマネジメント知識では、事業戦略と価値評価をはじめ、事業経営に関連する知識も重要となる。

マネジメント基礎知識は、組織のマネジャー一般が保有すべき基礎的な知識である。マネジャーであれば、例えば自社の主要技術、市場や競合関係、生産管理、販売、原価管理や人事・労務管理など、自分の専門分野以外についても、基礎的なマネジメント知識を持つ必要がある。

(3) マネジメント行動スキル

マネジメント行動スキルとは、各種のマネジメント行動に関する習熟した能力である。多くの場合、ある目的を持つマネジメント行動を効果的かつ短時間に、効率的に実行できることを意味する。例えば、「必要な情報を素早く集めて意思決定ができる」、「直面する課題を分析し、解決に必要な仕事を5人の部下に適切に指示できる」、あるいは「発生した問題の内容を的確に把握して上司や関係者に説明できる」等の種類のスキルである。マネジメントは知的行動であるから、マネジメント行動スキルは、本人の持つ体系的知識や思考能力と常に密接に関係する。

(4) 基本姿勢

高度な知識を持っていても、高い達成意欲がなければ、複雑で困難なプログラムは達成できない。また、見かけ上の成果（営業利益など）を挙げても、それが不公正な手段によるものや反社会的な側面（公害など）を持つものなど、メンバーが誇りを持てない仕事では、成果は長続きせず、社会的な制裁を受ける場合もある。

顧客や組織にとっての豊かな価値創造を目指すP2Mでは、高い達成意欲と共に、マネジメントにおける健全な判断力が重要である。

1-5. 暗黙知と形式知

ここで述べた経験や多面的知識・スキル・姿勢について、多くのものは言葉による説明が可能である。しかし、人は誰でも、言葉だけでは説明しきれないものや、はじめから言葉では説明できない知恵や知識を持っている。言葉で説

明できる知識を形式知と言い、言葉では説明できない知恵や知識を暗黙知という。

　新たな価値を創造するプログラムマネジャーにとっては、こうした暗黙知を含めた知識を取り扱う力が重要である。「多面的知識」の幅を広げるには、情報の蓄積、理論の学習、分析などにより形式知を蓄積する面が大きい。しかし、「経験」や「スキル」なども言葉に表せない暗黙知が大きく関係する。マネジャーは多面的知識と経験・スキルを組み合わせて、自らの内部に新たな多面的知識の体系を組み立てるが、そこでは形式知と暗黙知が混然としている。

　西欧の科学の伝統では、全てを言葉（形式知）で説明することを目指しており、それは多大な成果を上げてきた。しかし、新たな価値を創造する上では、実践力の内容には、形式知と共に暗黙知が深く関わっていることに留意したい。

1-6. 創造性

　プログラムマネジャーは新たな価値の創造を目指すプログラムの遂行に責任を持つがゆえに、創造性という能力は非常に重要である。

　創造性は、それまでにない価値を構想するプログラムの上流過程で特に重要であるが、それだけでなく、効果的・効率的なプログラムの計画を立案する段階や、著しい環境変動への対応を要する実行段階など、様々な場面で創造性が試される。それは、程度の差はあっても、プロジェクトマネジャーにも期待される能力である。

　創造性という能力は、少なくとも2つの要素から構成される。第一に新しいことを思いつく着想の能力である。第二には着想を実行に移し、それを成功することが必要である。P2Mで価値の創造というときも、暗黙のうちにこれと同様な意味を含んでいる。

　ここで、着想の能力とは、単に思いつけばよいのではなく、潜在的な価値のある着想ができる能力のことである。こうした着想のかなりの部分は言葉として表現できない暗黙知や、一般に極めて困難と考えられている実現性に関する未知の要素に対する洞察から成る。なぜなら、着想に実現性の未知要素が含まれる場合、それは直観という暗黙知に基づいている。形式知は主として論理的思考能力で取り扱うが、暗黙知は個人の直感やインスピレーション、仲間との

形式知を介した議論、比喩や共同体験等による暗黙知の交流など総合的活動により、拡大・高度化される。

　また、創造性を発揮するためには、日常の思考や常識、習慣といった、慣れた「物の見方」から抜け出ることが重要である。我々は日常のなかで、自らの社会や組織の価値観を当然のものと捉え、無自覚になりやすい。そして既存の思考の枠組みに捕われることで、現状と違う見方での着想ができなくなってしまう。創造のためには、違った価値観を持つ他者との交流を通じて、従来と異なる視点で物を見て、従来とは違う組み合わせを行うこと等が必要である。

　第二の「成功する」とは着想した潜在的価値を実現したという実績に依存し、通常の保有能力とは性格が大きく異なる。それは、様々な知識、それを組み合わせ判断する論理力、実行する粘り強い意思や姿勢、人々を信じさせて協力に巻きこむリーダーシップなどの多様な能力の統合の結果である。つまり、P2Mにおける創造性とは単独の能力ではなく、P2Mの実践力を総合した結果、発現するものと考えられる。

　「地球は丸いから、西に進めばアジアに行ける」と考えただけではなく、何年もかかってスペイン女王を説き伏せ、困難な航海をした結果としてコロンブスの業績がある。いろいろな製品を着想して、実際に量産し、市場で大きく成功したから、スティーブ・ジョブズはその創造性が高く評価されている。古くはトランジスタラジオやウォークマンのソニー、リーン生産やハイブリッド車のトヨタも同様である。今日的な創造性では、アマゾン、グーグルをはじめ情報ネットワーク関連を中心に、その例は枚挙にいとまがない。

図表6-1-4　創造性

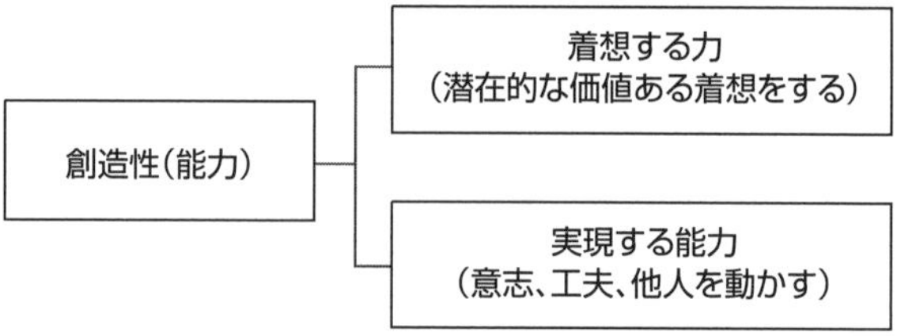

```
                    ┌─ 着想する力
                    │  （潜在的な価値ある着想をする）
創造性（能力）──┤
                    └─ 実現する能力
                       （意志、工夫、他人を動かす）
```

2. 実践力の能力要素と評価基準
（10のタクソノミー（Taxonomy））

2-1. 実践力の評価

マネジャーの実践力向上の為には、知識の習得と実践経験と同時に適切な能力評価が不可欠である。行動と実績の評価と、上位からの適切なフィードバックを通して自らの強みと弱みを知ることで、能力を伸ばしていくことができる。

実践力は行動として具現化し、その結果である実績の優劣から総合的に評価される。実践力を総合的に評価するには多面的な評価基準が必要である。

日本の多くの組織ではかつては、学歴や経験年数に基づく潜在的な能力を評価の柱としていた。しかしそれでは客観性の確保が難しく、年功序列的な評価が独り歩きしやすく、変化と競争の激しい現代では、実績との乖離が大きく、合理性を欠く評価になることが多い。高度な知識を持っていることは重要だが、それ以上に、知識を行動に結びつけ実績にしなければ意味がない[2]。

その点から行動による成果を、顕在化した能力と捉え、評価する考え方に変化していった。あらかじめ目標を設定し、その達成度を成果として評価する目標管理制度である。この方法は、経営計画等の上位計画と連動させやすいという利点から多くの組織に取り入れられた。ただし、結果を中心に評価する面を強めていくと成果主義になり、それが極端になると、個人の短期的な成果追求を助長し、組織全体で協力し合う風土や長期的な成長を支える意識を損ねる。

そうした問題に対して、行動と成長に重点を置き、職務を成功に導く行動特性を重視するコンピテンシーモデルの考え方が取り入れられた。このコンピテンシー（competency）とは「高業績者によって実証された有効な行動パターンを生み出す総合的な行動特性」と一般的に定義される。能力評価基準として、企業などの人事評価や採用での能力評価[*3]、能力開発プログラムに活用される。

[*3] 繰り返しの多い安定した業務分野を対象とした評価尺度を明らかにすることが多い。具体的な例としては、特定職能（例えばセールス）の高業績者の個人特性を要素に分解してモデル化し、要素ごとに段階的評価レベル（例えば5段階評価）を定める。これを標準的な指標として、対象の個人を要素ごとに評価し、最終的には総合的な数値化して、評価を行うといった方法が代表的である。

2-2. 実践力におけるタクソノミーの重要性

　P2Mにおける実践力として、コンピテンシーの考え方が活用できる部分も大きい。ただし、プログラムマネジメントの多くの部分とプロジェクトマネジメントの一部は、それまでに経験のない未知の領域を対象とする。したがって未経験の世界であっても、より確からしい方針を決定するための思考能力や、意思決定の基盤となる個人の体系的知識や、責任感や倫理観等の基本姿勢がP2Mの実践力の重要な構成要素に含まれる。

　この構成要素を実践力評価の基準として、統一した視点に基づき系統的に分類したのがタクソノミーである。タクソノミーを設定し組織の共有した基準とすることで客観性の高い評価を可能にし、組織における人材育成の効果が期待できる。マネジャーは成長のための目標モデルとして自らの成長度をはかり、メンバーに対しては相互に納得性のある評価基準とする。

　このように、実践力の評価基準としてのタクソノミーは、行動基準であり能力評価の指標であり、能力開発の基盤であると同時に、組織における重要なナレッジである。それらを明確にし、共有化を図ることがプログラム・プロジェクトにおいて、実践力を磨くためには重要である。

2-3. P2Mにおける実践力の能力要素

　P2Mの実践力では、幅広い能力を求めており、マネジャーとして全般にわたり高い能力を持つことが期待される。ただし、これらの能力は画一的なものではなく、職位・役割により、またマネジャーの個性により様々な態様と努力・工夫があり得る。

　P2Mにおける能力要素とその評価基準（10のタクソノミー（Taxonomy））を図表6-1-5に示す。

Ⅰ　統合思考
Ⅱ　戦略思考
Ⅲ　価値判断

　10のタクソノミーのうち、この3つの能力要素区分は主として大きな方針

figure 6-1-5 実践力の能力要素とその評価基準（10のタクソノミー）

	能力要素区分	評価基準
I	統合思考	ミッション追求型基準（Mission pursuit） 課題発見ができる、解決目標の定義ができる、解決シナリオ思考ができる、代替シナリオ案を作成できる
II	戦略思考	成功要素認識基準（Strategic key perception） 戦略要素を知る、優先順位をつける、障害に手を打てる
III	価値判断	価値追求型基準（Value pursuit） 顧客と顧客価値を知る、変化を知る、価値を維持する、代替案を比較する
IV	計画行動	計画行動型基準（Management in planning） 目標と資源を計画する、組織をつくる、ルールを決める
V	実行行動	実行行動型基準（Management in execution） システム思考ができる、指揮できる
VI	統制・調整	統制・調整型基準（Control and coordination） 進捗予測ができる、進捗障害を知る、解決できる、交渉ができる
VII	リーダーシップ	リーダーシップ型基準（Leadership） 改革に挑む、意思決定ができる、状況打破ができる
VIII	人間関係	コミュニケーション型基準（Human communication） チームを維持する、メンバーを動機づける、場をつくる
IX	成果追求	成果追求姿勢（Attitude of achievement） 成果達成に向けてやり抜く、あきらめずやり通す、責任感、対外組織説得力、自己と周囲を信頼する
X	個人姿勢	個人姿勢型基準（Attitude of self control） 自己規律がある、倫理を守る、行動責任を持てる、前向きの姿勢がある

を決定するための思考能力に関するものである。これらは論理思考を基本とするが、複雑な事象から本質を見抜き適切な方向性を見通す洞察力が重要である。当然、その前提としての幅広い体系的知識を必要とするため、関係する各種の知識の学習と共に、多様な実践経験からの経験知が必須のものである。

IV　計画行動
V　実行行動
VI　統制・調整

第6部　人材能力基盤

　具体的なプログラムやプロジェクトの計画や実行を行うこの3つの能力には、主として本ガイドブックに示されるようなプログラム・プロジェクトの体系的知識と、経験に基づく行動スキルが重要である。

Ⅶ　リーダーシップ
Ⅷ　人間関係

　効果的な組織行動を実現する上では、多数の人々を組織として共通の方向に動かし、またモチベーションを上げるために、この2つの能力が重要である。これらは、論理だけでなく、人々の内面的な感情的要素に配慮した働きかけを必要とする点が特徴である。リーダーシップは、メンバーの自発的・積極的な参画を促すことが目的で、Ⅵの統制・調整とは性格が異なる。P2Mの場合は、改革に挑むという高い目標にメンバーの意識を方向付けるという点で、特に重要である。人間関係の能力は、組織集団内に発生する複雑な人間関係を解きほぐし、円滑な組織運営を実現する。

Ⅸ　成果追求
Ⅹ　個人姿勢

　最後の2つは、知識やスキルではなくマネジャーの意識や価値観などの基本姿勢に関するものである。成果追求は、一般的な意味での能力ではないが、成果達成への強い意志や意欲の有無は、現実の成果に大きく影響する。その意味でプログラム・プロジェクトマネジャーに必要な実践力の極めて重要な一要素である。個人姿勢とは、プログラム・プロジェクトマネジャーとしての意思決定の際の最も基本的な判断基準となるもので、その健全性はプログラム・プロジェクト活動の健全性の維持に必須のものである。

3. P2Mの実践力

　P2Mにおける実践力の能力要素としての発揮が期待される内容と、必要な個別の能力の内容を示す。

Ⅰ．統合思考

「統合思考」は、プログラムやプロジェクト全体の目的を描き、達成のためのシナリオを描くことである。何のため実施するのか、実現の価値は何か、問題は何か等を問う。曖昧模糊とし表面上は隠されている、オーナーの真の意図や暗黙の前提についても、対話等を通じて明らかにしていく。また、ステークホルダーによって異なる個々の目的や意図を統合し、全体図を描く。それらを通じて、プログラム・プロジェクトとしてのミッションを定義する。統合思考のためには、全体像を捉え、複雑で多様な要素を、視覚化し、組み合わせて一つのものとする、デザインの力が必要である[3]。

Ⅱ．戦略思考

「戦略思考」は、目的に向けての実現の道筋を描く。目的に対して、現在地を把握し、そこから目的に到達するための複数のルートを戦略として描き、誰が、いつまでに、何を、どうするのかを明らかにする。目的は現在から見ると不確実な未来である。現在地を明確にするとともに、目的に至る道を様々な情報をもとに作りだしていく[4]。その中から、することと、しないことを明確化し、実現のための優先順位をつける。そのためには状況を正しく把握する力が必要である。また、実施の過程の中で状況の変化に合わせて戦略の見直しをはかり、適応させていく。

戦略思考として求められるのは、広い視野と多様な角度から状況を正確に捉え、分析する力と同時に、現実に立脚し、問題や推論、仮説を生み出し、かつそれらを見直していく力である[5]。

Ⅲ．価値判断

「価値判断」を行うためには本質を見抜く洞察力が必要である。洞察力とはありのままの姿を直視し、そのありようを直観的に見抜く力である。全体の方針を定める際には、生み出す価値は何か、ステークホルダーによって相反する価値は何か等の問いに対して、状況全体を俯瞰して捉え、的確に判断する。

立場によって異なる、プログラムやプロジェクトの価値を広く全体として捉える。判断基準となる評価指標を設定し、代替案を実現価値とその影響度とと

もに、有効性や効果の面から比較し、最良の案を選択する。そのためには経験に基づく直観的な読みが重要である[6]。

Ⅳ. 計画行動

「計画行動」は、目的の実現に向けて目標と計画を立案する。設定した目標を達成するために、最適な資源を準備し配分する。実現に向けたシミュレーションを行い、計画の妥当性を検証する。能力や知識を保持した人材を結集し、目的実現のための人材能力基盤を構成するように計画する。

各種計画は準備段階、実施段階それぞれの段階毎に必要である。段階での違いを意識し、そこでの計画に盛り込むべき内容や、計画立案のプロセスについて、知識と経験を活用し把握しておく必要がある。また、組織の知識基盤として過去の経験を、その集団における知財として集める。それらを共有の知識資産とし、各自が必要に応じて活用できるようにする。

Ⅴ. 実行行動

「実行行動」は、複雑な状況下で様々な要因の相互の関係性を理解し、計画を基に実行していく。実行のための環境を整え、他のプログラムやプロジェクトとのインタフェースをもつ。制約や前提条件を把握し、全体の構造を見極め、様々な問題の関連性を理解し、本質的な原因に対しての、最も効果的な手をうつ。目先の課題に目を奪われることなく、問題が発生する全体構造そのものをシステムとして捉え、真の解決策を見出すシステム思考を基に、目的実現に向けた計画実行を推進する[7]。

Ⅵ. 統制・調整

「統制・調整」はプログラムやプロジェクトを取り巻く外部環境や全体の進捗データや各種情報をタイムリーに収集し、計画と比較し、必要なコントロールを行う。情報基盤を活用する等、きめ細かく情報が入手できる仕組みを整備すると同時に、報告されたデータのみで判断するのではなく、直接現場に足を運び自らの目で状況を捉え、判断する。問題解決のために対話や議論を行い、必要に応じて外部の専門家の助言を仰ぐ。他のプログラムやプロジェクトとの

調整による体制の強化や、利害関係者との条件交渉等を行う。

問題発生の予兆を読み取り、根本にある真の原因に対する本質的な解決策を探り出す。対外的にはスポークスマンの役割を担い、説明責任を果たす。利害関係者との交渉においては、お互いの前提と違いを明らかにした上で、全体の目的に照らし合わせて、お互いが納得できる解決策を模索するよう、働きかける。

Ⅶ．リーダーシップ

「リーダーシップ」は、あるべき姿としてのビジョンを示し、目的実現のために最大限の力を発揮するよう、メンバーと組織を目的へと導いていく。

様々な問題が発生し窮地に陥ったときにも前向きの姿勢を失わず、周囲を鼓舞し、意思決定を行い、現状を打破していく。方向性を示し、行動を通してメンバーやステークホルダーからの支持を集める。先頭に立って困難な調整や判断を示し、同時にメンバーが自発的に行動できるよう、メンバーを支え、相互のつながりを創っていく。メンバーそれぞれが持っている力を引き出して組織に活力を与えるプログラム・プロジェクトを進めていくには、マネジャーのリーダーシップが不可欠である。

Ⅷ．人間関係

「人間関係」は、目的を共有しメンバー間の共通認識を形成する。様々な専門家が参加するプログラム・プロジェクトでは、参加者それぞれの目的、意識、利害関係が複雑に絡み合っている。そうしたメンバーが積極的に行動できるように、関係性を構築し、維持していく。マネジャー自らの思いのこもったメッセージを発信し、全体の目的を共有する。多くのメンバーとの対話を重ね、目的に向けてのお互いのつながりを強固なものにしていく。また、各自の知識や思いが交流する場づくりを行う[8]。

Ⅸ．成果追求

「成果追求」は成果達成への強いこだわりと意欲を示す。目的を実現することにコミットし、徹底的にやり抜く意志を持って行動する。

どんな困難な状況に陥ったとしても、状況を変えるのは自らであるとの信念を持ち、諦めずにやり通す。自己と周囲を信頼し、現状を打破するために、メンバー一丸になって様々な働きかけを行い、関係者を説得し合意形成し、プログラム・プロジェクトを前進させていく[9]。そのために、目的達成の状況と獲得する成果を、具体的に関係者に提示し、お互いが共有するように働きかけていく。

X．個人姿勢

「個人姿勢」は個人が理想や思いを持って、目的実現のために臨む姿勢のことである。個人の強い思いが周囲の人を動かし、ビジョン実現に導く[10]。プログラム・プロジェクトマネジャー自身の倫理観や自身に対する規律、責任感等の個人の態度や姿勢がその組織やチームに大きな影響を及ぼす。プログラム・プロジェクトマネジャーは、自らの姿勢が組織やメンバーにとってのモデルであり行動の規範であるという自覚を持ち、メンバーの行動は自らの行動を映す鏡であることを意識する。

健全で善き思いがそこにあるか、自分を正しくコントロールする自己自律があるか、自己に対して問い続ける必要がある。自己利益にとらわれ、自らの地位を守る意識が強いと人はついてこない。利他心や、社会を善きものへと変革しようとする意志に対して人は共感する[11]。

個人姿勢を高めていくには、自らと対話する内省力を発展させる必要がある。内省力とは自分の行動や発言は適切であったか振り返り、見直しする力である。これを他者との対話や、自らの振り返りによって磨いていくのである。

4. 実践力を磨くための経験学習プロセス

マネジャーとしての実践力を高めていくためには、経験から学ぶプロセスを学習サイクルとして展開していくことが有効である。

マネジャーは、経験と知識の間を往還しながら、経験から学び、知識として理論化し、再び実践を通して自らのうちに取りこみ身体化する。重要なことは、数多くの経験を積み重ねていくだけでなく、それらの経験から抽象度の高い共通性のある学びを得ることである。知識や経験は時代の変化とともに陳腐化し

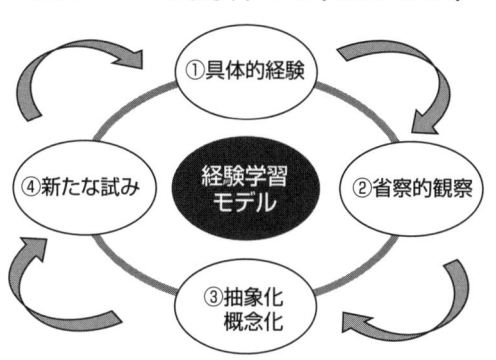

図表6-1-6　経験学習モデル（Kolb、1984）

```
        ①具体的経験
           ↓
    ┌─ 経験学習 ─┐
 ④新たな試み  モデル  ②省察的観察
    └──────┘
           ↑
        ③抽象化
         概念化
```

やすいが、経験を通じて血肉化した本質的な見方や思考方法は、異なる環境下でも活かすことができる[12]。

そのためには、①経験し、②経験したことを振り返り内省し、③そこから得た教訓を抽象化し概念化し、④新たに状況に適用し行動する。そして再び前とは違う見方で経験をつむ。このような、経験と内省のプロセスをらせん状的に回していくことで、経験をもとに自らの実践力を高めていく[13]。

自らを振り返る内省は特に重要であり、そのためには他者との対話や、経験を抽象化し、ストーリーにすることが有効である[14]。

【参考文献】

1) 清水基夫『実践プロジェクト＆プログラムマネジメント』日本能率協会マネジメントセンター、2010年、p337
2) 前掲　清水基夫『実践プロジェクト＆プログラムマネジメント』、日本能率協会マネジメントセンター、2010年、p356
3) 紺野登『知識デザイン企業』日本経済新聞社、2008年、p47-48
4) 酒井譲『あたらしい戦略の教科書』ディスカヴァー・トゥエンティワン、2008年
5) 野中郁次郎・紺野登　『美徳の経営』NTT出版、2007年、p102-104
6) 野中郁次郎・紺野登　『知識創造経営のプリンシプル』東洋経済新報社、2012年、p328

7) P.M.センゲ著、枝廣淳子・小田理一郎・中小路佳代子訳『学習する組織—システム思考で未来を創造する』英治出版、2011年
8) 前掲　野中郁次郎・紺野登『知識創造経営のプリンシプル』東洋経済新報社、2012年、p153-155
9) 前掲　清水基夫『実践プロジェクト&プログラムマネジメント』日本能率協会マネジメントセンター、2010年、p346
10) 一條和生、徳岡晃一郎、野中郁次郎『ＭＢＢ：「思い」のマネジメント —知識創造経営の実践フレームワーク』東洋経済新報社、2010年
11) 紺野登＋目的工学研究所『利益や売上げばかり考える人はなぜ失敗してしまうのか』ダイヤモンド社、2013年
12) H.ブルク、S.ゴシャール、野田智義訳『意志力革命』ランダムハウス講談社、2005年
13) 松尾睦『経験学習入門』ダイヤモンド社、2011年
14) 中原淳、長岡健『ダイアローグ　対話する組織』ダイヤモンド社、2009年

第2章 プログラム・プロジェクトにおける人材能力基盤

1. プログラム・プロジェクトの特性と人材の特徴

1-1. 人材とマネジャーの役割

　プログラム・プロジェクトの目的を実現するために、マネジャーはそれぞれの分野の専門家を集め、組織化する。プログラム・プロジェクトにおける人材とは特定の領域の専門知識を持ち、行動として発揮できる人材を指す。

　そのような人材を、目的達成に向かうように方向づけすることがマネジャーの役割である。そのときに、それぞれの人材が専門家としての知識やスキルだけではなく、目的意識や実現意欲を持ち、チームワークを発揮し、集団としての力を高めていくことがプログラム・プロジェクトの成功につながる。

　そのためには、ひとつには自律的な行動ができる仕組みをつくることであり、二つめには心理的な達成意欲を高めることであり、三つめにはつながりを築き凝集性のある集団にすることである。

　このように、プログラム・プロジェクトマネジメントでは様々な人材を動機づけて、目指す方向に向け、効率よく効果的に動かすことを目的とする。そのために必要なマネジメント能力は、様々な能力の要素を複合した実践力であり、マネジャー個人の中にリーダーシップやコミュニケーション力等として形成される。マネジャーは人に働きかけ、行動させることや、自らが先頭に立って行動する必要がある。プログラム・プロジェクトにおいては、複雑な問題の本質を解き明かし、「あるべき姿」を描く洞察力や、新たな価値の創造のための創造力が求められる。それらを自らの能力として発揮すると同時に、組織として高めていく力がマネジャーには必要である。

1-2. 自律的行動をとる仕組み

　プログラム・プロジェクトマネジャーは組織をどのように特徴づけするか意識し、デザインする。プログラム・プロジェクト組織は、目的を達成するためにつくられる組織であり、WBSなどをもとに構成され、組織構成表（OBS:Organization Breakdown Structure）により各組織の責任と相互関係を明確にする必要がある。また、定常業務と比べて、プログラム・プロジェクトは業務が非定型なため、意思決定権限や責任の主体者が明確でない場合が多い。それに対応するために責任分担表を作成し、責任と権限を明確にするとともに、各メンバーが自らの責任範囲に関して自発的な精査を促す仕組みをつくることが重要である[1]。

　常に変化に直面しているプログラム・プロジェクトにおいて、メンバーに求められるのは、上位から命令が与えられるのを待ち、それに従い行動することではなく、その時々の状況の変化に応じて、それぞれの現場で各自が一定の範囲で自律的に判断し行動することである。自律的に行動する組織やチームであるためには、全体で目的を共有していることや、各自が自らの役割を正確に把握していることが前提となる。その上で、権限がより現場に近いレベルに委譲された自律分散型の組織構造であることや、各自の裁量権を一定の範囲で認める制度をとりいれること等が必要である。

1-3. 達成意欲に向けての動機づけ

　プログラム・プロジェクトに参加する個人の目的が何かは千差万別である。たとえそれが自主的に参加したものでなく、組織によって与えられた役割であったとしても、何を優先するか個人の目的によって、違いが生まれる。昇進等の地位や金銭的なインセンティブを得ることや、役割を通じて能力を伸ばしたいという成長欲求や、目的が異なれば、行動の仕方も変わってくる。前者を外発的動機づけ、後者を内発的動機づけという。外発的動機づけは、義務や賞罰により行動を駆り立てようとするため、分かりやすく即効的な効果が期待できるが、短絡的思考を助長し、依存性が強く内発的動機づけを失わせやすいことが欠点である。一方で内発的動機づけは実施し達成すること自体が目的となるので、自己実現を目指して、大きな成果を上げやすい反面、没入してしまうと

第2章　プログラム・プロジェクトにおける人材能力基盤

周りが見えなくなり自己目的化してしまう欠点がある[2]、[3]。

図表6-2-1　内発的動機づけと外発的動機づけ

外発的動機づけ	内発的動機づけ
・金銭的報酬 ・昇進、昇格 ・報奨、表彰 ※外部から提供される報酬による動機づけ	・達成感、成長感、有能感 ・仕事自体の楽しみ ・自己実現 ※内部からの動機づけ

　プログラム・プロジェクトマネジャーはそうした動機づけの違いがあることを前提に、目的達成のために、各自の目指す目的と全体の目的が重なり合うことで、各自の能力が最大限に発揮できるようにする必要がある。特にプログラム・プロジェクトの場合は目的達成を重視した非定常型の集団であり、目的に対する共感を中心にしたつながりが重要になる。マネジャーは、プログラム・プロジェクト実施の意義や目的を分かりやすく伝え、一人ひとりの「こうなりたい」という意志に働きかけていく必要がある。

1-4. 集団凝集性の醸成

　組織には集団凝集性が作用する。集団凝集性とは、その集団に属していることに対して、個人が魅力を感じる度合いを示す。集団凝集性が高い集団は団結力が強く、お互い協力し合う傾向が強く、目標達成に向けて有効に機能する。反対に集団凝集性が低いと一体感が薄く、集団としてのまとまりが乏しくなる。プログラム・プロジェクトの目的達成のためには、集団凝集性を高めていく必要がある[*4]。

　ただし、集団凝集性が過度に高くなり過ぎると、自己を集団と一体化する集団同一視が強くなり、外部に対する意識の壁をつくり、他の集団を排斥する行

[*4] 集団凝集性には対人凝集性と課題達成的凝集性がある。対人凝集性は集団内の人間同士がお互いに好意を持ち合い、その集団を心地よく感じるようになることである。課題達成的凝集性は、その集団に所属することで自己目標を達成できることから生じる集団の魅力である。

動があらわれる。その結果として、集団内で視点が同質化し、多様な立場から自集団を批判的に見る視点が欠落し、閉塞した集団になってしまう。

プログラム・プロジェクトマネジャーは、そこに参加したメンバーにとってその一員であることに魅力と意義が感じられるように連帯感を高めていく必要がある。そのためには内部での情報伝達が効果的に行われ、コミュニケーションによる共通認識が生み出されるように意識し、メンバー同士が相互に支援し合える関係性を構築する。一方で集団が同質化し他から隔絶しないよう、異なる視点を取り入れることや、建設的な批判を歓迎する姿勢をマネジャー自らとることが重要である。

2. 人材能力基盤の形成

2-1. 人材能力基盤の意味とマネジャーの役割

人材能力基盤とは、専門的な能力を持った人材の集合体のことである。その集合体の能力によってプログラム・プロジェクトの目的が実現する。プログラム・プロジェクトマネジャーは、集合体を形成する個人と、全体に対して働きかけ、潜在能力が行動として発揮され、実績に結びつくように一体感を醸成し、目的に向けてリードしていく必要がある。

プログラム・プロジェクトの遂行期間を通じて、個人と集団の両方の能力を高めていくことがプログラム・プロジェクトマネジャーには求められる。そのためには、遂行の過程で各自が内省を通して自己学習し、自発的な交流によりお互いが学び合い知識を共有する、学習の風土にしていく必要がある。

また複雑性を特徴とするプロジェクトにおいては、いかにマネジャーが優秀であったとしても、全体を見渡し、全ての専門分野で最適な判断を下すことは困難である。むしろ自らが不足する分野を自覚し、その分野に関しては、他の熟達者の判断に委ね、最終的な結果責任を自らが負うようにする。そして、プロジェクト全体としての洞察力や創造力を発揮する集団にしていくことが重要である。こうした集団の力を高めていくためには、協働の場があることと、信頼関係が築けていることが必要である[4]。

そうした人材能力基盤としての風土形成には、プログラム・プロジェクトマ

ネジャー自身のリーダーとしての姿勢が大きく影響する。

2-2. 人材能力基盤形成における要員の配置計画

　プログラム・プロジェクトの成否は、集まる人材の専門性と適性に大きく左右される。そのためにも計画段階で、必要な人材の要件を具体化し、参加する時期と必要な期間を明確にした要員計画を策定する必要がある。

　ただし、多くの日本企業の場合、人材は外部から調達するより、組織内の人材を所与のものとして役割に当てはめることが求められる。それでもマネジャーは、プログラム・プロジェクトの成否の責任を負う以上、組織の制約に簡単に妥協せず周囲へ働きかけるなどして、最適な人材を集めるよう、最大限努力する必要がある。その上で、現在の実績と共に、潜在的能力と成長可能性を見極め、人材を役割に配置する。また、プログラム・プロジェクトの実施期間を通じて、全体の進捗状況と個人の変化を見極めながら、役割を変えていく。

　マネジャーの責務の第一はプログラム・プロジェクトの目的の達成である。ただし、それだけではなく、実施を通して、要員の能力を磨き上げ、必要な水準に近づけるよう成長を支援することが母集団の組織から期待される。

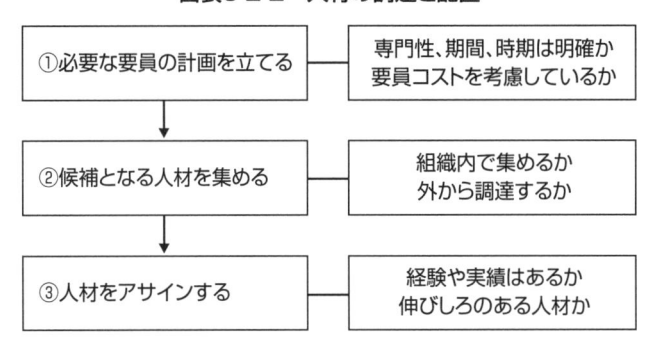

図表6-2-2　人材の調達と配置

① 必要な要員の計画を立てる	→	専門性、期間、時期は明確か 要員コストを考慮しているか
② 候補となる人材を集める	→	組織内で集めるか 外から調達するか
③ 人材をアサインする	→	経験や実績はあるか 伸びしろのある人材か

　また、人を集め配置する際にはコストについて意識する必要がある。人材は目的を実現する資源であると同時に、人件費が発生する。全体の予算計画の中で、人材の調達と配分を考えることがマネジャーには求められる。

　一方で、人材は、意志と感情を持ち、その時々の体調や感情によって能力の

発揮が左右され、単純に資源やコストとして測りきれない存在である。本来持っている以上の能力を発揮する場合もあれば、全体の阻害要因となる場合もある。人材と役割をマッチングする際には、専門知識だけでなく、その人の態度や性格、資質、他のメンバーとの関係性や、組織への適応性についても十分に配慮する必要がある。それぞれの人材の持つ能力を最大限にひきだせるか考え、個人と組織に働きかけていくことが人に対するマネジメントの原点である。

図表6-2-3　人材調達と配置における課題

	課題
1	最適な人材を集めることができるか
2	集めた人材のコストを意識して配置できているか
3	どのようにしたら人材の本来の能力が発揮されるか

2-3. 組織とチームとコミュニティ

　プログラム・プロジェクトは目的達成のためにつくられる複数の人の集合体である。その集合体は、目的に対するアプローチ方法の違いで組織やチーム、コミュニティと呼び方が異なる。

　組織とは、計画を確実に実施するため、各自の役割が明確に決められた公的な関係性から成る集合体のことを指す。各自の役割を確実かつ効率的に遂行させるためには、指示命令系統を明確にして、階層的関係の中に位置づける必要がある。マネジメントのスタイルとしては管理を主体に、正確で速い情報伝達と指示を行う。組織では、定常的な業務の実施や、組織自体の維持を目的とすることも多い。

　チームは、組織に比べて参加者同士のフラットな関係性を特徴とする。個人の主体性をもとに、強い目的意識を持ってお互いが信頼関係で結ばれ、一体感を持った集団として機能することがチームの理想である。マネジメントのスタイルは、管理よりも、主体性をひきだすリーダーシップの発揮が重視される[5]。

　コミュニティはもともと共同体という意味で使われ、目的を達成するための集団というよりも、何らかの共通性によるつながりを持った非公式の集団を指す。コミュニティは自発性や交流を主体とする。P2Mにおいては、イノベーションや変革を目指す価値創造の場としてのコミュニティの役割に注目す

る。コミュニティを洞察力と知恵を持った多様なメンバーが集まる場として捉え、参加者同士の自由で創造的な対話や、多様な価値観を持ったメンバー同士が刺激し合い、新たな知識が創造されることを重視する。コミュニティのリーダーに求められるのは、型にはまらない自由な発想を歓迎し、創造の触媒としての場を創造し、活動を支援することである[6]。

図表6-2-4　集団を動かす3つのアプローチ[7]

集団タイプ	対象範囲	メンバーの関係性	目的と手段	コミュニケーション能力
組織	プログラムに携わる全員	公式 多階層的 義務的	マネジメント（管理）、確実・効率的な遂行、形式知、言語情報	正確性、速さ、確実性、効率的伝達、状況把握
チーム	必要に応じて（組織のメンバーと一致する場合あり）	フラットな関係 価値観の共有	リーダーシップ、達成に向けての団結、一体感、自律的意思決定	目標・方向性 モチベーション 信頼性、責任
コミュニティ	必要に応じて（部外者を含む場合あり）	非公式、組織横断的、自発的、多様性	洞察と創発、暗黙知の交流・創発、自由な対話	自由な思考の奨励 創造性の解媒

3. 人材能力基盤の強化

3-1. 人材能力基盤に関する理論

人材能力基盤の強化のために何をすべきか、その前提として、人材と組織に対する理論を概観する。

資源ベースの戦略論（resource-based-view）：企業を代表とする組織が優れた業績をあげるのは、その企業が優れた資源を保持しているからであると捉え、資源を競争優位の源泉とする[8]。この資源とは、自社に利益をもたらす、他社には模倣できない自社の内的資源である。それは模倣することに時間やコストがかかるものであり、資源の性質上、模倣することが困難で、代替や移転ができないものである。例えば、ブランドや暗黙知や組織の風土や文化等の無形資産が挙げられる。

知識資産とは、その無形資産の中でも特に組織の知力や経験、ノウハウ等の

資産を指す。資源ベースの戦略論ではそれらを有効に活用することが、企業自体の維持・発展に大きく影響すると捉える。

知識創造理論[*5]：こうした知識資産が組織に価値をもたらすと考え、組織が個人・集団・組織全体の各レベルで、知識を新たに創造するプロセスをモデル化する。そして、知識の共有や活用により優れた業績を挙げている企業がどのようにして組織的知識を生み出しているかを示した理論である。この理論では、知識創造のプロセスを暗黙知と形式知の相互変換と捉え、循環的プロセスを通じた知識の発展と展開を重視する。個人の暗黙知を組織の形式知とし、組織の形式知を個人の暗黙知とする相互変換のダイナミズムをスパイラル（らせん）状に繰り返すことで、組織と個人の自己成長が生まれ、組織が持続的に自己革新やイノベーションを生み出すとしている[9]。

コアコンピタンス（core competence）：コアコンピタンスとは、顧客に対して他社には真似のできない自社独自の価値を提供する企業の中核的な能力を指す。この能力が、企業の様々な能力の中で、競争のためのもっとも有効な経営資源であり、企業が競争力を高めていくには、自らのコアコンピタンスを認識し、組織全体で磨き上げていくことが必要だとする[10]。

ケイパビリティ（capabilities）：コアコンピタンスが企業の中核となる能力を指すのに対して、ケイパビリティは企業全体の活動における最も重要な強みとなる要素を意味する。企業としての強みという点からは、コアコンピタンスは企業のバリューチェーン上の特定の機能を指し、ケイパビリティはバリューチェーン全体に影響する企業の組織としての能力を示す。企業風土や人材、組織体制等によって生み出される組織的な能力であり、その能力により持続的な競争優位を確立できる[11],[12]。例えば、質の高いサービスや、スピードや効率性、組織の学習能力等が挙げられる。

[*5] 知識創造理論およびSECIモデルについては、第5部知識基盤の第2章を参照のこと。

ダイナミック・ケイパビリティ（dynamic capabilities）：自社のケイパビリティを刷新し続ける組織能力のことである。企業の外部環境が変動的で不確実なものであるとの前提のもとに、資源を動的なものとして捉え、急激に変化する環境に対応するために組織が利用できる内外の資源を統合・構築・再構成していくその組織能力をダイナミック・ケイパビリティと呼ぶ。企業活動の成長と展開のためには、様々な環境変化に耐えうる、こうしたダイナミックな組織能力が必要だとする[13)、14)]。

学習組織（learning organization）：組織としての学習能力に着目する。目的を達成するためのチームを基本に、ビジョンを共有しながら、行動と学習のサイクルをチームのメンバーが自発的に繰り返し、メンバーとチームの能力と意識を高めていく組織能力を重視する。その組織能力は単に知識を習得することではなく、過去の組織文化や思考や行動パターンそのものを自己変革し、能力を継続的に開発していくことである。そのためには組織内での対話を重視し、多様な視点での振り返りを行うことで、組織の思考や行動の傾向に気づき、組織としての学習能力を高める[15)]。

図表6-2-5　組織の資源・能力に着目する概念・理論

理論等	内容	主な提唱者など
資源ベースの戦略論	企業の競争優位の源泉が企業内部に存在する経営資源にあるとする理論。	J.B.バーニー B.ワーナーフェルト
知識創造理論	暗黙知と形式知の相互変換運動が知識を創造し、企業に価値をもたらすとした理論。	野中郁次郎 紺野登
コアコンピタンス	他にまねのできない独自の価値となる能力のこと。	G.ハメル C.K.プラハラード
ケイパビリティ	組織的な能力または、固有の組織的な強みのこと。	J.ストーク F.エバンス
ダイナミック・ケイパビリティ	組織の内外の能力を統合し再配置し、新たに作り上げる組織的な能力のこと。	D.J.ティース
学習組織	知識を習得するだけでなく、変化に対応し、自己変革していく機能を備えた、学習能力を持つ組織のこと。	P.センゲ

内部の組織や人やプロセスに着目した、これらの理論をプログラム・プロジェクトマネジャーは把握し、個人と組織の力を最大限に発揮できるよう、仕組みや方法を活用することを意識する必要がある。

3-2. P2Mにおける人材能力基盤の強化

プログラム・プロジェクトにおいては、マネジャー個人がいかに優秀であっても、組織自体が目的に向けて自律的に動く組織でなければ、目的を実現することは難しい。マネジャーはそれぞれの個人が持つ能力を発揮させ、それを全体の集団の力として、目的の実現に向けていくことが求められる。

そこでのマネジャーの実践力は、人材能力基盤全体に働きかけ、学習組織にしていくことである。そのためには第一に全体の求心力として、抽象度の高いビジョンを、判りやすく明確なメッセージで伝えるメッセンジャーの役割をプログラム・プロジェクトマネジャーが担う[16]。第二に組織風土を醸成するために、情報交流の場を整備し、形式知を情報として伝達可能にし、さらに知識レベルでの交流の場をつくり、対話を通して新たな知識が生まれるようにする。

そうした学習と成長により、業績としての結果とともに組織文化が形成され、人材能力基盤として他に真似の出来ない独自の価値を生みだしていく。

【参考文献】

1）清水基夫『実践プロジェクト＆プログラムマネジメント』日本能率協会マネジメントセンター、2010年、p322
2）野田稔『組織論再入門』ダイヤモンド社、2005年
3）D.ピンク著、大前研一訳『モチベーション3.0』講談社、2012年
4）前掲、清水基夫『実践プロジェクト＆プログラムマネジメント』日本能率協会マネジメントセンター、2010年、p351
5）齋藤ウィリアム裕幸『ザ・チーム』日経BP社、2012年、p.130-132
6）エティエンヌ・ウェンガー、リチャード・マクダーモット、ウイリアム・M・スナイダー、野村恭彦監修、野中郁次郎解説、櫻井祐子訳『コミュニティ・オブ・プラクティス』翔泳社、2002年
7）清水基夫『P2Mにおける実践力と価値創造コミュニティに関する一考察』国際

P2M学会2013年秋季研究発表大会

8）青島矢一、加藤俊彦著 『競争戦略論』東洋経済新報社、2003年
9）野中郁次郎、紺野登『知識創造経営のプリンシプル』東洋経済新報社、2012年
10）G.ハメル、C.K.プラハード著、一條和生訳 『コア・コンピタンス経営—未来への競争戦略』 日本経済新聞社、2001年
11）J.ストーク、F.エバンス著 『ケイパビリティ競争論 —顧客を起点とした組織能力がカギ—』ダイヤモンド社、1992年
12）D.J.ティース著、渡部直樹編著『ケイパビリティの組織論・戦略論』中央経済社、2010年
13）D.J.ティース著、谷口和弘、蜂巣旭、川西章弘、ステラ・S・チェン訳 『ダイナミック・ケイパビリティ戦略』ダイヤモンド社、2013年
14）C.ヘルファット著、谷口和弘、蜂巣旭、川西章弘訳 『ダイナミック・ケイパビリティ—組織の戦略変化』 勁草書房、2010年
15）P.M.センゲ著、枝廣淳子、小田理一郎、中小路佳代子訳『学習する組織—システム思考で未来を創造する』英治出版、2011年
16）R.メイ、A.エイカーソン著、徳岡晃一郎訳『リーダーシップ・コミュニケーション』ダイヤモンド社、2005年

第3章 リーダーシップ

　プログラム・プロジェクトにおけるリーダーシップとは、ビジョンを示し、その実現に向けてメンバーを導き、支援し、目的地へと到達するための行動である。社会をとりまく環境は、国際競争の激化、急速かつ継続的なイノベーション、人材の流動化など、大きく変化してきており、組織には変革と創造が必要とされている。こうした環境に適応し、イノベーションを創り出していくためのリーダーシップが求められている。

　リーダーシップについては、様々な研究が行われ、数多くの理論が提示されてきた。本章では、その変遷をたどり、プログラム・プロジェクトにおいて必要なリーダーシップについて述べる。

1. リーダーシップとは何か

　リーダーシップとは、目指す目的地を示し、そこに至るために集団を導いていく行為である。目的地とは、現時点では具体的に見えていない、未来のありたい姿である。見えないものを多くの人が見えるものへと変えていくことにリーダーとしての価値がある[1]。

　一方、マネジメントには、計画を策定し、経営資源を最適に配分し、進捗管理や問題解決などのプロセスによって組織を効率的に機能させる役割がある[2]。

　マネジメントが階層化によって複雑性に対処することに焦点をあてるのに対して、リーダーシップは人と組織に働きかけ行動を促し、変革を推進することに焦点をあてる[3]。目的を描き、共有し、達成するためには、リーダーシップとマネジメントの両方が必要である。プログラム・プロジェクトの目的や性格によって、いずれの特徴を強くするかが決まる。新たな価値創造やイノベーション具現化を目的とするプログラムにおいては、リーダーシップの発揮が特に重要となる。

現状を変革し、新たな価値を生み出すためには、未来を創造する意志の力が必要である。今より「善い世界」を実現したいという思いがその人をリーダーたらしめる。新たな価値を生み出そうと掲げる目的と姿勢に対して、周囲が共感しリーダーを支える。リーダーシップとは、人を動かす力であり、人を未来へ導く力である[4]。

2. リーダーシップ理論の変遷

　リーダーシップを発揮するためには、リーダーシップの多様性について理解する必要がある。リーダーシップは「組織の目的や方向性をメンバーに明示・周知する」、「メンバーのモチベーションを高める」、「メンバーをサポートする」など状況によって求められるものが異なり、どのアプローチで対処するかが問われる。そのため、先人達が研究してきたリーダーシップ理論を理解した上で、場に応じた様々なリーダーシップスタイルを身につけることは重要である。

　リーダーシップ理論は、特性理論、行動理論、条件適合（コンティンジェンシー）理論の流れで展開されてきた[5],[6]。図表6-3-1にリーダーシップ理論の系譜を示す。最近のリーダーシップ論には、変革型リーダーシップや「まず相手に奉仕し、その後相手を導くものである」という考え方のサーバントリーダーシップ[7],[8]、メンバーが自発的な行動によってリーダーを支えることで集団としての成果の最大発揮を目指すフォロワーシップの研究などがある[9]。

図表6-3-1　リーダーシップ理論の系譜

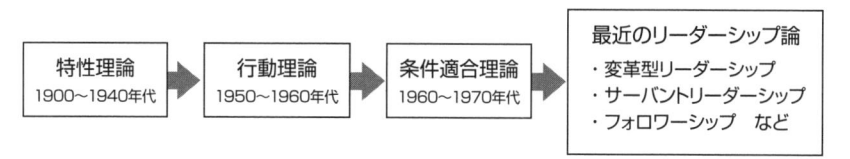

特性理論	→	行動理論	→	条件適合理論	→	最近のリーダーシップ論
1900～1940年代		1950～1960年代		1960～1970年代		・変革型リーダーシップ ・サーバントリーダーシップ ・フォロワーシップ　など

2-1. 特性理論

　特性理論は、リーダーシップはリーダーの特性や資質で決まるという考え方に立ち、優れたリーダーが共通して持つ才能や資質、性格などを明らかにするアプローチである。その資質は、身体的（身長、外見など）、精神的（内向的、

外向的など)、性格的(適応性、創造性など)、知的(知能、知識、判断力など)など多くの特性が存在する。L.F.アーウィックは優れたリーダーに共通する特徴として、①勇気、②意志の力、③心の柔軟性、④知識、⑤誠実の5つを挙げている。

しかし、特性理論では、特性や資質とリーダーシップに必ずしも強い相関関係がなく、リーダーシップを十分に説明できないという指摘もある[10]。

2-2. 行動理論

行動理論は、優れたリーダーに共通する行動に着目し、リーダーシップはリーダーの行動パターンで決まるとする考え方である。この理論は、「リーダーを育成することは可能である」という立場に立つことから、現代のリーダーシップ育成の理論やプログラムの根拠になっている。

しかし、行動理論では、時間の経過や状況等の変化が考慮されていないことが問題として指摘されている。

2-2-1. K.レヴィンのリーダーシップ類型(アイオワ研究)

レヴィンはアイオワ大学で行った実験により、リーダーシップのスタイルを専制型、民主型、放任型の3つに分類した。その上で民主型リーダーシップが仕事に対する動機づけや創造性、集団の団結度、集団目標への参加意欲などの点で最も有効であると結論づけた(図表6-3-2参照)。レヴィン以外にも生産性の高い組織と低い組織の管理システムの違いを分析したR.リッカートのマネ

図表6-3-2 レヴィンのリーダーシップ類型

類型	概要
①専制型リーダーシップ (トップダウン型)	リーダーが全ての方針を決定する。 ⇒短期的には高い生産性が得られるが、長期的にはメンバー間の対立や仕事への潜在的不満が生じる。
②民主型リーダーシップ (トップダウンとボトムアップの使い分け)	リーダーの助力により集団討議で方針を決定する。 ⇒短期的には独裁的リーダーシップより生産性が低いが、長期的には高い生産性が得られる。メンバー間は友好的である。
③放任型リーダーシップ (ボトムアップ型)	全て個々の自由裁量により決定する。 ⇒メンバーのモチベーションも低く、生産性も質も最も低い。

ジメント・システム論（システム4理論）などがある[11]。

2-2-2. 三隅二不二のPM理論

2次元論はリーダーシップを人と仕事のマトリックスで表すことから、単純化モデルとして活用された。有名なものに、三隅が提唱したPM理論がある。PM理論は業績達成能力（Performance）と集団維持能力（Maintenance）の2つの能力の大小により、リーダーシップを4象限（PM型、Pm型、pM型、pm型）に分類し評価する（図表6-3-3参照）。結果、上記2つの能力がともに高いリーダーシップが最も望ましいと結論づけた[12]。三隅以外にも「構造づくり」と「配慮」を2軸にしたC.シャートルのオハイオ研究、「業績への関心」と「人への関心」を2軸にしたR.ブレーク＆J.ムートンらのマネジリアルグリッド論などがある。

図表6-3-3　三隅二不二のPM理論

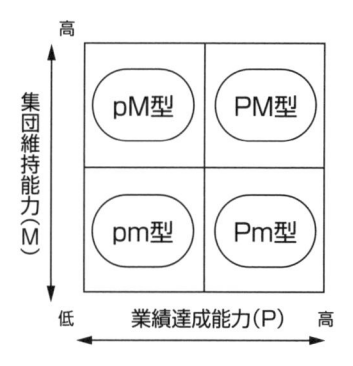

PM型：目標を明確にして成果を挙げられ、チームをまとめる力も高い。
Pm型：目標を明確に示して成果を挙げられるが、人望が低い。
pM型：チームをまとめる力はあるが、成果を挙げる力が低い。
pm型：成果を挙げる力も、人望も低い。

2-3. 条件適合理論（コンティンジェンシー理論）

条件適合理論は、リーダーシップの成功要因はその時の状況や環境によって変化し、全ての状況に適応する唯一絶対的なリーダーシップは存在しないという考え方である。リーダーシップの有効性はリーダーのスタイルと状況の組み合わせにより左右されるとして、条件適合理論の基盤を築いたフィードラーの理論や、リーダーが指示や指導などの道筋（パス）を示す必要があるというR.ハウスのパス・ゴール理論や、部下の成熟度に着目したSL理論がある。

SL理論はP.ハーシーとK.ブランチャートが提唱した理論で、リーダーシプ

のスタイルを指示的行動と協働的行動の2軸により4象限に分類し、部下の成熟度に応じてリーダーシップのスタイルを変えるべきとする考え方である（図表6-3-4参照）。部下の成熟度が低い場合には、部下に事細かに指示する指導型リーダーシップが有効であり、部下が完全に成熟度を高めてきた場合には、指示的行動と協同的行動は減らし、部下に権限を委任する委任型リーダーシップのスタイルが有効であるとする[13]。

図表6-3-4　SL理論

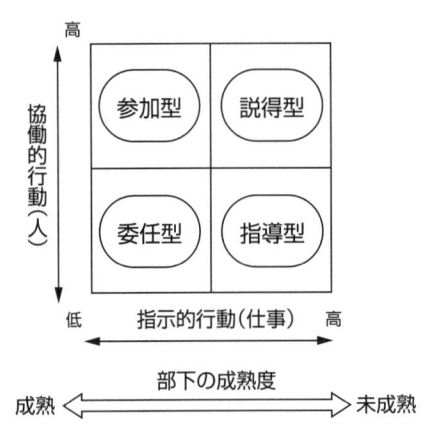

（図：縦軸「協働的行動（人）」低～高、横軸「指示的行動（仕事）」低～高の4象限に、左上「参加型」、右上「説得型」、左下「委任型」、右下「指導型」を配置。下部に「部下の成熟度」軸が成熟←→未成熟）

- ◆部下の成熟度が低い場合
  →指導型リーダーシップ
  部下へは事細かに指示が必要。自ら考えさせるような協働的行動は不要。
- ◆部下が成熟度を高めてきた場合
  →説得型リーダーシップ
  部下への指示は必要。部下から質問やコメントを引き出すような協働的な行動が効果的。
- ◆部下がさらに成熟度を高めてきた場合
  →参加型リーダーシップ
  部下への指示は不要。潜在能力を開発できるようなコーチング的アプローチが必要。
- ◆部下が完全に自立性を高めてきた場合
  →委任型リーダーシップ
  指示的行動と協働的行動は減らすべき。部下に権限を委任し、高い自由度の中で仕事をさせることが効果的。

2-4. 変革型リーダーシップ

　企業には変革が必要である。なぜなら、企業が販売している製品やサービスは永久には続かず、環境や状況の変化に合わせ短期的にも長期的にも最適な形に変えていく必要があるからである。そのためには、企業を構成する人と組織そのものの変革に取り組む必要がある。

　しかし、変革を行う際には、不確実な状況がもたらす不安や恐れ、前例主義などにより、抵抗が生じる。この状況の中で組織を率いて変革を推進していくのが変革型リーダーである

　J.P.コッターはゼネラルマネジャー（経営幹部）の行動特性から、リーダーにおける最も重要な要素はリーダーの掲げるビジョンであり、ビジョンを形成し、社内外のキーパーソンを巻き込み、変革を実行することがリーダーの役割

であるとした[14]。J.P.コッターが提示した、変革型リーダーシップとして大規模な変革を推進するための8段階のステップによる変革モデルを以下に示す。

① 危機意識を高め、変革が急務であることを認識する
② 変革推進のための連帯チームを築く
③ ビジョンと戦略を生み出す
④ 変革のためのビジョンを周知徹底する
⑤ メンバーの自発を促す
⑥ 短期的な成果を実現する
⑦ 成果を活かし、さらなる変革を推進する
⑧ 新しい方法を文化として定着させる

3. P2Mにおけるリーダーシップ

3-1. リーダーシップの定義

　P2Mでは、プログラムマネジャーとプロジェクトマネジャーのリーダーシップを対象とする。プログラムとプロジェクトでは、環境変化による不確実性や価値創造が要求される度合いなどが異なる。プログラムでは創造と変革というテーマで広い範囲に焦点があたり、プロジェクトでは個別で具体的なテーマが設定される。そのため、マネジャーとして判断が必要な領域や、判断の影響を受ける範囲が大きく異なり、それぞれのマネジャーに求められるリーダーシップは異なる。

　プログラムマネジャーとしてトップマネジメントに近くなるほど、ビジョンを形成し、メッセージを強く発信する、変革型リーダーシップのスタイルが必要になる。プロジェクトマネジャーは、そのビジョンを受けて、具体的な目標に展開し、それを実現するために業績達成能力と集団維持能力の両方を向上させるリーダーシップが必要である。

　このように、プログラムとプロジェクトでは期待されるリーダーシップとその発揮の仕方は異なるが、リーダーシップをマネジャー個人の資質として捉えるのではなく、目的の実現に向けて状況に働きかけ人と組織を活かし、全体

の力を高めていく役割と捉える点で共通する。しかし、それは高い立場から周りを見下ろすという意味ではない。高い視点から全体を捉え、現実と向き合い、素早く変化の流れをつかむということである。メンバーとの信頼関係を築き、成果を挙げていく。その結果、地位や立場に拠らない、真のリーダーとして周りから認められる。

P2Mではリーダーシップを「目的を掲げ、その実現のための集団を構築し、目指す方向に向けて集団の能力を最大限に引き出し、総合的な判断を行い、価値創造を実現する実践力」と定義する。

プログラム・プロジェクトマネジャーとして必要なリーダーシップ能力を構成する要素を抽出し、モデルとして定義することはリーダーシップを学習し実践を通じて習得するために有効である。

3-2. マネジャーに求めるリーダーシップ能力

P2Mがマネジャーに求めるリーダーシップ能力として「ビジョン構築力」、「コミュニケーション力」、「判断力」、「行動力」、「信念」の5つを提示する（図表6-3-5参照）。

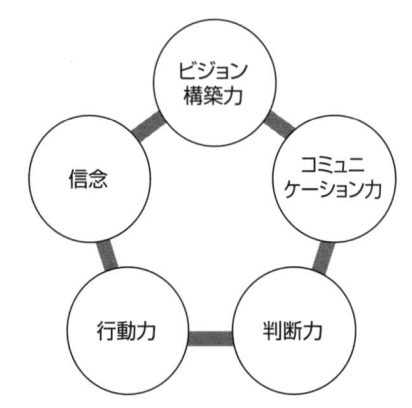

図表6-3-5　マネジャーに求めるリーダーシップ能力

これらの能力要素は、プログラムとプロジェクトによって発揮される度合いや重点が異なる。これらはP2Mにおける実践力として定義した、10の実践力

の能力要素と結びついている。

図表6-3-6　リーダーシップ能力と10の実践力の能力要素区分

リーダーシップ能力	10の実践力の能力要素区分		
ビジョン構築力	Ⅰ統合思考	Ⅱ戦略思考	
コミュニケーション力	Ⅷ人間関係	Ⅵ統制・調整	
判断力	Ⅲ価値判断		Ⅶリーダーシップ
行動力	Ⅳ計画行動	Ⅴ実行行動	
信念	Ⅸ成果追求	Ⅸ成果追求	

ビジョン構築力：プログラム・プロジェクトの目的を掲げる力である。何のために行うのか、どこへ向かおうとしているのか、目的地と方向をビジョンとして示す。ビジョンが明らかでないと、自分たちが正しく進んでいるのか判断出来ない。ビジョンはプログラム・プロジェクトの推進力である。ビジョンを未来への理想像として力強く、分かりやすいイメージで具体的に描き出すことがリーダーシップ能力として必要である。

コミュニケーション力：相互の関係性と、共通認識を創り出す力である。プログラム・プロジェクトには様々なステークホルダーが関わる。それぞれのステークホルダーとマネジャーは交渉し、合意形成していく。また、メンバーが力を発揮し、目的を達成するためには、ビジョンを共有し、一体感を高める必要がある。各自が目的意識を持ち、相互に信頼と自発的行動の能力を持った集団にしていくことが目的達成のために不可欠である。そのためには、ビジョンを掲げ、メンバーと対話する場を作る必要がある。

判断力：変化に応じ適切な判断を行う力である。プログラム・プロジェクトを進めていくには、刻々と変わる状況に合わせ、目的の実現に向けた判断を行う必要がある。その際には、近視眼的でなく全体を見据えた総合的かつ素早い判断が求められる。そのためには現場の状況を正しく知り、あるべき姿は何か、採りうる選択肢に何があり、それぞれの影響は何か捉え、判断する必要がある。ときにはリスクをとることを恐れず、果敢に判断する必要がある。

　ただし、専門分野が細分化し、環境変化が激しい現在、プログラム・プロ

ジェクトマネジャー自らが全ての判断を適切に行えるとは限らない。専門的技術や最新市場動向等に関して知見のある適任者に権限を委譲し、判断を委ねることが必要な場合もある。また、判断は個別の状況によって異なり、マニュアル化できない。前例にない判断や過去の判断を覆す必要がある場合もある。状況に対し柔軟であると同時に、物事の本質を捉え、判断の基準として自らの根源的な軸を持つことが必要である。

行動力：目的を達成し、価値を実現するための実践である。どんな綿密に戦略を立て計画を作っても、それを実行しなければ価値創造にはつながらない。戦略と実践を分断することなく行い、状況の変化に柔軟に対応する。ただし、それは日常的な課題への対応といった現場レベルでの忙しさに追われ、本質的な行動がとれなくなることではない。マネジャーに要求される行動力とは部下にはできない種類の仕事に対処することである。それが、壁を切り開くことであり、部下に力を発揮させ組織が動ける状況を作り出すことである。それは例えば、関連各署への説得や総論賛成各論反対の状況に決着をつけることである。そのためには目的意識と責任感に支えられた行動力を必要とする[15]。

信念：ある事柄や考えが正しいと確信していることである。これは、個人の経験や価値観を基に築きあげたものであり、マネジメント上の判断を行う際の核である。信念とは一種のメタ認知[*6]であり、個人の行動や判断や評価を方向づけ、新たな経験の解釈を導く働きをする。その信念は、他者からの影響や意思決定等の経験の積み重ねによって、強固なものとして形成される[16]。また、信念を鍛えるには、自己の思考の偏りや癖を把握し、自らの印象により判断が左右されないようにすることであり、経験を重ねるなかから意識的に学び、能力に変えていく熱意や努力を継続する意思の力が必要である。

これらのリーダーシップ能力は単独で存在しているものではなく、それぞれが密接に関わり合っている。プログラム・プロジェクトの場合には、特徴や、

[*6] メタ認知：進行中の自身の思考や行動そのものを対象化して認識することにより自分自身の認知行動を把握すること。

その時々の状況やフェーズによって、発揮の仕方を変化させていく必要がある。リーダーシップを発揮するということは、時には自ら先頭に立って行動し、時には後方支援としてメンバーを支えることでもある。組織やチームを形成する段階と、発展段階と、平常時とトラブルに直面した危機時ではリーダーシップの重点の置き方が異なる。時と状況に応じて、柔軟にスタイルを変えていくことがリーダーには必要である。

チームの形成段階で求められるリーダーシップ

心理学者B.W.タックマンは、チーム形成の過程を「成立期」、「動乱期」、「安定期」、「遂行期」、「解散期」の5段階で表現した。例えば、動乱期ではメンバー間の考えや価値観が衝突し、コンフリクトが生じやすい段階であるため、コンフリクトを解決する、コミュニケーションに重点を置いたリーダーシップを発揮する必要がある。マネジャーはメンバーとの適切なコミュニケーションや課題への対応、メンバーに対する支援や調整などを行う。安定期ではメンバー間で共通の規範や役割を認識して活動する段階であるため、メンバーのモチベーションを向上させ、行動を推進する、行動力に重点を置いたリーダーシップやメンバーの能力に合わせてリーダーシップスタイルを変えていくことが求められる。

事例：「子どもたちに青空を残したい」

ホンダは、1972年、排気ガスを規制した米国マスキー法を世界で初めてクリアする低公害エンジンを発表した。マスキー法は、当時、車の排気ガスによる大気汚染の深刻化を背景に制定された法律で、その高い基準値は達成不可能と言われていた。

それに対してホンダでは、高い環境性能に挑戦しようと技術者を集めたプロジェクトを立ち上げた。プロジェクトは様々な困難に直面し、何度も挫折しかかった。それでも「未来の子どもたちに、きれいな青空を残したい」という使命感のもと、世界初の低公害エンジン開発を実現した。プロジェクトメンバーの中には、実際に大気汚染による小児ぜんそくの子どもも持った親もいたとい

う。このプロジェクトを支えたのは、未来に向けたビジョンであり、メンバー一人ひとりのリーダーシップであった。

【参考文献】

1）野田智義、金井壽宏『リーダーシップの旅』光文社、2007年
2）H.ミンツバーグ＋Diamondハーバード・ビジネス・レビュー編集部編訳、『H.ミンツバーグ経営論』ダイヤモンド社、2007年
3）清水基夫著『実践プロジェクト＆プログラムマネジメント』日本能率協会マネジメントセンター、2010年、P.344-345
4）H.ブルク、S.ゴシャール『意志力革命』（野田智義訳）、ランダムハウス講談社、2005年
5）金井壽宏『リーダーシップ入門』日本経済新聞社、2005年
6）中村久人『リーダーシップ論の展開とリーダーシップ開発論』経営力創成研究第6号、2010年、P.58
7）ロバート・K・グリーンリーフ『サーバントリーダーシップ』（金井壽宏訳）、英治出版、2008年
8）金井壽宏、池田守男『サーバントリーダーシップ入門』かんき出版、2007年
9）アイラ・チャレフ『フォロワーシップ―上司を動かす賢い部下の教科書』（野中香方子訳）、ダイヤモンド社、2009年
10）前掲、中村久人『リーダーシップ論の展開とリーダーシップ開発論』経営力創成研究第6号、2010年、P.58
11）楊薔聰、青木良三『経営戦略とリーダーシップスタイルの関係』流通科学大学論集—流通・経営編—第24巻第1号、2011年、P97
12）三隅二不二『リーダーシップの科学』講談社、1986年
13）P.ハーシー、D.E.ジョンソン、K.E.ブランチャード『入門から応用へ　行動科学の展開－人的資源の活用』（山本成二、山本あずさ訳）、生産性出版、2000年
14）J.P.コッター『企業変革力』（梅津祐良訳）、日経BP社、2002年
15）清水基夫『実践プロジェクト＆プログラムマネジメント』日本能率協会マネジメントセンター、2010年、P.345-347

16）清水基夫『実践プロジェクト＆プログラムマネジメント』日本能率協会マネジメントセンター、2010年、p342-343

第4章 コミュニケーション能力とコミュニティの創造

　プログラム・プロジェクトマネジメントにおけるコミュニケーションは、関連するステークホルダー相互の共通認識をつくり、多様なメンバー同士が協働し合う場をつくり出すことが目的である。

　それは階層を通じての上位下達による情報伝達ではなく、価値創造のための相互作用としてのコミュニケーションを意味する。コミュニケーションは相互理解であり、立場の異なる者同士がお互いの違いを認識しつつ、関係を築き、共通認識を創造する行為である[1]。プログラム・プロジェクトマネジャーは、プログラム・プロジェクトを立ち上げ、実施していく際に、どのような関係性をデザインし、共通認識を持つのか、コミュニケーションについての方針を決め、計画し、戦略的に実施する必要がある[2]。

　優れたリーダーは、卓越したコミュニケーターでもある。意図的にメッセージを発し、メンバー同士の共感を形成し、信頼による関係性をつくり出す。ステークホルダーに対しては、お互いの立場の違いを理解し、納得性のある調整を行う。こうした、プログラム・プロジェクトマネジャーに必要なコミュニケーション能力と実践について概説する。

　また、変革を実現するために、新たな創造性が生まれる場所をつくり出すことが求められる[3]。多様なメンバーが交流する場としてのコミュニティに着目し、プログラム・プロジェクトにおける実践コミュニティの活用と創造について概説する。なお事業経営基盤としてのコミュニティの一般的な捉え方については、第4部第3章プロジェクト組織マネジメントを参照願いたい。

第4章　コミュニケーション能力とコミュニティの創造

1. コミュニケーション能力

1-1. P2Mで求められるコミュニケーション力

　プログラム・プロジェクトでは、目的達成を目指して、立場や価値観が異なる者同士が参加するため、プログラム・プロジェクトマネジャーは関係性を新たに構築するよう主導する必要がある。特に近年のグローバルな環境においては、参加するメンバーの国籍や背景とする文化が異なることが多く、物理的に離れた場所にいるメンバーをマネジメントすることも必要になってきている。多様なメンバー同士の関係性を築き、相互が信頼感を持って行動する場をつくり出し、各自が専門性と創造性を発揮するように導く必要がある。

　そのためには、プログラム・プロジェクトマネジャーにはコミュニケーション能力が必要不可欠である。情報伝達が情報の正確性やプロセスを重視するのに対して、コミュニケーションは共通認識をつくることを重視する。相互の関係性を捉え、共通認識によるつながりを生み、目的の達成に向けて協働し合う集団へと導いていくために、コミュニケーションをデザインすることがプログラム・プロジェクトマネジャーには求められる。

図表6-4-1　情報伝達とコミュニケーション

情報伝達	コミュニケーション
・正確性を重視 ・ルールをつくることを重視する ・情報交換する手段とプロセスに焦点を当てる ・感情、価値、期待等の人間的属性を除外する	・共通認識をつくることを重視 ・情報発信者と受信者の関係性を重視する ・送り手と受け手双方間の共通認識に焦点を当てる ・感情や思想、意見を伝達し合う

1-2. P2Mにおける情報伝達・コミュニケーションの基本行動

　プログラムやプロジェクトの遂行にあたり、マネジャーとして実施する情報伝達とコミュニケーションの基本行動の内容例を以下に示す。

① 計画立案のために情報を収集する

　計画立案の際には、情報を保持し最適化する情報基盤を有効に活用する。また、有識者から関連する知識や情報を入手する。そのためには情報へのアクセス、入手方法、情報の種類や質について理解する必要がある。また、なるべく広い範囲から情報を入手できるよう、普段から幅広いネットワークを構築しておく。同時にそれらの情報の有効性や信頼性を判断し、正確に分析することが必要である。

② 承認や協力を得る

　プログラム・プロジェクトではその開始決定から、仕様の変更、追加リソースの投入等、上位者の承認や関係者の協力を求める場面が生じる。その際には、その必要性とコスト、スケジュール、想定されるリスクと対応と同時に、背景や意義を併せて伝え、相手の意思決定をしやすくする。また、普段から協力を得やすい関係を構築することが重要である。

③ 指示・報告する

　メンバーへの指示やステークホルダーへの報告の際には、内容はもちろんのこと、プログラム・プロジェクト全体における位置付けと意義を伝える。また、伝えるタイミングや手段、場所、表現の仕方等を配慮する。指示内容には、期限を含め、伝達の仕方は相手との関係性によって変える。また、メンバーがタイムリーに、かつ隠すことなく問題を報告し易い体制や風土をつくる。

④ 異なる視点からの意見を引き出す

　新しい価値を創造するためには、メンバーが自由に考えや意見を発言する場をつくる必要がある。変革を担うプログラム・プロジェクトでは、目的の実現のために、メンバーの多様な視点からの発想を引き出し、新たなアイデアを創出することが求められる。そのためにはお互いの発言に触発され考えが深まっていくよう場を調整する、場のファシリテーターとしての役割をプログラム・プロジェクトマネジャーは果たす必要がある。

⑤ 関係者間の調整をする

プログラム・プロジェクトには立場の異なる専門家が参加し、成果物を作成する。立場の違いで、発想や視点、受けとめ方に相違が生じ、整合性を欠くことがある。こうした問題に対応するために関係者間での調整を行う。調整をはかる方法として、あらかじめWBSを基本に業務所掌範囲を明確にする。その上で、意見調整の際には、各自の声に耳を傾けた上で、公平な立場で全体最適の視点に立ち、判断を下す。判断した後は、その影響や結果の確認と各自に対するフォローアップを行う。

⑥ 動機づける

プログラム・プロジェクトの目的達成に向けて、関係者とビジョンや背景・目的・創出される価値と共にそれぞれの立場で捉えられる意義について対話する。内発的動機づけと外発的動機づけを意識し、各自の志向に合わせた動機づけを行う。特に、プログラム・プロジェクト全体で目的を実現することが、組織や社会にとってどのような意義や価値をもたらすのか、未来に向けてのストーリーを語り、全体で共有することが目的達成に向けての大きな動機づけとなる。

⑦ 交渉をする

リソース確保や契約の締結等、プログラム・プロジェクトには交渉の場面が生じる。その際にはプログラム・プロジェクトの目的を実現する観点と全体最適の観点から、何が最適かを考え、交渉する必要がある。個別最適ではなく、全体の目的を達成するために最善の方策は何かをお互いが見出すよう努力する。そのためには短期的な利益ではなく、長期的な関係性を前提とした判断が求められる。以下にそのための主なポイントを示す[4]、[5]。

- 交渉を通じて達成したい目的と目標を明確にする。
- お互いが共有する前提と対立点を明確にする。
- プログラム・プロジェクト全体の観点に立つことを共通意識化する。
- 問題の解決策を、代替案を含めて複数用意する。
- 合意形成後は内容を確認し合い、経緯も含め文書や契約書として、お互い確

認し、保管する。

1-3. ビジョンの共有とストーリーテリング

プログラム・プロジェクトにおいて共通認識をつくる為には、ビジョンをストーリーとして語り、メンバーと共有するストーリーテリングが有効である。

ストーリーは、暗黙知を共有し理解するために用いられる古くからの方法である。語り手の主観から世界を捉え、その捉えた世界を自らの思いと共に発し、それを受けたメンバーは自らの主観を基に、自らの理解を問いとして返す。その相互の繰り返しのなかで、目的に向けての相互の共通認識が生まれ、その組織固有のストーリーとして醸成されていく。こうしてビジョンがメンバーそれぞれの胸のなかで、血肉化し成長し、同時に、メンバーを相互に結びつけ、ストーリーを介した共感による強いつながりをつくっていく。このストーリーテリングのプロセスによって、その集団は目的に向かい、協働し合う集団になる[6]。

1-4. コミュニケーションの構造と能力

(1) コミュニケーションの構造

コミュニケーションの基本構造は、メッセージとコミュニケーターとコンテクストから成る。

① メッセージ

メッセージには、言語メッセージと、非言語メッセージがある。言語メッセージは言葉による会話や文字によるメッセージであり、非言語メッセージは言葉を使用しない、ジェスチャーや表情、視線、しぐさ、姿勢、声の質や速さ等によるメッセージのことを指す。言語的コミュニケーション（バーバルコミュニケーション：verbal communication）とは、音声言語メッセージを用いたコミュニケーションのことである。非言語的コミュニケーション（ノンバーバルコミュニケーション：non-verbal communication）とは、音声言語によらないメッセージを用いたコミュニケーションのことである。

メッセージを伝える際は、言語で明瞭に相手に伝えることを意識すると同時

に、言語以外の要素も非言語メッセージとして相手に伝わることを意識する。非言語メッセージが、「印象」として意図せずに相手に発信され、言語以上の大きな意味を持つことになる。メッセージを伝える側はその点を意識し、言語外の姿勢や見た目等も大事にする必要がある[7]。

② コンテクスト

コンテクストはコミュニケーションに影響を及ぼす物理的・社会的・心理的・時間的な背景を指す。これらの背景を理解することがメッセージを理解する基本である。コンテクストの理解を欠くと、意思の疎通が上手くいかない。

③ コミュニケーター

コミュニケーターAは言語や非言語というかたちで記号化したメッセージを発信する。コミュニケーターBはこのメッセージを受けコンテクストを基に解読し、その意味を解釈し、言語または非言語メッセージとしてコミュニケーターAに返す。このように、話し手と聞き手間でのメッセージのやり取りが相互作用として行われる。

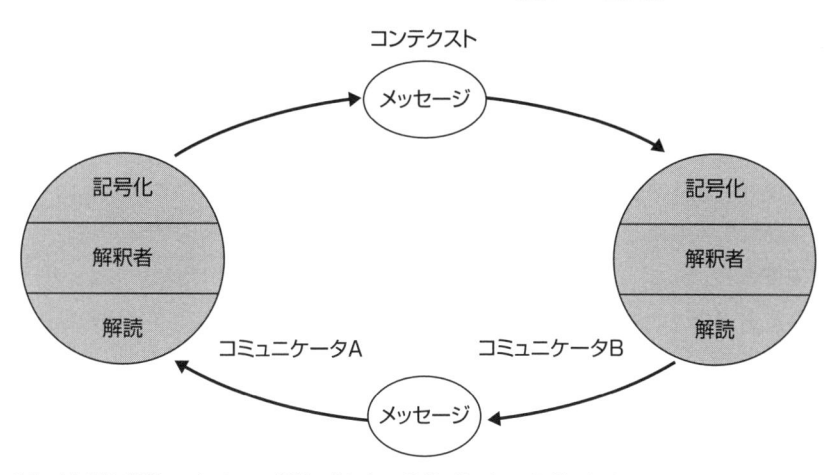

図表 6-4-2 コミュニケーションを構成する各要素

出典：本名信行（編著），ベイツ ホッファ（編著），秋山 高二（編著），竹下 裕子（編著），『異文化理解とコミュニケーション〈1〉ことばと文化』三修社、2005年、p34

コミュニケーションが成立する前提として、メッセージと同時に、その場のコンテクストをコミュニケーター同士が共有している必要がある。その上で、相互理解としてのコミュニケーションが成立する。

(2) コミュニケーション能力

コミュニケーションが成立するためには、発信者と受信者がともに、発信能力、受信能力、役割能力の3つの能力を保持する必要がある。

① 発信能力

発信の際には、発信する内容（コンテンツ）と、内容の構成（ストラクチャー）と、表現（デリバリー）を意識する必要がある[8]。

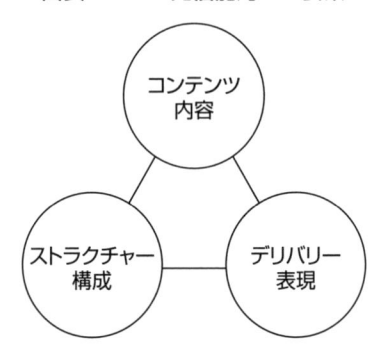

図表6-4-3　発信能力の三要素

```
       コンテンツ
         内容
        /    \
       /      \
  ストラクチャー ── デリバリー
     構成         表現
```

内容（コンテンツ）については、受信者が誰で、何を、どのような意図を込めて発信するのか意識する。受信者の前提知識や発信内容に対する知識レベルや理解度によって内容を変える必要がある。また、何を伝えたいのか、キーとなる主要なメッセージは何か、明確になっているかを発信する前に確認する。その際にはメッセージを伝える相手にどのように行動して欲しいのか意識して、内容を吟味する。

構成（ストラクチャー）はメッセージ全体がシンプルで分かりやすく、論理的であり、受信する側がイメージしやすいよう、伝える内容の順序を工夫する。ポイントを絞り、強調すべき点は繰り返し強調する。

第4章　コミュニケーション能力とコミュニティの創造

　また表現（デリバリー）では、非言語メッセージを駆使し、顔の表情や視線、仕草、服装や声の質、速さ、大きさやテンポをうまく活用する。
　内容と構成と表現の組み合わせによって発信能力のレベルが変わる。声が小さすぎて内容が聞こえなかったり、内容が受信者にとって難しすぎて理解できなかったり、構成に論理性が無かったりすれば、受信者にメッセージは伝わらない。次に、受信者側がメッセージを理解した上で、それをなるほどと思い説得力を感じるかは、発信者側の能力の高低に依存する。発信能力が高いということは、受信者が、共感し、行動を起こすということである。
　なお、メールや図面や記録等の文書の場合は、口頭と異なり、その場で相手の反応を見ながら内容や伝え方を変えたり質問に答えたりできないという制約がある。したがって、相手に誤解なくメッセージを伝えるためには、文書により一層の分かりやすさと正確性が求められる。

② 受信能力

　受信能力は、発信者の意図を正しく理解する能力である。そのためには発信者である相手を理解し、メッセージを聞き届けようとする姿勢が必要である。発信者の発言の背景を推し量り、相手の価値観や意図を理解する力が必要である。発信者のメッセージを受信する時には、聞く姿勢やしぐさによって、受信する側も非言語メッセージを常に発信している。その相互作用によって、相手からどれだけのメッセージを引き出せるか決まる。
　発信者のメッセージの意図を正しく理解するためには、受信者側には以下の行動が求められる。
・相手のメッセージを理解したことに対して反応を示す。
・相手のメッセージに影響を与えている、相手の社会的背景やその場の状況等のコンテキストを可能な限り理解し、メッセージの意図を解釈する。
・相手のメッセージを全身で捉えるように傾聴の姿勢を示し、相手の話す意欲を促す。
・相手の意図や期待が明確でない時は、適切な質問を発し、相手の意図を確認する。

③ 役割能力

コミュニケーションの際には、その場における自らの役割を理解した上で、その役割に合った話し方や聞き方をする能力が求められる。そうした役割能力には話すタイミング、内容、表現、語調や聞き取る姿勢等が含まれる。その場での役割をどのように引き受けるかという知識を含め、そのときの状況に応じて、正しい役割行動をとる必要がある。

1-5. 情報伝達基盤の変化によるコミュニケーションの変化

ソーシャルメディアの広がりにより、情報伝達の基盤は「1対n（1対多）」から「n対n（多対多）」に大きく変化し、オンライン上におけるコミュニケーションが容易になった。

プログラム・プロジェクトにおいてもオンライン上にコミュニティを立ち上げ、物理的に離れた場所にいるメンバー同士が、時間や各自の文化的背景や社会的地位、年齢等に縛られず、メッセージを介して容易に対話できる。

ただし、ソーシャルメディアにおけるコミュニケーションはコンテクストを共有せず、言語メッセージに頼り、かつ不特定多数の人が共有可能な形式である。そのため、メッセージの内容と構成と表現に充分配慮し、また、発信したメッセージが意図しないかたちで拡散し変化していく場合があることを意識する必要がある。

このような点から、プログラム・プロジェクトでソーシャルメディアを活用する際には、ルール化による統制を前提とするが、一方でソーシャルメディアの持つ自由さといった特徴が活かせるよう、最適なバランスを保つことが重要である。

2. コミュニティ

2-1. コミュニティの定義

コミュニティは、社会学においては、血縁や地縁による強い絆で深く結び付き一体化した共同体組織や共同体を表し、個人の利害関係を基に人為的に構成された機能体組織や社会を表すソサエティと対比して用いられてきた[9],[10]。コ

ミュニティは相互の絆や一体感の強さを特徴とし、人々の協調行動を活発にする信頼や規範による連帯の意味で広く使われることも多い[11]。

さらに、集団の中に参加し行動を通して知識とスキルを修得していく実践の場を実践コミュニティ（community of practice）と呼ぶ。実践コミュニティとは「共通の専門スキルや、ある事業へのコミットメントによって非公式に結びついた人々の集まり」[12]である。この実践コミュニティは様々な知識や経験を持った個人が、既存の組織や領域を超えて集まる場である。その場では各自が知識を持ち寄り、協力し合い、共通の問題を解決し、知識を広げることに価値がおかれる。この実践コミュニティの特徴を組織に取り入れ、組織をナレッジの共有と創造の場としていくことができる。

P2Mにおいては、この実践コミュニティの概念を用いて「コミュニティ」を「強制力を伴わない連携であり、使命や目的に共感して集まる人々の集まり」と定義する。プログラム・プロジェクトがコミュニティに着目する理由は、その特徴を活かし、イノベーションや変革といった価値創造につなげていくためである。

2-2. 実践コミュニティによる価値創造

組織の形態は公的な関係性から成る、ピラミッド型の階層構造で表される。組織には分業、権限、役割が深く関わっており、上司と部下の権限と責任が明確であることや、業務遂行が階層的・縦断的に標準化されていることを特徴とする。この特徴は集団として活動することに優れ、製品製造や既存製品の改善や開発を行うなど、事業目的の達成に適している。組織には明確な目的と使命があり、各自の役割が定められている。それゆえ、組織のマネジメントは管理と統制が重視される。

一方、実践コミュニティは、強制力を伴わないゆるやかなつながりによるネットワーク型の構造で表される。共通するテーマへの関心を基に既存の組織を超えて集まった集団であり、組織的な役割による上下関係は存在しない。価値創造のための場であり、様々な分野の専門知識を持った人同士が集まり協同し作業を行う。新製品のアイデア創出や新たなサービス開発などに適している。

実践コミュニティのデザインと運営には3つの要素が重要である。第一はコ

図表6-4-4　組織とコミュニティのイメージ

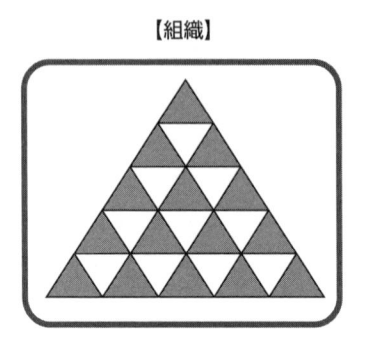

【組織】
・強いつながりの構造である。
・集団凝集性に優れている。
・指示・命令の伝達、意思決定がしやすい。
など

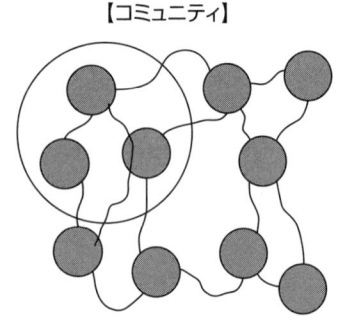

【コミュニティ】
・弱いつながりの構造である。
・相互交流の広がりに優れている。
・新しい価値が生み出されやすい。
など

図表6-4-5　コミュニティのデザインと運営の要素

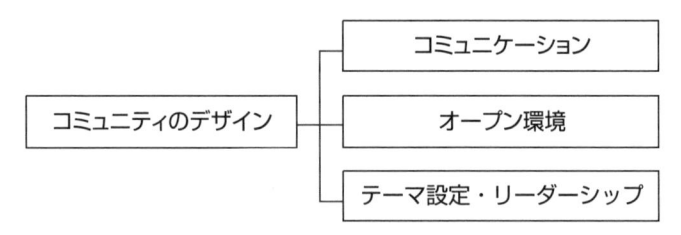

コミュニティのデザイン
- コミュニケーション
- オープン環境
- テーマ設定・リーダーシップ

ミュニケーション要素である。第二は人的結集要素である。オープンな環境と文化風土がなければ、多様な専門家を集めることは出来ない。第三は魅力あるテーマとリーダーシップである。この3つの要素が共鳴し連携合うことで、コミュニティとして価値創造の場が生まれる。

　コミュニティを創造的な場にするためには、参加者同士の背景の違いを排除せず文化交流を推進し、フィールドの垣根を越えた結びつきによる新たな発想が生まれるよう、場を創造するリーダーシップが求められる。

◇◇◇◇ 事例：ワイガヤ ◇◇◇◇◇◇◇◇◇◇◇◇◇◇◇◇◇◇◇◇◇◇◇◇◇◇◇◇◇◇

　2011年に理化学研究所と富士通が発表したスーパーコンピュータ「京」は、世界最高性能のコンピュータ処理速度を達成した。「京」開発プロジェクトは、

全くの白紙の状態から開始し、世界一になるまでに様々な困難な状況を乗り越えてきた。プロジェクトリーダーがマネジメントを行う上で特に意識したことは、「メンバーがワイガヤ的にいつでも気軽に自由な議論ができる状態をつくること」である。ワイガヤとはホンダで使われてきた言葉であり、時と場所を選ばずに気軽に集まり、ワイワイガヤガヤ言いながら、議論し合うことである。メンバー同士がそれぞれの背景を越えた対等な立場で話せるオープンなコミュニケーションにより、ワイガヤは新しい価値やコンセプトなどを生み出している。

2-3. P2Mにおける実践コミュニティの活用と創造

(1) 実践コミュニティの活用

プログラム・プロジェクトは目的の実現に向けた組織活動である。そうした組織による遂行と並行し、外部コミュニティを活用することや、実践コミュニティの要素を取り込むことが、価値創造と組織能力の向上につながる。

価値創造には自由な対話による暗黙知や形式知の交流や、異なる専門性の結合が不可欠である。また、組織の枠を超えて参加者同士が共同学習し、知識を高度化する学習の場にしていくことが学習組織（learning organization）として組織の力を高めていくことになる[13]。

参加者の自発的な熱意に基づく自然発生的な集まりである実践コミュニティを、プログラム・プロジェクトで積極的に構築し、活用するためには、実践コミュニティを維持し発展させやすい組織文化が必要である。プログラム・プロジェクトマネジャーはオープンな会話を推奨し、意見を交換し合う姿勢を自ら率先して示すなど、情報交流と知識交流を促す環境や雰囲気を醸成するよう、意識して取り組む。

また、実践コミュニティにおいて生み出された知識を基に、具体的な価値につなげていくのはプログラム・プロジェクトの実施プロセスが担う。実践コミュニティの知識創造を吸い上げ、具体化することができる体制や環境を整えることがプログラム・プロジェクトには必要である。

(2) 実践コミュニティの創造

　実践コミュニティは多様な専門的知識を持つ人が、既存の組織や領域の壁を超えて知識を持ち寄り、協力し合い、共通する問題に対し助言し合うなどの知識創造を行う特徴がある。実践コミュニティの意義は、背景の異なる数多くの人が知恵や意見を持ち寄ることで、新たなアイデアやイノベーションを生み出せることである。

　実践コミュニティを創造するには、背景の異なる人材が集まり、それぞれの視点が衝突し合い、お互いの刺激になるように、制約のない情報交流の場と自由な発想を尊重する知識創造の場を用意する必要がある。そのためには地位や立場に縛られない環境と、対話が生まれやすい雰囲気がその場にあることが重要である。

　実践コミュニティを知識創造の場にしていくには、問題解決を中心にした唯一の正解を導き出す姿勢ではなく、新たな選択肢を見つけ出すことに重きを置く姿勢をとることが重要である。数値や論理性ばかりでなく、個人の自由な発想や感覚を重視し、組織や地位等の物理的・心理的な壁を取り除き、メンバー同士の形式知や暗黙知が相互に交流するように、プログラム・プロジェクトマネジャーは環境を整え、ファシリテーターとして場をリードする。

　実践コミュニティの基本となるのは、自律した個の関係を中心とした水平型のネットワークである。オープンな環境で対話と協働が生まれる場としてコミュニティを創造するためには、場所に関しても、物理的な空間として、解放感があり対話が促進されやすいオフィスデザインにする等の工夫が必要である[14]。また、ソーシャルメディアを活用し、オンライン上の場を活用することもコミュニティ創造の方法である。

(3) 実践コミュニティの注意点

　プログラム・プロジェクトでコミュニティの要素を活かすためには、実践コミュニティが持つ特徴から次の点に注意する必要がある。

　一つには、コミュニティは拡散しやすい点である。コミュニティは、強制力を伴わず自発性を重視することが特徴であるため、つながりが弱く、衰退・崩壊しやすい。一方で、公式に管理しようとすると、コミュニティが持つ強み

（楽しさ、柔らかさ、曖昧さから生み出される新しい価値など）が失われる。

二つめの注意点は、拡散と反対にコミュニティが閉鎖的になりやすい点である。コミュニティの心理的なつながりが強固になると、自分が属するコミュニティ以外の人に対して排他的になる傾向が生まれる[*7]。これが強まると、活動の硬直化や同質化、内部での馴れ合いや癒着などにより機能不全に陥る。

三つめの注意点は、セキュリティや情報保護におけるリスクである。様々な人が参加する点から、情報保護やセキュリティに関するルールや統制が必要である。

事例：組織を超えた交流と創造の場の創造

近年、企業では、縦割りの階層型組織と役割細分化による、人間関係の固定化や、発想の硬直化に対する反省から、従来の組織の枠を超えた知識創造の場をつくる例がみられる。そのひとつが、リクルートエージェント社の「ちゑや」の取り組みである。この取り組みは、組織が大きくなり、知らない人同士が増え、会話が生まれにくくなったことに対して、違和感を持った個人が、周囲に声掛けし、始めた取り組みである。昼休みや業後の時間を使い、参加者を募り、組織を超えて集まり交流することが目的であった。それが次第に「人が集い、語り合い、つながる場」づくりとして認識され、広がっていった。現在は組織活性化の手法として、他社にも展開している。個人の思いから組織をこえたつながりと対話の場を創造した事例である。

また、日産自動車でのゴーン改革における取り組みが有名な、クロスファンクショナルチームも縦割りの組織構造を超えて知識創造の場がつくられた事例である。日産では当時、業務改革のために、従来の組織を横断し、今までは協働することがなかった各部門から中堅社員を抜擢し、テーマ別のチームとした。従来の組織と異なる異質なメンバー同士が定期的に集まり、立場を超えて議論することで新たな視点と繋がりが生まれ、変革へと結実していった。このクロスファンクショナルチームの活動の根底には、多様な人材が従来の経験や視点にとらわれず、組織を超えて新たな知識を創造するコミュニティの特徴が取り

[*7] コクーン化（繭化）などとも言われる。外部を遮断して見知った仲間内だけの集団となることである。

込まれている。

2-4. プラットフォームの構築

　コミュニティの特徴をもったつながりをコミュニティの場と呼び、背景の異なる専門的人材を結集し、コミュニティの場を中心に形成された環境や制度や構造をプラットフォームと表現する。プラットフォームは、知識を統合して変革のための新しい価値を創造する基盤であり、プラットフォームの構築においては、コミュニティの場と、その場に参加するための規範と、お互いが交流するための共通言語としてのプロトコルが必要である。

　それらの要素を組み合わせたプラットフォームでは、他者の視点や価値観を受け入れ理解するための共感の力が重要である。相互の信頼を根底に、各自がビジョンを共有し、言語や情報、手順等の共通言語をもとに参加者同士が交流する。プラットフォームは、文化の異なる人材を結集し、異質な知識や経験を統合し新たな価値を創造する基盤としての価値をもつ。

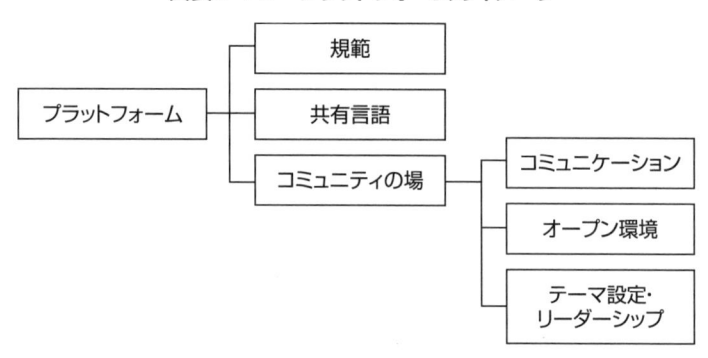

図表6-4-6　プラットフォームのイメージ

```
プラットフォーム ─┬─ 規範
                  ├─ 共有言語
                  └─ コミュニティの場 ─┬─ コミュニケーション
                                       ├─ オープン環境
                                       └─ テーマ設定・リーダーシップ
```

【参考文献】

1）P.F.ドラッカー『マネジメント－基本と原則』（上田惇生訳）、ダイヤモンド社、2001年
2）佐藤玖美『コミュニケーション・リーダーシップ－考える技術・伝える技術』日本経済新聞出版社、2012年

3）野中郁次郎・紺野登『知識創造経営のプリンシプル』東洋経済新報社、2012年
4）R.フィッシャー、W.ユーリー、B.パットン『ハーバード流交渉術』（金山 宣夫、浅井 和子翻訳）、阪急コミュニケーションズ、1998年
5）松浦正浩『実践！交渉学 いかに合意形成を図るか』筑摩書房、2010年
6）A.シモンズ『プロフェッショナルは「ストーリー」で伝える』（池村千秋訳）、海と月社、2012年
7）八代京子、町恵理子、小池浩子、磯貝友子『異文化トレーニング—ボーダレス社会を生きる』三修社、1998年、p125〜129
8）R.メイ、A.エイカーソン『リーダーシップ・コミュニケーション』（徳岡晃一郎訳）、ダイヤモンド社、2005年
9）F.テンニエス『ゲマインシャフトとゲゼルシャフト』（杉之原寿一訳）、岩波書店、1957年
10）濱野智史、佐々木博『日本的ソーシャルメディアの未来』技術評論社、2011年
11）R.D.パットナム『孤独なボウリング——米国コミュニティの崩壊と再生』（柴内康文訳）、柏書房、2006年
12）エティエンヌ・ウェンガー、リチャード・マクダーモット、ウィリアム・M・スナイダー『コミュニティ・オブ・プラクティス—ナレッジ社会の新たな知識形態の実践』（野村恭彦監修、櫻井祐子訳）、翔泳社、2002年、p12
13）ピーター・M・センゲ『最強組織の法則』（守部信之訳）、徳間書店、1995年
14）野中郁次郎・紺野登『知識創造経営のプリンシプル』東洋経済新報社、2012年

第5章 多文化対応

　今日、グローバルレベルの変革や創造にはグローバルレベルの新たな視点が必要である。それは組織の内部からではなく、国や文化を超えた外部や外部との接点から生まれる。そのためには多様な文化的背景を持った人材同士の交流や組織への参画が必要である。
　本章では多様性と複雑性をプログラム・プロジェクトとして活用し、新たな価値創造へつなげていくために必要な多文化対応力について述べる。

1. 多文化対応力

1-1. 多文化対応力の定義

　多文化対応力とは、自文化と異なる文化的背景の違いを多様性と捉え、その違いを理解し、お互いを肯定的に受容する態度や姿勢を指す。これは、第一に多様な文化的背景を持つ多くのステークホルダーが参加する今日のプログラムなどの事業活動において、文化の違いによるギャップを乗り越え、事業を成功裡に遂行するために重要である。さらに、他の文化から、従来想像しなかった考え方や視点を取り込むことで、新たな価値の創造や競争力の強化につなげることが期待される。
　グローバル化し複雑化した現代社会で、事業や戦略を遂行する際には必然的に、地域・組織・世代・性別・国籍・民族・宗教などが異なる人と接することになる。専門性を有した人それぞれが、民族文化、地域文化、企業文化、組織文化、職業文化等を土壌として独自の固有性を持っている。プログラム・プロジェクトマネジャーは、これらの文化の違いを積極的に受け入れ、異なる固有性をもった人やモノ、サービス等を組み合わせたり、異なる知識や視点を取り込んだりすることにより、これまでにない新たな価値を生み出すことが求めら

れる。

1-2. 多文化環境における問題点と理解

多文化対応力を習得し磨くためには、まず前提として、異なる文化的背景を持つ者同士での協働において発生しやすい問題点を認識する必要がある。1つは文化的環境の違いである。もう1つは情報収集や評価や行動におけるギャップである。

(1) 文化的環境の違い

同じ文化背景を持つもの同士では意識されることが少ないが、背景とする文化が違えば、常識や発想、価値観に相違が起き、その相違の大きさに戸惑い、ショックを受けることがある。それは、今までの見方や考え方が絶対的なものでなく、相対的なものだと気づかされるからである。

そうした違いを認識し、相対的に物事を見る視点を獲得することが、多文化環境下でプログラム・プロジェクトをマネジメントする上で必要である。

(2) 情報収集や評価や行動におけるギャップ

異なる文化のなかで、プログラム・プロジェクトを実施した際に失敗に陥る大きな原因は、相手の文化に対する情報不足と理解不足である。事前に情報を充分に収集せずに相手と対応し、相手の背景を理解せず自らの価値観に頼って行動することで多くの問題が発生する。この問題には、相手の文化と自文化との情報に関する違いによる問題（情報ギャップ）と、情報に接して相手に働きかけようとする行動の面で発生する違いによる問題（行動ギャップ）がある。

① 情報ギャップ

情報ギャップには知覚ギャップ、解釈ギャップ、価値・判断ギャップがある。これらは個人的ニーズ、経験、習慣、文化的価値の差で異なる。

② 行動ギャップ

行動ギャップは情報を得てからの行動として、同じ情報に接しても文化的背

景から人によって異なる行動をとる場合があることを指す。

図表6-5-1　多文化ギャップ

多文化ギャップ		内容
情報ギャップ	知覚ギャップ	同じ情報に接しても、興味の有る無しにより、人によって情報自体を見過ごしてしまうこと
	解釈ギャップ	同じ情報を入手しても、人によって解釈の仕方が異なること
	価値・判断ギャップ	個人的、文化的に類似性のあるものにはポジティブな評価を下し、類似性のないものにはネガティブな評価を下すこと
行動ギャップ		同じ情報に接しても、文化的背景により、人によって異なる行動を取ること

　多文化コミュニケーションにおいては、これらのギャップを認識することが第一に必要である。ギャップを認識することで、相手の背景や立場を理解することになる。ギャップを前提として、その上でコミュニケーションを行うことが相互理解につながる。

1-3. 多文化対応力の背景

　現代はローカルな宗教や共同体と、グローバルなインターネットやソーシャルメディアが影響し合い、単純にグローバルとローカルに二分化した図式が成立しなくなっている。従来の画一的なグローバリゼーションやグローバルスタンダードという見方では、多様化し複雑化した社会を捉えきれなくなっている[1]。グローバルにローカルな特徴を取り込んだ"グローカル"な視点が注目され[2]、各地域の環境に合わせた投資や意思決定を各地域で自律的に行い発展を実現することが重視されるようになっている。このような地域の適応と、グローバルな統合の両方に影響力を持ち、国境を超えて事業を捉え、複雑なプロセスを管理する企業がグローバル企業と呼ばれる[3]。

　プログラム・プロジェクトにおいてこうした複雑性と多様性に対応するには、自らの価値観を絶対的な尺度とするのではなく、多様な見方があることを前提

に、異なる価値観を受け入れる必要がある。

　そのためには多様な文化や考え方に日頃から触れて、視野を広げるよう努力することが必要である。多様な国や世代、組織、地域等の人たちとの接点を積極的に持ち、対話することや、広い範囲から情報を収集して、知識を得ることが必要である。ただし、情報の中には異なる背景をもつ国や人に対する固定的な分類や従来の偏見に基づく見方も多いため、流布する情報をそのままうのみにせず批判的に捉えることを意識する。単純にパターン化した見方は、違いを明らかにするには便利だが、複雑化した社会では、様々な違いや共通項が複雑に絡み合っており、ステレオタイプ的に一面では捉えきれないことを認識する必要がある。

1-4. 多文化対応の意義

　多文化対応の今日的な意義は、従来にないイノベーションを生み出す点にある。多文化の環境下で多様な価値観や文化が交わることで、新たな価値が生み出される。例えば、新興国が抱える社会的課題の解決がイノベーションを生み、それが新たな事業として欧米諸国に持ち込まれて世界的に発展した例や、その国の伝統的な文化を他国で展開することで新たな文化を創造した例など、多文化同士の結合による新たなビジネス創造が幾つも生まれている[4]。

　このような多文化間での結合をはじめとし、様々な分野でコラボレーションが重視され、その範囲も広がっている。今までも部門横断的なチームの形成や、異業種間での共同研究などが行われてきたが、既存の秩序や常識が大きく転換しようとしている時代において必要となっているのは、より広範囲かつ多様な文化的背景を持つもの同士による分野を超えた結びつきである。

　これからの多文化対応は、文化的背景の異なるメンバーをどのように受け入れるかといった従来の視点を超え、新たな価値を創造するための相互作用として捉える必要がある。

2. 多文化対応のための文化の理解

2-1. 高コンテクスト文化と低コンテクスト文化

　文化の違いという点で、文化におけるコンテクスト度の高低の切り口から多文化を捉える見方がある。ここでのコンテクストとは、文化を構成するメンバー間で共有し、暗黙として持っている背景の情報のことである。そのコンテクストの違いがコミュニケーションに影響を与える[5]。

　高コンテクスト文化とは、固い人間関係で結ばれた社会において、情報が広く共有され、単純なメッセージでも深い意味を持ち得る文化を意味する。この文化では、言外の意味や意図を推察し、理解するコミュニケーションが行われる。「一を聞いて、十を知る」のたとえのように、単純なメッセージで深い意味を伝えることができる。

　一方で、個人の経験や勘に基づく知識は言語化されず、暗黙知として各人が持つことが多い。職場でも、業務マニュアルが無かったり、各人の業務範囲や責任範囲が明示されていなかったりする。

　対照的に低コンテクスト文化はメンバー間で共有される前提が限定されている文化を意味する。そのためコミュニケーションにおいて、個人はコンテクストに頼らない明確なメッセージを伝える必要がある。

　低コンテクスト文化の社会では、個人の経験や知識を言語化し、明確な文章や図表等によって説明・表現することが期待される。職場ではマニュアル化が進んでおり、一人ひとりの役割（職務内容・期待値・自己裁量の程度・報告相

図表6-5-2　高低コンテクスト文化の相違点

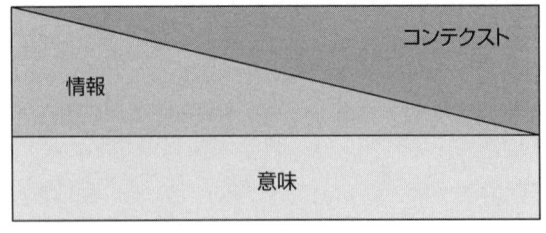

出典：E・T.ホール『文化を超えて』（岩田 慶治、谷泰訳）、TBSブリタニカ、1993年、p119を編集

手等）は職務記述書（ジョブ・ディスクリプション）等で明確に示される。国際標準として通用する知識体系や理論が整備されやすい。

　高コンテクスト文化では、伝えたいことを明確な言葉に表現しなくても、コンテクストを共有しているメンバー同士であれば受け手が内容を汲み取って意思疎通が行えるという利点がある。その一方でコンテクストが理解されていなければ、受け手にとって相手の言うことは全くと言っていいほど理解できず、意思疎通が成立しなくなる。

　反対に低コンテクスト文化ではコンテクストに依存せず、あくまで言語に頼り情報や意思を相手に伝えるため、直接的で分かりやすいという利点がある。新たに参加した第三者であっても関係性を構築しやすい。その一方、相手に何かを伝える場合に、送り手側に膨大な量の言葉や文字が必要であり、時に自己中心的に見られることがある。

　ただし、これらの違いは傾向として捉えられるものであり、グローバル化による交流が各地域間で進む中では、明確な区分として分かれるものではない。それぞれの文化の傾向として理解し、実際に触れて自ら違いを感じとることが重要である。

2-2. 文化的違いの例

　コンテクストの度合い以外にも、異なる文化間では、時間・空間・意思疎通・集団を大事にする度合い等に違いがある[6]。

図表6-5-3　文化による相違点

時間	時間の約束や予定を守ることを大事にする文化がある一方、時間の約束を守ることを重視しない文化もある
空間	私的空間を大事にし、職場でも個室を好む文化がある一方、職場では大部屋が中心の文化もある
意思疎通	「はい」が言葉通り賛成の意味を表す文化がある一方、本音と建前が異なる伝達スタイルを取る文化もある
集団を大事にする度合い	自立した個を第一に考える文化がある一方、個人よりも集団を大事にする文化もある

多文化間でのプロジェクトを進めていく上では、マネジャーはこうした文化の違いを意識する必要がある。それぞれの特徴や文化的背景を理解し、自らの価値観や方法を一方的に押し付けずに、それぞれに合った適切な対応をとることが、多文化環境下におけるプログラム・プロジェクトマネジメントに期待されるスタイルである。

地域の文化がビジネスにもたらすもの

文化の違いがビジネスに与える影響を挙げれば枚挙にいとまがない。我々が普段見慣れている家電製品ひとつとりあげても、地域が変れば趣味嗜好は大きく異なる。東南アジアのインドネシアやタイでは、一般的に二層式の大容量の洗濯機の人気が高い。ヨーロッパやアメリカ、韓国では熱湯を使う前提で温度調整の機能を持つ洗濯機が普及している。こうした違いには地域間での経済状況や、水道水の違いが影響している。洗剤もアジアやアフリカでは経済的理由から小分けして販売されている。また同じ国の中でも経済格差から、洗濯物を外に干すことが当たり前の地域と、乾燥機で乾かす地域に分かれる。

このような様々な違いを前提としたビジネス戦略を立て、製品開発や販売を行うことが、グローバルにビジネスを展開する上で不可欠である。

契約における高・低コンテクスト文化の違い

契約に対する捉え方においても、文化の影響による大きな違いが見られる。欧米は契約社会と言われるように契約において厳密さと正確さを求める。その結果、契約書には様々な想定と複雑な条件が書かれ、全体が膨大な量になる。

一方で日本では契約の中では詳細な点まで取り決めがされないことが多い。契約締結後に、必要に応じて当事者同士が協議するとされる場合もある。

この違いは、言語で明瞭に情報を伝えようとする低コンテクスト文化と、暗黙的なコンテクストに依存する高コンテクスト文化との違いをあらわしている。

3. 多文化対応力獲得に向けて

3-1. 多文化対応力を磨くためのポイント

以下に多文化対応力を磨くためのポイントについて述べる。

図表6-5-4　多文化対応力を磨くためのポイント

(1)	多様な文化を学ぶ
(2)	相互の違いを受容し、関係性を築く
(3)	共通のルールで多文化と接する
(4)	低コンテクスト型の手法を活用する
(5)	自文化の特徴を理解する

(1) 多様な文化を学ぶ

多文化対応をすすめる第一歩は、自らと背景が異なる相手に興味を持ち、理解しようと努めることである。そのためには、可能な限り事前に相手の文化を学ぶことが有効である。異なる歴史や文化を理解し、先入観を捨てて相手の文化に謙虚に接し、敬意を示すことが重要である。その際に、表面的な違いだけに目を奪われず、その違いを引き起こしている伝統的な価値観や社会的背景にまで思いをはせることが望まれる。

(2) 相互の違いを受容し、その前提の上で関係性を築く

多様な文化に接する際にふさわしい姿勢は、世の中には様々な考え方や行動の仕方があり、どれが正しくてどれが間違っているといえないとする姿勢をとることである。このように、異なる文化を中立的に見る姿勢を文化相対主義と呼ぶ。また、文化において上下関係は存在せず、等しく価値のあるものと捉える立場を多文化主義（multiculturalism）と呼ぶ。

元々人は、所属している集団（内集団）にアイデンティティ（帰属意識）を感じて、そのアイデンティティを維持するために、内集団を外集団より優位なものと見る傾向がある。内集団に優位性を置き、その価値基準で他の集団を捉え、低く評価することを自文化中心主義（ethnocentrism）という。

しかし、多くの人は、多様な文化に触れる中で、違いに対する感受性を磨き、違いを受容する意識を形成していく。そして自らとは違う他者を受け入れ、お互いの違いを前提とした肯定的な関係を築くことを意識するようになる。

(3) 共通のルールで多文化と接する

多文化に対応する力を磨くためには、文化的背景の異なる多くの人と実際に接することである。多様な人と接して、異なる視点に触れることで、相手を理解すると同時に自らの特徴や考え方の傾向が分かるようになる。

プログラム・プロジェクトにおいては、文化が異なる人同士であってもお互いが対等な立場であることを前提に、共通のルールで運用することが必要である。同じ背景を持つ人や国籍の人だけで固まらず、お互いが理解できる言語を基本に、評価や情報の伝達・共有化等において差別しないことが重要である。そうした実践を通じて、多文化対応力が磨かれ、各自の多様な視点を引き出し、新しい発想を生み出すことができるようになる。

近年、「ダイバーシティ（多様性）の推進」を戦略として位置づける企業が増えている。その背景には、お互いの違いを尊重し、受け入れる土壌を組織文化とすることによって多様な人材を活用し、組織を活性化させる狙いがある。

(4) 低コンテクスト型の手法を活用する

コンテクストが異なる人同士でコミュニケーションを行う上で、言語で明確に意思を伝える低コンテクスト型の手法を取り入れることが有効である。相手の行間を読み、読んでもらうことを期待する高コンテクスト型のコミュニケーションではなく、曖昧さを排除し、明確に分かりやすく伝えることを意識したコミュニケーションを行う必要がある。

(5) 自文化の特徴を理解する

多文化理解の基準となるのは、自らの文化である。国や地域等の文化の違いを越えてコミュニケーションを行うことは、自らの文化的背景を消すことではない。自らの背景とする伝統や文化を理解し、現在に至るまでの自国の歴史を学び、自分たちがどのような存在であるのか、広い視野で捉え、相手に対して

明確に伝えられることである。自らの理解なしに他者に対する理解はなく、相手からの理解や共感は得られない。自らの文化を相手に押し付けるのではなく、また相手の文化を無原則に賞賛し模倣するのではなく、相互の違いを理解することが重要である

その上で、自文化の良い点を積極的に取り込むことも必要である。例えば、日本における、大部屋で皆が一緒に仕事をするスタイルなどは、プロジェクトへの参画意識を高める有効な方法である。

3-2. 多文化環境下における実践

現在、世界各地はインターネットでつながり、企業は一国を越えてグローバルに活動の場を広げている。一見すると各国、各地域の差異は次第に解消され、地球は一つの世界に向かっているように見える[7]。

しかし、国や地域間で様々な対立や紛争が発生し、国ごとの貧富の格差が拡大し、地域を越えた地球規模の環境破壊等の問題に世界は直面している。取り組むべき課題も、環境をはじめとして貧困や人口問題、生命倫理等、一国では解決できない、世界全体としての取り組みが必要な課題も多く、放射能廃棄物など長期的な時間をかけての解決が求められる問題も発生している。

そこでは、多国籍企業や国際的なジョイントベンチャーによる取り組みを超えて、国連などの国際機関、先進国と途上国の公的機関や自治体、NPOやNGO、市民から企業までが一体となったプログラム・プロジェクト活動が必要になっている。組織の枠や業種、企業と学際の壁を超えての協同した取り組みがこれから期待されている。それは、お互いが異なる視点を持ち寄ることでイノベーションを創造して解決を目指す取り組みである。つまり、個人の知、組織の知、社会の知を結集させて、今までにない新たな価値を生み出すことである[8]。

そのなかで多文化対応力を身につけた、真にグローバルな視野と行動力を兼ね備えた人材と、そうした人材を結集したプログラム・プロジェクトが求められている。

そのためには過去の成功例に縛られず、新たな仮説をもとに行動する実践力が必要であり、性別や年齢、宗教、社会的地位、身体的特徴等の様々な違いを、

文化を構成する要素として受け入れ、活用していく姿勢が、ますます必要になっていく。

エスノグラフィー

現地のニーズを正しく把握するための手法もいろいろと開発されている。一例として、エスノグラフィー（行動観察）という手法がある[9]。もともとは現地の人と生活し、その生活様式を観察した結果を記述する手法として、文化人類学の領域で発展した。その後、様々な学問分野で使われるようになり、現在はビジネスにも使われている。先入観を捨て、ユーザーの生活環境に入り込み観察し、ユーザーと商品との関係性を捉え、観察結果をもとに商品開発の仮説を構築する手法である。エスノグラフィーを活用することで、「機能」の視点から離れ、「使い方」に着目して商品開発することが可能になる[10]。

BOPビジネス

世界の発展途上国の国で暮らす人々で、経済力のピラミッドの底辺に位置する人のことを「ベース・オブ・ピラミッド」（BOP）もしくは「ボトム・オブ・ピラミッド」と呼ぶ。このBOPを商品やサービスのターゲット層とすることで新たな成長源を得られるという考えがある。すなわち貧困を強いられ、日々の暮らしにも窮している人々に対して、生計を立てる仕組みやサービスを提供することで新たな市場を創造するという考え方である。実際に低コストで低価格の商品の企画と販売や、マイクロクレジットの仕組みなど、BOP市場での問題を解決するために生まれ、現在は先進国で活用されている商品やサービスも数多く存在している。そうした商品として例えば、廉価な保育器や、僻地に運べる低価格のポータブル超音波診断計等がある。

第5章　多文化対応

【参考文献】

1) 野中郁次郎・紺野登『知識創造経営のプリンシプル』東洋経済新報社、2012年、P.28
2) 安西洋之、中村鉄太郎『マルちゃんはなぜメキシコの国民食になったのか？世界で売れる商品の異文化対応力』日経BP社、2011年
3) ドミニク・テュルパン、高津 尚志『なぜ、日本企業は「グローバル化でつまずくのか―世界の先進企業に学ぶリーダー育成法』日本経済新聞出版社、2012年、P.44-45
4) ビジャイ・ゴビンダラジャン、クリス・トリンブル『リバースイノベーション』（渡部 典子訳）、ダイヤモンド社、2012年
5) E・T.ホール『文化を超えて』（岩田 慶治、谷泰訳）、TBSブリタニカ、1993年
6) E・T.ホール、M・R.ホール『摩擦を乗り切る　―日本のビズネス・アメリカのビズネス』（国弘 正雄訳）、文藝春秋、1987年
7) T・L.フリードマン『フラット化する世界』（伏見威蕃訳）、日本経済新聞社、2006年
8) 紺野登＋目的工学研究所『利益や売上げばかり考える人はなぜ失敗してしまうのか』ダイヤモンド社、2013年
9) ウヴェ・フリック『新版　質的研究入門―＜人間の科学＞のための方法論』（小田博志監訳　小田博志、山本則子、春日常、宮地尚子訳）、春秋社、2011年
10) 白根英昭『エスノグラフィック・マーケティング ―顧客に密着し、顧客も知らないニーズを発見する―』ハーバードビジネスレビュー、ダイヤモンド社、2010年

補遺

P2M(ガイドブック)の改訂の経緯概要

1. P2Mガイドブック改訂と資格試験

　P2Mは、平成11年度（1999年）から3年の間に、経済産業省委託の調査研究・開発事業として（財）エンジニアリング振興協会（ENAA）（当時）に設置された「プロジェクトマネジメント（PM）導入開発調査委員会」により開発された。この委員会では、小原重信千葉工業大学教授（当時）を委員長として、産学官の多大な協力を得て、PMに関連する幅広い分野の知見を統合した「プロジェクト＆プログラムマネジメント標準ガイドブック（P2Mガイドブック）」をまとめ、2001年11月に発表した。翌2002年5月には特定非営利活動法人プロジェクトマネジメント資格認定センター（PMCC）（会長：吉川弘之元東京大学総長）が発足した。プロジェクトマネジメントとプログラムマネジメントを試験範囲とした、PMS（Project Management Specialist）資格試験を2002年8月より開始した。つづけてより高度なPMR（Project Manager Registered）資格試験を2004年12月より開始した。さらに産業界からの要請に応じて、プロジェクトマネジメントを試験範囲とした、PMC（Project Management Coordinator）資格試験を2005年10月にスタートさせた。

　注）PMRは2014年度中にPMR（Program Manager Registered）に変更する。

　2005年11月には、PMCCはENAA傘下の任意団体「日本プロジェクトマネジメント・フォーラム（JPMF）」と組織統合し、「特定非営利活動法人日本プロジェクトマネジメント協会（PMAJ）」として今日に至っている。資格試験事業は、すべてPMAJに引き継がれている。さらに、2013年1月に発刊した初級者、工業高専、文系・理系の大学生向け教科書「プロジェクトの概念」（監修：神沼靖子元前橋工科大学教授、情報処理学会フェロー）を採用し、一定の基準を満たす受講者にはPMCe（PMCエントリー）を授け、広く初学者への普及を狙いとした。

　プロジェクトマネジメントと併せて価値創造のためのプログラムマネジメント

730

を重視するP2Mの考え方は、海外からも極めて高く評価され、その後の世界のPM研究そして各種のPM標準文書やツールの開発に大きな影響を与えた。国内でもP2Mの視点から更なる研究が継続され、海外でもP2Mの刺激もあってプログラムマネジメントとプロジェクトマネジメントに関して多様な研究がなされた。また、P2Mガイドブックの読者等からもさまざまな意見や改善への要望も多数に上っていた。こうした状況のもと、2007年12月に「新版・P2Mプロジェクト&プログラム標準ガイドブック」の名称で、新版(改訂2版)を発行した。

今日、P2Mは初版からは13年、新版(改訂2版)からでも7年の歳月を重ねた。その間の各方面の研究や海外を含む普及活動とさまざまな議論から、日本的組織に限らないP2Mの普遍的な有効性を確信することができた。他方、初版当時に比べ、旧来のプロジェクトマネジメントに関する知識は、世界中で著しい普及を見た。国際規格としても、国際標準化機構(ISO)より、ISO21500「Guidance on project management(プロジェクトマネジメントの手引き)」が2012年9月発刊された。また、業界やプロジェクトの経験をこえる幅広いマネジメント層で、プログラムマネジメント知識の必要性が高まった。そこでP2M知識体系をより理解しやすくするよう抜本的な改訂を行うとともに、プロジェクトマネジメントについては、ISO21500の発行を機会にそれを参考として、構成の全面的な見直しをおこない、P2Mガイドブック改訂3版を発行することとした。この改訂の趣旨に合わせ、従来の「プロジェクト&プログラムマネジメント」を「プログラム&プロジェクトマネジメント」と変更した。

2. 改訂3版の概要

P2Mガイドブック改訂3版では、幅広い読者のニーズに応えるために、以下に留意して、より分かり易く体系を再構成し、記述内容を精選した。
①P2Mは、経営課題を解決する実践手法としてのプログラムマネジメントおよびプロジェクトマネジメントのプロセスを体系的に詳述した。
②事業経営の視点で、事業戦略とプログラムの関係や、プログラム遂行上の意思決定に必須な戦略とリスク及び価値評価の考え方について解説した。
③プログラム及びプロジェクトの遂行に共通の基盤が必要である。改訂3版で

補遺　P2M（ガイドブック）の改訂の経緯概要

図表補遺-1　改訂3版　対　新版　対照表
新版（改訂2版）　2007年

第1部　P2Mエントリー

第3部	第1章	プログラムによる戦略の実現
第3部	第2章	プログラムとプログラムマネジメント
第3部	第3章	プログラムの共通感
第3部	第4章	プログラム統合マネジメント
第4部	第7章	リスクマネジメント　7.プログラムリスク
第4部	第10章	バリューマネジメント

第2部	第1章	プロジェクトとは
第2部	第2章	プロジェクトマネジメントとは
第4部	第9章	関係性マネジメント
第4部	第5章	プロジェクト目標マネジメント　2.スコープマネジメント
第4部	第6章	プロジェクト資源マネジメント
第4部	第5章	プロジェクト目標マネジメント　3.タイムマネジメント
第4部	第5章	プロジェクト目標マネジメント　4コストマネジメント
第4部	第7章	リスクマネジメント
第4部	第5章	プロジェクト目標マネジメント　6.品質マネジメント
第4部	第5章	プロジェクト目標マネジメント　8.引渡し管理
第4部	第11章	コミュニケーションマネジメント

第3部	第1章	プログラムによる戦略の実現
第3部	第2章	プログラムとプログラムマネジメント
第3部	第3章	プログラムの共通感
第4部	第1章	プロジェクト戦略マネジメント
第4部	第4章	プロジェクト組織マネジメント
第3部	第5章	コミュニティマネジメント
第4部	第2章	プロジェクトファイナンスマネジメント
第4部	第8章	情報マネジメント

第4部	第3章	プロジェクトシステムズマネジメント

第4部	第10章	バリューマネジメント

第1部	第7章	P2Mにおける実践力

第4部	第11章	コミュニケーションマネジメント
第3部	第5章	コミュニティマネジメント

●プログラム・プロジェクトマネジメントを支える主要な知識を新たに追加し、事業経営基盤（第4部）、知識基盤（第5部）、人材能力基盤（第6部）　に整理した。
●第2部プログラムマネジメントは統合マネジメントにおいてプロセス詳述し、密接に関係する、戦略、リスク、価値評価の各マネジメントの相互関係を記述した。

改訂3版　2014年

第1部	P2Mの概要と特徴
第2部	プログラムマネジメント
	第1章　プログラムとプログラムマネジメント
	第2章　プログラム統合マネジメント
	第3章　プログラム戦略とリスクマネジメント
	第4章　価値と評価のマネジメント
第3部	プロジェクトマネジメント
	第1章　プロジェクトとプロジェクトマネジメント
	第2章　統合マネジメント
	第3章　ステークホルダーマネジメント
	第4章　スコープマネジメント
	第5章　資源マネジメント
	第6章　タイムマネジメント
	第7章　コストマネジメント
	第8章　リスクマネジメント
	第9章　品質マネジメント
	第10章　調達マネジメント
	第11章　コミュニケーションマネジメント
第4部	事業経営基盤
	序章　　戦略とその策定
	第1章　事業とプログラム
	第2章　プログラム戦略手法
	第3章　プロジェクト組織マネジメント
	第4章　会計とファイナンス
	第5章　情報マネジメントと情報インフラストラクチャー
第5部	知識基盤
	第1章システムズアプローチ
	第2章　知識・情報資産
	第3章　価値とその評価手法
第6部	人材能力基盤
	序章　　人材能力基盤とは何か
	第1章　P2Mを実践するマネジャーの実践力
	第2章　プログラム・プロジェクトにおける人材能力基盤
	第3章　リーダーシップ
	第4章　コミュニケーション能力とコミュニティの創造
	第5章　多文化対応

●関係性マネジメント（新版4部9章）については、3部3章ステークホルダーマネジメントに加え、関連する、2部2章4節、4部2章3節に記述した。
●第3部プロジェクトマネジメントは2012年9月に制定された「ISO201500Guidance on project management」の体系を参考に構成を見直した。

は、「事業経営基盤」「知識基盤」および「人材能力基盤」の3つの領域における主要事項について説明した。
④新たにプロジェクト活動に参加しようとする初心者からベテランのプログラムマネジャー・プロジェクトマネジャー迄の幅広い読者に対し、本質的かつ体系的な知識を提供するよう努めた。
⑤プログラムマネジメントやプロジェクトマネジメントの関連分野について、確立された知識体系の説明と共に新しい知識体系を紹介した。

改訂3版では、新版（改訂2版）と比べ部・章の構成を大きく変更した。その狙いは以下のとおりである。
①従来は第2部と第4部に分かれて説明されていた「プロジェクトマネジメント」の部分を、改訂3版では第3部に統合した。構成はISO21500を参考に変更した。各マネジメントプロセスの具体的な記述は、基本的に新版（改訂2版）を踏襲しつつも、一部の見直しを行った。
②「第2部プログラムマネジメント」は、プログラム統合マネジメントのプロセス（ミッションプロファイリングなど）の説明と、これと密接に関係する戦略マネジメント、リスクマネジメント及び価値評価のマネジメントについて、相互の関係を明確にして説明した。
③プログラム・プロジェクトマネジメントの実行を支える主要な知識群を3つの領域に分けて説明した。これは新版（改訂2版）第4部の主要な知識群から取捨選択し、幾つかの新しい分野を加えて再構成した。すなわち、「第4部事業経営基盤」では、事業経営を支えるインフラストラクチャーとしての戦略、組織、資金、情報システムなどに関して説明する。「第5部知識基盤」はP2Mの根幹をささえるシステムズアプローチ、知識・情報資産、価値と価値評価について解説をしている。さらにプログラム・プロジェクトマネジャーは知識だけではなく、経験にもとづく行動に裏打ちされた実践力を保有する人材である必要がある。「第6部人材能力基盤」は、こうしたマネジャーの実践力の考え方や基本姿勢等について説明する。

以上、改訂3版概要の説明について、具体的には 図表補遺-1 を参照ください。

用語集

●五十音順●

●アーンドバリュー
Earned Value：EV
プロジェクト開始から、ある時点までの間に完了した作業に対する予算の累計作業を完了するために要した予算の累計。

●アーンドバリューマネジメント
Earned Value Management：EVM
スコープ、コスト、スケジュールの進捗を同一の測定基準で統合的にとらえ、プロジェクトの進捗状況やパフォーマンスを評価し、さらに最終推定コストや最終推定期間を算出する。このような技法を用いてプロジェクトを最適化する一連のプロセスを「アーンドバリューマネジメント」という。

●アウト・イノベーション
「外部に開かれた技術革新」で、内部で開発された技術を意図的に外部に送り出し、新たな市場を創出し、技術の価値を向上させる取り組み。

具体的には、社内で埋もれた技術を他社にライセンスの形で提供して収益を創出したり、有望技術の事業化の促進と市場の検証に向けて関連組織を分社したりすることなどが挙げられる。また、内部のプロジェクトを一般に公開し、市場の形成を促進し、消費者の反応を検証する場合もある。

●アウトソーシング
ビジネスプロセスの一部を取り出して、そのプロセスをすべて外に求め、外部資源で遂行する形態をいう。アウトソーシングは、企業としてコアプロセス以外の部分で十分な資源をもたず、ノウハウの蓄積を重要とせずに可能である。ただ、選択と集中によりコストダウンを行いたいプロセスで実施される場合も多い。

アウトソーシングを受託する企業は、そのプロセスがコアプロセスと

用語解説

なっており、多くの企業からの委託を受け、効率化を図ることで収益を稼ぎ出す。現在では多くの業界でアウトソーシングが実施されており、建設業界における専門業者への業務委託、ソフトウェア業界におけるメンテナンス業務委託、製造業における製造委託、医薬業界における臨床試験業務委託など、さまざまである。

● アライアンス

戦略的提携。複数の企業が経済的なメリットを求め、緩やかな協力体制を構築、推進すること。

● アローダイアグラム法

新QC7つ道具の1つ。作業の順序と必要な時間を矢印で表す手法で、日程計画図ともいう。

● イン・ソーシング

すべてを内部（時前）で処理し、外注をしないこと。例えば、研究・開発・設計から製造まですべて自社で行うこと。

業務の一部または全てを外部に委託（アウトソーシング）していた企業が、その業務を再び自社内で行うこと。

● エコロジカル・フットプリント
Ecological Footprint

カナダのブリティッシュ・コロンビア大学が開発した指標。人間の活動により消費される資源量を、人間一人が持続可能な生活を営むために必要な土地の面積として評価する。

人の活動が地球環境に及ぼす影響の大きさと読みとれるので、エコロジカル・フットプリント〔地球の自然生態系を踏みつけた足跡〕と呼ぶ。WWF（世界自然保護基金）の試算によれば、エコロジカル・フットプリント値は1980年代にすでに地球の提供できる環境容量を超過している。

● エスカレーション　Escalation

当初の見積もり後、コントラクターが制御できない市場要因により履行コストに変動をきたし、完工時コストとの間に差異が生じることが予測される場合に備え、それを調整するために、あらかじめ見積もり金額に入れておく予備費。

● エスノグラフィー

組織、集団や社会の行動形態をフィールド調査・記録する方法と、その記録文書のこと。

マーケティングや商品開発などに欠かせない調査手法で、人材育成やプロジェクトマネジメントなどの分野でも活用される。

● オープンイノベーション
Open Innovation
新技術・新製品の開発に際し、企業・組織の枠組みを越え、広く知識・技術の結集を図ること。

● 暗黙知
個人や集団が経験により獲得した知識の中で、言語、図面などで記録したり他人に伝えたりすることが困難な知識。⇒形式知参照。

● 委任契約
委任契約とは、当事者の一方（委任者）が法律行為その他の事務の処理を相手方（受任者）に委託し、相手方がこれを承諾することにより成立する契約。

委任契約は仕事の完成が目的ではなく、契約で委託された仕事の履行であるため、必ずしも結果を出すことは求められない。弁護士、コンサルティングなどの契約は一般に委任契約。

● 請負契約
当事者の一方（請負人）が相手方（注文者）に仕事の完成を約束し、後者がその仕事の結果に対する対価（報酬）を支払うことを約束することにより成立する契約。

契約の主眼は仕事の完成にあるため、必ずしも仕事は請負人自らの労務によって遂行されなくてもよい。したがって、一般には下請の活用も可能であるが、契約によっては下請に制限を設ける場合もある。土木工事、建築工事などの契約は、一般に請負契約。

● ガントチャート
スケジュールを横型棒グラフで示した工程管理図のこと。またはその表記法をいう。縦軸にタスク、横軸に時間を置き、各作業の所要期間をそれに比例した長さの横棒で示した図である。横線式工程表、バーチャート、線表ともいわれている。このほか、マイルストーンを書き込んだマイルストンチャートや、タスク間の依存関係を示す補助線を加えた表記法等、多くの書き方が派生している。

用語解説

● キックオフミーティング

プロジェクトの開始時に参加メンバーが一同に会し、開催される会議。プロジェクトマネジャーやプロジェクトリーダーが参加メンバーを主体に集めて行い、プロジェクトの概要、目標、予算、日程、体制などの発表・説明、自己紹介、質疑応答などで構成される。

● キャッシュフロー　Cash Flow

事業活動における資金繰りの考え方。一定の事業は事業収入をもたらすが、収入はさまざまな運営諸経費の支払い、借入金の返済、税金の支払い、株主への配当の支払い等に配される。これら一連の資金の出入りのことをキャッシュフローという。プロジェクトファイナンスの場合、事業がもたらすキャッシュフローが唯一の借入金返済原資であり、不足すると返済が滞るので、キャッシュフローの安定性や変動のあり方が融資適格性の大きな判断要素になる。

● キャッシュフロー表　Cash Flow Statement

キャッシュフロー表とは、財務諸表の1つである。一定期間での企業の現金の動きを計数化したものである。現金とそれに準じる資産の動きが対象であり、現金の動きがない売掛・買掛、減価償却などは含まない。キャッシュフロー表により、融資機関はデッドサービス（元本、利息、手数料支払い）返済の余裕度を見る。出資者にとっては、リターンがどうなるかを見るのに大切な表になる。

● キャパシティプランニング

プロジェクトの作業負荷について効果的で正確な計画を立てること。

● キャリアパス

職位や職務に就任するために必要な業務経験、配置や異動の積み重ね。

● クラッシング　Crashing

スケジュールを短縮する手法の1つ。特にクリティカルパス上の作業にリソースを追加投入し、その作業期間を短縮することで、プロジェクトの納期短縮を図る手法である。追加するリソースを確保するためのコストとスケジュールのバランスに注意する必要がある。⇒ファストトラッキング（Fast tracking）参照。

● クリティカルパス法（CPM）

プロジェクトの期間を支配してい

るクリティカルパスの中にあるタスクに対し、期間短縮に最も効果的な施策を検討する手法。クリティカルパスを構成するタスクのうちで、どのタスクにどのようなコストをかければどの程度期間を短縮できるかを検討し、そのうち最も費用対効果の高いものを選択する。

● クローズドイノベーション

1つの企業・組織の中だけで研究開発を行って、新たな技術・製品を生み出すこと。

● ゲートレビュー

プロジェクトの現在の位置を評価し、次に進めるか否かを確認する方法。

● コアコンピタンス

他社には真似しにくい、自社ならではの価値を提供する、企業の中核的な資産(技術力、特許、流通、人材等)。

● ゴーイングコンサーン
Going Concern

企業が将来にわたって事業を継続していくという企業会計上の前提のことで、「継続企業の前提」と訳さ れる。また、経営理念として企業を倒産せずに発展させていくという意味で用いられる場合もある。

● コーポレートファイナンス
Corporate Finance

事業者が、自らの企業の信用に基づいて銀行などの融資金拠出者から資金を借りる融資の形態。金融機関にとっては企業の信用力や一般財産をもとに資金を貸し出す行為でもあり、必ずしも個別のプロジェクトのリスクと事業性のみを融資の判断要素としない。

このため、仮に一定のプロジェクトが期待される収益を生み出さなくても、企業は融資金拠出者に対して借入金の返済義務を負うことになる。借入金返済義務は出資者も負担することになり、このような考えをFull Recourse Debtともいう。

● コストエンジニアリング

コスト積算、コストコントロール、損益性検討またはビジネスプランニングの問題に科学的原理や技法を活用していく工学的技術の実践分野である。

用語解説

●コストリーダーシップ戦略

競合他社よりも低いコストを実現することで、競争優位を確立する戦略。

●コンセッション契約または事業権契約
Concession Agreement

契約の対象が施設の設計・建設・資金調達ならびに一定の長期間にわたる施設の運営・維持管理を含む内容になり、施設の運営収益から資本と負債のコストの回収を図る考えで構成される契約形態。

公共機関との関わりの中で本来公共機関がなすべき事業を民間に委ねる場合などに用いられる契約。一定の事業を実現し、これを専有的になす権利義務関係として構成される契約となる。日本におけるＰＦＩも、この一例である。

●コンソーシアム　Consortium

複数の企業や組織、団体などによる共同での目的遂行形態。

宇宙開発、空港施設、製油所建設などの大規模プロジェクトや、複数の異業種や技術分野を必要とする複合型のプロジェクトで採用される。

それぞれのプロジェクトごとにファイナンス形態と経理システムが独立しているため、個別プロジェクトごとにスタッフ部門をもつことになる。

●コンティンジェンシー
Contingency

プロジェクト予算上に設けられた危険予備費。一般に発生の可能性はあるが不確定であるため、現時点では定量化することが困難な潜在的コストに備えるために設ける。

●コンティンジェンシープラン
Contingency Plan

リスク要素の顕在化に備えるための予備的な対応を図ることで、プロジェクト全体から見た場合、負債要素や資本要素にこれを求めたり、プロジェクトを構成するステークホルダーにこれを求めたりと、さまざまな考え方をとることができる。前提条件が設定されている場合にはその範囲内で考え、設定されていない場合には全体の仕組みの中で自由にその設定を考えることができる。

●コンテクスト　Context

「文脈」と訳されるが、「脈絡」、「状況」、「前後関係」、「背景」など

と訳す場合もある。コミュニケーションに影響を及ぼす物理的・社会的・心理的・時間的な環境すべてを指し、コミュニケーションの形式ならびに内容に大きな影響を与えるもの。

● コントロールアカウント
Control Account

ワークブレイクダウンストラクチャー（WBS）によるプロジェクトマネジメントにおいて、コストコントロールおよび評価を行うための基本単位。コストアカウント（Cost Account）という場合もある。

WBSではプロジェクトを管理する基本単位はワークパッケージとし、これにアクティビティ、人員／リソース、予算／コストを割り当てる。しかし、プロジェクトの規模や期間によってはスケジュールや人員のコントロールは異なる予算配賦やコストコントロールを実施した方が都合のよい場合もある。こういうときに設定される管理単位がコントロールアカウントであり、いくつかのワークパッケージ（WP）を含む場合がある。

● コンピテンシーまたは　コンピテンス
Competency（Competence）

高業績者には共通した行動パターンがあるとして、高業績者によって実証された有効な行動パターンを生み出す統合的な行動特性能力を明らかにしたもの。

● 回収期間法　Payback Period、Simple Payback

プロジェクト投資が特定の期間で回収されるべきであるとの考えに基づいて、投資決定を行う方法。

回収期間とは、予想されるキャッシュフローの総和が初期投資に等しくなる期間を指す。回収期間内のキャッシュフローのみが考慮され、その後のキャッシュフローは無視されており、通常お金の時間的な価値の概念も考慮に入れずに計算される。ライフサイクル的な投資回収も考えていないので、非常にシンプルな投資回収見込みを算出する場合に利用される。

● 外的リスク　External Risk

プロジェクトチームが統制し、影響を及ぼすことのできない範疇のリスク（市場動向、政府の政策などの

用語解説

リスク）。⇒ **内的リスク**参照。

● **学習する組織**

複雑な状況への変化対応のため、全体のビジョンを共有するメンバーが自発的に考え行動していく組織のこと。

メンバーは新たな知識やスキルを習得に加え、思考の枠組みや行動様式などを変化さながら生産性を高める。C.アージリスやP.センゲが提唱、体系的に理論を発展させた。

● **活動基準原価計算**
Activity Based Costing：ABC

伝統的な原価計算に含まれる間接費をいかに配賦するかという問題を解決するために案出された原価計算技法である。間接費を配賦するという考え方ではなく、業務の流れの中で事業や製品、顧客等の原価把握の対象（コストオブジェクト）に対して資源がどのように使われたかを実際の活動（アクティビティ）に沿って把握し、製品の原価に反映させようとするものである。

● **環境アセスメント**
Environmental Impact Assessment：EIA

開発行為が環境に及ぼす影響について、事業者が予め調査、予測、評価し、必要な環境配慮を行うことを目的とする。事業者としての環境配慮に対する説明責任（アカウンタビリティ）を果たすための手続きであり、情報の公開とステークホルダーからの意見の聴取などのプロセスが重要となる。

● **管理会計** （第4部第4章 解説）

経営者（経営トップ・マネジャー）が経営管理に役立てることを目的とした会計。経営の意思決定や業績向上に利用する。⇒**財務会計**参照。

● **間接金融** Indirect Finance

銀行等の仲介機関を経由（預金により集めた資金を貸し出す）して資金が流れる金融の方式をいう。⇒**直接金融**参照。

● **形式知**

言語や図表・数式などにより説明できる知識。明示的知識とも呼ばれる。形式知は記録・蓄積および他人への伝達が容易であり、大規模な組織的活動の基盤である。⇒**暗黙知**参照。

●系統図法

新QC7つ道具のうちの1つ。目的を達成するために、目的と手段の関係を連鎖的に展開し掘り下げることで、問題解決の目的を明確にする手法。

●経済付加価値　Economic Value Added：EVA®

スターン・スチュアート社が開発した株主に対する収益還元に重点をおいた経営指標。事業利益が資本コストを上回ったときに創造される価値を意味する。経済付加価値の指標がプラスの場合は株主の期待する以上の価値が創造されたことを意味し、マイナスの場合は価値が創造されず株主価値が崩壊していることを意味する。

経済付加価値　=（投下資本利益率 − 加重平均資本コスト率）×投下資本

●元利返済カバーレシオ　Debt Service Coverage Ratio：DSCR

債務返済能力を示す指標である。

計算式：DSCR = 元利金返済前キャッシュフロー÷元利金返済額

●小分け法

Equivalent Completed Units

出来高測定方法の1つで、測定対象を数えられる小さなグループに分割し、分割した数で出来高を算出する方法。

●財務会計

会計原則に従い、作成された財務諸表により、企業が外部ステークホルダーに対して客観的かつ公正な企業の姿を開示することを目的とした会計制度。⇒管理会計参照。

●差別化戦略

競合他社の商品と比較し、機能面やサービス面における差違を設けることで、競争上の優位性を得ようとする戦略。マイケル・ポーターが提唱した。

●散布図

品質管理手法に用いるツールの1つ。2つの対になったデータ（X,Y）をグラフ用紙の上に表した図で、XとYの間に関係があるかないかがひと目でわかる。

●識者へのインタビュー

自社や他社の過去のリスク事例に

ついて、さまざまな経験・知識を保有する識者へのインタビューを実施して、その骨子を把握することは、リスク特定のための有効な一手段といえる。さまざまなステークホルダーに対してリスク関連のインタビューを試みることは、通常の活動計画で見逃されがちな「好機」と「脅威」を顕在化する手助けとなる。

● 時系列分析

時間的順序によって、一定間隔ごとに観察され、しかも相互に統計的依存関係が認められるようなデータの時系列データを分析したもの。

例えば、年度ごとの国民総所得、四半期ごとの輸出入実績、月ごとの失業率、毎日の株価など、経済指標をはじめ、政治、社会、文化などの各分野での多くの基礎統計がある。

● 自己資本利益率

Return on Equity：ROE

資本投下がどの程度効率的に運用されているかを判断する指標。投資資金を提供する株主への収益還元に重点をおいた経営指標でもある。必ずしも正確に企業の実態を反映するものではないが、計算の簡便さや実態と高い相関性をもっているということから、一般に市場で多く利用されている指標でもある。次の計算式によって算出される。

ROE（自己資本利益率）＝税引後利益÷自己資本

● 実コスト

Actual Cost：AC または ACWP
(Actual Cost of Work Performed)

アーンドバリュー法で使用される概念で、期間（当月、累計など）内で作業が進捗に要した費用（直接費・間接費）。

● 実費償還型契約

ある条件下で、消費される費用のすべてを発注者が負担するという契約で、通常研究開発プロジェクトや新しい先の見えないプロジェクトで採用されている例が多い。

リスクは顧客（発注者等）が負うことになる。

● 資本のレバレッジ　Leverage：梃子（てこ）作用

梃子は少しの力で物理的に大きな力をもたらすことができる。このように、一定のプロジェクトに注入する資金量（資本）を限定しながら、これを梃子として負債を募り、全体

の枠組みとして注入される資金量（資本＋負債）を増大化する考えをいう。一般にプロジェクト全体の所要資金のうち負債の占める割合が資本に比して大きい場合、レバレッジ度が高いという。

●ジャストインタイム
Just-in-Time：JIT

製造途中の部品在庫をゼロにするための管理手法。日本の自動車メーカーで開発され、今日ではその思想は、自動車メーカーだけでなく他の業界にも広く採用されている。

●集合知

多くの人による情報の集まりを指す。例えばWikipedia。

●集団凝集性

ある集団がその集団を構成する人々をひきつけて、その集団の仲間にとどまり続けようとする力の度合いのことをいう。魅力ある集団の一員になったとしたら、その集団の一員のままでいたいという思いを指す度合い。

●熟考型戦略
Deliberative strategy

ミンツバーグ（Mintzberg.H）による戦略の定義であり、意図した戦略が実現した場合を「熟考型（Deliberate）」戦略と呼ばれる。

●純粋リスク　Pure Risk

損失が唯一の帰結となりそうなリスクの類型のこと。

●ジョイントベンチャー
Joint Venture：JV

単一ではあるが大規模なプロジェクトの場合、単独企業では請負リスクが大きすぎるとき、複数の同業種企業が共同してプロジェクトを受注し、リスクの分散を図るが、利益も分配する（逆に損失が出た場合も分配する）形で実施する形態をジョイントベンチャー（JV）という。したがって、プロジェクトが単一であるため、ファイナンス形態から経理システムを含む事務部門（スタッフ部門）をプロジェクトに参画した全社が共有することになる。

●条件適合（コンテンジェンシー）理論

リーダーシップ論において、リーダーシップは個人の特質や行動に依存するのではなく環境条件に適合し

た行動が、リーダーシップ行動としての効果を発揮すると捉える理論。

●商品企画7つ道具

顧客ニーズの把握から要求品質表に至る商品企画において、活用すべき7つの手法群(グープインタビュー、アンケート調査、ポジショニング分析、発想チェックリスト、表形式発想法、コンジョイント分析、品質表)。

●正味現在価値
Net Present Value：NPV

現在価値（Present Value：PV）とは、将来の金額を現在に置き換えて換算した価値である。例えば、100万円を銀行に年5%で銀行に預けるとすれば、1年後には次のようになる。

（現在）100万円 ×（1 + 0.05）
= 105万円（1年後）

このとき、105万円を1年後の将来価値（Future Value：FV）という。逆に考えると、1年後の105万円は次のように現時点では100万円の価値しかないことになる。

（1年後）105万円 = 1 /（1 + 0.05）
= 100万円（現在）

このときの100万円を1年後の105万円に対する現在価値と呼び、金利の5%を割引率（ディスカウントレート）という。

正味現在価値は、現在価値から初期投資額を差し引いて求められる。正味現在価値がプラスであるということは、その投資がディスカウントレート以上の収益率を適用することを意味する。

●新QC7つ道具（N7）

・親和図法 ・連関図法 ・系統図法 ・マトリックス図法 ・アローダイアグラム法・PDPC法 ・マトリックスデータ解析法

●親和図法

新QC7つ道具のうちの1つ。言語データをデータ相互の親和性によってグループ化し、問題を整理して問題点を明確にする手法。

●スコープ　Scope

プロジェクトとして創出される成果物と役務。スコープオブサプライ（供給範囲）とスコープオブワーク（作業範囲）とがある。

●ステークホルダー　Stakeholder

ステークホルダーとは、もともと

牛をつなぎ止めておく杭のことを指し、杭につながれた牛の活動範囲に入ってくる飼い主や他の動物などとの利害関係者を指した。これが転じて、企業活動に関わる関係者のことをステークホルダーとし、特定のプロジェクトに関係する特定の利害関係者のことをプロジェクトステークホルダー（Project Stakeholder）とする。例えば、次のような個人・組織が含まれる。

・企業内部：経営者、従業員と労働組合等
・経済的契約関係：顧客、外注先、仕入れ先（調達先）、提携先企業、ライセンサー、金融機関等
・非経済的契約関係：地域住民、国・地方自治体、NPO（非営利団体）、マスコミ等

● 静態リスク　Static Risk

通常のプロジェクトの遂行過程から生じるリスクであり、環境や技術による継起的な変化がもたらすリスクを含まない類型をいう。⇒ 動態リスク参照。

● 責任分担表
　Responsibility Matrix：RM

プロジェクトのWBSからそれに対応したOBS（Organization Breakdown Structure）が作成されるが、最下位の業務レベルでは責任分担表が作られる。RMではどの部署（サブプロジェクトチーム）が、どのようなまとまった業務を行うかを明確にし、その詳細レベルではプロジェクトチーム員個々がどの特定業務の職務に責任と権限を持つのかがまとめられている。

● セキュリティパッケージ
　Security Package

一定のプロジェクトに対する融資に関わる担保がさまざまな構成要素により成立する場合、この全体のあり方との有機的な関連性が融資適格性を決める。このような形で構成され、融資機関に供出される担保の構成要素の総体をセキュリティパッケージという。

● 戦略的アライアンス

企業における現在のコンピテンスが、いつまでもコアであり続ける保証はなく、現在の強みがいつまでも強みとして保証されているわけではない。将来においても強者であるためには、戦略的に自分の立場を有利にすることができる企業と提携を結

び、自分の将来の地位を安定させる必要がある。

戦略的なアライアンスでは、互いが持っている競争力のある技術や企業文化を共有することにより、互いの強さをさらに強化し、安定させることをねらいとする。

● 戦略的環境アセスメント
Strategic Environmental Assessment：SEA

戦略的環境アセスメントは、個々の事業（Project）実施に先立ち、政策（Policy）、計画（Plan）、プログラム（Program）段階において環境面への影響を評価し、意思決定に反映することを目的としている。SEAは早い段階より広汎な環境配慮を行う仕組みとして、すでに欧米諸国を中心としてその導入が進んでいる。アセスメント実施の過程でのステークホルダーとのコミュニケーション、複数案の比較評価などが重要となる。

● 戦略的事業単位
Strategic Business Unit：SBU

米国のボストンコンサルティングが開発した戦略策定のための組織区分。事業部組織がマネジメントの観点から業務を効率的に運営できる管理単位としての組織単位であったのに対して、戦略的事業単位は同一の事業特性をもつ事業（または製品群）をもとに全社的な戦略実現・達成の観点から再設定した組織単位である。戦略的事業単位の設定には、明確なミッション、明確な競争相手、事業責任者、経営資源のコントロール、単独の戦略策定等が独自で設定できなくてはならない。また、プロダクトポートフォリオは戦略的事業単位ごとに利用するのに適している。

● ソーシャルメディア

インターネット上で、ユーザー同士が情報を交換（送受信）することによって成り立っているメディア。「1対多」「多対多」の双方向で、画像・動画を含むコミュニケーションが可能なことを特徴とする。ソーシャルネットワーキングサービス（SNS）等がある。

● 創発型戦略

経営トップと現場とが一体となり対話を重ね、戦略を創造、産み出し、実行していく経営戦略のこと。

- ●損益計算書　Profit and Loss Statement：P/L

　損益計算書とは、財務諸表の1つで、ある一定期間の企業の収益と費用の状況を表すもので、P/Lともいう。収入支出を計算して利益（損失）を出し、必要な税金支払いとその後の剰余金の処分を示す。

- ●ダイナミック・ケイパビリティ

　組織の資源ベースを、創造・拡大・修正する能力のこと。例えば、買収、戦略的提携、新規参入、新しい生産プロセスや新しい製品の開発、などに発揮される能力である。

　企業は乱気流的な環境の下で、短期的な利潤の最大化を追求するのではなく、資源ベースのダイナミック・ケイパビリティを追求する、という仮説を立てることができる。ここでは変化する市場環境をどのように識別するか、という認識が重要。

- ●ダイバーシティ

　「多様性」などの意味があるが、市場が求める多様化に対して人種、性別、年齢、信仰などにこだわらず多様な人材を生かし、最大限の能力を発揮させようという考え方。

- ●チームビルディング　Team Building

　プロジェクトは個人の集団であるチームによって作業を遂行することから、チームのパフォーマンスを向上させるためのチームメンバー間のコミュニケーションの向上、プロジェクト目標の共有化などを主な目的とした種々の推進・啓蒙活動をいう。

- ●チェックリスト法

　リスク源として、プロジェクトの技術要素の特性や要員の業務遂行能力等に関して、想定されるリスクを抽出し、重要度などを勘案したチェックリストとしてまとめ、問題点の摘出を図る方法である。チェックリストは作成者の主観に左右される部分があるため、判断理由等を記述させ、客観性の向上を図る必要がある。また、プロジェクトの局面によりリスクの重要度が変化するため、局面ごとにチェックリストを使用し、繰り返し見直しをすることが望ましい。

- ●ツリー法　Tree Analysis

　事象分析もしくは課題解決に関して、事象（課題）の全体をツリー状の分岐構造を用いて素（枝・葉）に

分け、その結節点ごとに意味を考える手法が有効であり、次の手法などがあげられる。
- ロジックツリー
- イシューツリー
- 業務ツリー、テーマツリー
- デシジョンツリー

● ディフィシェンシー契約

プロジェクト完了後の運転/稼働段階において資金不足が発生した場合のリスクを事業主体（出資者）が引き受けてくれること。

● デザインレビュー
Design Review

アイテムの設計段階で、性能、機能、信頼性などを価格、納期などを考慮しながら設計について審査し改善すること。審査には設計、製造、検査、運用など各分野の専門家が参加する。

設計段階で検討することは多岐にわたり、設計者だけでは対応できない。したがって、できるだけ多くの専門家の知識・経験を活用する必要がある。

● デルファイ法　Delphi Method

複数の「ヒト」の知恵を集めるために、与えられた課題に対して関係者の直感・判断、およびそれらに関する意見をアンケートで集め、自由に意見を交換するために匿名討論的なプロセスを実施し、さらに統計的処理技術を活用して専門家の直感・判断力を有効に収れんさせる手法。

● 取引保証（テイク・オア・ペイ契約等）
Take-or-pay Contract

長期の販売契約と理解されている。実態は間接的保証である。
- 買手は将来、必ず一定額以上の支払いを行い、一定量の財またはサービスの引取りを無条件で約束する。
- 買手は契約に定められた、財またはサービスの引渡しを受けない場合、定められた最低額の支払い義務がある。
- 支払い額が元利金支払いに加え、操業費のカバーまでセットされていれば、マーケット・リスクを買手に転嫁する方法となる。

● 出来高測定基準

出来高測定方法にはいくつか方法がある。作業内容に相応した測定方法を採用して、アーンドバリュー分析を実施する。代表的なものは、

- 重みづけマイルストーン法（Weighted Milestone）
- 固定法（Fixed Formula）
- パーセント法（Percent Complete Estimations）
- マイルストーン法とパーセント法の組み合わせ（Combination of Percent Complete Estimates with Milestone Gates）

●貸借対照表　(Balances Sheet：B/S)

財務諸表の1つで、ある一定時点での企業の資産状況を示すもの。バランスシート、B/Sともいう。

投下資本（資本、負債）の具現化された資産（収益を生み出す設備等）と、その資金調達の源泉である資本と負債の状況を計数化したものである。資産項目（借方）には、現金等の流動資産、設備等の固定資産がある。資金調達（貸方）には、資本、負債のほか準備金等の内部留保がある。

●知識資産

知識創造によって生み出される企業の資産。例えば知財、ブランド、ノウハウ、組織内に共有されたスキル、顧客に対する知識等がある。

●仲裁

あっせんや調停と異なり、和解による解決でなく、第三者（仲裁人）の判断（仲裁判断）による紛争解決を行う手続のこと。

●調整者　Mediator

「仲裁人、調停者」の意味。複数の達成すべき目的の間の課題を調整するために、適宜判断をし、指示を出す「仲裁人」の役割を果たす人のこと。

●直接金融　Direct Finance

借り手（企業）が有価証券（株式や債券など）を発行し、証券会社などを通じて、貸し手（個人や企業）から直接的に資金を調達する方式をいう。⇒間接金融参照。

●定額請負契約
Lamp Sum Contract

プロジェクト請負価格を契約時点で定める方式。経済指標の変動にかかわらず価格を固定する方式（Firm Fixed Price）や、エスカレーションなどによる価格調整条件をつける方式など、いくつかの変化型がある。プロジェクトの予算面のリスクが固定されるため、契約時点

でプロジェクト仕様が特定できるならば、顧客は一般的に定額契約を望む。

コスト変動のリスクは、原則として受注者がとることになるため、受注者にとってはリスク対応費（Contingency）を見込むとか、例外事項（特定の変動事由に対する免責）を契約上明記するなどの留意が必要となる。

●投下資本利益率
Return on Investment：ROI

投下した資本に対して得られた利益の割合を示す指標をいう。企業の収益性を見る基本的な指標であり、資本が効率的に運用されているかどうかを判断する際に活用する。

●投機的リスク　Speculative Risk

その最終的な帰結が損失か利得か不明確なリスクの類型をいう。

投機的リスクとは意識的な選択行動としてとられることが基本で、単なる管理不能な環境から生じるリスクではない。例えば、ギャンブルは典型的な投機的リスクになる。一般的に、投機的リスクは保険の対象にはならない。

●統計的品質管理　Statistical Quality Control：SQC

品質管理において、品質設計、品質解析、品質改善を行うための手法（検定と推定、実験計画法、回帰分析、多変量解析、信頼性データ解析など）。

●動態リスク

ビジネスや経済環境ないしは技術などの継続的な変化から生じるリスクのこと。

●特性要因図

結果とその結果をもたらす原因とを整理するために用いられる図のこと。

ある特性（発生している問題、課題等）に対して、影響を及ぼすと考えられる要因との関連を整理し、体系的にまとめた図である。複数の要因の整理を行うことで、発生している特性における本質的な問題は何かを分析する。「QC７つ道具」として知られているように、問題解決のための道具の1つである。考案者の名前を取って「イシカワ・ダイアグラム」と呼ばれたり、その図が魚の骨に似ていることから「フィッシュボーン・ダイアグラム」、「魚の骨図」ともいう。

●特性理論

優れたリーダーの特質を人物の属性や特性から見いだそうとするリーダーシップ論上のアプローチのこと。

優れたリーダーに共通する要因を特性理論で証明することはできないと、現在の研究は捉えられている。

●特定目的会社　⇒SPC参照。

●内的リスク　Internal Risk

プロジェクトチームが統制し、影響を及ぼすことのできる範疇のリスク類型をいう(例えば、要員の確保、コスト見積りなどのプロジェクトに内在するプロジェクトから生まれるリスク)。

●内部収益率法

Internal Rate of Return：IRR

投資それ自体がどのくらいの収益力を内在しているかを評価する手法で、各年ごとの収益の現在価値の合計と投下した資本の現在価値とが等しくなるような利益率。すなわち、投資(キャッシュアウト)と利益(キャッシュイン)とがバランスする割引率を求めることである。その利益率(IRR)を評価することにより、プロジェクトの可否の判断を行う。

●パートナリング

アウトソーシングより高度な業務委託契約として、パートナリングという形態がある。米国、欧州などの石油業界や石油化学業界で実施されており、プラントのオーナー企業とコントラクターが3〜5年の期間にわたり、特定業務に関して包括委託契約を結ぶ。オーナーが業務量を保証する代わりに、コントラクターはその顧客向けの特定の事業部を設けて人員を固定し業務を遂行する。オーナーとコントラクター間の信頼関係に基づいて、業務遂行の質を向上させることを目指したアライアンスである。

●バランススコアカード

Balanced Scorecard：BSC

経営指標のマネジメントとして広く利用されている手法で、ロバート・キャプランとデビッド・ノートンが開発したもの。

この手法の特色は、経営のビジョンや戦略を明確にして実行する場合に、経営者だけが理解するのではなく、従業員、株主、顧客、地域住民などが客観的に、しかも部分ではな

く、顧客、財務、業務プロセス、学習と成長の4つの視点からバランスよく評価する点である。

●バリューチェーン
　製品やサービスを顧客に提供する企業活動を、それぞれの業務の一連の中で価値とコストを付加していくものと捉え、その連鎖活動によって顧客に対する最終的価値が生み出されるととらえる考え方。

●ビジネスモデル
　企業や組織が実行している事業活動、またはこれからの事業構想における事業モデルのこと。

●ヒストグラム　Histogram
　品質管理に用いるツールの1つで、計量値のデータ（長さ、重さ時間など）がどんな分布をしているかをわかりやすく表した図。
　ヒストグラムを描くと、測定データとして羅列された数値を見るだけではわかりにくい全体像が把握でき、平均値やバラつきの大きさなども量的に知ることができる。

●ファストトラッキング
　Fast Tracking
　スケジュールを短縮する手法。
　特にクリティカルパス上の作業間の順序や依存関係を見直し、リソース上の制約を考慮しながら並行作業を増やすことで、工程を短縮する。ファストトラッキングでは、作業の手戻りなど新たに発生するリスクに注意を払う必要がある。⇒クラッシング（Crashing）参照。

●ファイブ・フォーシズ
　企業の競争戦略を考察する前提としての外的環境（業界構造や競争条件等）を分析する際に使われるフレームワークのこと。
　「新規参入」「敵対関係」「代替品」「買い手」「供給業者」の5つの視点で検討する。マイケル・E・ポーター（Michael E. Porter）が自著『Competitive Strategy』（1980年）で示した。

●ブランディング
　顧客や消費者が価値があるとみなす「ブランド」を作り上げるための活動。
　ブランドの特長や競合する企業・製品の差異を明確に示し、購入を促進させることを目指す。消費者との信頼関係を深め、ブランドを訴求・

浸透させ、競合他社や製品に対して優位に立つこと。

● ブランドバリュー　Planed Value：PV

プロジェクト開始から、ある時点までに計画された作業の予算の累計。なお、プロジェクト完成時のPVは、完成時総予算（Budget at Completion：BAC）と等しい。

● ブレーンストーミング法
Brainstorming

米国人のアレックス・F・オズボーンが考案した創造性開発のための技法。

何人かが集まり、あるテーマをめぐって、既成概念にとらわれず、自由奔放にアイデアを出し合う会議形式の一種であり、「ブレーン（頭脳）で、問題にストーム（突撃）する」という由来がある。

● フロート、トータルフロート
Float、Total Float

フロートとは、ネットワーク手法において、タスク（作業）もしくはパス（作業のつながり）が所要期間から遅延した場合に他に影響を及ぼさない余裕のことで、厳密には「トータルフロート」のことを指す。

トータルフロートは、当該タスクの最遅終了日と最早終了日の差異で、また直後のタスクに影響を与えない「フリーフロート」と影響を与える「インターフェアリングフロート」を合算したものである。別名、「スラック」ともいう。

● プロジェクトライフカバーレシオ

プロジェクト期間中の予想キャッシュフローの割引現在価値÷融資元本金額で算出できる数値を、プロジェクトライフカバーレシオと呼ぶ。これが1であることは、元利の返済にはプロジェクト全期間のキャッシュフローの全額が必要ということを示している。

● フロントエンドプラニング
Front End　Planning

プロジェクト初期段階で「ヒト」を含む資源を投入することにより、綿密な計画を作成し、仕様を確定する手法。

プロジェクトは時間の経過とともに資源を投入し、目標を達成するために概念段階から計画・実施段階へと順次詳細化かつ具体化するプロセスである。さらに、時間の経過とと

もに消費される資源は幾何級数的に増大し、蓄積された情報量も成果物も増大する。これは、以前に決められた事項に不都合が発生し変更の必要が生じた場合、後になればなるほどインパクトが大きくなることを意味している。プロジェクトを成功させるポイントの1つは、後の計画の修正・混乱を最小にするため、初期段階でプロジェクトの目標を明らかにし、それを達成するための役務範囲を明確にすることである。

●ベース・オブ・ピラミッド

世界全体の中で、所得階層別人口ピラミッドの最底辺（ベース・オブ・ピラミッド）に位置する人々のことを指す。

●ベースライン

スコープ、予算、スケジュール、リソースなど、承認済みの計画のことで、一般的に時系列に展開する。スケジュールベースラインやアーンドバリューマネジメントで用いる管理基準線（PMB）などの総称。

●ベンチマーキング

自社の業績、能力や技術、製品を他社のものと優劣比較し、改善項目を見つけ出す手法。また、品質改善のアイデアを創出したり、実績を評価する標準尺度を設定したりするために、他のプロジェクトで実行された模範となる手法とプロジェクトの実施や計画手法を比較する方法である。

●標準法

出来高測定法の一種で、作業に対する最適な出来高測定方法を過去のデータから策定し算出する方法。

●文化相対主義

それぞれの国・組織・人が持つ「文化」は優劣で比べるものではなく対等であり、外部の社会・組織の尺度によって測ることはできず、自文化の枠組みを相対化した上で、異文化の枠組みとその事象を行う相手側の価値観を理解しようとする考え方。

●マーケティング・ミックス

マーケティングでの構成要素・政策の組合せのこと。企業・組織が標的とする市場に対して実行する各諸活動において、一貫性や整合性を保ち、最適化を図ること。一般に、商品政策（Product）、価格政

策（Price）、流通政策（Place）、プロモーション政策（Promotion）の4つから構成される。「マーケティングの4P」または「4P政策」という。

●マイルストーン

物事の進捗状況を管理・チェックするために途中で設ける節目をさす。

もとは道路などにある、距離を表示する標識（里程標）のこと。

商品開発やシステム開発など、プロジェクトの中で使われることが多い。設定したマイルストーンは最終的な到達への通過点であり、それぞれの時点で達成すべき事柄（達成要件）と、実際の状況（実績）を照合し、進捗の調整を行う。

●マイルストーンチャート
Milestone Chart

ガントチャート（Gantt Chart）の一種で、プロジェクトの重要なイベントなどのマイルストーンを書き込んだ工程管理図のこと。⇒**ガントチャート参照**。

●マトリックスデータ解析法

新QC7つ道具のうちの1つ。数値データをマトリックス図法で整理して、その結果を達成するためのプロセスや問題が発生した場合の対策を事前に検討して整理する方法。

●マトリックス図法

新QC7つ道具のうちの1つ。行と列の要素から表を作成して、行と列の交点の関係に着目し問題を整理して、問題解決の目的を明確にする手法。

●メンタリング　Mentoring

人材育成の手法の一つである。「メンター」（mentor）と呼ばれる、多くの経験を持つ経験者やリーダーが、企業の組織内の未経験者や未熟練者への対話や助言によって本人の自発的な成長を支援すること。

●モジュール化

システムを、相互依存性の強固な部品・要素で構成するのではなく、交換可能な独立した機能を持つ部品・要素（モジュール）で構成すること。

●モチベーション

人々が特定の目標に向かい行動するときに、その行動を維持する働きを意味する。「動機づけ」「やる気」

とも呼ばれる。人間の行動がどのように始動し・方向付けられ・維持・停止していくか、そしてその過程でどのような反応が人間の内面に、起きるのかを説明するのに考案された概念。

● モデル化技法

現実の課題や問題の解決に本質的に必要な部分を抜き出し、簡単化・抽象化する技法。

● モラルハザード
Moral Hazard

「倫理観の欠如」とも訳され、本来ならば合理的に期待される自己規律が効かず、自己のために有利な行動をなすことをいう。

金融行為においては、借り手が合理的に元利金の返済を担うことが融資契約の基本である。しかし、貸し手は元利金返済に関わる借り手のすべての情報を把握しているわけではない。モラルハザードとは、このように貸し手と借り手の情報が非対称的である場合、借り手がその立場を利用し、金融上の貸し借りにおいて有利な行動を図るリスクのことをいう。

● 見積りアローワンス
Estimating Allowance

原価の見積りに際し、仕様上もしくは数量上明確に把握することが難しいが、必ずコストとして発生することが予測されるため、設計・施工といった各項目に一定のファクターを乗じて見積り金額に算入しておく予備費または予備数量をいう。

● 無形資産

企業・組織などが所持する資産で、物質的実体（モノとしての形）を持たず、権利（特許など知的財産等）などの形で売買、合併などの企業結合により移転などが可能な資産。特許や商標、著作権などのような知的資産、熟練工の持つ技能や知識のような人的資産、企業文化や生産、経営管理プロセスのような企業の基盤的資産などを指す。

● 6W1H法

誰が（Who）、誰に（Whom）、何を（What、Which）、いつまでに（When）、なぜ（Why）、いかにして（How）なすかの問いかけにより、相互に確認された計画を立案・実施していくことが、リスクを特定し解決するための道具となり得る。

● ラーニングカーブ
Learning Curve

習熟曲線。同種の作業が繰り返される場合、管理者・作業者ともしだいに経験（習熟）を累積するため、いわゆる習熟効果によって単位作業当たりの所要時間が低減する。この低減を習熟効果といい、横軸に累積作業数をとったグラフに作業時間の変化を描いたものをラーニングカーブという。

● リアルオプション法
Real Option

プロジェクト評価の考え方で、金融工学でのオプションの価格決定理論を応用したもの。

従来の正味現在価値（NPV）法が、投資案件を現在価値だけでとらえ過小評価しがちなのに対して、リアルオプション法は投資の延期、拡大・縮小、撤退といった意思決定の柔軟性や選択権をも価値としてとらえ、投資案件全体の価値を評価する特徴がある。

● リキャプチャー契約
Recapture

ある期間において定められた元利払いができない場合に、それ以前に事業主体（出資者）が余剰キャッシュフローから配当として回収したプロジェクト・キャッシュフローの一定金額について、リコースを認めるというような取り決め。

● ワークパッケージ
Work Package

作業分割によってWBSを上位の階層から予算やスケジュールの計画が実施可能な階層まで詳細化した最も下位のレベルのWBS構成要素を「ワークパッケージ」という。

ワークパッケージの詳細度は、プロジェクトの規模や重要度など、必要とされる管理のレベルによって異なる。直近の作業では詳細なレベルのスケジュール計画を必要とするが、遠い将来の作業で詳細化が困難な場合は、比較的上位のWBSレベルで計画し段階的に詳細化する「ローリングウェーブ計画法」がある。この手法では、同一のプロジェクトであってもプロジェクトのフェーズによってワークパッケージの詳細度が異なる。

● 山積みグラフ

縦軸に労務や資材などの資源量を、横軸に期間（時間）をとった棒状グ

ラフ。ガントチャートなどの工程表と時間軸を併せて表記し使用することが多い。リソースの配分状況が目視しやすく、資源の平準化（山崩し）や計画対実績の評価などに利用される。

●予定調和

小説・映画・演劇・経済・政治等広い範囲で、観衆・民衆・関係者等の予想する流れに沿って事態が動き、結果も予想通りであることを指す。

●与信

融資や信用取引などの融資に関する枠を供与すること。信用を与えるという意味。

●アルファベット順●

●AC：（Actual Cost）⇒実コスト参照。

●AHP（Analytic Hierarchy Process：階層的意思決定手法）
　意思決定における問題の分析において、人間の主観的判断とシステムアプローチとの両面からこれを決定する問題解決型の意思決定手法。ピッツバーグ大学のThomas L. Saatyが提唱した。

●BOT、BOO、BTO
　（Build、Operate、Transfer）
　（Build、Own、Operate）
　（Build、Transfer & Operation）
　顧客との間で施設の設計・建設・資金調達を実施し、当該施設の運営（すなわち、サービスの提供）・維持管理を長期にわたり包括的に担う契約における事業スキームの類型を表す考え方。

●BPR（Business Process Reengineering）
　マイケル・ハマーとジェームズ・チャンピーにより提唱された企業の生産性を改善する手法。企業のビジネスプロセスをゼロベース発想のもとに根本的に見直し、ビジネス目的を達成するためのビジネスプロセスを抜本的に再構築する改善活動。「プロセス」「劇的」「根本的」「抜本的」の4つがキーワードである。

●CIF（Cost Insurance and Freight：運賃保険料込条件）
　危険負担は船積み時点で買い主に移転するが、売り主の費用負担は船積み費用（Cost）、海上保険料（Insurance）および運賃（Freight）までを含むという条件。

●CPI（Cost Performance Index：コスト効率指数）
　予算コストと実コストの比較。CPIは「初期コスト見積り／CPI＝完成時コスト予測」の式を使って、予算超過の程度を予測するのに使用される。
　CPI＝EV/AC。

●CRM（Customer Relationship Management）
　インターネットや企業の情報システムを活用し、顧客の属性や購買履歴、対面履歴等を記録・管理し、それぞれの顧客の特性に合わせ、会社

用語解説

全体として整合性のとれた対応を行うことで、長期的な良好な関係を築き、顧客満足度を向上させる取り組みの総称。

● CSR (Corporate Social Responsibility)

企業の社会的責任と訳され、経済面においては安全で品質の良い製品の提供や利益貢献を果たし、倫理面では組織として関連法規制の遵守を全うし、社会面では情報公開や環境への配慮などにより社会の顕在的・潜在的な要請に応え、より高次の社会貢献を行うこと。

● DSS (Decision Support System：意思決定支援システム)

意思決定に必要とされる各種資源を提供するための情報システム。

● EAC (Estimate at Completion：完了時予測コスト)

所定のスコープのワークが完了した時点の作業、作業群またはプロジェクト全体のコスト予測額。完成予測コストを求める手法のほとんどは、その時点までのコスト効率まで押し広げて初期コスト見積りを補正するものである。完成時コスト予測ともいう。

● ETC (Estimate To Complete：今後必要コスト)

作業、作業群またはプロジェクトを完了するために今後必要なコストの見積り。今後必要なコスト予測を求める手法のほとんどは、その時点までのコスト効率まで、押し広げて初期コスト見積りを補正するものである。残作業コスト予測ともいう。

● EV (Earned Value) ⇒アーンドバリュー参照。

● FMEA (Failure Mode and Effect Analysis：故障モード影響解析)

設計の不完全や潜在的な欠点を見出すために構成要素の故障モードとその上位アイテムへの影響を解析する技法。起こってはならない故障を設計の段階で見出し、未然に対策を実施することにより、故障の発生を防止、その影響を緩和しようとするものである。この手法は、MIL や NASA の Reliability Program Requirements の中で実施要求されてきた。

● FTA（Fault Tree Analysis）

信頼性または安全性上、その発生が好ましくない事象について、理論記号を用いて、その発生の経過にさかのぼって樹形図に展開し、発生経路、発生原因および発生確率を解析する技法。FEMAが使用部品、回路構成、アセンブリ、システムと構成要素とその故障モードを予測して上位のアイテムへの影響度を知り、ボトムアップ的に分析していく技法であるのに対して、FTAは機器やシステムの最終機能レベルの故障を想定し、トップダウン的に原因を探っていく分析の技法である。

● FOB（Free On Board）

「本船渡条件」と呼ばれるもので、売り主の費用および危険負担（目的物の紛失、損傷等の損害の負担）を船積みまでとし、買い主側か船積み以降の費用とリスクを負う条件。

● F/S（Feasibility Study）

プロジェクトの実行可能性を技術面、財務面、その他環境面を含めて調査すること、またはその報告書をいう。通常、事業性の検証はF/Sによって行う。

● HSE（Health, Safety and Environment）

プロジェクトの安全衛生、環境を指す。製造施設・インフラ構築・環境保全などのプロジェクトでは、スケジュール、コスト、品質とともにプロジェクトの目的として目標を掲げる場合が多い。

● IDEF（Integrated DEFinition）

複雑な対象を簡明かつ正確に分析、理解、合意できるように開発された構造化分析／設計技法の1つで、複雑な概念・規約・モデリング言語からなる手法群。コンピュータ・ソフトウェアの設計、構築、運用のほか、ビジネスプロセスを図示して企業活動の分析に利用される。IDEFはもともと、1973年に米国空軍で始まったICAM（Integrated Computer Aided Manufacturing）と呼ばれるプログラムの中で開発された。

● JV（Joint Venture）⇒ジョイントベンチャー参照。

● KJ法

日本の文化人類学者川喜田二郎が考案した創造性開発の技法。ブレー

ンストーミングなどによって吐き出されたアイデアや意見を1枚ずつ小さなカード（紙きれ）に書き込み、それらのカードの中から近い感じのするもの同士を、2、3枚ずつ集めてグループ化していき、それらの小グループから中グループ、大グループへと組み立てて図解していく。こうした作業の中から、テーマの解決に役立つヒントやひらめきを生み出していくというものである。

● M&A（Mergers and Acquisitions）
　企業間あるいは事業間の機能の合併、買収、統合などをいう。
　M&Aは、事業の拡大、多角化、機能の相互補完、効率化、リスク分散といった目的により行われる。すでに確立している他の企業や事業との連携により、短期間で新しい事業体制の構築が可能となるメリットがある。

● OBS（Organization Breakdown Structure）
　各構成作業要素が組織のどの部門に割り当てられるかを示す場合に用いられる。
　プロジェクトを細かい作業単位に階層的に分割したWBSにおける作業の単位である個々のワークパッケージ（WP）に、責任者と担当者を配置したものが、このプロジェクトを遂行する組織図OBSである。

● PDCP法（Process Decision Program Chart）
　新QC7つ道具のうちの1つ。目的を達成するためのプロセスや問題が発生した場合の対策を事前に検討し、整理する手法。

● PERT（Program Evaluation Review Technique または Project Evaluation and Review Technique）
　プロジェクト全体を構成する各工程の依存関係をネットワーク図にして工程計画を作成するとともに、プロジェクト全体の所要時間を算出し、その中からクリティカルパスを明確にし、プロジェクトの所要時間の短縮を図る手法。

● PESTEL（Political, Economic, Social, Technological, Environmental, Legal）
　対象製品、サービスの競合や需要といったミクロな狭い分析だけではなく、政治、経済、社会、技術、環境、法規制と幅広い角度から見る分

析である。新規事業や新たな戦略を考える際に、市場全体を長い時間軸で俯瞰し、大きな動きを捉えることが重要であり、新しく展開予定の市場の外部環境を分析するうえで重要である。

●PFI（Private Finance Initiative）

公共施設等の整備（設計、建設）、そのために必要な資金調達、完工後の施設の維持管理・運営に関し、民間の資金や創意工夫、経営・技術能力を活用することにより、これを一括して契約行為に基づき民間に委ね、公共にとっての財政負担の縮減と利用者に対する質の高い公共サービスの提供を図る考え方。民間事業者に長期の事業権を付与し、事業の枠組み創出そのものを公募の対象とする。

●PoC（Proof of Concept）

部分的な試作や実験なども、簡易な試行により新たな概念やアイデアの実現が可能であることを示すこと。

●PPP（Public-Private Partnership：公民パートナーシップ）

従来、公的部門が担ってきた公共サービス・公益サービスの提供のすべないしは一部を民間セクターが担う事業形態、あるいは官民協調のあり方。

PFIは典型的なPPPの一部となる。公的部門を顧客とする、多様なプロジェクト形式や業務が増えている。公共サービスの提供に関しては段階的に官の独占が崩壊し、官業を民に委ねる趨勢にある。この結果、P2M的な発想やアプローチが官にも求められるような時代が到来している。

●PV（Planed Value）⇒プランドバリュー参照。

●QC７つ道具

問題解決において、問題・課題の状況把握や分析などに用いられる一連の基礎的な手法。

パレート図、特性要因図、グラフ、チェックシート、ヒストグラム、散布図、管理図の７つ。

●RBV（Resource Based View）

バーニーが提唱した企業内部の経営資源に軸足を置いた戦略論。

●RFP（Request for Proposal：提案依頼書）

開発プロジェクトにおいて、使用

者側が必要とする性能を満たす設計案の提出を開発側に求めること。

● SPCまたはSPV（Special Purpose Company、Special Purpose Vehicle：特別目的会社）

プロジェクトを実現し、遂行するための枠組みとして新たに設立される法人格のある事業体を設立することがあるが、このような法人を特別目的会社という。

設立目的は、プロジェクト遂行に関わる法的義務およびプロジェクトに対する債務の返済義務が親会社、すなわちスポンサー（出資者）に返済遡及することを、できるかぎり避けることにある。

一方、プロジェクトの複雑化に伴い、1つのプロジェクトを複数の企業がコンソーシアムやJVを構成してその実現・遂行を図る場合などにも、この考えが用いられる。

● SWOT分析

外部環境や内部環境を強み（Strengths）、弱み（Weaknesses）、機会（Opportunities）、脅威（Threats）の4つのカテゴリーで要因分析し、事業環境変化に対応した経営資源の最適活用を図る、経営戦略策定方法の一つ。

● TOC（Theory of Constraints）

制約条件の理論／制約理論。イスラエル出身の物理学者エリヤフ・ゴールトラッド博士が提唱した生産管理・改善のための理論体系。「工場の生産性はボトルネック工程の能力以上は絶対に向上しない」という原理に基づき、工場の生産性を上げるためにボトルネック工程に同期させるように生産や資材調達の調整を行った結果、生産性が飛躍的に高まり、仕掛りや在庫が劇的に減少することを実証し、それをTOC（制約条件の理論）として発展していった。

● TPM（Total Productive Maintenance）

主に製造業において導入されている全社的設備管理手法で、生産システムのライフサイクル全体を対象に、生産効率を阻害するロスの発生を未然防止することを目指して、人・設備・企業の体質改善を図る総合的活動。

● TQM（Total Quality Management）

TQCで唱えられた、組織全体として統一した品質管理目標への取り

組みを経営戦略へ適用したもの。

● WBS（Work Breakdown Structure）

　プロジェクトの目的達成のために、スコープや作業項目などの実行すべきすべての作業を、効果的な計画や管理を行うのに必要なレベルまで階層状に分割、細分化し、プロダクトに基づいて体系的に階層組織化し、相互関係を表したもの。

索引

数字

2軸管理のWBS ・・・・・・・・・・・・・・・・・・・・・・・・ 264
3C ・・・・・・・・・・・・・・・・・・・・・・・・・・・・・・・・・・・・ 410
3つの基本戦略 ・・・・・・・・・・・・・・・・・・・・・・・・ 410
4P ・・・・・・・・・・・・・・・・・・・・・・・・・・・・・・・・・・・・ 410
6W1H法 ・・・・・・・・・・・・・・・・・・・・・・・・・・・・・・ 349
7つのステップ ・・・・・・・・・・・・・・・・・・・・・・・・ 583
7つのフェーズ ・・・・・・・・・・・・・・・・・・・・・・・・ 581
8つの品質マネジメントの原則 ・・・・・・・・・・ 364
10のタクソノミー ・・・・・・・・・・・・・・・・・・・・・・ 671
100パーセントルール ・・・・・・・・・・・・・ 258、263

和文索引（50音順）

【あ行】

アーンドバリュー（Earned Value:EVもしくは Budgeted Cost of Work Performed:BCWP）
・・・・・・・・・・・・・・・・・・・・・・・・・・・・・・・・ 325
アーンドバリューマネジメント（Earned Value Management:EVM） ・・・・・・・・・・・ 236、319
アウト・イノベーション ・・・・・・・・・・・・・・・・ 451
アコモデーション（accommodation） ・・・・・・ 570
アドホック（Ad hoc） ・・・・・・・・・・・・・・・・・・ 444
アニーリング法（Simulated Annealing:SA） ・ 569
アベレッジコンセプト（Averaging Concept：平均値概念） ・・・・・・・・・・・・・・・・・・・・・・・・・・・・・・・・ 311
アライアンス ・・・・・・・・・・・・・・・・・・・・・・・・・ 486
アラインメント・マトリクス（Alignment Matrix）
・・・・・・・・・・・・・・・・・・・・・・・・・・・・・・・・ 397
ありのままの姿（As-Is） ・・・・・・・・・・・・・・・・ 81
あるべき姿（To-Be） ・・・・・・・・・・・・・・・・・・・・ 81
アローワンス（allowance） ・・・・・・・・ 317、357
暗黙知 ・・・・・・・・・・・・・・・・・・・・・・・・・・ 599、666

意思決定システム ・・・・・・・・・・・・・・・・・・・・ 586
意思決定プロセスモデル ・・・・・・・・・・・・・・・ 588
一様分布 ・・・・・・・・・・・・・・・・・・・・・・・・・・・・・ 353
遺伝アルゴリズム（Genetic Algorithm:GA） ・ 568
意味解釈法 ・・・・・・・・・・・・・・・・・・・・・・・・・・・ 612
インカム・アプローチ ・・・・・・・・・・・・ 629、654
イン・ソーシング（In Sourcing） ・・・・・・・・ 451

エスカレーション（escalation） ・・・・・・ 317、357
エスノグラフィー（行動観察） ・・・・・・・・・・・・ 728

得られた教訓（lesson learned） ・・・・・・・・・・ 127
遠隔移転 ・・・・・・・・・・・・・・・・・・・・・・・・・・・・・ 614

オープン・イノベーション ・・・・・・・・・・・・・ 450
オペレーション（定常業務） ・・・・・・・・・・・・・・ 40
オペレーション型プログラム ・・・・・・・・・・・・・ 28
重み付けマイルストーン法（Weighted Milestone）
・・・・・・・・・・・・・・・・・・・・・・・・・・・・・・・・ 322

【か行】

会計情報分析 ・・・・・・・・・・・・・・・・・・・・・・・・・ 410
概算見積り（PCE:Preliminary Cost Estimate） 315
回収期間法（Payback Period） ・・・・・・・・・・ 186
改善提案活動 ・・・・・・・・・・・・・・・・・・・・・・・・・ 368
外的リスク（External Risk） ・・・・・・・・・・・・ 336
概念的知識資産 ・・・・・・・・・・・・・・・・・・・・・・・ 599
学習組織（learning organization） ・・・・・・・・ 687
拡張性（scalability） ・・・・・・・・・・・・・・・・・・・・ 70
加重平均総使用資本コスト（Weighted Average Cost of Capital:WACC） ・・・・・・・・・・・・・・・ 630
課題ログ ・・・・・・・・・・・・・・・・・・・・・・・・・・・・・ 233
価値 ・・・・・・・・・・・・・・・・・・・・・・・・・・・・ 166、618
価値指標 ・・・・・・・・・・・・・・・・・・・・・・・・・・・・・ 167
価値創造 ・・・・・・・・・・・・・・・・・・・・・・・・・・・・・ 169
価値創造のロードマップ ・・・・・・・・・・・・・・・ 168
価値の確認 ・・・・・・・・・・・・・・・・・・・・・・・・・・・・ 74
価値判断 ・・・・・・・・・・・・・・・・・・・・・・・・・・・・・ 673
価値評価のプロセス ・・・・・・・・・・・・・・・・・・・ 173
価値連鎖（バリューチェーン） ・・・・・・・・・・・ 595
価値連鎖（バリューチェーン）分析 ・・・・・・ 184
活動基準原価計算 ・・・・・・・・・・・・・・・・・・・・・ 184

株主価値経営	631
株主資本コスト	630
可用性（availability）	555
環境管理会計	184
環境シナリオ	87
関係性	652
関係性分析（Relationship Analysis）	82
関係性マネジメント	128
監視（monitoring）	124
間接費	317
完全性（integrity）	555
管理会計（management accounting）	179、503
管理型プロジェクトマネジメントオフィス	469
管理基準線（Performance Measurement Baseline:PMB）	319、322
管理図	368
キーファクター	578
技術ロードマップ	433
期待額（Expected Monetary Value:EMV）	352
期待値	634
キックオフミーティング（KOM）	476
機動戦	595
機能型組織モデル	461、465
機能モデル（Functional Model）	572
基本価値	621
機密性（confidentiality）	555
キャパシティースライド法（生産設備指数法）	314
共通観（shared vision）	121
近接移転	614
クラウドコンピューティング	549
グラフ	368
クリティカルチェーンマネジメント	303
クリティカルパス法（Critical Path Method:CPM）	297
クローズド・イノベーション	450
クロスオーバー・システム（Crossover System）	559
クロスセクション分析	181
ケア	607
経営資源管理システム	544
計画行動	674
経験	664
経験学習モデル	677
経験的知識資産	598
経済付加価値	184、629
形式知	599、666
係数積算法	315
ケイパビリティ（capabilities）	686
原価企画	184
言語的コミュニケーション	706
コアコンピタンス（core competence）	686
効果的遂行能力	209
交換価値	167
高コンテクスト文化	722
公正な手段	209
行動力	698
行動理論	692
効率的遂行能力	209
コーポレートガバナンス（Corporate Governance）	554
コーポレートファイナンス	528
コーポレート・レピュテーション（corporate reputation）	650
顧客価値	621
顧客関係性戦略	441
顧客知共有型	616
顧客ロードマップ	433
個人姿勢	676
個人の能力モデル	663
コスト・アプローチ	629、654
コストエンジニアリング	310
コストエンジニアリング推進協会（米国・AACEI）	330
コスト管理サイクル	324
コスト管理要領	318
コスト効率指数（Cost Performance Index:CPI）	326
コスト差異（Cost Variance:CV）	325
コスト・ドライバー分析	184
コストベースライン（Cost Baseline）	319、322
コストマネジメント	308
コスト見積り	312
コスト見積り精度	315
固定法（Fixed Formula）	322
個別性	207
コミュニケーションチャネル	393
コミュニケーションマネジメント	387
コミュニケーション力	697

コミュニケーター	707
コミュニティ	494、684、710
コンスレイント	298
コンソーシアム	346
コンティンジェンシー（contingency）	317、357、693
コンテクスト	707、722
コントロール（control）	124
コントロールアカウント（Control Account）	261、320
コントロールシステム	588
コンピタンス	601
コンピテンシー（competency）	669
コンフリクトマネジメント	250

【さ行】

サービスモデル・プロジェクト	98
サイクル型戦略策定モデル	411
サイクル型プロジェクト結合	97
最終推定コスト（Estimate at Completion:EAC）	327
差異分析	325
財務会計（financial accounting）	179、503
財務情報	180
作業分担型	463
サブジェクトグループ	218
差別化価値	621
三角分布	353
産業連関分析	199
散布図	368
ジェネラルオーバーヘッド（General Overhead）	317
支援型プロジェクトマネジメントオフィス	469
識者へのインタビュー	349
事業管理システム	544
事業インフラストラクチャー	648
事業継続マネジメント（BCM）	162
時系列分析	181
資源計画書	276
資源配分	590
資源ベースの戦略論（resource-based-view）	685
資源マネジメント	267
資源リスト	373
視座	167
システム	563
システムインテグレーション	585
システムズアプローチ	565
システムズエンジニアリング	579
システムズシンキング	574
システムダイナミックス	574
システムモデリング	566
システムモデル・プロジェクト	98
自然システム	563
実行行動	674
実行シナリオ	87
実行戦略マネジメント	147
実コスト（Actual Cost:AC もしくは Actual Cost of Work Performed:ACWP）	325
実践コミュニティ（community of practice）	122、711
実践力（capability）	57、661
実費償還型（Cost Reimbursement Contract, Cost-plus Fee Contract）	374
シナリオ展開（Scenario Statement）	82
シナリオプランニング	576
自文化中心主義（ethnocentrism）	725
シミュレーション（simulation）	353、571
集団凝集性	681
受信能力	709
受注型プロジェクト	46
受注モデル	505
熟考型戦略（deliberative strategy）	411
純粋リスク（pure risk）	136、336
ジョイント・ベンチャー	346
条件適合理論（コンティンジェンシー理論）	693
詳細化の複雑性（detailed complexity）	31
詳細見積り（Definitive Cost Estimate:DCE）	315
常設的知識資産	599
状態遷移モデル	573
情報（インフォメーション:Information）	541
情報インフラストラクチャー	542
情報セキュリティ（information security）	555
情報提供依頼書（Request for Information:RFI）	377
情報マネジメント	538
正味現在価値（NPV）	174、185、633
新QC七つ道具	368
人工システム	564
人材能力基盤	660
進捗計画	296
信念	698
真の指標（true endpoint）	190

数理計画法 ････････････････････････ 568
スキームモデル・プロジェクト ･･･････ 98
スケジュール計画 ･･････････････････ 295
スケジュール効率指数（Schedule Performance Index:SPI）････････････････････ 326
スケジュール差異（Schedule Variance:SV）･ 325
スコープオブサプライ（供給範囲）･･････ 257
スコープオブワーク（作業範囲）･･････ 257
スコープ計画 ･････････････････････ 255
スコープ変更管理 ･･････････････････ 265
スコープマネジメント ･･････････････ 253
ステークホルダー ･･････････････････ 86
ステークホルダー影響グリッド ･･････ 247
ステークホルダー登録簿 ･･････････････ 246
ステークホルダー・マトリックス ･････ 246
ステークホルダーマネジメント ･･････ 242
ステークホルダー要素 ･････････････ 89
ストック ･･････････････････････ 574

成果追求 ･･･････････････････････ 675
正規分布 ･･･････････････････････ 353
生産設備指数法（キャパシティースライド法）314
静態リスク（Static Risk）･･･････････ 336
静的モデル ････････････････････ 572
製品ロードマップ ･･････････････････ 433
制約要素 ･･････････････････････ 89
責任分担（Responsibility Matrix:RM）････ 391
責任分担表（Responsibility Assignment Matrix:RAM）･････････････････ 473
ゼロベース発想 ･････････････････ 74
全体の価値評価 ･････････････････ 627
専門知移転 ････････････････････ 614
専門知ネット型 ･････････････････ 616
戦略 ･･･････････････････････ 406
戦略型プログラム ･････････････････ 28
戦略思考 ･･････････････････････ 673
戦略の移転 ････････････････････ 614
戦略的CSR ･････････････････････ 428
戦略ポジショニング分析 ･･････････ 184
戦略マップ ････････････････････ 521
戦略目標マネジメント ･･････････ 142

創造性 ･････････････････････ 667
創発型戦略（emergent strategy）･･･････ 411
ソーシャルメディア ･････････････ 551
組織 ･････････････････････ 684
組織構成表(Organization Breakdown Structure:OBS)

･･･････････････････････････････ 680
ソフトシステムズアプローチ ････････ 569
ソフトシステム方法論(Soft Systems Methodology:SSM)
･･･････････････････････････････ 570
損益分岐点（Break Even Point:BEP）分析 ･･ 643

【た行】
ターンオーバー ･････････････････ 384
代替の指標（surrogate endpoint）･･････ 190
ダイナミック・ケイパビリティ（dynamic capabilities）･････････････････ 687
タイムマネジメント ･･･････････････ 291
多義性（multiplicity of context）･･････ 70
タクソノミー ･･････････････････ 670
多元的分析 ････････････････････ 643
タスク ･･････････････････････ 261
タブー探索（Tabu Search）･･････････ 569
ダブル・ループ学習 ･･･････････････ 596
多文化主義（multiculturalism）････････ 725
多文化対応力 ･･････････････････ 718
ダミーアロー ･･････････････････ 298
段階的詳細化法 ･･････････････ 208、240
単価契約型（Unit Price Contract）･･････ 374
単体投資モデル ･････････････････ 507

チーム ･･････････････････････ 684
チーム・インターラクション・マトリクス（Team Interaction Matrix:TIM）･･････････ 398
チームビルディング ･････････････ 474
チェックシート ･････････････････ 368
チェックリスト法 ･････････････････ 349
逐次型プロジェクト結合 ･･････････ 96
知識（ナレッジ:Knowledge）･････････ 541
知識・情報の共有 ･･･････････････ 74
知識創造理論 ･･････････････････ 686
知識の移転プロセス ･････････････ 615
知識の再利用サイクル ･･･････････ 613
知的資本型 ････････････････････ 616
超概算見積り（Order of Magnitude Estimate:OME）
･･･････････････････････････････ 315
調達管理 ･･････････････････････ 380
調達計画 ･･････････････････････ 373
調達計画書 ････････････････････ 377
調達契約 ･･････････････････････ 379
調達文書 ･･････････････････････ 377
調達マネジメント ･････････････････ 371
超長期プロジェクトマネジメント ･････ 163

直接費 ………………………………… 317
積み上げ積算法 ……………………… 315
ツリー法 ……………………………… 349

提案依頼書（Request for Proposal:RFP） …… 377
定額請負型（Lump-sum Contract） ……… 374
定型的知識資産 ……………………… 599
低コンテクスト文化 ………………… 722
ディシジョンツリー ……………… 352、634
定常業務 ……………………………… 210
ディスカウンテッド・キャッシュフロー（DCF）法
 ……………………………… 175、185
テークオーバー ……………………… 384
データ（Data） ……………………… 533
デザイン・インターフェイス・マトリクス
（Design Interface Matrix:DIM） ……… 398
手に触れることができない資産（intangible assets）
 ……………………………………… 187
デルファイ法 ………………………… 349

投機的リスク（speculative risk） …… 136、336
統計的設計法 ………………………… 368
統合思考 ……………………………… 673
統合マネジメント …………………… 221
統制・調整 …………………………… 674
動態リスク（Dynamic Risk） ……… 336
動的複雑性（dynamic complexity） …… 31
動的モデル …………………………… 573
特性要因図 …………………………… 367
特性理論 ……………………………… 691
ドライビングフォース ……………… 578
トレンド分析 ………………………… 326

【な行】

内的リスク（Internal Risk） ……… 336
内部収益率（IRR） ………………… 185
ナレッジ・マネジメント …………… 616

入札招請書（Invitation to Bidder:ITBまたは
 Invitation for Bidder:IFB） ………… 377
入出力モデル ………………………… 573
人間活動システム …………………… 564
人間関係 ……………………………… 675

ネットアセット・アプローチ ……… 629

ネットワーク型組織 ………………… 415
ネットワーク手法（Network Technique） …… 297
納入者リスト ………………………… 373
能力成熟度モデル …………………… 410
のれん（goodwill） ………………… 647
ノンバーバルコミュニケーション（non-verbal
 communication） ………………… 706

【は行】

場 ……………………………………… 605
パーセント法（Percent Complete Estimations）
 ……………………………………… 322
バーチャルプロジェクトチーム …… 477
パートナリング ……………………… 492
バーバルコミュニケーション（verbal
 communication） ………………… 706
背反行動 ……………………………… 491
ハザード（Hazard） ………………… 336
発信能力 ……………………………… 708
バッファー …………………………… 304
パフォーマンス分析 ………………… 325
バランス・スコアカード（Balanced Score
 Card:BSC） ……… 184、193、201、645
バリューチェーン（価値連鎖） …… 595
パレート図 …………………………… 367
判断力 ………………………………… 697

非言語的コミュニケーション ……… 706
非財務会計的無形資産 ……………… 647
ビジネスモデル・イノベーション … 449
ビジネスモデル・キャンバス 92、201、410、641
ビジョン構築力 ……………………… 697
ヒストグラム ………………………… 367
ビッグデータ ………………………… 552
ヒューリスティクス法 ……………… 568
費用効果分析 ………………………… 198
標準WBS …………………………… 263
費用便益分析 ………………………… 197
比率法 ………………………………… 314
品質監査 ……………………………… 365
品質計画 ……………………………… 363
品質原価計算 ………………………… 184
品質保証 ……………………………… 363
品質マネジメント …………………… 359

ファイナンシャルコンプリション … 384

ファイブ・フォーシス ················ 410
フィージビリティ・スタディ（feasibility study:FS）
　　·· 90
フィードバック ···················· 587
フィードフォワード ················ 587
フェーズ（phase）············ 61、212
フェーズゲート ····················· 61
フォーメーションデザイン ········· 490
不確実性（uncertainty）······ 70、207、577
複合単価法 ······················· 314
複雑性（complexity）··············· 70
部門調整型 ······················· 462
部門予算制度 ····················· 511
プラットフォーム ··········· 452、716
ブランド（brand）················ 649
ブランドエコノミクス ············· 289
ブランドバリュー（Planned Value:PV もしくは
　Budgeted Cost of Work Scheduled:BCWS）·325
ブレーンストーミング法 ··········· 349
フロー ··························· 574
プログラム ························ 67
プログラムアーキテクチャー ····· 61、96
プログラムオーナー ··············· 102
プログラム構想計画文書 ······ 101、226
プログラム実行の立ち上げ ········· 119
プログラム戦略マネジメント ······· 141
プログラムデザイン ········ 60、73、95
プログラム統合マネジメント ··· 60、71、80
プログラム統合マネジメントの活動指針 ···· 74
プログラムの構造化 ··············· 100
プログラムの終結 ················· 127
プログラムのライフサイクル ········ 60
プログラム評価サイクル ··········· 518
プログラムマネジメント ············ 71
プログラムミッション ·············· 60
プログラムリスクマネジメント ····· 155
プロジェクト ····················· 206
プロジェクト＆プログラム・バランス・スコア
　カード（PBSC）············ 194、519
プロジェクト型組織モデル ···· 462、465
プロジェクト価値アセスメント計画書 ···· 228
プロジェクト管理項目 ············· 234
プロジェクト業務 ················· 210
プロジェクト群デザイン ··········· 100
プロジェクト計画書 ··············· 228
プロジェクト実行計画書 ··········· 228
プロジェクト遂行のマネジメント活動 ···· 215

プロジェクトステークホルダー（Project
　Stakeholders）··············· 211、245
プロジェクトチーム ··············· 471
プロジェクトチームメンバー ······· 473
プロジェクトチャーター（Project Charter）
　　······························ 206、225
プロジェクトノウハウ集 ··········· 288
プロジェクトの成果物創出活動 ····· 215
プロジェクト・バッファー ········· 305
プロジェクトファイナンス（PFI）··· 529
プロジェクトマネジメント（Project Management）
　　································ 208
プロジェクトマネジメントオフィス ·· 467
プロジェクトマネジメント計画書 ··· 228
プロジェクトマネジメント組織成熟度モデル ·· 478
プロジェクトマネジャー ··········· 472
プロジェクト予算制度 ············· 511
プロジェクトライフサイクル（Project Life Cycle）
　　································ 212
プロセス・イノベーション ········· 449
プロダクト・イノベーション ······· 449
プロダクト・ポートフォリオ・マネジメント
　（PPM）············ 184、410、644
プロポーザル ····················· 379
文書図書管理システム ············· 544

ペイオフ表（payoff table）········· 634
並列型プロジェクト結合 ············ 97
ベースライン（baseline）·········· 230
ベスト・プラクティス ············· 613
ベストプラクティス共有型 ········· 616
ペリル（Peril）··················· 336
変革型リーダーシップ ············· 694
変化柔軟性 ························ 74
変更管理 ···················· 237、329
変更管理システム ················· 238
変更要求 ························· 236
ベンチマーキング ················· 368

報告 ···························· 391
ポートフォリオマネジメント ······· 436

【ま行】
マーケット・アプローチ ··········· 629
マーケティングミックス ··········· 410
マイルストーン（milestone）······· 212
マスタ類・ナンバリング体系・業務ルール ·· 543

マス・プロセス（Mass Process） ……… 559
マス・プロダクト（Mass Product） …… 559
マトリクス型組織モデル …………… 462
マネジメント行動スキル …………… 666
マネジメント・コントロール ……… 504
マネジメントサイクル ……………… 217
マネジメント領域 …………………… 218
マルチプロジェクト（multiple projects）… 131

見えざる資産（invisible assets） ……… 187
三隅二不二のPM理論 ……………… 693
ミッション志向プロフェッショナル …… 33
ミッション表現（Mission Statement）… 81、82
ミッションプロファイリング・ 60、72、81、412
見積り依頼書（Request for Quotation:RFQ）・377
ミドル・アップダウン・マネジメント …… 52

無形固定資産 ………………………… 646
無形資産 ……………… 169、288、646

目的置換（goal displacement） ……… 656
目標要素 ……………………………… 89
モジュラーデザイン ………………… 154
モデリング（modeling） …………… 571
モンテカルロ法 ……………… 567、637

【や行】
役割記述書 …………………………… 390
役割能力 ……………………………… 710

有期性 ………………………………… 207
有期的なチーム ……………………… 209

用益潜在力 …………………………… 619
要素的価値評価 ……………………… 638

【ら行】
ライフサイクル ……………… 75、100
ライフサイクル・コスティング ……… 184
ライン型プロジェクトマネジメントオフィス 470

リアルオプション法 ……… 186、353、636
リーダーシップ ……………… 675、690
リスク感度 …………………………… 160
リスクコントロールプラン ………… 354

リスクの許容度（Risk Tolerance） …… 345
リスクファイナンス ………………… 355
リスクマッピング …………………… 337
リスクマトリックス ………………… 351
リスクマネジメント ………………… 333
リソースプール型 …………………… 463
リソース・ベースト・ビュー（RBV） … 148
量産投資モデル ……………………… 508

レヴィンのリーダーシップ類型 ……… 692
レッスンズラーンド（Lessons Learned）… 287
レトロスペクト ……………………… 603
レビュー ……………………………… 349
レベルオブエフォート（Level of Effort:LOE） 322
連結企業管理会計 …………………… 184
連続移転 ……………………………… 614

ロードマップ ………………………… 432
ローリング・ウェーブ計画法 …… 208、240
ロジックツリー ……………………… 352

【わ行】
ワークパッケージ（WP） …………… 261
ワイガヤ ……………………………… 712
割引現在価値（discounted cash flow:DCF）・・632

欧文索引（アルファベット順）

【A】

AACEI（米国・コストエンジニアリング推進協会） ……………………330
AC（Actual Cost） ………………325
ACWP（Actual Cost of Work Performed） ……………………325
ADM（Arrow Diagram Method）……298
As-Is ………………………………81

【B】

BCM（Business Continuity Management）163
BCWP（Budgeted Cost of Work Performed） ……………………325
BCWS（Budgeted Cost of Work Scheduled） ……………………325
BEP（Break Even Point:損益分岐点）…643
BOPビジネス ……………………728
BSC（Balanced Score Card）
……………… 184、193、201、645
BYOD（Bring Your Own Device）……552

【C】

CAPM（Capital Asset Pricing Model）…631
CPI（Cost Performance Index:コスト効率指数） ……………………326
CSF（Critical Success factors）………640
CSR（Corporate Social Responsibility）…425
CSV（Creating Shared Value）………428
CV（Cost Variance:コスト差異）………325

【D】

DCE（Definitive Cost Estimate:詳細見積り） ……………………315
DCF（discounted cash flow:割引現在価値） ……………… 175、185、632
DIM（Design Interface Matrix:デザイン・インターフェイス・マトリクス）……398
DPD（Deputy PD） ………………347

【E】

EAC（Estimate at Completion:最終推定コスト） ……………………327
EMV（Expected Monetary Value:期待額） ……………………352
ESG ………………………………429
ETC（Estimate to Complete）………327
EV（Earned Value） ………………325
EVA（Economic Value Added）……629
EVM（Earned Value Management）236、319

【G】

GA（Genetic Algorithm:遺伝アルゴリズム） ……………………568

【H】

HaaS（Hardware as a Service:ハース）
………………………………550

【I】

IaaS（Infrastructure as a Service:イアース）
………………………………550
IDEF（Integrated DEFinition）………572
IEEE STD1220（Application and Management of the Systems Engineering Process）584
IFB（Invitation for Bidder:入札招請書）
………………………………377
IRR（Internal Rate of Return：内部収益率）
………………………………185
ISO/IEC 15288（Systems Engineering - System Life Cycle Processes）……584
ITB（Invitation to Bidder:入札招請書）
………………………………377
ITガバナンス ……………………554
ITプラットフォーム ………………543

【J】

JVD（Joint Venture Directorate）……347

【K】

KOM（キックオフミーティング） ····· 476
KPI（Key Performance Indicator） ······ 90

【M】

MIL-STD-499（Systems Engineering Management） ···················· 584

【N】

NOPAT（net operating profit after tax）
　···································· 630
NPV（Net Present Value：正味現在価値）
　······················· 174、185、633

【O】

OBS（Organization Breakdown Structure：組織構成表） ·······················680
OME（Order of Magnitude Estimate：超概算見積り） ·······················315

【P】

PaaS（Platform as a Service：パーズ） ··· 550
PBSC ························· 194、519
PBudgeting（PBGT） ··········· 194、519
PCE（Preliminary Cost Estimate：概算見積り）
　··································· 315
PCO（Project Control Office） ········ 470
PD（Project Director） ················ 347
PDCAサイクル ················ 367、589
PDM（Precedence Diagram Method）
　··································· 298
PERT（Program Evaluation and Review Technique） ·······················297
PESTEL分析 ······················· 410
PFI（Private Finance Initiative） ······· 535
PFI（プロジェクトファイナンス） ····· 529
PgMO（Program Management Office） · 471
PI（Performance Indicators） ·········· 641
PID（Proportional Integral Derivative） · 590
PM（Project Manager） ·············· 347

PMCoE（Project Management Center of Excellence） ·······················468
PMO（Project Management Office） ···· 468
PoC（Proof of Concept） ············· 456
PPM（プロダクト・ポートフォリオマネジメント） ·················· 184、410、644
PPP（Public-Private Partnership） ······ 535
Profit & loss share ···················· 489
PV（Planned Value） ················· 325

【Q】

QC七つ道具 ······················· 367

【R】

RAM（Responsibility Assignment Matrix：責任分担表） ·······················473
RBV ······························· 148
RFI（Request for Information：情報提供依頼書）
　··································· 377
RFP（Request for Proposal：提案依頼書） 377
RFQ（Request for Quotation：見積り依頼書）
　···································377
RM（Responsibility Matrix：責任分担） ···391

【S】

SA（Simulated Annealing：アニーリング法）
　··································· 569
SaaS（Software as a Service：サーズ） ··· 550
SECIプロセス ······················ 600
SL理論 ···························· 694
SMART ···························· 203
SNS（ソーシャルネットワークサービス）
　··································· 551
SPI（Schedule Performance Index：スケジュール効率指数） ·······················326
SPO（Strategic Project Office） ········468
SSM（Soft Systems Methodology：ソフトシステム方法論） ·······················570
SV（Schedule Variance：スケジュール差異）
　··································· 325
SWOT分析 ···················· 88、410

【T】

Tabu Search（タブー探索）············ 569
TIM（Team Interaction Matrix:チーム・インターラクション・マトリクス）····· 398
To-Be ···························· 81
TQC（Total Quality Control:全社的品質管理）
······························ 369
TQM（Total Quality Management:全社的品質マネジメント）················ 369

【U】

UML（Unified Modeling Language）···· 572

【V】

VRIO ······························ 410

【W】

WACC（Weighted Average Cost of Capital:加重平均総使用資本コスト）·········· 630
WBS（Work Breakdown Structure）··· 257
WP（ワークパッケージ）·············· 261

【X】

XaaS（X as a Service:ザース）········· 550

改訂3版 P2M標準ガイドブック改訂委員＆執筆委員

「P2M」改訂3版の作成にあたられた「P2M標準ガイドブック改訂委員会」の改訂委員、執筆委員、レビュアーの方々は次のとおりです。

〈改訂委員会委員（兼執筆）〉

清水　基夫（委員長）	日本工業大学専門職大学院 技術経営研究科	
濱　　久人	㈱NTTデータユニバーシティ	
加藤　　亨	千代田システムテクノロジーズ㈱	
芝尾　芳昭	イノベーションマネジメント㈱	
越島　一郎	名古屋工業大学 大学院工学研究科	
宮本　文宏	日本ユニシス㈱	

〈執筆委員〉

石井　信明	文教大学 情報学部
伊作健太郎	アイシンク㈱
井上多恵子	
今岡　崇年	イノベーションマネジメント㈱
岩崎　幸司	
小野　弘貴	イノベーションマネジメント㈱
香川　　隆	イノベーションマネジメント㈱
笠原　直樹	
北村　保成	HR企画 きたむら
栗林　　良	日揮㈱
齊藤　　毅	明治大学大学院 経営学研究科
佐藤　知一	日揮㈱
佐藤　義男	㈱PMアラインメント
清水康太郎	
杉浦　宏実	イノベーションフレームワークテクノロジー・プラニスウェア㈱
鈴木　研一	明治大学 経営学部
中村　正伸	千葉商科大学大学院 会計ファイナンス研究科
西口　久和	日揮㈱
林　健太郎	㈱竹中工務店
古本　　勉	㈱富士通総研
松本　　毅	大阪ガス㈱
百村　幸男	
米澤　徹也	東洋エンジニアリング㈱
渡部　雅男	熊本大学 文学部

〈レビュアー〉

淺田　孝幸	立命館大学経営学部	白井久美子	日本ユニシス㈱
歌代　　豊	明治大学経営学部	田中　　弘	フランス SKEMA経営大学院大学 セネガル 戦略＆3PM大学院大学
梅田　富雄	元 千葉工業大学	土出　克夫	土出技術士事務所
大島　直樹	Malaysia-Japan International Institute of Technology, Universiti Teknologi Malaysia	仲村　　薫	PwC PRTMマネジメントコンサルタンツ
神沼　靖子	元 前橋工科大学	初田　賢司	㈱日立製作所
黒柳　俊之	独立行政法人 国際協力機構	茂木　政男	総研テクニックス㈱
小泉　淳一	横浜国立大学 大学院工学研究科	美原　　融	大阪商業大学 総合経営学部
小松　昭英	ものづくりAPS推進機構	渡辺　貢成	PMオフィス21
向後　忠明	ナノカ㈱		

〈事務局（兼執筆）〉

光藤　昭男	日本プロジェクトマネジメント協会	古園　　豊	日本プロジェクトマネジメント協会

「P2M」改訂協力者・執筆者

「P2M」改訂版の作成に当たった「P2Mガイドブック改訂委員会」の委員の方々は、次のとおりです。

「プロジェクト＆プログラムマネジメント標準ガイドブック(P2M)改訂委員会」

委 員 長	渡辺 貢成	㈲経営組織研究所
副委員長	中村 明	独立行政法人 国際協力機構
委 員	安達 正人	住友電設㈱
〃	今岡 崇年	アルテミスビジネスコンサルティング㈱
〃	岩下 幸功	㈲シンクリエイト
〃	浦瀬 賢治	㈱日立製作所
〃	越智 匡	アルテミスビジネスコンサルティング㈱
〃	北村 保成	パナソニックラーニングシステムズ㈱
〃	栗林 良	日揮情報システム㈱
〃	芝尾 芳昭	アルテミスビジネスコンサルティング㈱
〃	清水 基夫	名古屋工業大学
〃	鶴畑 清臣	横河電機㈱
〃	仲村 薫	アルテミスインターナショナル㈱
〃	濱 久人	松下電器産業㈱
〃	福岡 敬介	鹿島建設㈱
〃	堀口 正明	帝京大学
〃	美原 融	㈱三井物産戦略研究所
〃	好川 哲人	㈱エム・アンド・ティ
〃	吉川 賢一	日本航空㈱
〃	吉村 真人	日立GEニュークリア・エナジー㈱
〃	米澤 徹也	東洋エンジニアリング㈱
事 務 局	高橋 道夫	日本プロジェクトマネジメント協会
〃	鮫島 千尋	日本プロジェクトマネジメント協会
〃	今川 弘道	日本プロジェクトマネジメント協会
〃	古園 豊	日本プロジェクトマネジメント協会

レビュアー

 梅田　富雄　　青山学院大学
 小石原　健介
 高橋　富男　　東北大学
 久保野　邦子　富士通㈱
 小松　昭英　　静岡大学
 高橋　航司　　ウェールズ大学
 浅田　誠　　　新日鉄ソリューションズ㈱
 白井　久美子　日本ユニシス㈱
 梶原　定　　　ゼッタテクノロジー㈱
 向後　忠明　　㈱ニュー・グローバル・プロデュース
 川勝　良昭　　新潟県参与

「P2M」初版の制作にご協力いただいた方々、開発および執筆に携わった方々は、次のとおりです。

プロジェクトマネジメント導入開発調査委員会

〈委員長〉
小原　重信　　千葉工業大学社会システム科学部教授

〈アドバイザー〉
市野　雅也	MASPグループ		手島　歩三	㈲ビジネス情報システム・アーキテクト
小石原健介	川重テクノサービス㈱		花崎　良政	松下電器産業㈱
芝尾　芳昭	プライスウォーターハウスクーパースコンサルタント㈱		増谷　修	新日鉄ソリューションズ㈱
武富　為嗣	SAPジャパン㈱		美原　融	㈱三井物産戦略研究所

〈委員〉
石谷　靖	㈱三菱総合研究所		仲村　薫	アルテミスインターナショナル㈱
石倉　政幸	千代田化工建設㈱		萩原　和彦	NKK
岩本　紘武	日揮情報システム㈱		橋谷　元由	日揮㈱
大箸　渡	三菱重工業㈱		古川　均	前・富士通㈱
奥村　泰彦	日本電気㈱		三浦　進	東洋エンジニアリング㈱
鴻巣　努	千葉工業大学		光藤　昭男	㈱荏原製作所
鮫島　千尋	日本航空㈱		茂木　正男	石川島播磨重工業㈱
下田嶺一郎	鹿島建設㈱		吉村　真人	㈱日立製作所
関谷　哲也	㈱竹中工務店		綿木　久雄	川崎重工業㈱
鶴畑　清臣	横河電機㈱		飯倉　督夫	㈶エンジニアリング振興協会
富川信一郎	ヤマト科学㈱			

〈オブザーバー〉
森下　泰	経済産業省		内藤　憲広	NTTラーニングシステムズ㈱
遠藤　秀明	経済産業省		中西　孝二	NTTラーニングシステムズ㈱
伊藤　正雄	経済産業省		伊藤　久	千葉工業大学講師
青木　光	経済産業省			

〈事務局〉
高橋　道夫	㈶エンジニアリング振興協会		福岡　敬介	㈶エンジニアリング振興協会
幸田　貫二	㈶エンジニアリング振興協会		渡辺　貢成	㈶エンジニアリング振興協会
片山　研司	㈶エンジニアリング振興協会			

レビュアー

今口	忠政	慶応義塾大学商学部教授	小笹	徹	㈱竹中工務店
梅田	富雄	千葉工業大学社会システム科学部教授	川勝	良昭	岐阜県理事
武井	勲	青山学院大学大学院経営学研究科教授	塩見	廣雄	㈶エンジニアリング振興協会
寺野	隆雄	筑波大学大学院経営システム科学専攻教授	高橋	良之	日揮プロジェクトサービス㈱
藤田	恒夫	福山平成大学経営学研究科教授	田中	弘	日揮㈱
浅江	季光	㈱ケイコン	西橋	幹俊	日本アイ・ビー・エム㈱
朝倉	紘治	㈶エンジニアリング振興協会	藤田	一郎	富士通㈱
浅田	誠	新日鉄ソリューションズ㈱	渡辺	孝	三菱電機㈱
植島	松雄	千代田化工建設㈱			

協力執筆者

芥川	光三	東洋エンジニアリング㈱	村松	憲二	日揮㈱
淺田	孝幸	大阪大学大学院経済学研究科教授	吉原	賢一	日揮㈱
植島	松雄	千代田化工建設㈱	米澤	徹也	東洋エンジニアリング㈱
仲元	俊二	NAKA経営研究所	渡辺	武晃	㈱竹中工務店
二見	昌剛	日揮㈱			

●編著者
特定非営利活動法人 日本プロジェクトマネジメント協会
Project Management Association of Japan (PMAJ)

PMAJは、P2M標準ガイドブック（P2M）に基づく資格の認定、講習の実施、P2Mに関する知識の普及の事業等を行うことにより、PM実践家の育成と企業・団体および自治体等の経営活動力の向上を行い、わが国産業の国際競争力の強化および活力ある社会の発展など、広く公益に寄与することを目的とする団体である。

P2Mガイドブックは、社会のあらゆる活動、価値創造、改革に役立つPMの知識体系であり、わが国で開発され世界に発信して評価されているものである。

PMAJが実施しているP2M資格試験は、PMCe、PMC、PMS、PMR、PMA（企画中）がある。資格と実施状況は、PMAJのホームページに詳細な記載がある。

〈問い合せ先〉
〒106-0044
東京都港区東麻布一丁目5番2号　トウセン東麻布ビル7階
TEL（03）6234-0551　FAX（03）6234-0553
E-mail：admi@pmaj.or.jp
http://www.pmaj.or.jp/

改訂3版　P2M プログラム＆プロジェクトマネジメント標準ガイドブック

2014年4月30日　初版第1刷発行

編著者 ―― 日本プロジェクトマネジメント協会
　　　　　　Ⓒ2014　Project Management Association of Japan（PMAJ）
発行者 ―― 長谷川隆
発行所 ―― 日本能率協会マネジメントセンター
〒105-8520　東京都港区東新橋1-9-2　汐留住友ビル24階
TEL　03（6253）8014（編集）／03（6253）8012（販売）
FAX　03（3572）3503（編集）／03（3572）3515（販売）
http://www.jmam.co.jp/

装　丁 ――――――― 岩泉卓屋
ＤＴＰ ――――――― 株式会社森の印刷屋
印刷所 ――――――― シナノ書籍印刷株式会社
製本所 ――――――― 株式会社宮本製本所

本書の内容の一部または全部を無断で複写複製（コピー）することは、法律で認められた場合を除き、著作者および出版者の権利の侵害となりますので、あらかじめ小社あて許諾を求めてください。

ISBN978-4-8207-4887-8 C2034
落丁・乱丁はお取り替えします。
PRINTED IN JAPAN

JMAM の本

実践プロジェクト＆プログラムマネジメント

清水基夫著　A5判　416頁

　本書のテーマは経営戦略の実践論としてのプログラム＆プロジェクトマネジメント（P2M）であり、総合的な実務解説書です。

　多くのPMBOK学習者に、プロセスマネジメントを理解させる入門書であり、P2M受験生や合格者が本書を読むことによって具体的な理解が得られるものです。

　ハイレベルだがわかりやすく、現場の中堅・上級のプロジェクト実務者が実務の参考にできるものです。